21世纪高等职业教育财经类规划教材

财务会计类

工业和信息化高职高专“十二五”规划教材立项项目

Excel 2010财务应用教程（第2版）

Excel 2010 Financial Application Course (2nd Edition)

◎ 丁昌萍 韩丹 宁方旭 主编

人民邮电出版社

北京

图书在版编目（CIP）数据

Excel 2010财务应用教程 / 丁昌萍，韩丹，宁方旭主编. -- 2版. -- 北京 : 人民邮电出版社，2015.2（2018.12重印）
21世纪高等职业教育财经类规划教材. 财务会计类
ISBN 978-7-115-37508-7

Ⅰ. ①E… Ⅱ. ①丁… ②韩… ③宁… Ⅲ. ①表处理软件—应用—财务管理—高等职业教育—教材 Ⅳ. ①F275-39

中国版本图书馆CIP数据核字（2015）第020348号

内 容 提 要

本书以 Excel 在财务工作中的具体应用为主线，按照财会人员的日常工作特点谋篇布局，通过介绍典型应用案例，在讲解具体工作方法的同时，介绍相关的 Excel 常用功能。

全书共分 8 个项目，包括常用财务会计表格与单据制作、凭证与账务处理、财务报表分析、原材料进销存核算、往来账款核算、固定资产核算、工资核算、成本与费用核算等方面内容。

本书可以作为高职高专院校财会相关专业教材，也可作为实训辅导教材，还可供财务工作者学习参考。

◆ 主　　编　丁昌萍　韩　丹　宁方旭
责任编辑　刘　琦
责任印制　杨林杰

◆ 人民邮电出版社出版发行　　北京市丰台区成寿寺路 11 号
邮编　100164　　电子邮件　315@ptpress.com.cn
网址　http://www.ptpress.com.cn
三河市中晟雅豪印务有限公司印刷

◆ 开本：787×1092　1/16
印张：21.25　　　2015 年 2 月第 2 版
字数：561 千字　　　2018 年 12 月河北第 9 次印刷

定价：45.00 元

读者服务热线：（010）81055256　印装质量热线：（010）81055316
反盗版热线：（010）81055315
广告经营许可证：京东工商广登字 20170147 号

第 2 版前言

随着科学技术的飞速发展，现代生活日新月异，社会进入了全面信息化的时代。知己知彼，百战百胜，信息是根本，信息决定着一系列决策的成败。数据的收集和信息的处理被提到了战略前沿，显得越发重要。Office 2010 是微软公司开发的用于处理各类办公文件的大型应用软件，Excel 2010 是 Office 2010 大家族中的重要成员。Excel 2010 以其强大的数据分析和处理能力深受世界各地用户的喜爱，它极大提高了公司相关数据资料的收集和归类分析的效率，已成为世界上最流行的办公软件之一。Excel 2010 在财务管理方面的应用更是广泛，其数据处理方面的优越性得到了充分的体现。

目前，我国很多高等职业院校财会专业都开设了 Excel 财务应用类的课程，高职院校的教学注重学生在以后工作中实际应用能力的培养。为了帮助高职院校的教师比较全面、系统地讲授这门课程，帮助学生在以后的工作中能够熟练地使用 Excel 来处理公司相关的财务数据，作者结合多年应用 Excel 处理财务数据的实践经验，结合现实案例，编写了这本《Excel 2010 财务应用教程（第 2 版）》。

根据学习财务管理基础知识的需要，作者在本书的体系结构上，做了精心的设计，按照“财务基础（项目 1，常用财务会计表格与单据制作；项目 2，凭证与账务处理）、基本报表分析（项目 3，财务报表分析；项目 4，原材料进销存核算；项目 5，往来账款核算；项目 6，固定资产核算）、应用拓展（项目 7，工资核算；项目 8，成本与费用核算）”这一脉络来编排，力求把财务管理的基础知识和 Excel 的具体应用有机地结合起来。在内容编写上，注意突出重点、由易到难、循序渐进；在文字叙述上，注意简洁明了；在实例选取上，注重联系实际，做到实用性强、针对性强。

为适应教师教学和学生学习的需要，本书中每节都配有相应的课堂练习，可以帮助学生随堂巩固所学知识；书中每章和每节都配有小结，便于教师和学生加深对所学基础知识点的了解和掌握；书中项目扩展为拓宽学生的知识面提供了精彩的案例。本书的参考学时为 48 学时，其中实践环节为 16 学时，各章节的参考学时参见下面的学时分配表。

章　节	课程内容	学时分配	
		讲授	练习
项目 1	常用财务会计表格与单据制作	4	2
项目 2	凭证与账务处理	4	2
项目 3	财务报表分析	4	2
项目 4	原材料进销存核算	4	2
项目 5	往来账款核算	4	2
项目 6	固定资产核算	4	2
项目 7	工资核算	4	2
项目 8	成本与费用核算	4	2
课时总计		32	16

第 2 版前言

本书由扬州大学丁昌萍、海口经济学院韩丹、徐州财经高等职业技术学校宁方旭担任主编，其中丁昌萍编写了项目 1 至项目 5，韩丹编写了项目 6、项目 7，宁方旭编写了项目 8。由于编者水平有限，书中难免存在错误和疏漏之处，敬请广大读者批评指正。

编　者

2014年6月

目录

目 录

目 录

项目一

常用财务会计表格与单据制作

Excel 是实用性非常强的表格处理和数据分析工具，广泛地应用于工作中，它具有数据管理、统计、计算、分析、预测的功能，是财务人员的好助手。财务人员做好财务工作的基础就是要建立清晰的账目，制作好相关的表格和单据。本项目将介绍 Excel 的一些基础操作，如新建工作簿、打开工作簿、保存工作簿以及重命名和删除工作表等操作。如果在创建表格过程中出现错误或误删了重要数据，可以用撤销和恢复命令予以纠正。用复制和粘贴等功能，可以使工作效率大大提升而事半功倍。下面一起来制作几个实用的电子表格。

任务一　员工通信录

任务背景

员工通信录是企业经常用到的一类电子表格，制作员工通信录可以把单位各部门员工的基本信息（如员工编号、姓名、部门、职务、电子邮件等）登记汇总起来，便于单位的人事管理和同事之间的联络交流。图 1-1 即为一份制作精美的员工通信录。

知识点分析

要实现本例中的功能，以下为需要掌握的知识点。

◆ Excel 工作簿的建立、打开和保存，删除多余工作表，重命名工作表

◆ 设置单元格格式，如字体、字号、加粗，合并后居中、填充颜色、调整行高和列宽、绘制边框、取消编辑栏和网格线的显示

◆ Excel 基本功能，如插入整行、插入图片、修改图片大小、图片压缩、插入超链接

通信录

编号	姓名	性别	学历	部门	职务	身份证号码	联系电话	Email地址
XS001	刘颖	女	大学	销售部	门市经理	210311198511300041	24785625	liuying@126.com
XS002	孙雪	女	大学	销售部	经理助理	210303198508131214	24592468	sunxue@126.com
XS003	孙源龙	男	大专	销售部	营业员	210111198503063012	26859756	syl@126.com
XS004	朱振华	男	大专	销售部	营业员	210304198503040045	26895326	zzhua@hotmal.com
XS005	佟琳	女	大专	销售部	营业员	152123198510030631	26849752	dongl@126.com
XS006	吴春雨	男	大专	销售部	营业员	211322198401012055	23654789	wcy@126.com
XS007	宋林良	男	大专	销售部	营业员	211224198410315338	26584965	sll@126.com
XS008	张帆	女	大专	销售部	营业员	152801198703025310	26598785	zhangfan@126.com
QH001	张纯华	男	博士	企划部	经理	120107198507020611	24598738	zch@126.com
QH002	张泽利	男	大学	企划部	处长	210311198504170035	26587958	zzl@126.com
QH003	张家超	男	大学	企划部	职员	211322198509260317	25478965	zhangjc@126.com
QH004	张雷	男	大学	企划部	职员	211481198401154411	24698756	zhangl@126.com
QH005	李磊	男	大学	企划部	职员	150429198407091216	26985496	llei@126.com
XZ001	杨少猛	男	大学	行政部	经理	522324197508045617	25986746	yangshaom@126.com
XZ002	苏士超	男	大学	行政部	处长	522626198004101214	26359875	ssc@126.com
XZ003	尚福乐	女	大学	行政部	职员	522324197309155216	23698754	shangfl@126.com
XZ004	岳朋	女	大学	行政部	职员	433026196612172414	26579856	yuep@126.com
XZ005	赵晓强	男	大学	行政部	职员	150429198407091212	26897862	zxq@126.com

图 1-1　员工通信录

任务实施

1.1　制作基本表格

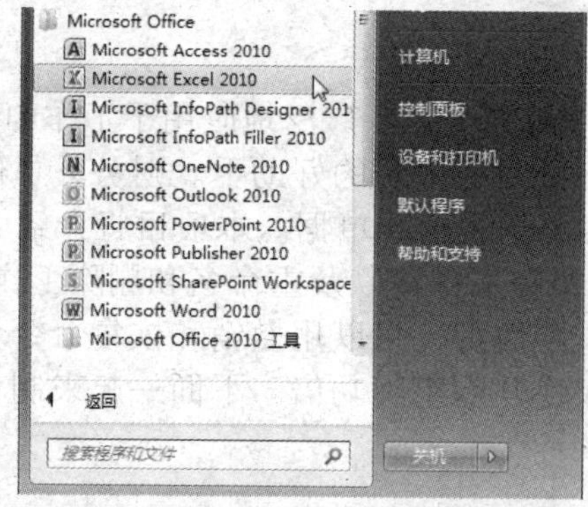

Step1 创建工作簿

单击 Windows 的“开始”菜单→“所有程序→Microsoft Office→Microsoft Excel 2010”来启动 Excel 2010。

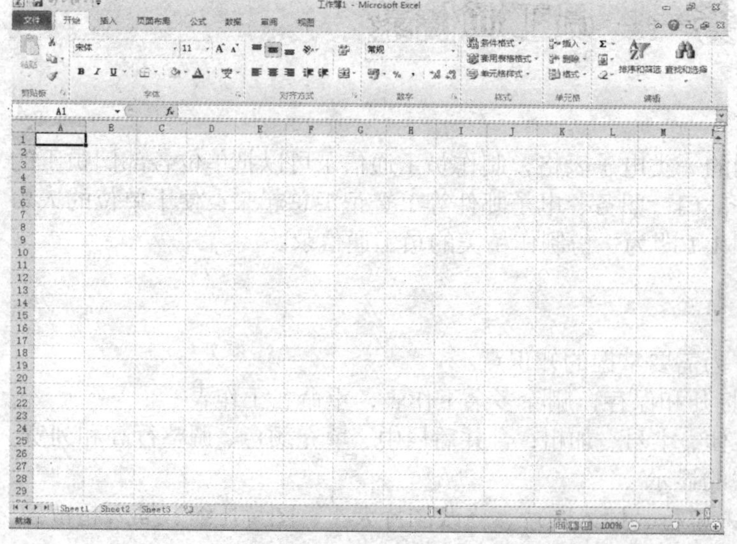

此时会自动创建一个新的工作簿“工作簿 1”。

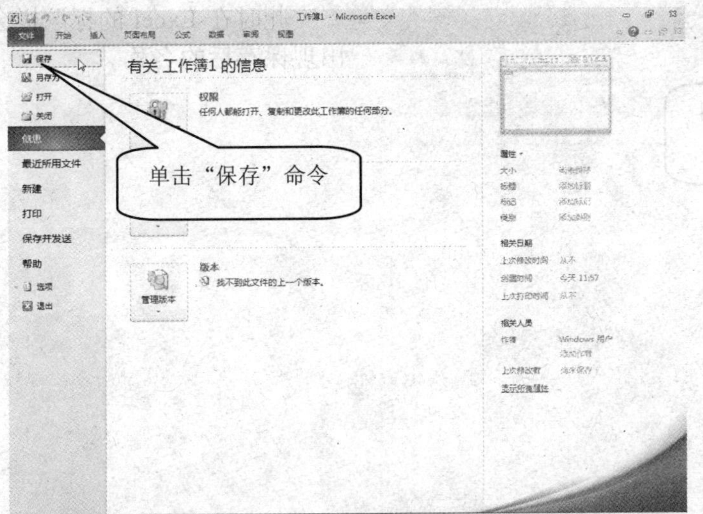

Step2 保存并命名工作簿

① 在功能区中单击“文件”选项卡，打开下拉菜单后，单击“保存”命令。

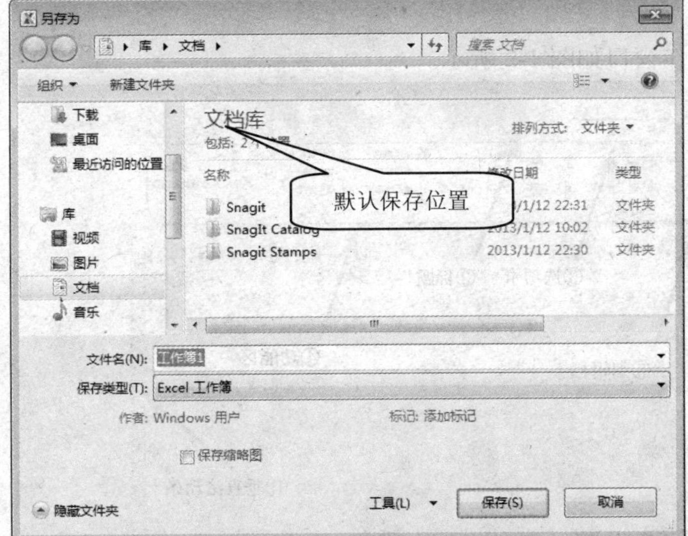

② 弹出“另存为”对话框，此时系统默认的保存位置为“文档库”。

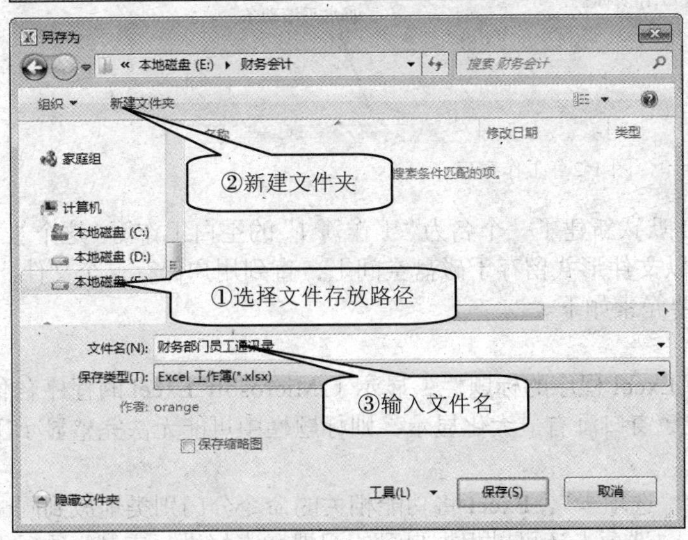

③ 在“另存为”对话框左侧列表框中选择具体的文件存放路径，如“本地磁盘(E:)”。单击“新建文件夹”按钮，将“新建文件夹”重命名为“财务会计”，双击“财务会计”文件夹。

假定本书中所有工作簿和相关文件均存放在这个文件夹中。

④ 在“文件名”文本框中输入工作簿的名称“财务部门通讯录”，其余选项保留默认设置，最后单击“保存”按钮。

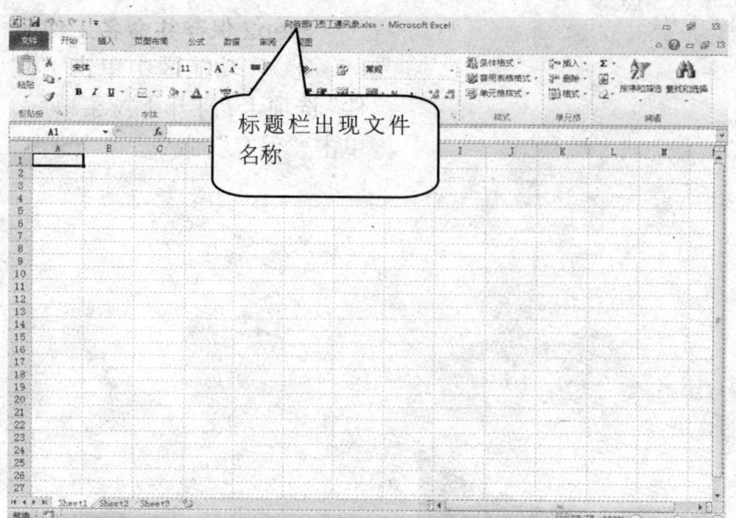

此时在 Excel 的标题栏会出现保存后的名称。

操作技巧：Excel 工作窗口

启动 Excel 程序，启动后的工作窗口如图 1-2 所示。

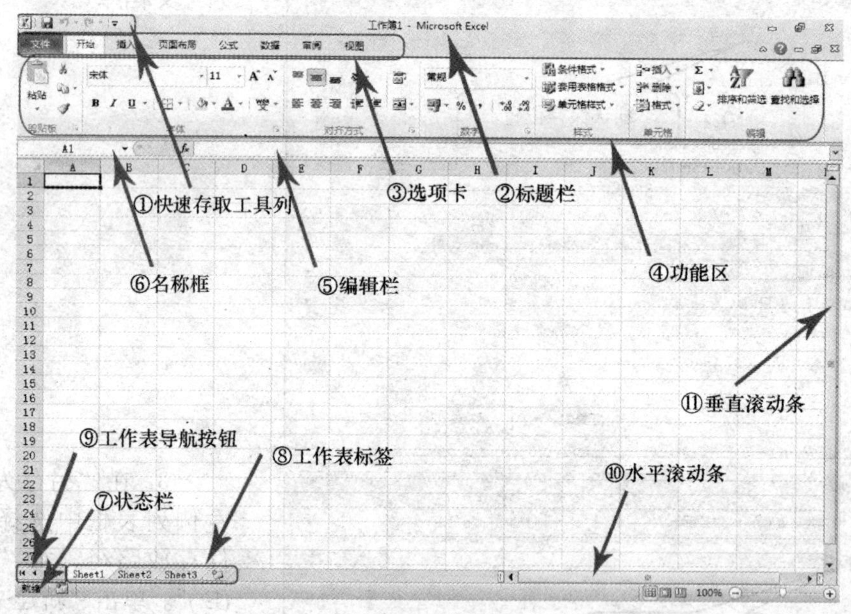

图 1-2 工作窗口

从图 1-2 可以看出，此时 Excel 默认新建了一个名为"工作簿 1"的空白工作簿。这个"工作簿 1"只存在于内存中，并没有以文件形式留存于磁盘空间上，直到用户保存这个文件。

Excel 工作窗口中所包含的主要元素如下。

（1）快速存取工具列。

（2）标题栏：窗口的最上方为 Excel 程序的标题栏，显示了 Microsoft Excel 的程序名称以及当前工作簿的名称。如果工作簿窗口没有最大化显示，则标题栏中可能无法完整显示工作簿名称。

（3）选项卡：标题栏下方称为"选项卡"，Excel 将功能相关的命令分门别类地放到同一选项卡中（如文件、公式、视图等）。选项卡还可以根据自己的习惯和喜好进行定制。选项卡也可以由用户自定义。

（4）功能区：选项卡下方的功能区中是图标按钮形式的命令组。命令组还可以显示字体、字形、字号、窗口缩放比例等信息。选项卡也可以由用户自定义。

（5）编辑栏：功能区下方的长条矩形框称为“编辑栏”，编辑栏内会显示单元格中的数据或公式，在矩形框内单击鼠标左键可选中编辑栏并可进一步对其中的数据或公式进行编辑修改。

（6）名称框：功能区下方左侧的小型矩形框称为“名称框”，名称框里会显示当前选中单元格地址、区域范围、对象名称以及为单元格或区域定义的名称。在名称框内单击鼠标左键可在名称框里进行编辑，输入单元格地址或定义名称后可快速定位到相应的单元格或区域。单击名称框右侧的下箭头按钮可在下拉列表中选择经过定义的单元格或区域名称。

（7）状态栏：在工作窗口的最下方为 Excel 的状态栏。状态栏的左侧位置（图 1-2 中显示“就绪”的位置）会显示当前的工作状态（如“就绪”“输入”“编辑”等）以及一些操作提示信息。状态栏右侧的矩形框内则会显示快速统计结果、键盘功能键的状态以及工作表的操作状态等。

（8）工作表标签：在状态栏的上方左侧显示的是工作表标签。默认情况下，Excel 在新建工作簿时包含三个工作表，分别命名为“Sheet1”“Sheet2”和“Sheet3”。

（9）工作表导航按钮：位于工作表标签左侧的一组按钮是工作表导航按钮，便于用户在工作表标签较多、无法完全显示的时候通过导航按钮滚动显示更多的标签名称。

（10）水平滚动条：水平滚动条位于工作表窗口的下方，当工作表列数较多无法在屏幕内显示完全时，可以拖动水平滚动条使工作表水平方向滚动显示。

（11）垂直滚动条：垂直滚动条位于工作表窗口的右侧，当工作表行数较多无法在屏幕内显示完全时，可以拖动垂直滚动条使工作表垂直方向滚动显示。

（12）程序窗口按钮：位于 Excel 程序窗口右上角的一组按钮是程序窗口按钮，即 Excel 工作窗口的按钮。其中包括了“最小化”“向下还原/最大化”和“关闭”三个命令按钮，可以对当前的 Excel 工作程序窗口进行相应操作。

（13）工作簿窗口按钮：在 Excel 程序窗口按钮下方的是当前工作簿的窗口按钮，其中的“窗口最小化”“还原”“关闭窗口”三个按钮的操作对象都是当前工作簿，其按钮作用与程序窗口的按钮作用类似。

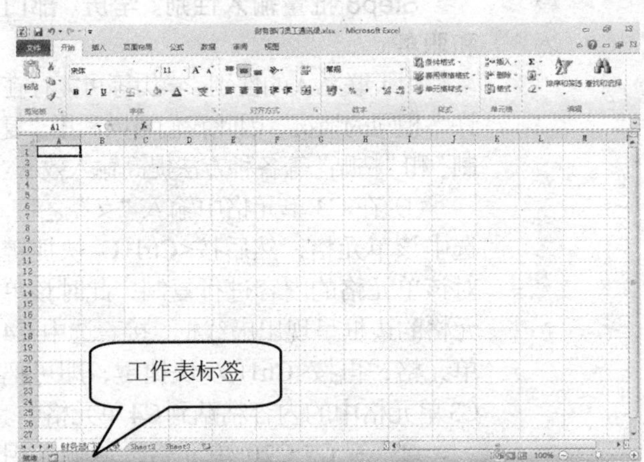

Step3 重命名工作表

双击“Sheet1”的工作表标签进入标签重命名状态，输入“财务部门通讯录”，然后按<Enter>键确认。

也可以右键单击工作表标签，在弹出的快捷菜单中选择“重命名”进入重命名状态。

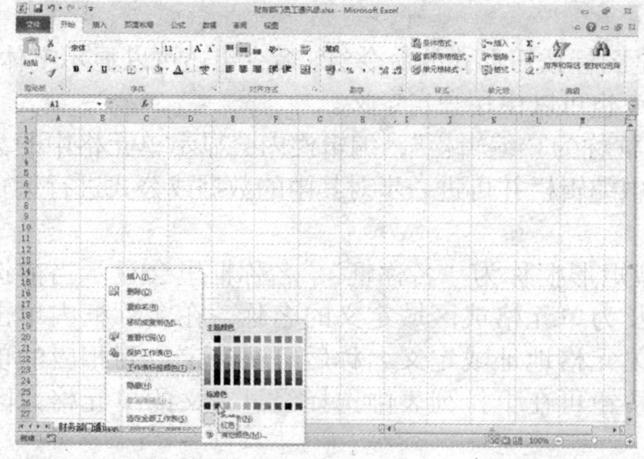

Step4 设置工作表标签颜色

为工作表标签设置醒目的颜色，可以帮助用户迅速查找和定位工作表，下面介绍设置工作表标签颜色的方法。

右键单击“财务部门通讯录”工作表标签，在弹出的快捷菜单中依次选择“工作表标签颜色→标准色”选项中的“红色”。

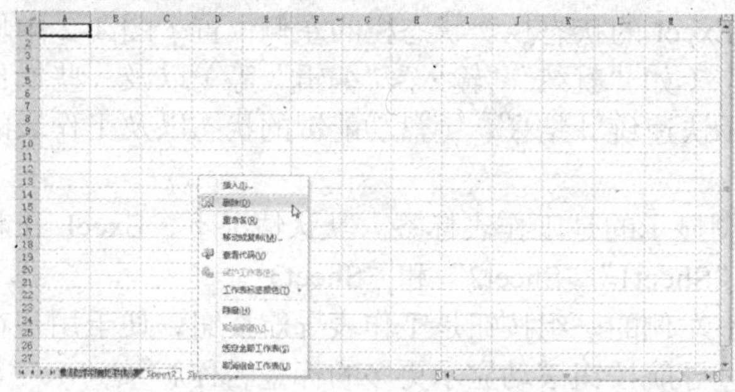

Step5 删除多余工作表

在默认状态下，一个新的 Excel 工作簿中包含 3 个工作表，删除多余无用的工作表能够减小文件大小，以便突出有用的工作表。

按<Ctrl>键不放，再分别单击工作表标签“Sheet2”和“Sheet3”以同时选中它们，然后右键单击其中一个工作表标签，在弹出的快捷菜单中选择“删除”。

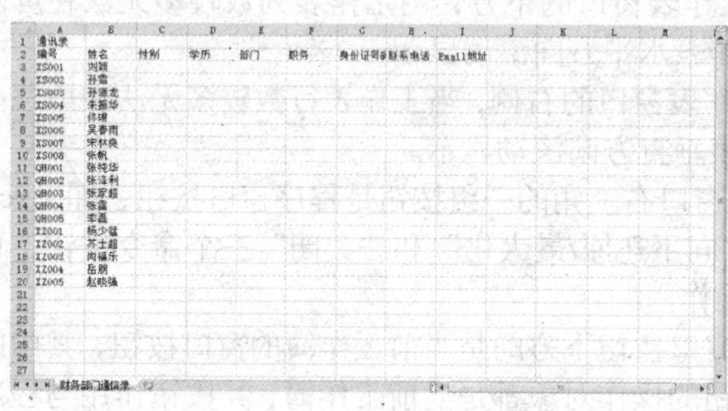

Step6 输入表格标题

选中 A1 单元格，输入表格标题“通信录”。在 A2:I2 单元格区域中分别输入表格字段标题“编号”“姓名”“性别”“学历”“部门”“职务”“身份证号码”“联系电话”和“Email 地址”。

Step7 输入编号和姓名

依次在 A3:B20 单元格区域中输入员工的编号和姓名。

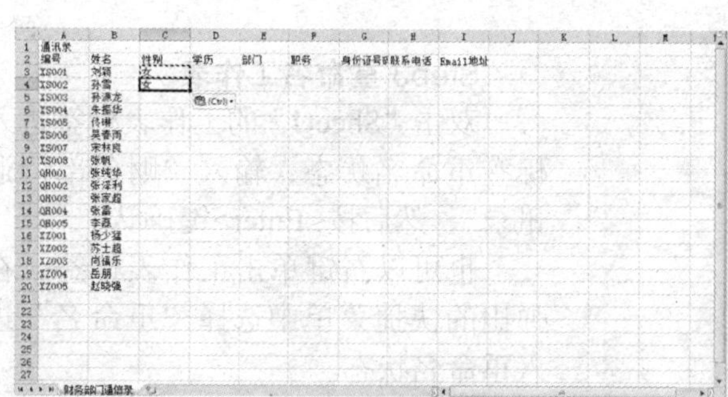

Step8 批量输入性别、学历、部门和职务

由于联系人的性别、学历等可能存在许多相同的情况，因此我们可以利用“复制”和“粘贴”等各种方法提高输入效率。

① 在 C3 单元格中输入“女”之后，选中该单元格，然后按<Ctrl+C>快捷键对该单元格的内容进行复制，此时该单元格的边框呈现出虚线框，接着选中 C4 单元格，再按<Ctrl+V>快捷键，即可把 C3 单元格中的内容粘贴到 C4 单元格中。

② 在 C5:C20 单元格区域输入相关数据。

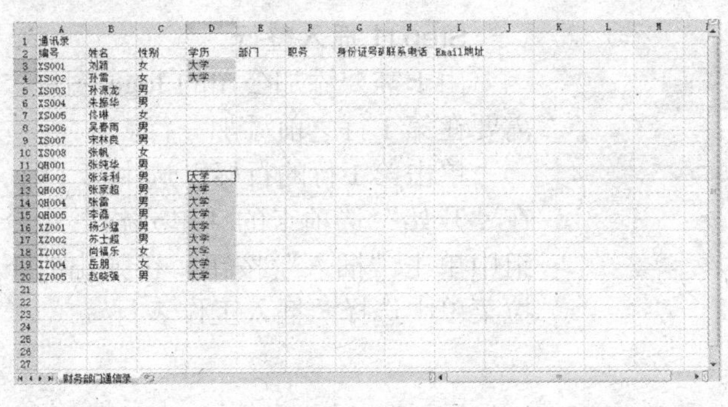

③ 由于大部分员工是大学或者大专学历，我们可以批量输入数据。选中D3单元格，同时按住<Ctrl>键不放，再选中D4单元格，且鼠标向下拖动选中D12:D20单元格区域，输入“大学”，再按<Ctrl+Enter>快捷键，此时这些选中的单元格区域就批量输入了“大学”。

④ 按照类似操作，在C3:F20单元格区域输入相关数据。

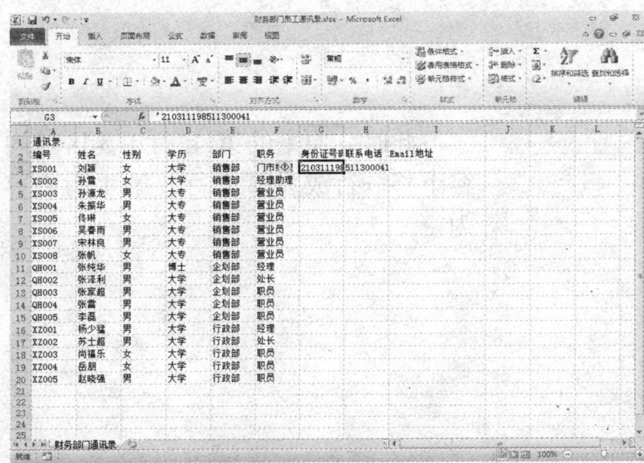

Step9 输入身份证号码

① 选中G3单元格，输入“’210311198511300041”，注意在该员工的身份证号码前添加英文状态下的单引号“’”。

② 按照类似操作，在G4:G20单元格区域输入其他数据。

操作技巧：解决输入身份证号码的问题

默认情况下，在Excel当前单元格中输入的数字位数超过11位（不含11位）时，系统将以“科学记数”格式显示输入的数字；当输入的数字位数超过15位（不含15位）时，系统将15位以后的数字全部显示为“0”。这样一来，如果我们要输入身份证号码（15位或18位），身份证号码就不能正确显示出来了。此时，有两种办法可以解决此问题。

1. 利用“数字”选项卡

选中需要输入身份证号码的单元格或区域，按<Ctrl+1>快捷键，打开“设置单元格格式”对话框，单击“数字”选项卡，在“分类”列表框中选择“文本”选项，单击“确定”按钮关闭对话框，再输入身份证号码即可。一定要先设置单元格格式，再输入号码。

2. 利用单引号

在输入身份证号码时，在号码前面添加一个英文状态下的单引号“’”，即可让身份证号码完全显示出来（该单引号不会显示出来）。

Step10 输入联系电话和Email地址

在H3:I20单元格区域输入员工的联系电话和Email地址。

输入Email地址之后，系统会自动添加链接。如果单击包含Email地址的单元格，会启动电子邮件编辑器，并自动填好邮件收件人的地址，这样可以方便地发送电子邮件。

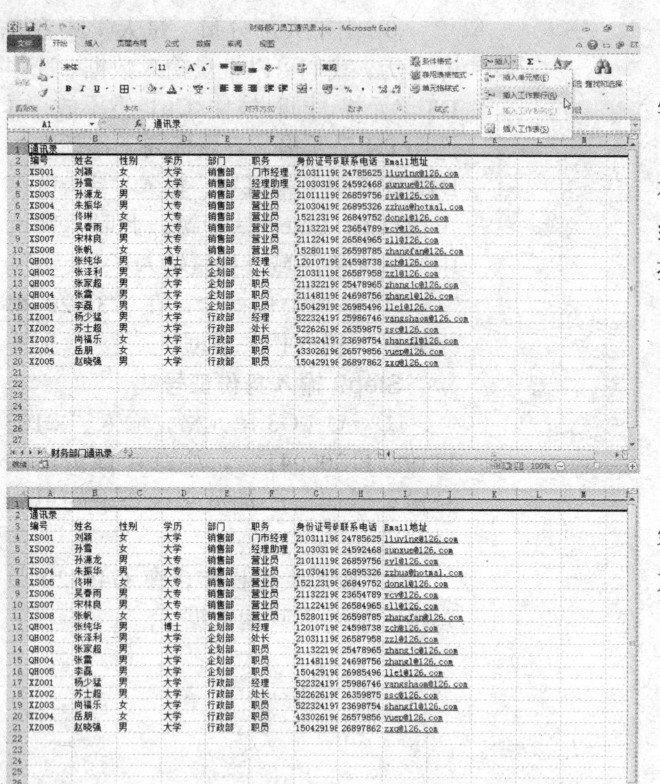

Step11 插入整行

由于需要添加公司的 logo 图片，需要在第 1 行之前添加一行。

单击第 1 行的行标以选中第 1 行，在“开始”选项卡的“单元格”命令组中单击“插入”按钮，在弹出的下拉菜单中选择“插入工作表行”。

此时，原来的第 1 行单元区域内容下移一行成为第 2 行，第 1 行内容为空。

1.2 设置表格格式

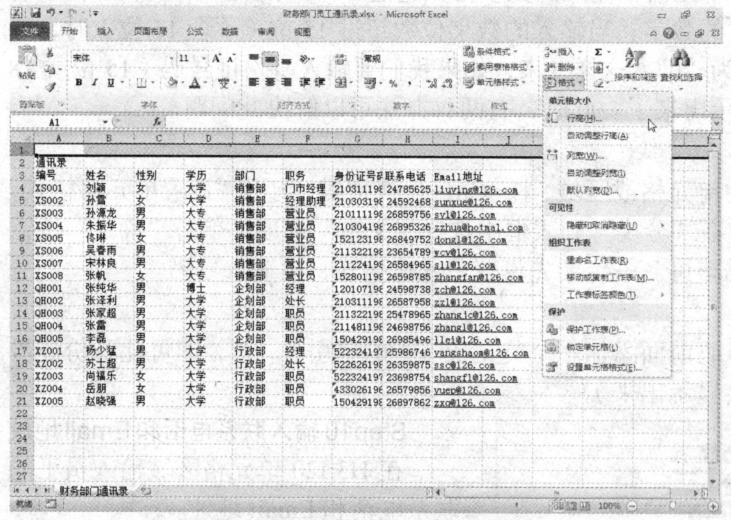

Step1 调整行高

① 单击第 1 行的行标，在“开始”选项卡的“单元格”命令组中单击“格式”按钮，在打开的下拉菜单中选择“行高”命令。

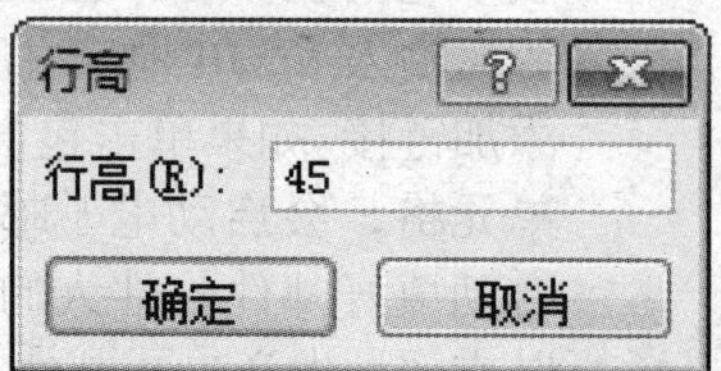

② 在弹出的“行高”对话框中，在“行高”文本框中输入“45”。单击“确定”按钮。完成第 1 行的行高的调整。

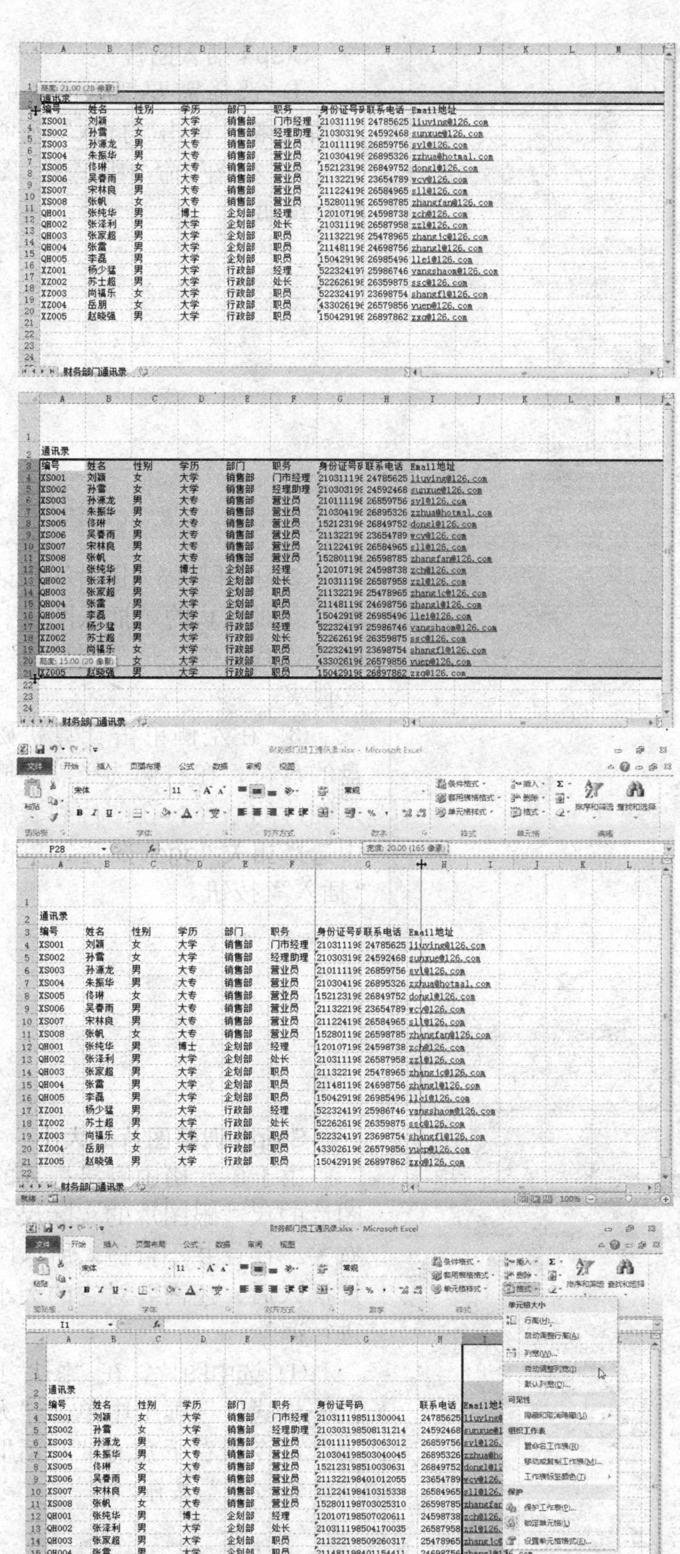

③ 将鼠标置于第 2 行和第 3 行的行标交界处，当鼠标变成✛形状时向下方拖动鼠标，待鼠标右侧的注释变成“高度:21.00（28 像素）”时释放鼠标。

④ 拖动鼠标选中第 3 至第 21 行，将鼠标置于第 21 行和第 22 行的行标交界处，待鼠标变成✛形状时，向下方拖动鼠标，待鼠标右侧的注释变成“高度:15.00（20 像素）”时释放鼠标。

Step2 调整列宽

把光标放在 G 列和 H 列之间，待光标变为✛形状时，按住鼠标左键不放往右拖动，待注释变为“宽度 20.00（165 像素）”时松开鼠标左键。

Step3 自动调整列宽

选中 I 列，在“单元格”命令组中单击“格式”按钮，在打开的下拉菜单中选择“自动调整列宽”命令。

Step4 插入图片

① 选择需要插入图片的 A1 单元格，单击“插入”选项卡，在“插图”命令组单击“图片”按钮。

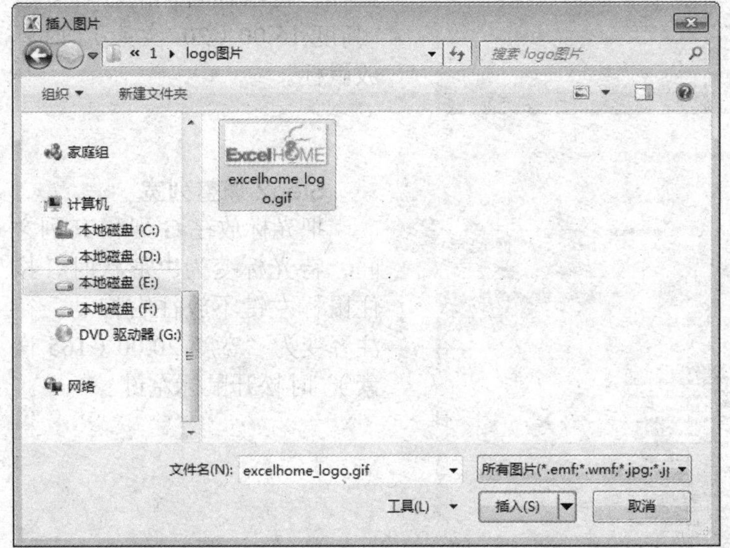

② 打开“插入图片”对话框，此时默认的“插入图片”的“查找范围”是“图片库”文件夹。

③ 在左侧单击计算机磁盘的盘符，在右侧选择需要插入图片的路径，在图片列表框中选择相关 logo 图片，单击“插入”按钮。

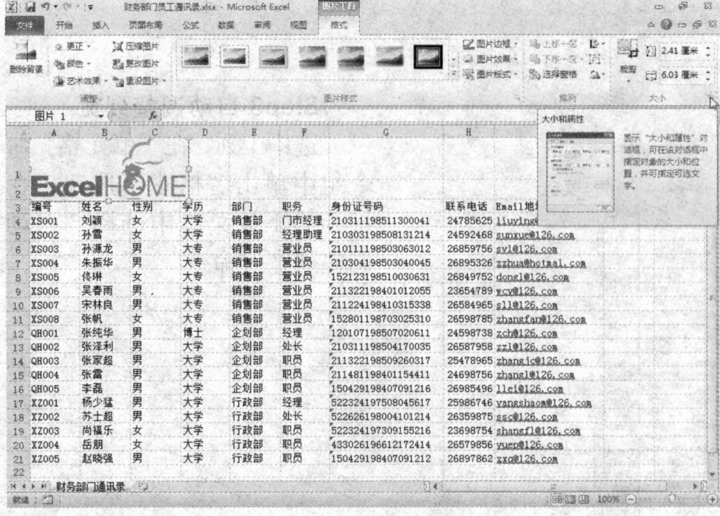

Step5 调整图片的大小

由于单元格中直接插入的图片的尺寸跟图片的实际尺寸有关，往往并不合适。所以图片插入后，还需要对它的大小进行调整。

① 选中图片，在“图片工具—格式”选项卡中单击“大小”命令组右下角的“对话框启动器按钮”按钮。

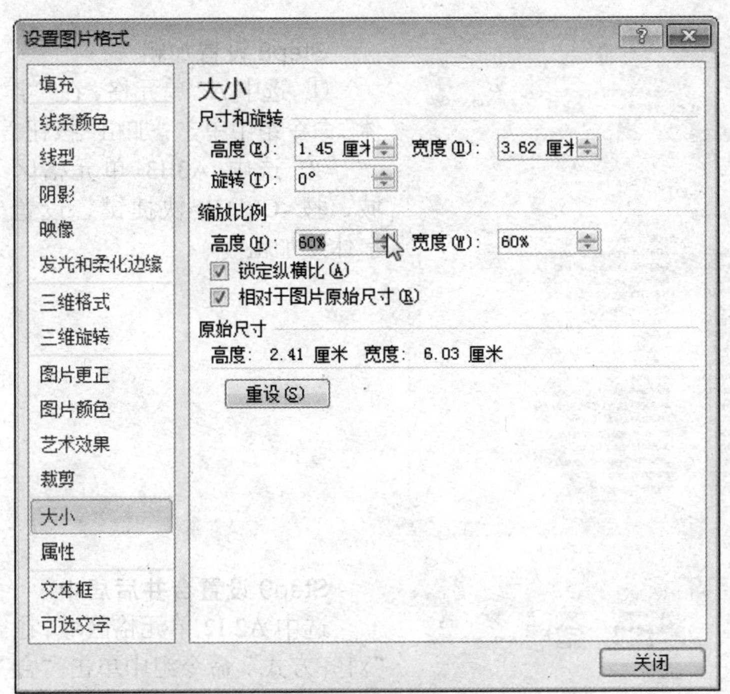

② 在弹出的“设置图片格式”对话框中，单击“大小”选项卡，单击“缩放比例”区域中“高度”右侧的调节旋钮，使得文本框中的数字显示为“50%”，因为默认勾选了“锁定纵横比”复选框，所以宽度也将随之变化。单击“关闭”按钮。

单击图片使其处于选中状态，图片周围共有八个控制点，将鼠标移近图片右下角的控制点，当指针变成↘形状时拖动鼠标调整到所需的尺寸，可以更简便地调整图片的尺寸。

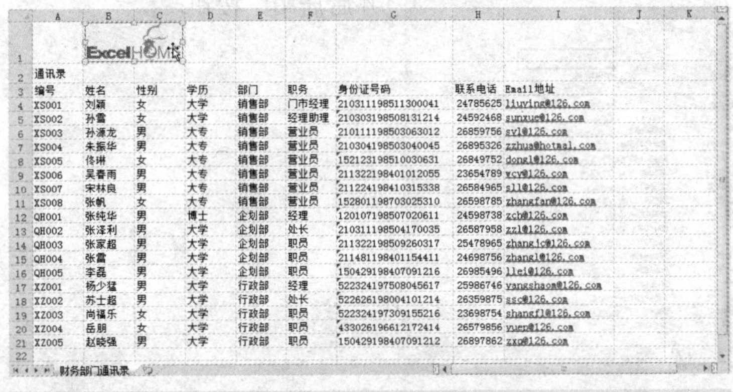

Step6 移动图片

单击图片，指针变成✥形状，按住鼠标左键，拖拽图片至合适的位置释放鼠标。

Step7 设置字体和字号

① 选中 A2 单元格，单击“开始”选项卡，在“字体”命令组中的“字体”下拉列表框中选择“隶书”，并在“字号”下拉列表框中选择“18”。

② 选中 A3:I21 单元格区域，设置字体为“Arial Unicode MS”。

③ 选中 A4:I21 单元格区域，在“字体”命令组中单击“减小字号”按钮A˅，设置字号为“10”。

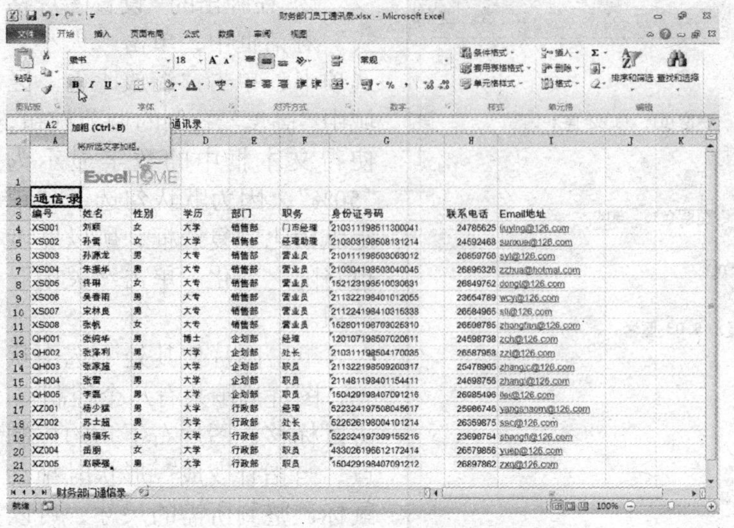

Step8 设置加粗

① 选中 A2 单元格，在“字体”命令组中单击“加粗”按钮。

② 选中 A3:I3 单元格区域，按<Ctrl+B>快捷键，设置字体“加粗”。

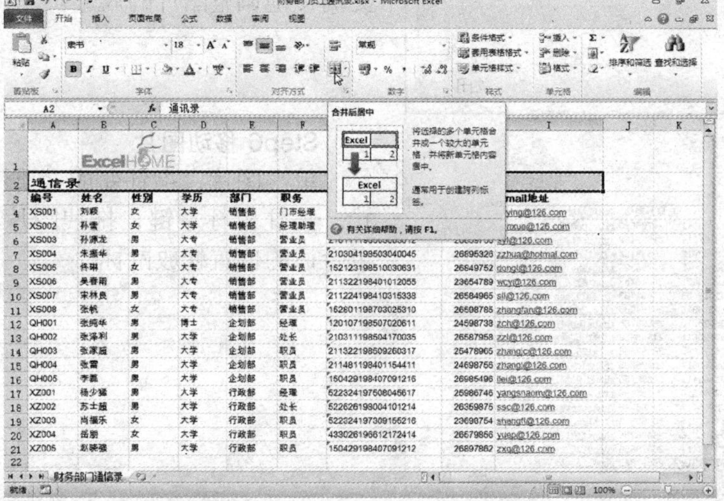

Step9 设置合并后居中

选中 A2:I2 单元格区域，在“对齐方式”命令组中单击“合并后居中”按钮。

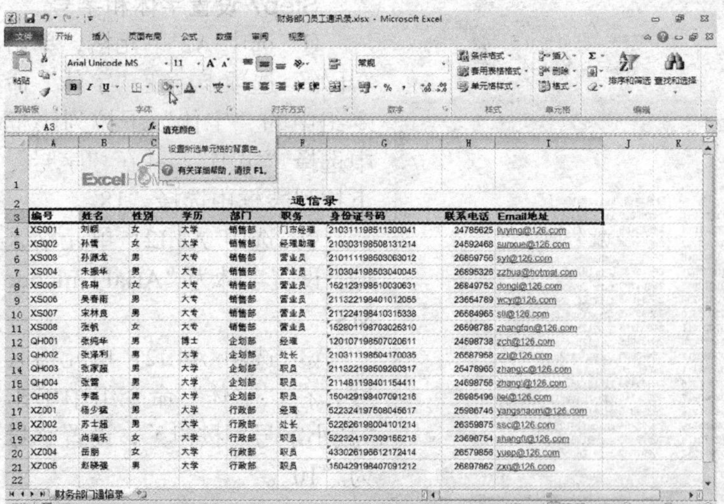

Step10 设置填充颜色

选中 A3:I3 单元格区域，单击“填充颜色”按钮右侧的下箭头按钮，在打开的颜色面板中选择“深蓝，文字 2，淡色 60%”。

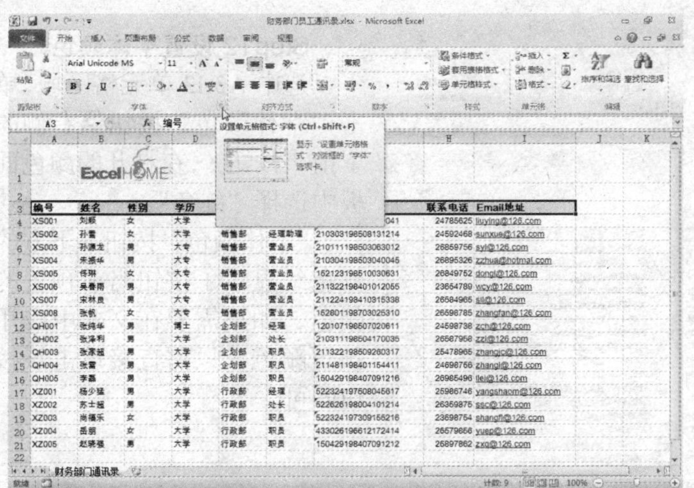

Step11 设置填充效果

① 选中 A3:I3 单元格区域，单击“开始”选项卡，单击“字体”命令组右下角的“对话框启动器”按钮。

② 弹出“设置单元格格式”对话框，单击“填充”选项卡，再单击“填充效果”按钮。

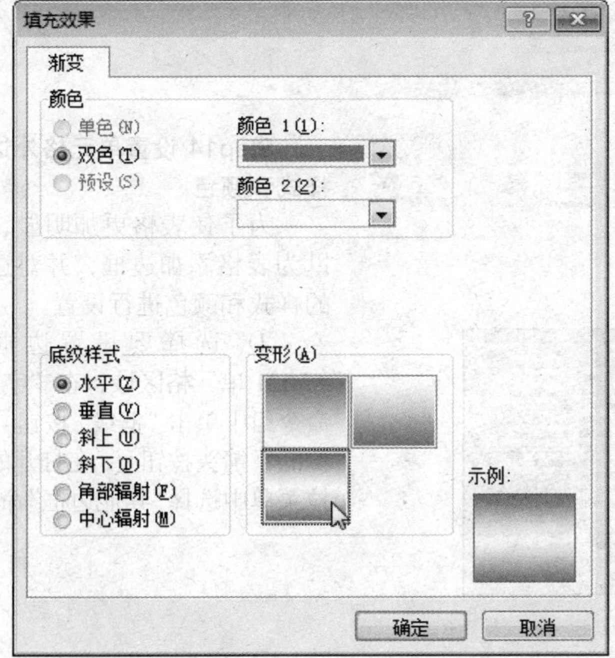

③ 弹出“填充效果”对话框，单击“颜色 1”下方右侧的下箭头按钮，在弹出的颜色面板中选择“蓝色，强调文字颜色 1”。单击“颜色 2”下方右侧的下箭头按钮，在弹出的颜色面板中选择“白色，背景 1”。

④ 在“变形”下方选择第 3 种变形方式，在“示例”下方可以预览效果。单击“确定”按钮，返回“设置单元格格式”对话框，再次单击“确定”按钮。

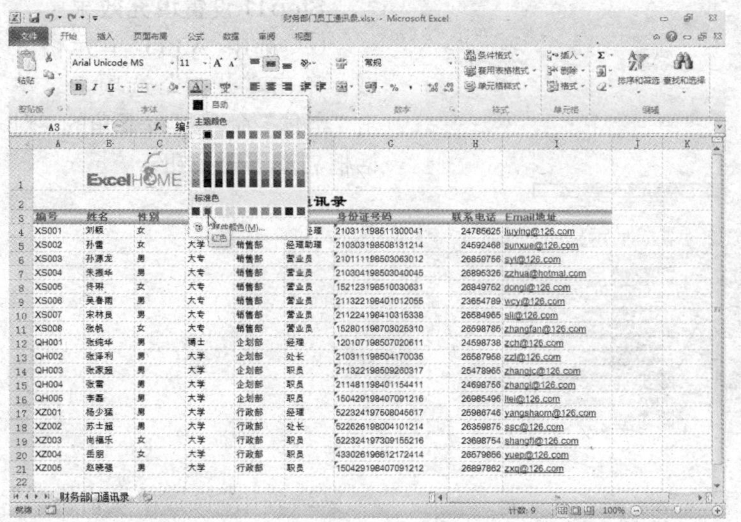

Step12 设置字体颜色

选中 A3:I3 单元格区域，单击“字体颜色”按钮右侧的下箭头按钮，在打开的颜色面板中选择“红色”。

“字体颜色”按钮下方的颜色线显示了按钮当前预置的颜色，如果需要在文本中应用预置颜色，只需直接单击该按钮即可。

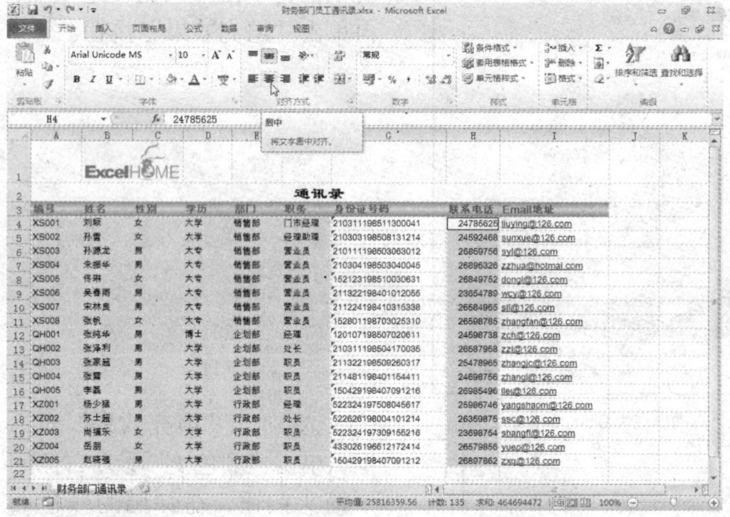

Step13 设置居中

选中 A3:I3 单元格区域，按<Ctrl>键再同时选中 A4:F21 和 H4:H21 单元格区域，在“对齐方式”命令组中单击“居中”按钮。

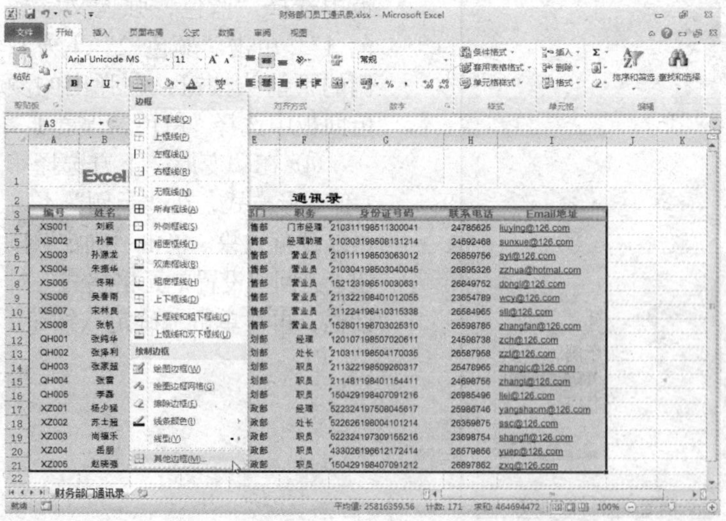

Step14 设置单元格外边框样式和颜色

为了使表格更加明显，可以为表格添加边框，并对边框的样式和颜色进行设置。

① 选择要设置边框的 A3:I21 单元格区域，在“字体”命令组中单击“框线”按钮右侧的下箭头按钮，在打开的下拉菜单中选择“其他边框”命令。

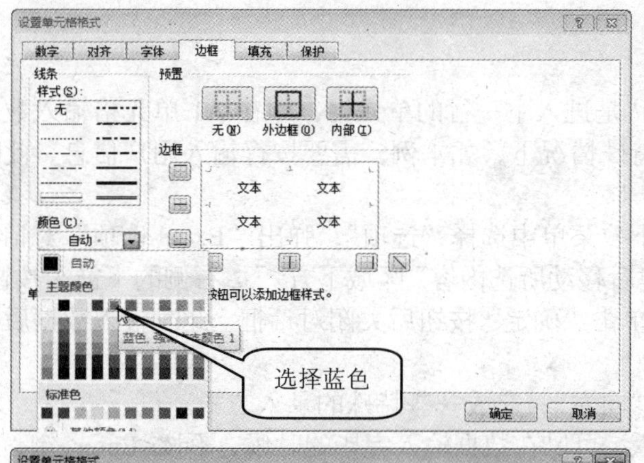

② 弹出“设置单元格格式”对话框，单击“边框”选项卡，单击“颜色”右侧的下箭头按钮，在弹出的颜色面板中选择“蓝色，强调文字颜色 1”。

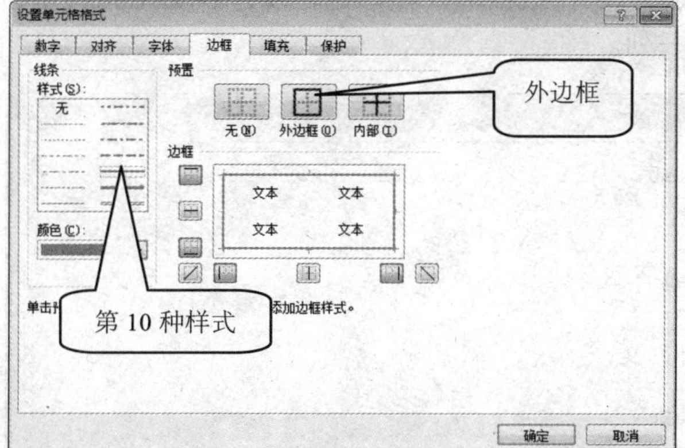

③ 在“线条”的“样式”列表框中选择第 10 种样式。

④ 单击“预置”区域中的“外边框”。

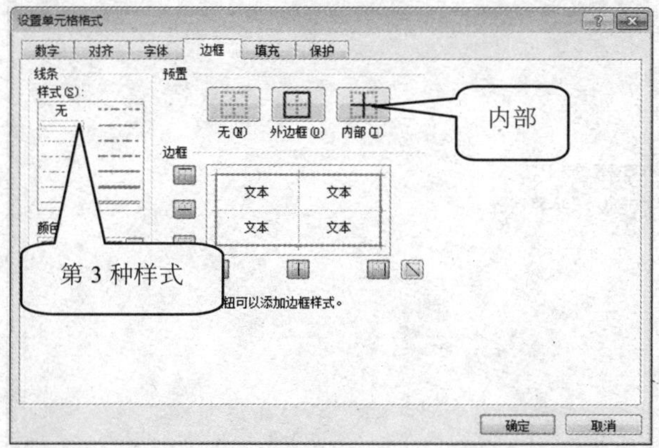

Step15 设置单元格内边框样式

① 在“线条”的“样式”列表框中选择第 3 种样式。

② 单击“预置”区域中的“内部”。单击“确定”按钮。

至此完成单元格边框的设置。

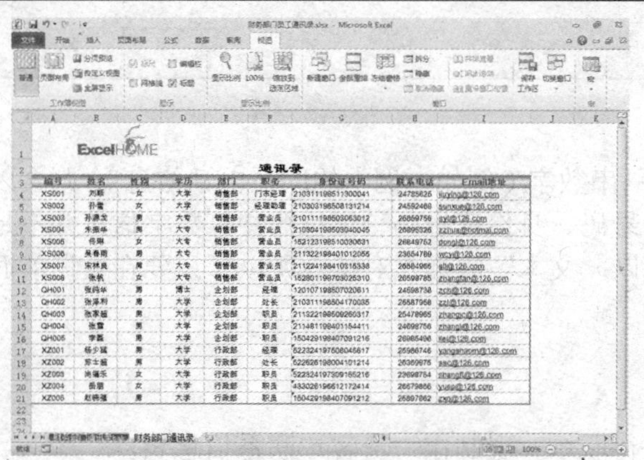

Step16 取消编辑栏和网格线的显示

单击“视图”选项卡，在“显示”命令组中取消勾选“编辑栏”和“网格线”复选框。

经过以上步骤，就完成了单元格格式的基本设置，其最终效果如图所示。

项目扩展

1. 更改Excel默认的输入方向

在 Excel 中，按<Enter>键后，默认是进入下一行的单元格，即在 A1 单元格输入数据后按<Enter>键进入 A2 单元格，而有些特殊情况下，如本例，需要按行输入用户信息，此时可以更换 Excel 的默认换行方式。

单击“文件”选项卡，在打开的下拉菜单中选择“选项”，弹出“Excel 选项”对话框，单击“高级”选项卡。单击“按 Enter 键后移动所选内容”区域下方向下右侧的下箭头按钮，在弹出的下拉列表中选择“向右”，再单击“确定”按钮后关闭对话框。此时输入数据后再按<Enter>键，将跳到下一列的单元格。

同样此处还可以选择“向上”或“向左”，完成一些特殊的录入方式。

如果只是个别单元格需要向右录入，可以在数据输入完毕的时候，不按<Enter>键，而是按<Tab>键，此时单元格也会跳转到下一列。

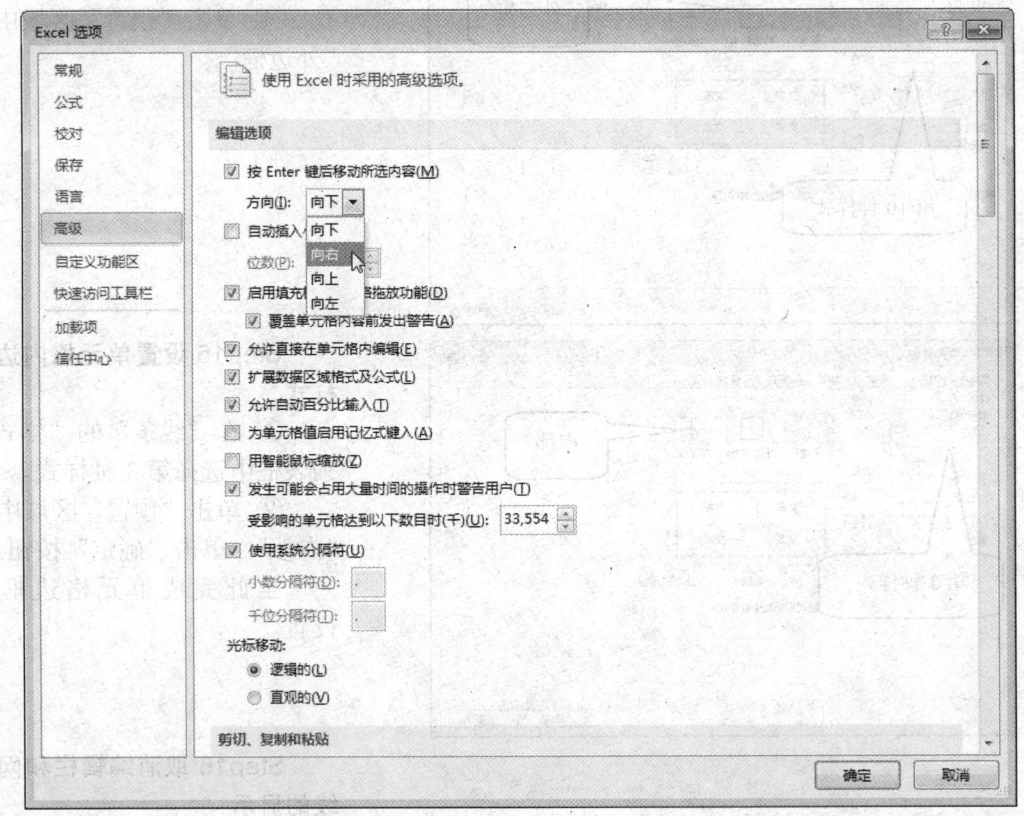

2. 如何输入联系电话数据

在 Excel 单元格中，如果需要输入一串数字（例如本例中的联系电话信息），则会以数字的方式显示，而在实际工作中，如电话号码、身份证号码、银行账户等数字信息并不是真正意义上需要参与数学运算的数字，可以以“文本”的形式对待。所以，只要在数据前面添加英文状态下的单引号“'”即可。

1.3 课堂练习

在实际工作中经常要和各个客户进行联系，现制作一份客户联系信息表。

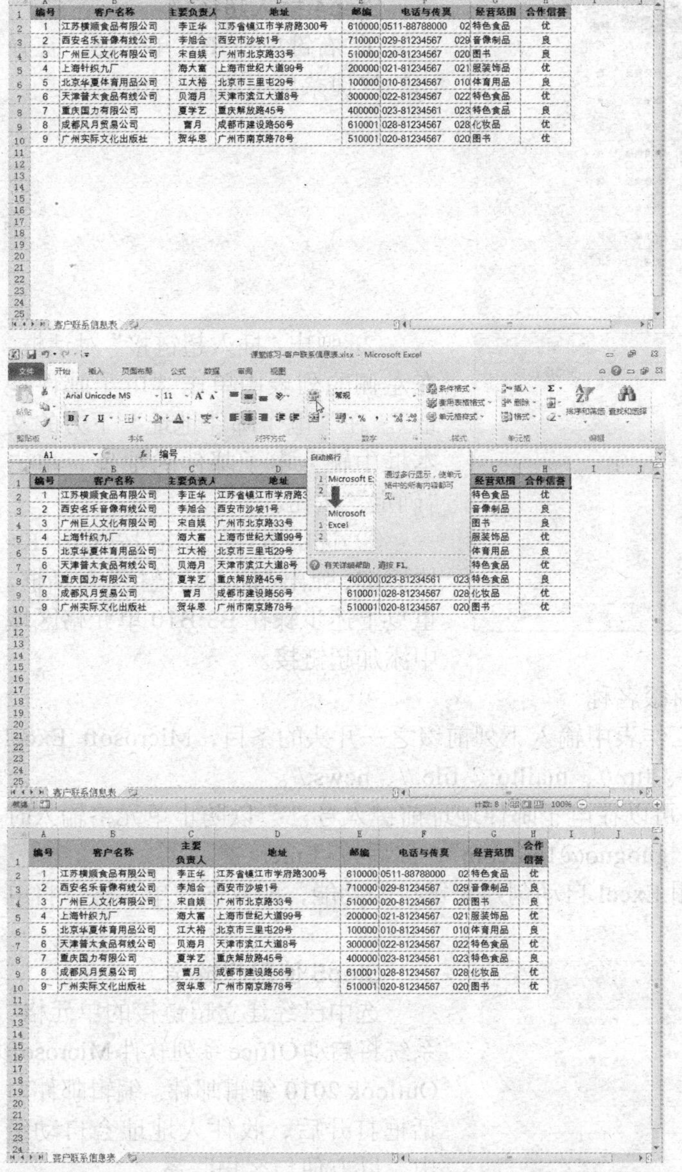

Step1 新建工作簿

新建一个空白工作簿，“Sheet1”工作表重命名为“客户信息联系表”，删除多余的工作表。输入如图所示内容，保存为“课堂练习—客户联系信息表”。

Step2 设置表格格式

按照前面学习过的步骤编辑该工作表，效果如图所示。

Step3 设置自动换行

当单元格区域的内容在一行内无法显示，可以使用“自动换行”的功能来实现。

① 选中 A1:H10 单元格区域，在“开始”选项卡的“对齐方式”命令组中单击“自动换行”按钮。

② 设置 H 列的列宽为“5.00”，可以观察到 C1 和 H1 单元格的内容均自动换行。

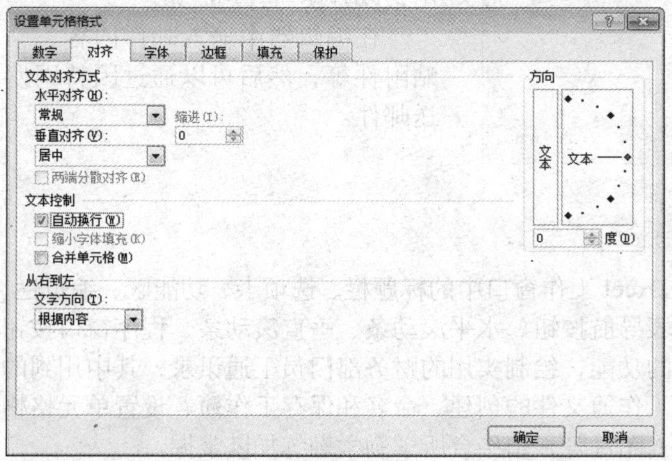

③ 选中 F2:F10 单元格区域，在“开始”选项卡的“对齐方式”命令组中单击右下角的“对话框启动器”按钮，弹出“设置单元格格式”对话框，单击“对齐”选项卡，勾选“文本控制”区域下方的“自动换行”复选框。单击“确定”按钮。

Step4 插入超链接

① 右键单击 B2 单元格，在弹出的快捷菜单中单击“超链接”。

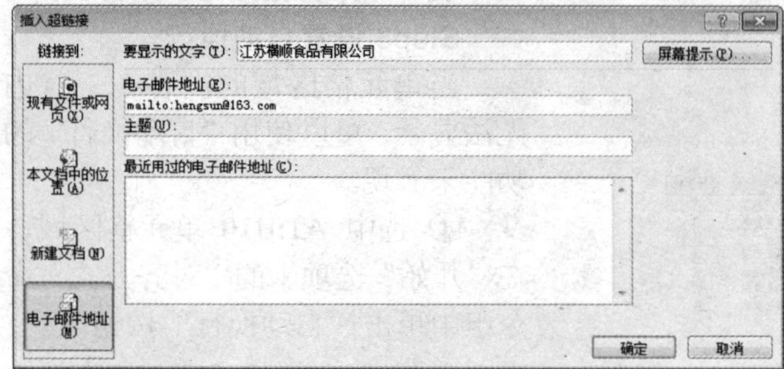

② 弹出“插入超链接”对话框。在左侧的列表中单击“电子邮件地址”。在“电子邮件地址”下方的文本框中输入电子邮件的地址，单击“确定”按钮。

③ 选中 B3 单元格，按<Ctrl+K>快捷键，弹出“插入超链接”对话框。重复上述步骤在 B3:B10 单元格区域中添加超链接。

操作技巧：自动创建超链接的前缀名称

除了电子邮件地址之外，当在工作表中输入下列前缀之一开头的条目，Microsoft Excel 均会自动创建超链接：http://、www、ftp://、mailto:、file://、news://。

要防止 Excel 自动创建超链接，可以在电子邮件地址前键入号“'”以防止单元格输入时自动创建超链接。如在 B4 中输入“'guoguo@163.com”，然后按<Enter>键。

如果需要超链接，可以恢复使用 Excel 自动创建超链接的功能，即双击该单元格，将电子邮件地址前添加的号“'”去除。

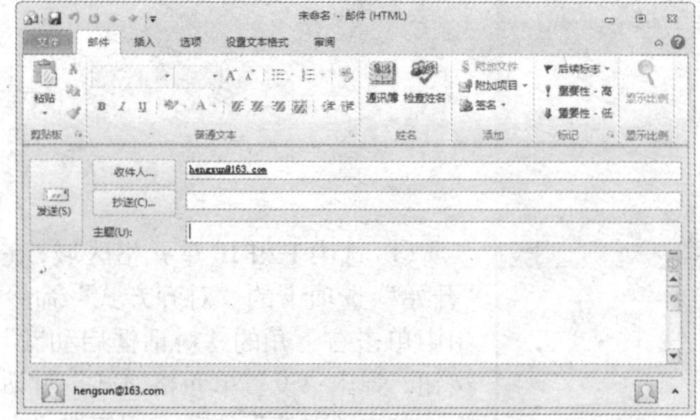

Step5 使用超链接

选中已经建立超链接的单元格，系统将启动 Office 系列软件 Microsoft Outlook 2010 编辑邮件。编辑邮件对话框打开后，收件人地址会自动给出，以方便与客户联系。

在编辑器中输入邮件内容、粘贴附件等，然后可以通过因特网发送邮件。

任务小结

通过本节的学习，我们基本了解 Excel 工作窗口中的标题栏、选项卡、功能区、编辑栏、名称框、状态栏、工作表标签、工作表导航按钮、水平滚动条、垂直滚动条、程序窗口按钮和工作簿窗口按钮的相应位置和各自的功能，绘制实用的财务部门员工通讯录，其中用到的一些基础知识点，如 Excel 的启动、工作簿文件的创建、命名和保存工作簿、设置单元格格式、基本数据及特殊数据的输入和插入图片等，请结合所学勤学勤练加以掌握。

任务二　差旅费报销单

任务背景

“差旅费报销单”是单位员工经常需要使用的表格。如员工出差归来，常需要填写“差旅费报销单”，以便到财务科办理报销手续。财务管理人员应根据部门的需要，设计制作适合的“差旅费报销单”，要求该报销单能够实现自动显示填表日期，统计差旅费总额等功能，如图 1-3 所示。

报　销　单

报销日期:　2014/3/12 21:21

简要说明:　去河南考察　　　　票据期限

姓名　丁昌萍　证件号码　2345　　　　从：2014-03-01
部门　销售部　职务　业务主管　　　　至：2014-03-10

日　期	说　明	车船机票	住　宿	餐　饮	通　信	市内交通	其他费用	小　计
2014-03-01	郑州电梯厂调试	288.00	100.00	20.00	5.20	2.60	3.00	¥418.70
2014-03-10	洛阳建安公司安装	166.00	58.50	16.80	6.60	1.00	2.00	¥250.90
小　计		¥454.00	¥158.50	¥36.80	¥11.80	¥3.50	¥5.00	¥669.60

审批人签字：　　　　部门经理：　　　　报销人：

图 1-3　差旅费报销单

知识点分析

要实现本例中的功能，以下为需要掌握的知识点。

◆　设置单元格格式，如文本对齐方向、边框

◆　Excel 基本功能，如格式刷、插入批注、打印预览、设置显示比例

◆　MIN 函数、MAX 函数和 SUM 函数

任务实施

2.1　制作基本表格

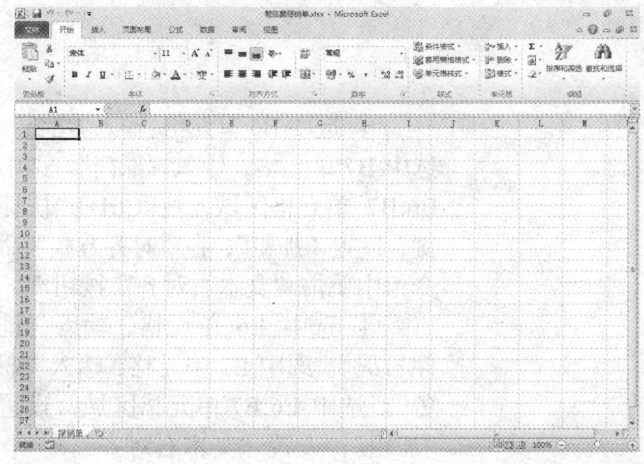

Step1 创建工作簿

启动 Excel，按<Ctrl+S>快捷键，将启动时自动新建的工作簿进行保存，命名为“差旅费报销单”。

Step2 重命名工作表，删除多余工作表

单击“Sheet1”的工作表标签，右键单击，在弹出的快捷菜单中选择“重命名”以进入标签重命名状态，输入“报销单”后按<Enter>键确定，删除多余的工作表。

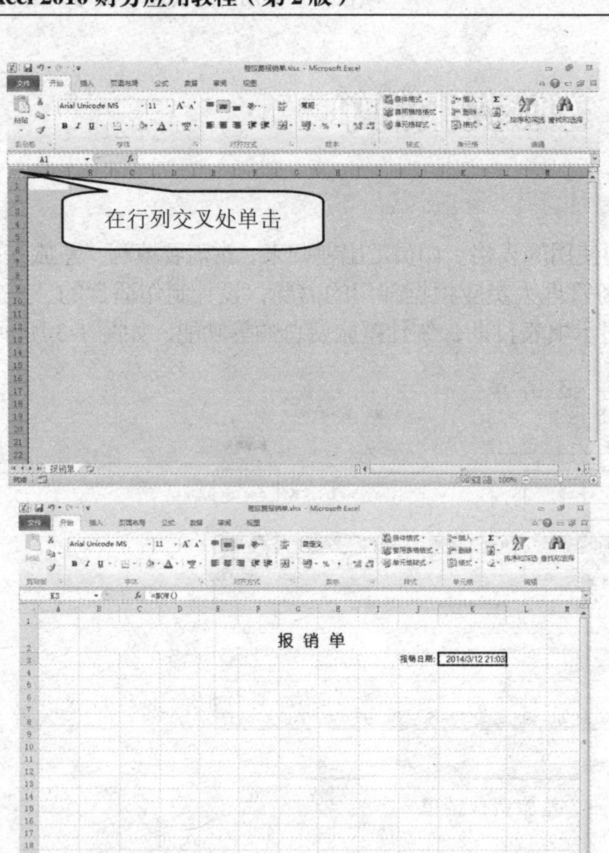

Step3 设置字体

在第一行和 A 列的行列交叉处单击以选中整个工作表，设置字体为“Arial Unicode MS”。

Step4 输入工作表标题

① 选中 B2 单元格，输入标题“报销 单”，设置字体为“幼圆”，字号为“22”，设置“加粗”。选中 B2:L2 单元格区域，设置“合并后居中”。

② 调整第 2 行的行高为“36.00”。

③ 选中 J3 单元格，输入“报销日期:”。

④ 选中 K3 单元格，输入公式：=NOW()

Step5 输入工作表内容

① 选中 B5 单元格，输入“简要说明:”，设置“加粗”。

② 选中 C5 单元格，输入“去河南考察”，选中 C5:H5 单元格区域，设置“合并后居中”。

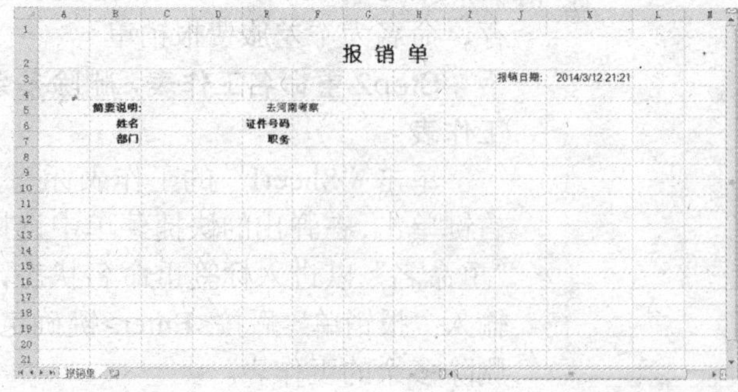

③ 选中 B6 单元格，输入“姓名”。选中 B7 单元格，输入“部门”。选中 B6:B7 单元格区域，按<Ctrl+B>快捷键，设置“加粗”，在“对齐方式”命令组中单击“文本右对齐”按钮。

④ 选中 E6 单元格，输入“证件号码”。选中 E7 单元格，输入“职务”。选中 E6:E7 单元格区域，设置“加粗”，设置“文本右对齐”。

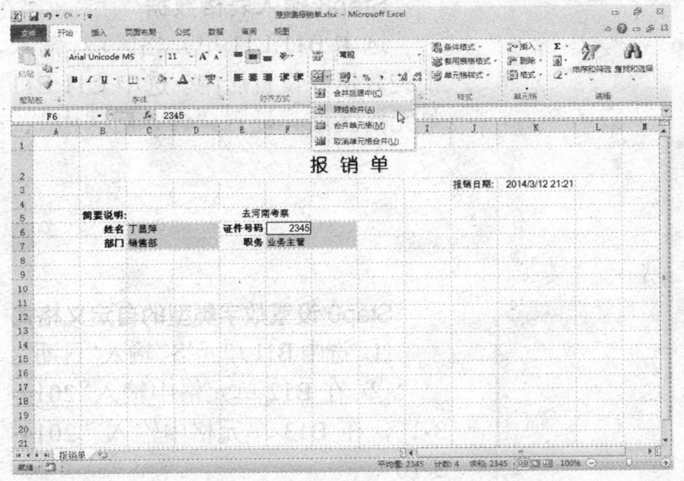

⑤ 选中 C6 单元格，输入“丁昌萍”。选中 C7 单元格，输入“销售部”。选中 F6 单元格，输入“2345”。选中 F7 单元格，输入“业务主管”。

⑥ 选中 C6:D7 单元格区域，按<Ctrl>键不放，再同时选中 F6:G7 单元格区域，在“开始”选项卡的“对齐方式”命令组中单击“合并后居中”右侧的下箭头按钮，在弹出的列表中选择“跨越合并”，再单击“居中”按钮。

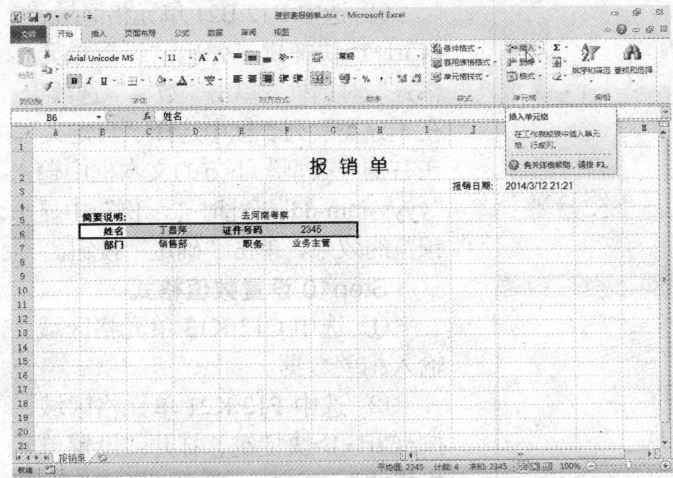

Step6 活动单元格下移

选中 B6:G6 单元格区域，在“开始”选项卡的“单元格”命令组中单击“插入”按钮。此时 B6:H6 活动单元格区域下移一行。

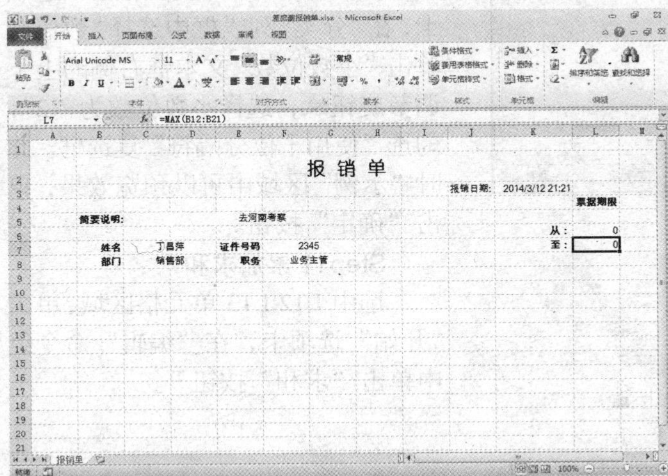

Step7 输入票据期限

① 选中 L5 单元格，输入“票据期限”，设置“加粗”和“居中”。

② 选中 K7 单元格，输入“从:”，选中 K8 单元格，输入“至:”。选中 K7:K8 单元格区域，设置“加粗”和“文本右对齐”。

③ 选中 L7 单元格，在编辑栏中输入以下公式，按<Enter>键确定。

```
=MIN(B12:B21)
```

④ 选中 L8 单元格，在编辑栏中输入以下公式，按<Enter>键确定。

```
=MAX(B12:B21)
```

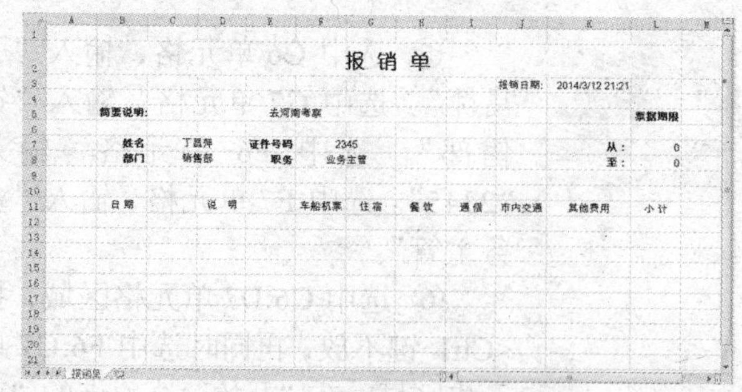

Step8 输入表格数据

选中 B11:L11 单元格区域，输入相关数据并设置居中。选中 C11:E11 单元格区域，设置“合并后居中”。

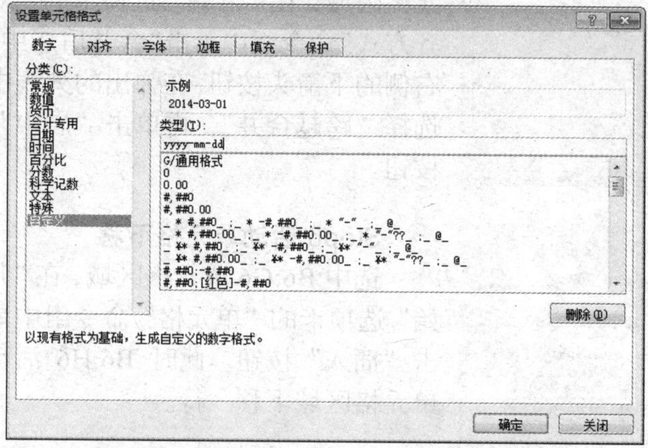

Step9 设置数字类型的自定义格式

① 选中 B11 单元格，输入“日期”。

② 在 B12 单元格中输入“2014-3-1”，在 B13 单元格中输入“2014-3-10”。

③ 选中 B12:B21 单元格区域，按 <Ctrl+1>快捷键，弹出“设置单元格格式”对话框，单击“数字”选项卡，在“分类”列表框中选择“自定义”，在右侧“类型”下方的文本框中输入“yyyy-mm-dd”。此时“示例”中显示预览的效果，单击“确定”按钮。

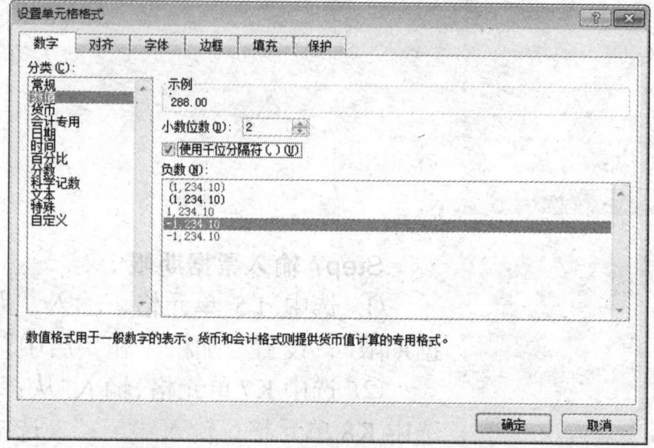

Step10 设置数值格式

① 选中 C12:K13 单元格区域，输入相关数据。

② 选中 F12:K21 单元格区域，按<Ctrl+1>快捷键，打开“设置单元格格式”对话框，单击“数字”选项卡，在“分类”列表框中选择“数值”，单击“小数位数”文本框右侧的上下调节旋钮，选择小数位数为“2”，勾选“使用千位分隔符”复选框。此时“示例”区域中可以预览效果，单击“确定”按钮。

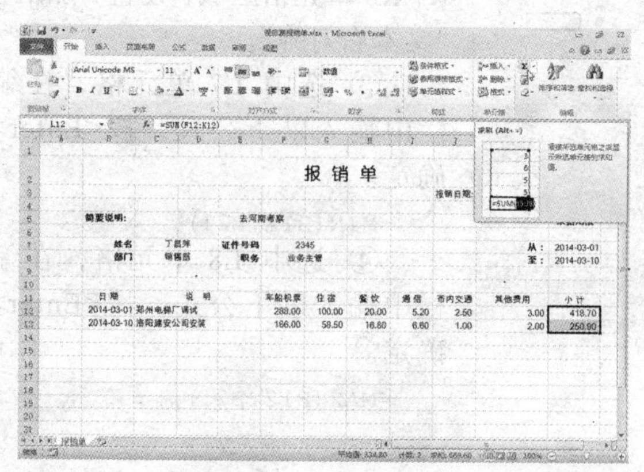

Step11 累加求和

选中 L12:L13 单元格区域，单击“开始”选项卡，在“编辑”命令组中单击“求和”按钮 Σ。

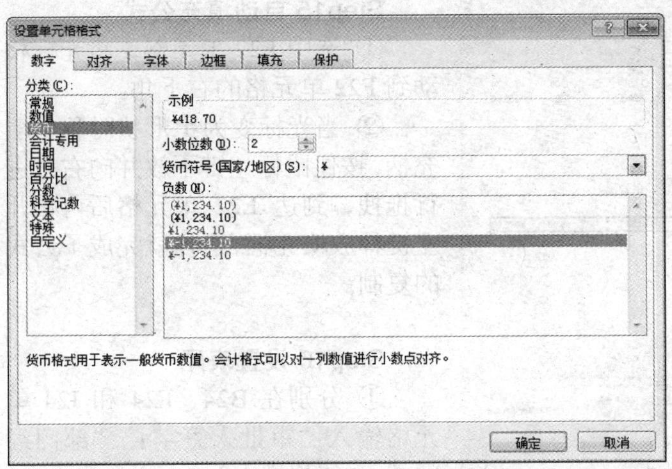

Step12 设置货币格式

选中 L12:L13 单元格区域，按<Ctrl+1>快捷键，弹出“设置单元格格式”对话框，单击“数字”选项卡，在左侧“分类”列表框中选择“货币”。在右侧“小数位数”里，设置小数位数为“2”。在“货币符号（国家/地区）”下拉列表框中选择人民币符号“￥”。在“负数”列表框中选择第 4 项“￥-1,234.10”。单击“确定”按钮。

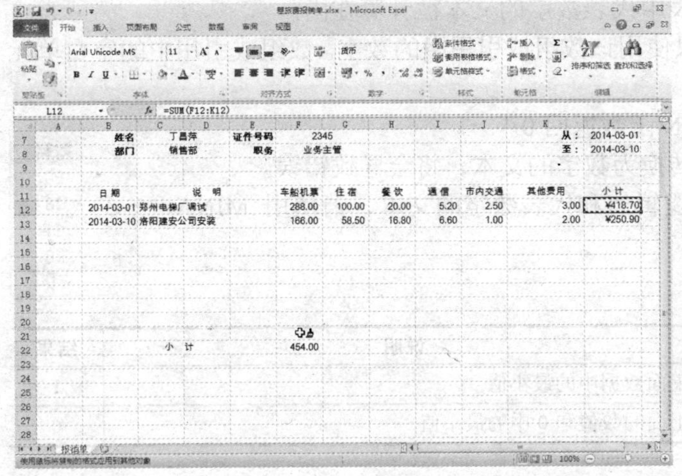

Step13 计算单项和

① 选中 B22 单元格，输入“小计”。选中 B22:E22 单元格区域，设置“合并后居中”。

② 选中 F22 单元格，输入以下公式，按<Enter>键确定。

```
=SUM(F12:F21)
```

操作技巧：插入 SUM 函数的快捷方法

方法一：在需要求和的数据区域下方或右侧，按住<Alt>键不放，再按<=>键，回车。

方法二：在需要求和的数据区域下方或右侧，在“开始”选项卡的“编辑”命令组中单击“求和”按钮 Σ。

Step14 使用格式刷

① 选中 L12 单元格，在“开始”选项卡的“剪贴板”命令组中单击“格式刷”按钮，此时 L12 单元格的边框变为虚框，光标变为形状，表示处于格式刷状态，准备将此单元格的格式复制给表格中的其他单元格。此时选中的目标区域将应用源区域 L12 单元格的格式。

② 选中 F22 单元格后，格式复制完成，光标也恢复为常态。

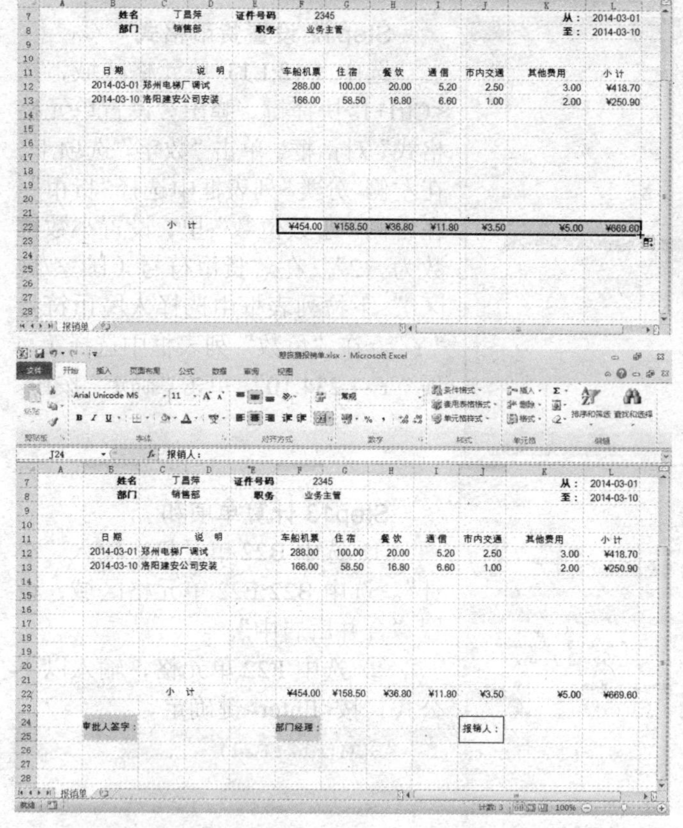

Step15 自动填充公式

① 选中 F22 单元格，将光标移动到 F22 单元格的右下角。

② 当光标变为➕形状时称作填充柄，按住鼠标左键不放并向右方进行拖拽，到达 L22 单元格后再松开左键释放填充柄，这样就完成了公式的复制。

Step16 设置表尾

① 分别在 B24、F24 和 J24 单元格输入“审批人签字：”“部门经理：”和“报销人”。

② 按<Ctrl>键，同时选中 B24:B25、F24:F25 和 J24:J25 单元格区域，在“开始”选项卡的“对齐方式”命令组中单击“合并后居中”按钮。

函数应用：MIN 函数

函数用途

返回一组值中的最小值。

函数语法

```
MIN(number1,number2,...)
number1,number2,...是要从中查找最小值的数字（可多至 255 个）。
```

函数说明

- 参数可以是数字或者是包含数字的名称、数组或引用。
- 逻辑值和直接键入到参数列表中代表数字的文本被计算在内。
- 如果参数为数组或引用，则只使用该数组或引用中的数字。数组或引用中的空白单元格、逻辑值或文本将被忽略。
- 如果参数中不含数字，则 MIN 函数返回 0。
- 如果参数为错误值或为不能转换为数字的文本，将会导致错误。
- 如果要使计算包括引用中的逻辑值和代表数字的文本，请使用 MINA 函数。

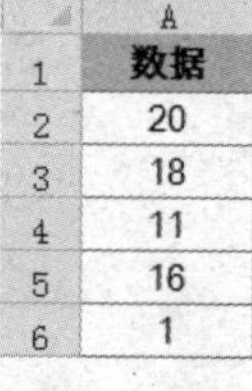

	A
1	数据
2	20
3	18
4	11
5	16
6	1

函数简单示例

示例	公式	说明	结果
1	=MIN(A2:A6)	上面数据中的最小值	1
2	=MIN(A2:A6,0)	上面的数值和 0 中的最小值	0

本例公式说明

本例中的公式为：

```
=MIN(B12:B21)
```

寻找 B12 到 B21 单元格区域数据中的最小值。

函数应用：MAX 函数

函数用途

返回一组值中的最大值。

函数语法

```
MAX(number1,number2,...)
```

number1,number2,...是要从中找出最大值的数字（可多至 255 个）。

函数说明

- 参数可以是数字或者是包含数字的名称、数组或引用。
- 逻辑值和直接键入到参数列表中代表数字的文本被计算在内。
- 如果参数为数组或引用，则只使用该数组或引用中的数字。数组或引用中的空白单元格、逻辑值或文本将被忽略。
- 如果参数不包含数字，MAX 函数返回 0。
- 如果参数为错误值或为不能转换为数字的文本，将会导致错误。
- 如果要使计算包括引用中的逻辑值和代表数字的文本，请使用 MAXA 函数。

	A
1	数据
2	20
3	18
4	11
5	16
6	1

函数简单示例

示例	公式	说明	结果
1	=MAX(A2:A6)	上面一组数字中的最大值	20
2	=MAX(A2:A6,30)	上面一组数字和 30 中的最大值	30

本例公式说明

本例中的公式为：

```
=MAX(B12:B21)
```

寻找 B12 到 B21 单元格区域数据中的最大值。

函数应用：SUM 函数

函数用途

返回某一单元格区域中所有数字之和。

函数语法

```
SUM(number1,number2,...)
```

参数说明

number1,number2,...要对其求和的 1～255 个参数。

函数说明

- 直接键入到参数表中的数字、逻辑值及数字的文本表达式将被计算，请参阅下面的示例 1 和示例 2。
- 如果参数是一个数组或引用，则只计算其中的数字。数组或引用中的空白单元格、逻辑值或文本将被忽略。请参阅下面的示例。
- 如果参数为错误值或为不能转换为数字的文本，将会导致错误。

	A
1	数据
2	-6
3	28
4	32
5	14
6	TRUE

函数简单示例

示例	公式	说明	结果
1	=SUM(3,2)	将 3 和 2 相加	5
2	=SUM("5",15,TRUE)	将 5、15 和 1 相加，因为文本值被转换为数字，逻辑值 TRUE 被转换成数字 1	21
3	=SUM(A2:A4)	将 A2:A4 单元格区域中的数相加	54
4	=SUM(A2:A4,15)	将 A2:A4 单元格区域中的数之和与 15 相加	69
5	=SUM(A5,A6,2)	将 A5、A6 的值与 2 求和。因为引用中的非数字值没有转换为数字，所以 A5、A6 的值被忽略。	2

本例公式说明

本例中的公式为：

```
=SUM(F12:K12)
```

对 F12:K12 单元格区域中所有数字求和。

2.2 设置表格格式

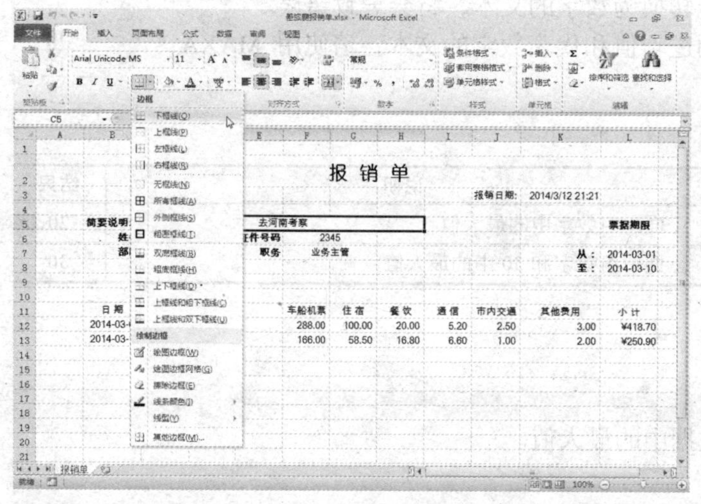

Step1 设置单元格框线

① 选中 C5:H5 单元格区域，单击“开始”选项卡，在“字体”命令组中单击“框线”按钮右侧的下箭头按钮，在弹出的下拉菜单中选择“边框”下的“下框线”，为单元格区域设置下框线。

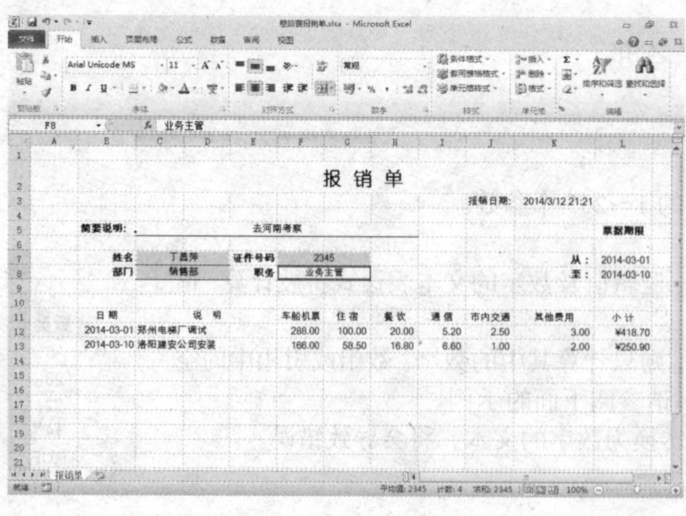

② 此时“边框”按钮保留上一次预设的状态。按<Ctrl>键同时选中 C7:D7、C8:D8、F7:G7 和 F8:D8 单元格区域，单击“边框”按钮，设置下框线。

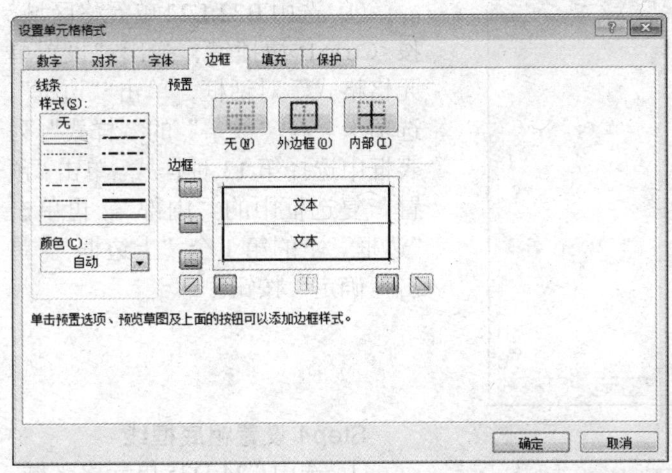

Step2 设置票据期限的框线

① 选中 L7:L8 单元格区域，按<Ctrl+1>快捷键，弹出“设置单元格格式”对话框，单击“边框”选项卡。

② 在“线条”的“样式”列表框中选择第 10 种样式。单击“预置”区域中的“外边框”。

③ 在“线条”的“样式”列表框中选择第 3 种样式。单击“预置”区域中的“内部”。单击“确定”按钮。

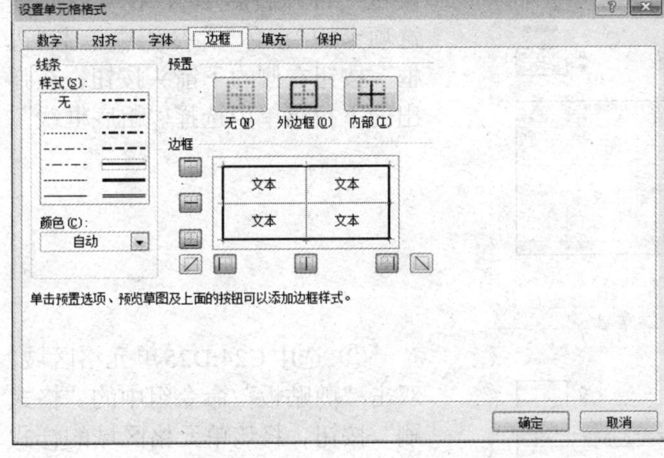

Step3 设置其他框线

① 选中 B7:G9 单元格区域，在“开始”选项卡的“字体”命令组中单击“边框”右侧的下箭头按钮，在弹出的下拉菜单中选择“粗匣框线”。

② 选中 B11:L22 单元格区域，按<Ctrl+1>快捷键，弹出“设置单元格格式”对话框，单击“边框”选项卡。在“线条”的“样式”列表框中选择第 10 种样式。单击“预置”区域中的“外边框”。在“线条”的“样式”列表框中选择第 3 种样式。单击“预置”区域中的“内部”。单击“确定”按钮。

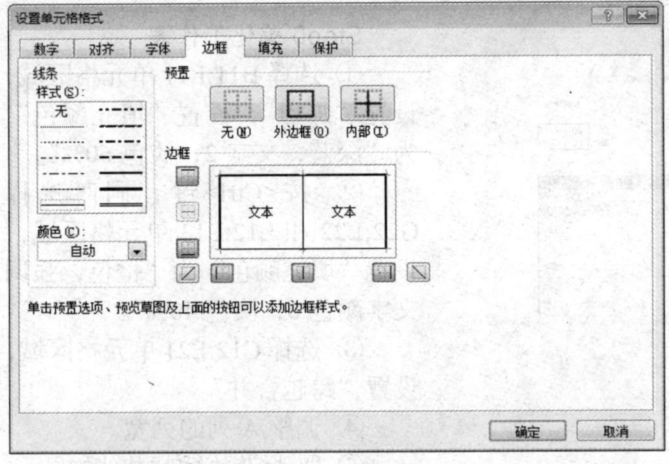

③ 选中 B11:L11 单元格区域，按<Ctrl+1>快捷键，弹出“设置单元格格式”对话框，单击“边框”选项卡。在“线条”的“样式”列表框中选择第 13 种样式。单击“预置”区域中的“内部”。再单击“边框”下的第 3 个“下边框”。单击“确定”按钮。

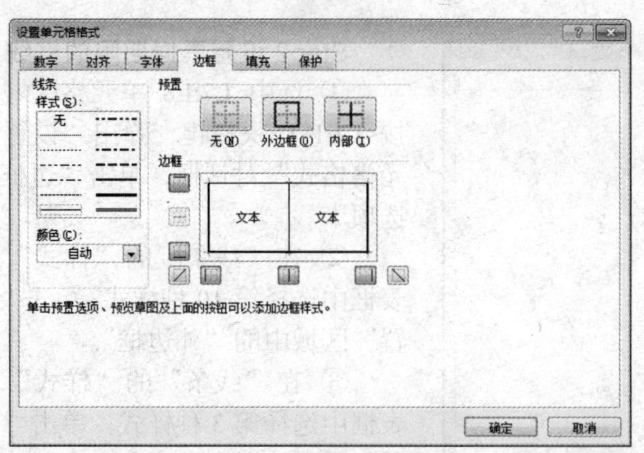

④ 选中 B22:L22 单元格区域，按<Ctrl+1>快捷键，弹出“设置单元格格式”对话框，单击“边框”选项卡。在“线条”的“样式”列表框中选择第 13 种样式。单击“预置”复选框中的“内部”。再单击“边框”下的第 1 个“上边框”。单击“确定”按钮。

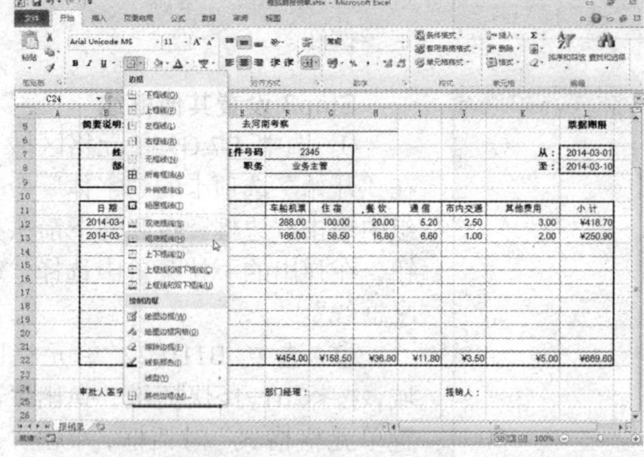

Step4 设置粗底框线

① 选中 C24:D25 单元格区域，设置“合并后居中”，在“开始”选项卡的“字体”命令组中单击“边框”按钮右侧的下箭头按钮，在弹出的下拉菜单中选择“粗底框线”。

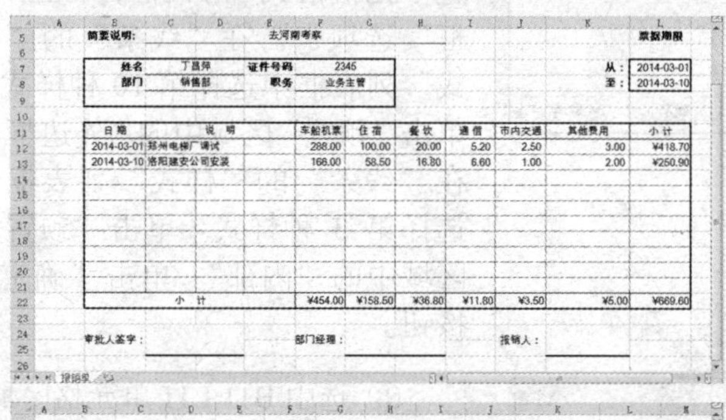

② 选中 C24:D25 单元格区域，双击“剪贴板”命令组中的“格式刷”按钮，将该单元格区域的样式分别复制给 G24:H25 和 K24:K25 单元格区域。再次单击常用工具栏上的“格式刷”按钮，取消“格式刷”状态。

Step5 美化工作表

① 选择 B11:L11 单元格区域，设置“加粗”，设置“填充颜色”为“深蓝，文字 2，淡色 60%”。

② 按<Ctrl>键，同时选择 G22:L22 和 L12:L13 单元格区域，设置“填充颜色”为“橙色，强调文字颜色 6，淡色 40%”。

③ 选择 C12:E21 单元格区域，设置“跨越合并”。

④ 调整 A 列的列宽。

⑤ 取消编辑栏和网格线的显示。

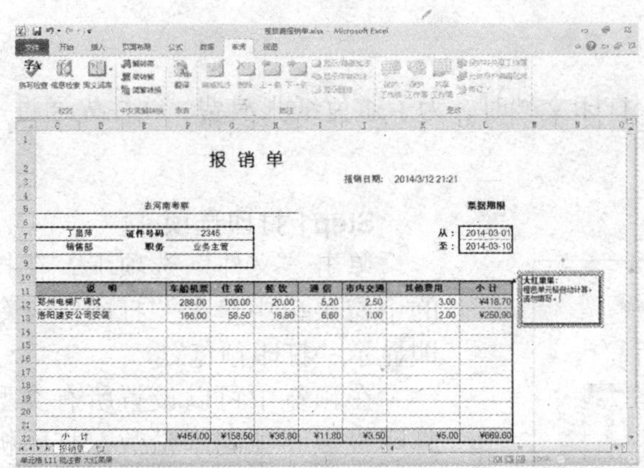

Step6 插入批注

① 选中需要编辑批注的 L7 单元格，单击“审阅”选项卡，在“批注”命令组中单击“新建批注”按钮，在批注框中输入批注文本“起始日期自动计算，请勿填写”。

② 选中 L11 单元格，单击“新建批注”按钮，在批注框中输入批注文本“橙色单元格自动计算，请勿填写”。

项目扩展：自动保存功能

单击“快速访问工具栏”上的“保存”按钮，或者按<Ctrl+S>快捷键也可以打开“另存为”对话框。如果工作簿此前已经被保存，再次执行“保存”操作时将不会出现“另存为”对话框，而是直接将工作簿保存在原来位置，并以修改后的内容覆盖原文件中的内容。

由于自动断电、系统不稳定、Excel 程序本身问题、用户误操作等原因，Excel 程序可能会在用户保存文档之前就意外关闭，使用“自动保存”功能可以减少这些意外所造成的损失。

在 Excel 2010 中，自动保存功能得到进一步增强，不仅会自动生成备份文件，而且会根据间隔定时需求生成多个文件版本。当 Excel 程序因意外崩溃而退出或者用户没有保存文档就关闭工作簿时，可以选择其中的某一个版本进行恢复。具体的设置方法如下。

① 依次单击“文件”选项卡→“选项”命令，弹出“Excel 选项”对话框，单击“保存”选项卡。

② 勾选“保存工作簿”区域中“保存自动恢复信息时间间隔”复选框（默认被勾选），即所谓的“自动保存”。在微调框中设置自动保存的时间间隔，默认为 10 分钟，用户可以设置从 1～120 分钟之间的整数。勾选“如果我没保存就关闭，请保留上次自动保留的版本”复选框。在下方“自动恢复文件位置”文本框中输入需要保存的位置，Windows7 系统中的默认路径为“C:\Users\用户名\AppData\Roaming\Microsoft\Excel\”。

③ 单击“确定”按钮，即可应用保存设置并退出“Excel 选项”对话框，如图 1-4 所示。

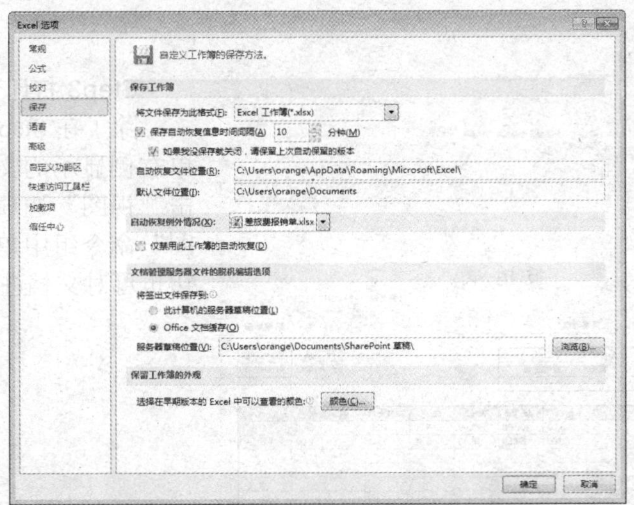

图 1-4 “Excel 选项”对话框

2.3 打印设置

通过上述操作，“报销单”制作完毕。打印文档时，为了避免纸张浪费，往往先通过“打印预览”命令进行预览。

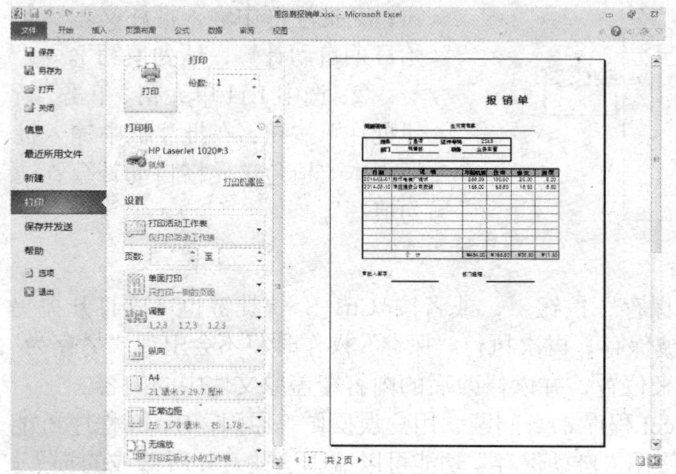

Step1 打印选项

单击“文件”选项卡，在打开的下拉菜单中单击“打印”命令，即显示“打印预览”。

在预览中可以设置所有类型的打印设置，如副本份数、打印机、页面范围、单面打印/双面打印、纵向和页面大小等。

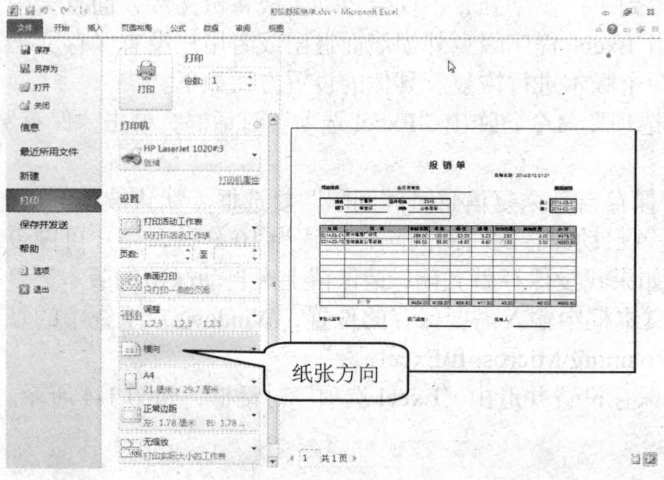

Step2 设置打印方向

单击“设置”下方“纵向”右侧的下箭头按钮，在弹出的列表中选择“横向”。

也可以单击“页面布局”选项卡，在“页面设置”命令组中单击“纸张方向→横向”命令。

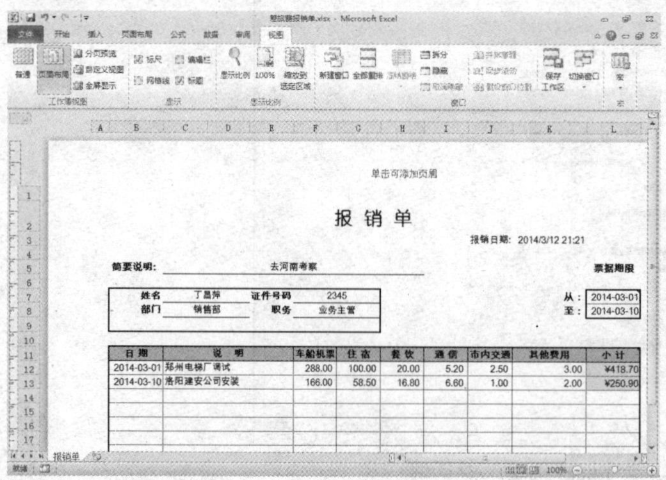

Step3 打印预览

除了在 Step1 中“打印选项”菜单右侧显示的文档预览模式外，单击“视图”选项卡，在“工作簿视图”命令组中单击“页面布局”按钮也可对文档进行预览。

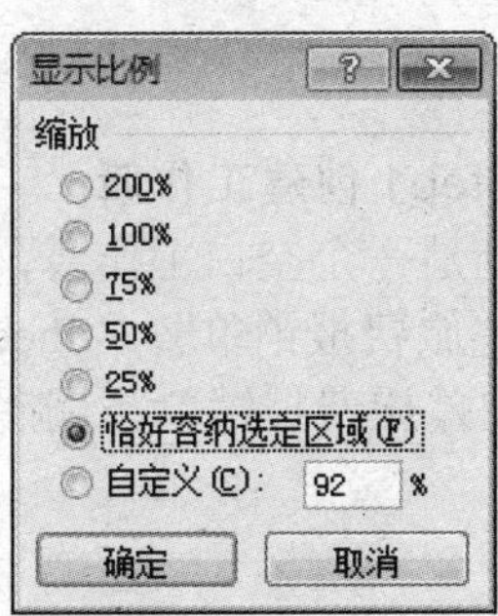

Step4 调整显示比例

① 选中 B2:L25 单元格区域，单击“视图”选项卡，在“显示比例”命令组中单击“显示比例”按钮。

② 弹出“显示比例”对话框，单击“恰好容纳选定区域”单选钮，单击“确定”按钮。

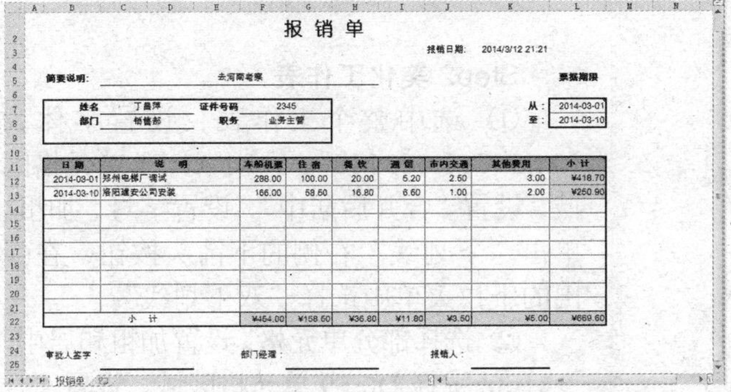

此时整个工作表可以在当前屏幕内显示。

项目扩展：调整显示比例的其他方法

1. 按住<Ctrl>键的同时，再滑动鼠标滚轮可以使文档在 10%～400%之间进行缩放。

2. 单击“文件”选项卡→“选项”按钮，弹出“Excel 选项”对话框，单击“高级”选项卡。在“编辑选项”下，勾选“用智能鼠标缩放（Z）”复选框，再单击“确定”按钮，如图 1-5 所示。此时，可以直接拨动鼠标滚轮完成显示比例的缩放。

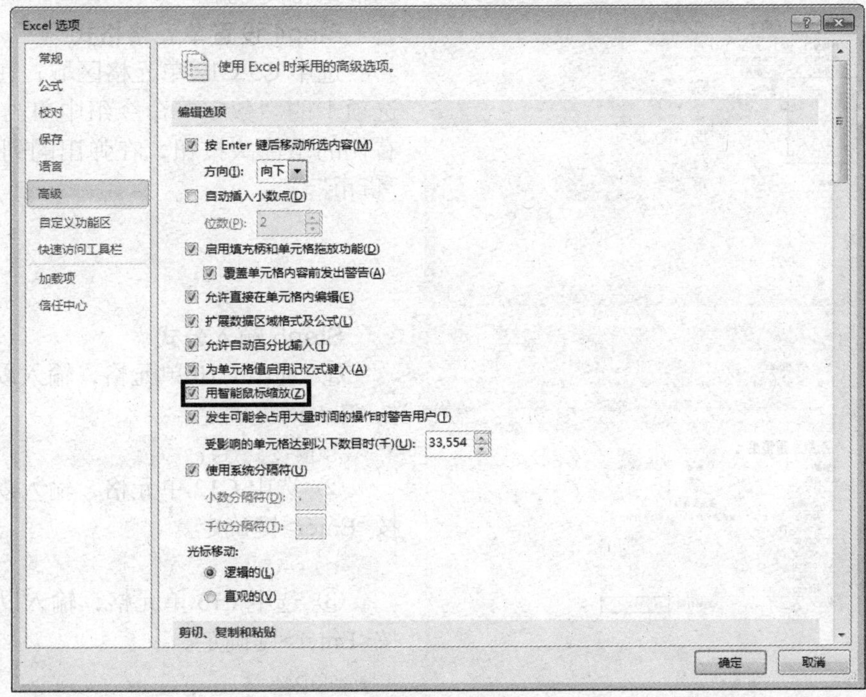

图 1-5 “编辑选项”（1）

2.4 课堂练习

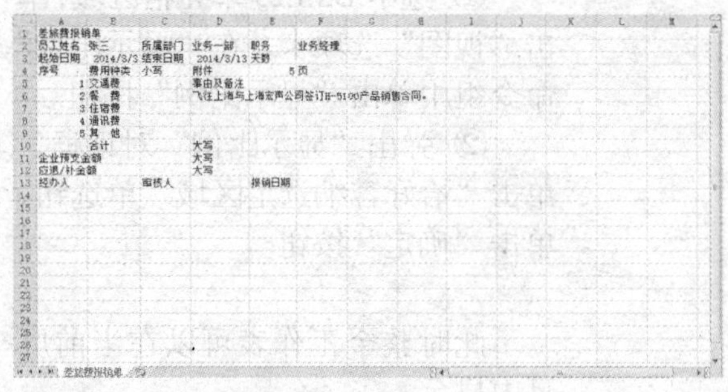

Step1 创建工作簿

新建一个空白工作簿，另存为“课堂练习—差旅费报销单”，“Sheet1”工作表重命名为“差旅费报销单”，删除多余的工作表。

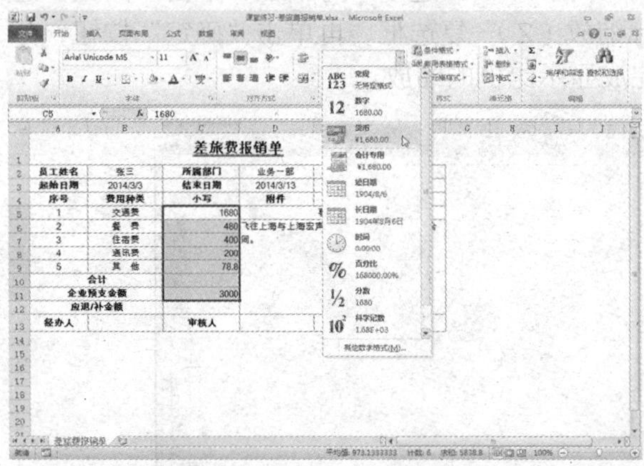

Step2 美化工作表

① 选中整个工作表，设置字体为“Arial Unicode MS”。选中 A1:F1 单元格区域，设置“合并后居中”，设置字号、加粗。单击“下划线”右侧的下箭头按钮，在弹出的下拉菜单中选择“双下划线”。

② 选择部分单元格，设置加粗和居中。

③ 选择 D6:F9 单元格区域，设置“合并单元格”，设置“自动换行”。

④ 调整行高和列宽。

⑤ 取消网格线的显示。

Step3 输入费用的数值

在 C5:C9 单元格区域和 C11 单元格分别输入相关数据。

Step4 设置单元格格式

选中 C5:C12 单元格区域，在“开始”选项卡的“数字”命令组中单击“常规”右侧的下箭头按钮，在弹出的列表中选择“货币”。

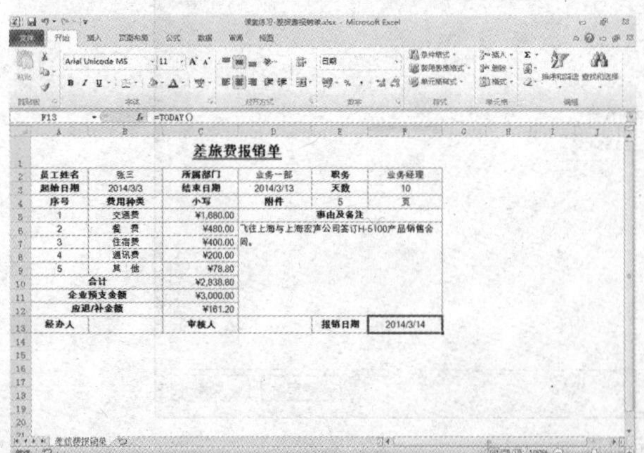

Step5 输入公式

① 选中 C10 单元格，输入以下公式，按<Enter>键确定。

```
=SUM(C5:C9)
```

② 选中 C12 单元格，输入以下公式，按<Enter>键确定。

```
=C11-C10
```

③ 选中 F13 单元格，输入以下公式，按<Enter>键确定。

```
=TODAY()
```

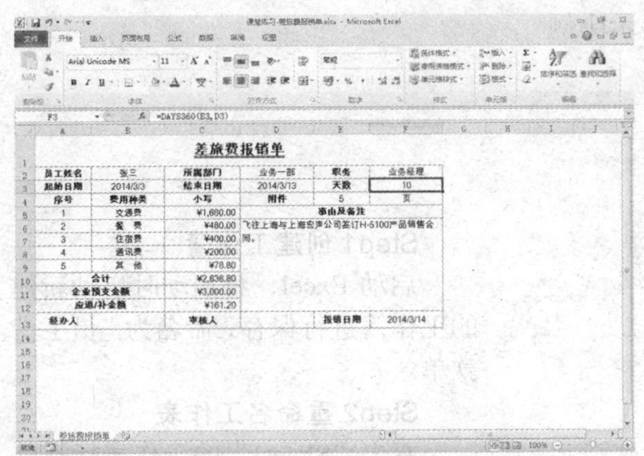

Step6 计算天数

选中 F3 单元格，输入以下公式，按<Enter>键输入。

```
=DAYS360(B3,D3)
```

任务小结

在以上“差旅费报销单”的制作过程中，我们继续熟悉上一节中 Excel 单元格格式的设置，如文本对齐、绘制单元格边框等，另外引入了插入批注和格式刷等操作。本节中，我们使用了最简单的一些函数，如 MIN 函数、MAX 函数和 SUM 函数，后面我们还将逐步熟悉一些常用函数的功能，在相关数据的统计工作中灵活地加以应用。

任务三　员工借款单

任务背景

“员工借款单”如图 1-6 所示，是单位员工经常需要用到的一类电子表格，员工在出差前需要先至单位财务处办理借款手续，出差回来再持有关票据至财务处报销。办理大宗采购业务时，员工也需要先到单位财务处借款，待发票收到后，再至财务处报销。单位员工借款单包括了借款资金性质、借款时间、借款人、借款单位、借款理由和借款金额等项目。

员 工 借 款 单　　№

资金性质：　　　　**借款时间：　年　月　日**

借款人：	借款单位：	
借款理由：		
借款金额：人民币（大写）	￥	
本单位负责人意见：		
部门负责人（签字）：	会计主管（签字）：	付款记录： 年　月　日以第　号 支票或现金支出凭单付给

图 1-6　员工借款单

知识点分析

要实现本例中的功能，以下为需要掌握的知识点。

◆ Excel 基本功能、插入文本框、插入特殊符号

◆ 打印预览、设置打印区域、调整显示比例

任务实施

3.1 制作基本表格

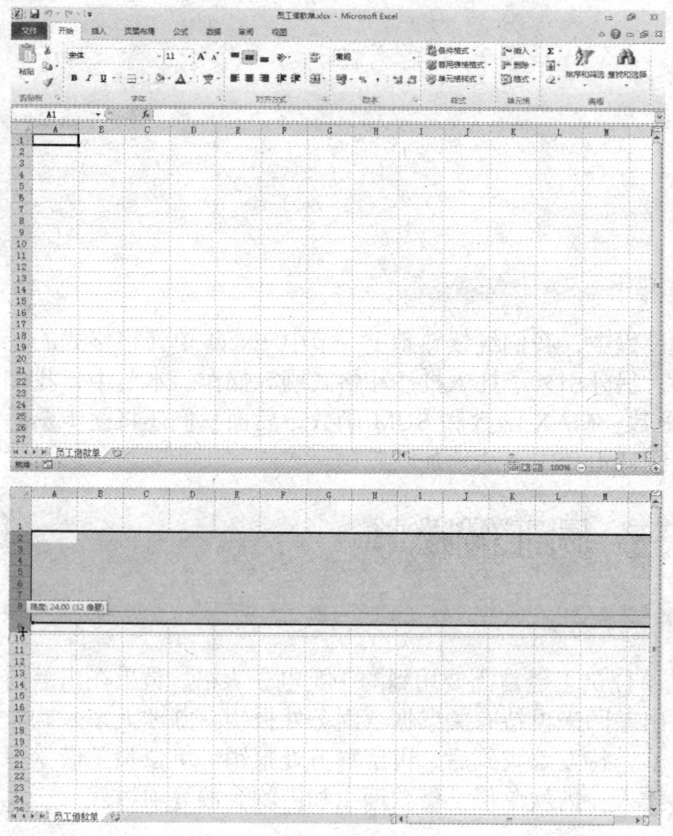

Step1 创建工作簿

启动 Excel，将启动时自动新建的工作簿进行保存，命名为“员工借款单。

Step2 重命名工作表

双击“Sheet1”的工作表标签以进入标签重命名状态，输入“员工借款单”，按<Enter>键确定。删除多余的工作表。

Step3 调整行高列宽

① 将鼠标移至第 1 行和第 2 行的行标交界处，当鼠标变为✛形状时，单击并向下拖动鼠标，待显示的“高度”增加至“39.00(52 像素)”时，释放鼠标。

② 选中第 2 至第 9 行后，将鼠标移至第 9 行和第 10 行的行标交界处，当鼠标变为✛形状时，单击并向下拖动鼠标，待显示的“高度”增加至“24.00（32 像素）”时，释放鼠标。

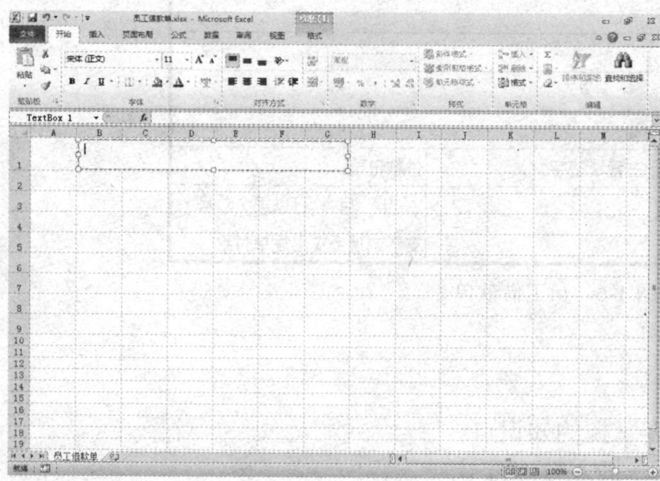

Step4 插入文本框并输入文本

单击“插入”选项卡，在“文本”命令组中单击“文本框”按钮，此时鼠标变成“↓”，将鼠标移回 B1 单元格中左上方位置，单击并向右拖动鼠标选定文本框的大小，释放鼠标后文本框的边框会呈阴影状。

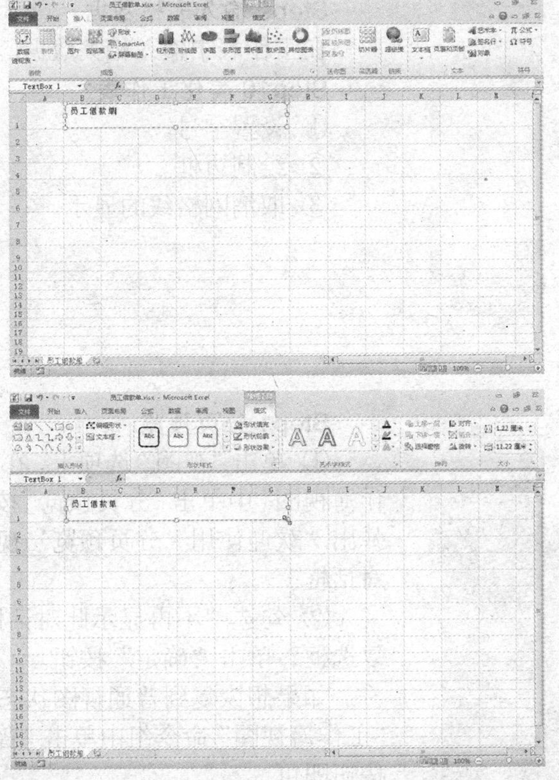

Step5 在文本框中输入内容

将鼠标移动到文本框的内部任意位置，当文本框的边框呈阴影状时，即可输入文本框的内容“员工借款单”。

Step6 调整文本框

① 如果需要移动文本框，将鼠标移近控制点，当指针变成✥形状时拖动鼠标。

② 如果需要调整文本框的大小，则可单击文本框使其处于激活状态下，然后将鼠标移近文本框周围的控制点。当指针变为⇔、↕或者⤡形状时，可以进行水平、垂直或者斜对角方向的调整。

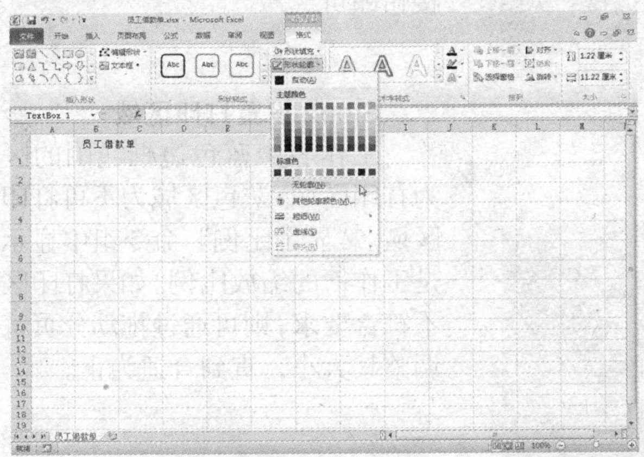

Step7 设置形状样式

① 单击“绘图工具-格式”选项卡，在“形状样式”命令组中单击“形状填充”右侧的下箭头按钮，在弹出的颜色面板中选择“橙色，强调文字颜色 6，淡色 80%”。

② 单击“形状轮廓”右侧的下箭头按钮，在弹出的颜色面板中选择“无轮廓”。

③ 选中该文本框，切换到“开始”选项卡，设置字号为“20”，设置“加粗”。

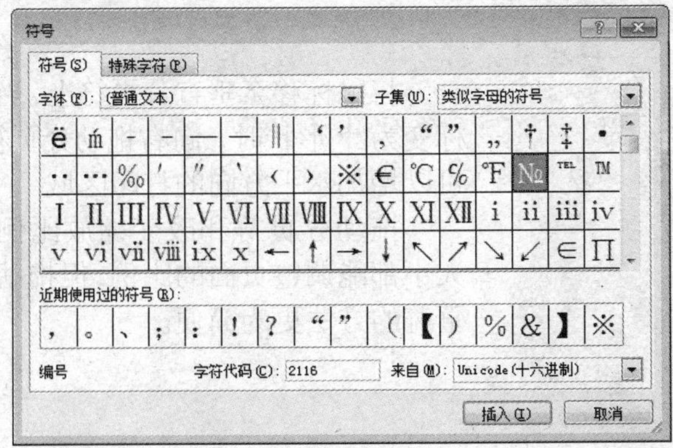

Step8 插入特殊符号

① 选中 H1 单元格，单击“插入”选项卡，在“符号”命令组中单击“符号”按钮。

② 弹出“符号”对话框。单击“子集”右侧的下箭头按钮，在弹出的列表中选择“类似字母的符号”，在下方符号列表框中选择“№”，单击“插入”按钮，再单击“关闭”按钮。

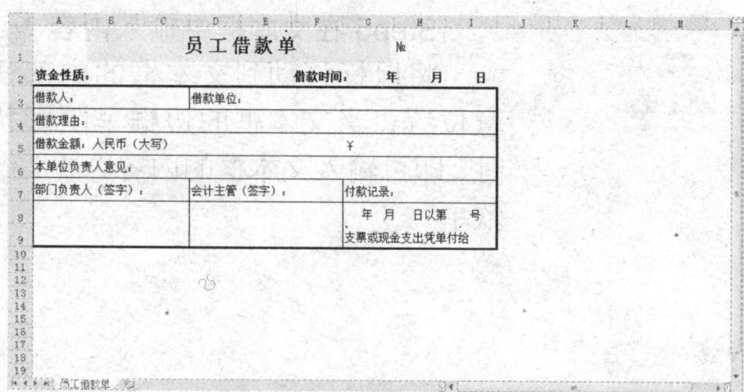

Step9 输入表格数据

在工作表中输入相关数据。

Step10 美化工作表

① 设置字号。

② 绘制边框。

③ 取消网格线的显示。

3.2 设置打印区域

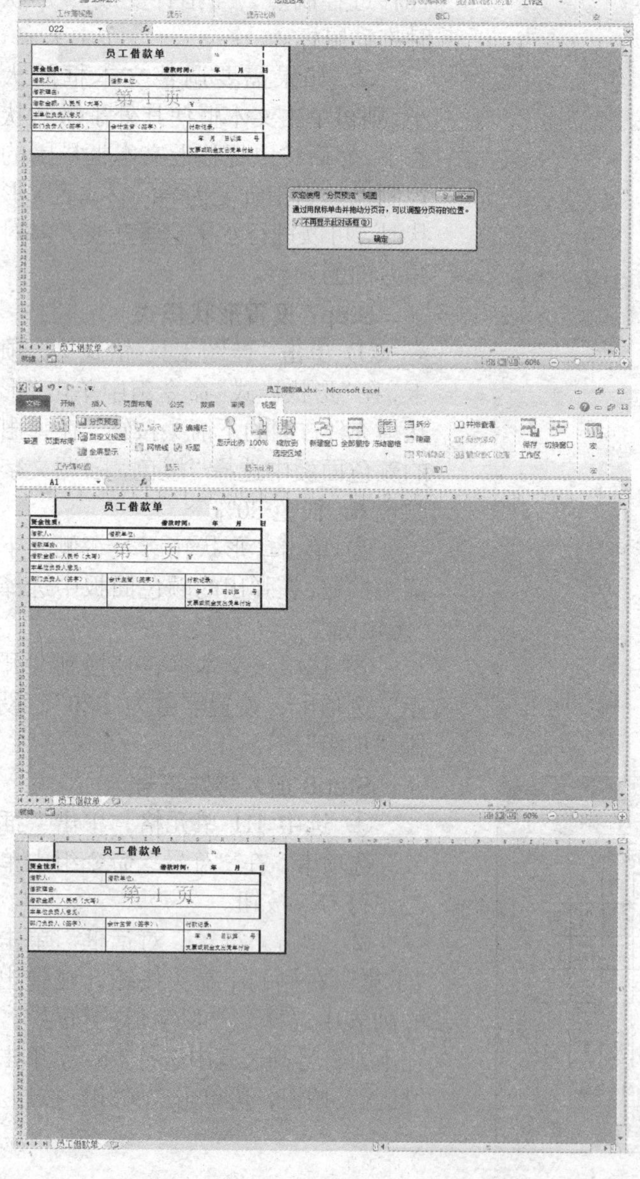

Step1 分页预览

① 单击“视图”选项卡，在“工作簿视图”中单击“分页预览”按钮，弹出“欢迎使用‘分页预览’视图”对话框。

② 勾选“不再显示此对话框”复选框，单击“确定”按钮。

如果想恢复到普通视图状态，在“工作簿视图”命令组中单击“普通”按钮即可。

Step2 设置打印区域

工作表中蓝色边框包围的区域为打印区域，灰色区域为不可打印的区域。“显示比例”命令组中显示的是工作簿的缩放比例。如果打印区域不符合要求，则可通过拖动分页符来调整其大小，直到合适为止。

将鼠标移至垂直分页符上，当鼠标变为 ⇹ 形状时，向右拖动分页符，可以增加水平方向的打印区域。

拖动分页符和改变缩放比例的大小都能调整页面的比例，但拖动分页符的方法更为简便。

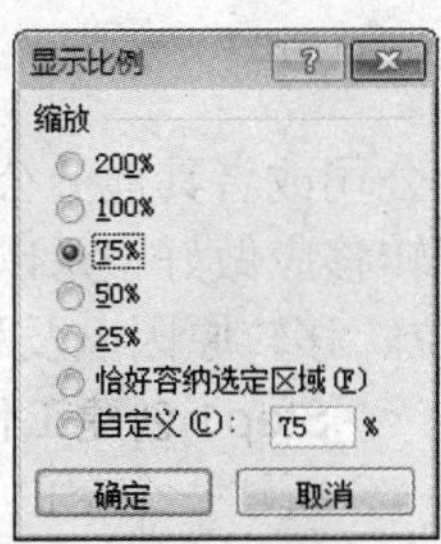

Step3 调整显示比例

在“视图”选项卡的“显示比例”命令组中单击“显示比例”按钮，单击“75%”单选钮。单击“确定”按钮。

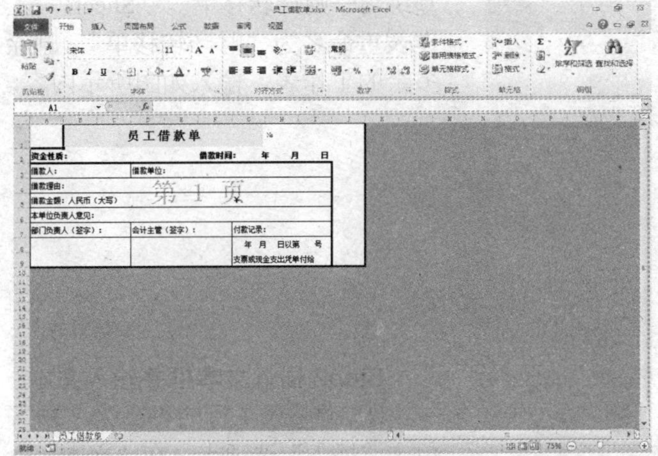

此时可以调整工作簿的显示比例，效果如图所示。

操作技巧：调整显示比例的其他方法

1．在工作表右下角单击“缩放级别”右侧的“放大”按钮⊕、“缩小”按钮⊖，或者直接往右或往左拖动中间的滑块。

2．按住<Ctrl>键的同时，再滑动鼠标滚轮可以使文档在10%～400%之间进行缩放。

3．单击“文件”选项卡→“选项”命令，弹出“Excel选项”对话框，单击“高级”选项卡。在“编辑选项”下，勾选“用智能鼠标缩放（Z）”复选框，如图1-7所示，再单击“确定”按钮。此时，可以直接拨动鼠标滚轮完成显示比例的缩放。

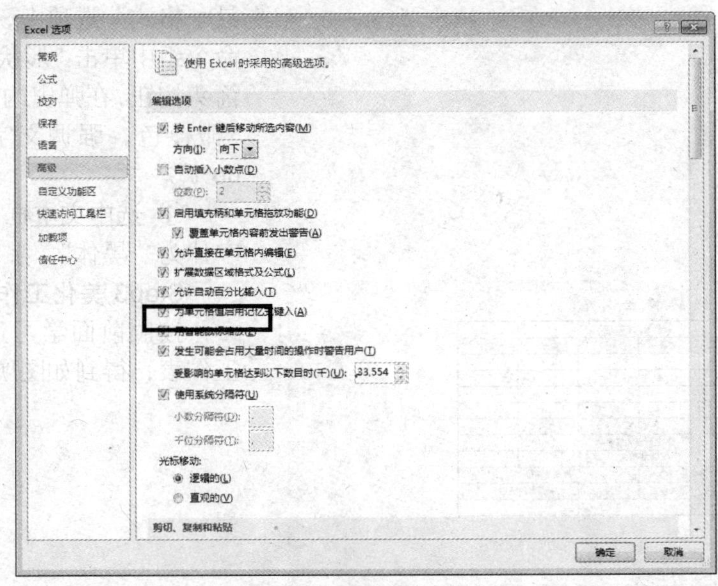

图1-7　“编辑选项”（2）

3.3 课堂练习

当企业扩大生产规模，成立新公司时，可能需要从总公司或者其他分公司进行财产转移。通常企业的各分公司之间都采取独立核算方式，因此财产转移应做好记录以便进行财务核算。财产转移包括的内容有使用单位、保管人姓名、移转单位、移转原因以及移转用途等。

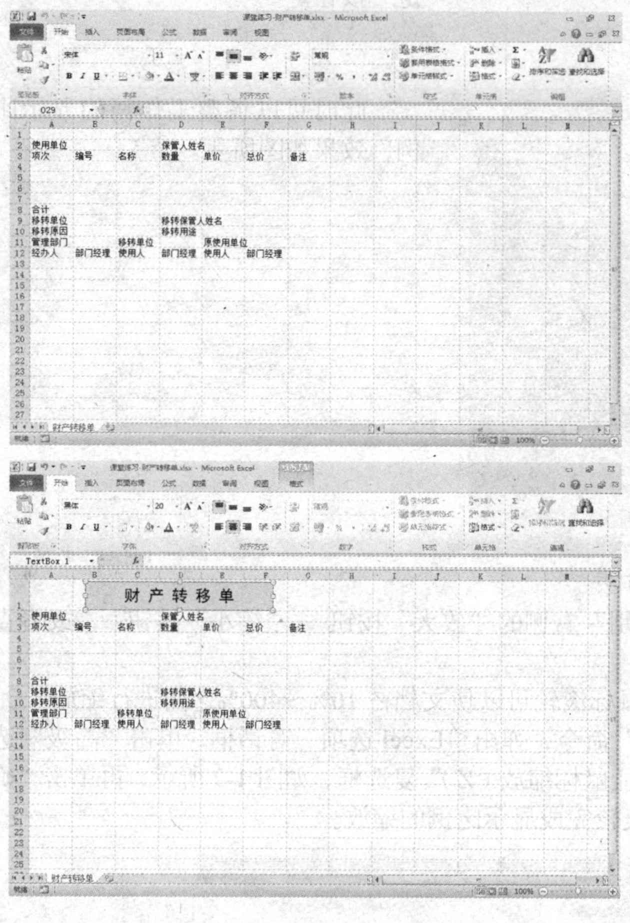

Step1 创建工作簿

新建一个空白工作簿，保存为“课堂练习—财产转移单”。“Sheet1”工作表重命名为“财产转移单”，删除多余的工作表，输入如图所示内容。

Step2 插入文本框并输入文本

① 调整第 1 行的行高为“39”，单击“插入”选项卡，在“文本”命令组中单击“文本框”按钮，在 B1:F1 单元格区域位置中拖动鼠标绘制文本框。

② 将鼠标移动到文本框的内部任意位置，输入文本框的内容“财产移转单”。

③ 选中文本框，单击“绘图工具—格式”选项卡，在“形状样式”命令组中单击“形状填充”右侧的下箭头按钮，在弹出的颜色面板中选择“橄榄色，强调文字颜色 3，淡色 60%”。

④ 选中文本框，设置“居中”，字体为“黑体”，字号为“20”等。

Step3 美化工作表

按照前面学习过的步骤美化该工作表，得到如图所示的效果图。

财 产 转 移 单

使用单位			保管人姓名			
项次	编号	名称	数量	单价	总价	备注
合计						
移转单位			移转保管人姓名			
移转原因			移转用途			
管理部门		移转单位		原使用单位		
经办人	部门经理	使用人	部门经理	使用人	部门经理	

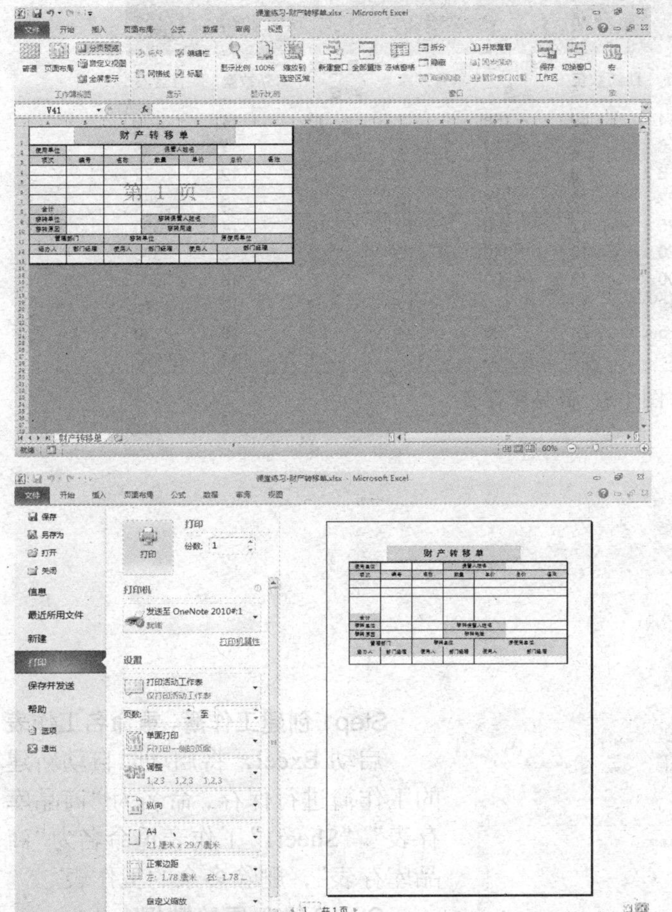

Step4 分页预览、设置打印区域

① 单击“视图”选项卡，在“工作簿视图”中单击“分页预览”按钮。

② 将鼠标移至垂直分页符上，当鼠标变为↔形状时，向右拖动分页符至G列的右侧。

Step5 打印预览

按<Ctrl+P>快捷键，预览打印的窗口。

切换到“视图”选项卡，在“工作簿视图”中单击“普通”按钮，可以恢复到普通视图状态。

任务小结

在“员工借款单”的制作过程中，介绍了“文本框”的插入及格式设置。请读者在以后设计电子表格使用到“文本框”时能够举一反三，根据整体效果设置“文本框”的格式。打印电子表格之前，特别需要注意使用“分页符”来调整好需要打印的区域；养成在正式打印之前先“打印预览”的习惯，以免格式不符重复打印而浪费纸张。

任务四 商品库存表

任务背景

在单位的销售部门，财务管理人员为了便于本单位财物管理，制作了商品库存表，如图1-8所示，记录物品代码、物品名称、规格、单价、期初数量和库存金额、本月出入库数量和金额、及其当前库存数量和金额等。

知识点分析

要实现本例中的功能，以下为需要掌握的知识点。

◆ 套用表格格式

商品库存表									
物品代码	物品名称	规格	单价	期初数量	期初库存金额	本月入库	本月出库数量	库存数量	库存金额
0010001	仿毛方向盘套	丰田	14	12	168	12	10	14	196
0010002	挡泥板	花冠	6	2	12	2	3	1	6
0010003	立标	大众	6	9	54	9	6	12	72
0030001	挡泥板	皇冠	23	12	276	12	8	16	368
0030006	挡泥板	宝来	25	12	300	12	10	14	350
0040003	卫生套	马自达	20	12	240	12	9	15	300
0050002	解码器	奇瑞	1,500	12	18,000	12	6	18	27,000
0060001	字标	福特	10	12	120	12	7	17	170
0060002	钥匙链	奥迪	5	24	120	24	22	26	130
总计				107	19,290	107	81	133	28,592

图 1-8 商品库存表

- ◆ 文本型数字的输入方法
- ◆ 文件的安全与保护

任务实施

4.1 自动套用格式

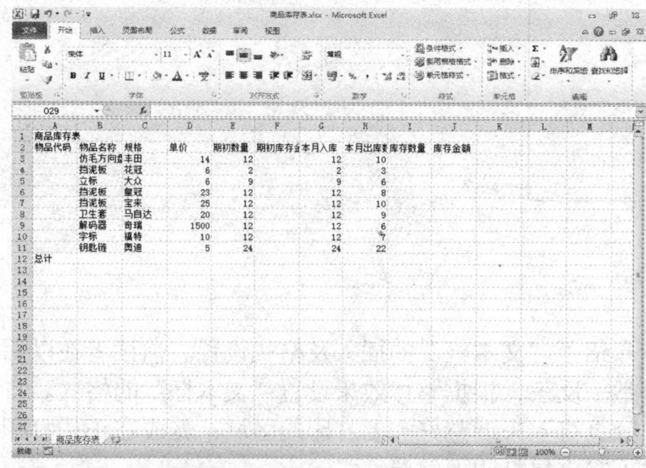

Step1 创建工作簿、重命名工作表

启动 Excel，将启动时自动新建的工作簿进行保存，命名为“商品库存表”。“Sheet1”工作表重命名为“商品库存表”，删除多余的工作表。

Step2 输入原始数据

在 A1:J12 单元格区域中输入原始数据。

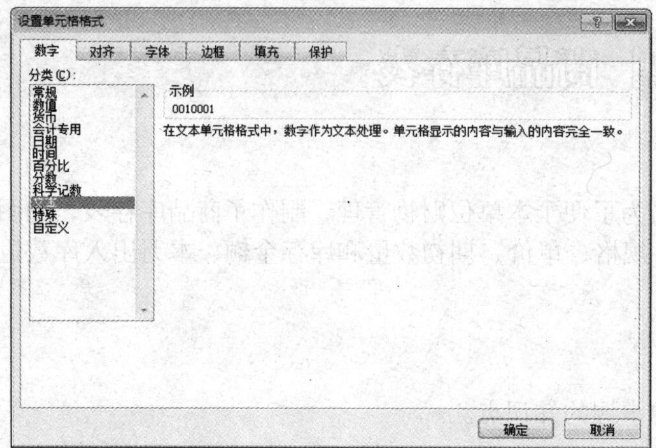

Step3 设置文本格式

选择 A3:A11 单元格区域，按<Ctrl+1>快捷键，弹出“设置单元格格式”对话框，单击“数字”选项卡，在“分类”列表框中，单击“文本”，再单击“确定”按钮。

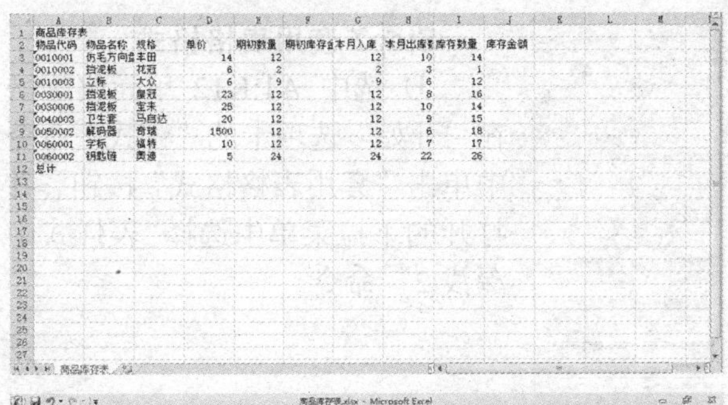

在已经设置好格式的 A3:A11 单元格区域中输入数字。

在文本格式的单元格左上角有个绿色的三角形的文本标识符，说明此单元格的格式为文本格式。

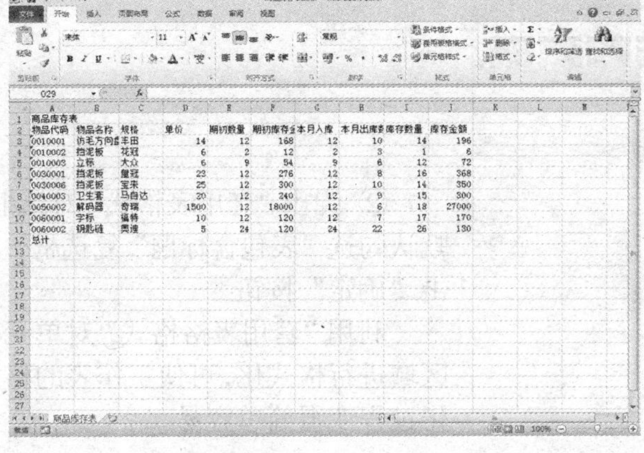

Step4 计算期初库存金额、库存数量和库存金额

① 选中 F3 单元格，输入以下公式，按<Enter>键输入。

```
=D3*E3
```

② 选中 F3 单元格，拖拽右下角的填充柄至 F11 单元格。

③ 选中 I3 单元格，输入以下公式，按<Enter>键输入。

```
=E3+G3-H3
```

④ 选中 J3 单元格，输入以下公式，按<Enter>键输入。

```
=I3*D3
```

⑤选中 I3:J3 单元格区域，拖拽右下角的填充柄至 J11 单元格。

Step5 计算总计

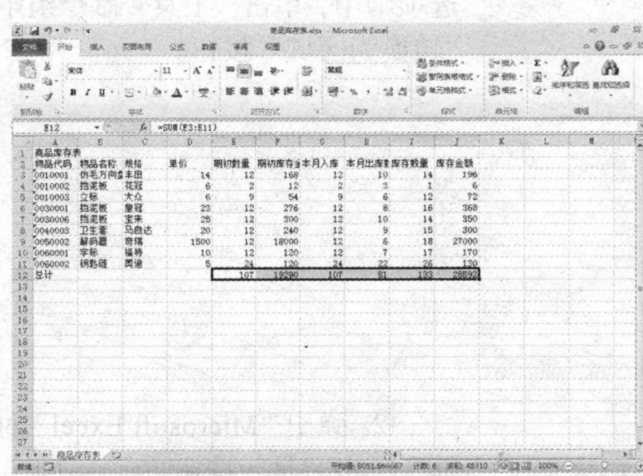

选中 E12:J12 单元格区域，在“开始”选项卡的“编辑”命令组中单击“求和”按钮。

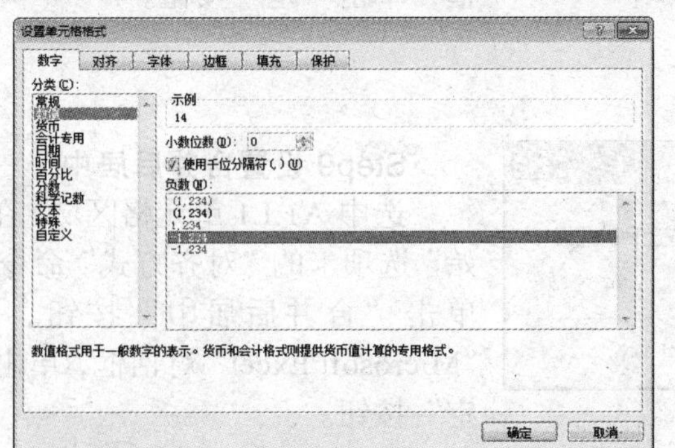

Step6 设置数值格式

选中 D3:J12 单元格区域，按<Ctrl+1>快捷键，弹出“设置单元格格式”对话框，单击“数字”选项卡。在“分类”列表框中选择“数值”，在“小数位数”右侧的文本框中输入“0”，勾选“使用千位分隔符”复选框，在“负数”列表框中选中第 4 项，即黑色的“-1,234”。单击“确定”按钮。

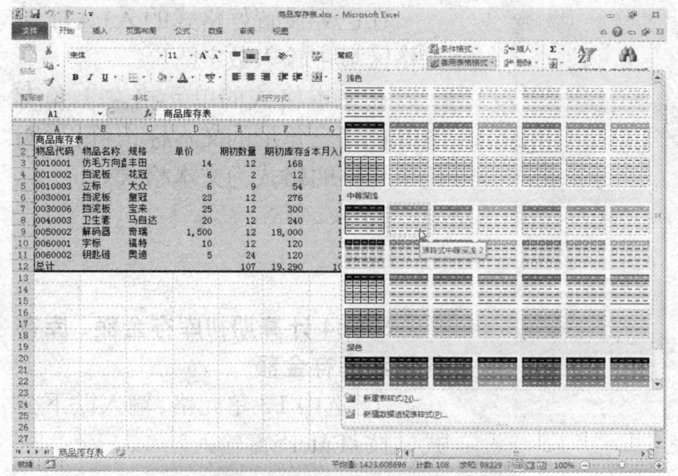

Step7 套用表格格式

① 选中 A1:K12 单元格区域，在“开始”选项卡的“样式”命令组中单击“套用表格格式”按钮，并在打开的下拉菜单中选择“表样式中等深浅 2”命令。

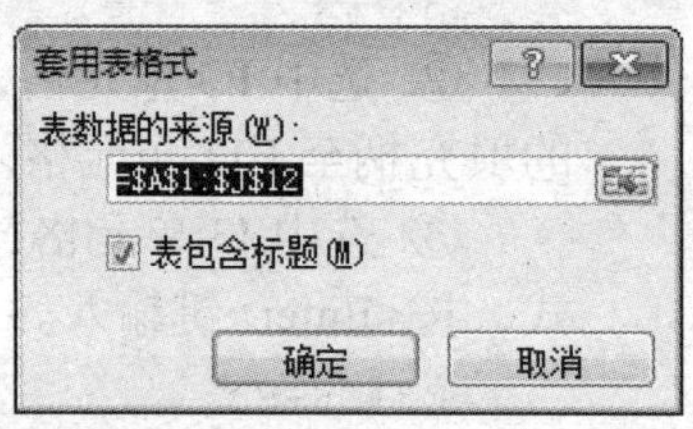

② 弹出“套用表格式”对话框，默认勾选“表包含标题”复选框，单击“确定”按钮。

利用“套用表格格式”对单元格区域进行格式化，可使工作表的格式化过程变得简单容易。

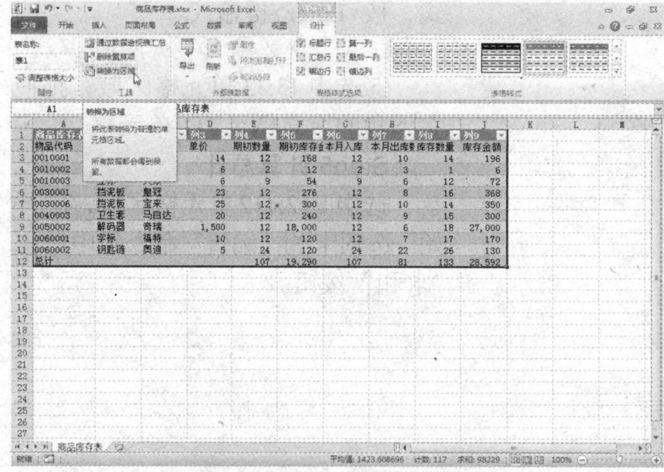

Step8 转换为区域

① 插入图表后，激活“表格工具”功能区，在“表格工具—设计”选项卡中，单击“工具”命令组中的“转换为区域”按钮。

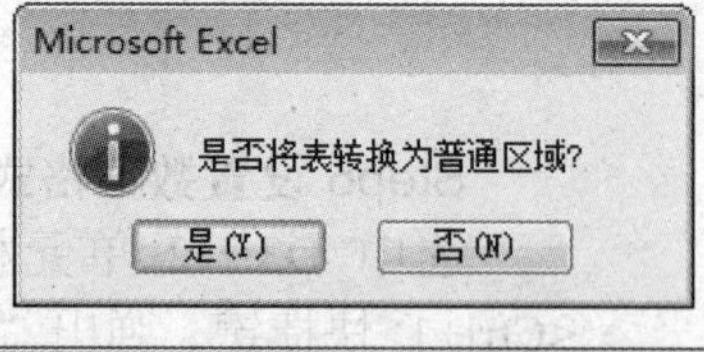

② 弹出“Microsoft Excel”对话框，单击“是”按钮。

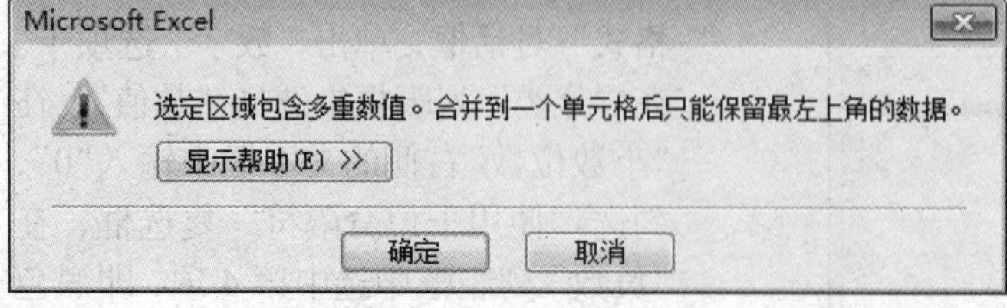

Step9 设置合并后居中

选中 A1:L1 单元格区域，在“开始”选项卡的“对齐方式”命令组中单击“合并后居中”按钮，弹出“Microsoft Excel”对话框，单击“确定”按钮。

商品库存表									
物品代码	物品名称	规格	单价	期初数量	期初库存金额	本月入库	本月出库数量	库存数量	库存金额
0010001	仿毛方向盘套	丰田	14	12	168	12	10	14	196
0010002	挡泥板	花冠	6	2	12	2	3	1	6
0010003	立标	大众	6	9	54	9	6	12	72
0030001	挡泥板	皇冠	23	12	276	12	8	16	368
0030006	挡泥板	宝来	25	12	300	12	10	14	350
0040003	卫生套	马自达	20	12	240	12	9	15	300
0050002	解码器	奇瑞	1,500	12	18,000	12	6	18	27,000
0060001	字标	福特	10	12	120	12	7	17	170
0060002	钥匙链	奥迪	5	24	120	24	22	26	130
总计				107	19,290	107	81	133	28,592

Step10 美化工作表

套用表格格式虽然方便快捷，但它不仅种类有限而且样式固定。根据实际需要，可以重新设定各表单项的单元格格式。使用前面的方法，美化工作表。

操作技巧：调整“最适合的列宽”

若需要设置数据宽度一致的各列，可以选中各列，然后把鼠标移至列标题的右边框，待鼠标变成✢时，拖动至合适的宽度，这样就可以得到统一列宽的各列。

若各列中数据宽度不一致的话，经常要逐列进行调整，非常麻烦。此时可以选中含有数据的各列，同样将鼠标移至其中任意一个列标题的右边框，当鼠标指针变成✢时，双击鼠标左键，可以立刻将各列的列宽设置为“最适合的列宽”，即各列宽度为恰好可以完整显示单元格数据。

也可以在“开始”选项卡的“单元格”命令组中单击“格式→自动调整列宽”，双击行标的下边框，也可以得到“最适合的行高”。

项目扩展：数字格式的类型

Excel 的数字格式有下面 12 种类型。

（1）“常规”格式：这是默认的数字格式，根据用户输入的内容自动判断。如输入文本，系统将以文本格式存储和显示内容；输入数值，系统以数字格式存储内容。如果更改输入内容，系统按照最后一次输入内容判断格式。

（2）“数值”格式：在“数值”格式中可以设置 1 至 30 位小数点后的位数，选择千位分隔符，以及设置五种负数的显示格式：红色字体加括号、黑色字体加括号、红色字体、黑色字体加负号、红色字体加负号。

（3）“货币”格式：它的功能和“数值”格式非常相似，另外添加了设置货币符号的功能。

（4）“会计”格式：在“会计”格式中可以设置小数位数和货币符号，但是没有显示负数的各种选项。

（5）“日期”格式：以日期格式存储和显示数据，可以设置 24 种日期类型。在输入日期时必须以标准的类型（指 24 种类型中的任意一种）输入，才可以进行类型的互换。

（6）“时间”格式：以时间格式存储和显示数据，可以设置 11 种日期类型。在输入时间时必须以标准的类型（指 11 种类型中的任意一种）输入，才可以进行类型的互换。

（7）“百分比”格式：以百分比格式显示数据，可以设置 1 至 30 位小数点后的位数。

（8）“分数”格式：以分数格式显示数据。

（9）“科学记数”格式：以科学记数法显示数据。

（10）“文本”格式：以文本方式存储和显示内容。

（11）“特殊”格式：包含邮政编码、中文小写数字、中文大写数字三种类型，如果选择区域设置还能选择更多类型。

（12）“自定义”格式：自定义格式可以根据需要手工设置上述所有类型，除此之外还可以设置更为灵活多样的类型（在以后的内容中将不断介绍）。

4.2　文件的安全与保护

文件的安全与保护在 Excel 文件管理中是一个非常重要的内容，主要包括保护工作表和保护工作簿两部分。

通过指定可以更改的信息，可防止对工作表中的数据进行不需要的更改。例如，可以防止编辑锁定的单元格，或更改文档格式。可以指定一个密码，输入此密码可取消对工作表的保护，并允许进行上述更改。

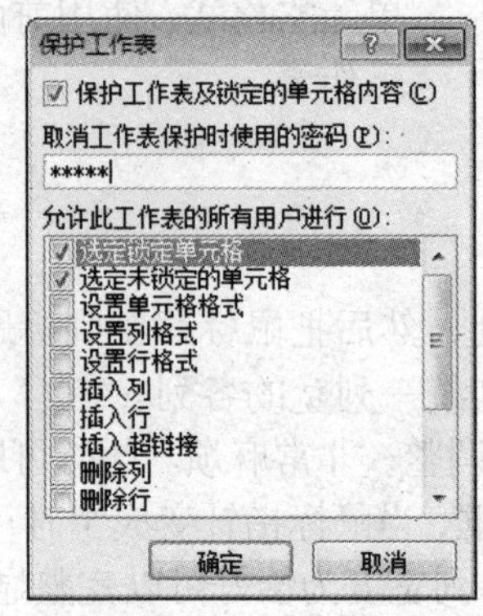

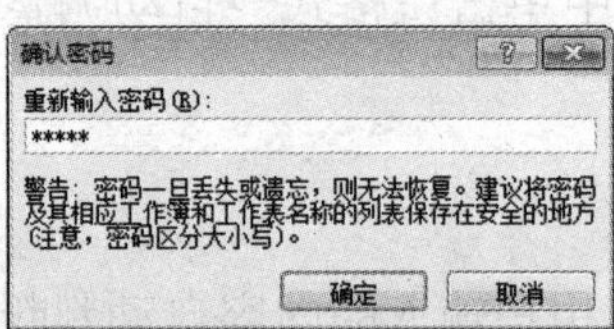

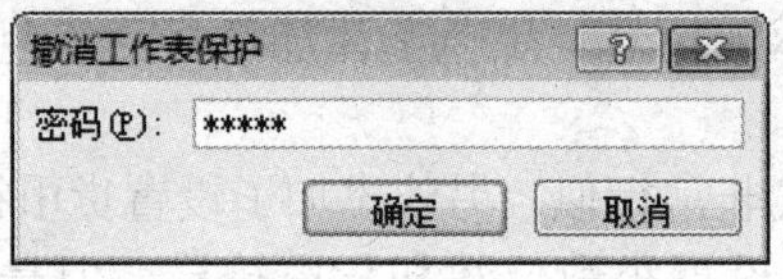

Step1 设置保护工作表

① 切换到“审阅”选项卡，在“更改”命令组中单击“保护工作表”按钮，弹出“保护工作表”对话框，在“取消工作表保护时使用的密码”下方的文本框中输入“excel”，单击“确定”按钮。

在实际工作中读者应输入保密性强的密码，一般而言，字符加数字的保密性较强。

② 弹出“确认密码”对话框，在“重新输入密码”文本框中，再次输入密码“excel”，单击“确定”按钮就完成了工作表的保护。

此时读者如果想再修改任意单元格里的内容，系统都会弹出如图对话框，以示报警。

Step2 撤销工作表保护

若要进行工作表修改，可以在“审阅”命令组中单击“撤销工作表保护”按钮，将会弹出“撤销工作表保护”对话框，在“密码”文本框中输入刚刚设置的密码“excel”，单击“确定”按钮就可以撤销工作表保护。

Step3 加密文档

① 单击“文件”选项卡，在打开的下拉菜单中依次选择“信息→保护工作簿→用密码进行加密”，弹出“加密文档”对话框。

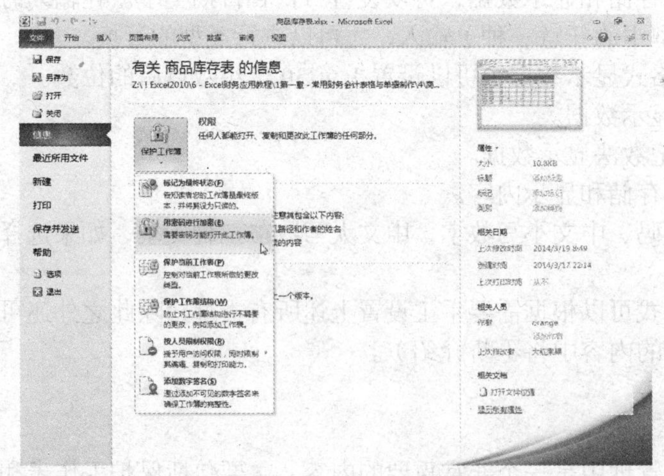

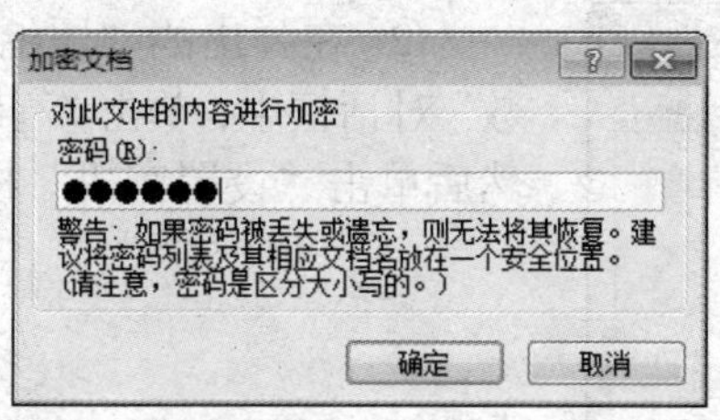

② 在“密码”之后的文本框中输入新密码“123456”，单击“确定”按钮。

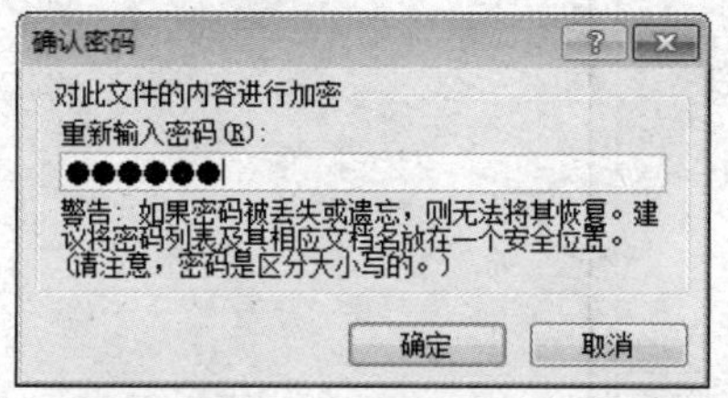

③ 在“重新输入密码”之后的文本框中再次输入密码，单击“确定”按钮。

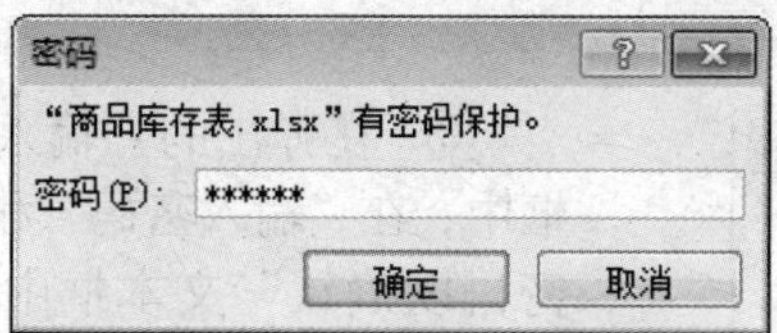

④ 按<Ctrl+S>快捷键保存该工作簿，并关闭。再次打开该工作簿时，将弹出“密码”对话框，输入正确的密码“123456”后，才能打开该工作簿。

⑤ 如果输入错误的密码时，将弹出“Microsoft Excel”对话框，提示密码不正确。

项目扩展：应用 WinRar 给文件加密

除了利用 Excel 自带的加密功能外，还可以借助其他工具对重要文件进行加密处理。下面介绍如何利用 WinRar 软件来给文件加密。

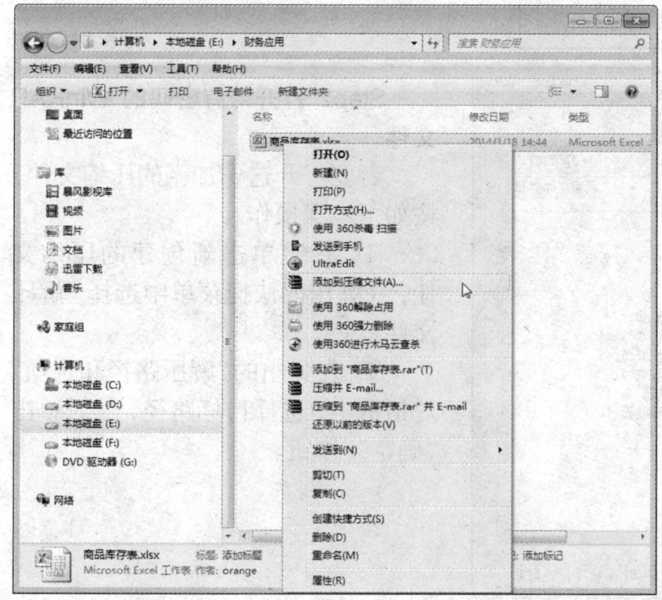

Step1 设置 WinRAR 密码

① 假设所需要加密的文件保存在“E：/财务应用”中。打开该文件夹，然后右键单击所需加密文件，在弹出的快捷菜单中选择“添加到压缩文件”命令。

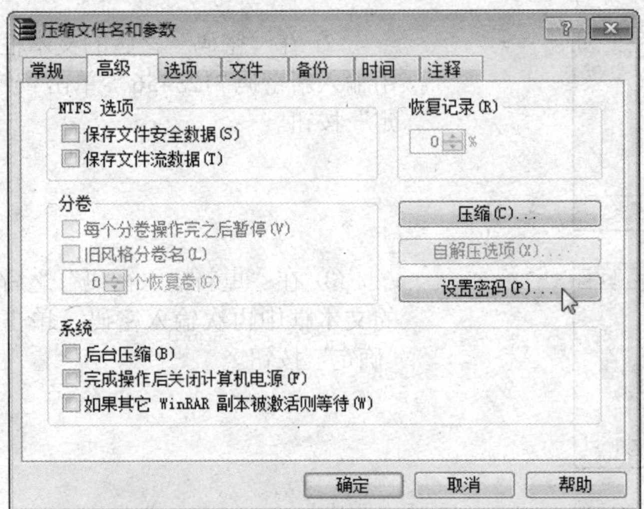

② 在弹出的“压缩文件名和参数”对话框中，单击“高级”选项卡，然后单击“设置密码”按钮。

③ 在弹出的“输入密码”对话框中，在“输入密码”和“再次输入密码以确认”文本框中输入相同密码，本案例里输入“excel”，最后单击“确定”按钮。

④ 此时返回“带密码压缩”对话框，然后单击“确定”按钮，就可以创建一份加密的压缩文件。

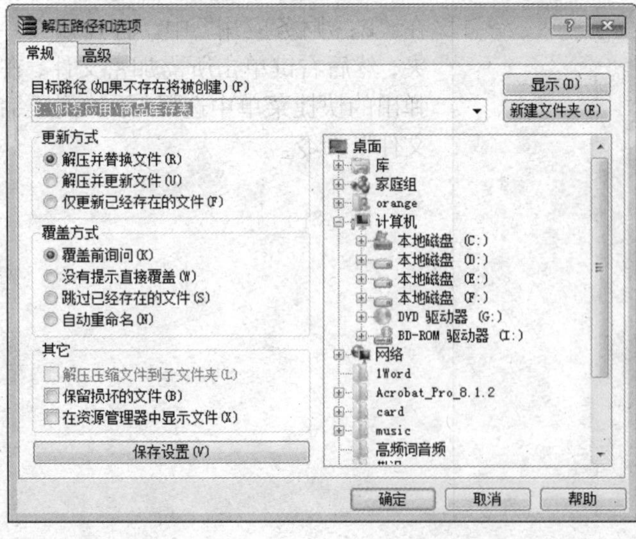

Step2 打开带有密码的 WinRAR 文件

若要打开这份加密的压缩文件，按如下步骤操作。

① 右键单击新创建的压缩文件，在弹出的快捷菜单中选择“解压文件”。

② 在弹出的“解压路径和选项”对话框中，选择目标路径，然后单击“确定”按钮。

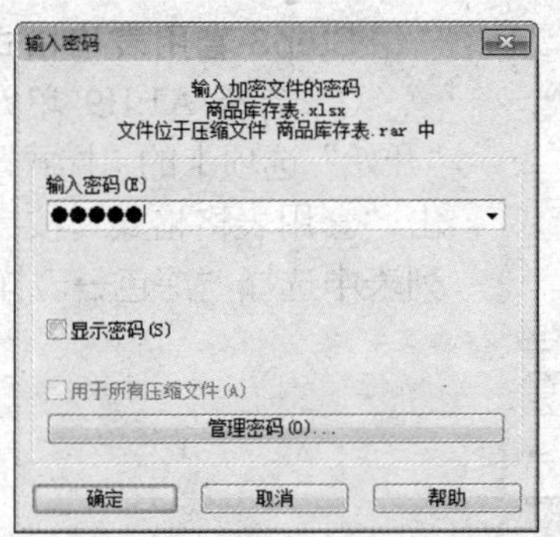

③弹出“输入密码”对话框，只有输入正确的密码“excel”，单击“确定”按钮才能打开该压缩文件。

本案例中输入的密码是“excel”和“123456”，密码位数不多且仅为数字或字母，实际工作中，读者应尽可能设置复杂的密码，如可以是数字、字母及特殊符号的组合。密码设置的越复杂，那么对于不知道密码的人而言，试图打开该加密文件的可能性就越低，就越能起到保护重要文件的作用。

4.3　课堂练习

在商品的库存管理过程中，某些商品可能会因为多种原因发生损坏，或者实际数量与账面数量存在一定的误差，这在库存管理中是经常会发生的现象，特别是对于一些低值易耗品，这种现象更为常见。每到年底，企业都会对库存产品进行盘点，然后与账面上的数据进行比较，重新调整库存数，通常在进行此项工作时需要创建盘存调整表，以备查证。

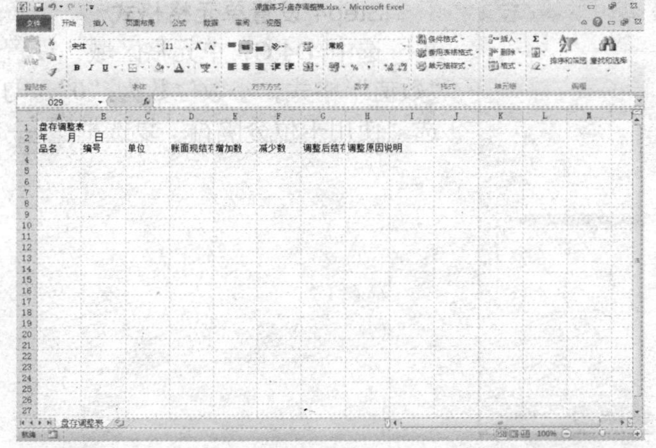

Step1 创建工作簿、重命名工作表

启动 Excel，将启动时自动新建的工作簿进行保存，命名为“课堂练习—盘存调整表”。“Sheet1”工作表重命名为“盘存调整表”，删除多余的工作表。

在“盘存工作表”的 A1:H3 单元格区域中输入表格标题和表头数据。

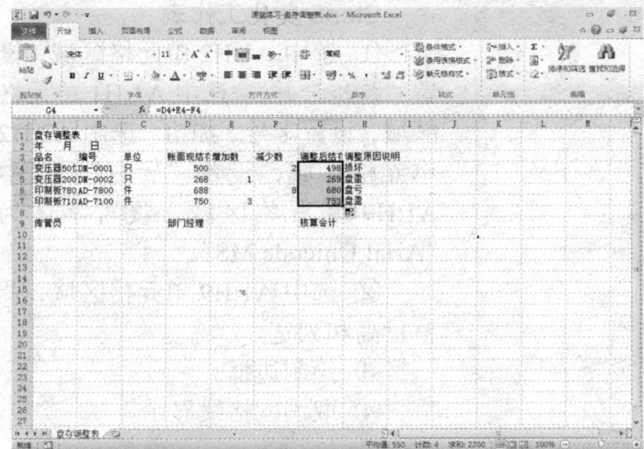

Step2 输入数据

① 在 A4:H9 单元格区域中输入品名、编号、单位、账面现结存数及增加数或减少数。

② 在 G4 单元格中输入以下公式，按<Enter>键确定。

```
=D4+E4-F4
```

③ 选中 G4 单元格，拖拽右下角的填充柄至 G7 单元格复制公式。

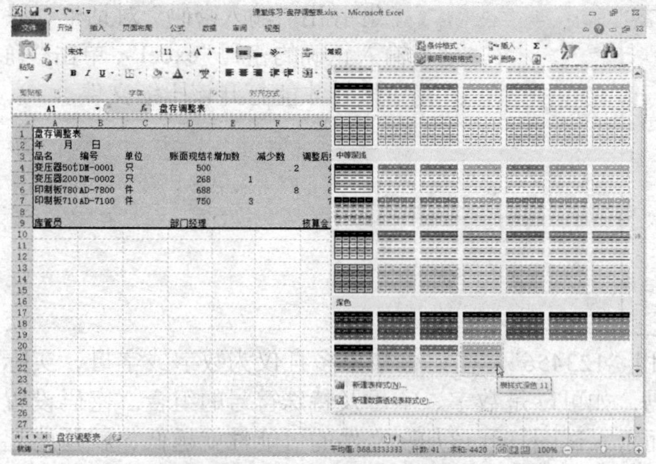

Step3 套用表格格式

① 选择 A1:H9 单元格区域，在“开始”选项卡的“样式”命令组中单击“套用表格格式”按钮，在弹出的列表中选择“深色→表样式深色 11”。

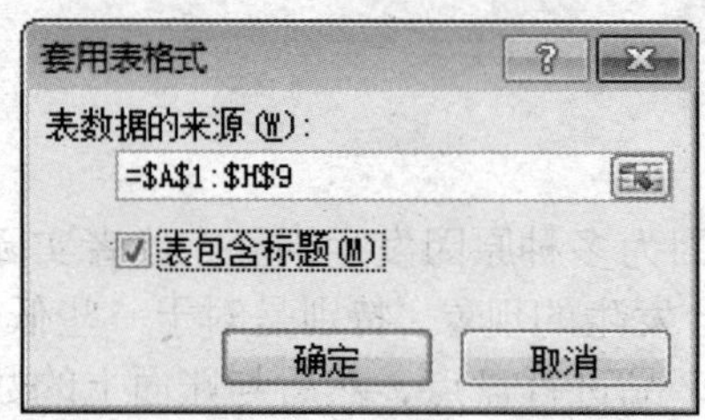

② 弹出“套用表格式”对话框，勾选“表包含标题”复选框，单击“确定”按钮。

③ 在“表格工具—设计”选项卡的“工具”命令组中，单击“转换为区域”按钮，弹出“Microsoft Excel”对话框，单击“是”按钮。

Step4 设置单元格格式

选中 D4:G7 单元格区域，设置“数值”格式，小数位数为“0”，勾选“使用千位分隔符”复选框。

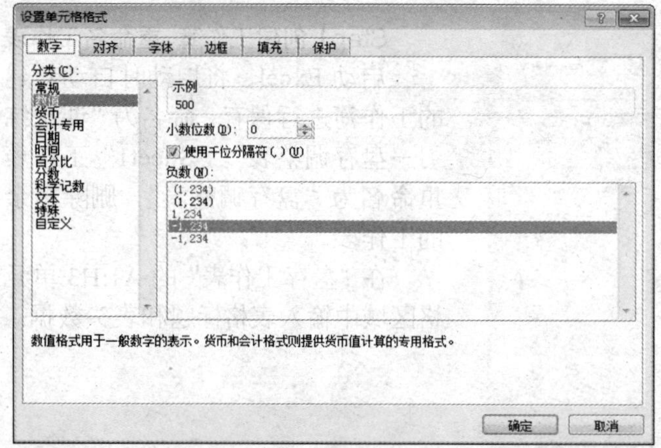

盘存调整表							
							年 月 日
品名	编号	单位	账面现结存数	增加数	减少数	调整后结存数	调整原因说明
变压器50伏	DM-0001	只	500		2	498	损坏
变压器200伏	DM-0002	只	268	1		269	盘盈
印制板7800	AD-7800	件	688		8	680	盘亏
印制板7100	AD-7100	件	750	3		753	盘盈
库管员			部门经理			核算会计	

Step5 美化工作表

① 选中 A1:H2 单元格区域，设置“跨越合并”。选中 A1:H1 单元格区域，设置字号、加粗。选中 A2:H2 单元格区域，设置“居右”。选中 A1:H9 单元格区域，设置字体为“Arial Unicode MS”。

② 选中 A1:H9 单元格区域，调整行高和列宽。

③ 绘制边框。

④ 取消网格线显示。

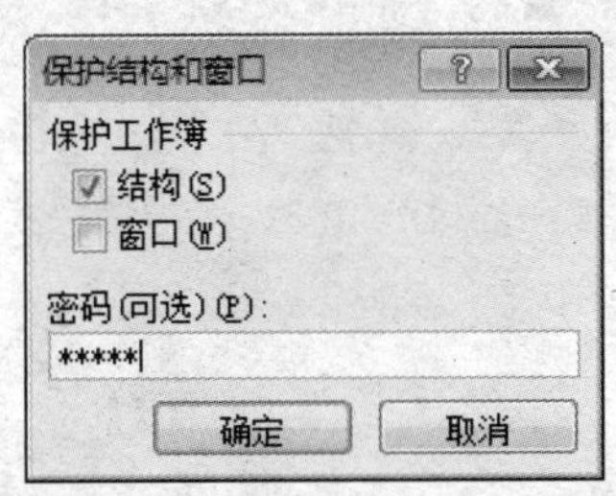

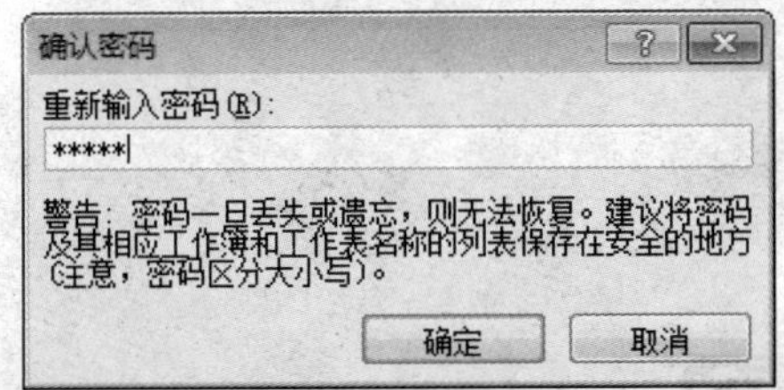

Step6 保护工作簿

单击“审阅”选项卡，在“更改”命令组中单击“保护工作簿”按钮，弹出“保护结构和窗口”对话框。在“密码（可选）”下方的文本框中输入密码“excel”，单击“确定”按钮。

弹出“确认密码”对话框，重新输入密码“excel”，单击“确定”按钮。

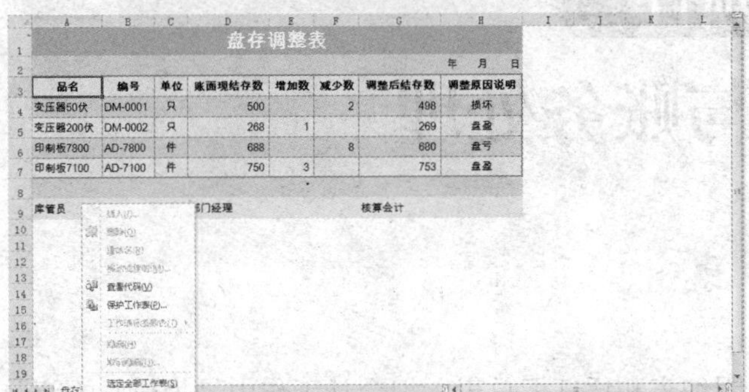

保护工作簿是防止对工作簿的结构进行不需要的更改，如移动、删除或添加工作表。右键单击“盘存调整表”工作表标签，可以看到工作表的部分命令为灰色而无法操作。

任务小结

绘制“商品库存表”的过程中，利用“套用表格格式”功能，制作的表格格式更易统一，且提高效率。电子表格的完整性、隐私性和安全性在“商品库存表”中有所体现，使用“保护工作表”功能，可以防止对工作表中的数据进行不需要的更改，防止编辑锁定的单元格或更改文档格式。而“保护工作簿”是防止对工作簿的结构进行不需要的更改，如移动、删除或添加工作表。我们在以后的工作中应当对重要的电子表格资料做好加密工作。

项目总结

通过以上四个表格和单据的制作学习，我们了解了 Excel 工作窗口的基本布局和各栏目的相应功能，创建、命名和保存基本的工作簿，美化工作表并输入相关的数据，介绍了一些特殊数据如身份证和文本型数字的输入技巧。单位财务部门工作人员在工作中经常会用到电子表单的打印和保密安全性设置，所以请读者结合三、四小节的“设置打印区域”和“文件的安全与保护”部分多加练习。

项目二

凭证与账务处理

本项目通过创建科目代码表，凭证明细表和凭证汇总表，把会计工作中最为核心的部分利用 Excel 工具进行展现，对简化会计工作、深入了解会计流程有很大的帮助。以此为基础，后续章节可以继续学习制作资产负债表、现金流量表等财务报表。

任务一　科目代码

任务背景

在日常的会计核算中，会计科目一般情况下分为一级科目、二级科目、三级科目乃至四级科目。当企业确定核算制度后，则可根据国家颁布的会计科目制定自身所需要的科目名称。为了确保会计数据的口径一致，国家财政对一级科目的名称做了统一的规定，下面建立一个标准的会计科目的名称及其代码表，如图 2-1 所示。

	A	B	C
1	科目代码	科目名称	明细科目
2	1001	现金	
3	1002	银行存款(农行)	
4	1003	银行存款(工行)	
5	1141	坏账准备	
6	1211	原材料	
7	1301	待摊费用	
8	1501	固定资产	
9	1502	累计折旧	
10	1801	无形资产	
11	2151	应付工资	
12	2153	应付福利费	
13	2176	其他应交款	
14	3101	实收资本	
15	3121	盈余公积	
16	3131	本年利润	
17	3141	利润分配	
18	5102	其他业务收入	
19	5301	营业外收入	
20	5402	主营业务税金及附加	

图 2-1　科目代码表

知识点分析

要实现本例中的功能，以下为需要掌握的知识点。

- 记录单、自定义数据有效性、选择性粘贴和冻结窗格
- COUNTIF 函数的应用

任务实施

1.1 制作基本表格

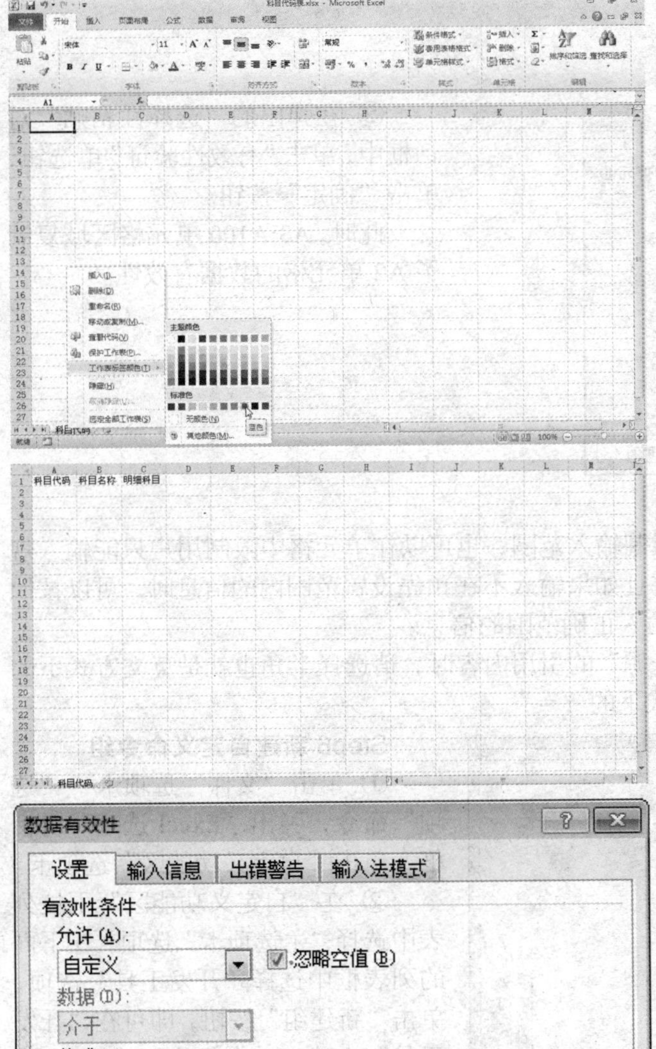

Step1 新建工作簿

启动 Excel 自动新建一个工作簿，保存并命名为“科目代码表”，“Sheet1”工作表重命名为“科目代码”，删除多余的工作表。

Step2 设置工作表标签颜色

右键单击“科目代码”工作表标签，在弹出的快捷菜单中选择“工作表标签颜色→标准色→蓝色”。

Step3 输入字段标题

选中 A1:C1 单元格区域，输入表格各个字段的标题名称。

Step4 设置数据有效性

① 选中 A2 单元格，单击“数据”选项卡，在“数据工具”命令组中单击“数据有效性”按钮“ ”，弹出“数据有效性”对话框。

② 单击“设置”选项卡，在“允许”下拉列表中选择“自定义”，在“公式”文本框中输入“=COUNTIF(A:A,A2)=1”。单击“确定”按钮。

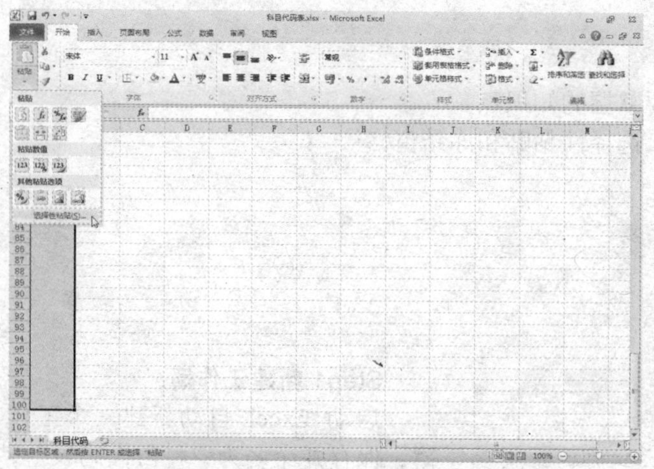

Step5 复制数据有效性设置

① 选中 A2 单元格，按<Ctrl+C>快捷键复制，选中 A3 单元格，按<Shift>键的同时单击 A100 单元格，即可选中 A2:A100 单元格区域，单击“开始”选项卡，单击“剪贴板”命令组中的“粘贴”按钮，在弹出的下拉菜单中选择“选择性粘贴”命令。

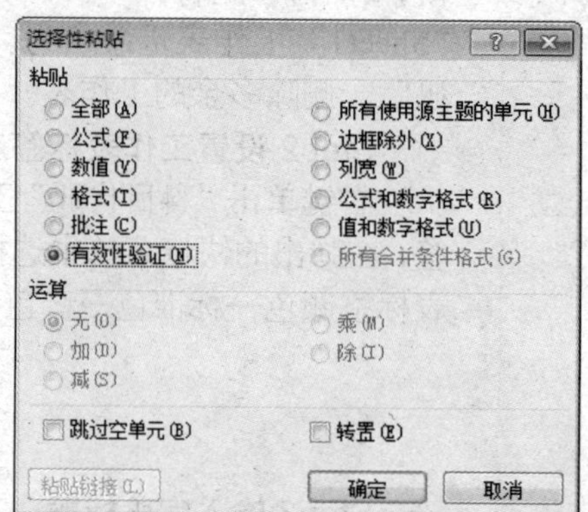

② 在弹出的“选择性粘贴”对话框中，单击“有效性验证”单选钮，单击“确定”按钮。

此时，A3:A100 单元格区域复制了 A2 单元格的数据有效性。

操作技巧：数据有效性的用途

利用“数据有效性”功能，可以限制输入范围，也可以在单元格中限制用户只能输入规定的数字、文本长度、日期等内容，并且如果输入不在预先设置范围内的信息时，可以按照预先设置的出错警告自动提醒用户以输入正确范围的信息。

在设置数据有效性时，在输入“来源”的引用内容时，请选择半角也就是英文方式下的“=”，而不要选择全角也就是中文方式下的“＝”。

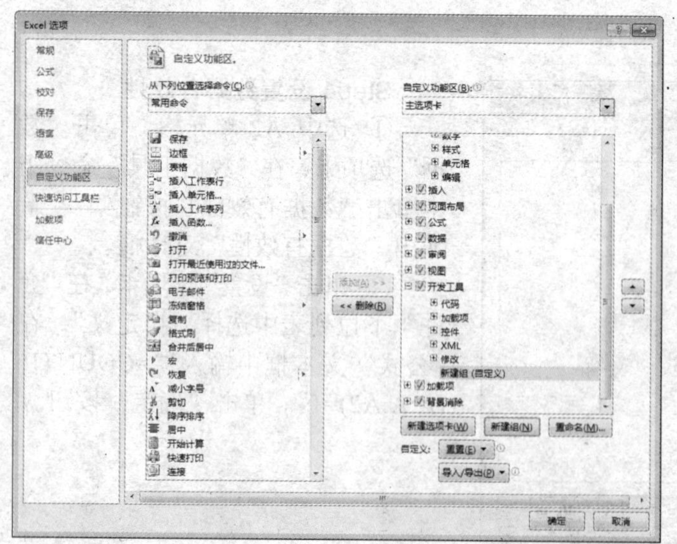

Step6 新建自定义命令组

① 单击“文件”选项卡→“选项”命令，弹出“Excel 选项”对话框，单击“自定义功能区”选项卡。

② 在“自定义功能区”下拉列表中选择“主选项卡”选项，在下面的列表框中选择“开发工具”选项，单击“新建组”按钮，即可在“开发工具”中建立一个新的组。

③ 单击“重命名”按钮。

④ 弹出“重命名”对话框，在“显示名称”右侧的文本框中输入“记录单”，单击“确定”按钮，返回“Excel 选项”对话框。

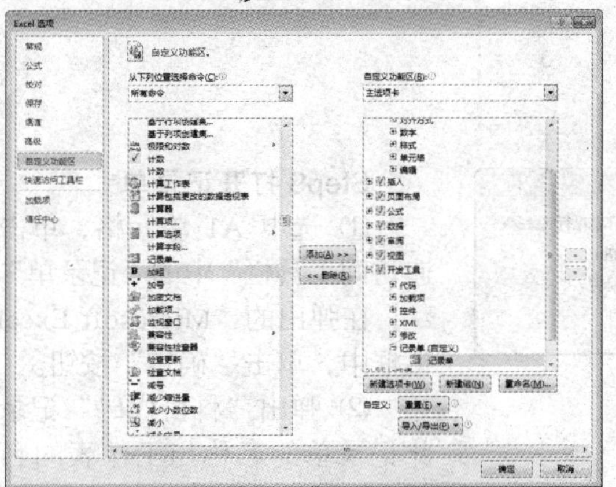

Step7 显示“开发工具”选项卡

在“Excel 选项”对话框的“自定义命令组”中，单击“从下列位置选择命令”列表框下方右侧的下箭头按钮，在弹出的下拉列表中选择“所有命令”，然后再拖动下方列表框右侧的滚动条至下部位置，选中“记录单”（列表框中内容按照汉语拼音首字母排序），单击“添加”按钮，即可将“记录单”添加到“开发工具”选项卡中。单击“确定”按钮。

此时，在功能区中显示“开发工具”选项卡。单击此选项卡，在“记录单”命令组中显示“记录单”按钮。

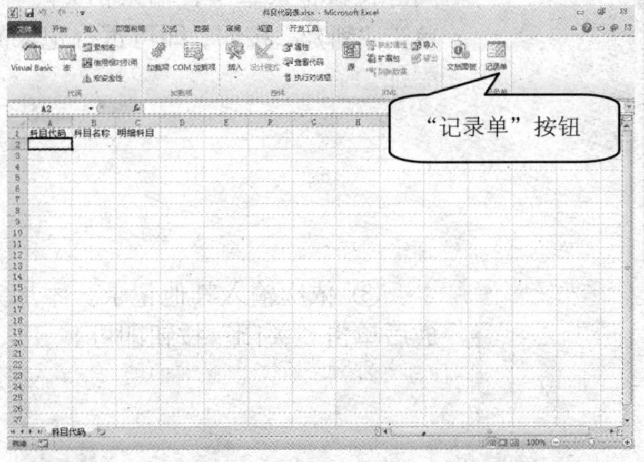

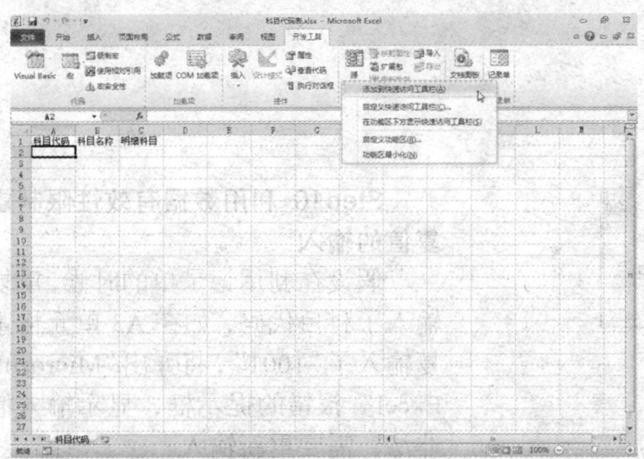

Step8 添加“记录单”按钮至“快速访问工具栏”

单击“开发工具”选项卡，右键单击“记录单”命令组中的“记录单”按钮，在弹出的快捷菜单中选择“添加到快速访问工具栏”命令。

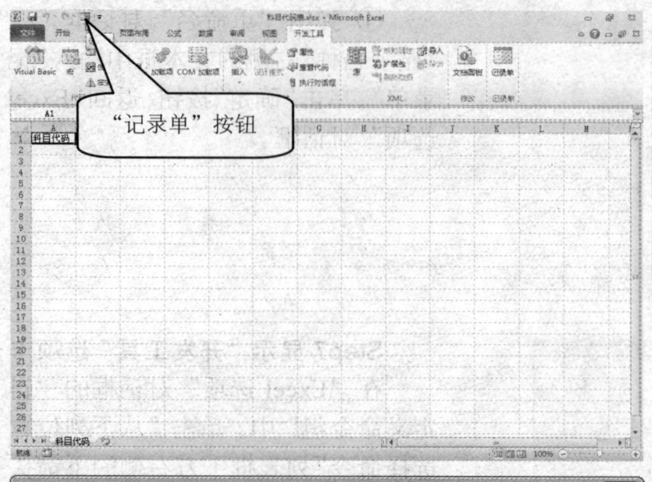

此时在“快速访问工具栏”中添加了“记录单”按钮。

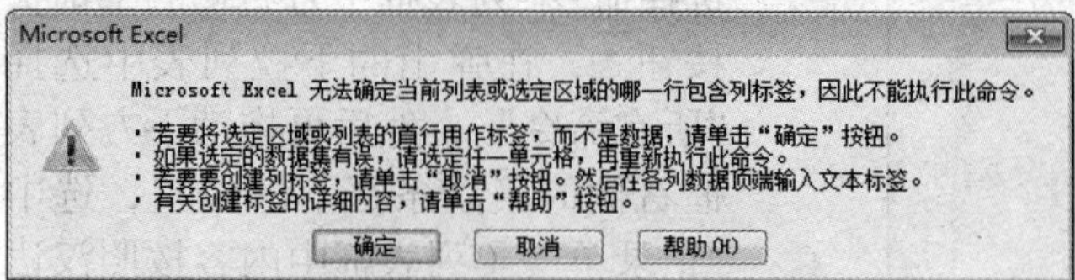

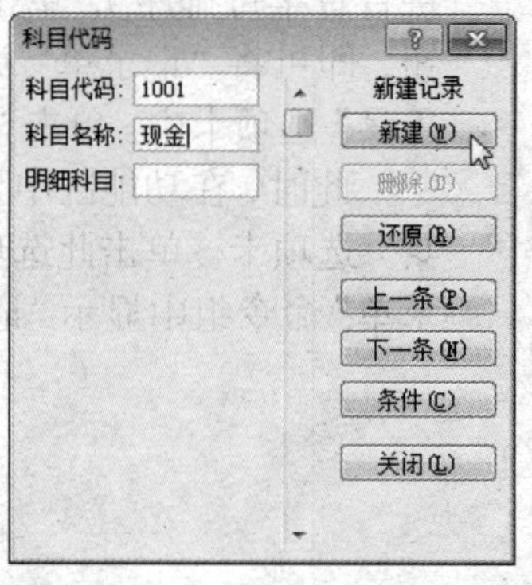

Step9 打开记录单

① 选中 A1 单元格，单击“快速访问工具栏”中的“记录单”按钮，在弹出的“Microsoft Excel”对话框中，单击“确定”按钮。

② 弹出“科目代码”记录单。此记录单的名称与工作表的名称相同。在该记录单中，输入相关内容，单击“新建”按钮，即可进行记录的添加。

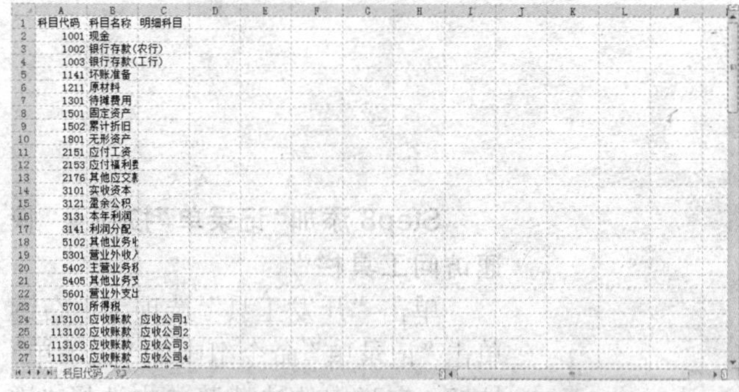

③ 依次输入其他记录。添加完成后单击“关闭”按钮即可。

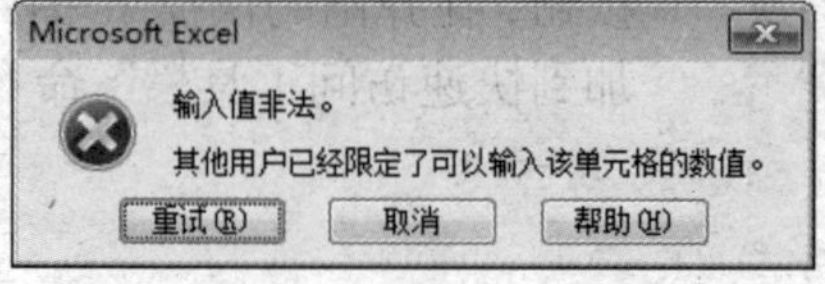

Step10 利用数据有效性限制重复值的输入

假设在利用记录单的时候，重复输入了科目代码，如在 A3 单元格重复输入了“1001”，将弹出“Microsoft Excel”报错的提示框，显示输入值非法，需要重新输入。

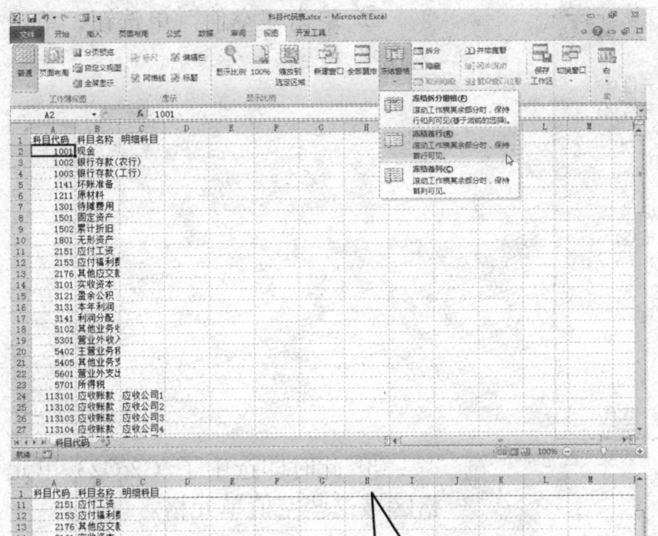

Step11 冻结窗格

选中 A2 单元格，单击“视图”选项卡，在“窗口”命令组中单击“冻结窗格”按钮，并在打开的下拉菜单中选择“冻结首行”命令。

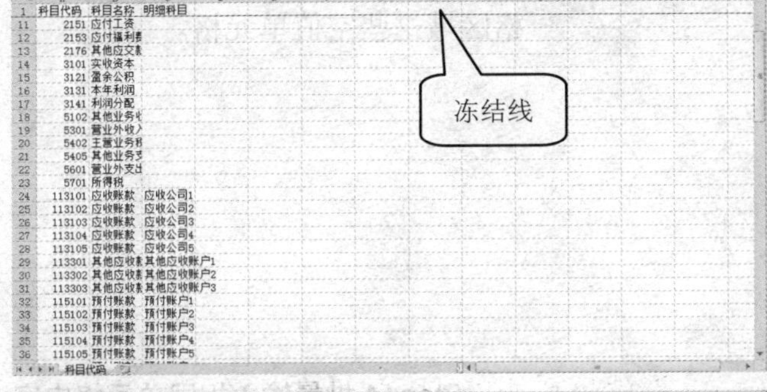

如图所示会出现窗格冻结线，从而完成窗格的冻结。这样在进行下拉表格操作时，A1:C1 单元格区域的表格标题则固定不动。

冻结窗格便于查看表格内容。

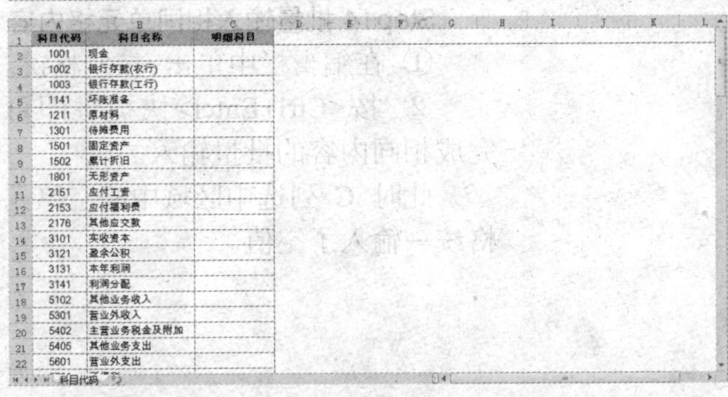

Step12 美化工作表

① 选中 A1:C1 单元格区域，设置“居中”和“加粗”，填充颜色。选中 A 列，设置“居中”。

② 选中 A1:C100 单元格区域，设置字体为“Arial Unicode MS”。

③ 设置合适的列宽。

④ 绘制边框。

⑤ 取消网格线的显示。

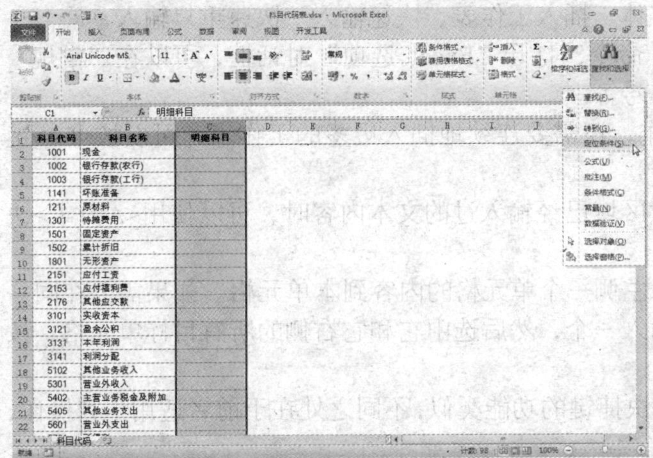

Step13 定位空值

① 选中 C 列，在“开始”选项卡的“编辑”命令组中单击“查找和选择”按钮，并在打开的下拉菜单中选择“定位条件”，或者直接按<F5>快捷键，弹出“定位”对话框，再单击“定位条件”按钮，弹出“定位条件”对话框。

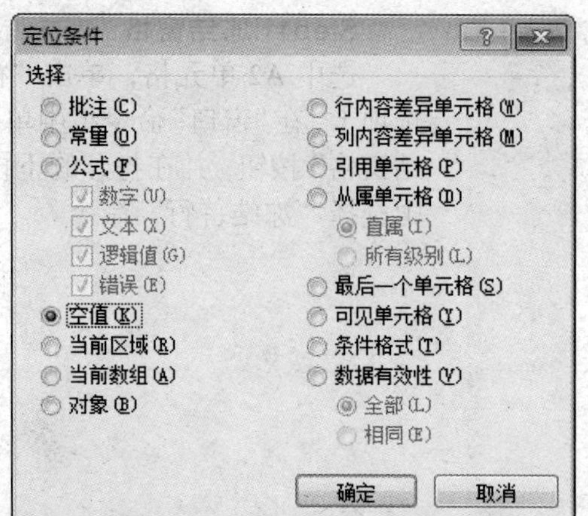

② 单击“空值”单选钮，单击“确定”按钮。

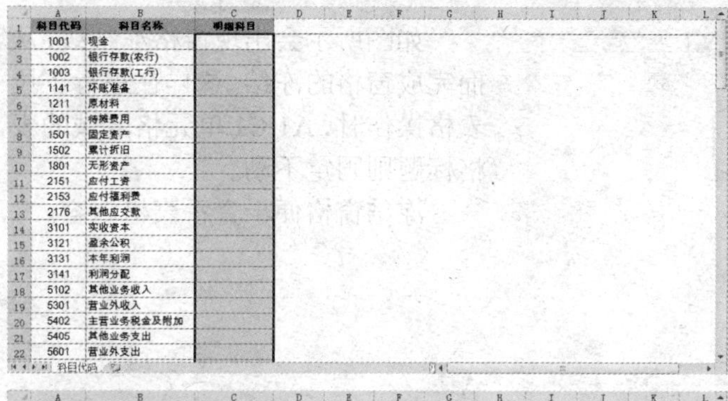

科目代码	科目名称	明细科目
1001	现金	
1002	银行存款(农行)	
1003	银行存款(工行)	
1141	坏账准备	
1211	原材料	
1301	待摊费用	
1501	固定资产	
1502	累计折旧	
1801	无形资产	
2151	应付工资	
2153	应付福利费	
2176	其他应交款	
3101	实收资本	
3121	盈余公积	
3131	本年利润	
3141	利润分配	
5102	其他业务收入	
5301	营业外收入	
5402	主营业务税金及附加	
5405	其他业务支出	
5601	营业外支出	

③ 此时即选中了 C2:C23 单元格区域这些空值单元格。

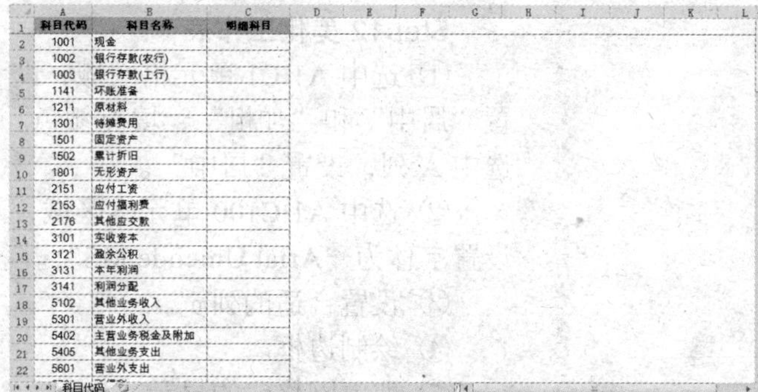

科目代码	科目名称	明细科目
1001	现金	
1002	银行存款(农行)	
1003	银行存款(工行)	
1141	坏账准备	
1211	原材料	
1301	待摊费用	
1501	固定资产	
1502	累计折旧	
1801	无形资产	
2151	应付工资	
2153	应付福利费	
2176	其他应交款	
3101	实收资本	
3121	盈余公积	
3131	本年利润	
3141	利润分配	
5102	其他业务收入	
5301	营业外收入	
5402	主营业务税金及附加	
5405	其他业务支出	
5601	营业外支出	

Step14 批量输入相同单元格内容

① 在编辑栏中单击，按空格键。

② 按<Ctrl+Enter>快捷键即可完成相同内容的批量输入。

此时 C 列选中区域中的空单元格统一输入了空值。

操作技巧：更改新建工作簿时的字体、插入工作表、快速输入、快速重复输入

单击“文件”选项卡中的“选项”命令，打开“Excel 选项”对话框，可以在“常规”选项卡中修改新建工作簿时的字体和字号等。

如果之前进行过插入工作表的操作，还需要连续地插入更多的工作表，可以按<F4>键获得。

在一个单元格中输入同列上方连续区域已经输入过的文本内容时，可以使用<Alt+↓>快捷键弹出下拉列表，然后选择既可。

按<Ctrl+R>快捷键，可以复制同行左侧一个单元格的内容到本单元格。如果需要在同一行中连续地输入相同的内容，可以先输入一个，然后选中它和它右侧的所有目标单元格，按<Ctrl+R>快捷键即可。

<Ctrl+D>快捷键的功能和<Ctrl+R>快捷键的功能类似，不同之处在于前者适用于列操作，后者适用于行操作。

项目扩展：限制重复值的录入

在大量录入数据时，经常需要针对关键字限制重复值的录入。借助数据有效性功能，能够严格限制重复值的录入。这里简单介绍针对单个关键字的限制重复录入，即在某个区域内，任何数值都必须是唯一存在的。假定要在 A2:B20 单元格区域中限制单个关键字的重复录入，方法如下。

选中 A2:B20 单元格区域，单击“数据”选项卡→“数据工具”命令组→“数据有效性”命令，弹出“数据有效性”对话框，在“设置”选项卡中，在“允许”下拉列表框中选择“自定义”项。在“公式”下方的文本框中输入“=COUNTIF($A$2:$B$20,A2)=1”。勾选“忽略空值”复选框，单击“确定”按钮，关闭“数据有效性”对话框。此时任何数值都不能在 A2:B20 单元格区域中被重复录入。

函数应用：COUNTIF 函数

函数用途

计算区域中满足给定条件的单元格的个数。

函数语法

```
COUNTIF(range,criteria)
```

range 是一个或多个要计数的单元格，其中包括数字或名称、数组或包含数字的引用。空值和文本值将被忽略。

criteria 为确定哪些单元格将被计算在内的条件，其形式可以为数字、表达式、单元格引用或文本。例如，条件可以表示为 32、"32"、">32"、"apples"或 B4。

函数说明

可以在条件中使用通配符如问号“?”和星号“*”。问号匹配任意单个字符；星号匹配任意一串字符。如果要查找实际的问号或星号，请在该字符前键入波形符“～”。

	A	B
1	数据	数据
2	apples	38
3	oranges	54
4	peaches	75
5	apples	86

函数简单示例

示例一：通用 COUNTIF 公式。

示例	公式	说明	结果
1	=COUNTIF(A2:A5,"apples")	计算 A2:A5 单元格区域中 apples 所在单元格的个数	2
2	=COUNTIF(A2:A5,A4)	计算 A2:A5 单元格区域中 peaches 所在单元格的个数	1
3	=COUNTIF(A2:A5,A3)+COUNTIF(A2:A5,A2)	计算 A2:A5 单元格区域中 oranges 和 apples 所在单元格的个数	3
4	=COUNTIF(B2:B5,">56")	计算 B2:B5 单元格区域中值大于 56 的单元格个数	2
5	=COUNTIF(B2:B5,"<>"&B4)	计算 B2:B5 单元格区域中值不等于 75 的单元格个数	3
6	=COUNTIF(B2:B5,">=32")-COUNTIF(B2:B5,">85")	计算 B2:B5 单元格区域中值大于或等于 32 且小于或等于 85 的单元格个数	3

示例二：在 COUNTIF 公式中使用通配符和处理空值。

	A	B
1	数据	数据
2	apples	Yes
3		no
4	oranges	NO
5	peaches	No
6		
7	apples	Yes

示例	公式	说明	结果
1	=COUNTIF(A2:A7,"*es")	计算 A2:A7 单元格区域中以字母“es”结尾的单元格个数	4
2	=COUNTIF(A2:A7,"?????es")	计算 A2:A7 单元格区域中以“les”结尾且恰好有 7 位字符的单元格个数	2
3	=COUNTIF(A2:A7,"*")	计算 A2:A7 单元格区域中包含文本的单元格个数	4
4	=COUNTIF(A2:A7,"<>"&"*")	计算 A2:A7 单元格区域中不包含文本的单元格个数	2
5	=COUNTIF(B2:B7,"No")/ROWS(B2:B7)	计算 B2:B7 单元格区域中“No”（包括空白单元格）的平均数	0.5
6	=COUNTIF(B2:B7,"Yes")/(ROWS(B2:B7)-COUNTIF(B2:B7,"<>"&"*"))	计算 B2:B7 单元格区域中“Yes”（不包括空白单元格）的平均数	0.4

本例公式说明

以下为本例中的公式：

```
=COUNTIF(A:A,A2)=1
```

是指在 A 列中查找和 A2 单元格中数字相同的单元格，要求其个数为 1，即在 A 列中没有与 A2 单元格中的数字相同的单元格。

函数应用：COUNTA 函数

函数用途

返回参数列表中非空值的单元格个数。利用 COUNTA 函数可以计算单元格区域或数组中包含数据的单元格个数。

函数语法

```
COUNTA(value1,value2,...)
value1,value2,... 代表要计数其值的 1 到 255 个参数。
```

函数说明

- 数值是任何类型的信息，包括错误值和空文本“""”。数值不包括空单元格。
- 如果参数为数组或引用，则只使用其中的数值。数组或引用中的空白单元格和文本值将被忽略。
- 如果不需要对逻辑值、文本或错误值进行计数，请使用 COUNT 函数。

	A
1	数据
2	产品
3	2012/5/8
4	
5	22
6	11.15
7	FALSE
8	#DIV/0!

函数简单示例

示例	公式	说明	结果
1	=COUNTA(A2:A8)	计算 A2:A8 单元格区域中非空单元格的个数	6
2	=COUNTA(A5:A8)	计算 A5:A8 单元格区域中非空单元格的个数	4
3	=COUNTA(A2:A8,2)	计算 A2:A8 单元格区域中非空单元格以及包含数值 2 的单元格个数	7
4	=COUNTA(A2:A8,"Two")	计算 A2:A8 单元格区域中非空单元格以及包含值“Two”的单元格个数	7

函数应用：COUNT 函数

函数用途

返回包含数字的单元格的个数以及返回参数列表中的数字个数。利用 COUNT 函数可以计算单元格区域或数字数组中数字字段的输入项个数。

函数语法

```
COUNT(value1,value2,...)
```

value1,value2,...是可以包含或引用各种类型数据的 1 到 255 个参数，但只有数字类型的数据才计算在内。

函数说明

- 数字参数、日期参数或者代表数字的文本参数被计算在内。
- 逻辑值和直接键入到参数列表中代表数字的文本被计算在内。
- 如果参数为错误值或不能转换为数字的文本，将被忽略。
- 如果参数是一个数组或引用，则只计算其中的数字。数组或引用中的空白单元格、逻辑值、文本或错误值将被忽略。
- 如果要统计逻辑值、文本或错误值，请使用 COUNTA 函数。

	A
1	数据
2	产品
3	2012/5/8
4	
5	22
6	11.15
7	FALSE
8	#DIV/0!

函数简单示例

示例	公式	说明	结果
1	=COUNT(A2:A8)	计算 A2:A8 单元格区域中包含数字的单元格的个数	3
2	=COUNT(A5:A8)	计算 A5:A8 单元格区域的最后 4 行中包含数字的单元格的个数	2
3	=COUNT(A2:A8,2)	计算 A2:A8 单元格区域中包含数字的单元格以及包含数值 2 的单元格的个数	4

1.2 课堂练习

制作“会计科目表”，操作步骤如下：

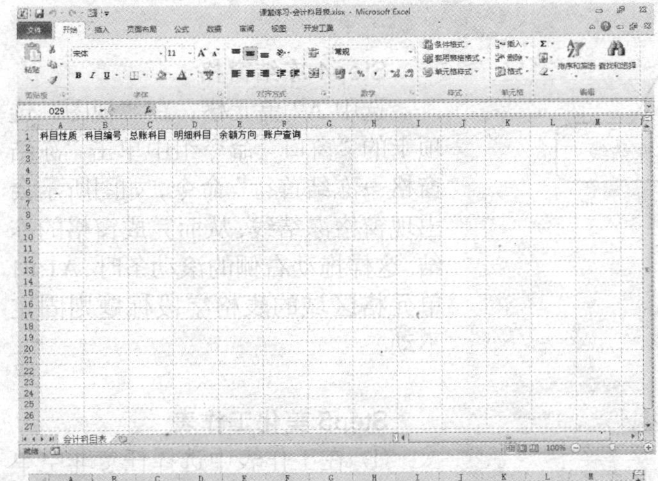

Step1 创建工作簿、输入表格字段标题

① 启动 Excel 自动新建一个工作簿，保存并命名为“课堂练习—会计科目表”，“Sheet1”工作表重命名为“科目代码”，删除多余的工作表。

② 在 A1:F1 单元格区域输入表格字段标题。

Step2 设置数据有效性、复制数据有效性设置

选中 B2 单元格，按<Shift>键同时选中 B162 单元格，即可选中 B2:B162 单元格区域，单击“数据”选项卡，在“数据工具”命令组中单击“数据有效性”按钮，弹出“数据有效性”对话框，单击“设置”选项卡，在“允许”下拉列表中选择“自定义”，在“公式”文本框中输入“=COUNTIF(B:B,B2)=1”。单击“确定”按钮。

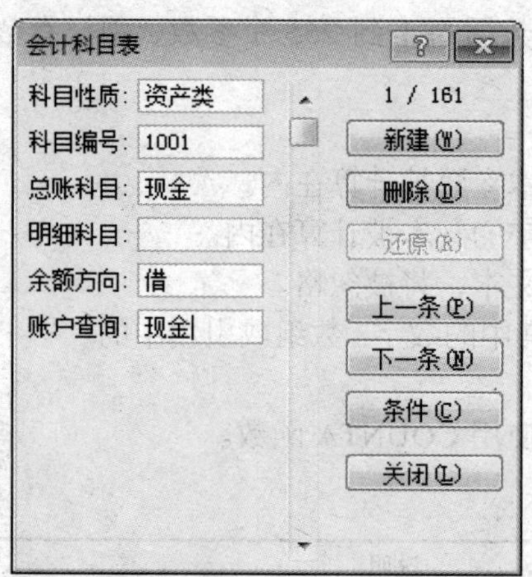

Step3 利用记录单输入数据

①选中 A2 单元格，在“快速访问工具栏”中单击“记录单”按钮，在弹出的“Microsoft Excel”对话框中单击“确定”按钮，弹出“会计科目表”对话框，在“科目性质”“科目编号”和“总账科目”等文本框中输入需要添加的新的数据，单击“新建”按钮，接着输入下一行的数据。

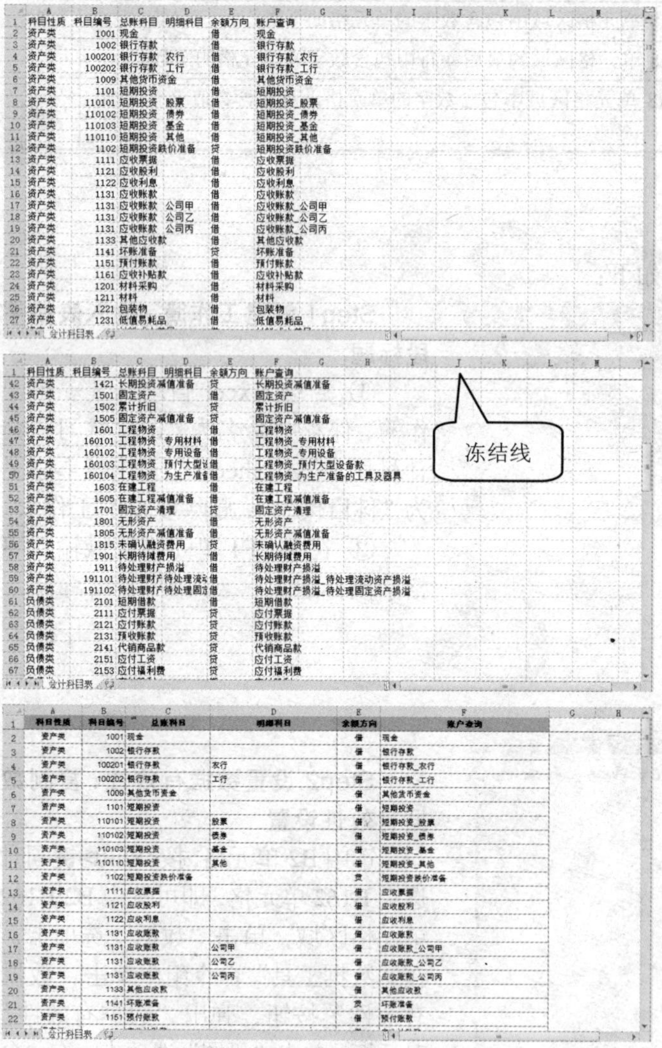

② 按此方法，在 A2:F162 单元格区域输入数据。

Step4 冻结窗格

选中 A2 单元格，在“视图”选项卡的“窗口”命令组中单击“冻结窗格→冻结首行”命令，如图所示会出现窗格冻结线，从而完成窗格的冻结。这样拖动右侧的滚动条时，A1:F1 单元格区域的表格字段标题则固定不动。

Step5 美化工作表

① 在工作表中选择任意非空单元格，如 A3 单元格，按<Ctrl+A>快捷键，即可选中 A1:F162 单元格区域，设置字体为“Arial Unicode MS”，设置字号为“10”。

② 选中 A1:F1 单元格区域，设置居中和加粗，设置填充颜色。选中 A 列和 E 列，设置居中。

③ 调整列宽。

④ 绘制框线。

⑤ 取消网格线的显示。

任务小结

在“科目代码表”的制作中，利用数据有效性可以控制录入的内容，如非法录入则提示并阻止录入。利用数据有效性创建下拉列表是最为有效的选择录入方法，在后续章节中我们会继续介绍。在“选择性粘贴”对话框中勾选“有效性验证”按钮，可以复制单元格的“数据有效性”的设置。通过应用 COUNTIF 函数，对符合设定条件的单元格数据进行计算汇总。“记录单”的使用，可以顺序规范地输入表格数据。在表格数据较多超过单页显示时，为了在输入和浏览时清楚显示单元格数据与表格字段的对应关系，利用“冻结窗格”功能，可以随时方便地查看数据所对应的行标题和列标题。以上这些技巧在表格数据维护和统计中是比较常用的。

任务二　凭证明细表

任务背景

会计科目代码表建立后，接下来的工作就是建立记账凭证。本节首先介绍如何利用相关函数建立所需要的凭证信息，然后介绍如何利用自动筛选功能进行凭证的查询。图 2-2 所示为凭证明细表。

序号	所属月份	科目代码	借方金额	贷方金额	一级科目	二级科目
1	9	1002		-2,000.00	银行存款(农行)	
1	9	1001		2,000.00	现金	
2	9	212101		170.00	应付账款	应付账户1
2	9	1001		-170.00	现金	
3	9	212104		1,100.00	应付账款	应付账户4
3	9	1002		-1,100.00	银行存款(农行)	
4	9	550205	476.00		管理费用	养老统筹
4	9	1001		476.00	现金	
5	9	550102	447.00		营业费用	差旅费
5	9	550103	150.00		营业费用	电话费
5	9	550302	5.00		财务费用	手续费
5	9	1001		602.00	现金	
6	9	1211	3,943.40		原材料	
6	9	217102	236.60		应交税金	增值税-进项
6	9	1001		4,180.00	现金	
7	9	550202	100.00		管理费用	汽车费用
7	9	1001		100.00	现金	
8	9	113105	25,000.00	25,000.00	应收账款	应收公司5
9	9	212104		900.00	应付账款	应付账户4
9	9	1002		-900.00	银行存款(农行)	
10	9	1002	20,000.00	20,000.00	银行存款(农行)	

图 2-2　凭证明细表

知识点分析

要实现本例中的功能，以下为需要掌握的知识点。

- VLOOKUP 函数、SUBTOTAL 函数的应用
- 定义名称、筛选
- 相对引用、绝对引用和混合引用
- 打印时设置顶端标题行

任务实施

2.1 制作基本表格

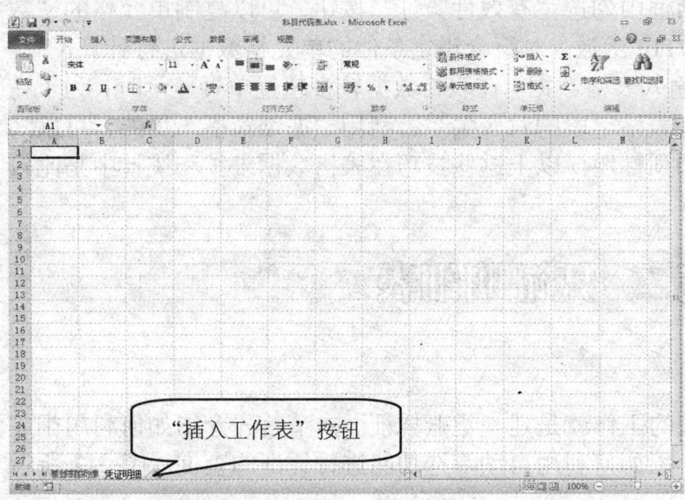

Step1 插入工作表

打开“科目代码表”工作簿，单击工作表标签右侧的“插入工作表”按钮，在标签列的最后插入一个新的工作表“Sheet1”。将该工作表重命名为“凭证明细”，设置工作表标签颜色为“橙色”。

Step2 另存为工作簿

单击“文件”选项卡，在打开的下拉菜单中选择“另存为”，弹出“另存为”对话框，选择本节文件所需存储的路径，在“文件名”右侧的文本框中输入“凭证明细表”，单击“保存”按钮。

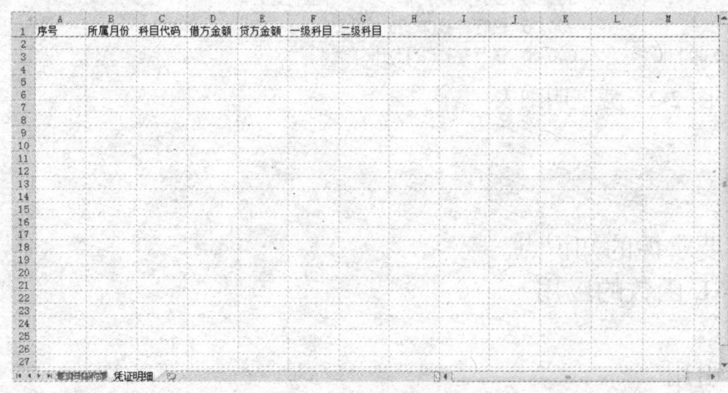

Step3 输入表格标题

在 A1:G1 单元格区域输入表格各字段的标题名称。

Step4 冻结窗格

选中 A2 单元格，在“视图”选项卡的“窗口”命令组中单击“冻结窗格→冻结首行”命令。

Step5 定义科目代码名称

① 单击“科目代码”工作表标签进入“科目代码”工作表，选中 A2:A100 单元格区域，单击“公式”选项卡，在“定义的名称”命令组中单击“定义名称”按钮。

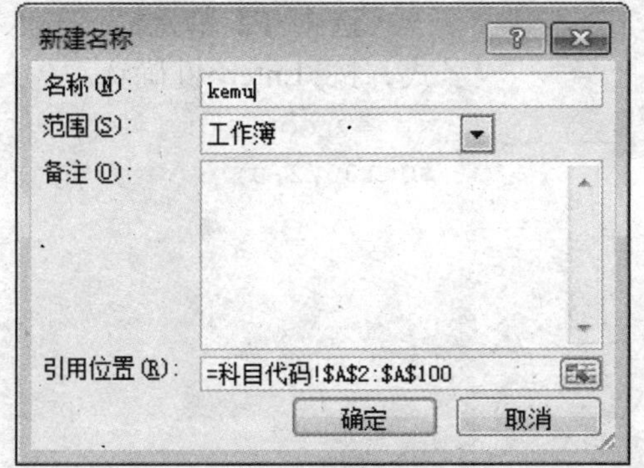

② 在弹出的“新建名称”对话框中，在“名称”右侧的文本框中输入“kemu”，单击“确定”按钮。此时“科目代码”工作表中的 A2:A100 单元格区域的名称被定义为“kemu”。

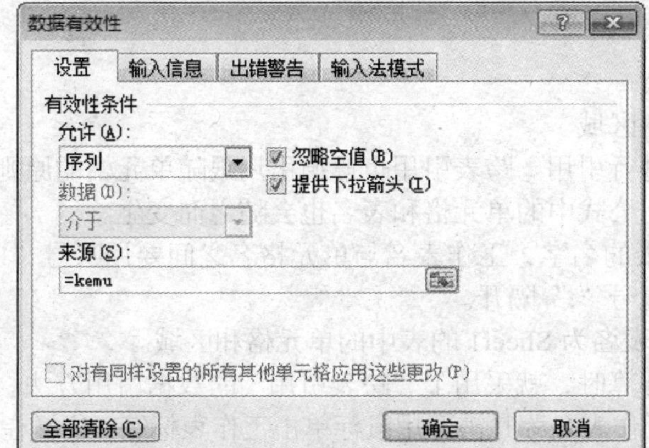

Step6 设置数据有效性

① 切换到“凭证明细”工作表，选中 C2:C204 单元格区域，切换到“数据”选项卡，然后单击“数据工具”命令组中的“数据有效性”按钮，弹出“数据有效性”对话框。

② 单击“设置”选项卡，在“允许”下拉列表中选择“序列”，在“来源”文本框中输入“=kemu”。单击“确定”按钮。

单击 C2 单元格，在单元格的右侧会出现下拉按钮，单击该下拉按钮会弹出下拉列表，列表中的内容是“科目代码”工作表中的科目代码，用户可以用鼠标选择输入的内容。

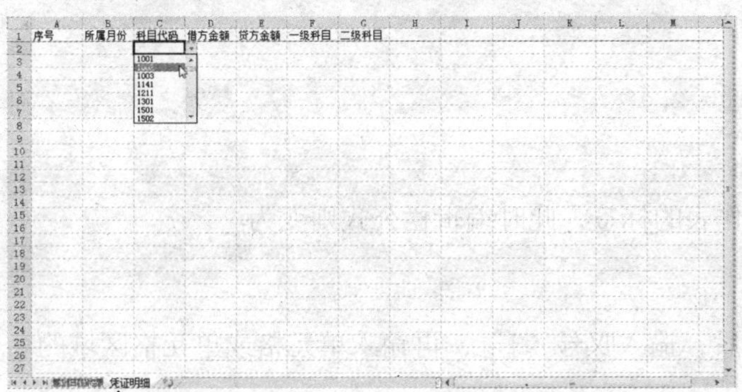

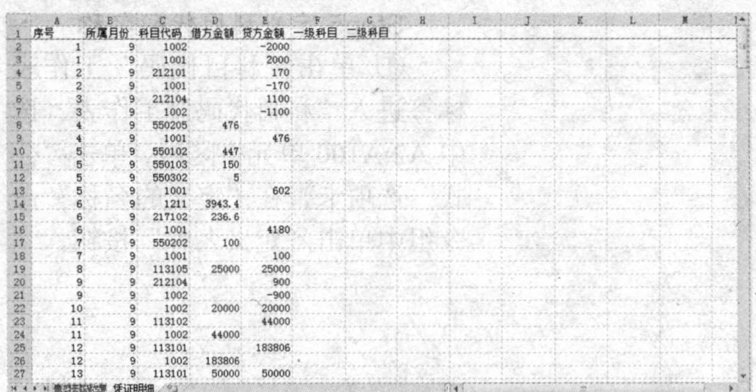

Step7 输入表格数据

在 A2:E204 单元格区域输入数据。

2.2 编制一、二级科目代码

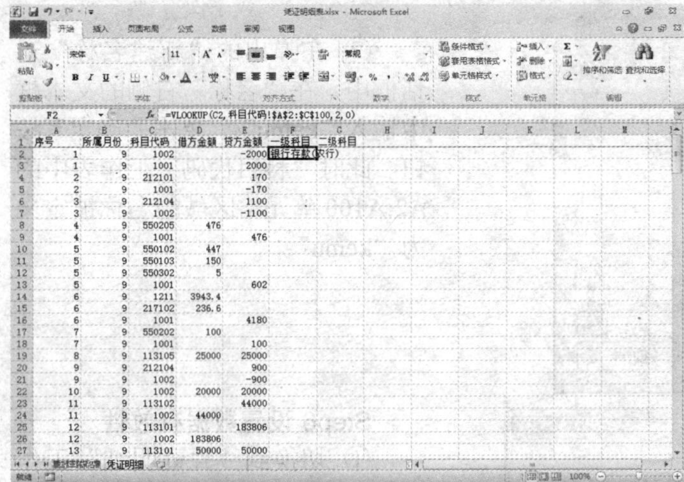

Step1 输入一级科目代码

选中 F2 单元格，输入以下公式，按<Enter>键确认。

```
=VLOOKUP(C2,科目代码!$A $2:$C$100,2,0)
```

操作技巧：跨表引用单元格或单元格区域

跨表引用是指在不同的工作表之间进行引用。跨表引用也遵循引用跟随单元格的原则，当进行改变工作表名、移动表等操作时，公式中的单元格和表名也会随之而变化。

在引用时单元格的前面要指定工作表的名字，工作表名与单元格名之间要用叹号“!”隔开，引用的单元格与单元格之间要用逗号“,”隔开。

如，Sheet1!A1,Sheet1!A1:$B$1 表示表名为 Sheet1 的表中的单元格和区域。

在进行不同工作表之间的数据合并计算时，就采用了“跨表引用”的数据引用方法。

公式中如果有跨表引用时，在输入工作表名称时需要用鼠标单击工作表标签，这样在公式中就会自动地输入工作表的名称。

如 Step1 中需要输入公式：

```
=VLOOKUP(C2,科目代码!$A$2:$C$100,2,0)
```

此时先输入：

```
=VLOOKUP(C2,
```

然后用鼠标单击“科目代码”工作表的标签，此时编辑栏公式则变为

```
=VLOOKUP(C2,科目代码!
```

然后再接着输入公式的剩余部分。

当然也可以直接输入工作表名称后，输入叹号“!”，再输入单元格或单元格区域的名称来直接进行跨表引用。

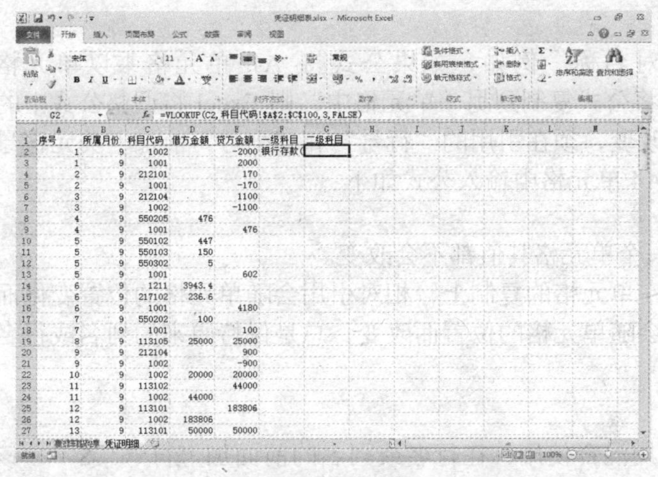

Step2 输入二级科目代码

选中 G2 单元格，输入以下公式，按<Enter>键确认。

```
=VLOOKUP(C2,科目代码!$A $2:$C$100,3,FALSE)
```

Step3 复制公式

选中 F2:G2 单元格区域，将鼠标指针放在 G2 单元格的右下角，待鼠标指针变为“✚”形状后双击，在 F2: G204 单元格区域中快速复制公式。

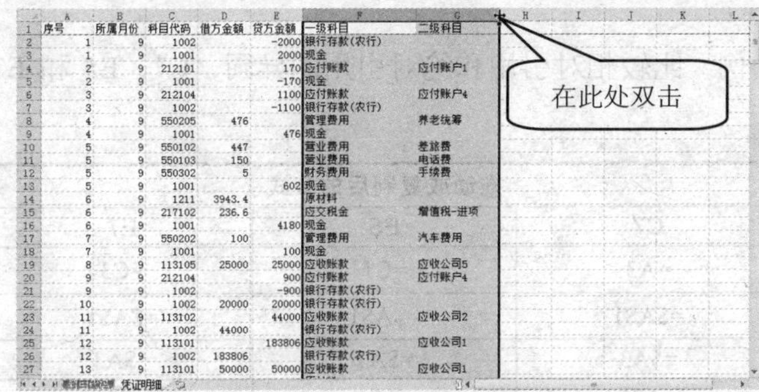

Step4 调整列宽

选中 F:G 列，在 G 列和 H 列的列标之间双击，适当的调整 F、G 列的列宽，使得单元格中的内容能够完全显示。

至此凭证明细表的一级、二级科目代码即输入完成。

项目扩展：相对引用、绝对引用和混合引用

1. 相对引用

是指相对于包含公式的单元格的相对位置。例如，B2 单元格包含公式“=A1”；Excel 将在距 B2 单元格上面一个单元格和左面一个单元格处的单元格中查找数值，如图 2-3 所示。

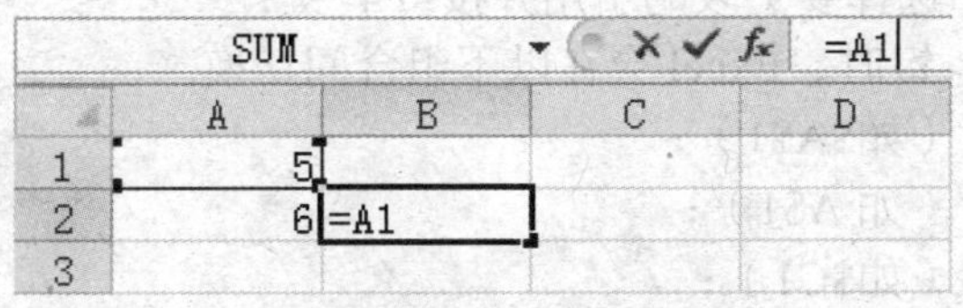

图 2-3　相对引用（1）

在复制包含相对引用的公式时，Excel 将自动调整复制公式中的引用，以便引用相对于当前公式位置的其他单元格。例如，B2 单元格中含有公式“=A1”，A1 单元格位于 B2 单元格的左上方，拖动 B2 单元格的填充柄将其复制至 B3 单元格时，其中的公式已经改为“=A2”，即 B3 单元格左上方单元格处的单元格，如图 2-4 所示。

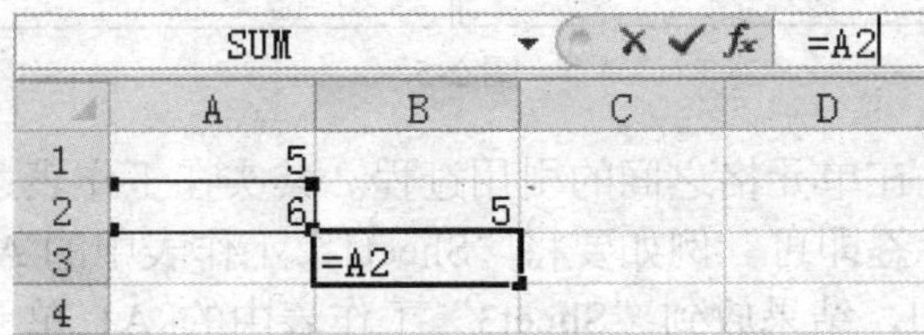

图 2-4　相对引用（2）

2. 绝对引用

绝对引用是指引用单元格的绝对名称。例如，如果公式将 A1 单元格乘以单元格 A2(=A1*A2)放到 A4 单元格中，现在将公式复制到另一单元格中，则 Excel 将调整公式中的两个引用。如果不希望这种引用发生改变，须在引用的“行号”和“列号”前加上美元符号“$”，这样就是单元格的绝对引用。A4 单元格中输入公式如下：

```
=$A$1*$A$2
```

复制 A4 单元格中的公式到任何一个单元格其值都不会改变。

相对引用与绝对引用的区别主要在单元格的复制上，相对引用会随单元格的位置变化而变化；而绝对引用在引用的过程中不会随单元格的位置而改变，总是保持原来的列名或行名不变。

3. 混合引用

混合引用是指将两种单元格的引用混合使用，在行名或列名的前面加上符号“$”，该符号后面的位置是绝对引用

下面以复制 C5 单元格中的公式为例，比较相对引用和绝对引用的异同，C7、E5 和 E7 单元格中公式的变化情况如下表。

引用类型	C5 单元格中的公式	拖动或复制后的公式		
		C7	E5	E7
相对引用	=A1	=A3	=C1	=C3
绝对引用	=$A$1	=$A$1	=$A$1	=$A$1
混合引用	=$A1	=$A3	=$A1	=$A3
	=A$1	=A$1	=C$1	=C$1

4. 相对引用与绝对引用之间的切换

如果创建了一个公式并希望将相对引用更改为绝对引用，则可按以下操作步骤进行切换。

步骤 1：选定包含该公式的单元格；

步骤 2：在编辑栏中选择要更改的引用并按<F4>键；

步骤 3：每次按<F4>键时，Excel 会在以下组合间切换。

① 绝对列与绝对行（如$A$1）；

② 相对列与绝对行（如 A$1）；

③ 绝对列与相对行（如$C1）；

④ 相对列与相对行（如 C1）。

例如，在公式中选择$A$1 并按<F4>键，引用将变为 A$1。再按一次<F4>键，引用将变为$A1，以此类推，如下图所示。

=$A$1*$A$2	=A$1*$A$2	=$A1*$A$2	=A1*$A$2
按 1 次<F4>键	按 2 次<F4>键	按 3 次<F4>键	按 4 次<F4>键

图 2-5

我们在前面已讨论过在单元格之间的引用过程。其实在工作表之间也可以建立引用，只要在引用的过程中加上标签即可。例如要将“Sheet1”工作表中的 A1 单元格与“Sheet2”工作表中的 A2 单元格求和，结果放到“Sheet3”工作表中的 A1 单元格中。此时可以直接在“Sheet3”工作表中的 A1 单元格中输入“=SUM（Sheet1!A1,Sheet2!A2）”，然后按<Enter>

键求得结果。在工作表之间引用也可以利用直接选取的方法，即在输入公式的过程中切换到相应的工作表中，然后选取单元格或单元格区域即可。

在公式中合理地利用上述单元格、工作表之间的引用形式可以使公式变得简单，并且使用起来也非常方便。

函数应用：VLOOKUP 函数

函数用途

在表格数组的首列查找指定的值，并由此返回表格数组当前行中其他列的值。

VLOOKUP 函数中的 V 参数表示垂直方向。当比较值位于需要查找的数据左边的一列时，可以使用 VLOOKUP 函数而不是 HLOOKUP 函数。

函数语法

```
VLOOKUP(lookup_value,table_array,col_index_num,range_lookup)
```

lookup_value 为需要在表格数组第一列中查找的数值。lookup_value 可以为数值或引用。若 lookup_value 小于 table_array 第一列中的最小值，VLOOKUP 返回错误值#N/A。

table_array 为两列或多列数据。使用对区域或区域名称的引用。table_array 第一列中的值是由 lookup_value 搜索的值。这些值可以是文本、数字或逻辑值。文本不区分大小写。

col_index_num 为 table_array 中待返回的匹配值的列序号。col_index_num 为 1 时，返回 table_array 第一列中的数值；col_index_num 为 2 时，返回 table_array 第二列中的数值，以此类推。如果 col_index_num 小于 1，VLOOKUP 返回错误值#VALUE!；如果 col_index_num 大于 table_array 的列数，VLOOKUP 返回错误值#REF!。

range_lookup 为一逻辑值，指定希望 VLOOKUP 查找精确的匹配值还是近似的匹配值。

如果为 TRUE 或省略，则返回精确匹配值或近似匹配值。也就是说，如果找不到精确匹配值，则返回小于 lookup_value 的最大数值。table_array 第一列中的值必须以升序排序；否则 VLOOKUP 可能无法返回正确的值。

- 如果为 FALSE，VLOOKUP 将只寻找精确匹配值。在此情况下，table_array 第一列的值不需要排序。如果 table_array 第一列中有两个或多个值与 lookup_value 匹配，则使用第一个找到的值。如果找不到精确匹配值，则返回错误值#N/A。

函数说明

- 在 table_array 第一列中搜索文本值时，请确保 table_array 第一列中的数据没有前导空格、尾部空格、直引号（'或"）与弯引号（‘或“）不一致或非打印字符。否则，VLOOKUP 可能返回不正确或意外的值。
- 在搜索数字或日期值时，请确保 table_array 第一列中的数据未存储为文本值。否则，VLOOKUP 可能返回不正确或意外的值。
- 如果 range_lookup 为 FALSE 且 lookup_value 为文本，则可以在 lookup_value 中使用通配符如问号“?”和星号“*”。问号匹配任意单个字符；星号匹配任意字符序列。如果要查找实际的问号或星号，请在该字符前键入波形符“~”。

函数简单示例

例如搜索大气特征表的“密度”列以查找“粘度”和“温度”列中对应的值（该值是在海平面 0 摄氏度和 1 个大气压下对空气的测定）。

	A	B	C
1	密度	粘度	温度
2	1.128	1.91	40
3	1.165	1.86	30
4	1.205	1.81	20
5	1.247	1.77	10
6	1.293	1.72	0
7	1.342	1.67	-10
8	1.395	1.62	-20
9	1.453	1.57	-30
10	1.515	1.52	-40

示例	公式	说明	结果
1	=VLOOKUP(1.2,A2:C10,2)	使用近似匹配搜索 A 列中的值 1.2，在 A 列中找到小于等于 1.2 的最大值 1.165，然后返回同一行中 B 列的值	1.86
2	=VLOOKUP(1.2,A2:C10,3,TRUE)	使用近似匹配搜索 A 列中的值 1.2，在 A 列中找到小于等于 1.2 的最大值 1.165，然后返回同一行中 C 列的值	30
3	=VLOOKUP(.7,A2:C10,3,FALSE)	使用精确匹配在 A 列中搜索值 0.7。因为 A 列中没有精确匹配的值，所以返回一个错误值	#N/A
4	=VLOOKUP(1,A2:C10,2,TRUE)	使用近似匹配在 A 列中搜索值 1。因为 1 小于 A 列中最小的值，所以返回一个错误值	#N/A
5	=VLOOKUP(2,A2:C10,2,TRUE)	使用近似匹配搜索 A 列中的值 2，在 A 列中找到小于等于 2 的最大值 1.515，然后返回同一行中 B 列的值	1.52

本例公式说明

本例一级科目代码的公式为：

```
=VLOOKUP(C2,科目代码!$A$2:$C$100,2,0)
```

其各参数值指定 VLOOKUP 函数在“科目代码”工作表中的 A2:C100 单元格区域内的第 1 列（即 A 列）中查找与“凭证明细”工作表 C2 单元格（其值为 1002）中内容相同的单元格，因为“1002”在“科目代码”工作表中位于第 3 行的 A3 单元格，那么 VLOOKUP 函数将从 A2:C100 的相同区域内的相同行（第 3 行）的第 2 列（即 B 列）中返回值，也就是 B2 的值“现金”。

本例二级科目代码的公式为：

```
=VLOOKUP(C2,科目代码!$A$2:$C$100,3,FALSE)
```

是指在“科目代码”工作表的 A2:C100 单元格区域的 A 列中查找与“凭证明细”工作表中 C2 单元格中内容相同的单元格，然后返回对应 C 列中的内容到当前单元格。

函数应用：HLOOKUP 函数

函数用途

在表格或数值数组（数组：用于建立可生成多个结果或可对在行和列中排列的一组参数进行运算的单个公式。数组区域共用一个公式；数组常量是用作参数的一组常量）的首行查找指定的数值，并在表格或数组中指定行的同一列中返回一个数值。当比较值位于数据表的首行，并且要查找下面给定行中的数据时，请使用 HLOOKUP 函数。当比较值位于要查找的数据左边的一列时，请使用 VLOOKUP 函数。

HLOOKUP 中的 H 代表“行”。

函数语法

```
HLOOKUP(lookup_value,table_array,row_index_num,range_lookup)
```

lookup_value 为需要在数据表第一行中进行查找的数值。Lookup_value 可以为数值、引用或文本字符串。

table_array 为需要在其中查找数据的数据表。使用对区域或区域名称的引用。

- table_array 的第一行的数值可以为文本、数字或逻辑值。
- 如果 range_lookup 为 TRUE，则 table_array 的第一行的数值必须按升序排列；否则，函数 HLOOKUP 将不能给出正确的数值。如果 range_lookup 为 FALSE，则 table_array 不必进行排序。
- 文本不区分大小写。
- 将数值按升序排列（从左至右）。有关详细信息，请参阅排序数据。

row_index_num 为 table_array 中待返回的匹配值的行序号。

row_index_num 为 1 时，返回 table_array 第一行中的数值，row_index_num 为 2 时，返回 table_array 第二行中的数值，以此类推。如果 row_index_num 小于 1，HLOOKUP 函数返回错误值#VALUE!；如果 row_index_num 大于 table_array 的行数，HLOOKUP 函数返回错误值#REF!。

range_lookup 为一逻辑值，指明 HLOOKUP 函数查找时是精确匹配，还是近似匹配。如果为 TRUE 或省略，则返回近似匹配值。也就是说，如果找不到精确匹配值，则返回小于 lookup_value 的最大数值。如果 rang_lookup 为 FALSE，HLOOKUP 函数将查找精确匹配值，如果找不到，则返回错误值#N/A。

函数说明

- 如果 HLOOKUP 函数找不到 lookup_value，且 range_lookup 为 TRUE，则使用小于 lookup_value 的最大值。
- 如果 lookup_value 函数小于 table_array 第一行中的最小数值，HLOOKUP 函数返回错误值#N/A。
- 如果 range_lookup 为 FALSE 且 lookup_value 为文本，则可以在 lookup_value 中使用通配符如问号"?"和星号"*"。问号匹配任意单个字符；星号匹配任意字符序列。如果要查找实际的问号或星号，请在该字符前键入波形符"～"。

	A	B	C
1	Axles	Bearings	Bolts
2	13	11	18
3	25	26	27
4	15	16	21

函数简单示例

示例	公式	说明	结果
1	=HLOOKUP("Axles",A1:C4,2,TRUE)	在首行查找 Axles，并返回同列中第 2 行的值	13
2	=HLOOKUP("Bearings",A1:C4,3,FALSE)	在首行查找 Bearings，并返回同列中第 3 行的值	26
3	=HLOOKUP("B",A1:C4,3,TRUE)	在首行查找 B，并返回同列中第 3 行的值。由于 B 不是精确匹配，因此将使用小于 B 的最大值 Axles	25
4	=HLOOKUP("Bolts",A1:C4,4)	在首行查找 Bolts，并返回同列中第 4 行的值	21
5	=HLOOKUP(3,{1,2,3;"a","b","c";"d","e","f"},2,TRUE)	在数组常量的第一行中查找 3，并返回同列中第 2 行的值	c

2.3　设置自动筛选

下面来实现表格的自动筛选功能，以便查询结果，并实现"借方金额"和"贷方金额"的总计。

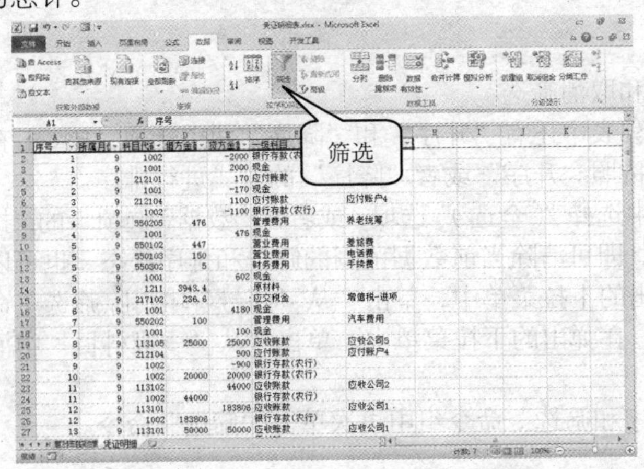

Step1 设置自动筛选

选中 A1:G1 单元格区域，切换到"数据"选项卡，在"排序和筛选"命令组中单击"筛选"按钮，完成自动筛选的设置。

此时，在 A1:G1 单元格区域的每个单元格的右侧会出现一个小三角的下拉按钮。

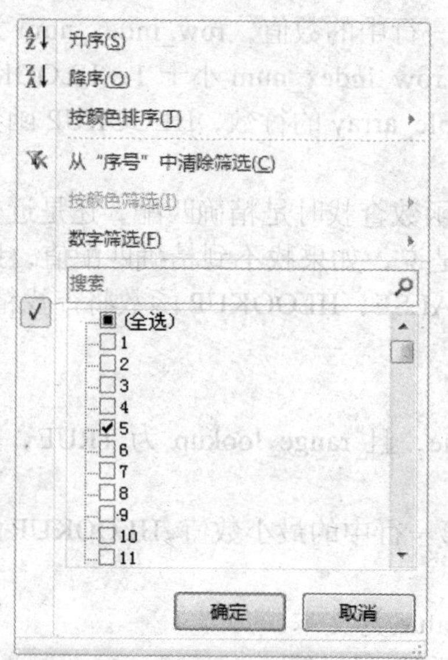

Step2 进行筛选查询

单击 A1 单元格右侧的下拉按钮，在弹出的下拉菜单中，先取消勾选“全选”复选框，然后勾选“5”复选框，单击“确定”按钮。

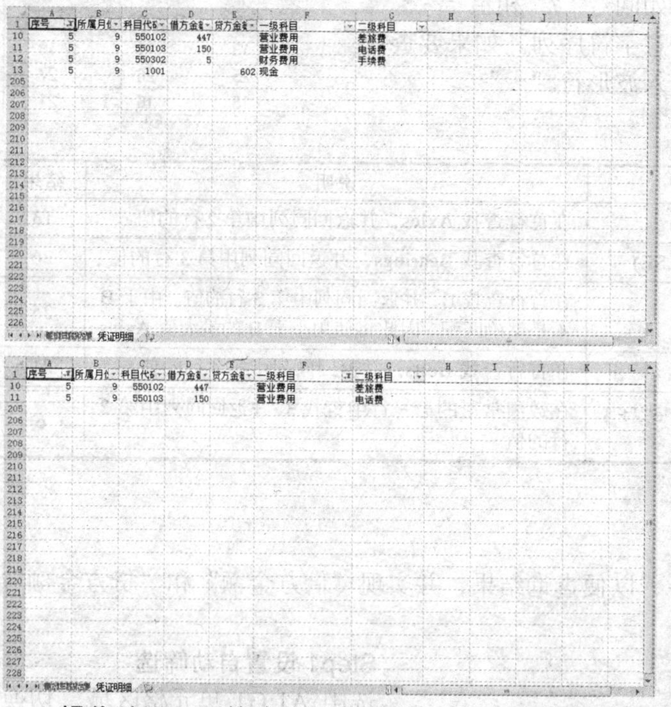

“凭证明细”工作表中就会筛选出“序号”为“5”的记录。

单击 F1 单元格右侧的下拉按钮，在弹出的下拉菜单中，先取消勾选“全选”复选框，然后勾选“营业费用”复选框，单击“确定”按钮。“凭证明细”工作表中就会筛选出“序号”为“5”，“一级科目”为“营业费用”的记录。

操作技巧：下箭头按钮的其他功能和取消筛选

当单击下箭头按钮时，在其下拉列表中还有“升序”和“降序”两个选项，Excel 在筛选的同时还可以排序，即将筛选结果按照“升序”或者“降序”的方式进行排序。

如果要清除筛选结果，在下拉列表中选择“(全选)”选项，或者在“数据”选项卡的“排序和筛选”命令组中单击“清除”按钮，即可清除当前数据范围的筛选和排序状态。也可以单击 A1 单元格右侧的下拉按钮，在弹出的下拉菜单中，单击“从‘序号’中清除筛选”命令。再单击 F1 单元格右侧的下拉按钮，在弹出的下拉菜单中，单击“从‘一级科目’中清除筛选”命令。

如果要取消筛选状态，可以在“排序和筛选”命令组中再次单击“筛选”命令。

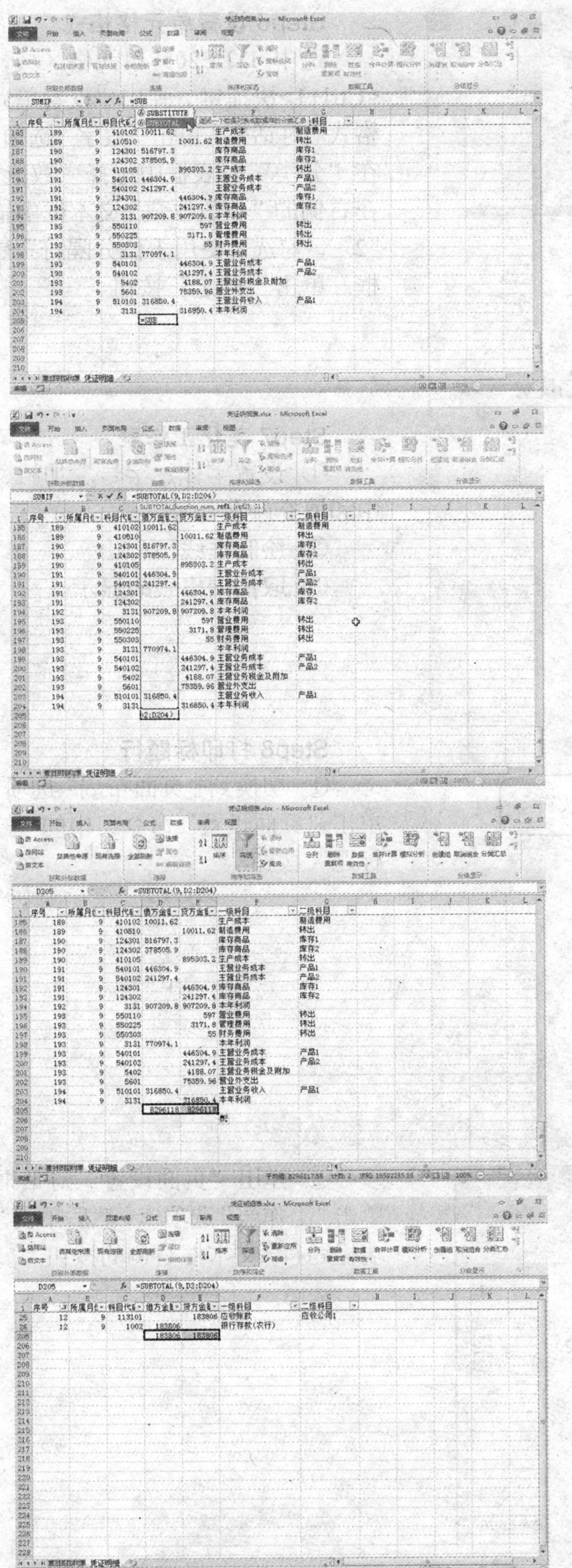

Step3 编制"借方金额"求和公式

选中 D205 单元格，在编辑栏中输入"=SUB"时，右侧会自动显示以"SUB"开头的相关的函数，双击选中"SUBTOTAL"。

此时，弹出 SUBTOAL 函数的第一个参数的相关选项，双击选中"9"，然后输入",D2:D204)"，按<Enter>键输入。

Step4 编制"贷方金额"求和公式

选中 D205 单元格，拖拽右下角的填充柄至 E205 单元格。

Step5 查看筛选后借方和贷方金额的变化

单击 A1 单元格右侧的下拉按钮，选中"序号"为"15"，表格中就会显示出"序号"为"12"的记录，其借方和贷方金额的合计分别显示在 D205 和 E205 单元格中。

参阅 Step2，取消筛选。

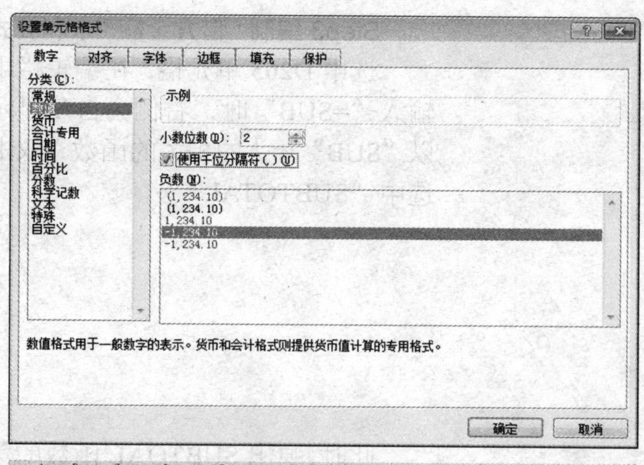

Step6 设置单元格格式

选中 D2:E205 单元格区域，按<Ctrl+1>快捷键，弹出“设置单元格格式”对话框，单击“数字”选项卡，在“分类”列表框中选择“数值”，在右侧的“小数位数”文本框中输入“2”，勾选“使用千位分隔符”复选框。单击“确定”按钮。

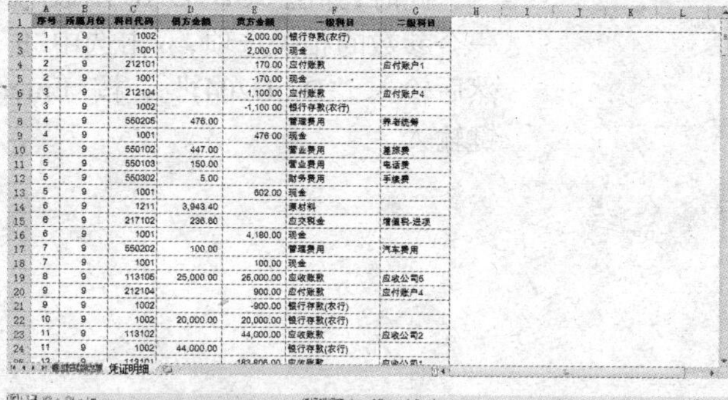

Step7 美化工作表

① 设置字体、字号、加粗、居中和填充颜色。

② 绘制框线。

③ 取消网格线的显示。

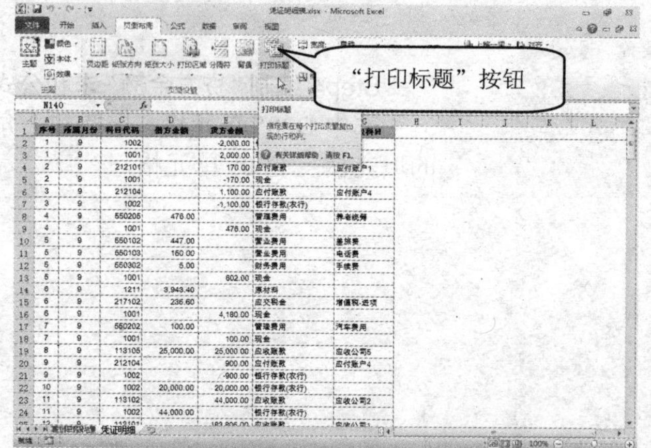

Step8 打印标题行

① 切换到“页面布局”选项卡，单击“页面设置”命令组中的“打印标题”按钮。

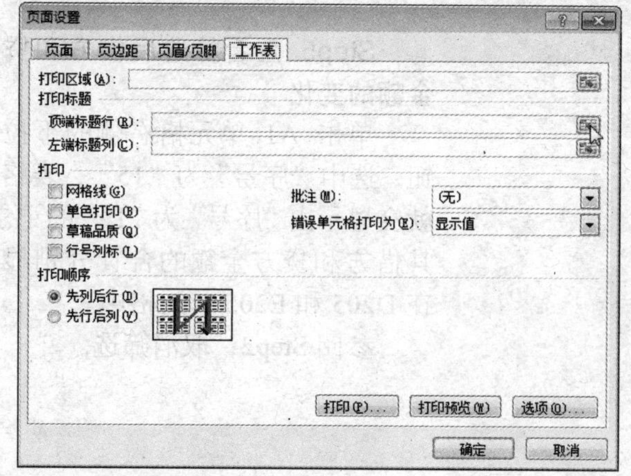

② 弹出“页面设置”对话框，单击“工作表”选项卡，然后单击“顶端标题行”文本框右侧的按钮“”。

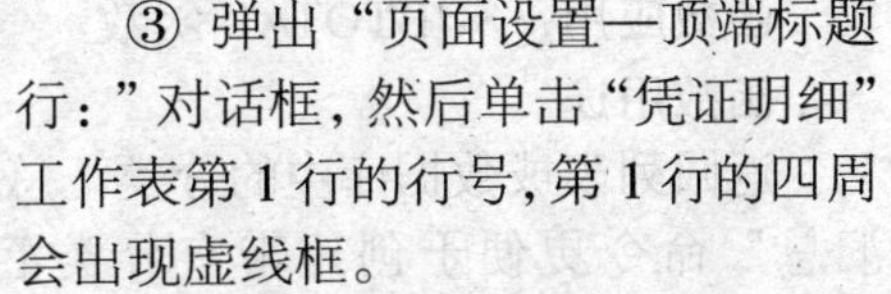

③ 弹出“页面设置—顶端标题行：”对话框，然后单击“凭证明细”工作表第 1 行的行号，第 1 行的四周会出现虚线框。

④ 单击“页面设置—顶端标题行：”对话框右侧的按钮“ ”回到“页面设置”对话框。

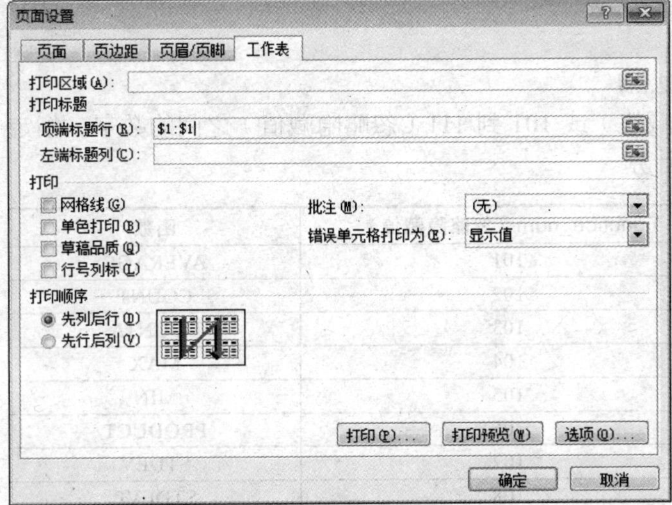

Step9 查看打印预览

在“页面设置”对话框中，单击“打印预览”按钮，会显示第 1 页的打印预览效果。

或者按<Ctrl+F2>快捷键，可以直接观察到打印预览效果。

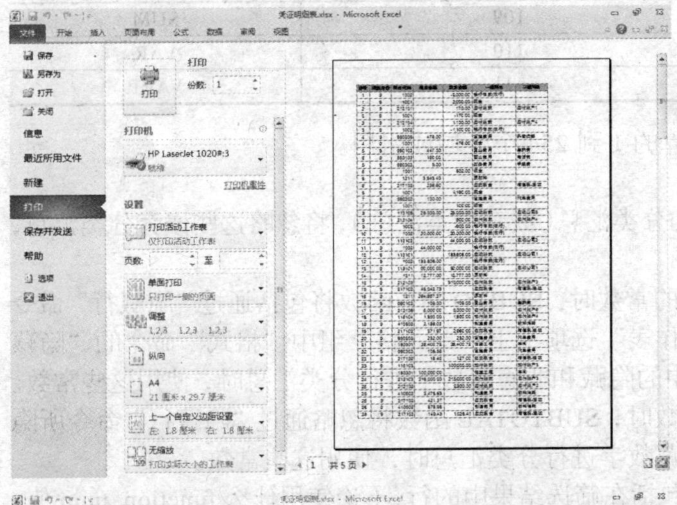

单击下方的“下一页”按钮，会显示第 2 页的“打印预览”效果，此时表格顶端的标题行仍然显示。

单击“开始”选项卡，即可返回“普通”视图状态。

函数应用：SUBTOTAL 函数

函数用途

返回列表或数据库中的分类汇总。通常，使用“数据”选项卡上“大纲”组中的“分类汇总”命令更便于创建带有分类汇总的列表。一旦创建了分类汇总，就可以通过编辑 SUBTOTAL 函数对该列表进行修改。

函数语法

SUBTOTAL(function_num,ref1,ref2,...)

function_num 为 1 到 11（包含隐藏值）或 101 到 111（忽略隐藏值）之间的数字，指定使用何种函数在列表中进行分类汇总计算。

Function_num（包含隐藏值）	Function_num（忽略隐藏值）	函数
1	101	AVERAGE
2	102	COUNT
3	103	COUNTA
4	104	MAX
5	105	MIN
6	106	PRODUCT
7	107	STDEV
8	108	STDEVP
9	109	SUM
10	110	VAR
11	111	VARP

ref1,ref2,…为要进行分类汇总计算的 1 到 254 个区域或引用。

函数说明

- 如果在 ref1,ref2,…中有其他的分类汇总（嵌套分类汇总），将忽略这些嵌套分类汇总，以避免重复计算。
- 当 function_num 为从 1 到 11 的常数时，SUBTOTAL 函数将包括通过“隐藏行”命令所隐藏的行中的值，该命令位于“工作表”选项卡上“单元格”组中“格式”命令的“隐藏和取消隐藏”子菜单下面。当对列表中的隐藏和非隐藏数字进行分类汇总时，使用这些常数。当 function_num 为从 101 到 111 的常数时，SUBTOTAL 函数将忽略通过“隐藏行”命令所隐藏的行中的值。当只对列表中的非隐藏数字进行分类汇总时，使用这些常数。
- SUBTOTAL 函数忽略任何不包括在筛选结果中的行，不论使用什么 function_num 值。
- SUBTOTAL 函数适用于数据列或垂直区域。不适用于数据行或水平区域。例如，当 function_num 大于或等于 101 时需要分类汇总某个水平区域时，例如 SUBTOTAL(109,B2:G2)，则隐藏某一列不影响分类汇总。但是隐藏分类汇总的垂直区域中的某一行就会对其产生影响。
- 如果所指定的某一引用为三维引用，SUBTOTAL 函数将返回错误值 #VALUE!。

	A
1	110
2	11
3	158
4	33

函数简单示例

示例	公式	说明	结果
1	=SUBTOTAL(9,A1:A4)	对 A 列使用 SUM 函数计算出的分类汇总	312
2	=SUBTOTAL(1,A1:A4)	对 A 列使用 AVERAGE 函数计算出的分类汇总	78

本例公式说明

本例中的公式为：

```
=SUBTOTAL(9,D2:D204)
```

其各参数值指定 SUBTOTAL 函数对 D2:D204 单元格区域中，使用 SUM 函数计算出的分类汇总。

2.4 课堂练习

自动筛选设置简单，操作便捷，是查找和处理数据清单中子集的一种快捷方法，是广大财务人员经常使用的工具，本课堂练习介绍自动筛选的常用功能。

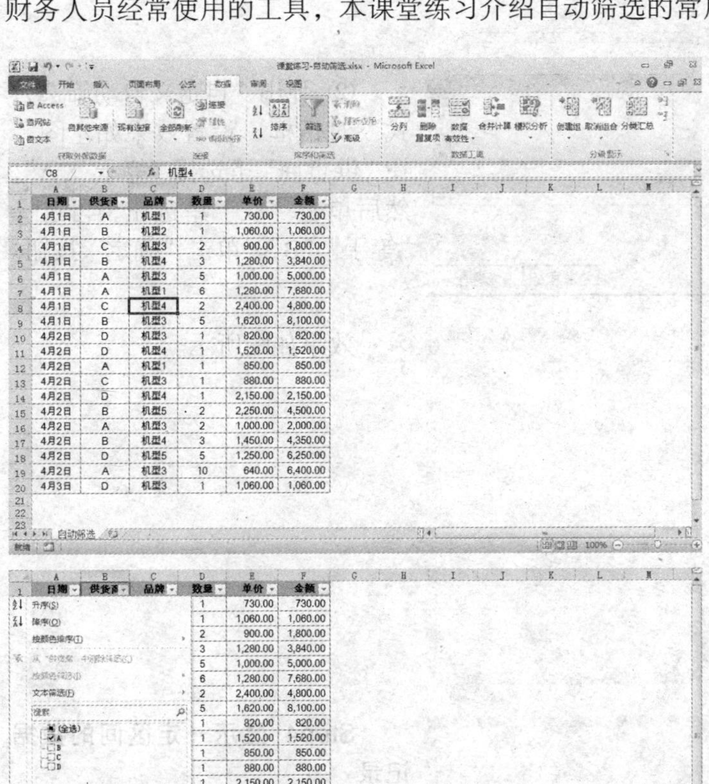

Step1 设置自动筛选

创建工作簿，输入数据并美化工作表。

在工作表中选择任意非空单元格，如 C8 单元格，单击“开始”选项卡，在“排序和筛选”命令组中单击“筛选”按钮。

Step2 显示特定子项

单击B1单元格右侧的下箭头按钮，在弹出的下拉菜单中，先取消勾选“全选”复选框，然后勾选“A”复选框，单击“确定”按钮。

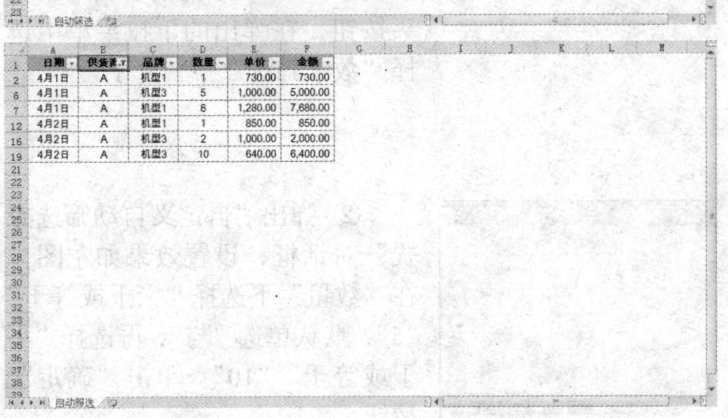

效果如图所示。

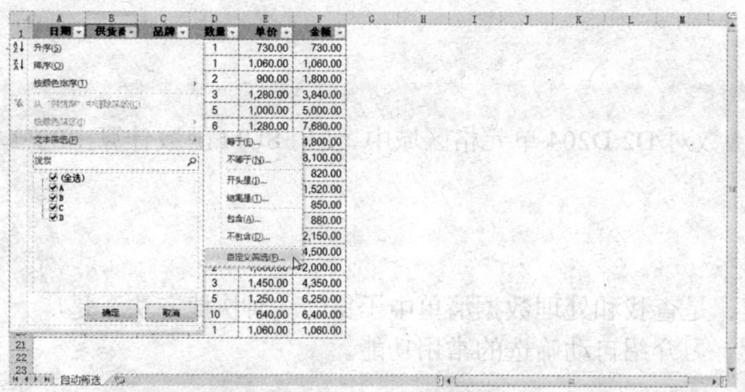

Step3 多条件显示

① 在“数据”选项卡的“排序和筛选”命令组中单击“清除”按钮，恢复到未筛选前的原始状态。单击 B1 单元格右侧的下箭头按钮，在弹出的下拉菜单中选择“文本筛选→自定义筛选”。

自定义自动筛选方式

显示行：

供货商

等于 A

○ 与(A) ◉ 或(O)

等于 B

可用 ? 代表单个字符

用 * 代表任意多个字符

确定 取消

② 弹出“自定义自动筛选方式”对话框，设置效果如左图。在“供货商”下选择“等于”“A”，然后单击“或”单选钮，再选择“等于”“B”。单击“确定”按钮。

	A	B	C	D	E	F
1	日期	供货商	品牌	数量	单价	金额
2	4月1日	A	机型1	1	730.00	730.00
3	4月1日	B	机型2	1	1,060.00	1,060.00
5	4月1日	B	机型4	3	1,280.00	3,840.00
6	4月1日	A	机型3	5	1,000.00	5,000.00
7	4月1日	A	机型1	6	1,280.00	7,680.00
9	4月1日	B	机型3	5	1,620.00	8,100.00
12	4月2日	A	机型1	1	850.00	850.00
15	4月2日	B	机型5	2	2,250.00	4,500.00
16	4月2日	A	机型3	2	1,000.00	2,000.00
17	4月2日	B	机型4	3	1,450.00	4,350.00
19	4月2日	A	机型3	10	640.00	6,400.00

效果如图所示。

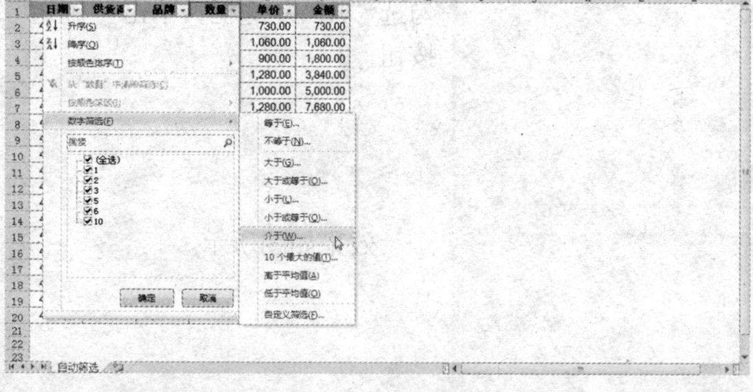

Step4 显示一定区间的数据记录

① 在“数据”选项卡的“排序和筛选”命令组中单击“清除”按钮。单击 D1 单元格右侧的下箭头按钮，在弹出的下拉菜单中选择“数字筛选”→“介于”。

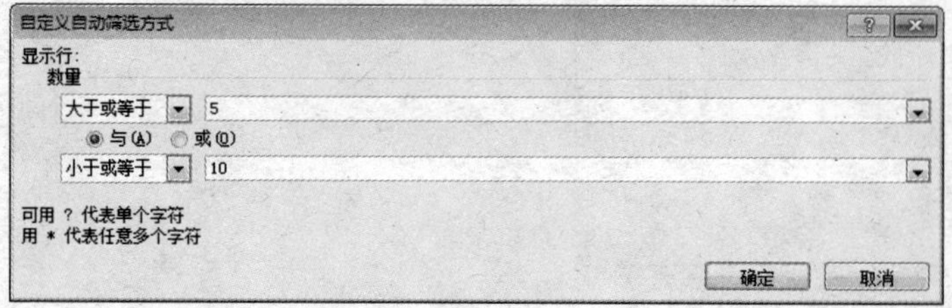

② 弹出“自定义自动筛选方式”对话框，设置效果如左图。在“数量”下选择“大于或等于”“5”，默认单选“与”，再选择“小于或等于”“10”。单击“确定”按钮。

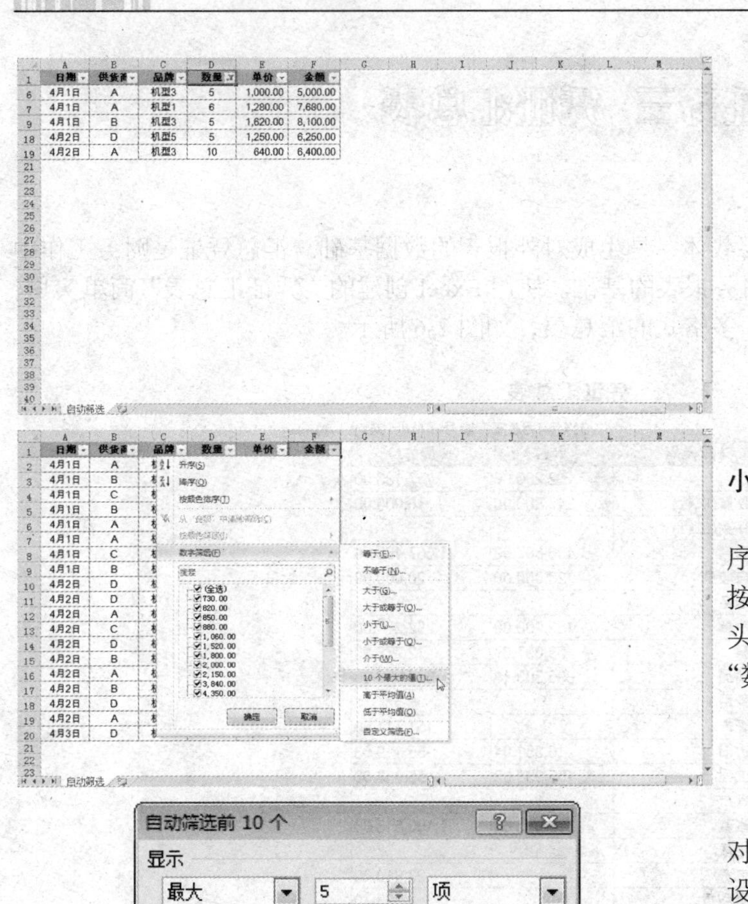

效果如图所示。

Step5 显示前 *N* 个最大或最小的记录

① 在“数据”选项卡的“排序和筛选”命令组中单击“清除”按钮。单击 F1 单元格右侧的下箭头按钮，在弹出的下拉菜单中选择“数字筛选”→“10 个最大的值”。

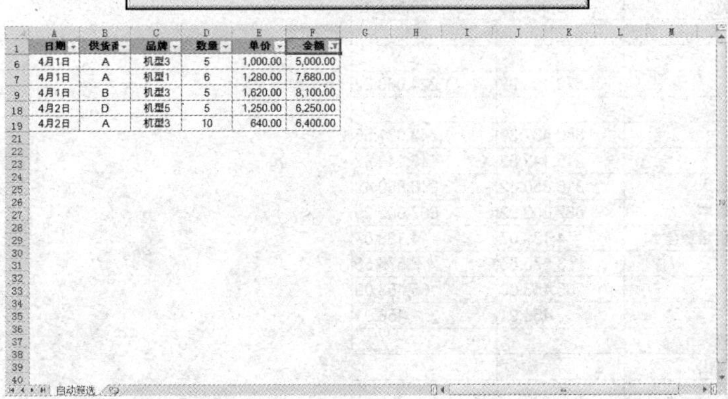

② 弹出“自动筛选前 10 个”对话框，设置效果如左图。分别设置为“最大”“5”和“项”。单击“确定”按钮。

效果如图所示。

任务小结

“公式”选项卡中的“定义名称”功能可以将选定的单元格区域定义成简单明了的名称，便于通过定义的名称来引用该单元格区域的数据。“数据”选项卡的“数据有效性”的设置可以保证在单元格中输入预先设定的序列。通过跨表引用单元格或单元格区域，在进行数据处理时能够跨表引用更多的数据。“数据”选项卡的“筛选”功能可以方便地帮助我们根据查询条件筛选出相关的数据，并将筛选出的数据显示出来，同时隐藏不符合条件的数据，做到有的放矢，所见即所需。

任务三 凭证汇总表

任务背景

凭证是记录会计信息的重要载体，是生成对外报表的数据基础。汇总凭证是财务工作中的一个重要环节，是生成一切财务报表的基础。使用 Excel 创建的“凭证汇总表”简单实用，应变能力强，可以生成多口径、多格式的汇总表，如图 2-6 所示。

凭证汇总表

2014年4月5日　编号：(1#-194#)

科目代码	借方	贷方
现金	2,280.00	7,188.00
银行存款(农行)	247,806.00	16,000.00
银行存款(工行)		
应收账款	1,496,687.90	1,557,468.90
其他应收款	20,000.00	20,000.00
坏账准备		
预付账款	152,200.00	252,200.00
原材料	69,097.67	12,777.00
库存商品	895,303.18	687,602.29
待摊费用		
固定资产		151,711.00
累计折旧	16,351.04	-55,119.53
在建工程	155,933.08	55,933.08
无形资产		
应付账款	1,388,055.66	1,190,545.66
预收账款		
应付工资		23,810.00
应付福利费		3,333.40
应交税金	74,159.76	85,066.82
其他应交款	992.87	1,522.93
其他应付款	50,000.00	150,357.15
实收资本		
盈余公积		
本年利润	1,678,183.92	1,224,060.22
利润分配		
生产成本	880,437.39	1,743,031.55
制造费用	15,142.82	15,142.82
主营业务收入	316,850.42	316,850.42
主营业务成本	687,602.29	687,602.29
主营业务税金及附加	4,188.07	4,188.07
营业费用	3,575.55	3,575.55
管理费用	65,453.09	65,453.09
财务费用	456.91	456.91
其他业务收入		
其他业务支出		
所得税		
营业外收入		
营业外支出	75,359.96	75,359.96
合计	8,296,117.58	8,296,117.58

图 2-6　凭证汇总表

随着对 Excel 功能的不断了解和深入应用，“凭证汇总表”的作用会越来越大，覆盖的范围会越来越广。创建的表格起初只是设置录入凭证、凭证汇总、生成总账等，接着逐渐增加资产负债表、损益表、现金流量表。随着工作进一步的需要，进而增加成本计算表、销售利润表、税金计算表和发票统计表等。最终这套凭证汇总表会形成一个完善的核算系统。可以这么说，凭证汇总表的制作构成了整个财务工作的基础。

知识点分析

要实现本例中的功能，以下为需要掌握的知识点。

◆ MAX 函数、SUMIF 函数的应用
◆ 设置自定义格式
◆ 条件格式的应用
◆ 跨表引用

任务实施

3.1 制作基本表格

Step1 插入工作表

① 打开“凭证明细表”工作簿，右键单击“凭证明细”工作表标签，在弹出的快捷菜单中选择“插入”。

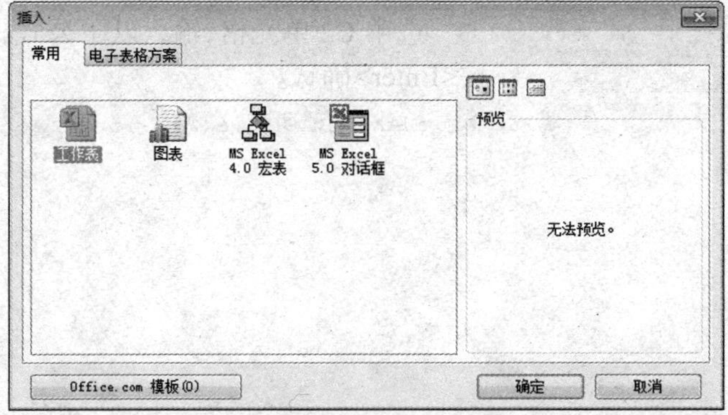

② 弹出“插入”对话框，单击“确定”按钮。此时在“凭证明细”工作表的左侧插入“Sheet1”工作表，将该工作表重命名为“凭证汇总”，并设置工作表标签颜色为“橙色”。

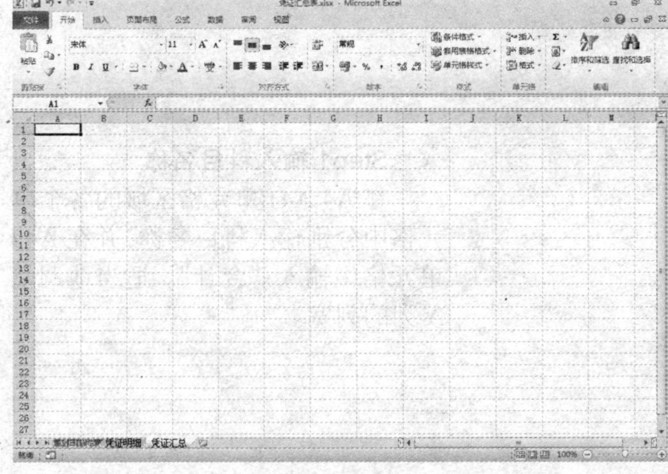

Step2 移动工作表，另存为工作簿

① 单击“凭证汇总”工作表标签，按住鼠标不放，此时鼠标变为“⇱”形状，向右拖曳“凭证汇总”至“凭证明细”工作表的右侧，释放鼠标。

② 另存为“凭证汇总表”工作簿。

Step3 输入表格标题和字段标题

① 选中 A1 单元格和 A3:C3 单元格区域，输入表格标题和字段标题。

② 选择 B2 单元格，输入表格的日期时间“2014-4-5”。设置单元格格式为“日期”，类型为“2001 年 3 月 14 日”。

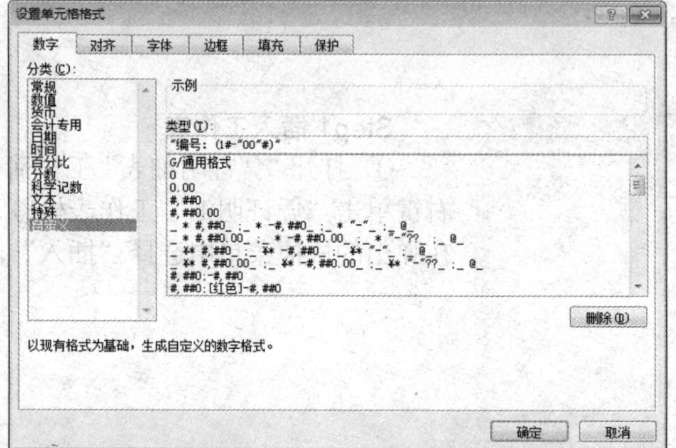

Step4 设置自定义格式

选中 C2 单元格，按<Ctrl+1>快捷键弹出“设置单元格格式”对话框，单击“数字”选项卡，在“分类”列表框中选择“自定义”，在右侧的“类型”文本框中输入“”编号: (1#-“00”#)””。单击“确定”按钮。

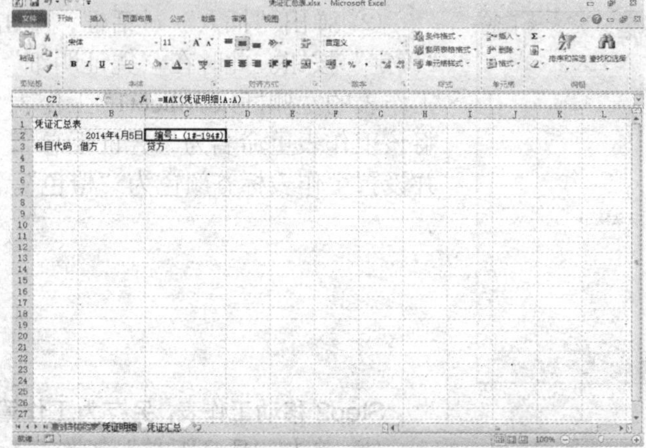

Step5 输入公式

选中 C2 单元格，输入以下公式，按<Enter>确认。

```
=MAX(凭证明细!A:A)
```

3.2 编制借方、贷方公式

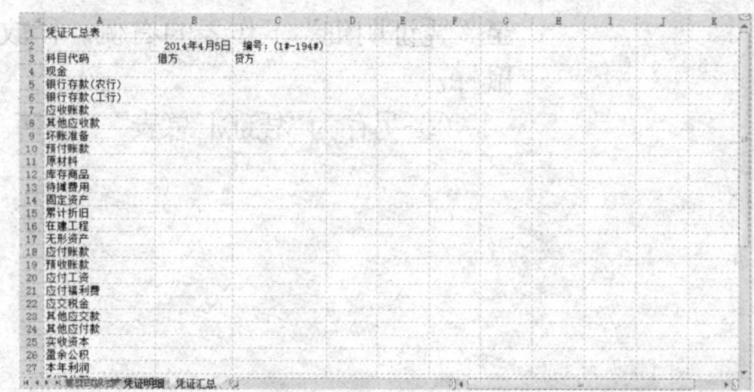

Step1 输入科目名称

在 A4:A41 单元格区域的各个单元格中分别输入科目名称，并在 A42 单元格中输入“合计”。适当地调整 A 列的列宽。

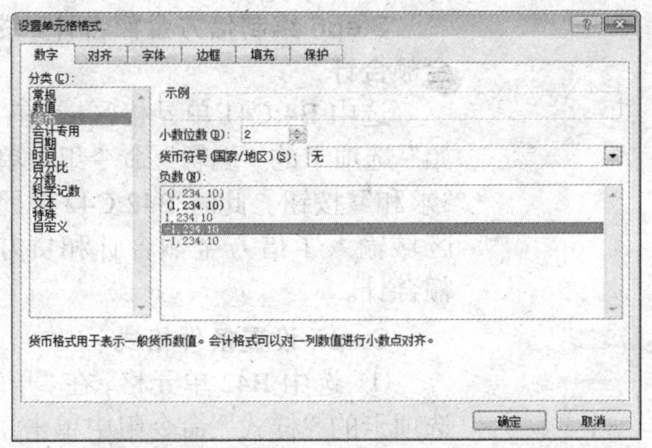

Step2 设置货币格式

选中 B4:C42 单元格区域，按<Ctrl+1>快捷键弹出“设置单元格格式”对话框，单击“数字”选项卡，在“分类”列表框中选择“货币”，在右侧的“小数位数”文本中输入“2”，“货币符号”选择“无”，“负数”选择第 4 项，即黑色的“-1,234.10”，单击“确定”按钮。

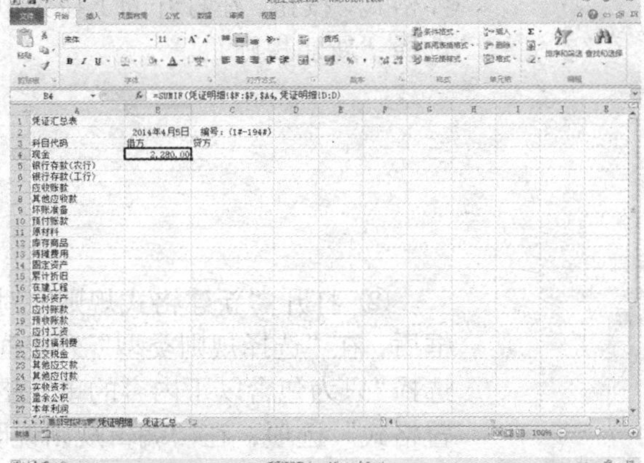

Step3 编制借方金额汇总公式

选择 B4 单元格，输入以下公式，按<Enter>键确定。

```
=SUMIF(凭证明细!$F:$F,$A4,凭证明细!D:D)
```

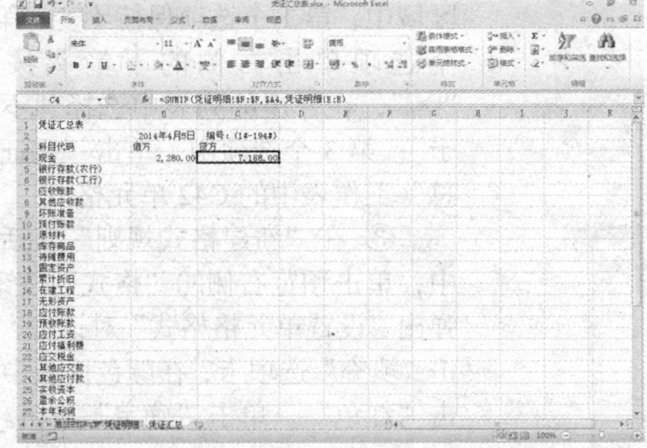

Step4 编制贷方金额汇总公式

选择 C4 单元格，输入以下公式，按<Enter>键确定。

```
=SUMIF(凭证明细!$F:$F,$A4,凭证明细!E:E)
```

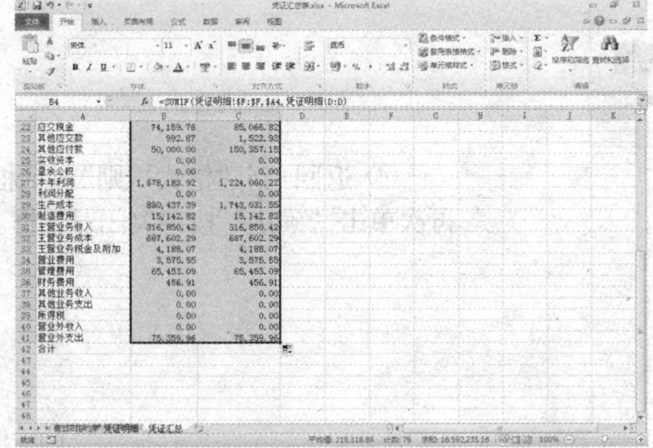

Step5 复制公式

选中 B4:C4 单元格区域，拖拽右下角的填充柄至 C41 单元格，完成公式的复制。

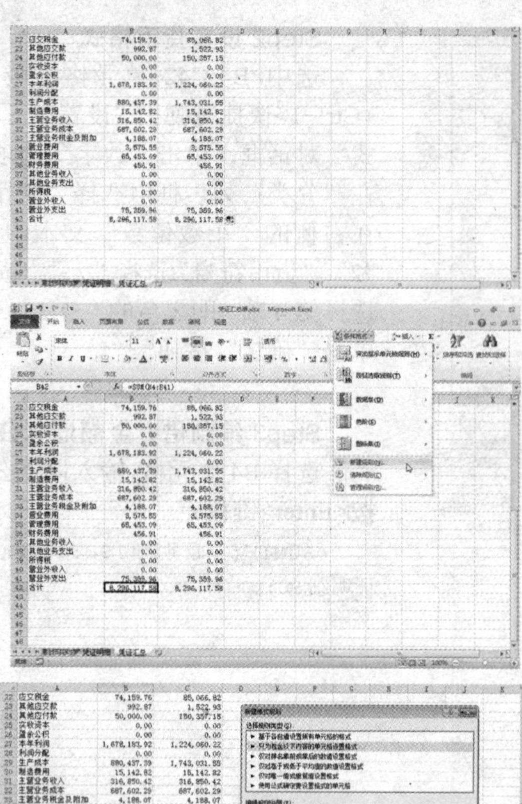

Step6 编制借方金额合计、贷方金额合计

选中 B4:C41 单元格区域，在“开始”选项卡的“编辑”命令组中单击“求和”按钮。此时 B42:C42 单元格区域输入了借方金额合计和贷方金额合计。

Step7 设置条件格式

① 选中 B42 单元格，在“开始”选项卡的“样式”命令组中单击“条件格式”按钮，在打开的下拉菜单中选择“新建规则”。

② 打开“新建格式规则”对话框后，在“选择规则类型”列表框中选择“只为包含以下内容的单元格设置格式”选项，在“编辑规则说明”区域中，第 1 个选项保持不变；第 2 个选项单击右侧的下箭头按钮“▾”，在弹出的列表中选择“不等于”；第 3 个选项中，单击“凭证汇总”工作表中的 C42 单元格。

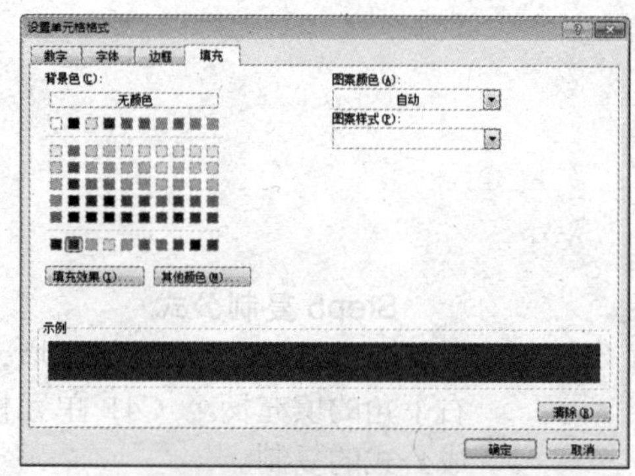

③ 在“新建格式规则”对话框中，单击预览右侧的“格式”按钮，弹出“设置单元格格式”对话框，单击“填充”选项卡，在颜色面板中单击“红色”。单击“确定”按钮。

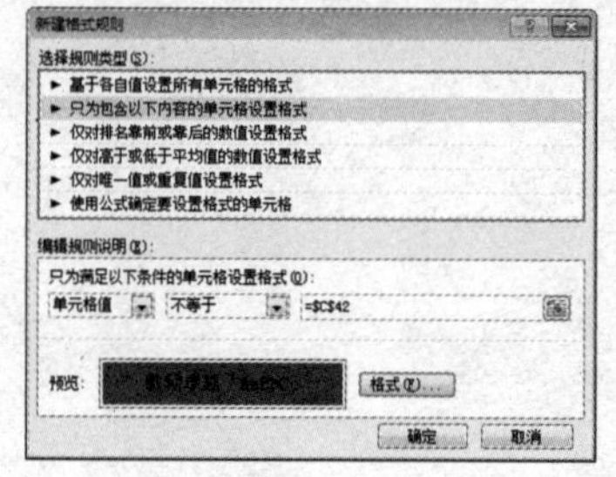

④ 返回“新建格式规则”对话框，再次单击“确定”按钮关闭对话框。

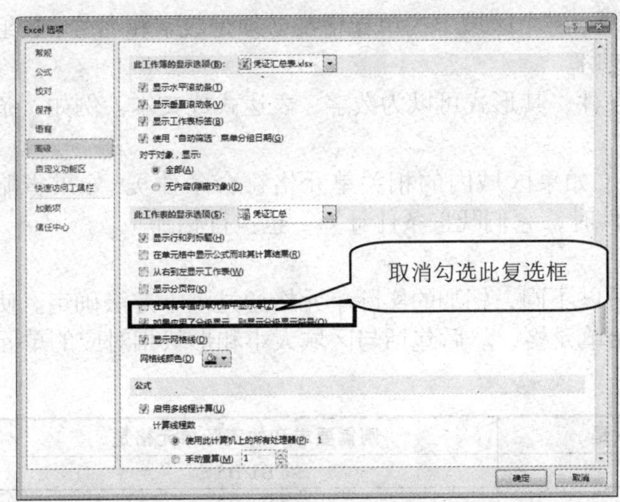

Step8 设置零值不显示

① 单击“文件”选项卡，打开下拉菜单后，单击“选项”命令，弹出“Excel 选项”对话框，单击“高级”选项卡。

② 拖动右侧的垂直滚动条，在“此工作表的显示选项”下，取消勾选“在具有零值的单元格中显示零”复选框，即将零值显示为空白单元格，单击“确定”按钮。

操作技巧：取消零值显示的选项作用范围

利用“Excel 选项”来设置零值不显示的方法将作用于整张工作表，即当前工作表中的所有零值，无论是计算得到的还是手工输入的都不再显示。工作簿的其他工作表不受此设置的影响。

凭证汇总表

2014年4月5日　编号：(1#-194#)

科目代码	借方	贷方
现金	2,280.00	7,188.00
银行存款(农行)	247,806.00	16,000.00
银行存款(工行)		
应收账款	1,496,687.90	1,557,468.90
其他应收款	20,000.00	20,000.00
坏账准备		
预付账款	152,200.00	252,200.00
原材料	69,097.67	12,777.00
库存商品	895,303.18	687,602.29
待摊费用		
固定资产		151,711.00
累计折旧	16,351.04	-55,119.53
在建工程	155,933.08	55,933.08
无形资产		
应付账款	1,388,055.66	1,190,545.66
预收账款		
应付工资		23,810.00
应付福利费		3,333.40

Step9 美化工作表

① 选中 A1:C1 单元格区域，设置“合并后居中”。设置字体、字号、加粗、居中和填充颜色。

② 调整行高和列宽。

③ 绘制边框。

④ 取消网格线的显示。

项目扩展：单元格数字格式的自定义格式

介绍几种自定义格式：

（1）在整数前面加文本“编号:”，则输入："编号："00。

（2）在包含小数的数值前面加“编号:”，则输入："编号：00.## "。

（3）在文本的前面加“商品:”，则输入："商品："@。

（4）在数字的后面加“万元”，则输入：0"万元"。

（5）根据数值改变显示颜色，则输入“0.00;[红色]0.00”。可以通过先选择固定模式中的数值，如“负数用红色显示”，再选择自定义，可以看到"0.00;[红色]0.00"。更改“红色”为其他的颜色，显示结果会随之变化。

（6）根据正负数显示文字信息，则在自定义格式内输入“正数;负数;零”，可以只显示文字而不显示数字。

（7）如果要隐藏单元格内容，则在自定义格式内输入 3 个分号“;;;”。

函数应用：SUMIF 函数

函数用途

按给定条件对指定单元格求和。

函数语法

```
SUMIF(range,criteria,sum_range)
```

range是要根据条件计算的单元格区域。每个区域中的单元格都必须是数字和名称、数组和包含数字的引用。空值和文本值将被忽略。

criteria为确定对哪些单元格相加的条件，其形式可以为数字、表达式或文本。例如，条件可以表示为32、"32"、">32"或"apples"。

sum_range 为要相加的实际单元格（如果区域内的相关单元格符合条件）。如果省略sum_range，则当区域中的单元格符合条件时，它们既按条件计算，也执行相加。

函数说明

- sum_range与区域的大小和形状可以不同，相加的实际单元格通过以下方法确定。使用sum_range中左上角的单元格作为起始单元格，然后包括与区域大小和形状相对应的单元格，说明见下表。

如果区域是	并且sum_range是	则需要求和的实际单元格是
A1:A5	B1:B5	B1:B5
A1:A5	B1:B3	B1:B5
A1:B4	C1:D4	C1:D4
A1:B4	C1:C2	C1:C4

- 可以在条件中使用通配符如问号“?”和星号“*”。问号匹配任意单个字符；星号匹配任意一串字符。如果要查找实际的问号或星号，请在该字符前键入波形符“～”。

	A	B
1	交易量	佣金
2	10,000	6,000
3	20,000	12,000
4	30,000	18,000
5	40,000	24,000

函数简单示例

示例	公式	说明	结果
1	=SUMIF(A2:A5,">16000",B2:B5)	交易量高于16,000的佣金之和	54,000
2	=SUMIF(A2:A5,">16000")	因为省略sum_range，则当A2:A5单元格区域符合条件时，执行相加，即对A3:A5单元格区域求和	90,000
3	=SUMIF(A2:A5,"=30000",B2:B3)	交易量等于30,000的佣金之和	18,000

本例公式说明

本例中的公式为：

```
=SUMIF(凭证明细!$F:$F,$A4,凭证明细!D:D)
```

其各参数值指定SUMIF函数从“凭证明细”的F列区域中，查找是否等于A4单元格的记录，并对D列中同一行的相应单元格的数值进行汇总。

3.3 课堂练习

Step1 输入表格标题、字段标题、科目名称

在相关的单元格区域内输入表格标题、字段标题和科目名称，并美化工作表。

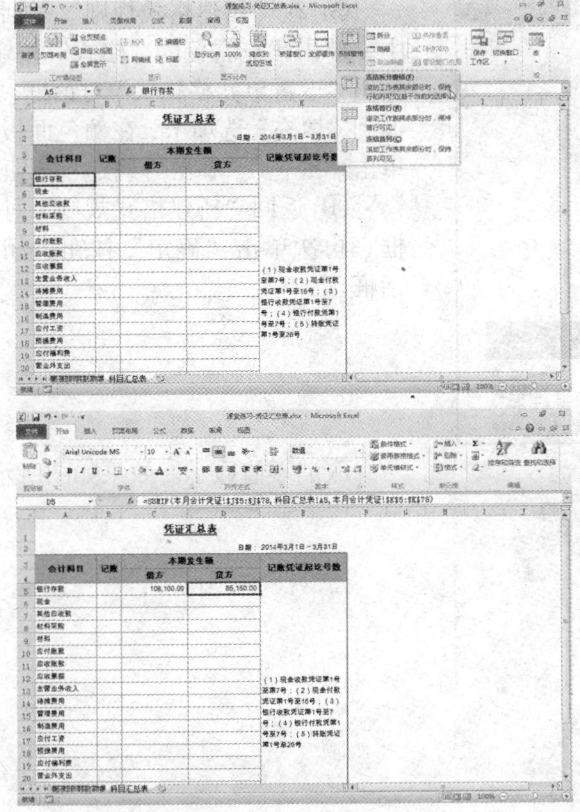

Step2 冻结拆分窗格

选中 A5 单元格，在“视图”选项卡的“窗口”命令组中单击“冻结窗格”→“冻结拆分窗格”命令。

Step3 编制借方、贷方公式

① 选择 C5 单元格，输入以下公式，按<Enter>键确定。

```
=SUMIF(本月会计凭证!$H$5:$H$78,科目汇总表!A5,本月会计凭证!$I$5:$I$78)
```

② 选择 D5 单元格，输入以下公式，按<Enter>键确定。

```
=SUMIF(本月会计凭证!$J$5: $J$78,科目汇总表!A5,本月会计凭证!$K$5:$K$78)
```

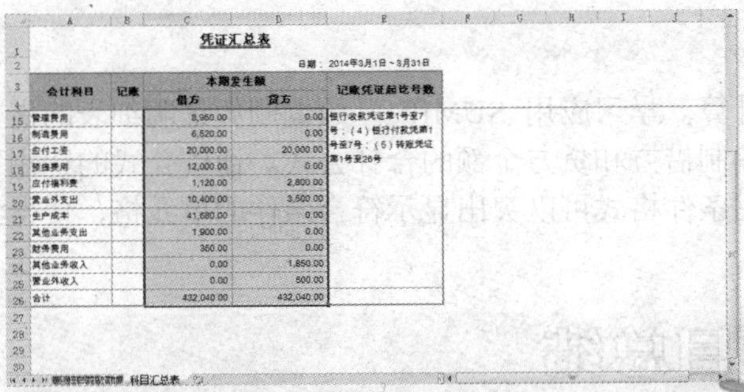

Step4 复制公式，编制借方金额合计、贷方金额合计

① 选中 C5:D5 单元格区域，拖拽右下角的填充柄至 D25 单元格，完成公式的复制。

② 选中 C5:D25 单元格区域，在“开始”选项卡的“编辑”命令组中单击“求和”按钮。

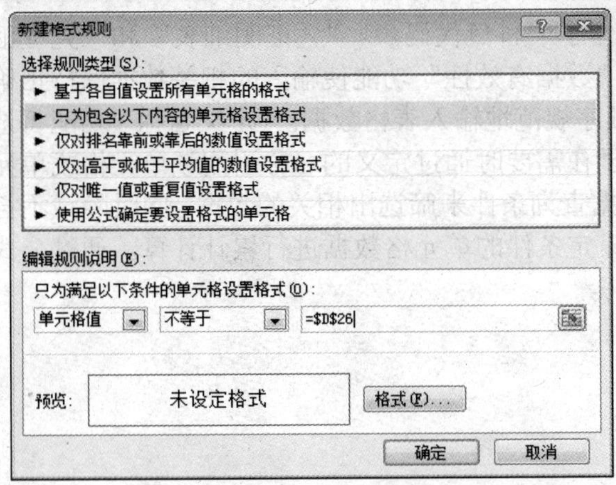

Step5 设置条件格式

① 选中 C26 单元格，在“开始”选项卡的“样式”命令组中单击“条件格式→新建规则”。

② 打开“新建格式规则”对话框后，在“选择规则类型”列表框中选择“只为包含以下内容的单元格设置格式”选项，在“编辑规则说明”区域中，第 1 个选项保持不变；第 2 个选项单击右侧的下箭头按钮“▼”，在弹出的列表中选择“不等于”；第 3 个选项中，单击“凭证汇总”工作表中的 D26 单元格。

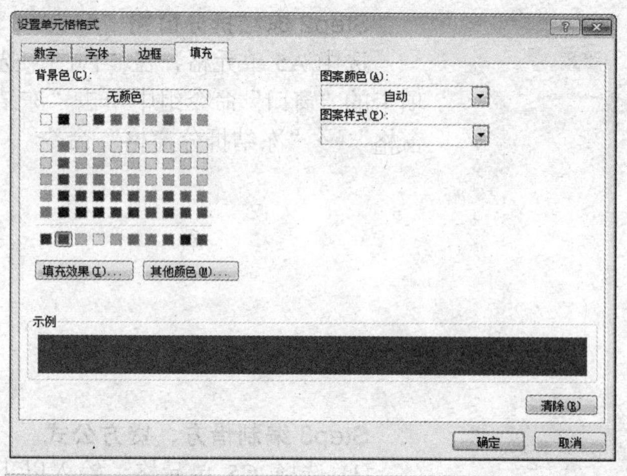

③ 在“新建格式规则”对话框中，单击预览右侧的“格式”按钮，弹出“设置单元格格式”对话框，切换到“填充”选项卡，在颜色面板中单击“红色”。单击“确定”按钮。

④ 返回“新建格式规则”对话框，再次单击“确定”按钮关闭对话框。

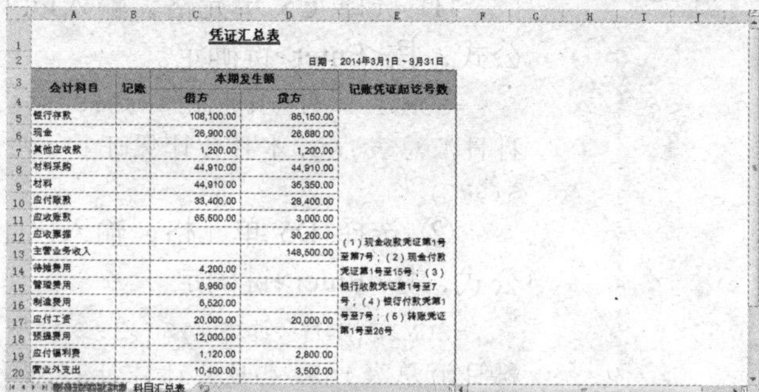

凭证汇总表

日期：2014年3月1日～3月31日

会计科目	记账	本期发生额		记账凭证起讫号数
		借方	贷方	
银行存款		108,100.00	86,160.00	（1）现金收款凭证第1号至第7号；（2）现金付款凭证第1号至15号；（3）银行收款凭证第1号至7号；（4）银行付款凭第1号至7号；（5）转账凭证第1号至26号
现金		26,900.00	26,680.00	
其他应收款		1,200.00	1,200.00	
材料采购		44,910.00	44,910.00	
材料		44,910.00	35,350.00	
应付账款		33,400.00	28,400.00	
应收账款		65,500.00	3,000.00	
应收票据			30,200.00	
主营业务收入			148,500.00	
待摊费用		4,200.00		
管理费用		8,950.00		
制造费用		6,520.00		
应付工资		20,000.00	20,000.00	
预提费用		12,000.00		
应付福利费		1,120.00	2,800.00	
营业外支出		10,400.00	3,500.00	

取消零值显示。效果如图所示。

任务小结

设置货币格式便于财务表格数据的计算。学习应用 SUMIF 函数编制凭证明细表的借方和贷方金额汇总公式，应用 SUM 函数编制借方和贷方金额的合计公式。通过公式的运用可以精确方便地统计财务数据。设置和应用条件格式可以突出显示符合条件的单元格，使得我们关注的数据一目了然地显示。

项目总结

在本项目凭证与账务处理中，我们制作了“科目代码表”“凭证明细表”和“凭证汇总表”等有代表性的专业财务数据表。利用“数据有效性”功能使输入的相关数据保持正确有效。数据菜单中“记录单”的使用，可以顺序规范地输入表格数据。“定义名称”功能将选定的单元格区域定义成简单明了的名称，便于在需要时通过定义的名称引用该单元格或单元格区域。“筛选”功能可以方便地帮助我们根据查询条件来筛选出相关的数据，同时隐藏不符合条件的数据。应用 COUNTIF 函数对符合设定条件的单元格数据进行累计计算。通过公式的运用可以方便精确地统计财务数据。

项目三

财务报表分析

财务报表是指在日常会计核算资料的基础上，按照规定的格式、内容和方法定期编制，综合反映企业某一特定日期财务状况和某一特定时期经营成果、现金流量状况的书面文件。在财务管理中，需要利用 Excel 强大的功能编制财务报表，依靠各种报表来显示与分析财务数据。在本项目中，将详细介绍如何利用 Excel 方便、迅速地编制财务报表。

企业主要的财务报表有资产负债表、利润表、现金流量表三大财务报表，它们详细地反映公司某时期内企业财务状况、经营成果及现金流量情况，这三大报表的作用分别用一句话来概括就是：

（1）资产负债表反映公司某特定日期的负债、流动资金等情况。

（2）利润表反映某段时期内公司收入与支出的配比情况。

（3）现金流量表反映某段时间内公司现金流入与流出情况。

任务一　总账表与试算平衡表

任务背景

总账表与试算平衡表是财务报表中常用的报表之一（见图 3-1 和图 3-2），主要汇总某段时间内的公司所有账务以及检查借方金额与贷方金额是否平衡。通过总账表，用户可以快速查看借贷总额、期初及期末余额。通过试算平衡表，可以检查借贷双方金额是否平衡。在本节中，主要利用 Excel 基础知识，详细介绍如何编辑总账表与试算平衡表。

总账

2014年3月3日

科目代码	科目名称	借或贷	期初余额	借方合计	贷方合计	期末余额
1001	现金	借	5,600.00	26,900.00	26,680.00	5,820.00
1002	银行存款	借	216,841.96	108,100.00	85,150.00	239,791.96
1009	其他货币资金	借	0.00	0.00	0.00	0.00
1101	短期投资	借	0.00	0.00	0.00	0.00
1102	短期投资跌价准备	贷	0.00	0.00	0.00	0.00
1111	应收票据	借	42,800.00	0.00	30,200.00	12,600.00
1121	应收股利	借	0.00	0.00	0.00	0.00
1122	应收利息	借	0.00	0.00	0.00	0.00
1131	应收账款	借	1,998,900.00	65,500.00	3,000.00	2,061,400.00
1133	其他应收款	借	9,790.82	1,200.00	1,200.00	9,790.82
1141	坏账准备	贷	42,800.00	0.00	0.00	42,800.00
1151	预付账款	借	0.00	0.00	0.00	0.00
1161	应收补贴款	借	0.00	0.00	0.00	0.00
1201	材料采购	借	0.00	44,910.00	44,910.00	0.00
1211	材料	借	0.00	44,910.00	35,350.00	9,560.00
1221	包装物	借	0.00	0.00	0.00	0.00
1231	低值易耗品	借	0.00	0.00	0.00	0.00
1232	材料成本差异	借	0.00	0.00	0.00	0.00
1241	自制半成品	借	0.00	0.00	0.00	0.00
1243	库存商品	借	0.00	0.00	0.00	0.00
1251	委托加工物资	借	0.00	0.00	0.00	0.00
1261	委托代销商品	借	0.00	0.00	0.00	0.00
1271	受托代销商品	借	0.00	0.00	0.00	0.00
1281	存货跌价准备	贷	0.00	0.00	0.00	0.00
1301	待摊费用	借	20,000.00	4,200.00	0.00	24,200.00

图 3-1　总账表

试算平衡表

科目代码	科目名称	本期发生额		备注
		借方	贷方	
1001	现金	26,900.00	26,680.00	220.00
1002	银行存款	108,100.00	85,150.00	22,950.00
1009	其他货币资金			
1101	短期投资			
1111	应收票据		30,200.00	-30,200.00
1131	应收账款	65,500.00	3,000.00	62,500.00
1141	坏账准备			
1501	固定资产			
2101	短期借款			
2111	应付票据			
2121	应付账款	33,400.00	28,400.00	5,000.00
2131	预收账款			
2151	应付工资	20,000.00	20,000.00	
2153	应付福利费	1,120.00	2,800.00	-1,680.00
2181	其他应付款			
合计：		255,020.00	196,230.00	58,790.00

图 3-2　试算平衡表

知识点分析

要实现本例中的功能，以下为需要掌握的知识点。

◆　使用“格式刷”复制格式、插入背景图片

◆　基本四则运算、定义名称、数据有效性

◆　IF 函数、VLOOKUP 函数的应用、使用填充柄复制公式

任务实施

编制总账表，主要包括制作标题、列标题及设置单元格格式。

1.1 制作总账表

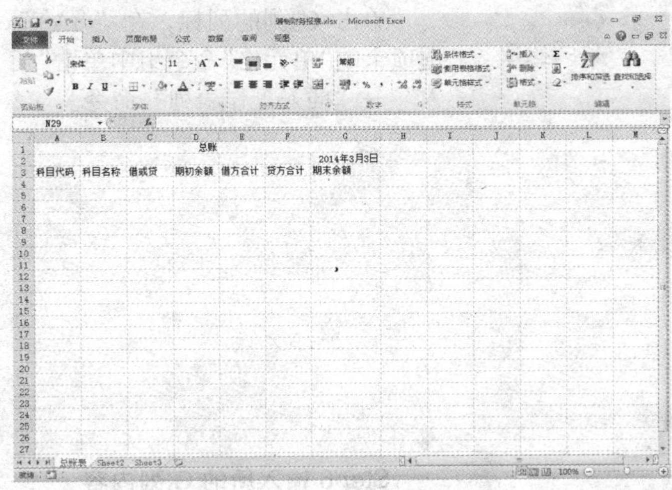

Step1 新建工作簿

启动 Excel 自动新建一个工作簿，保存并命名为“编制财务报表”，“Sheet1”工作表重命名为“总账表”。

Step2 输入表格标题

① 选中 A1:G1 单元格区域，设置“合并后居中”，输入表格标题“总账”。

② 选中 G2 单元格，输入日期“2014-3-3”。设置单元格格式为“日期”，类型为“2001 年 3 月 14 日”。

③ 在 A3:G3 单元格区域内输入表格各字段标题，分别为“科目代码”“科目名称”“借或贷”“期初余额”“借方合计”“贷方合计”和“期末余额”。

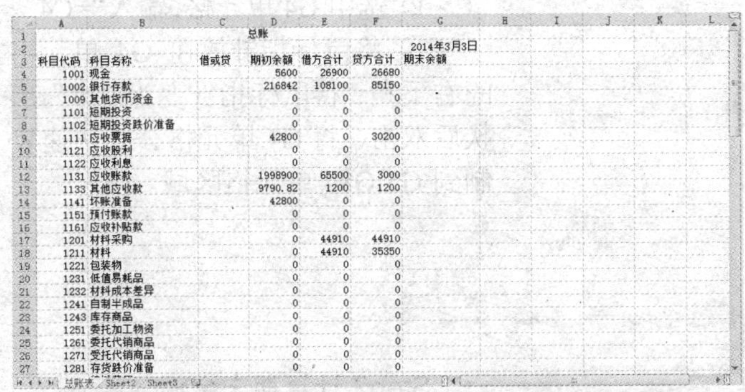

总账

2014年3月3日

科目代码	科目名称	借或贷	期初余额	借方合计	贷方合计	期末余额
1001	现金		5600	26900	26680	
1002	银行存款		216842	108100	85150	
1009	其他货币资金		0	0	0	
1101	短期投资		0	0	0	
1102	短期投资跌价准备		0	0	0	
1111	应收票据		42800	0	30200	
1121	应收股利		0	0	0	
1122	应收利息		0	0	0	
1131	应收账款		1998900	65500	3000	
1133	其他应收款		9790.82	1200	1200	
1141	坏账准备		42800	0	0	
1151	预付账款		0	0	0	
1161	应收补贴款		0	0	0	
1201	材料采购		0	44910	44910	
1211	材料		0	44910	35350	
1221	包装物		0	0	0	
1231	低值易耗品		0	0	0	
1232	材料成本差异		0	0	0	
1241	自制半成品		0	0	0	
1243	库存商品		0	0	0	
1251	委托加工物资		0	0	0	
1261	委托代销商品		0	0	0	
1271	受托代销商品		0	0	0	
1281	存货跌价准备		0	0	0	

Step3 输入具体数据

在 A4:B84 和 D4:F84 单元格区域输入具体数据。

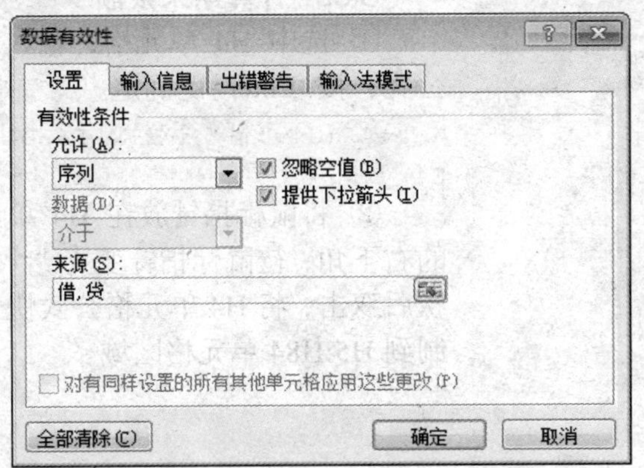

Step4 设置“借或贷”的数据有效性

① 参阅 2.1.1 小节的 Step4，选中 C4:C84 单元格区域，单击“数据”选项卡，单击“数据工具”命令组中的“数据有效性”按钮，打开“数据有效性”对话框。

② 单击“设置”选项卡，在“允许”下拉列表中选择“序列”，在“来源”文本框中输入“借,贷”。单击“确定”按钮。

③ 单击 E2 单元格，在其右侧会出现一个下拉按钮，单击按钮弹出下拉列表，然后在列表中选择“借”或“贷”。

Step5 插入列

单击 G 列的列标，在“开始”选项卡的“单元格”命令组中单击“插入”→“插入工作表列”命令。

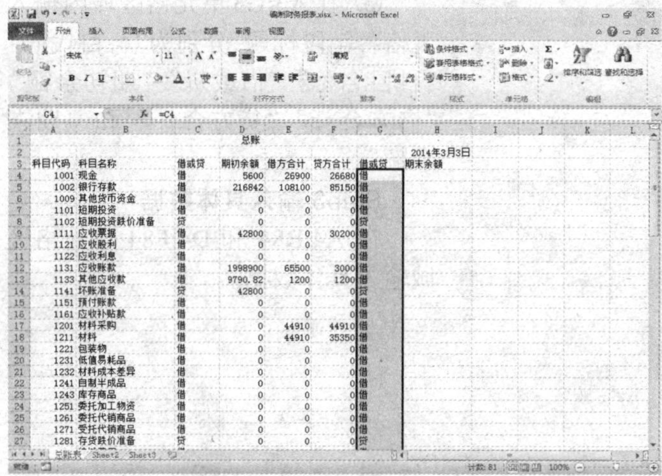

Step6 输入新的 G 列内容

① 选中 C3 单元格，按<Ctrl+C>快捷键复制，再选中 G3 单元格，按<Ctrl+V>快捷键粘贴。

② 选中 G4 单元格，输入“=C4”。

③ 将鼠标指针放在 G4 单元格的右下角，待鼠标指针变为“**+**”形状后双击，将 G4 单元格公式快速复制到 G5:G84 单元格区域。

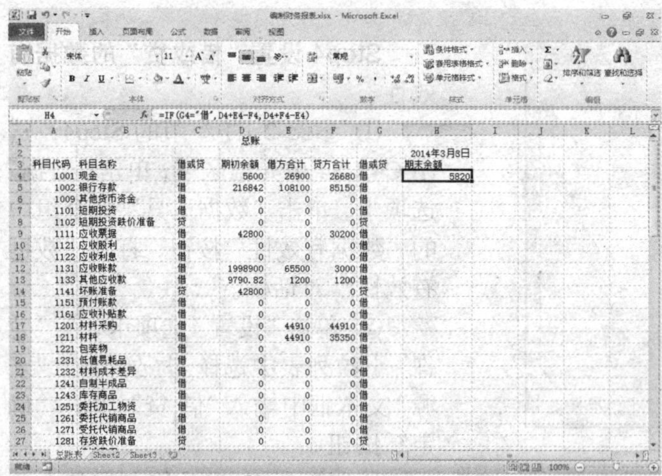

Step7 计算期末余额

① 选中 H4 单元格，输入以下公式，按<Enter>键确定。

```
=IF(G4="借",D4+E4-F4,D4+F4-E4)
```

② 将鼠标指针放在 H4 单元格的右下角，待鼠标指针变为“**+**”形状后双击，将 H4 单元格公式快速复制到 H5:H84 单元格区域。

操作技巧：基本四则运算

在 Excel 中，选中某单元格，可以用“+”“-”“*”“/”键实现基本的四则运算，运算法则先乘除后加减。

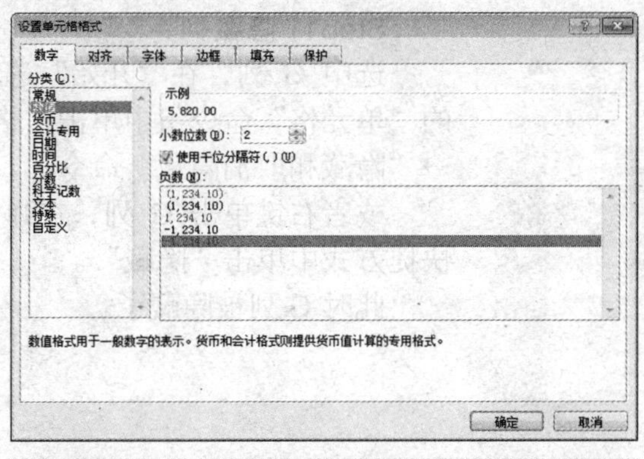

Step8 设置单元格格式

选中 D4:F84 单元格区域，按<Ctrl>键，再同时选中 H4:H84 单元格区域，按<Ctrl+1>快捷键，弹出“设置单元格格式”对话框，单击“数字”选项卡中，在“分类”列表框中选择“数值”，勾选“使用千位分隔符”复选框，在“负数”列表框中，选中第 5 项，即红色的“-1,234.10”。

总账

2014年3月3日

科目代码	科目名称	借或贷	期初余额	借方合计	贷方合计	借或贷	期末余额
3101	实收资本(或股本)	贷	303,300.00	0.00	0.00	贷	303,300.00
3103	已归还投资	借	0.00	0.00	0.00	借	0.00
3111	资本公积	贷	0.00	0.00	0.00	贷	0.00
3121	盈余公积	贷	0.00	0.00	0.00	贷	0.00
3131	本年利润	贷	0.00	150,850.00	150,850.00	贷	0.00
3141	利润分配	贷	-5,904.85	0.00	84,550.00	贷	78,645.15
4101	生产成本	借	0.00	41,680.00	41,680.00	借	0.00
4105	制造费用	借	0.00	6,520.00	6,520.00	借	0.00
4107	劳务成本	借	0.00	0.00	0.00	借	0.00
5101	主营业务收入	贷	0.00	148,500.00	148,500.00	贷	0.00
5102	其他业务收入	贷	0.00	1,850.00	1,850.00	贷	0.00
5201	投资收益	贷	0.00	0.00	0.00	贷	0.00
5203	补贴收入	贷	0.00	0.00	0.00	贷	0.00
5301	营业外收入	贷	0.00	500.00	500.00	贷	0.00
5401	主营业务成本	借	0.00	0.00	0.00	借	0.00
5402	主营业务税金及附加	借	0.00	0.00	0.00	借	0.00
5405	其他业务支出	借	0.00	1,900.00	1,900.00	借	0.00

Step9 美化工作表

① 选中 A1:H1 单元格区域，在“开始”选项卡的“字体”命令组中单击“下划线”右侧的下箭头按钮，在弹出的列表中选择“双下划线”。

② 选中 A4 单元格，在“视图”选项卡的“窗口”命令组中单击“冻结窗格→冻结拆分窗格”命令。

③ 设置字体、字号、加粗、居中、自动换行和填充颜色。

④ 调整行高和列宽。

⑤ 绘制边框。

⑥ 取消网格线的显示。

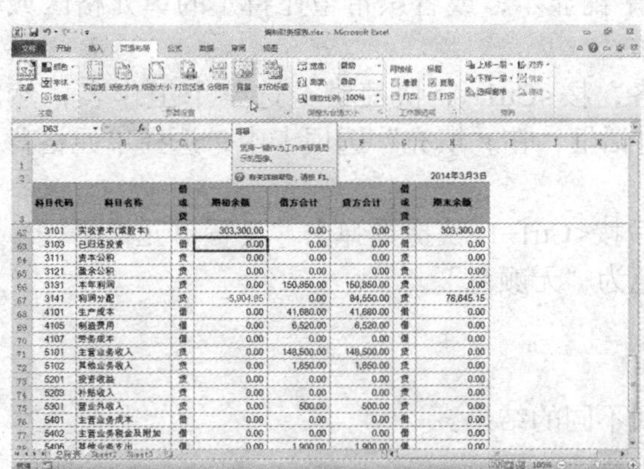

Step10 插入背景图片

① 选择工作表中任意一个非空单元格，如 D63 单元格，在“页面布局”选项卡的“页面设置”命令组中单击“背景”按钮。

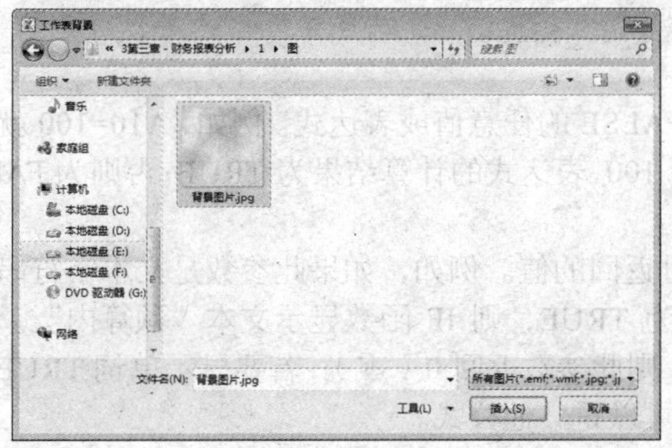

② 在弹出的“工作表背景”对话框中选择事先存放在相应文件夹中的“背景图片”，再单击“插入”按钮。

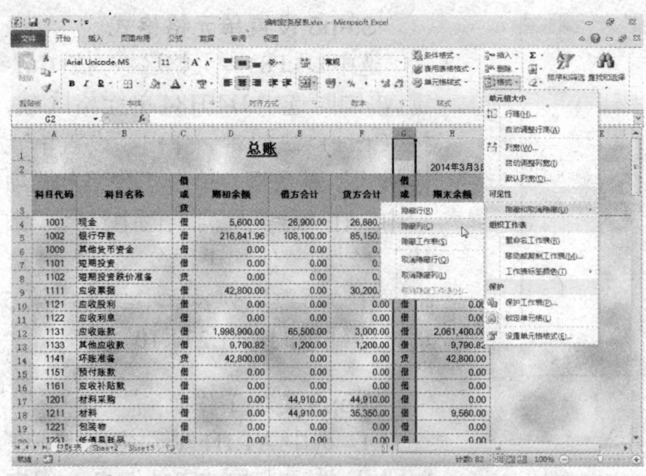

Step11 隐藏列

选中 G 列，在“开始”选项卡的“单元格”命令组中单击“格式”→“隐藏和取消隐藏”命令。

或者右键单击 G 列，在弹出的快捷方式中单击“隐藏”。

此时 G 列被隐藏了。

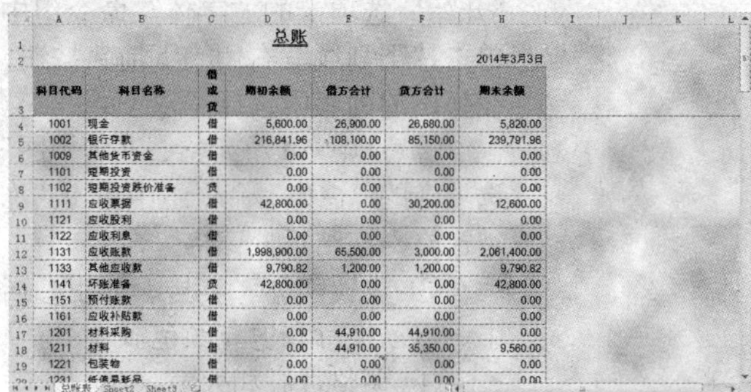

非常美观的“总账表”就制作完成了。

项目扩展：只在特定单元格区域中显示背景

如果不希望背景图片在整个工作表中平铺显示，或者只希望在特定的单元格区域中显示，可以在插入工作表背景后进行如下操作：

（1）在工作表中选择任意非空单元格，按<Ctrl+A>快捷键全选整个工作表，然后按<Ctrl+1>快捷键弹出“设置单元格格式”对话框，在“填充”选项卡中，选择单元格背景色为“白色”。

（2）选定需要背景的单元格区域，然后按<Ctrl+1>快捷键弹出“设置单元格格式”对话框，在“填充”选项卡，选择单元格背景色为“无颜色”。

函数应用：IF 函数

函数用途

根据对指定的条件计算是否成立，返回不同的结果。

函数语法

```
IF(logical_test,value_if_true,value_if_false)
```

参数说明

logical_test 表示计算结果为 TRUE 或 FALSE 的任意值或表达式。例如，A10=100 就是一个逻辑表达式；如果单元格 A10 中的值等于 100，表达式的计算结果为 TRUE；否则为 FALSE。此参数可使用任何比较运算符。

value_if_true 是 logical_test 为 TRUE 时返回的值。例如，如果此参数是文本字符串“预算内”，而且 logical_test 参数的计算结果为 TRUE，则 IF 函数显示文本“预算内”。如果 logical_test 为 TRUE 而 value_if_true 为空，则此参数返回 0（零）。若要显示单词 TRUE，请为此参数使用逻辑值 TRUE。value_if_true 可以是其他公式。

value_if_false 是 logical_test 为 FALSE 时返回的值。例如，如果此参数是文本字符串“超出预算”而 logical_test 参数的计算结果为 FALSE，则 IF 函数显示文本“超出预算”。如果 logical_test 为 FALSE 而 value_if_false 被省略（即 value_if_true 后没有逗号），则会返回逻辑值 FALSE。如果 logical_test 为 FALSE 且 value_if_false 为空（即 value_if_true 后有逗号并紧跟着右括号），则会返回值 0（零）。value_if_false 可以是其他公式。

函数说明

- 最多可以使用 64 个 IF 函数作为 value_if_true 和 value_if_false 参数进行嵌套以构造更详尽的测试（示例 3 是嵌套 IF 函数的一个例子）。此外，若要检测多个条件，请考虑使用 LOOKUP、VLOOKUP 或 HLOOKUP 函数。
- 在计算参数 value_if_true 和 value_if_false 时，IF 会返回相应语句执行后的返回值。
- 如果函数 IF 的参数包含数组（数组：用于建立可生成多个结果或可对在行和列中排列的一组参数进行运算的单个公式。数组区域共用一个公式；数组常量是用作参数的一组常量。），则在执行 IF 语句时，数组中的每一个元素都将计算。
- Microsoft Excel 还提供了其他一些函数，它们可根据条件来分析数据。例如，如果要计算某单元格区域内某个文本字符串或数字出现的次数，则可使用 COUNTIF 和 COUNTIFS 电子表格函数。若要计算基于某区域内一个文本字符串或一个数值的总和，可使用 SUMIF 和 SUMIFS 工作表函数。

函数简单示例

示例一：

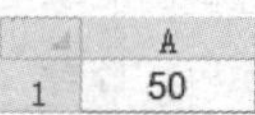

示例	公式	说明	结果
1	=IF(A1<=100,"预算内","超出预算")	如果 A1 小于等于 100，则公式将显示“预算内”。否则，公式显示“超出预算”	预算内
2	=IF(A1=100,SUM(C6:C8),"")	如果 A1 为 100，则计算 C6:C8 单元格区域的和，否则返回空文本	""

示例二：

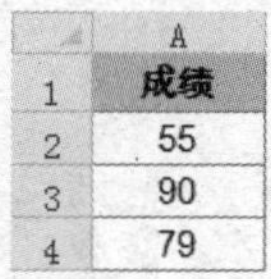

示例	公式	说明	结果
1	=IF(A2>89,"A",IF(A2>79,"B",IF(A2>69,"C",IF(A2>59,"D","F"))))	给 A2 单元格内的成绩指定一个字母等级	F
2	=IF(A3>89,"A",IF(A3>79,"B",IF(A3>69,"C",IF(A3>59,"D","F"))))	给 A3 单元格内的指定一个字母等级	A
3	=IF(A4>89,"A",IF(A4>79,"B",IF(A4>69,"C",IF(A4>59,"D","F"))))	给 A4 单元格内的成绩指定一个字母等级	C

本例公式说明

本例中的公式为：

```
=IF(G4="借",D4+E4-F4,D4+F4-E4)
```

如果 G4 单元格内容为“借”，则输出 D4+E4-F4 的值；否则输出 D4+F4-E4 的值。

1.2 制作试算平衡表

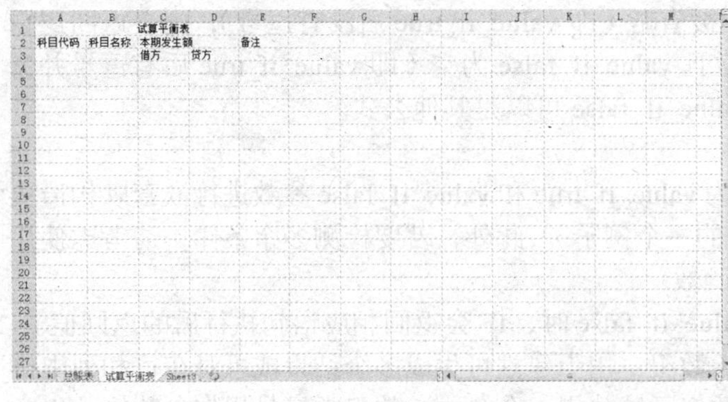

Step1 输入表格标题和各字段名称

①“Sheet2”工作表重命名为“试算平衡表”。选中 A1:E1 单元格区域，设置“合并后居中”，输入“试算平衡表”。

② 在 A2 单元格输入“科目代码”，B2 单元格输入“科目名称”，C2 单元格输入“本期发生额”，C3 单元格输入“借方”，D3 单元格输入“贷方”，E2 单元格输入“备注”。

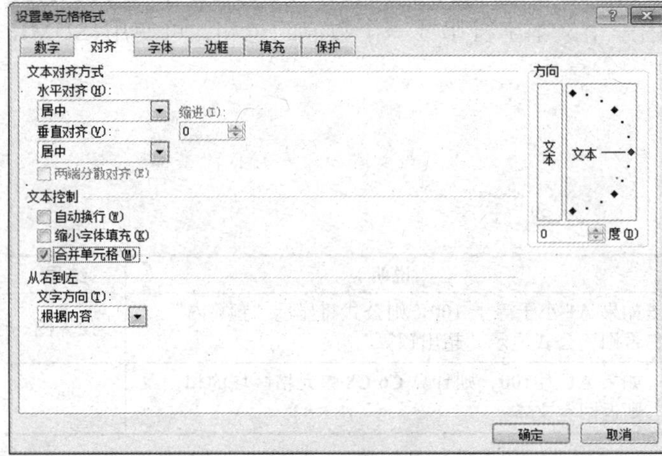

Step2 合并单元格

① 选中 A2:A3 单元格区域，在“开始”选项卡的“对齐方式”命令组中单击右下角的“对话框启动器”按钮，弹出“设置单元格格式”对话框，单击“对齐”选项卡。

② 在“文本对齐方式”下的“水平对齐”列表框中，单击右侧的下箭头按钮，选择“居中”。

③ 在“垂直对齐”列表框中，保留默认的“居中”。

④ 在“文本控制”区域中，勾选“合并单元格”复选框。

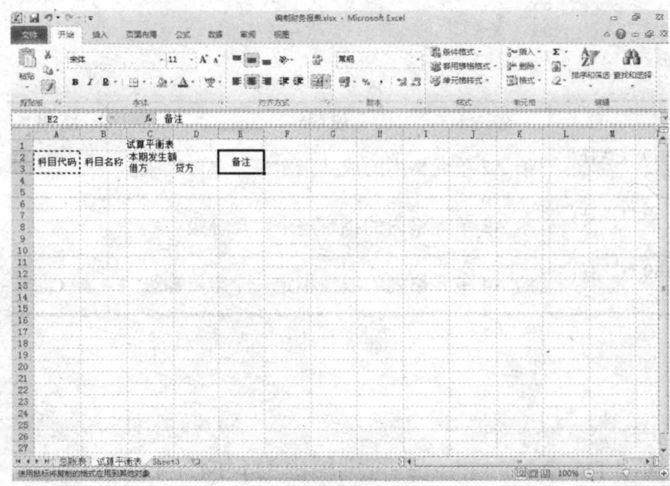

Step3 使用格式刷

① 选中 A2:A3 单元格区域，在“开始”选项卡的“剪贴板”命令组中双击“格式刷”按钮，可以重复地将 A2:A3 单元格区域的格式复制给表格中的其他单元格。

② 拖动鼠标选中 B2:B3 单元格区域，再选中 E2:E3 单元格区域，此时选中的目标区域将分别应用源区域 A2:A3 单元格区域的格式。

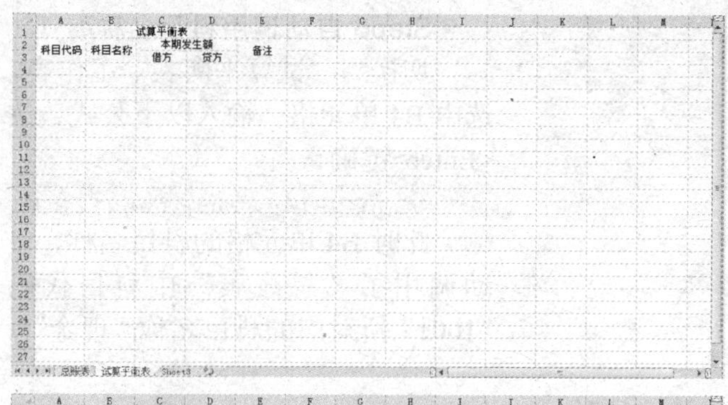

③ 单击“保存”按钮或者单击“格式刷”按钮，均可以释放“格式刷状态”。

④ 选中 C2:D2 单元格区域，设置“合并后居中”。选中 C3:D3 单元格区域，设置“居中”。

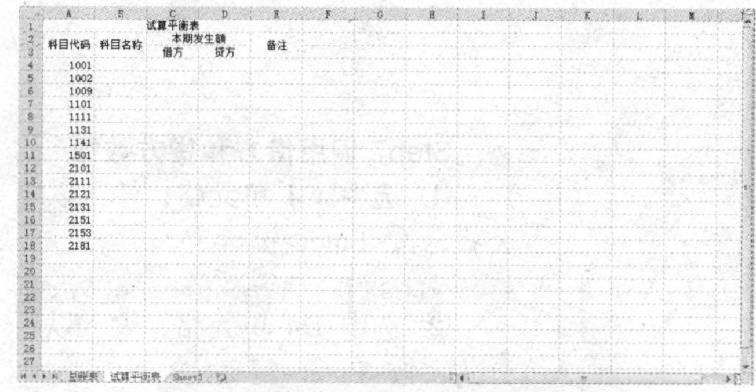

Step4 输入科目代码

在 A4:A18 单元格区域内输入需要进行试算平衡的科目代码。

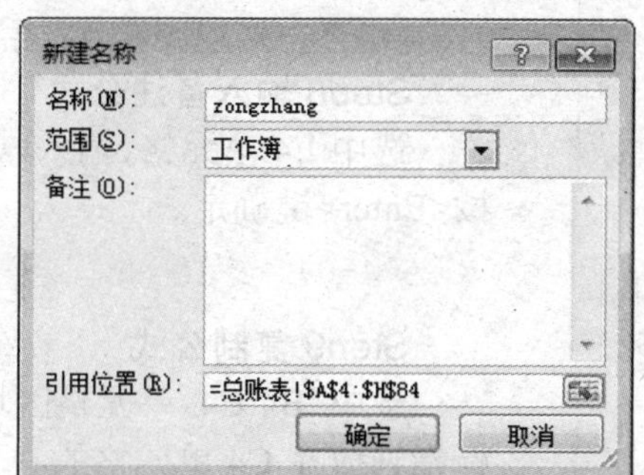

Step5 插入定义名称

① 切换到“总账表”工作表。选中要命名的 A4:H84 单元格区域，单击“公式”选项卡，在“定义的名称”命令组中单击“定义名称”按钮，弹出“新建名称”对话框。在“名称”右侧的文本框中输入“zongzhang”。单击“确定”按钮。

此时 A4:H84 已经定义名称“zongzhang”。

② 再次选中被命名的单元格区域时，名称框中会直接显示所定义的名称，而如果只是选择某一个单元格，则名称框中不会显示区域名称。

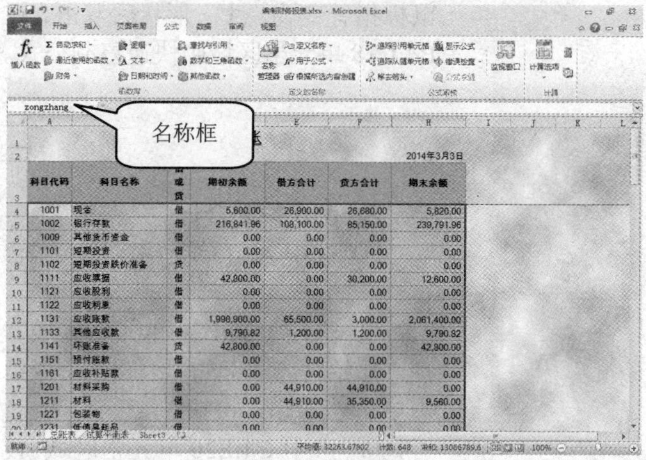

操作技巧：利用“名称框”定义名称

选择要命名的 A4:H84 单元格区域，在“编辑栏”左侧的“名称框”中输入要定义的名称，如“zongzhang”，按<Enter>键确认，完成名称的定义。

选中 A4:H84 单元格区域，即可显示定义的名称“zongzhang”。

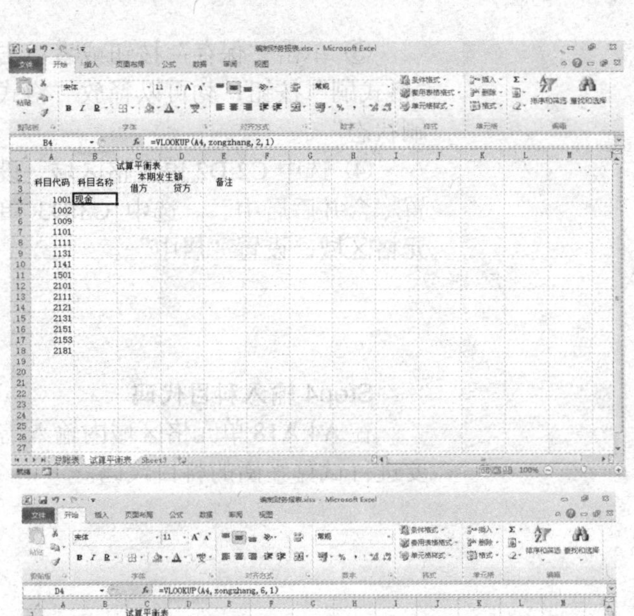

Step6 自动调用科目名称

切换到“试算平衡表”工作表，选中 B4 单元格，输入以下公式，按<Enter>键确认。

```
=VLOOKUP(A4,zongzhang,2,1)
```

此时 B4 单元格的科目名称，自动调用了“总账表”中科目代码“1001”所对应的科目名称“现金”。

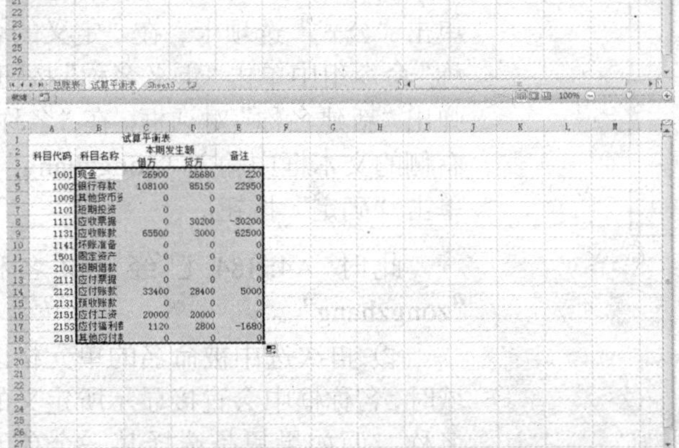

Step7 调用借方和贷方数据

① 选中 C4 单元格，输入以下公式，按<Enter>键确定。

```
=VLOOKUP(A4,zongzhang,5,1)
```

② 选中 D4 单元格，输入以下公式，按<Enter>键确定。

```
=VLOOKUP(A4,zongzhang,6,1)
```

Step8 输入备注公式

选中 E4 单元格，输入以下公式，按<Enter>键确定。

```
=C4-D4
```

Step9 复制公式

选中 B4:C4 单元格区域，将鼠标指针放在 C4 单元格的右下角，待鼠标指针变为“+”形状后双击，在 B4:C18 单元格区域中快速复制公式。

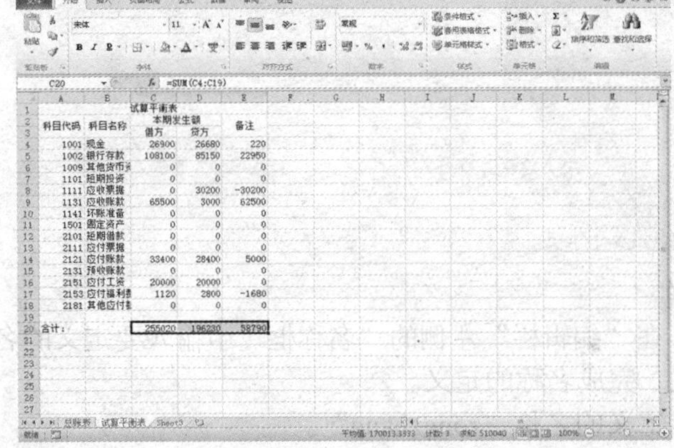

Step10 输入合计

① 选中 A20 单元格，输入“合计：”。

② 选中 C20:E20 单元格区域，在“开始”选项卡的“编辑”命令组中单击“求和”按钮。

③ 选中 C4:E20 单元格区域，设置单元格格式为“数值”，勾选“千位分隔符”复选框，小数位数为“2”，在“负数”列表框中选择第 5 项。

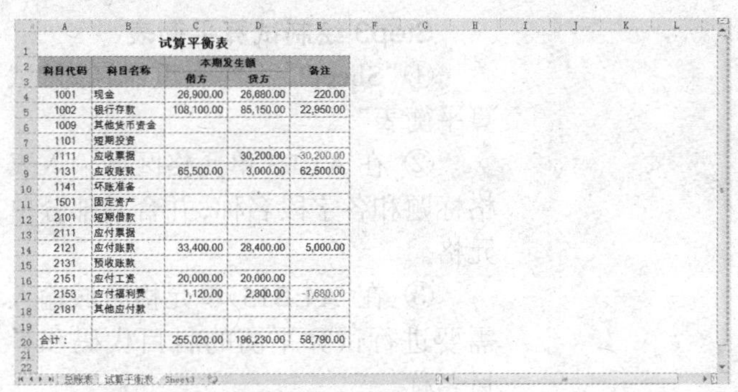

试算平衡表				
科目代码	科目名称	本期发生额		备注
		借方	贷方	
1001	现金	26,900.00	26,680.00	220.00
1002	银行存款	108,100.00	85,150.00	22,950.00
1009	其他货币资金			
1101	短期投资			
1111	应收票据		30,200.00	-30,200.00
1131	应收账款	65,500.00	3,000.00	62,500.00
1141	坏账准备			
1501	固定资产			
2101	短期借款			
2111	应付票据			
2121	应付账款	33,400.00	28,400.00	5,000.00
2131	预收账款			
2151	应付工资	20,000.00	20,000.00	
2153	应付福利费	1,120.00	2,800.00	-1,680.00
2181	其他应付款			
合计：		255,020.00	196,230.00	58,790.00

Step11 美化工作表

① 设置字体、字号、加粗、居中和填充颜色。

② 调整行高和列宽。

③ 绘制边框。

④ 取消零值和网格线的显示。

此时“试算平衡表”制作完毕。

项目扩展：名称命名的规则

（1）名称可以是任意字符与数字组合在一起，但不能以数字开头，更不能以数字作为名称，如 7AB。同时，名称不能与单元格地址相同，如 A3。

（2）如果要以数字开头，可在前面加上下划线，如_7AB。

（3）不能以字母 R、C、r、c 作为名称，因为 R、C 在 R1C1 引用样式中表示工作表的行、列。

（4）名称中不能包含空格，可以用下划线或点号代替。

（5）不能使用除下划线、点号和反斜线（/）以外的其他符号，允许用问号“?”，但不能作为名称的开头，如 Range?可以，但?Range 就不可以。

（6）名称字符不能超过 255 个字符。一般情况下，名称应该便于记忆且尽量简短，否则就违背了定义名称的初衷。

（7）名称中的字母不区分大小写。

1.3　课堂练习

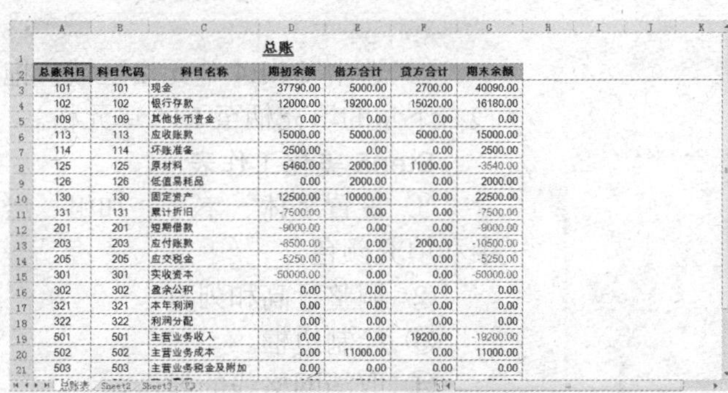

总账						
总账科目	科目代码	科目名称	期初余额	借方合计	贷方合计	期末余额
101	101	现金	37790.00	5000.00	2700.00	40090.00
102	102	银行存款	12000.00	19200.00	15020.00	16180.00
109	109	其他货币资金	0.00	0.00	0.00	0.00
113	113	应收账款	15000.00	5000.00	5000.00	15000.00
114	114	坏账准备	2500.00	0.00	0.00	2500.00
125	125	原材料	5460.00	2000.00	11000.00	-3540.00
126	126	低值易耗品	0.00	2000.00	0.00	2000.00
130	130	固定资产	12500.00	10000.00	0.00	22500.00
131	131	累计折旧	-7500.00	0.00	0.00	-7500.00
201	201	短期借款	-9000.00	0.00	0.00	-9000.00
203	203	应付账款	-8500.00	0.00	2000.00	-10500.00
205	205	应交税金	-5250.00	0.00	0.00	-5250.00
301	301	实收资本	-50000.00	0.00	0.00	-50000.00
302	302	盈余公积	0.00	0.00	0.00	0.00
321	321	本年利润	0.00	0.00	0.00	0.00
322	322	利润分配	0.00	0.00	0.00	0.00
501	501	主营业务收入	0.00	0.00	19200.00	-19200.00
502	502	主营业务成本	0.00	11000.00	0.00	11000.00
503	503	主营业务税金及附加	0.00	0.00	0.00	0.00

Step1 绘制总账表

① 新建一个空白工作表，保存为“课堂练习—编制财务报表”，“Sheet1”工作表重命名为“总账表”。

② 在 A1:G2 单元格区域中输入表格标题和各字段标题。

③ 在 A3:F25 单元格区域输入总账表数据并设置单元格格式和美化工作表。

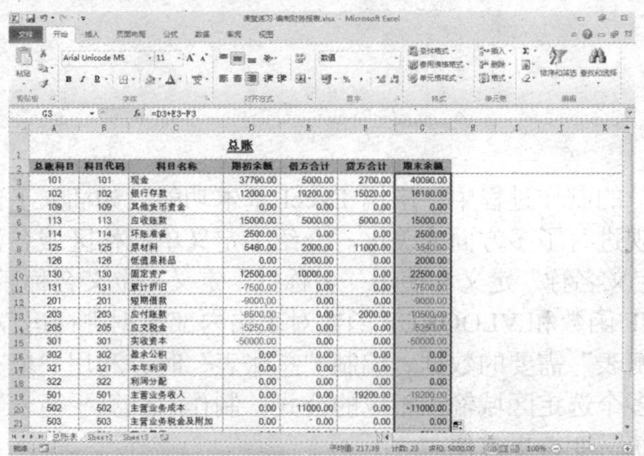

总账						
总账科目	科目代码	科目名称	期初余额	借方合计	贷方合计	期末余额
101	101	现金	37790.00	5000.00	2700.00	40090.00
102	102	银行存款	12000.00	19200.00	15020.00	16180.00
109	109	其他货币资金	0.00	0.00	0.00	0.00
113	113	应收账款	15000.00	5000.00	5000.00	15000.00
114	114	坏账准备	2500.00	0.00	0.00	2500.00
125	125	原材料	5460.00	2000.00	11000.00	-3540.00
126	126	低值易耗品	0.00	2000.00	0.00	2000.00
130	130	固定资产	12500.00	10000.00	0.00	22500.00
131	131	累计折旧	-7500.00	0.00	0.00	-7500.00
201	201	短期借款	-9000.00	0.00	0.00	-9000.00
203	203	应付账款	-8500.00	0.00	2000.00	-10500.00
205	205	应交税金	-5250.00	0.00	0.00	-5250.00
301	301	实收资本	-50000.00	0.00	0.00	-50000.00
302	302	盈余公积	0.00	0.00	0.00	0.00
321	321	本年利润	0.00	0.00	0.00	0.00
322	322	利润分配	0.00	0.00	0.00	0.00
501	501	主营业务收入	0.00	0.00	19200.00	-19200.00
502	502	主营业务成本	0.00	11000.00	0.00	11000.00
503	503	主营业务税金及附加	0.00	0.00	0.00	0.00

Step2 批量填充公式。

① 选中 G3 单元格，输入以下公式，按<Enter>键确定。

```
=D3+E3-F3
```

② 将鼠标指针放在 G3 单元格的右下角，待鼠标指针变为“**+**”形状后双击，将 G3 单元格公式快速复制到 G4:G25 单元格区域。

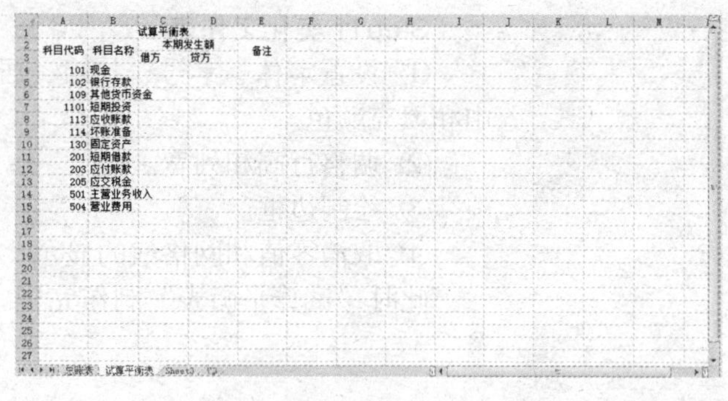

Step3 绘制试算平衡表

①“Sheet2”工作表重命名为“试算平衡表”。

② 在 A1:E3 单元格区域输入表格标题和各字段名称，并合并部分单元格。

③ 在 A4:B15 单元格区域输入需要进行试算平衡的科目代码和科目名称。

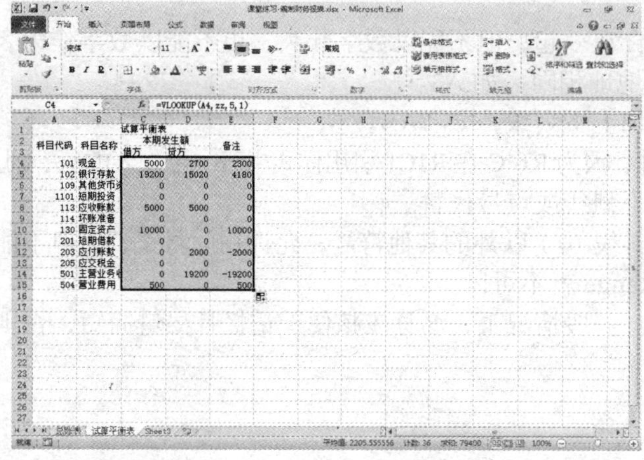

Step4 定义名称，输入公式

① 切换到“总账表”工作表，选择 A3:G25 单元格，在名称框中输入定义名称“zz”。

② 切换到“试算平衡表”工作表，选中 C4 单元格，输入以下公式，按<Enter>键确定。

```
=VLOOKUP(A4,zz,5,1)
```

③ 选中 D4 单元格，输入以下公式，按<Enter>键确定。

```
=VLOOKUP(A4,zz,6,1)
```

④ 选中 E4 单元格，输入以下公式，按<Enter>键确定。

```
=C4-D4
```

⑤ 选中 C4:E4 单元格区域，拖拽右下角的填充柄至 E15 单元格。

Step5 美化工作表

① 设置字体、字号、加粗、居中和填充颜色。

② 调整行高和列宽。

③ 绘制边框。

④ 取消网格线的显示。

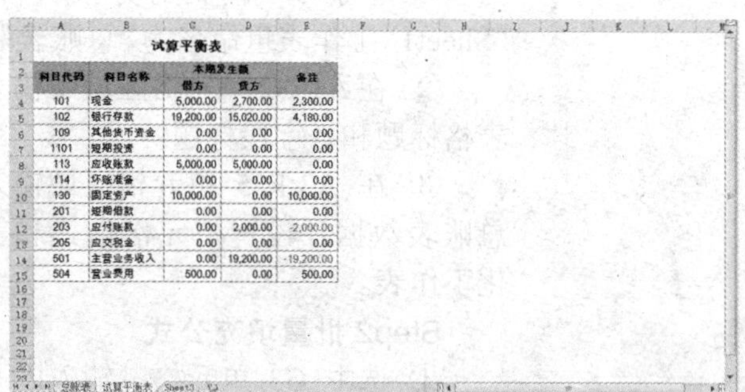

试算平衡表

科目代码	科目名称	本期发生额		备注
		借方	贷方	
101	现金	5,000.00	2,700.00	2,300.00
102	银行存款	19,200.00	15,020.00	4,180.00
109	其他货币资金	0.00	0.00	0.00
1101	短期投资	0.00	0.00	0.00
113	应收账款	5,000.00	5,000.00	0.00
114	坏账准备	0.00	0.00	0.00
130	固定资产	10,000.00	0.00	10,000.00
201	短期借款	0.00	0.00	0.00
203	应付账款	0.00	2,000.00	-2,000.00
205	应交税金	0.00	0.00	0.00
501	主营业务收入	0.00	19,200.00	-19,200.00
504	营业费用	500.00	0.00	500.00

任务小结

在以上“总账表”与“试算平衡表”的制作过程中，应用 Excel 基本功能，如插入工作表背景、插入列、隐藏列等对工作表外观进行了多方面的美化。介绍了定义单元格区域名称的两种方法，使用“公式”选项卡的“定义名称”定义和使用“名称框”定义。定义名称后，在公式引用时可以提供便利。通过应用 IF 函数和 VLOOKUP 函数对表格内部数据进行运算、统计、汇总生成“总账表”和“试算平衡表”需要的数据。编制“总账表”时，利用“填充柄”复制公式的技巧，便捷地在表格的多个选定区域输入相应的公式；制作“试算平衡表”中使用格式刷，使工作表格式的美化和统一变得更方便。

任务二 资产负债表

任务背景

资产负债表又称财务状况表，它是每一个企业都需要编制的财务报表之一，用来呈现企业运营期间某一个时间点的财务状况，是提供财务信息的一种重要的手段。

资产负债表中的每一项数据都是由会计账簿提供的，因此一个资产负债表常常会涉及另外的多张报表，其编制工作也就显得十分繁琐，而利用 Excel 编制资产负债表则可以一次编制，多次使用，从而节约大量的重复劳动时间，如图 3-3 所示。

资产负债表

编制单位:　果果实业有限公司　时间:　2014/4/15　单位：元

资产	行次	年初数	期末数	负债及所有者权益	行次	年初数	期末数
流动资产：				流动负债：			
货币资金	1	222,441.96	245,611.96	短期借款	19	25,600.00	25,600.00
应收票据	2	42,800.00	12,600.00	应付票据	20		
应收账款	3	1,998,900.00	2,061,400.00	应付账款	21	2,443,000.00	2,438,000.00
坏账准备	4	42,800.00	42,800.00	预收账款	22		
应收账款净额	5	1,956,100.00	2,018,600.00	其他应付款	23		
其他应收款	6	9,790.82	9,790.82	应付工资	24		
存货(其中：)	7		9,560.00	应付福利费	25	6,433.00	8,113.00
材料	8		9,560.00	应交税金	26		
包装物	9			预提费用	27		-12,000.00
低值易耗品	10			其他流动负债	28		
库存商品	11			流动负债合计	29	2,476,033.00	2,459,713.00
待摊费用	12	20,000.00	24,200.00				
流动资产合计	13	2,261,132.78	2,320,362.78	所有者权益：			
				实收资本(或股本)	30	303,300.00	303,300.00
固定资产:				资本公积	31		
固定资产	14	521,295.37	521,295.37	盈余公积	32		
累计折旧	15			利润分配	33	-5,904.85	78,645.15
固定资产净值	16	521,295.37	521,295.37	所有者权益合计	34	297,395.15	381,945.15
固定资产合计	17	521,295.37	521,295.37				
资产合计	18	2,772,428.15	2,841,658.15	负债及所有者权益合计	35	2,772,428.15	2,841,658.15

图 3-3　资产负债表

知识点分析

要实现本例中的功能，以下为需要掌握的知识点。

- 填充递增数据
- SUMIF 函数、SUM 函数的应用
- Excel 基本功能，如插入空白单元格区域、设置单元格格式、设置缩进等

任务实施

2.1 制作资产负债表

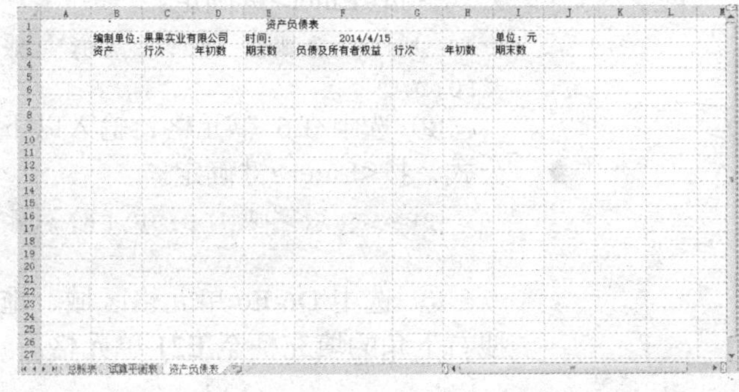

Step1 输入表格标题和各字段名称

① 打开"编制财务报表"工作簿，"Sheet3" 工作表重命名为 "资产负债表"。选中 A1:I1 单元格区域，设置"合并后居中"，输入 "资产负债表"。

② 在 B2:I3 单元格区域中输入相关数据，并适当地调整单元格的列宽。

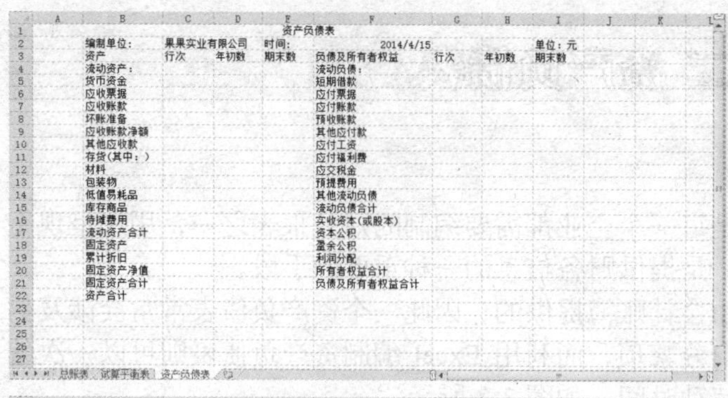

Step2 输入表格内容

在 B4:B23 单元格区域内输入资产的具体名称。在 F4:F22 单元格区域输入负债及所有者权益的具体名称。

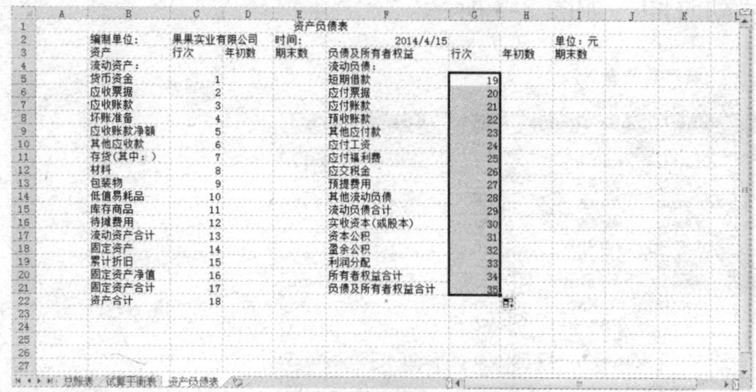

Step3 在同一列中填充递增数据

① 选中 C5 单元格，输入初始序号“1”。

② 选中 C5 单元格，拖拽右下角的填充柄至 C22 单元格。

此时 C5:C22 单元格区域按照递增序列填充了数据。

同样的方法，在 G5:G21 单元格区域填充数值 19 至 35。

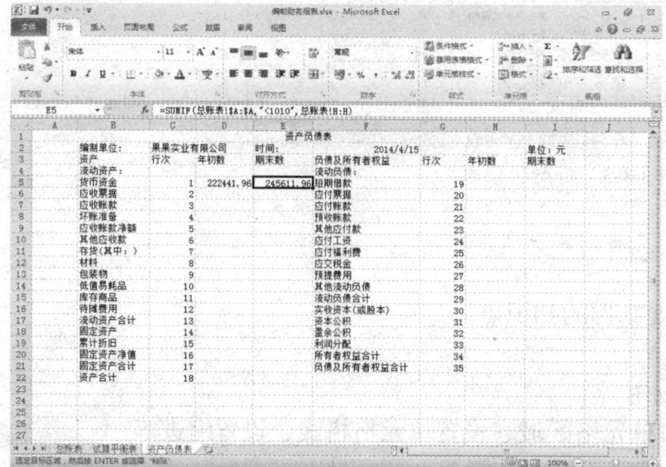

Step4 输入货币资金年初数和年末数

① 选中 D5 单元格，输入以下公式，按<Enter>键确认。

```
=SUMIF(总账表!$A:$A,"<1010",总账表!D:D)
```

② 选中 E5 单元格，输入以下公式，按<Enter>键确定。

```
=SUMIF(总账表!$A:$A,"<1010",总账表!H:H)
```

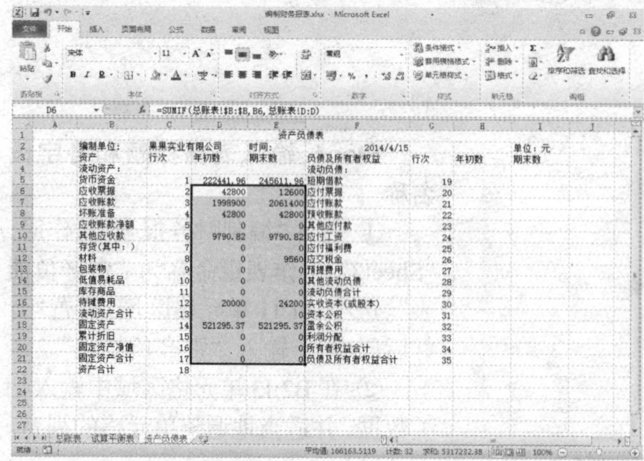

Step5 输入左侧科目的年初数和年末数

① 选中 D6 单元格，输入以下公式，按<Enter>键确定。

```
=SUMIF(总账表!$B:$B,B6,总账表!D:D)
```

② 选中 E6 单元格，输入以下公式，按<Enter>键确定。

```
=SUMIF(总账表!$B:$B,B6,总账表!H:H)
```

③ 选中 D6:E6 单元格区域，拖拽右下角的填充柄至 E21 单元格。

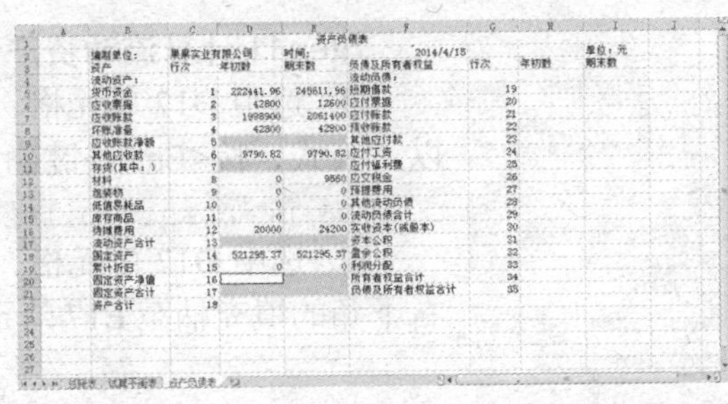

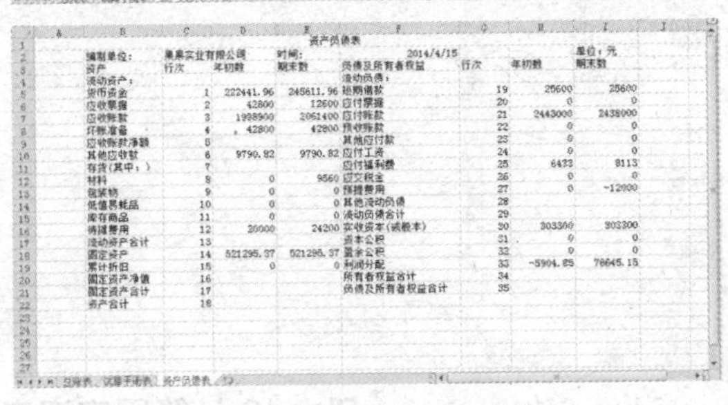

Step6 删除不需要填充的单元格

选中 D9:E9 单元格区域，按<Ctrl>键，再同时选中 D11:E11，D17:E17 和 D20:E21 单元格区域，按<Delete>键，删除公式。

这些单元格区域的公式下面会另行计算。

Step7 输入右侧科目的年初数和年末数

① 选中 H5 单元格，输入以下公式，按<Enter>键确定。

```
=SUMIF(总账表!$B:$B,F5,总账表!D:D)
```

② 选中 I5 单元格，输入以下公式，按<Enter>键确定。

```
=SUMIF(总账表!$B:$B,F5,总账表!H:H)
```

③ 选中 H5:I5 单元格区域，拖曳右下角的填充柄至 I21 单元格。

Step8 删除不需要填充的单元格

选中 H14:I15 单元格区域，按<Ctrl>键，再同时选中 H20:I21 单元格区域，按<Del>键，删除公式。

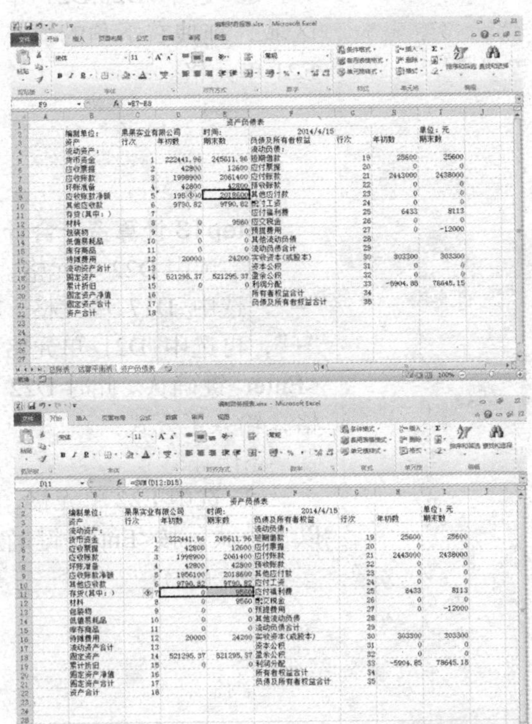

Step9 计算应收账款净额

① 选中 D9 单元格，输入以下公式，按<Enter>键确定。

```
=D7-D8
```

② 选中 E9 单元格，输入以下公式，按<Enter>键确定。

```
=E7-E8
```

Step10 计算存货

① 选中 D11 单元格，输入以下公式，按<Enter>键确定。

```
=SUM(D12:D15)
```

② 选中 D11 单元格，拖拽右下角的填充柄至 E11 单元格。

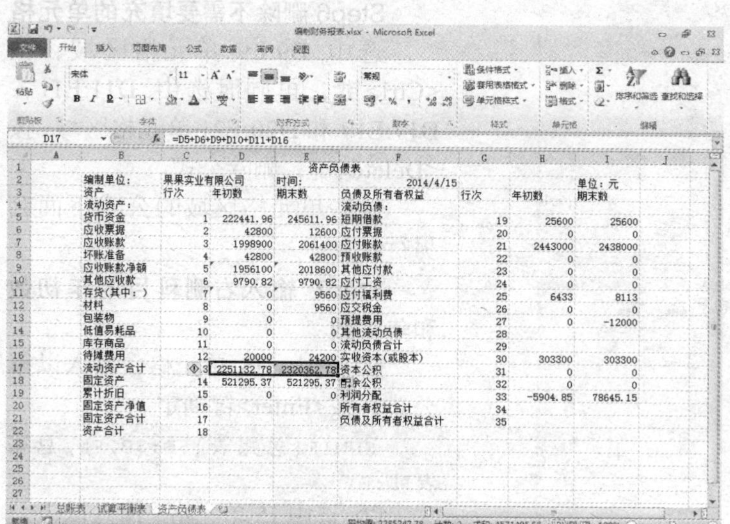

Step11 计算流动资产合计

① 选中 D17 单元格，输入以下公式，按<Enter>键确定。

```
=D5+D6+D9+D10+D11+D16
```

② 选中 D17 单元格，拖拽右下角的填充柄至 E17 单元格。

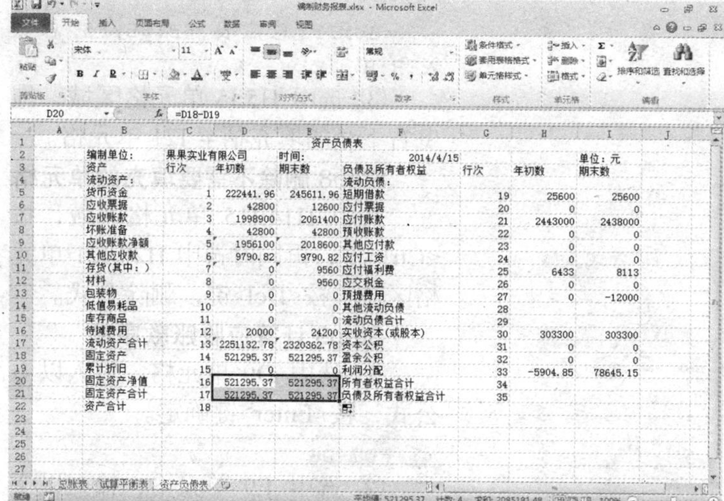

Step12 计算固定资产净值和固定资产合计

① 选中 D20 单元格，输入以下公式，按<Enter>键确定。

```
=D18-D19
```

② 选中 D21 单元格，输入以下公式，按<Enter>键确定。

```
=D20
```

③ 选中 D20:D21 单元格区域，拖拽右下角的填充柄至 E21 单元格。

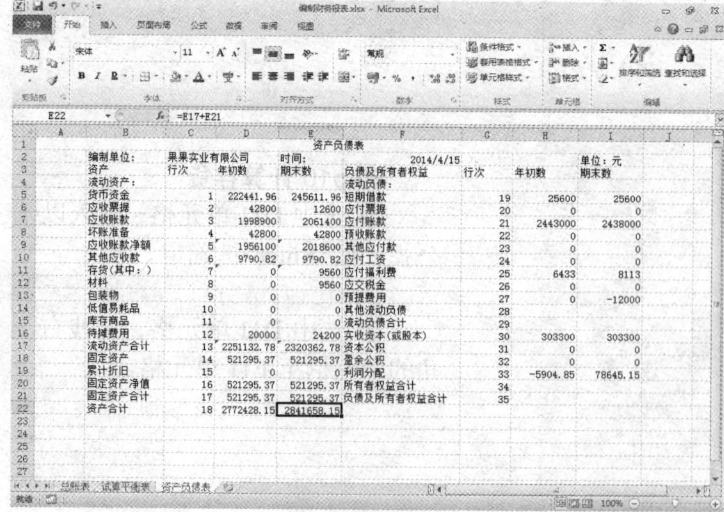

Step13 计算资产合计

① 选中 D22 单元格，输入“=”，选中 D17 单元格，输入“+”，再选中 D21 单元格，按<Enter>键确认。此时 D22 单元格，输入了公式：

```
=D17+D21
```

② 选中 E22 单元格，输入以下公式，按<Enter>键确定。

```
=E17+E21
```

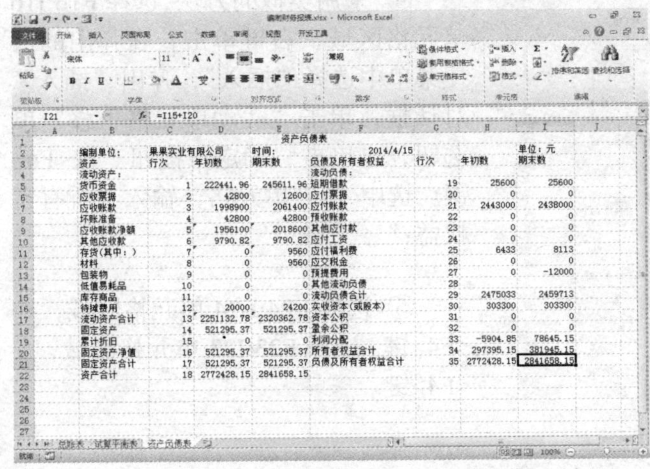

Step14 计算流动负债合计、所有者权益合计、负债及所有者权益合计

① 选中H15单元格，输入以下公式，按<Enter>键确定。

```
=SUM(H5:H14)
```

② 选中I15单元格，输入以下公式，按<Enter>键确定。

```
=SUM(I5:I14)
```

③ 选中H20单元格，输入以下公式，按<Enter>键确定。

```
=SUM(H16:H19)
```

④ 选中I20单元格，输入以下公式，按<Enter>键确定。

```
=SUM(I16:I19)
```

⑤ 选中H21单元格，输入以下公式，按<Enter>键确定。

```
=H15+H20
```

⑥ 选中I21单元格，输入以下公式，按<Enter>键确定。

```
=I15+I20
```

操作技巧：资产负债表中各个项目的计算标准

资产负债表中各个项目的计算公式如下。

① 货币资金=现金+银行存款+其他货币资金

② 应收账款净额=应收账款-坏账准备

③ 流动资产=货币资金+应收账款金额+存货

④ 固定资产净值=固定资产-累计折旧

⑤ 流动负债=短期借款+应付票据+应付账款+预收账款+其他应付款+应付工资+应付福利费+应交税金+预提费用

⑥ 所有者权益=实收资本+盈余公积+未分配利润

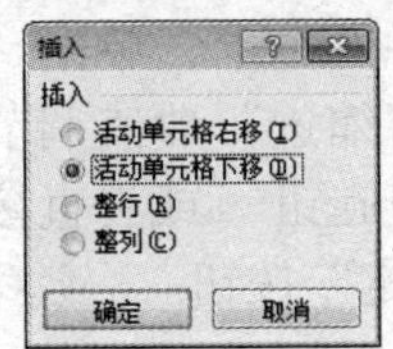

Step15 插入单元格

① 选中B18:E18单元格区域，在“开始”选项卡的“单元格”命令组中单击“插入”→“插入单元格”命令，弹出“插入”对话框。单击“活动单元格下移”单选钮，再单击“确定”按钮。

② 此时，原先的B18:E18单元格区域下移，产生了一列新的空白的B18:E18单元格区域。按<F4>键，重复上一次操作。

③ 选中B19单元格，输入“固定资产：”。

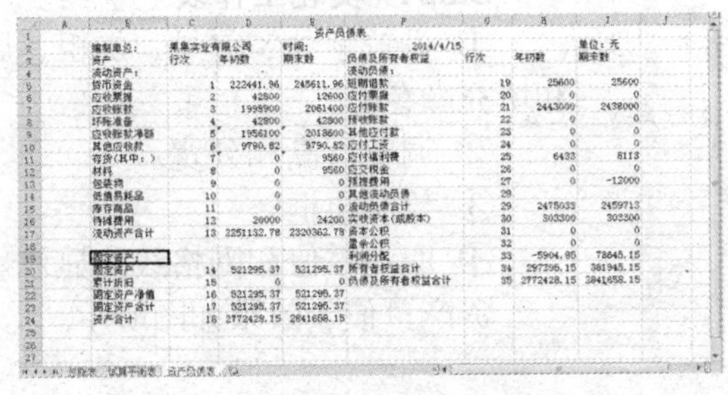

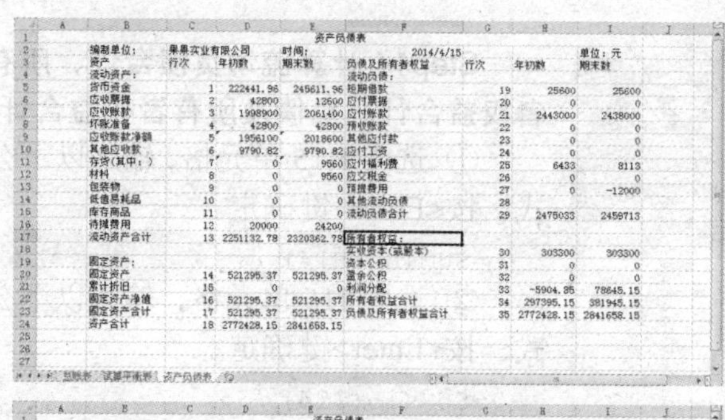

④ 采用类似的方法，选择 F16:I16 单元格区域，右键单击，在弹出的快捷菜单中选择“插入”，弹出“插入”对话框，单击“活动单元格下移”单选钮，再单击“确定”按钮。按<F4>键。选中 F17 单元格，输入“所有者权益:”。

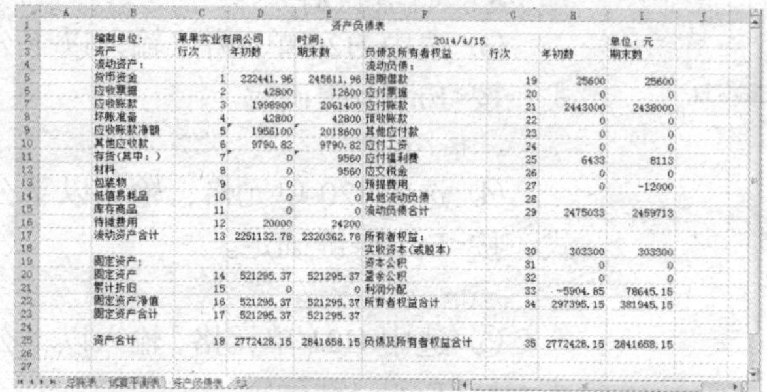

⑤ 选择 F24:E24 单元格区域，按<F4>键。选择 F23:I23 单元格区域，按<F4>键。

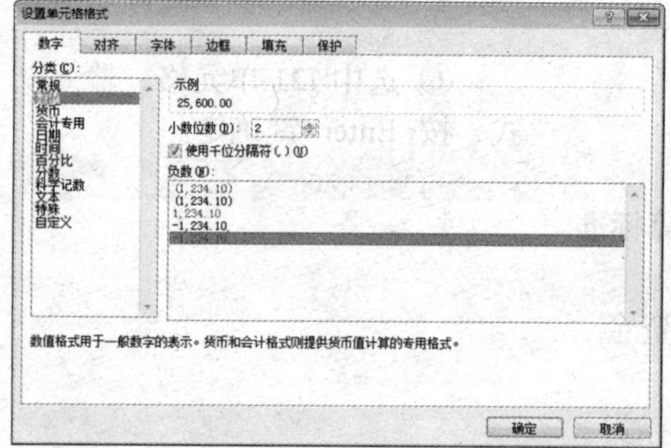

Step16 设置单元格格式

① 按<Ctrl>键同时选中 D5:E25 和 H5:I25 单元格区域，按<Ctrl+1>快捷键，弹出“设置单元格格式”对话框，单击“数字”选项卡，在“分类”列表框中选择“数值”，勾选“使用千位分隔符”复选框，在“负数”的列表框中，选中第 5 项，即红色的“-1,234.10”。

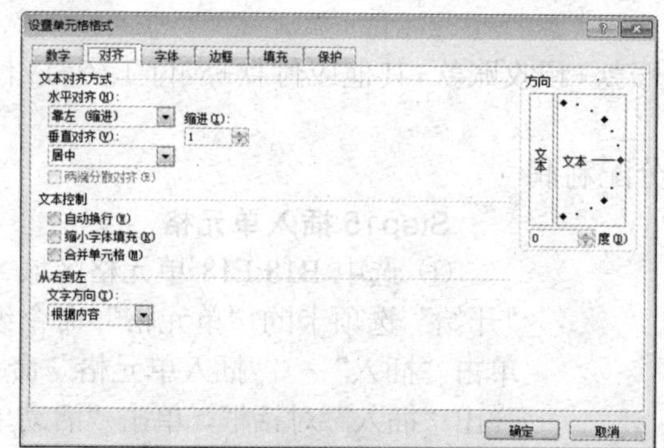

② 按<Ctrl>键同时选中 B5:B10、B12:B16、B20:B22、F5:F14 和 F18:F21 单元格区域，按<Ctrl+1>快捷键，弹出“设置单元格格式”对话框，单击“对齐”选项卡，单击“对齐”选项卡，在“缩进”数值调节框中单击右侧的调节旋钮或者直接输入“1”。单击“确定”按钮。

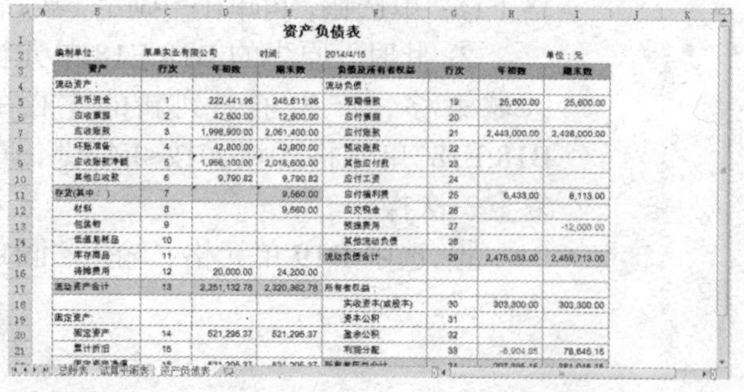

Step17 美化工作表

① 设置字体、字号、加粗、居中和填充颜色。

② 调整行高和列宽。

③ 绘制边框。

④ 取消零值和网格线的显示。

资产负债表效果如图所示。

操作技巧：插入行或列

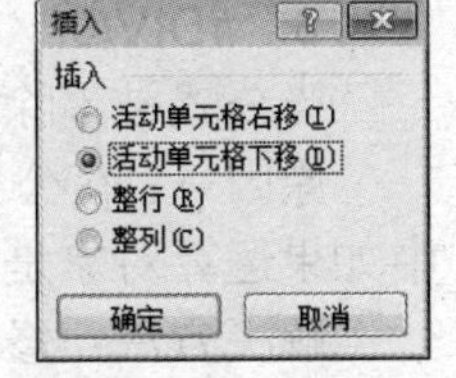

图 3-4 插入对话框

选中某一个单元格，如C4单元格，在“开始”选项卡的“单元格”命令组中单击“插入→插入单元格”命令，弹出“插入”对话框，其中有4个单选钮，如图3-4所示。

下面介绍这4个单选钮。

1. “活动单元格右移”单选钮

如果在C4单元格位置插入一个单元格，则原本在C4位置的单元格会右移到D4，原本在D4位置的单元格会右移到E4，依次类推。

2. “活动单元格下移”单选钮

如果在C4单元格位置插入一个单元格，则原本在C4、C5、C6、C7……位置的单元格都会相应的位移到下一个单元格位置。

3. “整行”单选钮

如果在表格的第5行插入一行单元格，则原本在第6行、第7行、第8行……的单元格会整体下移一行。

4. “整列”单选钮

如果在C列插入一列单元格，则原本在C列、D列、E列、F列……的单元格会整体右移一行。

项目扩展：八种常见Excel错误提示及问题解决方法

Excel经常会显示一些错误值信息，如#N/A!、#VALUE!、#DIV/O!等。出现这些错误的原因有很多种，最主要是由于公式不能计算正确结果。例如，在需要数字的公式中使用文本、删除了被公式引用的单元格，或者使用了宽度不足以显示结果的单元格。以下是几种Excel常见的错误及其解决方法。

1. #####!

原因：如果单元格所含的数字、日期或时间比单元格宽，或者单元格的日期时间公式产生了一个负值，就会产生#####!错误。

解决方法：如果单元格所含的数字、日期或时间比单元格宽，可以通过拖动列表之间的宽度来修改列宽。如果使用的是1900年的日期系统，那么Excel中的日期和时间必须为正值，用较早的日期或者时间值减去较晚的日期或者时间值就会导致#####!错误。如果公式正确，也可以将单元格的格式改为非日期和时间型来显示该值。

2. #VALUE!

当使用错误的参数或运算对象类型时，或者当公式自动更正功能不能更正公式时，将产生错误值#VALUE!。

原因一：在需要数字或逻辑值时输入了文本，Excel不能将文本转换为正确的数据类型。

解决方法：确认公式或函数所需的运算符或参数正确，并且公式引用的单元格中包含有效的数值。例如，如果A1单元格包含一个数字，A2单元格包含文本“学籍”，则公式"=A1+A2"将返回错误值#VALUE!。可以用SUM工作表函数将这两个值相加（SUM函数忽略文本）“=SUM(A1:A2)”。

原因二：将单元格引用、公式或函数作为数组常量输入。

解决方法：确认数组常量不是单元格引用、公式或函数。

原因三：赋予需要单一数值的运算符或函数一个数值区域。

解决方法：将数值区域改为单一数值。修改数值区域，使其包含公式所在的数据行或列。

3. #DIV/0!

当公式被零除时，将会产生错误值#DIV/0!。

原因一：在公式中，除数使用了指向空单元格或包含零值单元格的单元格引用（在 Excel 中如果运算对象是空白单元格，Excel 将此空值当作零值）。

解决方法：修改单元格引用，或者在用作除数的单元格中输入不为零的值。

原因二：输入的公式中包含明显的除数零，例如“=5/0”。

解决方法：将零改为非零值。

4. #NAME?

在公式中使用了 Excel 不能识别的文本时将产生错误值#NAME?。

原因一：删除了公式中使用的名称，或者使用了不存在的名称。

解决方法：确认使用的名称确实存在。选择菜单“插入→名称→定义”，如果所需名称没有被列出，请使用“定义”命令添加相应的名称。

原因二：名称的拼写错误。

解决方法：修改拼写错误的名称。

原因三：在公式中使用标志。

解决方法：选择菜单中“工具→选项”命令，打开“选项”对话框，然后单击“重新计算”标签，在“工作簿选项”下，选中“接受公式标志”复选框。

原因四：在公式中输入文本时没有使用双引号，Excel 将其解释为名称，而不理会用户准备将其用作文本的想法。

解决方法：将公式中的文本括在双引号中。例如，下面的公式将一段文本“总计：”和 B50 单元格中的数值合并在一起。

```
=“总计：”&B50
```

原因五：在区域的引用中缺少冒号。

解决方法：确认公式中，使用的所有区域引用都使用冒号。如 SUM(A2:B34)。

5. #N/A

原因：当在函数或公式中没有可用数值时，将产生错误值#N/A。

解决方法：如果工作表中某些单元格暂时没有数值，请在这些单元格中输入“#N/A”，公式在引用这些单元格时，将不进行数值计算，而只是返回#N/A。

6. #REF!

当单元格引用无效时将产生错误值#REF!。

原因：删除了由其他公式引用的单元格，或将移动单元格粘贴到由其他公式引用的单元格中。

解决方法：更改公式或者在删除或粘贴单元格之后，立即单击“撤销”按钮，以恢复工作表中的单元格。

7. .#NUM!

当公式或函数中某个数字有问题时将产生错误值#NUM!。

原因一：在需要数字参数的函数中使用了不能接受的参数。

解决方法：确认函数中使用的参数类型正确无误。

原因二：使用了迭代计算的工作表函数，如 IRR 或 RATE，并且函数不能产生有效的结果。

解决方法：为工作表函数使用不同的初始值。

原因三：由公式产生的数字太大或太小，Excel 不能表示。

解决方法：修改公式，使其结果在有效数字范围之间。

8. #NULL!

当试图为两个并不相交的区域指定交叉点时将产生错误值#NULL!。

原因：使用了不正确的区域运算符或不正确的单元格引用。

解决方法：如果要引用两个不相交的区域，请使用联合运算符逗号“,”。公式要对两个区域求和，请确认在引用这两个区域时，使用逗号，如 SUM(A1:A13,D12:D23)。如果没有使用逗号，Excel 将试图对同时属于两个区域的单元格求和，但是由于 A1:A13 和 D12:D23 并不相交，所以他们没有共同的单元格。

2.2 课堂练习

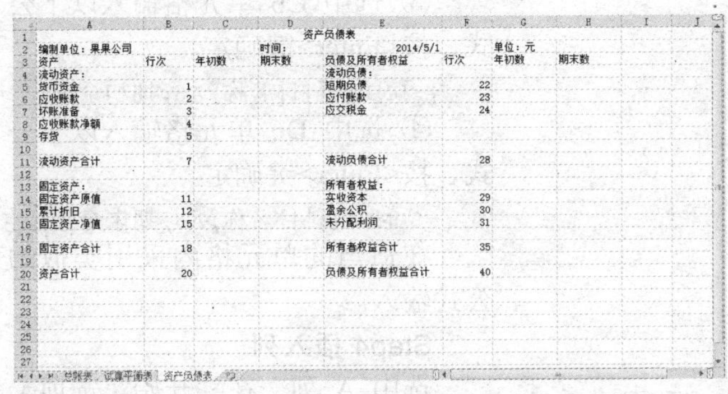

Step1 绘制资产负债表

① 打开“课堂练习—编制财务报表”，重命名“Sheet3”工作表为“资产负债表”。

② 在 A1:H3 单元格区域输入表格标题和字段标题，并设置格式。

③ 在 A4:B20 和 E4:F20 单元格区域输入资产和负债及所有者权益的科目名称和行次。

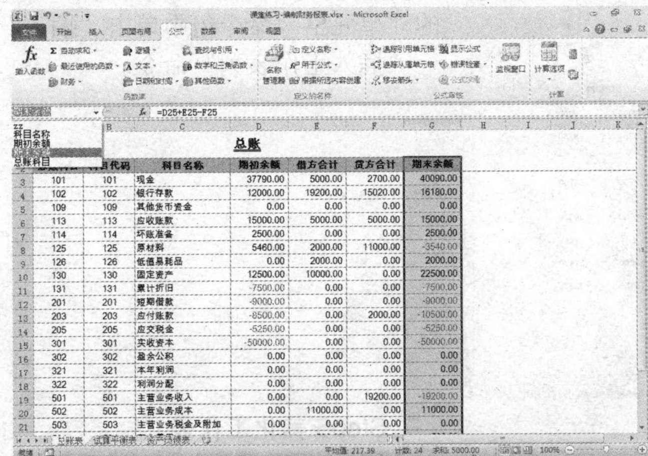

Step2 定义名称

切换到“总账表”工作表，利用名称框，选定 A2:A25 单元格区域，定义名称“总账科目”，选定 C2:C25 单元格区域，定义名称“科目名称”，选定 D2:D25 单元格区域，定义名称“期初余额”，选定 G2:G25 单元格区域，定义名称“期末余额”。

此时单击“名称框”右侧的下箭头按钮，可以看到定义的所有名称。

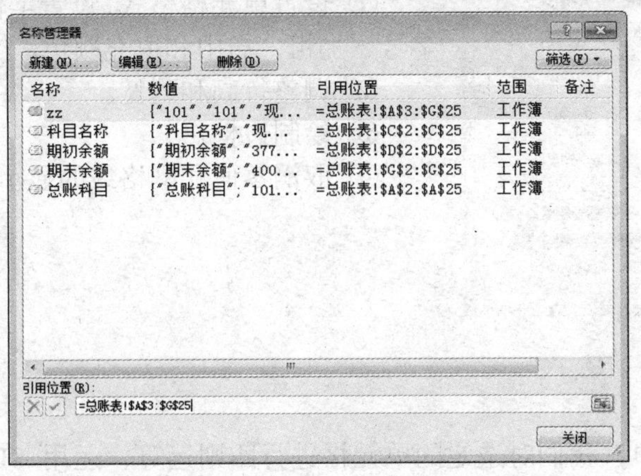

在“公式”选项卡的“定义的名称”命令组中单击“名称管理器”按钮，弹出“名称管理器”对话框，也可以查看所有定义的名称。

资产负债表							
编制单位：果果公司		时间：	2014/5/1		单位：元		
资产	行次	年初数	期末数	负债及所有者权益	行次	年初数	期末数
流动资产：				流动负债：			
货币资金	1	49790	56270	短期负债	22	9000	9000
应收账款	2	15000	15000	应付账款	23	8500	10500
坏账准备	3	2500	2500	应交税金	24	5250	5250
应收账款净额	4	12500	12500				
存货	5	5460	-1540				
流动资产合计	7	67750	67230	流动负债合计	28	22750	24750
固定资产：				所有者权益：			
固定资产原值	11	12500	22500	实收资本	29	50000	50000
累计折旧	12	-7500	-7500	盈余公积	30		
固定资产净值	15	5000	15000	未分配利润	31	0	7480
固定资产合计	18	5000	15000	所有者权益合计	35	50000	57480
资产合计	20	72750	82230	负债及所有者权益合计	40	72750	82230

Step3 输入公式

切换到“资产负债表”工作表。

① 选中 C5 单元格，输入以下公式，按<Enter>键确定。

```
=SUMIF(总账科目,"<110",期初余额)
```

② 选中 D5 单元格，输入以下公式，按<Enter>键确定。

```
=SUMIF(总账科目,"<110",期末余额)
```

③ 选中 C6 单元格输入以下公式，按<Enter>键确定。

```
=SUMIF(科目名称,A6,期初余额)
```

④ 选中 D6 单元格输入以下公式，按<Enter>键确定。

```
=SUMIF(科目名称,A6,期末余额)
```

在适当的单元格内采用类似的公式输入。

Step4 插入列

选中 A 列，在“开始”选项卡的“单元格”命令组中单击“插入”→“插入工作表列”命令。

Step5 美化工作表

① 设置单元格格式，设置字体、字号、加粗、居中和填充颜色。

② 调整行高和列宽。

③ 绘制边框。

④ 取消零值和网格线的显示。

任务小结

在以上“资产负债表”的制作过程中，我们对选定的单元格进行四则运算，运用 SUM

和 SUMIF 函数分别对选定的单元格和符合选定条件的单元格中的数据进行求和操作，统计数据。SUMIF 函数的应用相对复杂，请读者课后进一步了解其语法和对应参数，以便今后更加熟练地应用。

任务三　利润表

任务背景

利润表是反映企业一定会计期间内（某年某月的一段时间）的经营成果的会计报表，而资产负债表是用来展示某一个特定时间点的财务状况的。

利润表中的每一项数据基本上也是由会计账簿提供的，但是与编制资产负债表相比，其编制工作相对要简单一些，如图 3-5 所示。

利润表

编制单位：果果公司　　2014/5　　单位：元

项目	行次	本月数	本年累计数
一、主营业务收入	1	19,200.00	19,200.00
减：主营业务成本	4	11,000.00	11,000.00
主营业务税金及附加	5	0.00	0.00
二、主营业务利润	6	8,200.00	8,200.00
加：其他业务利润	7		0.00
减：营业费用	9	500.00	500.00
管理费用	10	200.00	200.00
财务费用	11	20.00	20.00
三：营业利润	12	7,480.00	7,480.00
加：投资收益	13		0.00
补贴收入	14		0.00
营业外收入	15		0.00
减：营业外支出	16		0.00
四：利润总额	17	7,480.00	7,480.00
减：所得税	18	0.00	0.00
五、净利润	19	7,480.00	7,480.00

图 3-5　利润表

知识点分析

要实现本例中的功能，以下为需要掌握的知识点：

- ◆ 设置缩进、选择性粘贴
- ◆ 复制工作表
- ◆ 定义名称
- ◆ SUMIF 函数的应用
- ◆ 创建超链接

任务实施

利润表分为主营业务收入、主营业务利润、营业利润、利润总额和净利润 5 大项目。它是以“利润=收入-费用”这个会计公式为依据编制而成的。

3.1 制作利润表

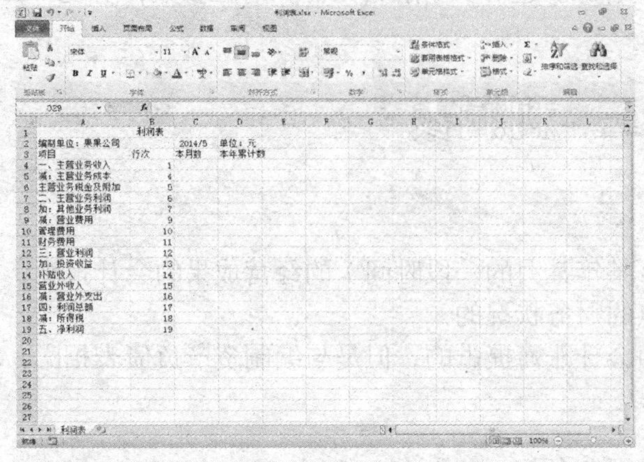

Step1 新建工作簿

① 启动 Excel 自动新建一个工作簿，保存并命名为“利润表”，“Sheet1”工作表重命名为“利润表”，删除多余的工作表。

② 选中 A1:D1 单元格区域，输入表格标题“利润表”。在 A2:D19 单元格区域内输入表格基本信息，并适当地调整单元格的列宽。

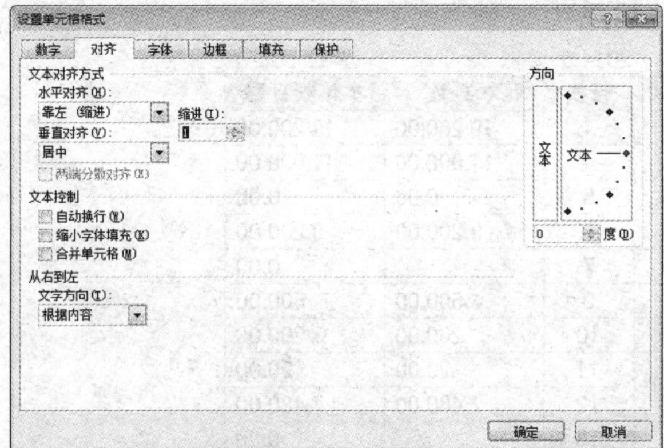

Step2 设置单元格的缩进

① 选中 A5 单元格，按<Ctrl>键同时选中 A8、A9、A13、A16 和 A18 单元格，按<Ctrl+1>快捷键，弹出“设置单元格格式”对话框。

② 单击“对齐”选项卡，在“缩进”数值调节框中单击右侧的调节旋钮或者直接输入“1”。单击“确定”按钮。

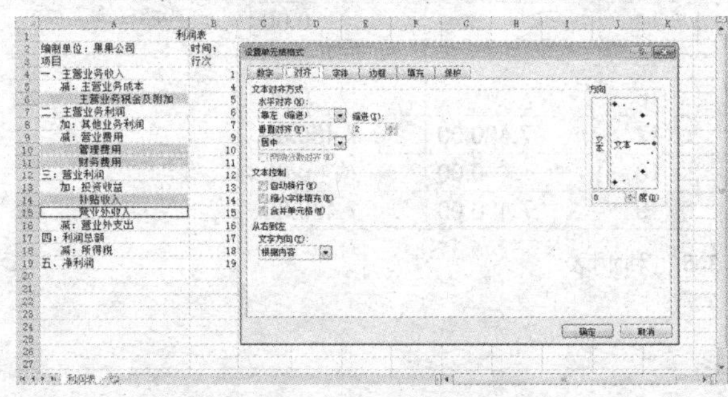

③ 同样的，按<Ctrl>键同时选中 A6、A10、A11、A14 和 A15 单元格，设置左缩进量为“2”。

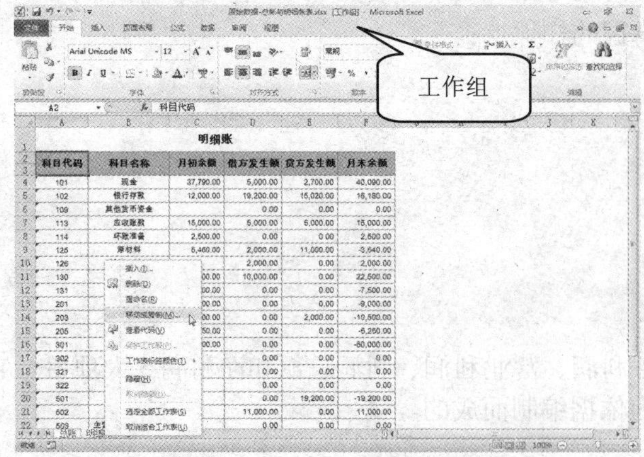

Step3 复制“总账”和“明细账”工作表

① 打开“原始数据—总账与明细账表”工作簿，按<Shift>键单击“总账”和“明细账”工作表标签以同时选中这 2 个工作表，此时所有被选定的工作表标签都会反白显示，Excel 标题栏也显示“[工作组]”。右键单击，在弹出的快捷菜单中选择“移动或复制”。

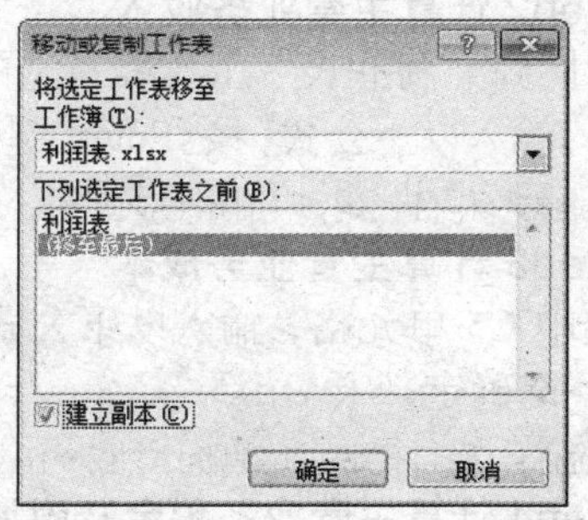

② 弹出“移动或复制工作表”对话框，单击“工作簿”下方右侧的下箭头按钮，在弹出的列表中选择“利润表.xlsx”，在“下列选定工作表之前”的列表框中，单击“（移至最后）”，勾选“建立副本”复选框，单击“确定”按钮。

此时，“原始数据—总账与明细账表”工作簿中的“总账”和“明细账”工作表，被复制到了“利润表”工作簿的“利润表”工作表之后，建立了副本。

操作技巧：在多张工作表中进行相同格式的设置

有若干张格式相同的工作表，如果想对其进行统一格式设置，可以先在其中的一个单元格区域中选择好设置单元格格式的数据区域，然后按住<Ctrl>键不放，用鼠标单击其他的工作表标签，此时所有被选定的工作表标签都会反白显示，Excel 标题栏也显示“［工作组］”，如图 3-6 所示。

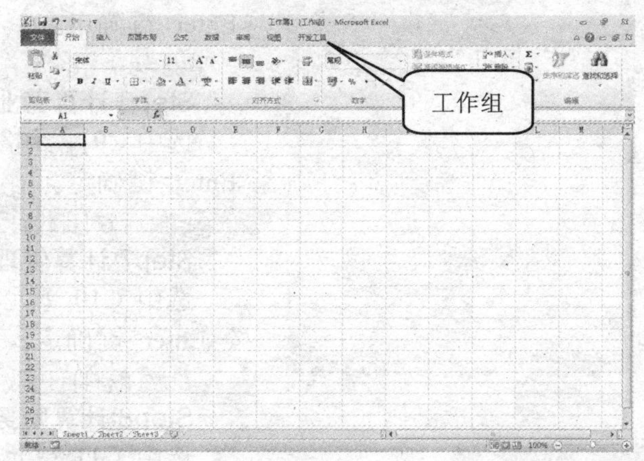

图 3-6　选中多个工作表后选定其中一个工作表的单元格区域

接下来就可以在选定的数据区域中设置单元格格式，设置结束单击某个未被选中的工作表标签，可结束同时选中状态。

如果在多张工作表中输入相同的内容，也可以按照同样的原理来输入。

3.2　导入数据

将“总账”和“明细账”中的数据导入到利润表中的具体步骤如下：

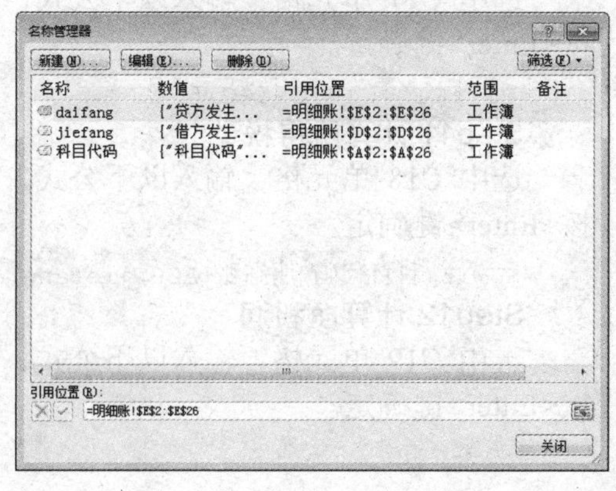

Step1 定义名称

① 切换到“明细账”工作表，选中 A2:A26 单元格区域，在名称框中定义名称“科目代码”。

② 选中 D2:D26 单元格区域，在名称框中定义名称“jiefang”。

③ 选中 E2:E26 单元格区域，在名称框中定义名称“daifang”。

④ 在“公式”选项卡的“定义的名称”命令组中单击“名称管理器”按钮，弹出“名称管理器”对话框，可以查看刚刚定义的名称。

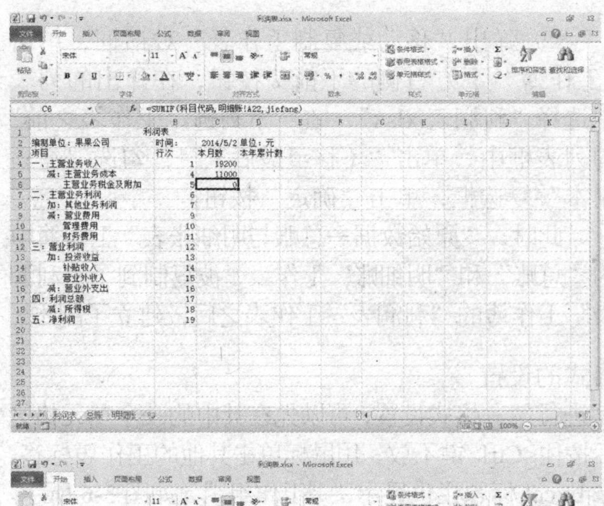

Step2 计算主营业务收入

切换到“利润表”工作表，选中 C4 单元格，输入以下公式，按<Enter>键确定。

```
=SUMIF(科目代码,明细账!A20,daifang)
```

Step3 计算主营业务成本

选中 C5 单元格，输入以下公式，按<Enter>键确定。

```
=SUMIF(科目代码,明细账!A21,jiefang)
```

Step4 计算主营业务税金及附加

选中 C6 单元格，输入以下公式，按<Enter>键确定。

```
=SUMIF(科目代码,明细账!A22,jiefang)
```

Step5 计算主营业务利润

选中 C7 单元格，输入以下公式，按<Enter>键确定。

```
=C4-C5-C6
```

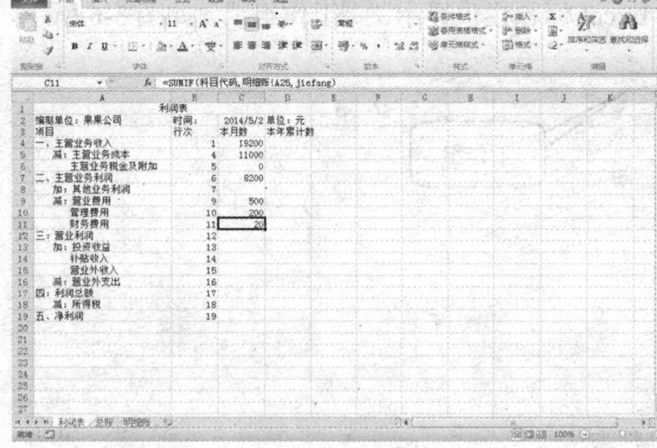

Step6 计算营业费用

选中 C9 单元格，输入以下公式，按<Enter>键确定。

```
=SUMIF(科目代码,明细账!A23,jiefang)
```

Step7 计算管理费用

选中 C10 单元格，输入以下公式，按<Enter>键确定。

```
=SUMIF(科目代码,明细账!A24,jiefang)
```

Step8 计算财务费用

选中 C11 单元格，输入以下公式，按<Enter>键确定。

```
=SUMIF(科目代码,明细账!A25,jiefang)
```

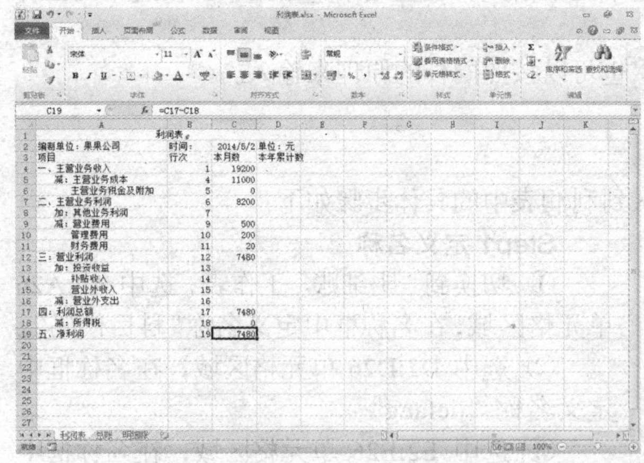

Step9 计算营业利润

选中 C12 单元格，输入以下公式，按<Enter>键确定。

```
=C7+C8-C9-C10-C11
```

Step10 计算利润总额

选中 C17 单元格，输入以下公式，按<Enter>键确定。

```
=C12+C13+C14+C15-C16
```

Step11 计算所得税

选中 C18 单元格，输入以下公式，按<Enter>键确定。

```
=SUMIF(科目代码,明细账!A26,jiefang)
```

Step12 计算净利润

选中 C19 单元格，输入以下公式，按<Enter>键确定。

```
=C17-C18
```

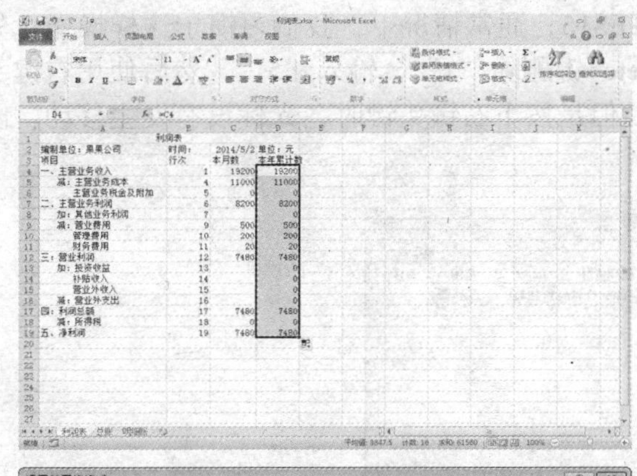

Step13 计算本年累计数

① 选中 D4 单元格，输入等号“=”，再选中 C4 单元格，按<Enter>键确定。此时 D4 单元格输入了公式：

```
=C4
```

② 将鼠标指针放在 D4 单元格的右下角，待鼠标指针变为✚形状后双击，将 D4 单元格公式快速复制到 D5:D19 单元格区域。

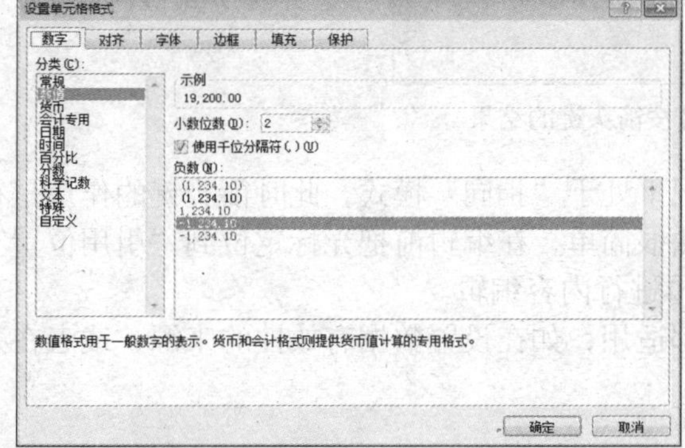

Step14 设置单元格格式

选择 C4:D19 单元格区域，设置单元格格式为“数值”，小数位数为“2”，勾选“使用千位分隔符”复选框，在“负数”列表框中单击第 4 个选项。

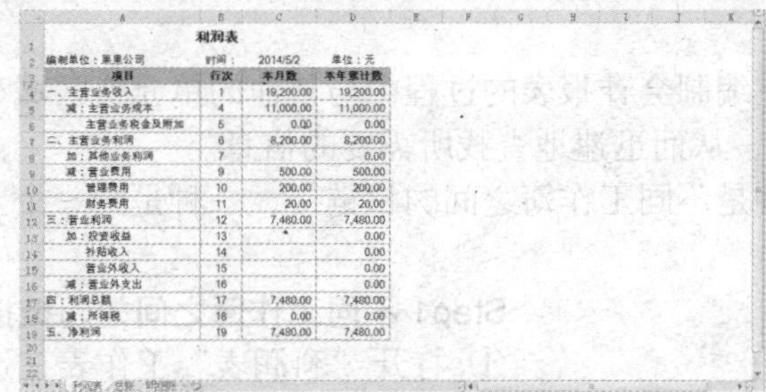

Setp15 美化工作表

① 设置字体、字号、加粗、居中和填充颜色。

② 调整行高和列宽。

③ 绘制边框。

④ 取消网格线的显示。

项目扩展：编辑名称引用

在 Excel 中，如果需要重新编辑已定义名称的引用位置，可按<Ctrl+F3>快捷键，在“名称管理器”对话框中选中目标名称，然后把光标定位到“引用位置”文本框，进行修改。

在通常情况下，用户会在编辑名称引用时遇到不便，如图 3-7 所示，显示了一个已经存在的名称，该名称的引用位置内容是：=Sheet1!$A$1:$E$10

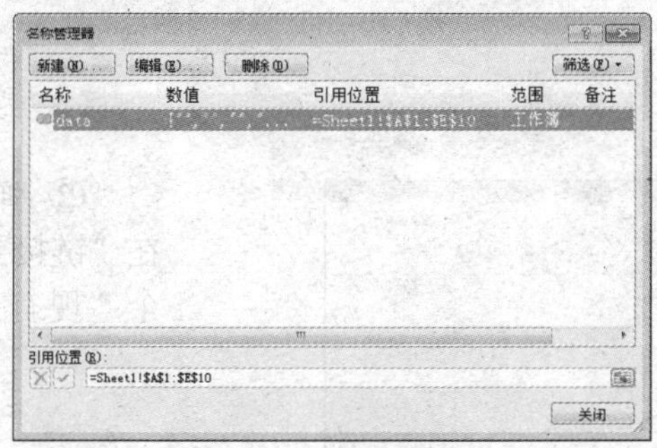

图 3-7 待编辑的名称

假设需要把引用位置改为=Sheet1!$A$5:$E$15，通常情况下，我们习惯于这样操作：先把光标定位到=Sheet1!A之后，然后按<Delete>键删除“1”，输入“5”，然后使用右键头键将光标右移，希望能把末尾的 10 改为 15，但是按下右键头键时，光标没有发生移动，内容却改变成图 3-8 所示结果。

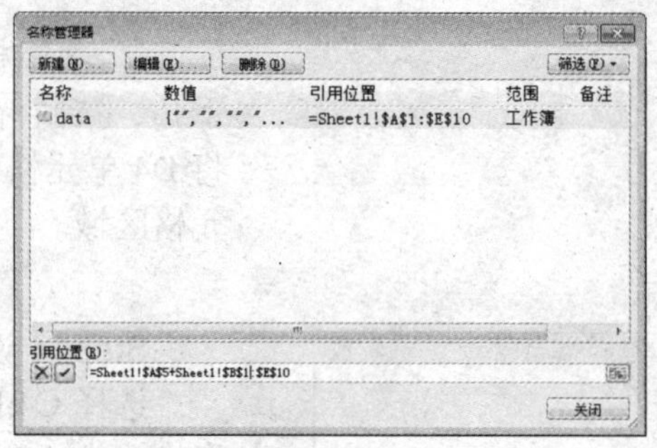

图 3-8　编辑时按箭头键的结果

这是因为，“引用位置”文本框默认情况下处于“指向”模式，此时箭头键的作用是在工作表中选定区域而不是移动光标。解决方法很简单，在编辑前把光标定位到“引用位置”文本框，按<F2>键，切换到“编辑”模式，再进行内容编辑。

这个问题在任何出现类似文本框的地方都适用，如在设置数据有效性的来源，或者在条件格式的公式编辑时。

3.3　超链接

利用 Excel 中的“超链接”功能，可以在编制会计报表的过程中与其他的单元格区域、其他的工作表、局域网或者 Internet 建立链接，从而迅速地查找所需要的信息。

创建超链接一般情况下有两种情况，一种是不同工作簿之间的超链接，一种是同一个工作簿中的超链接。

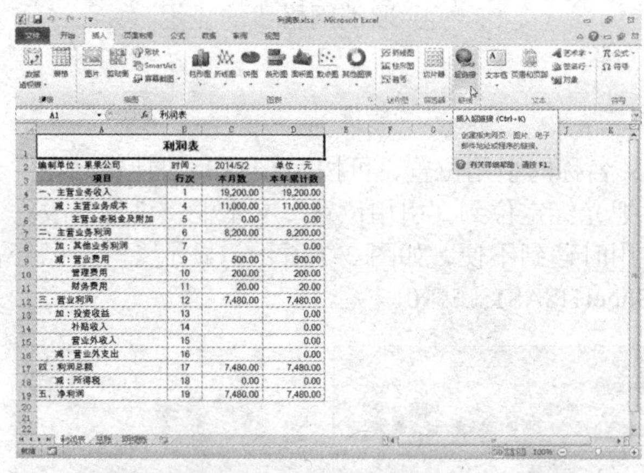

Step1 不同工作簿之间的超链接

① 打开“利润表”工作表，选中需要超链接的 A1:D1 单元格区域，单击“插入”选项卡，在“链接”命令组中单击“超链接”按钮。

② 弹出“插入超链接”对话框，在“链接到”列表框中选择默认第 1 个“现有文件或网页”。

Step2 设置超链接屏幕提示

① 此时“要显示的文字”文本框默认为“利润表”，单击“屏幕提示”按钮，弹出“设置超链接屏幕提示”对话框，在“屏幕提示文字”文本框中输入：“调用‘编制财务报表’”，单击“确定”按钮，返回“插入超链接”对话框。

② 在“插入超链接”对话框中，单击“查找范围”右侧的下箭头按钮，找到需要调用的工作簿所在的文件，此时在下方的“地址”文本框中会自动地显示出要链接到的文件所在的路径地址“..\2\编制财务报表.xlsx”。单击“确定”按钮。

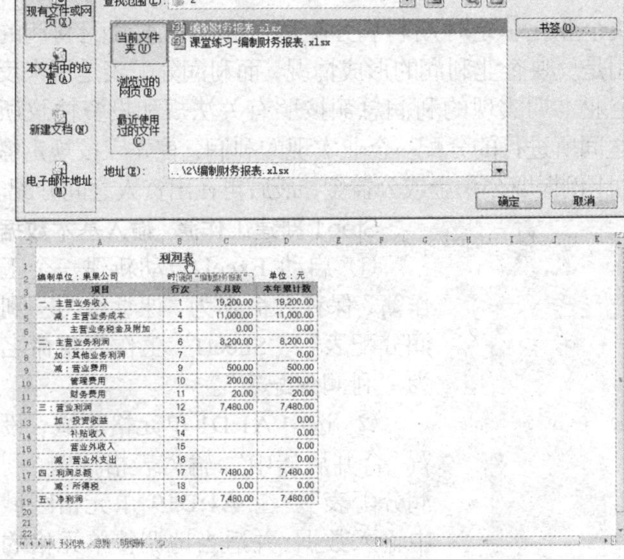

利润表

编制单位：果果公司	时间		单位：元
项目	行次	本月数	本年累计数
一、主营业务收入	1	19,200.00	19,200.00
减：主营业务成本	4	11,000.00	11,000.00
主营业务税金及附加	5	0.00	0.00
二、主营业务利润	6	8,200.00	8,200.00
加：其他业务利润	7		0.00
减：营业费用	9	500.00	500.00
管理费用	10	200.00	200.00
财务费用	11	20.00	20.00
三：营业利润	12	7,480.00	7,480.00
加：投资收益	13		0.00
补贴收入	14		0.00
营业外收入	15		0.00
减：营业外支出	16		0.00
四：利润总额	17	7,480.00	7,480.00
减：所得税	18	0.00	0.00
五、净利润	19	7,480.00	7,480.00

Step3 使用超链接

① 此时 A1:D1 单元格区域建立了需要的超级链接。选中 A1:D1 单元格区域，设置字体和字号，设置加粗。

② 在创建超级链接后，单元格中的文本以蓝色显示并且带有下划线，将鼠标移向此单元格时，会出现预设的屏幕提示信息。

单击此单元格，即可打开超级链接的工作簿“编制财务报表”。

Step4 同一个工作簿中的超链接

① 在“利润表”工作表中右键单击 G3 单元格，在弹出的快捷菜单中选择“超链接”，弹出“插入超链接”对话框。

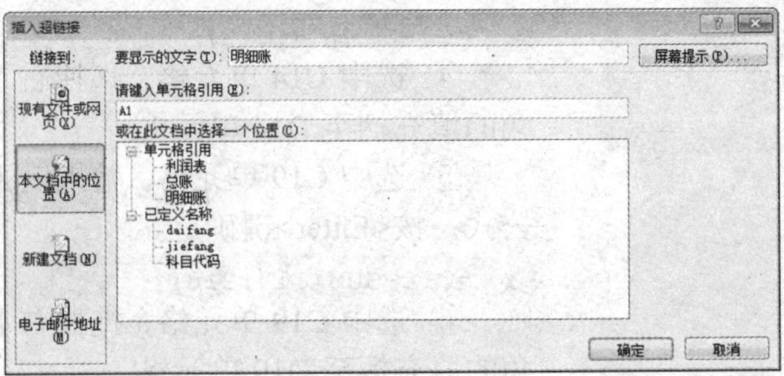

② 在“链接到”列表框中选择第 2 项“本文档中的位置”，在“要显示的文字”文本框中输入“明细账”，然后在“或在此文档中选择一个位置”列表框中单击“明细账”，单击“确定”按钮。

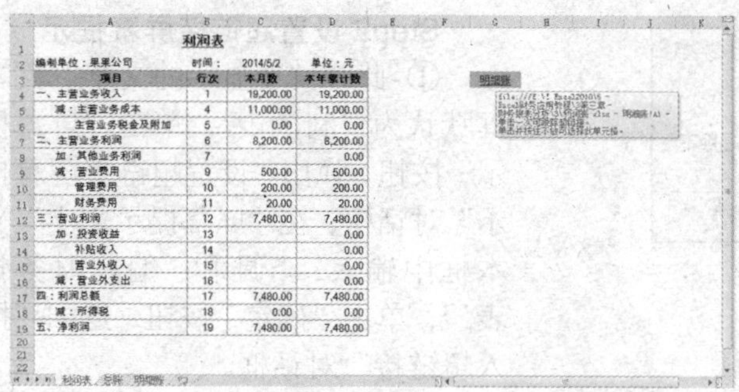

利润表			
编制单位：果果公司	时间：2014/5/2		单位：元
项目	行次	本月数	本年累计数
一、主营业务收入	1	19,200.00	19,200.00
减：主营业务成本	4	11,000.00	11,000.00
主营业务税金及附加	5	0.00	0.00
二、主营业务利润	6	8,200.00	8,200.00
加：其他业务利润	7		0.00
减：营业费用	9	500.00	500.00
管理费用	10	200.00	200.00
财务费用	11	20.00	20.00
三：营业利润	12	7,480.00	7,480.00
加：投资收益	13		0.00
补贴收入	14		0.00
营业外收入	15		0.00
减：营业外支出	16		0.00
四：利润总额	17	7,480.00	7,480.00
减：所得税	18	0.00	0.00
五、净利润	19	7,480.00	7,480.00

返回工作表中，此时 G3 单元格显示“明细账”的字样，同时也建立了超链接。单元格中的文本以蓝色显示并且带有下划线，将鼠标移向此单元格时，会出现预设的屏幕提示信息。

单击此单元格中的文本，即可链接到“明细账”工作表中。

3.4 课堂练习

利润分配表是利润表的附表，是反映企业在一定时期利润分配情况和年末未分配利润的结余情况的报表，按月编制。利润表的作用是反映企业利润的形成情况，而利润分配表是用来反映企业的利润分配情况。利润分配是将企业本期实现的利润总额按照有关法规和投资协议所确认的比例顺序，在国家、企业和投资者之间所进行的分配。企业实现的利润，首先应按规定缴纳所得税，之后得到净利润，然后按一定的比例提取公积金或公益金，最后再在出资人之间分配。

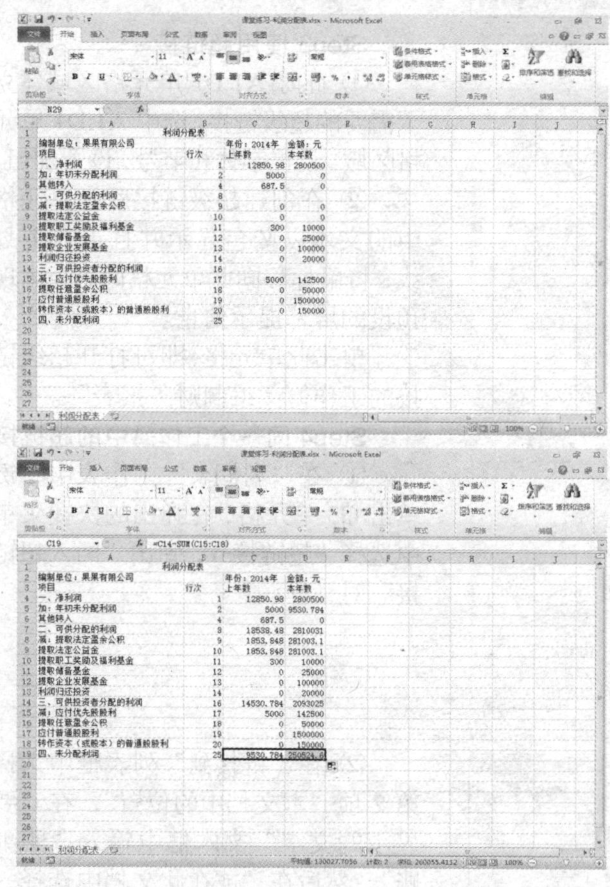

Step1 新建工作簿，输入基本数据

① 启动 Excel 自动新建一个工作簿，保存并命名为“课堂练习—利润分配表”，“Sheet1”工作表重命名为“利润分配表”。

② 选中 A1:D1 单元格区域，设置“合并后居中”，输入表格标题“利润分配表”。在 A1:D19 单元格区域中输入数据，并适当地调整单元格的列宽。

Step2 输入公式

① 选中 C7 单元格，输入以下公式，按<Enter>键确定。

```
=C4+C5+C6
```

② 选中 C7 单元格，拖拽右下角的填充柄至 D7 单元格。

③ 选中 C14 单元格，输入以下公式，按<Enter>键确定。

```
=C7-SUM(C8:C13)
```

④ 选中 C14 单元格，拖拽右下角的填充柄至 D14 单元格。

⑤ 选中 C19 单元格，输入以下公式，按<Enter>键确定。

```
=C14-SUM(C15:C18)
```

⑥ 选中 C19 单元格，拖拽右下角的填充柄至 D19 单元格。

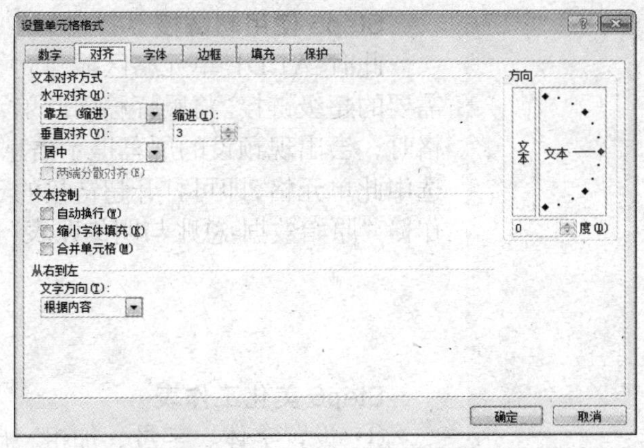

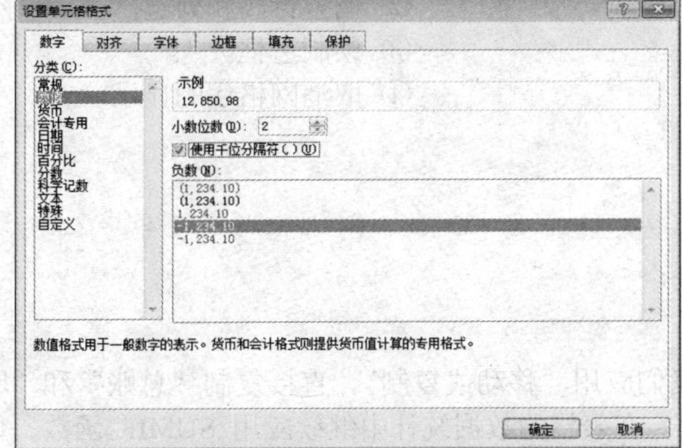

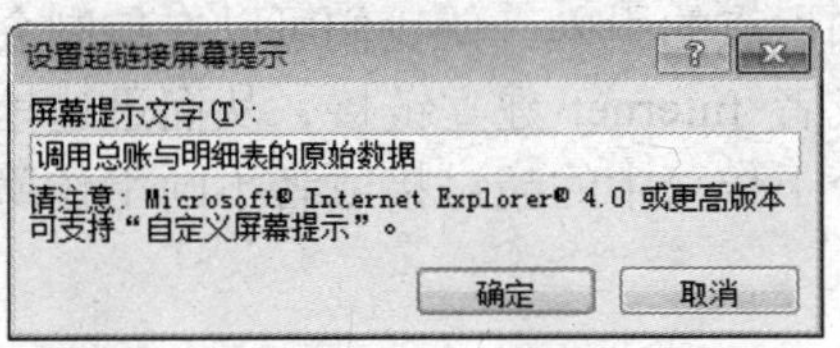

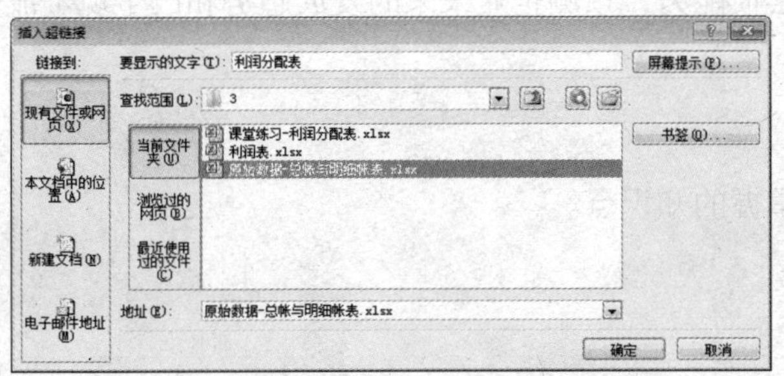

Step3 设置单元格格式

① 按<Ctrl>键同时选中 A5、A8 和 A15 单元格，在“开始”选项卡的“对齐方式”命令组中单击右下角的“对话框启动器”按钮，弹出“设置单元格格式”对话框，单击“对齐”选项卡，在“缩进”下方的数值调节框中输入“2”，单击“确定”按钮。

② 按<Ctrl>键同时选中 A6、A9:A13 和 A16:A18 单元格区域，采用类似的方法，在“缩进”数值调节框中输入“3”，单击“确定”按钮。

③ 选中 C4:D19 单元格区域，设置单元格格式为“数值”，小数位数为“2”，勾选“使用千位分隔符”复选框。

Step4 插入超链接，设置超链接屏幕提示

① 选中需要超链接的 A1:D1 单元格区域，按<Ctrl+K>快捷键，弹出“插入超链接”对话框，在“链接到”列表框中选择默认第 1 项“现有文件或网页”。此时“要显示的文字”文本框默认为“利润分配表”，单击“屏幕提示”按钮，弹出“设置超链接屏幕提示”对话框，在“屏幕提示文字”文本框中输入“调用总账与明细表的原始数据”，单击“确定”按钮。

② 在“插入超链接”对话框中，单击“查找范围”右侧的下箭头按钮，找到需要调用的工作簿所在的文件夹。单击“确定”按钮。

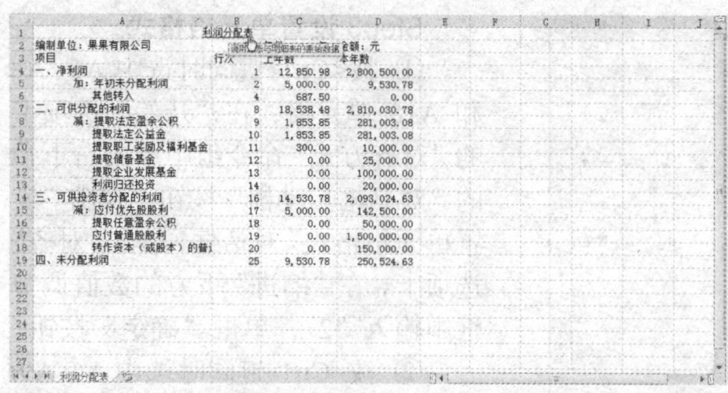

利润分配表

编制单位：果果有限公司		金额：元	
项目	行次	上年数	本年数
一、净利润	1	12,850.98	2,800,500.00
加：年初未分配利润	2	5,000.00	9,530.78
其他转入	4	687.50	0.00
二、可供分配的利润	8	18,538.48	2,810,030.78
减：提取法定盈余公积	9	1,853.85	281,003.08
提取法定公益金	10	1,853.85	281,003.08
提取职工奖励及福利基金	11	300.00	10,000.00
提取储备基金	12	0.00	25,000.00
提取企业发展基金	13	0.00	100,000.00
利润归还投资	14	0.00	20,000.00
三、可供投资者分配的利润	16	14,530.78	2,093,024.63
减：应付优先股股利	17	5,000.00	142,500.00
提取任意盈余公积	18	0.00	50,000.00
应付普通股股利	19	0.00	1,500,000.00
转作资本（或股本）的普i	20	0.00	150,000.00
四、未分配利润	25	9,530.78	250,524.63

Step5 使用超链接

此时 A1:D1 单元格区域建立了需要的超级链接。将鼠标移向此单元格时，会出现预设的屏幕提示信息。选中此单元格，即可打开超链接的工作簿“原始数据-总账与明细账表”。

利润分配表

编制单位：果果有限公司		年份：2014年	金额：元
项目	行次	上年数	本年数
一、净利润	1	12,850.98	2,800,500.00
加：年初未分配利润	2	5,000.00	9,530.78
其他转入	4	687.50	0.00
二、可供分配的利润	8	18,538.48	2,810,030.78
减：提取法定盈余公积	9	1,853.85	281,003.08
提取法定公益金	10	1,853.85	281,003.08
提取职工奖励及福利基金	11	300.00	10,000.00
提取储备基金	12	0.00	25,000.00
提取企业发展基金	13	0.00	100,000.00
利润归还投资	14	0.00	20,000.00
三、可供投资者分配的利润	16	14,530.78	2,093,024.63
减：应付优先股股利	17	5,000.00	142,500.00
提取任意盈余公积	18	0.00	50,000.00
应付普通股股利	19	0.00	1,500,000.00
转作资本（或股本）的普通股股利	20	0.00	150,000.00
四、未分配利润	25	9,530.78	250,524.63

Step6 美化工作表

① 设置字体、字号、加粗、居中和填充颜色。

② 调整行高和列宽。

③ 绘制边框。

④ 取消网格线的显示。

任务小结

在以上“利润表”的制作过程中，我们应用“移动或复制”，直接复制“总账”和“明细账”工作表，保证了原始数据的安全性。在表格的数据统计中继续应用 SUMIF 函数，便于读者进一步熟悉和掌握其使用方法。超链接知识点的引入，使我们可以在编制会计报表时与其他的单元格区域、其他的工作表、局域网或者 Internet 建立链接，从而迅速地查找所需要的信息。我们可以根据工作需要，创建同一个工作簿中的超链接或者不同工作簿之间的超链接。

任务四　现金流量表

任务背景

现金流量表是反映企业一定时期经营活动、投资活动和筹资活动产生的现金流量信息的报表，是以现金制为基础编制的财务状况变动表，如图 3-9 所示。

通过对现金流量表进行分析，可以了解企业一定时期现金流量的发生及其构成情况，评价利润的含金量，并进一步分析企业的偿债能力，预测企业未来的发展趋势和产生现金流量的能力。

知识点分析

要实现本例中的功能，以下为需要掌握的知识点。

- 选择性粘贴
- 显示公式
- 另存为网页

现金流量表

编制单位：果果公司　　　　2014年　单位：元

项目	行次	金额
（一）经营活动产生现金流量		
销售商品、提供劳务收到的现金	1	19,180.00
收到增值税销项税额	2	
现金收入合计	3	19,180.00
购买商品、接受劳务支付现金	4	-2,000.00
支付给职工以及为职工支付的现金	5	
支付的各项税费	6	
支付的其他与经营活动有关的现金	7	500.00
支付的其他与管理活动有关的现金	8	200.00
现金支出合计	9	-1,300.00
经营活动产生现金净额	10	20,480.00
（二）投资活动产生的现金		
收回投资所收到的现金	11	
分得股利或利润所收到的现金	12	
处置固定资产收回的现金净额	13	
现金收入小计	14	
构建固定资产所支付的现金	15	10,000.00
现金流出小计	16	10,000.00
投资活动产生的现金流动净额	17	-10,000.00
（三）筹资活动产生的现金流量		
借款所收到的现金	18	
现金收入小计	19	
偿还债务所支付现金	20	
偿还利息所支付的现金	21	
现金支出小计	22	
筹资活动产生现金净额	23	
（四）现金及现金等价物增加额		6,480.00

图 3-9　现金流量表

任务实施

用户可以使用多种方法编制现金流量表，目前在实际的工作中，比较常用的有工作底稿法和 T 形账户法。本节编制现金流量表的过程中，首先介绍如何编制现金流量表的工作底稿，然后进行现金表的编制。采用工作底稿法编制现金流量表，是以工作底稿为手段，以利润表和资产负债表的原始数据为基础，对每一个项目进行分析并编制调整目录，从而编制出现金流量表。

4.1　制作工作底稿

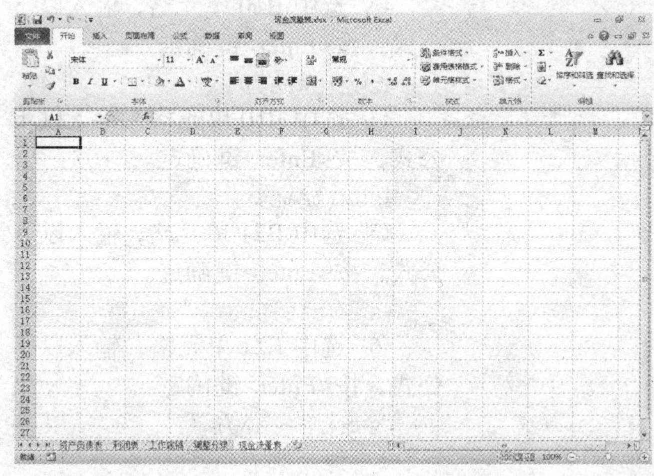

Step1 新建工作簿

打开“原始数据”工作簿，单击工作表标签右侧的“插入工作表”按钮，在标签列的最后插入 3 个空白工作表，“Sheet1”“Sheet2”和“Sheet3”工作表，分别重命名为“工作底稿”“调整分录”和“现金流量表”，另存工作簿并重命名为“现金流量表”。

Step2 绘制“工作底稿”工作表

① 切换到“工作底稿”工作表，在 A1:E63 单元格区域输入表格标题、各字段标题和项目名称。

② 选中 A4 单元格，在“视图”选项卡的“窗口”命令组中单击“冻结窗格”→“冻结拆分窗格”命令。

③ 选中 B4:E63 单元格区域，设置单元格格式为“数值”，小数位数为“2”，勾选“使用千位分隔符”复选框，在“负数”列表框中选择第 5 个选项。

④ 美化工作表。

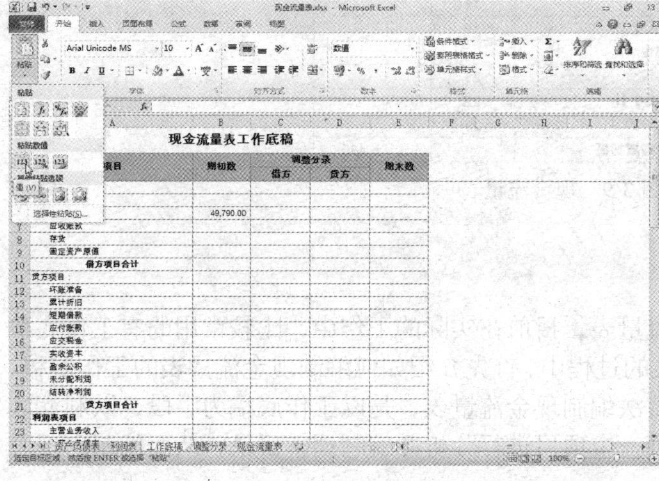

Step3 选择性粘贴“资产负债表”

首先输入“工作底稿”工作表中的资产负债表项目。

① 切换到“资产负债表”工作表，选中 C5 单元格，按<Ctrl+C>快捷键复制，再切换到“工作底稿”工作表，选中“B6”单元格，在“开始”选项卡的“剪贴板”命令组中单击“粘贴”，在弹出的下拉菜单中选择“粘贴数值”→“值”。

② 采用类似的方法，利用“选择性粘贴”功能，将期初数和期末数的数值复制到“工作底稿”的期初数栏和期末数栏中。

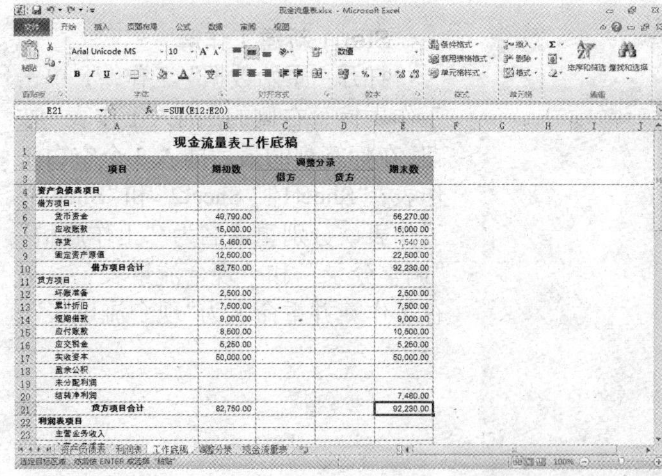

③ 选中 B10 单元格，输入以下公式，按<Enter>键确定。

```
=SUM(B6:B9)
```

④ 选中 E10 单元格，输入以下公式，按<Enter>键确定。

```
=SUM(E6:E9)
```

⑤ 选中 B21 单元格，输入以下公式，按<Enter>键确定。

```
=SUM(B12:B20)
```

⑥ 选中 E21 单元格，输入以下公式，按<Enter>键确定。

```
=SUM(E12:E20)
```

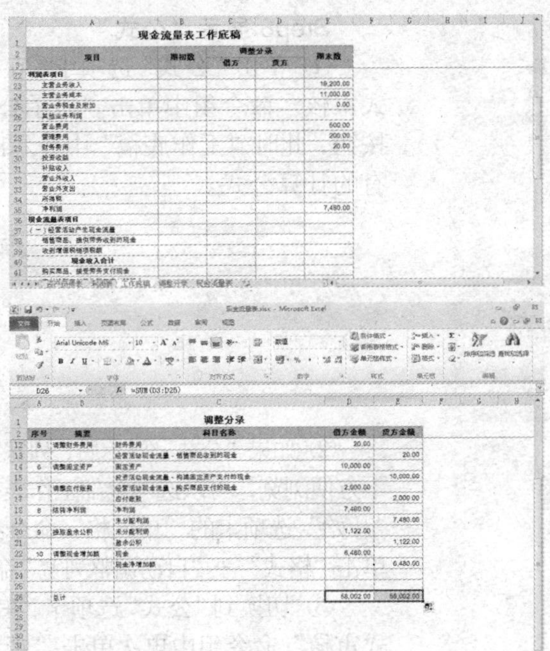

Step4 选择性粘贴“利润表”

向下拖动右侧的滚动条，显示到第 22 行的利润表项目的位置，再输入“工作底稿”工作表中的利润表项目。

切换到“利润表”，利用“选择性粘贴”功能，将本期发生数的数值复制到“工作底稿”的期末数栏中。

Step5 编制“调整分录”

① 对“工作底稿”中涉及“资产负债表”中的项目发生额和“利润表”中的项目发生额进行分析，编制“调整分录”。首先从利润表中的“主营业务收入”项目开始，然后结合“资产负债表”工作表的项目逐一地进行分析，编制好“调整分录”，并冻结拆分窗格和美化工作表。

② 选中 D26 单元格，输入以下公式，按<Enter>键确定。

```
=SUM(D3:D25)
```

③ 选中 D26 单元格，拖拽右下角的填充柄至 E26 单元格。

Step6 设置资产负债表项目

根据调整分录中的借、贷方金额，编制“工作底稿”工作表中 C6:D21 单元格区域中涉及资产负债表中各个项目调整后的借、贷方的发生额，设置后的效果如左图。

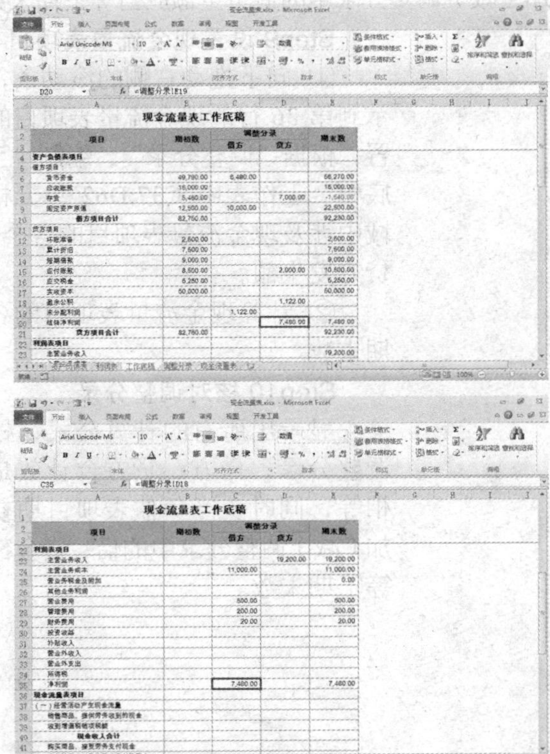

Step7 设置利润表项目

根据调整分录中的借、贷方金额，编制“工作底稿”工作表中 C23:D35 单元格区域中涉及利润表中各个项目调整后的借、贷方的发生额，设置后的效果如图所示。

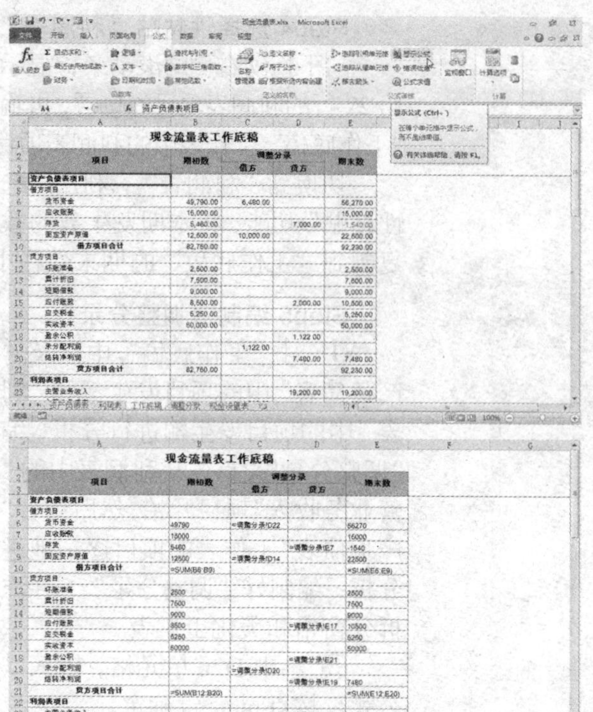

Step8 显示“公式”

① 单击“公式”选项卡，在“公式审核”命令组中单击“显示公式”按钮，此时“工作底稿”中显示出所有的计算公式。

② 如果“公式”显示后，列宽太宽不方便浏览，可以选中全部工作表，在“开始”选项卡的“单元格”命令组中单击“格式”→“自动调整列宽”命令。

③ 切换到“公式”选项卡，在“公式审核”命令组中再次单击“显示公式”按钮，恢复到不显示公式，只显示数值的状态。适当地调整列宽。

操作技巧：

将各调整分录中的借、贷方金额导入工作底稿中的相应部分时核对调整分录，借、贷方合计数应当相等，资产负债表项目中的期初数加（减）调整分录中的借贷金额应当等于期末数。

Step9 设置现金流量表项目

① 向下拖动右侧的滚动条，显示到第 36 行的现金流量表项目的位置，根据“调整分录”，编制“工作底稿”工作表中 C37:D62 单元格区域中涉及现金流量表项目的各个借、贷方发生额。

② 计算现金流量表项目的各个期末数。

Step10 核对调整分录

显示出所有的计算公式，核对调整分录，借方、贷方合计数是否相等，同时资产负债表项目期初数加（减）调整分录中的借、贷金额也等于期末数。

4.2 制作现金流量表

下面根据“工作底稿”中的现金流量表部分编制现金流量表。

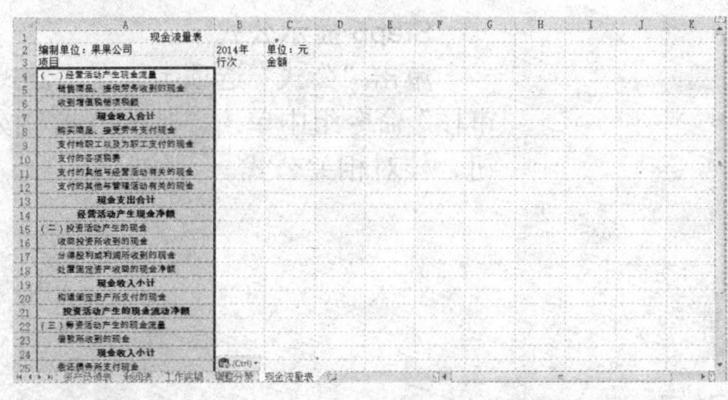

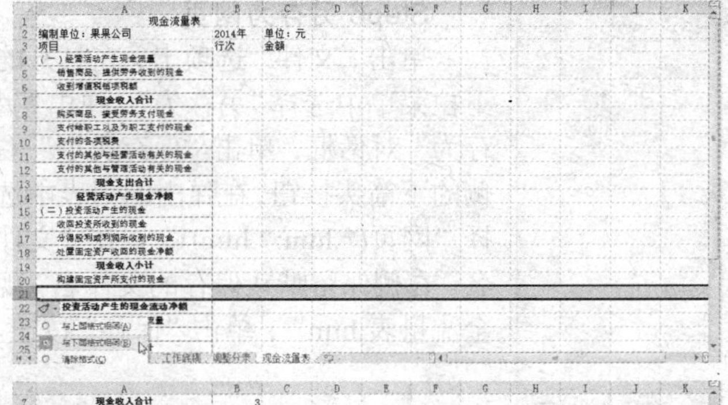

Step1 设置“现金流量表”的项目

①“Sheet3”工作表重命名为“现金流量表”，并输入表格标题和表头内容。

② 切换到“工作底稿”工作表，选中 A37:A62 单元格区域，按<Ctrl+C>快捷键复制，再切换到“现金流量表”工作表，选中 A4 单元格，按<Ctrl+V>快捷键“粘贴”。

③ 右键单击第 21 行的行标，在弹出的快捷菜单中选择“插入”，插入新的第 21 行，单击“插入选项”按钮，在弹出的快捷菜单中单击“与下面的格式相同”。

④ 在 A21 单元格中输入“现金流出小计”。

Step2 设置行次

① 选中 B5 单元格，输入“1”，选中 B6 单元格，输入“2”，选中 B5:B6 单元格区域，拖拽右下角的填充柄至 B14 单元格。

② 类似地，将 B16:B22 单元格区域填充序列 11 至 17。将 B24:B29 单元格区域填充序列 18 至 23。

Step3 计算各个项目的值

① 计算“现金流量表”中 C5:C29 单元格区域中各个项目的值。

② 选中 C5:C30 单元格区域，设置单元格格式为“数值”，小数位数为“2”，勾选“使用千位分隔符”复选框，在“负数”列表框中选择第 5 项。

Step4 美化工作表

① 设置字体、字号、加粗、居中和填充颜色。

② 选择 A4 单元格，在“视图”选项卡的“窗口”命令组中单击“冻结窗格”→“冻结拆分窗格”命令。

③ 绘制边框。

④ 取消网格线的显示。

Step5 显示公式

单击“公式”选项卡，在“公式审核”命令组中单击“显示公式”按钮，核对相关公式。

Step6 另存为网页

单击“文件”选项卡，在打开的下拉菜单中选择“另存为”，弹出“另存为”对话框，单击“保存类型”右侧的下箭头按钮，在弹出的列表中选择“网页(*.htm;*.html)”，在“文件名”右侧保留默认保存的文件名“现金流量表.htm”，单击“保存”按钮。

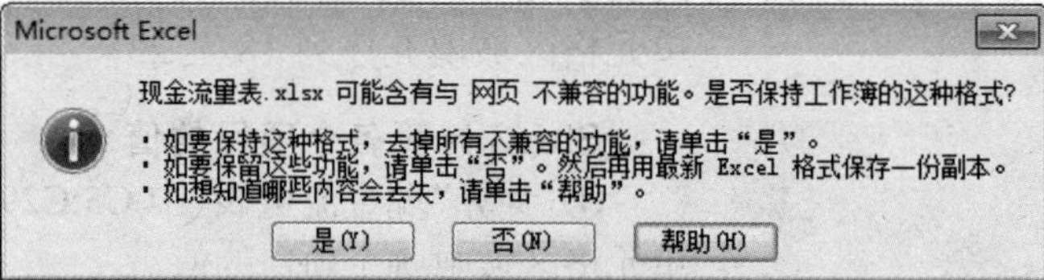

弹出“Microsoft Excel”对话框，单击“是”按钮。

此时，在选定的文件夹中出现“现金流量表.htm”文件，双击此文件，用默认的 IE 浏览器打开。该网页可以在网站上发布。

项目扩展：选择性粘贴的选项解释

复制与粘贴是 Excel 中最常用的操作之一，很多时候用户只需要粘贴原始区域的部分信息，如只需复制原始区域的数值而不需要公式，或者只需原始区域的格式而不需要内容等。

如果想更好地控制复制到目标区域的内容，可以在对原始区域进行复制操作后，使用“选择性粘贴”命令而不是“粘贴”命令。即在“开始”选项卡的“剪贴板”命令组中单击“粘贴”按钮，在弹出的下拉菜单中单击“选择性粘贴”命令，弹出“选择性粘贴”对话框。

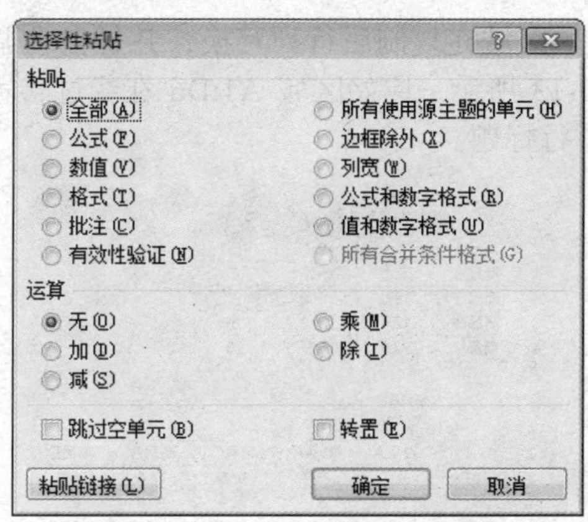

图 3-10 “选择性粘贴”对话框

在图 3-10 中可以看到，“选择性粘贴”有粘贴、运算、跳过空单元格、转置四大部分选项，下面对其含义进行介绍。

1. 粘贴

a. 全部：在绝大多数情况下等同于常规的粘贴，即按<Ctrl+V>快捷键的效果。

b. 公式：只复制原始区域的公式。

c. 数值：只复制数值，如果原始区域是公式，则只复制公式的计算结果。

d. 格式：只复制原始区域的格式。

e. 批注：只复制原始区域的批注。

f. 有效性验证：只复制原始区域中设置的数字有效性。

g. 边框除外：复制除了边框以外的所有内容。

h. 列宽：在目的区域复制原始区域的列宽信息。

i. 公式和数字格式：复制所有公式和数字格式。

j. 值和数字格式：复制所有数值和数字格式。如果原始区域是公式，则只复制公式的计算结果和其数字格式。

2. 运算

这个部分的选项允许用户执行一次简单的数值运算（加减乘除中的任何一种），这样的选择性粘贴将在多种应用中起作用。

3. 跳过空单元格

勾选“跳过空单元格”选项，可以有效防止 Excel 用原始区域中的空单元格覆盖目标区域中的单元格内容。如图 3-11 中准备将 A1:B10 单元格中的内容复制到 E1:F10 单元格中，如果使用“选择性粘贴”，并且勾选“跳过空单元格”选项，那么 F5 和 F8 单元格中原有的数字会在粘贴后仍旧得以保留，如图 3-12 所示。

	A	B	C	D	E	F
1	A1	343			A1	
2	A2	674			A2	
3	A3	478			A3	
4	A4	354			A4	
5	A5				A5	890
6	A6	389			A6	
7	A7	958			A7	
8	A8				A8	4533
9	A9	853			A9	
10	A10	453			A10	

图 3-11　复制区域与目标区域

	A	B	C	D	E	F
1	A1	343			A1	343
2	A2	674			A2	674
3	A3	478			A3	478
4	A4	354			A4	354
5	A5				A5	890
6	A6	389			A6	389
7	A7	958			A7	958
8	A8				A8	4533
9	A9	853			A9	853
10	A10	453			A10	453

图 3-12　使用“跳过空单元格”选项的“选择性粘贴”效果图

4. 转置

“转置”选项能够让原始区域在复制后行列互换，并且自动调整所有的公式以便在转置后仍旧能正常计算。如图 3-13 所示，原始区域 A1:D6 在经过转置后，“商品名称”变成了列标题，而“月份”变成了行标题。

	A	B	C	D	E	F
1		1月	2月	3月		
2	商品A	9.8	9.7	10.1		
3	商品B	5.4	5.6	6		
4	商品C	18.5	18.9	19.2		
5	商品D	17.4	16.8	15		
6	商品E	28.9	25	26		
7						
8		粘贴选项:				
9						
10						
11		商品A	商品B	商品C	商品D	商品E
12	1月	9.8	转置 (T)	18.5	17.4	28.9
13	2月	9.7	5.6	18.9	16.8	25
14	3月	10.1	6	19.2	15	26

图 3-13　使用“转置”进行行列互换

5. 粘贴链接

如果单击了“选择性粘贴”中的“粘贴链接”按钮，将建立一个由公式组成的连接原始区域的动态链接。

4.3 课堂练习

现金流量结构表是在现金流量表有关数据的基础上，进一步明确现金收入的构成、现金支出的构成及现金余额是如何构成的。通过现金流入结构分析，可以反映企业经活动现金收入、投资活动现金收入、筹资活动现金收入在全部现金收入中的比重；通过现金流出结构分析，可以反映企业的各项现金支出占当期全部现金支出的百分比，具体地反映企业的现金用在哪些方面。

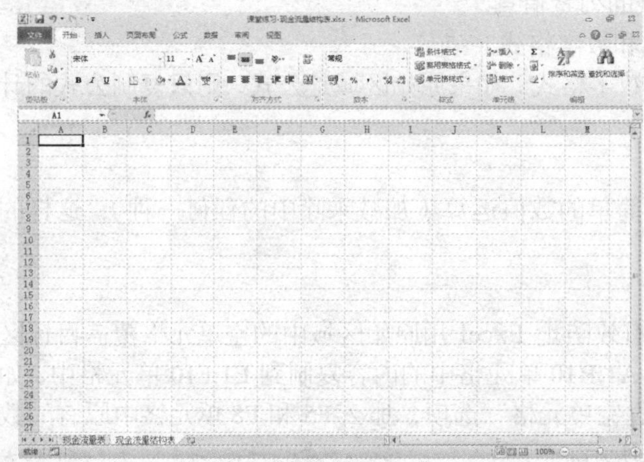

Step1 新建工作簿

① 打开“课堂练习-原始数据”工作簿，单击工作表标签右侧的“插入工作表”按钮“ ”，在标签列的最后插入一个新的工作表“Sheet1”，“Sheet1”工作表重命名为“现金流量结构表”，另存为“课堂练习-现金流量结构表”工作簿。

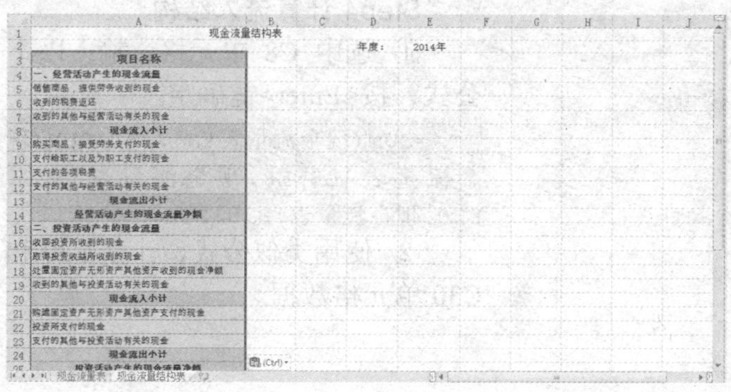

Step2 输入表格标题和各字段标题

① 选中 A1:E1 单元格区域，设置“合并后居中”，输入表格标题“现金流量结构表”。选中 D2 单元格，输入“年度:”，选中 E2 单元格，输入“2014 年度”。

② 切换到“现金流量表”，选中 A3:A36 单元格区域，按<Ctrl+C>快捷键复制，再切换到“现金流量结构表”，选中 A3 单元格，按<Ctrl+V>快捷键粘贴。调整列宽。

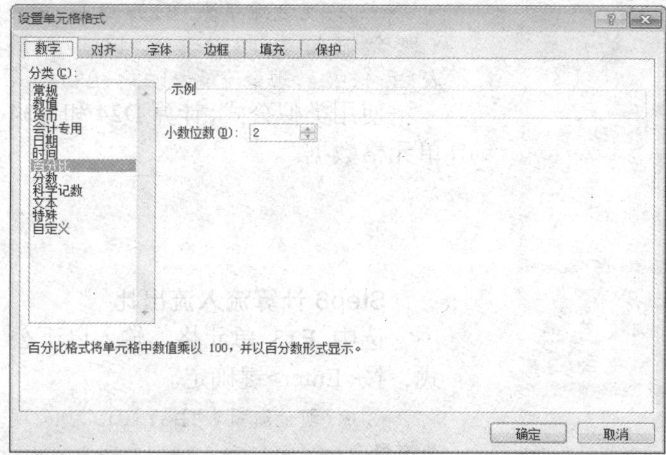

③ 在 B3:E3 单元格区域中输入表格各字段标题。选中 A37 单元格，输入“合计”。

④ 选中 B5:D37 单元格区域，设置单元格格式为“百分比”，小数位数为“2”。

⑤ 选中 E4:E37 单元格区域，设置单元格格式为“数值”，小数位数为“2”。

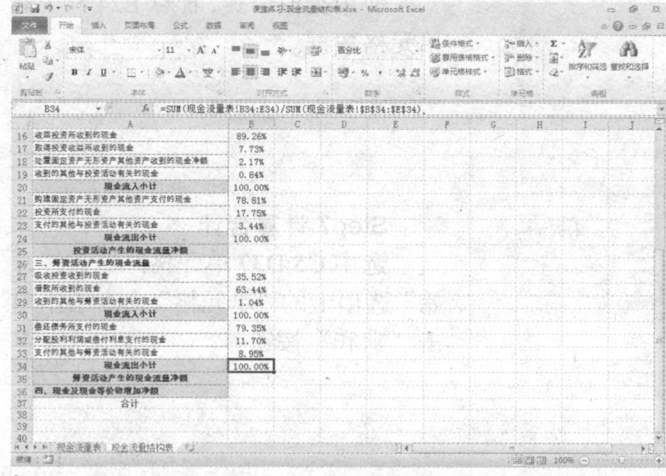

Step3 计算内部结构

① 选中 B5 单元格，输入以下公式，按<Enter>键确定。

```
=SUM(现金流量表!$B5:$E5)/SUM(现金流量表!$B$8:$E$8)
```

② 选中 B5 单元格，拖拽右下角的填充柄至 B8 单元格。

③ 选中 B9 单元格，输入以下公式，按<Enter>键确定。

```
=SUM(现金流量表!$B9:$E9)/SUM(现金流量表!$B$13:$E$13)
```

④ 选中 B9 单元格，拖拽右下角的填充柄至 B13 单元格。

⑤ 使用类似公式，计算 B16:B34 单元格区域数据。

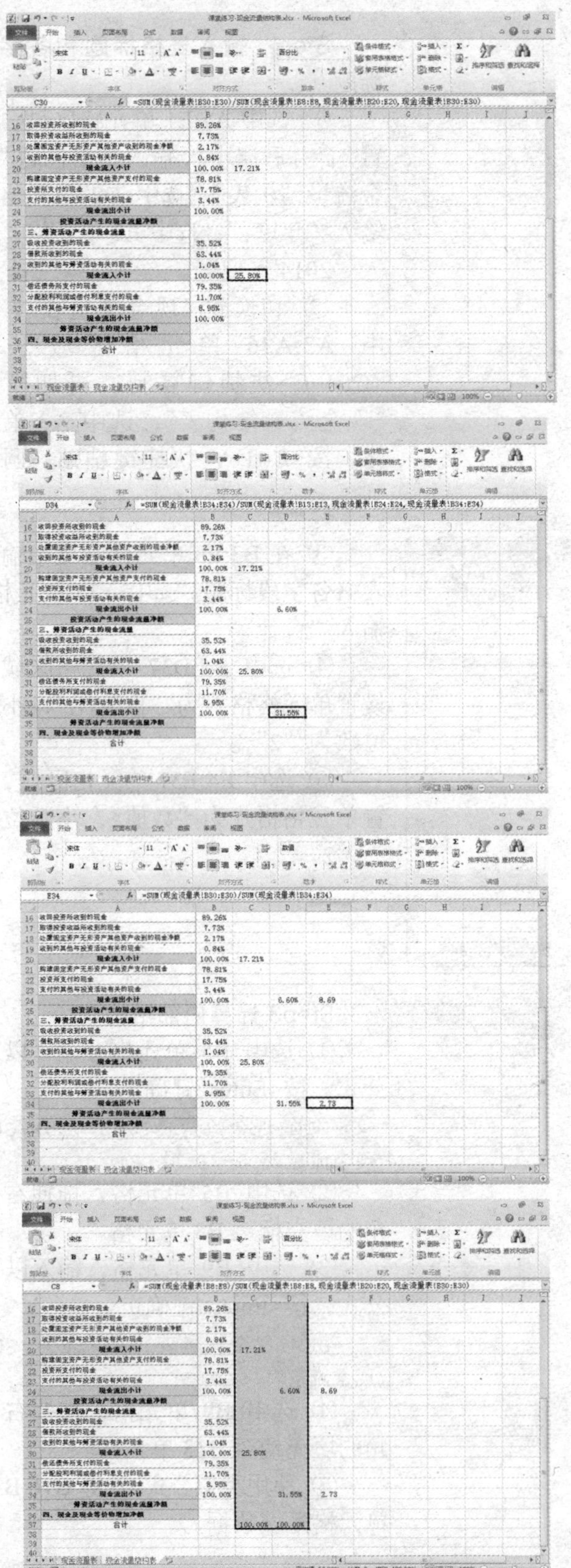

Step4 计算流入结构

① 选中 C8 单元格，输入以下公式，按<Enter>键确定。

```
=SUM(现金流量表!B8:E8)/SUM(现金流量表!B8:E8,现金流量表!B20:E20,现金流量表!B30:E30)
```

② 使用类似公式，计算 C20 和 C30 单元格数据。

Step5 计算流出结构

选中 D13 单元格，输入以下公式，按<Enter>键确定。

```
=SUM(现金流量表!B13:E13)/SUM(现金流量表!B13:E13,现金流量表!B24:E24,现金流量表!B34:E34)
```

使用类似公式，计算 D24 和 D34 单元格数据。

Step6 计算流入流出比

选中 E13 单元格，输入以下公式，按<Enter>键确定。

```
=SUM(现金流量表!B8:E8)/SUM(现金流量表!B13:E13)
```

使用类似公式，计算 E24 和 E34 单元格数据。

Step7 计算合计

选中 C5:D37 单元格区域，在“开始”选项卡的“单元格”命令组中单击“求和”按钮。

现金流量结构表

项目名称	内部结构	流入结构	流出结构	流入流出比
			年度：	2014年
一、经营活动产生的现金流量				
销售商品，提供劳务收到的现金	96.12%			
收到的税费返还	0.23%			
收到的其他与经营活动有关的现金	3.65%			
现金流入小计	100.00%	56.99%		
购买商品，接受劳务支付的现金	63.32%			
支付给职工以及为职工支付的现金	15.40%			
支付的各项税费	19.99%			
支付的其他与经营活动有关的现金	1.29%			
现金流出小计	100.00%		61.84%	3.07
经营活动产生的现金流量净额				
二、投资活动产生的现金流量				
收回投资所收到的现金	89.26%			
取得投资收益所收到的现金	7.73%			
处置固定资产无形资产其他资产收到的现金净额	2.17%			
收到的其他与投资活动有关的现金	0.84%			
现金流入小计	100.00%	17.21%		
购建固定资产无形资产其他资产支付的现金	78.81%			

Step8 美化工作表

① 设置字体、字号、加粗、居中和填充颜色。

② 调整行高和列宽。

③ 绘制边框。

④ 取消网格线的显示。

任务小结

本小节详细介绍了采用工作底稿法，应用选择性粘贴和显示公式等技巧，对原始数据中资产负债表和利润表的相关数据进行处理，制作现金流量表。扩展介绍了“选择性粘贴”的“粘贴”“运算”“跳过空单元格”“转置”等各部分选项的含义。我们将制作好的现金流量表另存为 htm 格式的网页文件，这种格式的网页文件更易于在 Internet 上分发，做到更灵活的资源共享和交流。

项目总结

本项目介绍了四个重要的财务报表的制作。介绍使用菜单定义和使用“名称框”定义两种定义单元格区域名称的方法。通过应用 IF 函数、VLOOKUP 函数、SUM 函数和 SUMIF 函数对工作表数据进行了运算、统计和汇总。

介绍了打开“选择性粘贴”的几种方法及其应用，扩展介绍了“选择性粘贴”的“粘贴”“运算”“跳过空单元格”“转置”等各部分选项的含义。运用“复制工作表”的方法直接复制所需工作表，再对复制的工作表进行操作，保证了原始数据的安全性。

超级链接知识点的引入，使我们可以在编制会计报表时与其他的单元格区域、其他的工作表、局域网或者 Internet 建立链接，从而迅速地查找所需要的信息。

项目四

原材料进销存核算

企业进销存管理包括商品物品的采购、产品销售和库存管理三个方面。不管是工业企业还是商品流通企业都会涉及财务中的进销存管理，区别在于工业企业购进的是原材料而商品流通企业购进的是商品。其中采购是企业实现价值的开始，采购成本的大小会直接影响到企业的利润和生存；销售是企业实现价值的主要手段，是企业进销存管理中的重要组成部分；存货是企业会计核算和管理中的一个重要的环节，存货管理的好坏和信息提供的准确与否，会直接影响到企业的采购、生产和销售业务的进行。

任务一　原材料基本资料表

任务背景

任何企业要做好对进销存的管理，都要经过一个对基本的业务信息进行初始化设置的过程。

键盘	鼠标	内存	硬盘	其他配件
IBM-JP1	IBM-SB1	HY001	西捷100	YX020
IBM-JP2	IBM-SB2	HY002	西捷200	YX021
IBM-JP3	IBM-SB3	HY003	西捷300	EJ011
IBM-JP4	LG001-1	HY004	西捷400	EJ012
IBM-JP5	LG001-2	HY005	西捷500	LY001
HP-JP1	LG001-3	HY006	西捷600	LY002
HP-JP2	FZ005-1	HY007	西捷700	LY003
HP-JP3	FZ005-2	HY008	西捷800	
HP-JP4	FZ010-2	HY009	西捷900	
HP-JP5	FZ020-3	HY010		
HP-JP6				
LG-JP1				
LG-JP2				
LG-JP3				
LG-JP4				
LG-JP5				
LG-JP6				
SAMSUNG-JP1				
SAMSUNG-JP2				
SAMSUNG-JP3				

零售
批发
团购

郭靖
黄蓉

图 4-1　基本资料表

知识点分析

要实现本例中的功能，以下为需要掌握的知识点。

◆　插入工作表、移动工作表

◆　定义名称

任务实施

1.1　制作基本资料表

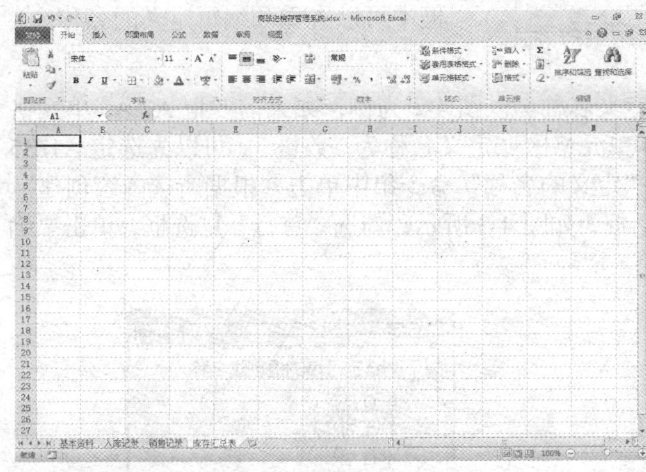

Step1 新建工作簿

启动 Excel 自动新建一个工作簿，保存并命名为“商品进销存管理系统”。“Sheet1”“Sheet2”和“Sheet3”工作表分别重命名“基本资料”“入库记录”和“销售记录”。在“销售记录”右侧插入一个工作表，命名为“库存汇总表”。

操作技巧：插入多张工作表

确定要插入的数目或工作表。按住<Shift>键，然后在打开的工作簿中选择要插入的相同数目的现有工作表标签。

例如，要插入三个新的工作表，则可选择三个现有工作表，在“开始”选项卡的“单元格”命令组中单击“插入”→“插入工作表”命令。

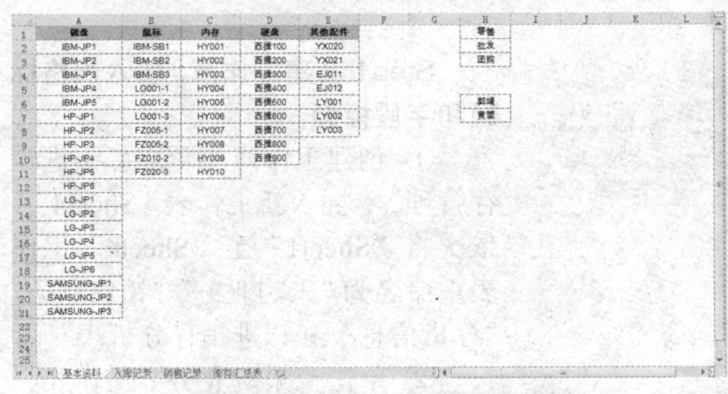

键盘	鼠标	内存	硬盘	其他配件
IBM-JP1	IBM-SB1	HY001	西捷100	YX020
IBM-JP2	IBM-SB2	HY002	西捷200	YX021
IBM-JP3	IBM-SB3	HY003	西捷300	EJ011
IBM-JP4	LG001-1	HY004	西捷400	EJ012
IBM-JP5	LG001-2	HY005	西捷500	LY001
HP-JP1	LG001-3	HY006	西捷600	LY002
HP-JP2	FZ005-1	HY007	西捷700	LY003
HP-JP3	FZ005-2	HY008	西捷800	
HP-JP4	FZ010-2	HY009	西捷900	
HP-JP5	FZ020-3	HY010		
HP-JP6				
LG-JP1				
LG-JP2				
LG-JP3				
LG-JP4				
LG-JP5				
LG-JP6				
SAMSUNG-JP1				
SAMSUNG-JP2				
SAMSUNG-JP3				

Step2 输入原始数据

切换至“基本资料”工作表，输入表格数据，并美化工作表。

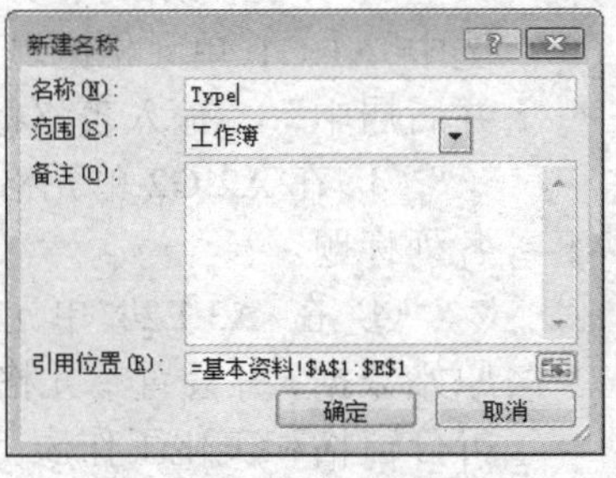

Step3 定义名称

① 选中 A1:E1 单元格区域，在“公式”选项卡的“定义的名称”命令组中单击“定义名称”按钮，弹出“新建名称”对话框。

② 在“名称”文本框中，输入“Type”，单击“确定”按钮。

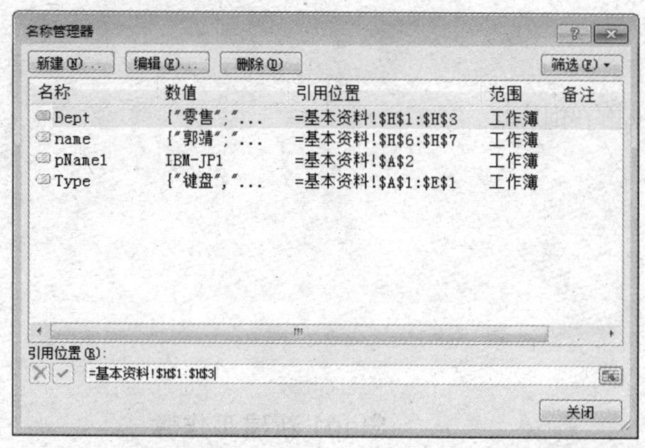

③ 选中 H1:H3 单元格区域，在名称框中输入“Dept”。

④ 选中 H6:H7 单元格区域，在名称框中输入“name”。

⑤ 选中 A2 单元格，在名称框中输入“pName1”。

⑥ 在“公式”选项卡的“定义的名称”命令组中单击“名称管理器”按钮，在弹出的“名称管理器”对话框中可以查看和编辑定义的名称。

项目扩展：指定名称

使用“指定”的方法可以大批量地定义名称。以图 4-2 为例，如果需要把 A2:A5 单元格区域定义名称为“单价”，同时把 B2:B5 单元格区域定义名称为“数量”，可以先选定 A1:B5 单元格区域，单击“公式”选项卡，在“定义的名称”命令组中单击“根据所选内容创建”按钮，弹出“以选定区域创建名称”对话框，如图 4-3 所示，勾选“首行”复选框，单击“确定”按钮即可。

	A	B
1	单价	数量
2	20.22	24
3	15.8	3
4	95.1	41
5	44.8	73

图 4-2　原始数据

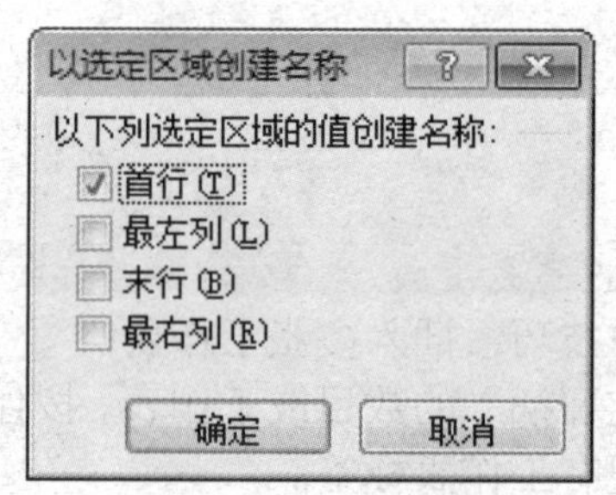

图 4-3　“以选定区域创建名称”对话框

1.2　课堂练习

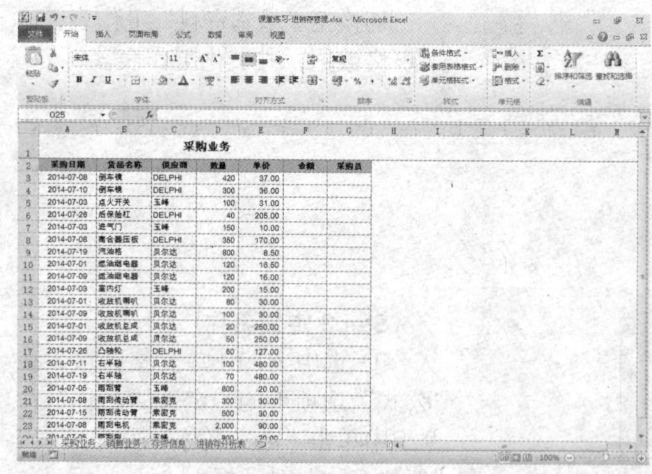

Step1 新建工作簿，输入表格标题和字段标题

① 创建工作簿“课堂练习-进销存管理”，插入新工作表“Sheet4”，依次将“Sheet1”至“Sheet4”工作表重命名为“采购业务”“销售业务”“存货信息”和“进销存分析表”。

② 单击“采购业务”工作表，选中 A1:G1 单元格区域，设置“合并后居中”，输入表格标题。

③ 在 A2:G2 单元格区域，输入各列标题。

④ 在 A3:E24 单元格区域输入原始数据，并设置单元格格式，冻结拆分窗格和美化工作表。

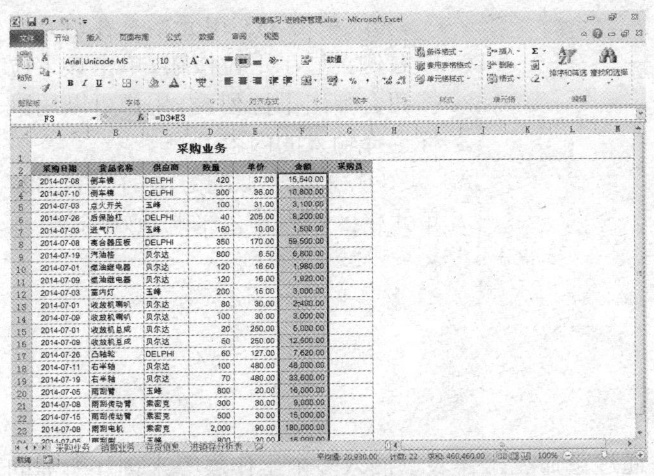

Step2 计算金额

① 选中 F3 单元格，输入以下公式，按<Enter>键确定。

```
=D3*E3
```

② 选中 F3 单元格，将鼠标指针放在 F3 单元格的右下角，待鼠标指针变为“**+**”形状后双击，将 F3 单元格公式快速复制到 F4:F24 单元格区域。

③ 适当地调整 F 列的列宽。

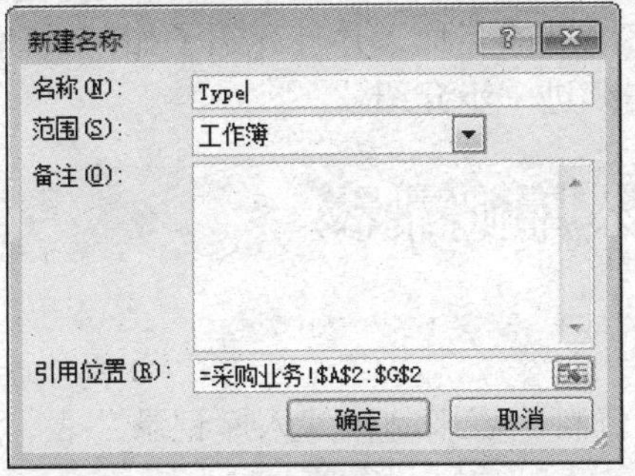

Step3 定义名称

① 选中 A2:G2 单元格区域，在“公式”选项卡的“定义的名称”命令组中单击“定义名称”按钮，弹出“新建名称”对话框。

② 在“名称”文本框中，输入“Type”，单击“确定”按钮。

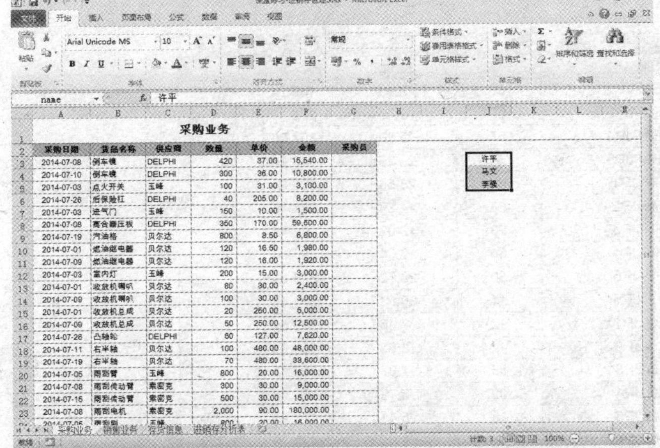

③ 选中 J3:J5 单元格区域，输入姓名，使用名称框定义名称“name”。

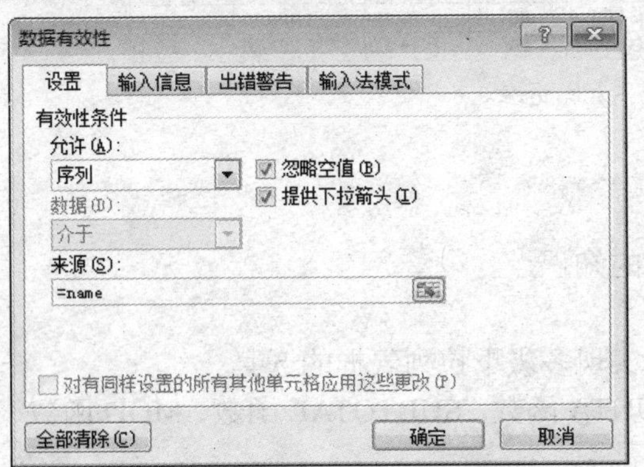

Step4 利用数据有效性输入数据

① 选中 G3:G24 单元格区域，单击“数据”选项卡，在“数据工具”命令组中单击“数据有效性”按钮，弹出“数据有效性”对话框。

② 单击“设置”选项卡，在“允许”下拉列表中选择“序列”，在“来源”文本框中输入“=name”。单击“确定”按钮。

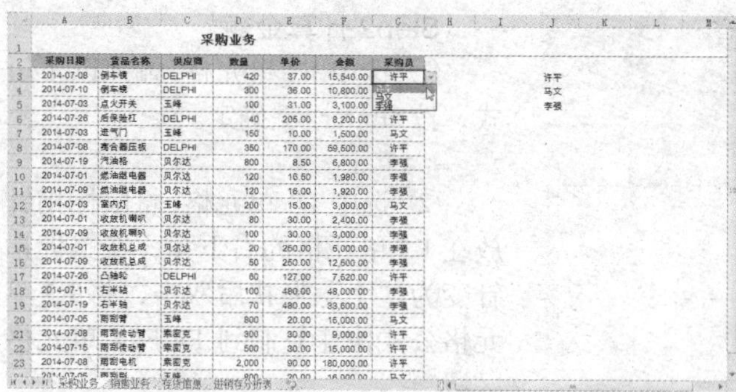

采购日期	货品名称	供应商	数量	单价	金额	采购员
2014-07-08	倒车镜	DELPHI	420	37.00	15,540.00	许平
2014-07-10	倒车镜	DELPHI	300	36.00	10,800.00	
2014-07-03	点火开关	玉峰	100	31.00	3,100.00	
2014-07-26	后保险杠	DELPHI	40	205.00	8,200.00	许平
2014-07-03	进气门	玉峰	150	10.00	1,500.00	马文
2014-07-08	离合器压板	DELPHI	350	170.00	59,500.00	许平
2014-07-19	汽油格	贝尔达	800	8.50	6,800.00	李强
2014-07-01	燃油继电器	贝尔达	120	16.50	1,980.00	李强
2014-07-09	燃油继电器	贝尔达	120	16.00	1,920.00	李强
2014-07-03	室内灯	玉峰	200	15.00	3,000.00	马文
2014-07-01	收放机喇叭	贝尔达	80	30.00	2,400.00	李强
2014-07-09	收放机喇叭	贝尔达	100	30.00	3,000.00	李强
2014-07-01	收放机总成	贝尔达	20	250.00	5,000.00	李强
2014-07-09	收放机总成	贝尔达	50	250.00	12,500.00	李强
2014-07-26	凸轮轴	DELPHI	60	127.00	7,620.00	许平
2014-07-11	右半轴	贝尔达	100	480.00	48,000.00	李强
2014-07-19	右半轴	贝尔达	70	480.00	33,600.00	李强
2014-07-05	雨刮臂	玉峰	800	20.00	16,000.00	马文
2014-07-08	雨刮传动臂	索密克	300	30.00	9,000.00	许平
2014-07-15	雨刮传动臂	索密克	500	30.00	15,000.00	许平
2014-07-08	雨刮电机	索密克	2,000	90.00	180,000.00	许平

③ 单击 G3 单元格，在单元格的右侧会显示下拉按钮，单击该下拉按钮会弹出下拉列表，用户可以用鼠标选择输入的内容。

④ 采用类似的方法，在 G4:G24 单元格区域内输入采购员姓名。

任务小结

在“基本资料”工作表的制作中，通过重命名工作表、插入多个工作表等来创建所需的各工作表。本节使用各种方法定义了多个单元格区域的名称，并且介绍了如何大批量地定义名称。定义名称的奥妙很多，后续章节我们会陆续进一步介绍。

任务二 制作入库记录表

任务背景

“基本资料”表制作完后，需要根据“基本资料”表来制作“入库记录”表，绘制间隔底纹效果，如图 4-4 所示。

日期	单据编号	类别	名称	数量	单价	金额	备注
2014-04-25	BQ000101	键盘	IBM-JP1	66	23.90	1,577.40	
2014-04-25	BQ000102	键盘	IBM-JP2	68	2.68	182.24	
2014-04-25	BQ000103	键盘	IBM-JP3	60	3.70	222.00	
2014-04-25	BQ000104	键盘	IBM-JP4	57	6.90	393.30	
2014-04-25	BQ000105	键盘	IBM-JP5	7	21.25	148.75	
2014-04-25	BQ000106	键盘	HP-JP1	64	28.56	1,827.84	
2014-04-25	BQ000107	键盘	HP-JP2	58	14.33	831.14	
2014-04-25	BQ000108	键盘	HP-JP3	23	13.02	299.46	
2014-04-25	BQ000109	键盘	HP-JP4	66	2.04	134.64	
2014-04-25	BQ000110	键盘	HP-JP5	12	26.72	320.64	
2014-04-25	BQ000111	键盘	HP-JP6	11	30.13	331.43	
2014-04-25	BQ000112	键盘	LG-JP1	12	7.46	89.52	
2014-04-25	BQ000113	键盘	LG-JP2	41	18.56	760.96	
2014-04-25	BQ000114	键盘	LG-JP3	53	17.87	947.11	
2014-04-25	BQ000115	键盘	LG-JP4	32	5.79	185.28	
2014-04-25	BQ000116	键盘	LG-JP5	18	5.41	97.38	
2014-04-25	BQ000117	键盘	LG-JP6	44	9.62	423.28	
2014-04-25	BQ000118	键盘	SAMSUNG-JP1	56	20.11	1,126.16	
2014-04-25	BQ000119	键盘	SAMSUNG-JP2	38	19.32	734.16	

图 4-4　入库记录

知识点分析

要实现本例中的功能，以下为需要掌握的知识点。

◆　列表、汇总

◆　利用数据有效性制定下拉列表框和实现多级下拉列表框的嵌套

◆　OFFSET 函数、MATCH 函数、COUNTA 函数、SUBTOTAL 函数、MOD 函数、ROW 函数的应用

任务实施

2.1 制作表格

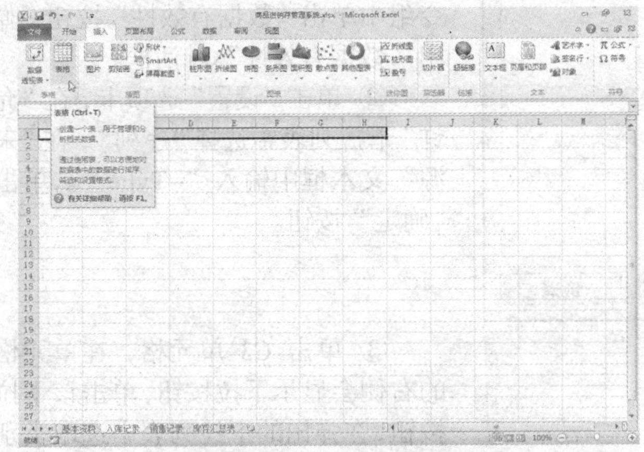

Step1 创建表

① 打开“商品进销存管理系统”工作簿，在“入库记录”工作表中选择A1:H1单元格区域，单击“插入”选项卡，在“表格”命令组中单击“表格”按钮。

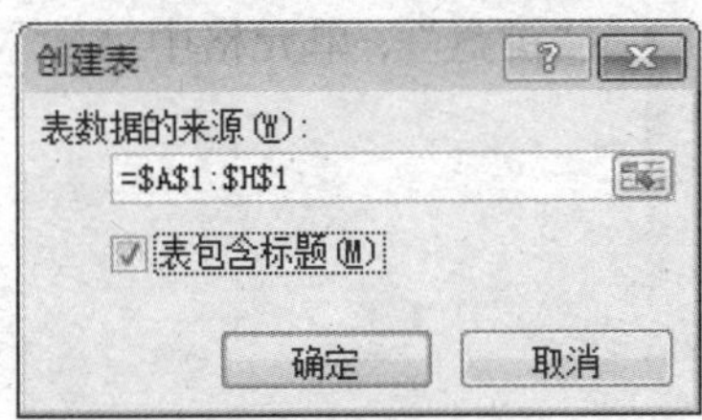

② 在弹出的“创建表”对话框中，勾选“表包含标题”复选框，单击“确定”按钮。

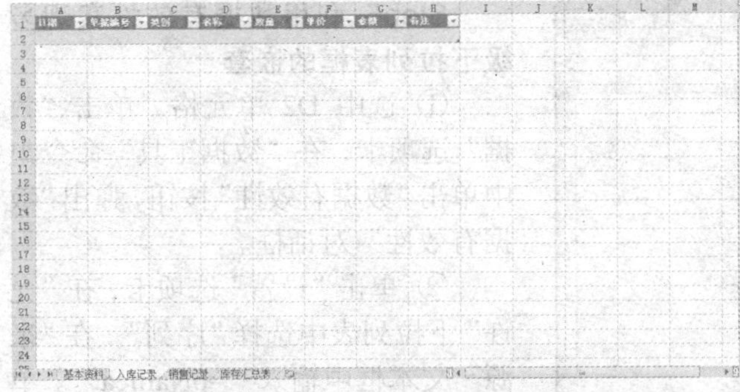

Step2 输入列表中的标题

① 选中A1单元格，输入“日期”后按<Tab>键可以接着选中B1单元格，输入“单据编号”后再按<Tab>键。

② 采用类似的方法在A1:H1单元格区域中输入列表中的标题。

③ 选中整个工作表，设置字体和字号，适当地调整单元格的列宽。

Step3 插入pNamea定义名称

① 在“公式”选项卡的“定义的名称”命令组中单击“定义名称”按钮，弹出“新建名称”对话框。

② 在“名称”右侧的文本框中输入要定义的名称“pNamea”。

③ 在“引用位置”右侧的文本框中输入公式“=OFFSET(pName1,,MATCH(入库记录!$C2,Type,)-1,COUNTA(OFFSET(pName1,,MATCH(入库记录!$C2,Type,)-1,65535)))”，单击“确定”按钮。

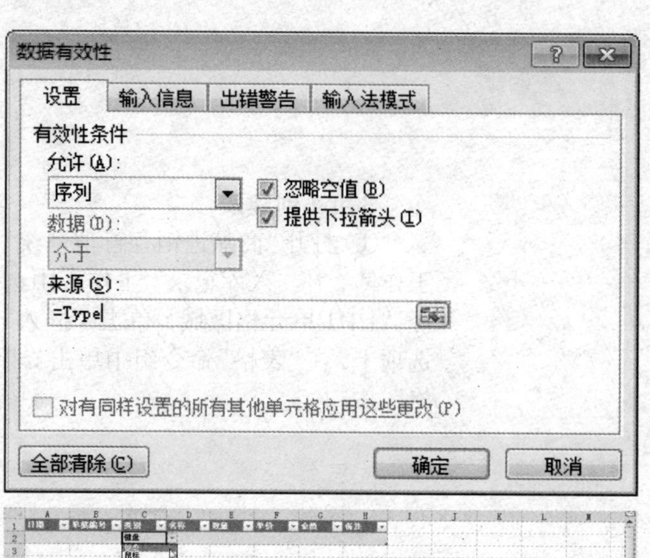

Step4 利用数据有效性制定下拉列表框

① 选中 C2 单元格区域，单击“数据”选项卡，在“数据工具”命令组中单击“数据有效性”按钮，弹出“数据有效性”对话框。

② 单击“设置”选项卡，在“允许”下拉列表中选择“序列”，在“来源”文本框中输入“=Type”。单击“确定”按钮。

③ 单击 C3 单元格，在单元格的右侧会显示下拉按钮，单击该下拉按钮，在弹出的下拉列表中选取类别“键盘”，单元格中就输入了该类别。

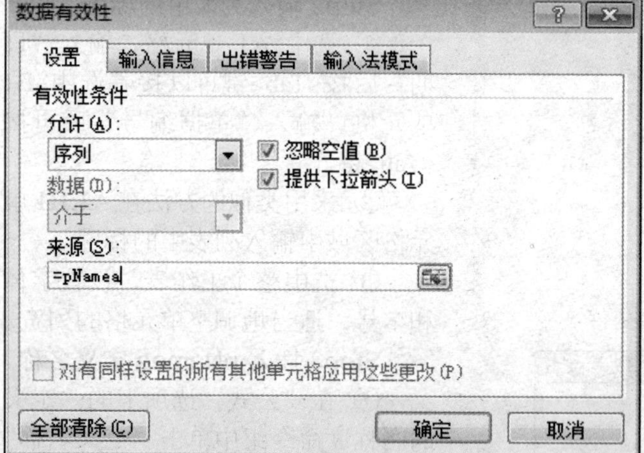

Step5 利用数据有效性实现多级下拉列表框的嵌套

① 选中 D2 单元格，单击“数据”选项卡，在“数据工具”命令组中单击“数据有效性”按钮，弹出“数据有效性”对话框。

② 单击“设置”选项卡，在“允许”下拉列表中选择“序列”，在“来源”文本框中输入“=pNamea”。单击“确定”按钮。

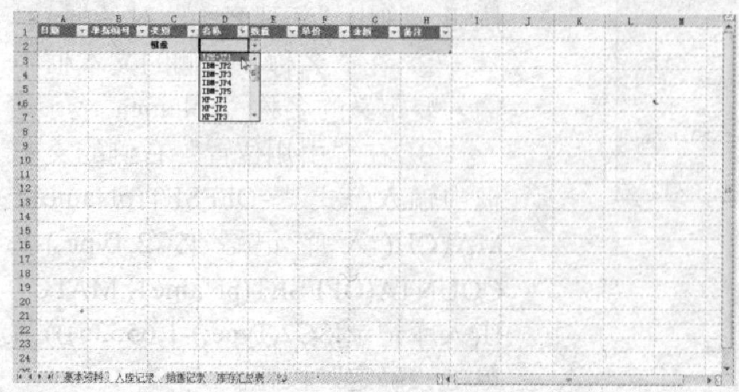

此时单击 D2 单元格右侧的下箭头，弹出的下拉列表即为 C2 单元格“键盘”类别下的所有名称，选取“IBM-JP1”，单元格中就输入了该名称。

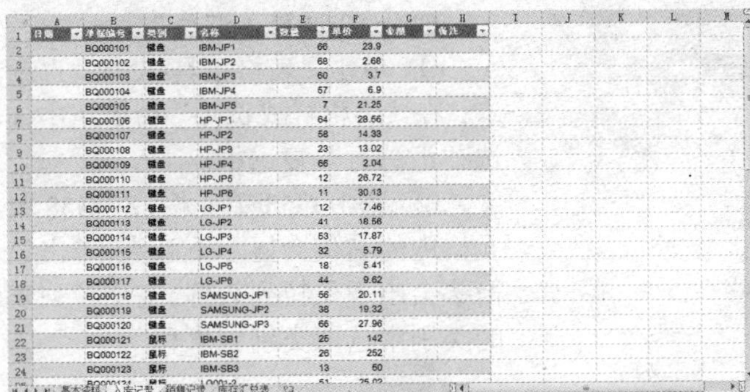

Step6 输入原始数据

在 B2:B57、C3:D57 和 E2:F57 单元格区域内，利用填充柄和数据有效性，快捷地输入原始数据。适当地调整单元格的列宽。

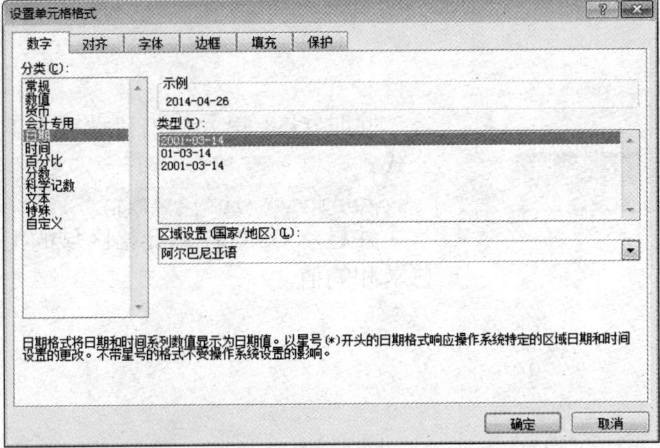

Step7 设置单元格格式

选中 A2:A57 单元格区域，按<Ctrl+1>快捷键弹出“设置单元格格式”对话框，在“分类”列表框中单击“日期”，单击“区域设置（国家/地区）”下方右侧的下箭头按钮，在弹出的列表中选择“阿尔巴尼亚语”，单击“确定”按钮。

Step8 批量输入重复数据

① 选中 A2:A40 单元格区域，输入“2014—4—25”，然后按<Ctrl+Enter>快捷键输入。此时 A2:A40 单元格区域就一次性地输入了重复数据。

② 类似的在 A41:A57 单元格区域中输入“2014—4—26”。

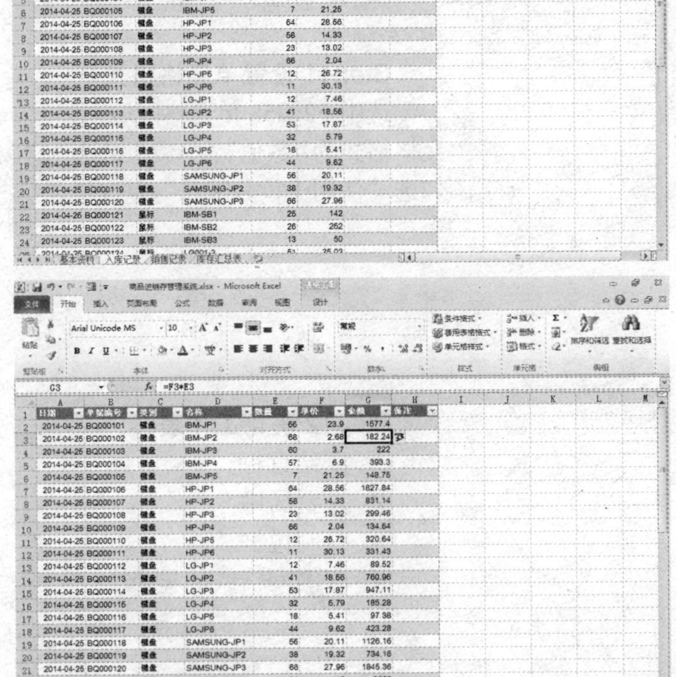

Step9 计算“金额”

选中 G2 单元格，输入以下公式，按<Enter>键确认。

```
=F2*E2
```

此时 G 列自动填充了公式。

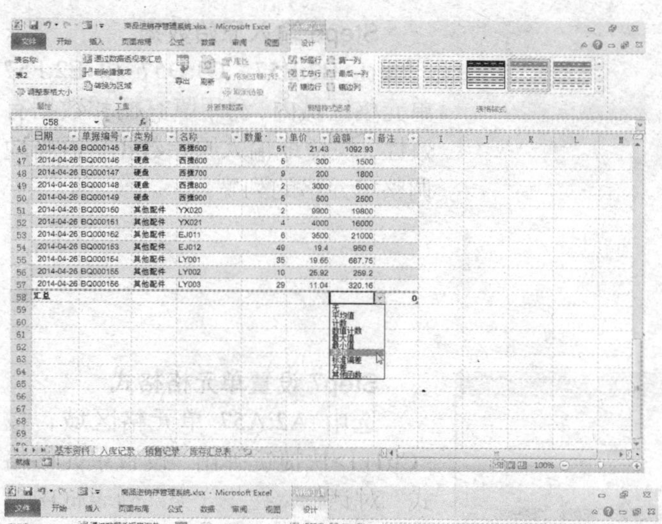

Step10 计算“汇总”

① 单击“表格工具-设计”选项卡，在“表格样式选项”命令组中勾选“汇总行”复选框。

② 选中 G58 单元格，在 G58 单元格内的右侧会显示下箭头，单击该箭头会出现下拉列表框，在下拉列表的类别中选取类别“求和”。

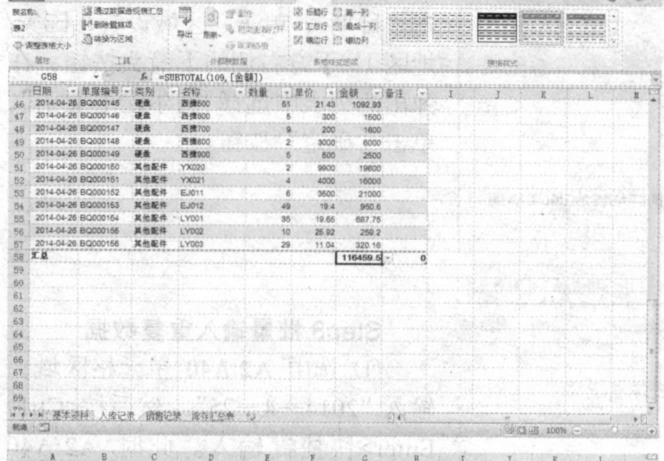

此时 G58 单元格内自动插入了公式：

```
=SUBTOTAL(109,[金额])
```

并显示 G2:G57 单元格区域的汇总求和的值。

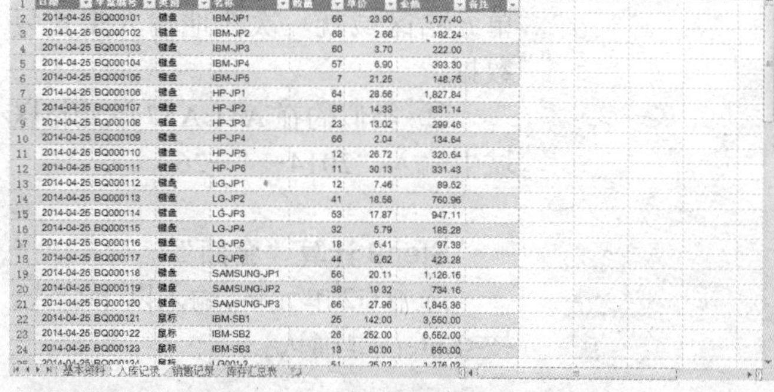

Step11 设置单元格格式

选中 F2:G58 单元格区域，设置单元格格式为“数值”，小数位数为“2”，勾选“使用千位分隔符”复选框。

日期	单据编号	类别	名称	数量	单价	金额	备注
2014-04-25	BQ000101	键盘	IBM-JP1	66	23.90	1,577.40	
2014-04-25	BQ000102	键盘	IBM-JP2	68	2.68	182.24	
2014-04-25	BQ000103	键盘	IBM-JP3	60	3.70	222.00	
2014-04-25	BQ000104	键盘	IBM-JP4	57	6.90	393.30	
2014-04-25	BQ000105	键盘	IBM-JP5	7	21.25	148.75	
2014-04-25	BQ000106	键盘	HP-JP1	64	28.56	1,827.84	
2014-04-25	BQ000107	键盘	HP-JP2	58	14.33	831.14	
2014-04-25	BQ000108	键盘	HP-JP3	23	13.02	299.46	
2014-04-25	BQ000109	键盘	HP-JP4	66	2.04	134.64	
2014-04-25	BQ000110	键盘	HP-JP5	12	26.72	320.64	
2014-04-25	BQ000111	键盘	HP-JP6	11	30.13	331.43	
2014-04-25	BQ000112	键盘	LG-JP1	12	7.46	89.52	
2014-04-25	BQ000113	键盘	LG-JP2	41	18.56	760.96	
2014-04-25	BQ000114	键盘	LG-JP3	53	17.87	947.11	
2014-04-25	BQ000115	键盘	LG-JP4	32	5.79	185.28	
2014-04-25	BQ000116	键盘	LG-JP5	18	5.41	97.38	
2014-04-25	BQ000117	键盘	LG-JP6	44	9.62	423.28	
2014-04-25	BQ000118	键盘	SAMSUNG-JP1	56	20.11	1,126.16	
2014-04-25	BQ000119	键盘	SAMSUNG-JP2	38	19.32	734.16	
2014-04-25	BQ000120	键盘	SAMSUNG-JP3	66	27.96	1,845.36	
2014-04-25	BQ000121	鼠标	IBM-SB1	25	142.00	3,550.00	
2014-04-25	BQ000122	鼠标	IBM-SB2	26	252.00	6,552.00	
2014-04-25	BQ000123	鼠标	IBM-SB3	13	50.00	650.00	

Step12 美化工作表

① 冻结首行。

② 设置居中。

③ 绘制边框。

④ 取消网格线的显示。

函数应用：MATCH 函数

函数用途

返回在指定方式下与指定数值匹配的数组中元素的相应位置。如果需要找出匹配元素的位置而不是匹配元素本身，则应该使用 MATCH 函数而不是 LOOKUP 函数。

函数语法

MATCH(lookup_value,lookup_array,match_type)

lookup_value 为需要在数据表中查找的数值。

- lookup_value 为需要在 lookup_array 中查找的数值。例如，如果要在电话簿中查找某人的电话号码，则应该将姓名作为查找值，但实际上需要的是电话号码。
- lookup_value 可以为数值（数字、文本或逻辑值）或对数字、文本或逻辑值的单元格引用。

lookup_array 可能包含所要查找的数值的连续单元格区域。lookup_array 应为数组或数组引用。

match_type 为数字-1、0 或 1。match_type 指明 Microsoft Excel 如何在 lookup_array 中查找 lookup_value。

- 如果 match_type 为 1，MATCH 函数查找小于或等于 lookup_value 的最大数值。lookup_array 必须按升序排列。
- 如果 match_type 为 0，MATCH 函数查找等于 lookup_value 的第一个数值。lookup_array 可以按任何顺序排列。
- 如果 match_type 为-1，MATCH 函数查找大于或等于 lookup_value 的最小数值。lookup_array 必须按降序排列。
- 如果省略 match_type，则默认为 1。

函数说明

- MATCH 函数返回 lookup_array 中目标值的位置，而不是数值本身。例如，MATCH("b",{"a","b","c"},0)返回 2，即“b”在数组{"a","b","c"}中的相应位置。
- 查找文本值时，MATCH 函数不区分大小写字母。
- 如果 MATCH 函数查找不成功，则返回错误值#N/A。
- 如果 match_type 为 0 且 lookup_value 为文本，可以在 lookup_value 中使用通配符如问号“?”和星号“*”。问号匹配任意单个字符；星号匹配任意一串字符。如果要查找实际的问号或星号，请在该字符前键入波形符“～”。

	A	B
1	Product	Count
2	Apples	25
3	Oranges	87
4	Bananas	98
5	Pears	126

函数简单示例

示例	公式	说明	结果
1	=MATCH(35,B2:B5,1)	由于此处无正确的匹配，所以返回数据区域 B2:B5 中最接近的下一个值(25)的位置	1
2	=MATCH(98,B2:B5,0)	数据区域 B2:B5 中 98 的位置	3
3	=MATCH(40,B2:B5,-1)	由于数据区域 B2:B5 不是按降序排列，所以返回错误值	#N/A

本例公式说明

本例中的公式为：

```
=MATCH(入库记录!$C2,Type,)
```

因为定义名称“Type”为 A1:E1 单元格区域，所以其各参数值指定 MATCH 函数查找数据区域 Type（即基本资料工作表中 A1:E1 单元格区域）中最接近入库记录工作表中 C2 的位置，即 1。

函数应用：OFFSET 函数

函数用途

以指定的引用为参照系，通过给定偏移量得到新的引用。返回的引用可以为一个单元格或单元格区域。并可以指定返回的行数或列数。

函数语法

```
OFFSET(reference,rows,cols,height,width)
```

reference 作为偏移量参照系的引用区域。reference 必须为对单元格或相连单元格区域的引用；否则，OFFSET 函数返回错误值#VALUE!。

rows 相对于偏移量参照系的左上角单元格，上（下）偏移的行数。如果使用 5 作为参数 rows，则说明目标引用区域的左上角单元格比 reference 低 5 行。行数可为正数（代表在起始引用的下方）或负数（代表在起始引用的上方）。

cols 相对于偏移量参照系的左上角单元格，左（右）偏移的列数。如果使用 5 作为参数 cols，则说明目标引用区域的左上角的单元格比 reference 靠右 5 列。列数可为正数（代表在起始引用的右边）或负数（代表在起始引用的左边）。

height 高度，即所要返回的引用区域的行数。height 必须为正数。

width 宽度，即所要返回的引用区域的列数。width 必须为正数。

函数说明

- 如果行数和列数偏移量超出工作表边缘，OFFSET 函数返回错误值#REF!。
- 如果省略 height 或 width，则假设其高度或宽度与 reference 相同。
- OFFSET 函数实际上并不移动任何单元格或更改选定区域，它只是返回一个引用。

OFFSET 函数可用于任何需要将引用作为参数的函数。例如，公式 SUM(OFFSET(C2,1,2,3,1)) 将计算比单元格 C2 靠下 1 行并靠右 2 列的 3 行 1 列的区域的总值。

函数简单示例

示例	公式	说明	结果
1	=OFFSET(C3,2,3,1,1)	显示 F5 单元格值	0
2	=SUM(OFFSET(C3:E5,-1,0,3,3))	对 C2:E4 单元格区域求和	0
3	=OFFSET(C3:E5,0,-3,3,3)	返回错误值#REF!，因为引用区域不在工作表中	#REF!

本例公式说明

本例中的公式为：

```
pNamea=OFFSET(pName1,,MATCH(入库记录!$C2,Type,)-1,COUNTA(OFFSET(pName1,,
MATCH(入库记录!$C2,Type,)-1,65535)))
```

我们分步计算，先计算后半段的 OFFSET 函数：

```
假设①=OFFSET(pName1,,MATCH(入库记录!$C2,Type)-1,65535)
```

因为，MATCH(入库记录!$C2,Type,)=1 所以公式可以简化为：

```
①=OFFSET(pName1,,0,65535)
```

名称“pName1”被定义为基本资料表的 A2，所以公式可以简化为：

```
①=OFFSET(A2,,0,65535)
```

因为省略了 width，所以根据定义，假设其宽度与 reference 的 pName1 相等，即 1。

因此：此 OFFSET 函数最后计算的结果为基本资料表的 A2 单元格向下 0 行，向右 0 列的，高度 65535，宽度 1 的单元格区域。即 A2:A65536。

那么，后半段的 OFFSET 函数的结算结果为：

```
①=A2:A65536
```

所以，本例中的公式可以简化为：

```
pNamea=OFFSET(pName1,,MATCH(入库记录!$C2,Type)-1,COUNTA(A2:A65536))
```

而 COUNTA 函数是计算 A2:A65536 单元格区域中的非空单元格的个数，本例中为 58，因此：

```
pNamea=OFFSET(基本资料表!A2,,0,58)
```

那么最终 OFFSET 函数将显示基本资料表的 A2 单元格向下 0 行，向右 0 列的，高度 58，宽度 1 的单元格区域。即 A2:A59 单元格区域。

此处对 pNamea 定义了一个动态名称，这是名称的高级用法，能够实现对一个未知大小的区域的引用。详见本例的项目扩展。

函数应用：COUNTA 函数

函数用途

返回参数列表中非空值的单元格个数。利用 COUNTA 函数可以计算单元格区域或数组中包含数据的单元格个数。

函数语法

```
COUNTA(value1,value2,...)
value1,value2,... 代表要计数其值的 1 到 255 个参数。
```

函数说明

- 数值是任何类型的信息，包括错误值和空文本""。数值不包括空单元格。
- 如果参数为数组或引用，则只使用其中的数值。数组或引用中的空白单元格和文本值将被忽略。
- 如果不需要对逻辑值、文本或错误值进行计数，请使用 COUNT 函数。

	A
1	数据
2	产品
3	2012/5/8
4	
5	22
6	11.15
7	FALSE
8	#DIV/0!

函数简单示例

示例	公式	说明	结果
1	=COUNTA(A2:A8)	计算 A2:A8 单元格区域中非空单元格的个数	6
2	=COUNTA(A5:A8)	计算 A5:A8 单元格区域中非空单元格的个数	4
3	=COUNTA(A2:A8,2)	计算 A2:A8 单元格区域中非空单元格以及包含数值 2 的单元格个数	7
4	=COUNTA(A2:A8,"Two")	计算 A2:A8 单元格区域中非空单元格以及包含值“Two”的单元格个数	7

本例公式说明

本例中的公式为：

```
=COUNTA(OFFSET(pName1,,MATCH(入库记录!$C2,Type,)-1,65535))
```

因为 OFFSET 函数的计算结果为 A2:A65536，所以 COUNTA 函数将计算 A2:A65536 区域中非空单元格的个数。

项目扩展：创建动态名称

利用 OFFSET 函数与 COUNTA 函数的组合，可以创建一个动态的名称。动态名称是名称的高级用法，能够实现对一个未知大小的区域的引用。

在实际工作中，经常会使用如图 4-5 所示的表格来连续记录数据，表格的行数会随着记录的追加而不断增多。

	A	B	C
1	出库数量合计：		
2			
3	日期	单号	数量
4	5月1日	A1001	200
5	5月3日	A1002	300
6	5月7日	A1003	280
7	5月22日	A1004	390
8	5月23日	A1005	200
9	5月24日	A1006	120

图 4-5　不断追加记录的表格

如果需要创建一个名称来引用 C 列中的数据，但又不希望这个名称引用到空白单元格，那么就不得不在每次追加记录后都改变名称的引用位置，以适应表格行数的增加。此时可以创建动态名称，根据用户追加或删除数据的结果来自动调整引用位置，以达到始终只引用非空白单元格的效果。

创建动态名称的方法如下：

单击“公式”选项卡→“定义的名称”命令组→“定义名称”命令，在弹出的“新建名称”对话框中，在“名称”右侧的文本框中输入“Data”，在“引用位置”文本框中输入公式“=OFFSET(Sheet1!$C$4,,,COUNTA(Sheet1!$C:$C)-1)”，单击“确定”按钮，如图 4-6 所示。

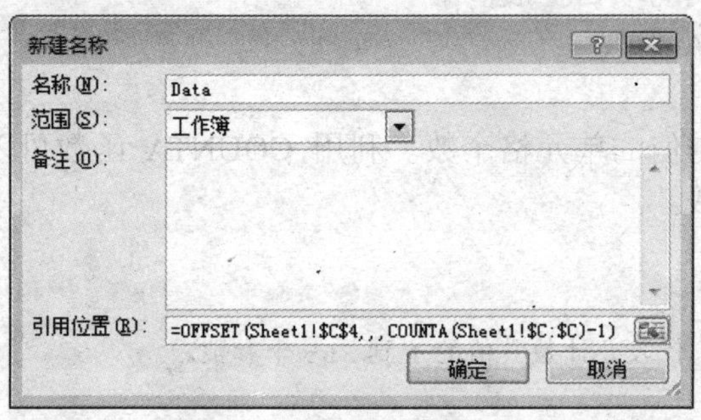

图 4-6　创建动态名称

该公式先用 COUNTA 函数计算 C 列中除了列标题以外的非空白单元格的数量，然后以 C4 单元格（首个数据单元格）为基准开始定位，定位的行数等于刚刚计算出来的数量。

在 B1 单元格中输入公式：

```
=SUM(Data)
```

如果继续追加记录，名称“Data”的引用区域会自动发生改变，B1 中的计算结果能够体现这一点。如图 4-7 所示。

B1　　fx　=SUM(Data)

	A	B	C
1	出库数量合计：	1696	
2			
3	日期	单号	数量
4	5月1日	A1001	200
5	5月3日	A1002	300
6	5月7日	A1003	280
7	5月22日	A1004	390
8	5月23日	A1005	200
9	5月24日	A1006	120
10	5月25日	A1007	20
11	5月26日	A1008	153
12	5月27日	A1009	33

图 4-7　动态名称的引用位置自动适应表格的变化

注意

以上公式只能正确计算不间断的连续数据，如果表格中的数据有空白单元格，那么动态名称的引用位置将发生错误。

函数应用：ROW 函数

函数用途

返回引用的行号。

函数语法

```
ROW(reference)
```

reference 为需要得到其行号的单元格或单元格区域。

函数说明

- 如果省略 reference，则假定是对 ROW 函数所在单元格的引用。
- 如果 reference 为一个单元格区域，并且 ROW 函数作为垂直数组输入，则函数 ROW 将 reference 的行号以垂直数组的形式返回。
- reference 不能引用多个区域。

函数简单示例

示例	公式	说明	结果
1	=ROW()	公式所在行的行号	2
2	=ROW(C10)	引用所在行的行号	10

本例公式说明

本例中的公式为：

```
=ROW()
```

返回公式所在行的行号。

函数应用：MOD 函数

函数用途

返回两数相除的余数。结果的正负号与除数相同。

函数语法

```
MOD(number,divisor)
```

number 为被除数。

divisor 为除数。

函数说明

- 如果 divisor 为零，MOD 函数返回错误值#DIV/0!。
- MOD 函数可以借用 INT 函数来表示：MOD(n,d)=n-d*INT(n/d)

函数简单示例

示例	公式	说明	结果
1	=MOD(3,2)	3/2 的余数	1
2	=MOD(-3,2)	-3/2 的余数。符号与除数相同	1
3	=MOD(3,-2)	3/-2 的余数。符号与除数相同	-1
4	=MOD(-3,-2)	-3/-2 的余数。符号与除数相同	-1

本例公式说明

本例中的公式为：

```
=MOD(ROW(),2)=1
```

其各参数值指定 MOD 函数返回该单元格所在的行号除以 2 后的余数是否等于 1，如果等于 1，则返回逻辑值 True。

2.2 课堂练习

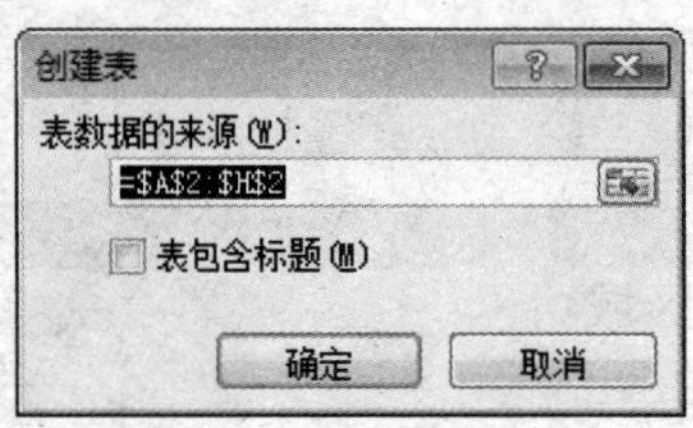

Step1 插入表格

① 打开工作簿“课堂练习-进销存管理”，切换到“销售业务”工作表。选中 A1:H1 单元格区域，设置“合并后居中”，输入表格标题。

② 选择 A2:H2 单元格区域，单击“插入”选项卡，在“表格”命令组中单击“表格”命令，弹出“创建表”对话框，单击“确定”按钮。在 A2:H2 单元格区域中输入表格各字段标题。适当地调整单元格的列宽。

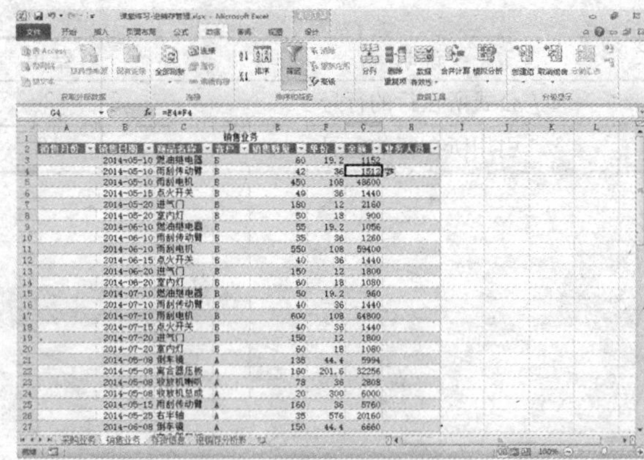

Step2 输入数据

① 在 B3:F71 单元格区域中输入原始数据。

② 在 G3 单元格内输入以下公式，按<Enter>键确认。

```
=E3*F3
```

此时 G 列自动填充了类似公式。

③ 选中 B3:F71 单元格区域，设置单元格格式为“数值”，小数位数为“2”，勾选“使用千位分隔符”复选框。

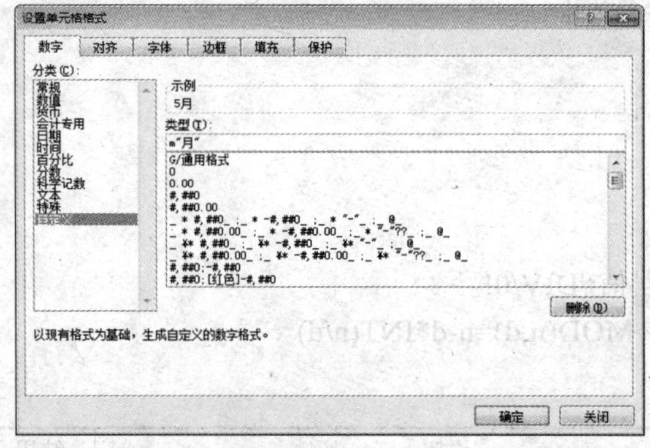

Step3 设置单元格格式为自定义

选中 A3:A71 单元格区域，按<Ctrl+1>快捷键，弹出“设置单元格格式”对话框，单击“数字”选项卡，在“分类”列表框中选择最后一项“自定义”，在右侧的“类型”下方的文本框中输入“m"月"”，单击“确定”按钮。

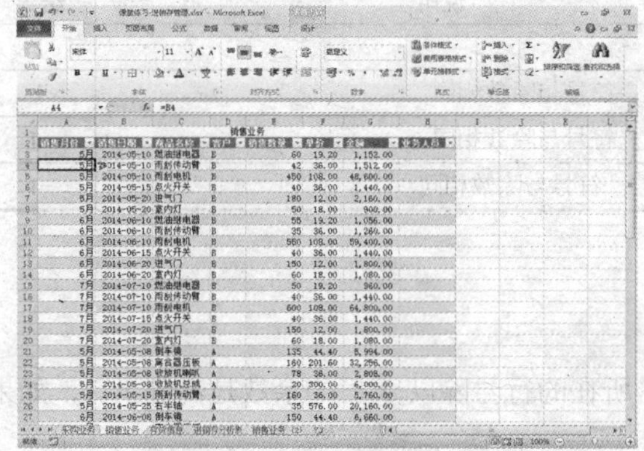

Step4 计算销售月份

选中 A3 单元格，输入以下公式，按<Enter>键确认。

```
=B3
```

此时 A 列自动填充了类似的公式。

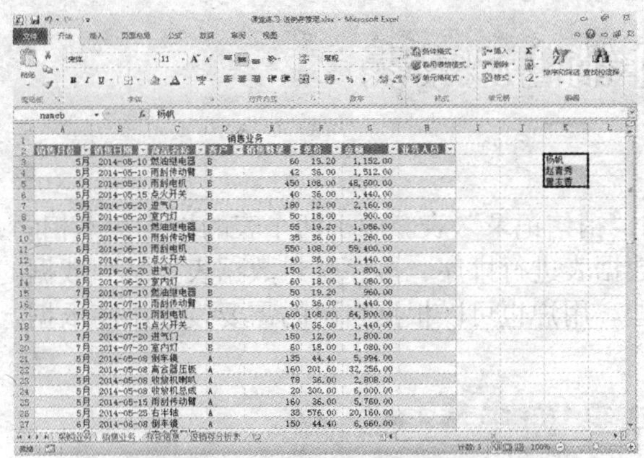

Step5 使用“名称框”定义名称

① 在 K3:K5 单元格区域中输入业务人员的姓名。

② 选中 K3:K5 单元格区域，在名称框中输入要定义的名称“nameb”，按<Enter>键确认。

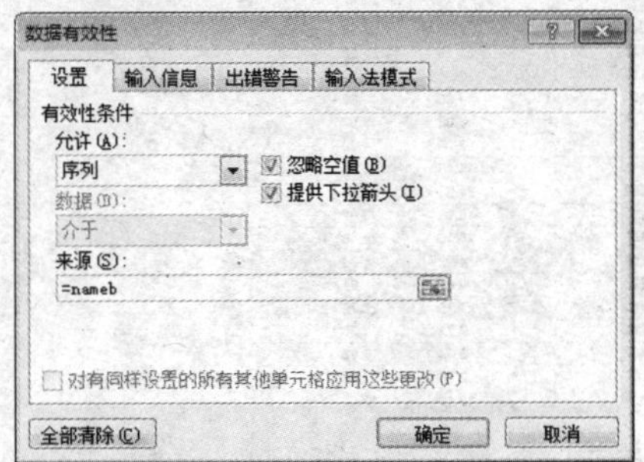

Step6 利用数据有效性制定下拉列表框

① 选中 H3:H71 单元格区域，单击“数据”选项卡，在“数据工具”命令组中单击“数据有效性”按钮，弹出“数据有效性”对话框。

② 单击“设置”选项卡，在“允许”下拉列表中选择“序列”，在“来源”文本框中输入“=nameb”。单击“确定”按钮。

③ 单击 H3 单元格，在单元格的右侧会显示下拉按钮，单击该下拉按钮，在弹出的下拉列表中选取“杨帆”，在单元格中就输入了该姓名。类似的在 H 列中输入业务人员的姓名。

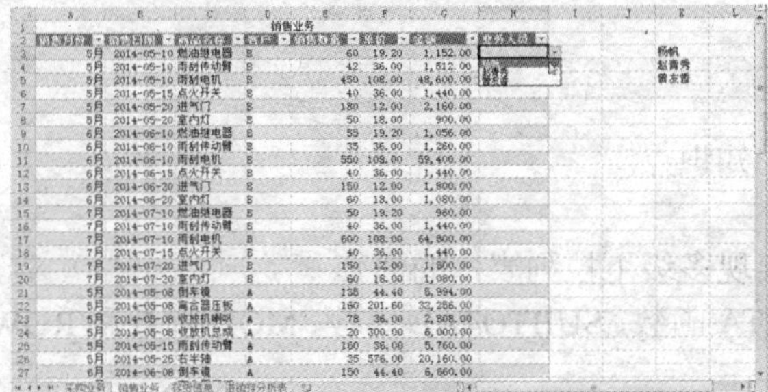

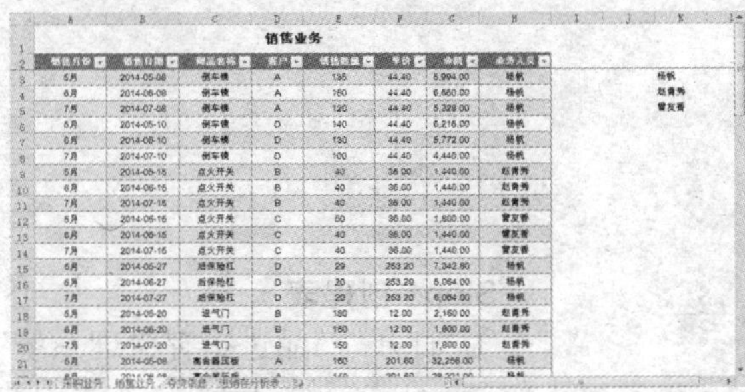

Step7 美化工作表

① 冻结拆分窗格。

② 设置字体、字号、加粗和居中。

③ 绘制边框。

④ 取消网格线的显示。

任务小结

在制作“入库记录”表中，引入了 OFFSET 函数，该函数引用了第 1 节中定义的区域名称“pName1”和“Type”作为参数，对基本资料表数据进行处理。另介绍了利用数据有效性来制作下拉列表框，及利用数据有效性实现多级下拉列表框的嵌套的方法。利用<Ctrl+Enter>快捷键输入重复数据和利用填充柄填充公式的小技巧使得大量数据和公式的输入变得轻松便捷。单击“列表”工具栏，选择添加汇总行，将在插入行下显示汇总行，在汇总行的下拉列表中的类别中选取相应的类别就可以为选定的区域数据进行汇总。

任务三 制作销售记录表

任务背景

“入库记录”表制作好了，下面需要制作“销售记录”表。由于两个表的格式基本相同，所以很多步骤均很类似。制作完成后，将对数据表进行排序，排序是对数据表按某列数据的大小顺序，或者字符的先后顺序进行重新整理。用户也可以根据自己的需要设定排序依据，也就是自定义排序，如图 4-8 所示。

日期	单据编号	类别	名称	销售类型	促销员	数量	单价	金额	备注
2014-05-09	BL000118	键盘	IBM-JP3	零售	郭靖	4	3.70	14.80	
2014-05-10	BL000119	键盘	IBM-JP1	零售	黄蓉	2	23.90	47.80	
2014-05-11	BL000121	键盘	IBM-JP4	零售	黄蓉	10	6.90	69.00	
2014-05-17	BL000133	键盘	IBM-JP2	零售	郭靖	2	2.68	5.36	
2014-05-18	BL000135	键盘	IBM-JP5	零售	黄蓉	1	21.25	21.25	
2014-05-19	BL000137	键盘	HP-JP1	零售	郭靖	2	28.56	57.12	
2014-05-20	BL000139	键盘	HP-JP2	零售	黄蓉	10	14.33	143.30	
2014-05-21	BL000141	键盘	HP-JP3	零售	黄蓉	1	13.02	13.02	
2014-05-22	BL000143	键盘	HP-JP4	零售	郭靖	2	2.04	4.08	
2014-05-01	BL000101	内存	HY001	零售	黄蓉	2	14.13	28.26	
2014-05-02	BL000103	内存	HY002	零售	郭靖	5	24.31	121.55	
2014-05-03	BL000106	内存	HY004	零售	郭靖	1	16.02	16.02	
2014-05-04	BL000108	内存	HY005	零售	黄蓉	1	29.16	29.16	
2014-05-05	BL000110	内存	HY006	零售	郭靖	1	34.92	34.92	
2014-05-06	BL000112	内存	HY007	零售	黄蓉	1	8.61	8.61	
2014-05-07	BL000114	内存	HY008	零售	郭靖	1	27.79	27.79	
2014-05-08	BL000116	内存	HY009	零售	黄蓉	1	7.73	7.73	
2014-05-10	BL000120	内存	HY010	零售	郭靖	2	8.44	16.88	
2014-05-12	BL000123	内存	HY003	零售	黄蓉	1	2.08	2.08	
2014-05-04	BL000107	其他配件	EJ012	零售	郭靖	1	19.40	19.40	

图 4-8 销售记录表

知识点分析

要实现本例中的功能，以下为需要掌握的知识点。

- ◆ 列表、汇总
- ◆ 利用数据有效性制定下拉列表框和实现多级下拉列表框的嵌套
- ◆ OFFSET 函数、MATCH 函数、COUNTA 函数、SUBTOTAL 函数、MOD 函数和 ROW 函数的应用
- ◆ 数据表的排序和自定义排序

任务实施

3.1 制作表格

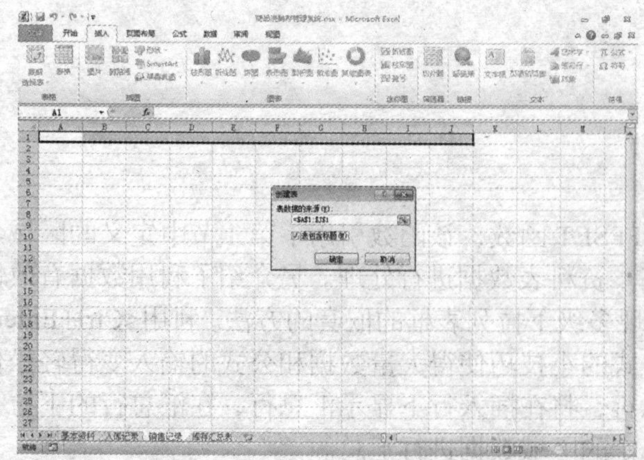

Step1 创建表

① 打开“商品进销存管理系统”工作簿，在“销售记录”工作表中选择 A1:J1 单元格区域，单击“插入”选项卡，在“表格”命令组中单击“表格”按钮。

② 在弹出的“创建表”对话框中，单击“确定”按钮。

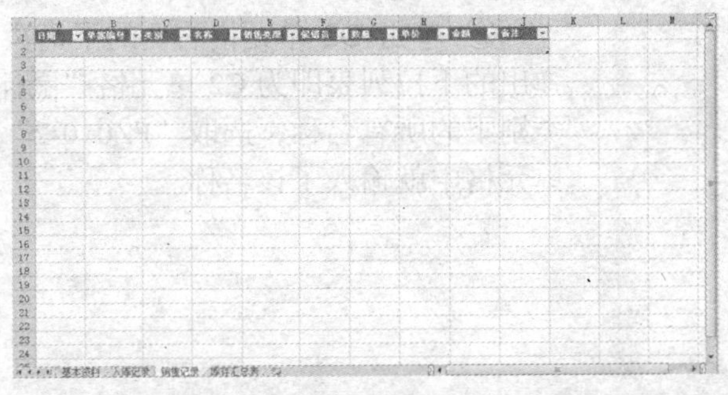

Step2 输入列表中的标题

选中 A1 单元格，输入“日期”后按<Tab>键可以接着选中 B1 单元格，输入“单据编号”后再按<Tab>键。

采用类似的方法在 A1:J1 单元格区域中输入列表中的标题，设置字体和字号，并适当地调整单元格的列宽。

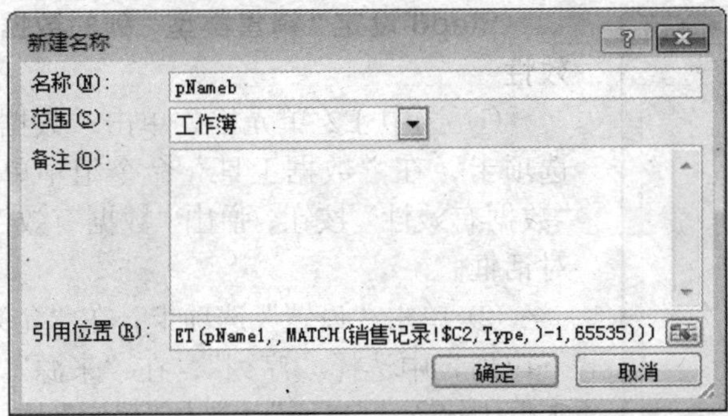

Step3 插入 pNameb 定义名称

① 在“公式”选项卡的“定义的名称”命令组中单击“定义名称”按钮，弹出“新建名称”对话框。

② 在“名称”右侧的文本框中输入要定义的名称“pNameb”。

③ 在“引用位置”右侧的文本框中输入公式“=OFFSET(pName1,,MATCH(销售记录!$C2,Type,)-1,COUNTA(OFFSET(pName1,,MATCH(销售记录!$C2,Type,)-1,65535)))”，再单击“确定”按钮。

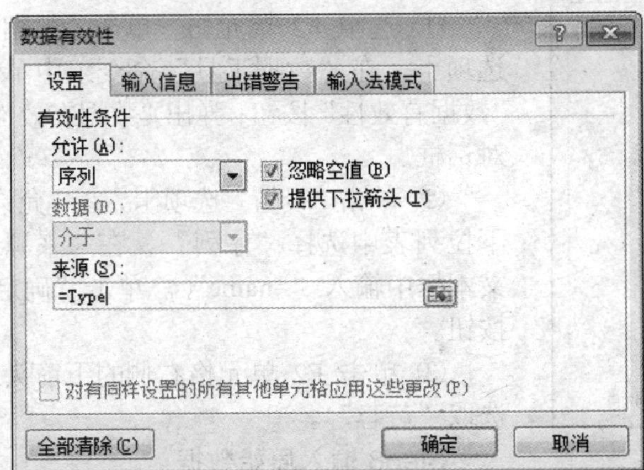

Step4 利用数据有效性制定下拉列表框

① 选中 C2 单元格区域，单击“数据”选项卡，在“数据工具”命令组中单击“数据有效性”按钮，弹出“数据有效性”对话框。

② 单击“设置”选项卡，在“允许”下拉列表中选择“序列”，在“来源”文本框中输入“=Type”。单击“确定”按钮。

③ 单击 C3 单元格右侧的下箭头，选取类别“鼠标”。

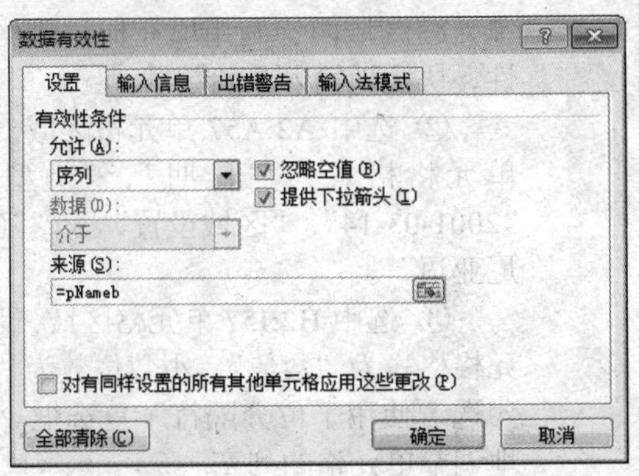

Step5 利用数据有效性实现多级下拉列表框的嵌套

① 选中 D2 单元格，单击“数据”选项卡，在“数据工具”命令组中单击“数据有效性”按钮，弹出“数据有效性”对话框。

② 单击“设置”选项卡，在“允许”下拉列表中选择“序列”，在“来源”文本框中输入“=pNameb”。单击“确定”按钮。

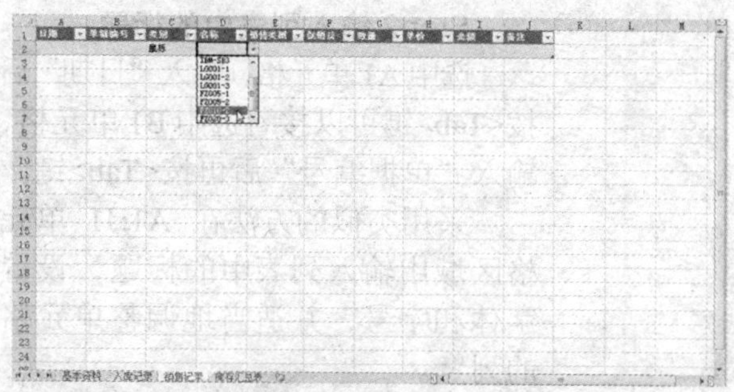

③ 单击 D2 单元格右侧的下箭头，弹出的下拉列表即为 C2 单元格“鼠标”类别下的所有名称，选取“FZ010-2”，单元格中就输入了该名称。

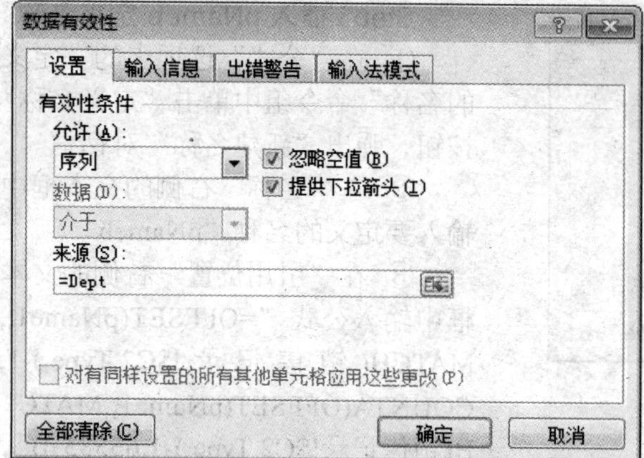

Step6 设定“销售类型”列的数据有效性

① 选中 E2 单元格，单击“数据”选项卡，在“数据工具”命令组中单击“数据有效性”按钮，弹出“数据有效性”对话框。

② 单击“设置”选项卡，在“允许”下拉列表中选择“序列”，在“来源”文本框中输入“=Dept”。单击“确定”按钮。

③ 单击 E2 单元格右侧的下箭头，选取“零售”。

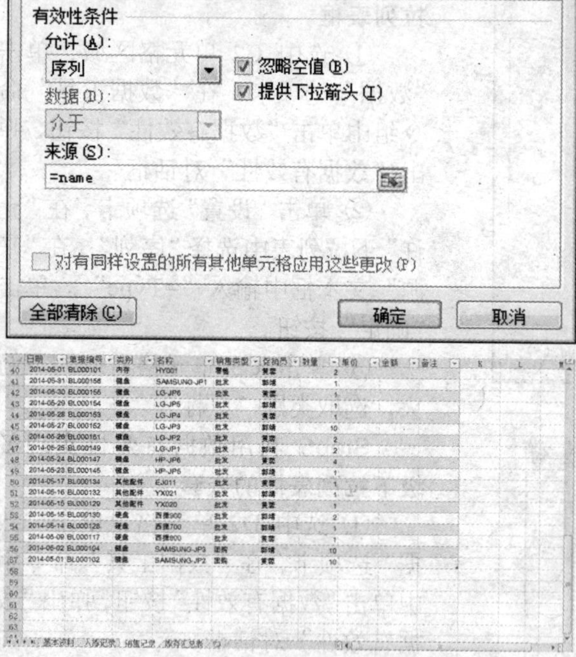

Step7 设定“促销员”列的数据有效性

① 选中 F2 单元格，单击“数据”选项卡，在“数据工具”命令组中单击“数据有效性”按钮，弹出“数据有效性”对话框。

② 单击“设置”选项卡，在“允许”下拉列表中选择“序列”，在“来源”文本框中输入“=name”。单击“确定”按钮。

③ 单击 F2 单元格右侧的下箭头，选取“黄蓉”。

Step8 输入原始数据

① 在 A2:B57、C3:F57 和 G2: G57 单元格区域内，利用填充柄和数据有效性，快捷地输入原始数据。

② 选中 A2:A57 单元格区域，设置单元格格式为“日期”，“类型”为“2001-03-14”，“区域设置”为“阿尔巴尼亚语”。

③ 选中 H2:I57 单元格区域，设置单元格格式为“数值”，小数位数为“2”，勾选“使用千位分隔符”复选框。适当地调整单元格的列宽。

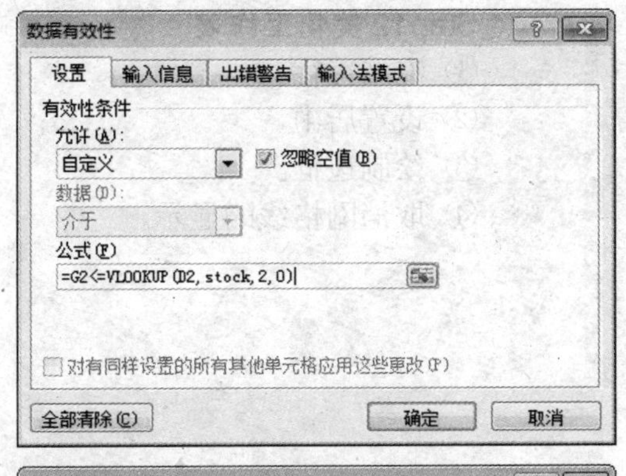

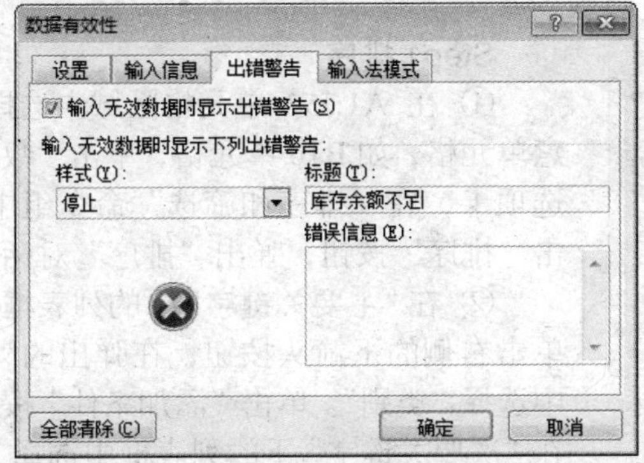

Step9 设定“数量”列的数据有效性

① 选中 G2:G57 单元格区域，单击“数据”选项卡，在“数据工具”命令组中单击“数据有效性”按钮，弹出“数据有效性”对话框。

② 单击“设置”选项卡，在“允许”下拉列表中选择“自定义”，在“公式”文本框中输入“=G2<=VLOOKUP (D2, stock,2,0)”。

③ 切换到“出错警告”选项卡，单击“样式”右侧的下箭头按钮，在列表中选择“停止”选项。在“标题”文本框中输入“库存余额不足”。单击“确定”按钮。

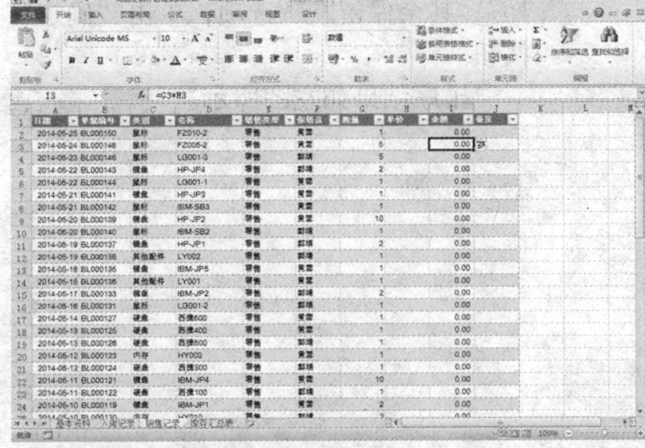

Step10 计算“金额”

选中 I2 单元格，输入以下公式，按<Enter>键确认。

```
=G2*H2
```

此时 I 列自动填充了公式。

“单价”列的数据待“库存汇总表”绘制完成后，将利用公式自动生成。

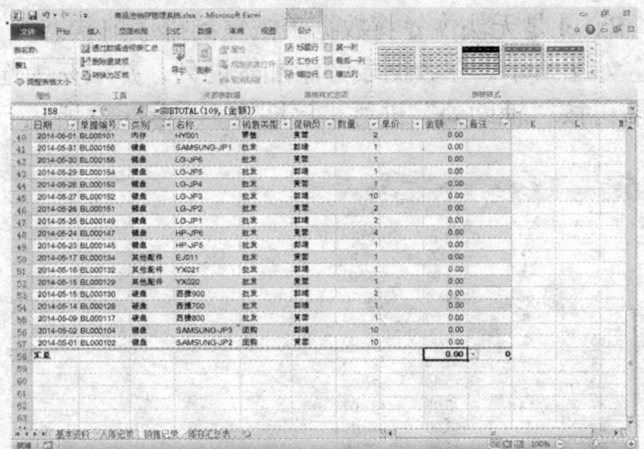

Step11 计算“汇总”

① 单击“表格工具-设计”选项卡，在“表格样式选项”命令组中勾选“汇总行”复选框。

② 选中 I58 单元格，在 I58 单元格内的右侧会显示下箭头，单击该箭头会出现下拉列表框，在下拉列表的类别中选取类别“求和”。

③ 此时 I58 单元格内自动插入了公式：

```
=SUBTOTAL(109,[金额])
```

并显示 I2:I57 单元格区域的汇总求和的值。适当地调整 I 列的列宽。

Step12 美化工作表

① 冻结首行。

② 设置居中。

③ 绘制边框。

④ 取消网格线的显示。

3.2 数据表排序

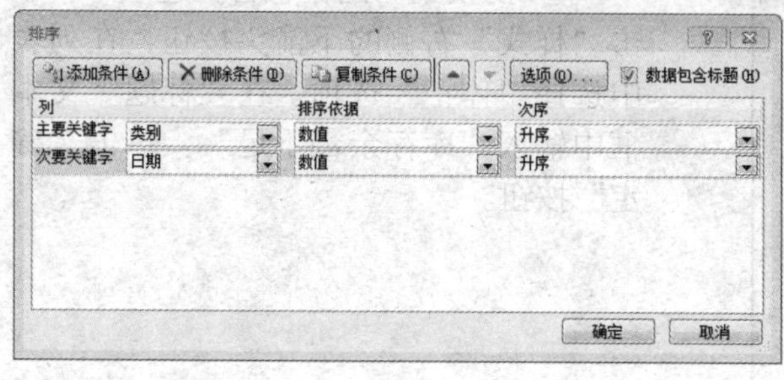

Step1 排序

① 在 A1:J57 单元格区域中选择任意单元格，如 B10 单元格，单击“数据”选项卡，在“排序和筛选”命令组中单击“排序”按钮，弹出“排序”对话框。

② 在“主要关键字”下的列表框中，单击右侧的下箭头按钮，在弹出的列表中选择“类别”。单击“添加条件”按钮，在“次要关键字”下的列表框中选择“日期”，其余保留默认选项，单击“确定”按钮。

排序结果如左图所示。

操作技巧：恢复排序前状态

一般情况下，除了使用“撤销”命令外，Excel 是无法恢复将数据表恢复到排序前状态的。添加辅助列可以将数据表恢复到排序前状态。如图所示，在数据表旁添加辅助列，并填充为连续的数字。在对排序后的数据表恢复时，只需再按“辅助列”进行排序即可，如图 4-9 所示。

	A	B	C	D	E	F	G
1	辅助列	商品名称	单位	库存天数	数量	单价	金额
2	1	产品8	件	13	9	27.00	243.00
3	2	产品2	套	24	14	16.00	224.00
4	3	产品3	件	43	3	32.00	96.00
5	4	产品11	条	3	46	8.00	368.00
6	5	产品5	件	5	58	29.00	1,682.00
7	6	产品1	件	42	6	42.00	252.00
8	7	产品7	套	65	3	24.00	72.00
9	8	产品4	套	14	17	31.00	527.00
10	9	产品9	条	32	8	72.00	576.00
11	10	产品10	条	17	54	8.00	432.00
12	11	产品6	件	41	9	118.00	1,062.00
13	12	产品12	件	89	2	45.00	90.00

图 4-9　添加辅助列

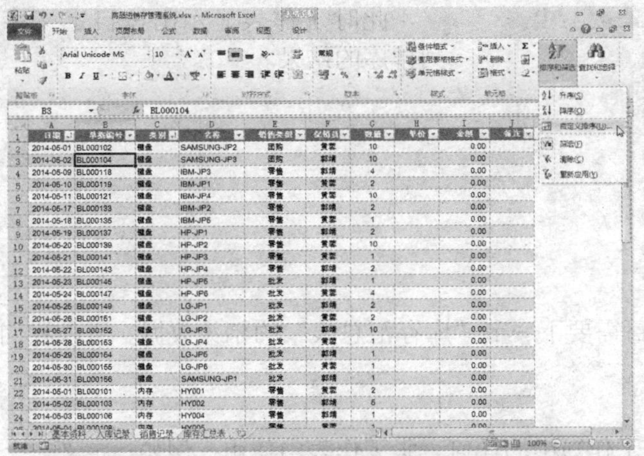

Step2 自定义排序

① 在工作表中选择任意非空单元格，如 B3 单元格，在“开始”选项卡的“编辑”命令组中单击“排序和筛选→自定义排序”命令，同样也可以弹出“排序”对话框。

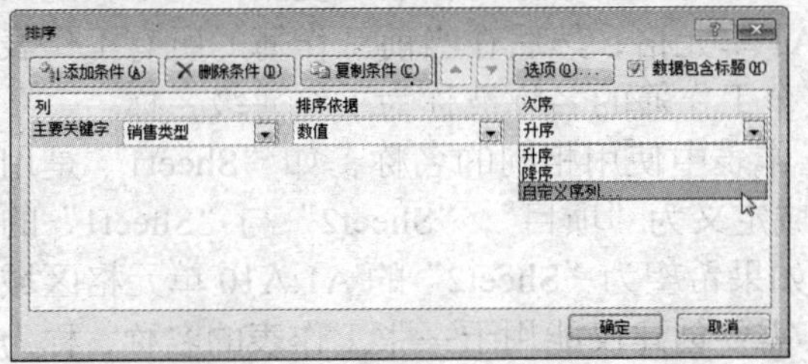

② 单击“删除条件”按钮，删除“日期”次要关键字。

③ 在“主要关键字”右侧选择“销售类型”，在“次序”下选择“自定义序列”。

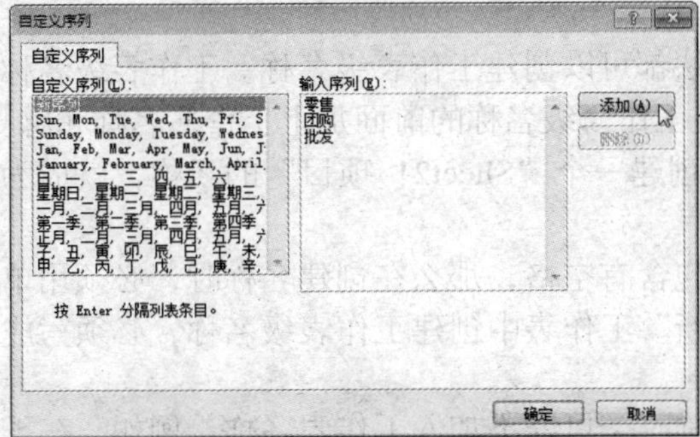

④ 弹出“自定义序列”对话框，在“自定义序列”列表框中默认选择“新序列”项，在“输入序列”文本框中输入自定义序列，输入每一个序列后按<Enter>键或者用逗号隔开。

⑤ 输入完毕后单击“添加”按钮将其添加到“自定义序列”中。

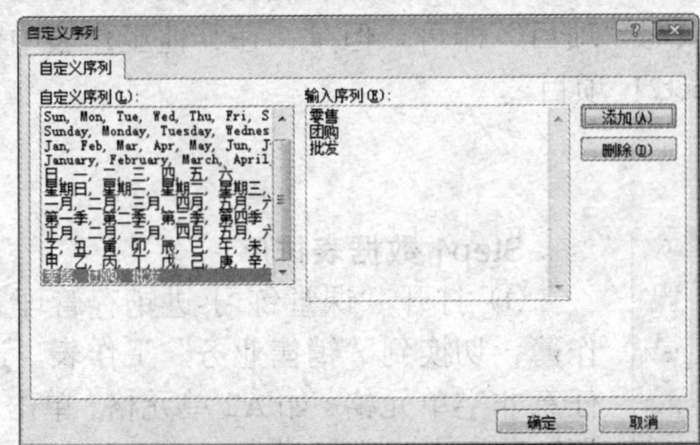

⑥ 此时“自定义序列”列表框中默认选择的是刚刚输入的自定义序列“零售，团购，批发”，单击“确定”按钮。

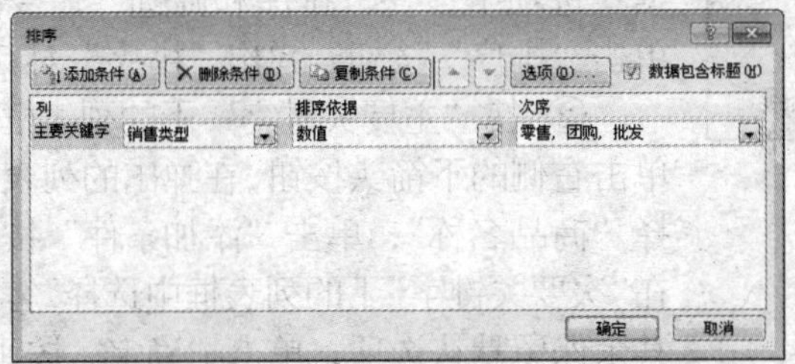

⑦ 返回“排序”对话框，此时“次序”为刚刚输入的自定义序列，单击“确定”按钮。

	A	B	C	D	E	F	G	H	I	J
2	2014-05-09	BL000118	键盘	IBM-JP3	零售	郭靖	4		0.00	
3	2014-05-10	BL000119	键盘	IBM-JP1	零售	黄蓉	2		0.00	
4	2014-05-11	BL000121	键盘	IBM-JP4	零售	黄蓉	10		0.00	
5	2014-05-17	BL000133	键盘	IBM-JP2	零售	郭靖	2		0.00	
6	2014-05-18	BL000136	键盘	IBM-JP5	零售	黄蓉	1		0.00	
7	2014-05-19	BL000137	键盘	HP-JP1	零售	郭靖	2		0.00	
8	2014-05-20	BL000139	键盘	HP-JP2	零售	黄蓉	10		0.00	
9	2014-05-21	BL000141	键盘	HP-JP3	零售	黄蓉	1		0.00	
10	2014-05-22	BL000143	键盘	HP-JP4	零售	郭靖	2		0.00	
11	2014-05-01	BL000101	内存	HY001	零售	黄蓉	2		0.00	
12	2014-05-02	BL000103	内存	HY002	零售	郭靖	5		0.00	
13	2014-05-03	BL000106	内存	HY004	零售	郭靖	1		0.00	
14	2014-05-04	BL000108	内存	HY005	零售	黄蓉	1		0.00	
15	2014-05-05	BL000110	内存	HY006	零售	郭靖	1		0.00	
16	2014-05-06	BL000112	内存	HY007	零售	黄蓉	1		0.00	
17	2014-05-07	BL000114	内存	HY008	零售	郭靖	1		0.00	
18	2014-05-08	BL000116	内存	HY009	零售	黄蓉	1		0.00	
19	2014-05-10	BL000120	内存	HY010	零售	郭靖	2		0.00	
20	2014-05-12	BL000123	内存	HY003	零售	黄蓉	1		0.00	
21	2014-05-04	BL000107	其他配件	EJ012	零售	郭靖	1		0.00	
22	2014-05-07	BL000113	其他配件	LY003	零售	黄蓉	1		0.00	
23	2014-05-18	BL000135	其他配件	LY001	零售	黄蓉	1		0.00	
24	2014-05-19	BL000138	其他配件	LY002	零售	郭靖	1		0.00	

此时工作表显示出按自定义序列排序的结果。

“销售记录”工作表的内容有些栏目需要下一节“库存汇总表”的相关数据。所以我们先进入下一节“库存汇总表”的制作。

项目扩展：名称的作用范围

在默认情况下，所有的名称都能在工作簿中的任何一张工作表中使用。例如，定义一个“name”名称，引用“Sheet1”工作表中的 A1 单元格，然后在当前工作簿的所有工作表中都可以直接使用这一名称。这种能够作用于整个工作簿的名称被称为工作簿级名称。

在实际工作中，用户可能需要在多张工作表中使用相同的名称，如“Sheet1”是用于记录 1 月份入库数据，其中 A1:A10 单元格区域定义为“项目”，“Sheet2”与“Sheet1”的表格形式完全相同，用于记录 2 月份入库数据，如果希望为“Sheet2”的 A1:A10 单元格区域也定义名称为“项目”，其实也非常简单。此时，需要创建仅能用于一张工作表的名称，称为工作表级名称，或局部性名称即可。

使用名称框和菜单“插入名称”两种方法都可以创建工作表级名称。工作表级名称的特征是“工作表名称+感叹号+名称”，也就是在工作簿级名称的前面加上工作簿名称和感叹号。例如，“项目”上一个工作簿级名称，如果创建一个“Sheet2！项目”的名称，就成为只能作用于“Sheet2”的工作表名称。

特别需要提到的是，如果工作表名称中包含有空格，那么在创建名称时，必须用单引号将工作表名称引起来，例如，在“入库数据新”工作表中创建工作表级名称，必须写成：

```
'入库数据 新'!城市
```

工作表级名称所在的工作表中使用该名称时，可以不加入工作表名称，例如，在工作表“Sheet2”中使用名称“Sheet2！项目”时，只写“项目”即可。但是，在其他工作表中使用该名称，必须填写完整的名称写法，如“Sheet2！项目”。

3.3 课堂练习

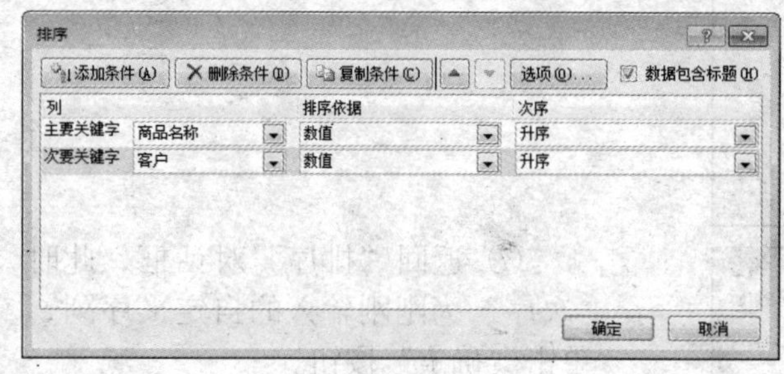

Step1 数据表排序

① 打开“课堂练习-进销存管理”工作簿，切换到“销售业务”工作表。选中任意非空单元格，如 A2 单元格，单击“数据”选项卡，在“排序和筛选”命令组中单击“排序”按钮，弹出“排序”对话框。

② 在“主要关键字”下的列表框中，单击右侧的下箭头按钮，在弹出的列表中选择“商品名称”，单击“添加条件”按钮，在“次要关键字”下的列表框中选择“客户”，其余保留默认选项，单击“确定”按钮。

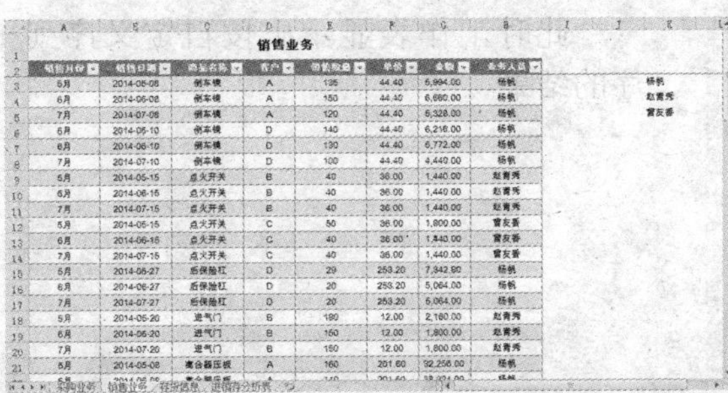

排序结果如左图所示。

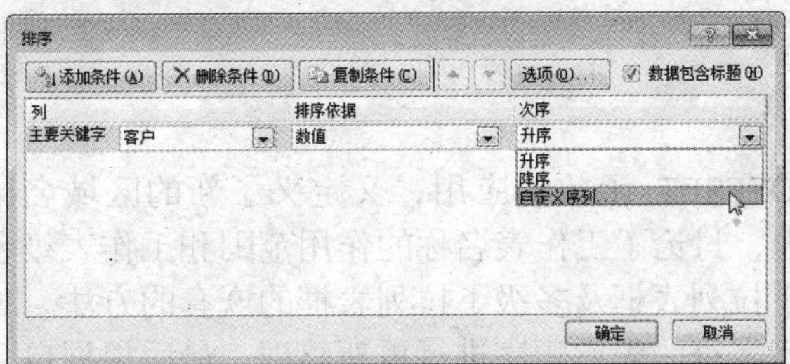

Step2 自定义排序

① 在工作表中选择任意非空单元格，如B3单元格，在“开始”选项卡的“编辑”命令组中单击“排序和筛选→自定义排序”命令，同样也可以弹出“排序”对话框。

② 单击“删除条件”按钮，删除“客户”次要关键字。

③ 在“主要关键字”右侧选择“客户”，在“次序”下选择“自定义序列”。

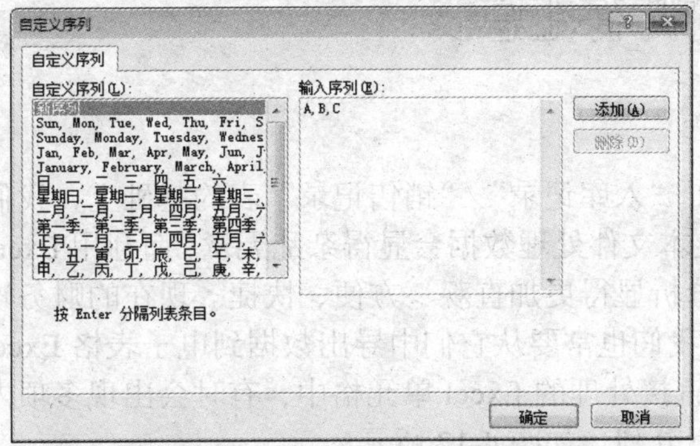

④ 弹出“自定义序列”对话框，在“自定义序列”列表框中默认选择“新序列”项，在“输入序列”文本框中输入自定义序列，输入每一个序列后按<Enter>键或者用逗号隔开。

⑤ 输入完毕后单击“添加”按钮将其添加到“自定义序列”中。

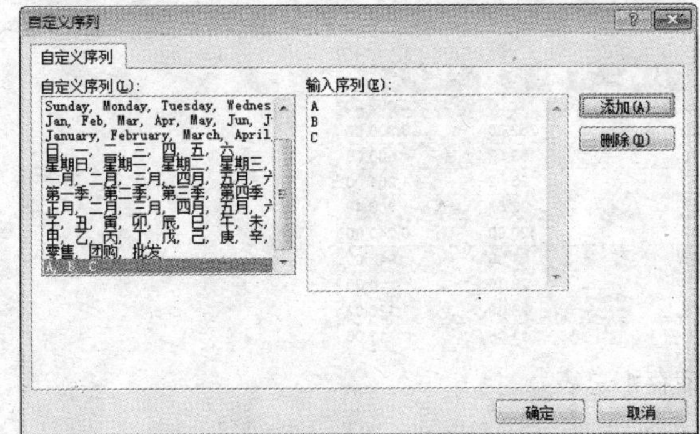

⑥ 此时“自定义序列”列表框中默认选择的是刚刚输入的自定义序列“B,A,C”，单击“确定”按钮。

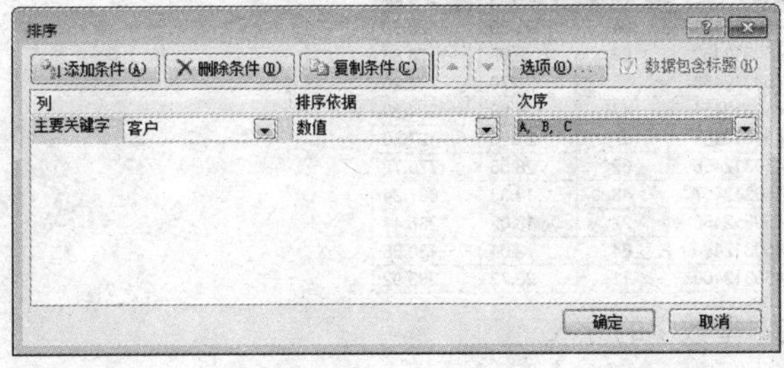

⑦ 返回“排序”对话框，此时“次序”为刚刚输入的自定义序列，单击“确定”按钮。

	A	B	C	D	E	F	G	H
1				销售业务				
2	[illegible]	[illegible]	[illegible]	[illegible]	[illegible]	[illegible]	[illegible]	[illegible]
9	5月	2014-05-08	收放机喇叭	A	78	36.00	2,808.00	杨帆
10	6月	2014-06-08	收放机喇叭	A	80	36.00	2,880.00	杨帆
11	7月	2014-07-08	收放机喇叭	A	60	36.00	2,160.00	杨帆
12	5月	2014-05-08	收放机总成	A	20	300.00	6,000.00	杨帆
13	6月	2014-06-08	收放机总成	A	15	300.00	4,500.00	杨帆
14	7月	2014-07-08	收放机总成	A	10	300.00	3,000.00	杨帆
15	5月	2014-05-25	右半轴	A	35	576.00	20,160.00	杨帆
16	6月	2014-06-25	右半轴	A	45	576.00	25,920.00	杨帆
17	7月	2014-07-25	右半轴	A	45	576.00	25,920.00	杨帆
18	5月	2014-05-15	雨刮传动臂	A	160	36.00	5,760.00	杨帆
19	6月	2014-06-15	雨刮传动臂	A	200	36.00	7,200.00	杨帆
20	7月	2014-07-15	雨刮传动臂	A	200	36.00	7,200.00	杨帆
21	5月	2014-05-15	点火开关	B	40	36.00	1,440.00	赵青秀
22	6月	2014-06-15	点火开关	B	40	36.00	1,440.00	赵青秀
23	7月	2014-07-15	点火开关	B	40	36.00	1,440.00	赵青秀
24	5月	2014-05-20	进气门	B	180	12.00	2,160.00	赵青秀
25	6月	2014-06-20	进气门	B	150	12.00	1,800.00	赵青秀
26	7月	2014-07-20	进气门	B	150	12.00	1,800.00	赵青秀
27	5月	2014-05-10	燃油继电器	B	60	19.20	1,152.00	杨帆

此时工作表显示出按自定义序列排序的结果。

任务小结

在制作“销售记录”表中，继续介绍 OFFSET 函数的应用，又定义了新的区域名称“pNameb”，对“销售记录”表数据进行处理，讨论了工作表名称的作用范围和工作表级名称的使用。再次演示了利用数据有效性制定下拉列表框及多级下拉列表框的嵌套的方法。对数据表进行排序，按某列数据的大小顺序或者字符的先后顺序进行重新整理。最后根据自己的需要设定排序次序，也就是自定义排序。

任务四 制作库存汇总表

任务背景

在“基本资料”表中定义了名称，制作了“入库记录”“销售记录”表的基础上，我们将统计库存汇总，如图 4-10 所示。有时使用文本文件处理数据会显得杂乱无章，而利用 Excel 可直接进行人机对话，并且可使数据的统计分析显得更加直观、方便、快捷。现在的财务软件、管理软件大多能把数据以其他格式输出，我们也常要从它们中导出数据到电子表格 Excel 中（见图 4-11），根据需要来编辑、计算。而直接处理的 Excel 单元格中，有时会出现多项内容集中在同一个单元格内的问题，需要再进行分列，如图 4-12 所示。

	A	B	C	D	E
1	类别	名称	结余数量	平均单价	结余金额
22	鼠标	IBM-SB1	24	142.00	3,408.00
23	鼠标	IBM-SB2	25	252.00	6,300.00
24	鼠标	IBM-SB3	12	50.00	600.00
25	鼠标	LG001-2	50	25.02	1,251.00
26	鼠标	LG001-1	57	32.57	1,856.49
27	鼠标	LG001-3	52	120.00	6,240.00
28	鼠标	FZ005-1	45	21.00	945.00
29	鼠标	FZ005-2	0	28.75	0.00
30	鼠标	FZ010-2	39	28.88	1,126.32
31	鼠标	FZ020-3	1	11.06	11.06

图 4-10　库存汇总表

类别	名称	识别码	结余数量	平均单价	结余金额
键盘	IBM-JP1	47582485029450312451	64	23.90	1529.60
键盘	IBM-JP2	47582485029450312452	66	2.68	176.88
键盘	IBM-JP3	47582485029450312453	56	3.70	207.20
键盘	IBM-JP4	47582485029450312454	47	6.90	324.30
键盘	IBM-JP5	47582485029450312455	6	21.25	127.50
键盘	HP-JP1	47582485029450312456	62	28.56	1770.72
键盘	HP-JP2	47582485029450312457	48	14.33	687.84
键盘	HP-JP3	47582485029450312458	22	13.02	286.44
键盘	HP-JP4	47582485029450312459	64	2.04	130.56
键盘	HP-JP5	47582485029450312460	11	26.72	293.92

图 4-11　长文本型数字的导入

类别	名称	识别码前17位	识别码后3位	结余数量	平均单价	结余金额
键盘	IBM-JP1	47582485029450312	451	64	23.90	1,529.60
键盘	IBM-JP2	47582485029450312	452	66	2.68	176.88
键盘	IBM-JP3	47582485029450312	453	56	3.70	207.20
键盘	IBM-JP4	47582485029450312	454	47	6.90	324.30
键盘	IBM-JP5	47582485029450312	455	6	21.25	127.50
键盘	HP-JP1	47582485029450312	456	62	28.56	1,770.72
键盘	HP-JP2	47582485029450312	457	48	14.33	687.84
键盘	HP-JP3	47582485029450312	458	22	13.02	286.44
键盘	HP-JP4	47582485029450312	459	64	2.04	130.56
键盘	HP-JP5	47582485029450312	460	11	26.72	293.92
键盘	HP-JP6	47582485029450312	461	7	30.13	210.91
键盘	LG-JP1	47582485029450312	462	10	7.46	74.60
键盘	LG-JP2	47582485029450312	463	39	18.56	723.84

图 4-12　分列

知识点分析

要实现本例中的功能，以下为需要掌握的知识点。

- SUMIF 函数、ROUND 函数、VLOOKUP 函数的应用
- 定义名称、自定义数据有效性、自动筛选
- 长文本型数字的导入
- 按分隔符号分列和按长度分列

任务实施

4.1　制作表格

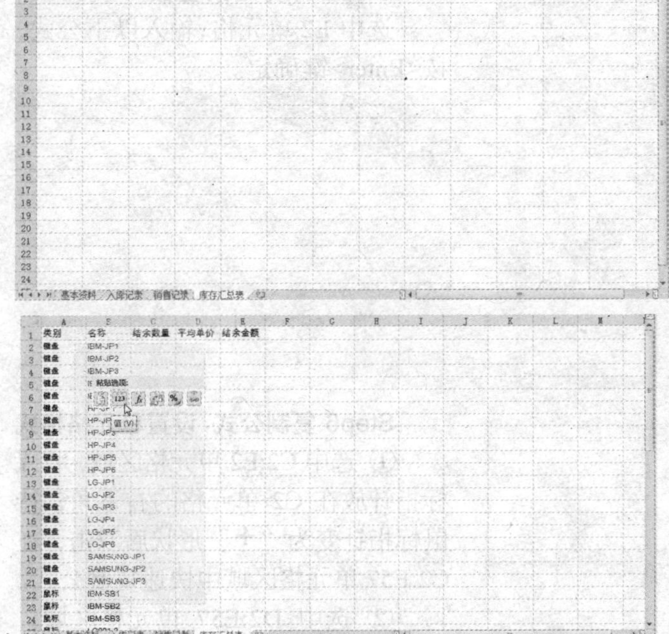

Step1 输入表格标题

打开“商品进销存管理系统”工作簿，切换到“库存汇总表”工作表，在 A1:E1 单元格区域中分别输入表格各字段标题，设置字体和字号，冻结首行。

Step2 复制、粘贴单元格区域

① 切换至“入库记录”工作表，选中 C2:D57 单元格区域，按<Ctrl+C>快捷键复制。

② 再切换至“库存汇总表”工作表中，右键单击 A2 单元格，在弹出的快捷菜单中选择“粘贴选项→值” 命令。

此时 A2:B57 单元格区域内快捷地输入了数据，适当地调整 B 列的列宽。

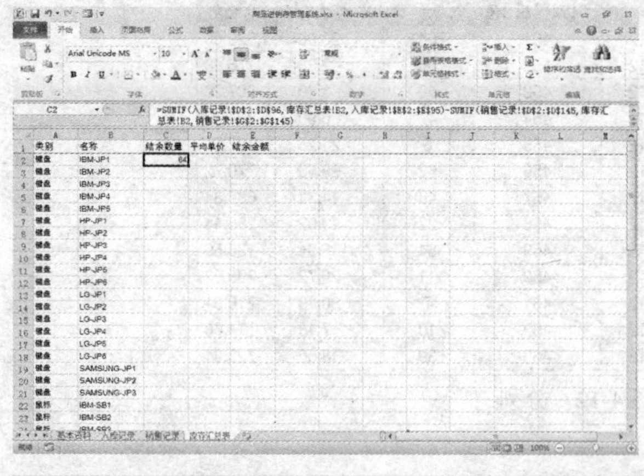

Step3 计算结余数量

选中 C2 单元格，输入以下公式，按<Enter>键确定。

```
=SUMIF(入库记录!$D$2:$D$96,库存汇总表!B2,入库记录!$E$2:$E$95)-SUMIF(销售记录!$D$2:$D$145,库存汇总表!B2,销售记录!$G$2:$G$145)
```

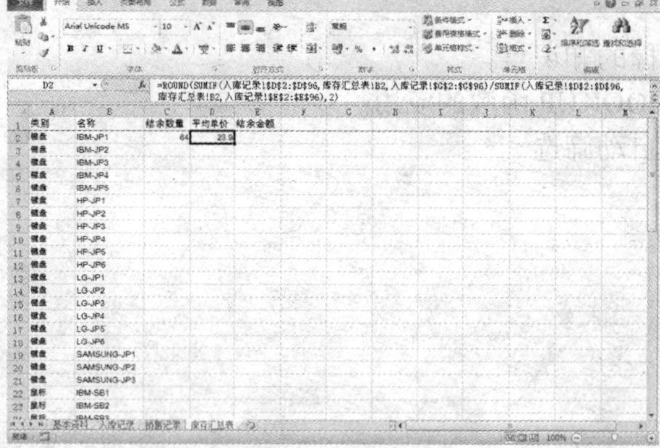

Step4 计算平均单价

选中 D2 单元格，输入以下公式，按<Enter>键确定。

```
=ROUND(SUMIF(入库记录!$D$2:$D$96,库存汇总表!B2,入库记录!$G$2:$G$96)/SUMIF(入库记录!$D$2:$D$96,库存汇总表!B2,入库记录!$E$2:$E$96),2)
```

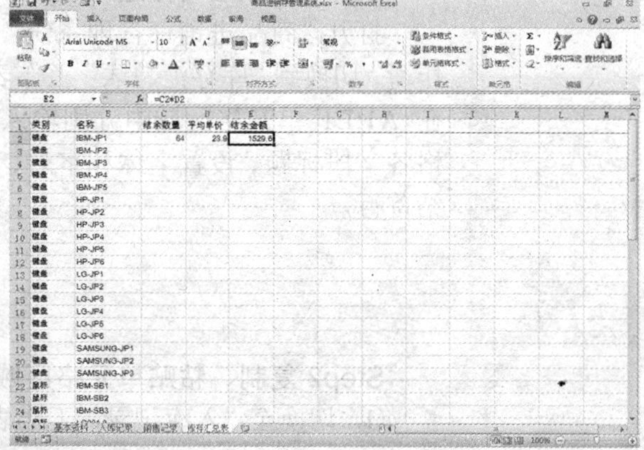

Step5 计算结余金额

选中 E2 单元格，输入以下公式，按<Enter>键确定。

```
=C2*D2
```

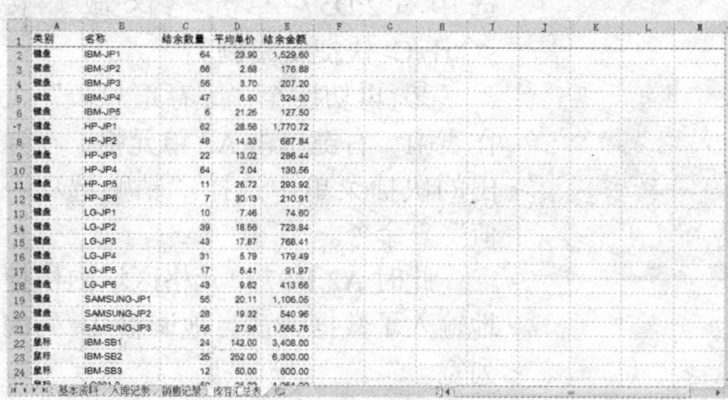

类别	名称	结余数量	平均单价	结余金额
键盘	IBM-JP1	64	23.90	1,529.60
键盘	IBM-JP2	66	2.68	176.88
键盘	IBM-JP3	56	3.70	207.20
键盘	IBM-JP4	47	6.90	324.30
键盘	IBM-JP5	6	21.25	127.50
键盘	HP-JP1	62	28.56	1,770.72
键盘	HP-JP2	48	14.33	687.84
键盘	HP-JP3	22	13.02	286.44
键盘	HP-JP4	64	2.04	130.56
键盘	HP-JP5	11	26.72	293.92
键盘	HP-JP6	7	30.13	210.91
键盘	LG-JP1	10	7.46	74.60
键盘	LG-JP2	39	18.56	723.84
键盘	LG-JP3	43	17.87	768.41
键盘	LG-JP4	31	5.79	179.49
键盘	LG-JP5	17	5.41	91.97
键盘	LG-JP6	43	9.62	413.66
键盘	SAMSUNG-JP1	55	20.11	1,106.05
键盘	SAMSUNG-JP2	28	19.32	540.96
键盘	SAMSUNG-JP3	56	27.96	1,565.76
鼠标	IBM-SB1	24	142.00	3,408.00
鼠标	IBM-SB2	25	252.00	6,300.00
鼠标	IBM-SB3	12	50.00	600.00

Step6 复制公式，设置单元格格式

① 选中 C2:E2 单元格区域，将鼠标指针放在 C2 单元格的右下角，待鼠标指针变为“+”形状后双击，在 C2:E57 单元格区域中快速复制公式。

② 选中 D2:E57 单元格区域，设置单元格格式为“数值”，小数位数为“2”，勾选“使用千位分隔符”复选框。

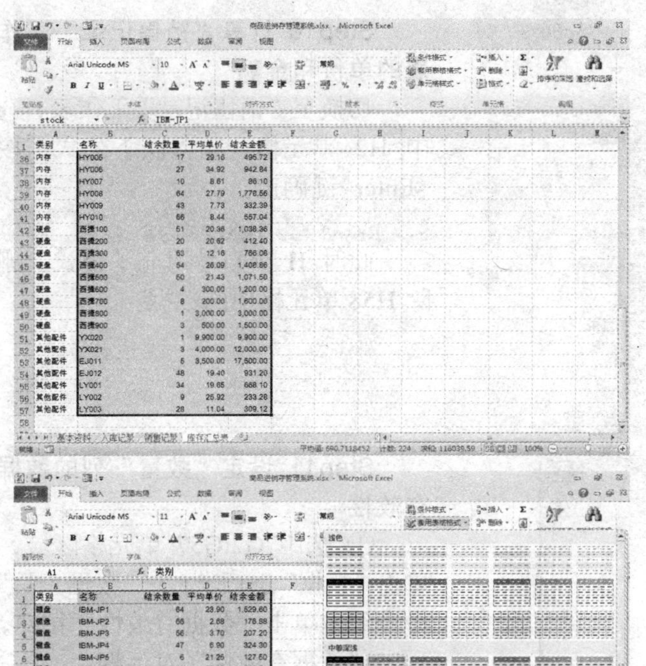

Step7 插入定义名称

选中要命名的 B2:E57 单元格区域，在“名称框”中输入要定义的名称“stock”。

Step8 套用表格样式

① 选中 A1:E57 单元格区域，在“开始”选项卡的“样式”命令组中单击“套用表格格式”按钮，并在打开的下拉菜单中选择“表样式中等深浅 2”命令。

② 弹出“套用表格式”对话框，默认勾选“表包含标题”复选框，单击“确定”按钮。

③ “表格工具-设计”选项卡中，单击“工具”命令组中的“转换为区域”按钮。弹出“Microsoft Excel”对话框，单击“是”按钮。

此时整个工作表利用“套用表格格式”命令实现了数据表的间格底纹效果。

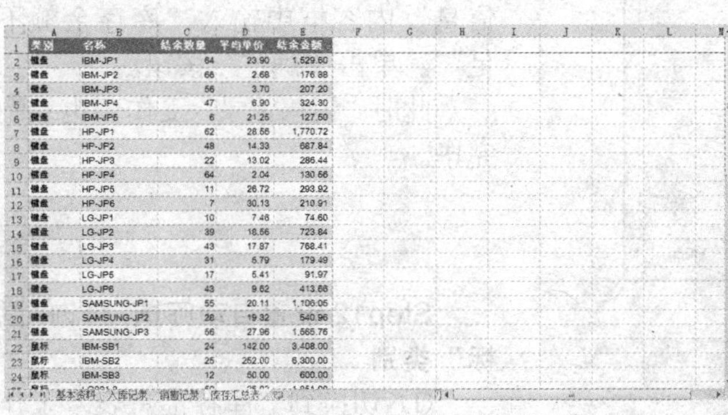

Step9 美化工作表

① 设置居中。

② 绘制边框。

③ 取消网格线的显示。

此时“库存汇总表”绘制完毕。

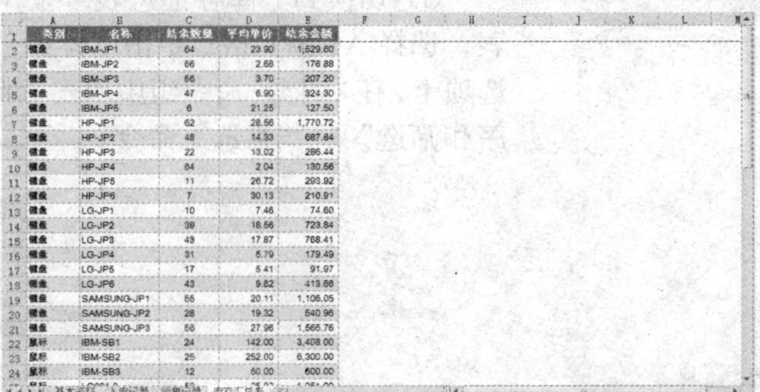

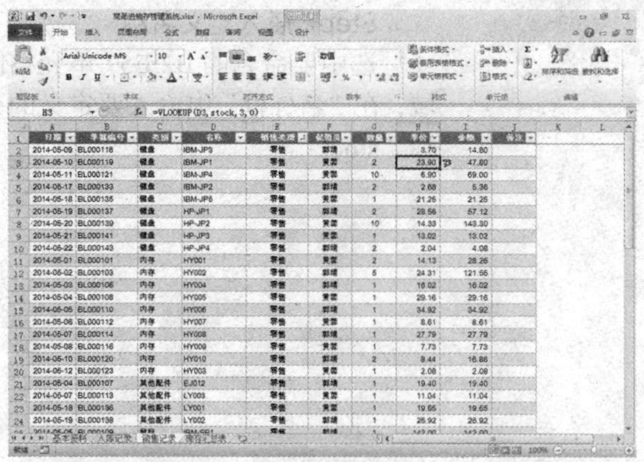

Step10 计算“销售记录”工作表的单价和金额

切换至“销售记录”工作表，选中 H2 单元格，输入以下公式，按 <Enter>键确定。

```
=VLOOKUP(D2,stock,3,0)
```

此时 H 列自动填充了公式。删除 H58 单元格中的数据。

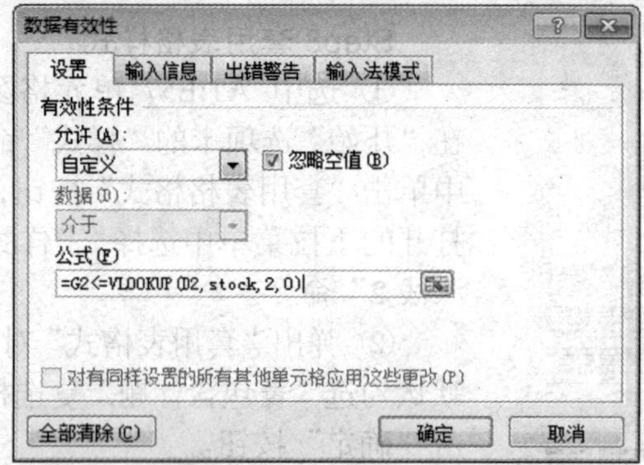

Step11 设定“数量”列的数据有效性

① 选中 G2:G57 单元格区域，单击“数据”选项卡，在“数据工具”命令组中单击“数据有效性”按钮，弹出“数据有效性”对话框。

② 单击“设置”选项卡，在“允许”下拉列表中选择“自定义”，在“公式”文本框中输入“=G2<=VLOOKUP(D2,stock,2,0)”。

③ 切换到“出错警告”选项卡，单击“样式”右侧的下箭头按钮，在列表中选中“停止”选项。在“错误信息”内容框中输入“库存余额不足”。单击“确定”按钮。

此时“销售记录”工作表也绘制完毕。

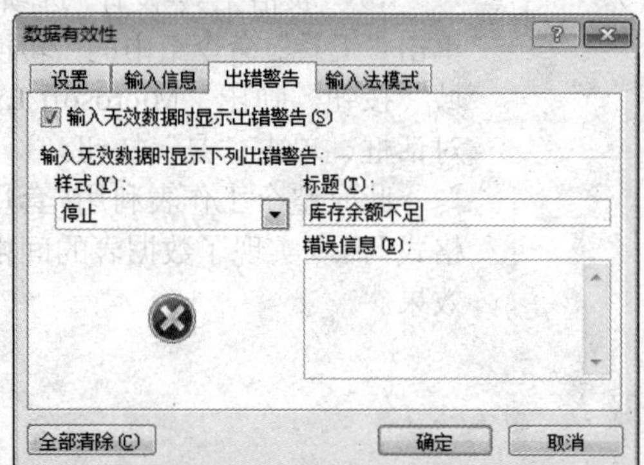

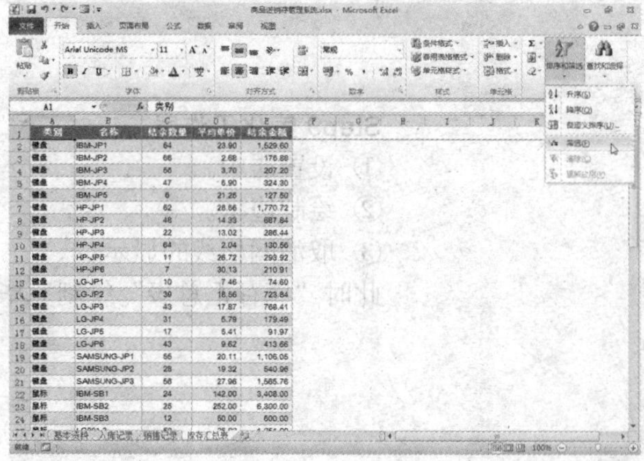

Step12 设置自动筛选，查询“鼠标”类别

① 切换到“库存汇总表”工作表，选择 A1 单元格，单击“开始”选项卡，在“编辑”命令组中单击“排序和筛选”→“筛选”命令。

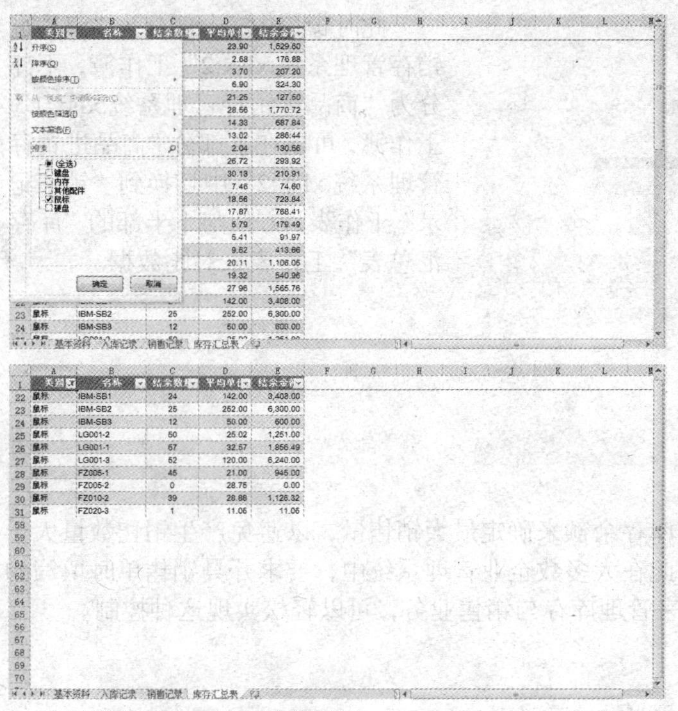

② 单击 A1 单元格右侧的下箭头按钮，在弹出的下拉列表中取消勾选“（全选）”复选框，勾选“鼠标”复选框，单击“确定”按钮。

此时“库存汇总表”工作表会筛选出“类别”为“鼠标”的记录。

在“数据”选项卡的“排序和筛选”命令组中再次单击“筛选”命令，取消筛选状态。

操作技巧：水平并排窗口

有时候，我们需要将同一个工作簿中的两个工作表内的数据进行比对，这时候来回切换两个工作表不仅麻烦，而且容易出错，希望能将两个工作表平铺在窗口中，这时可以进行如下操作。

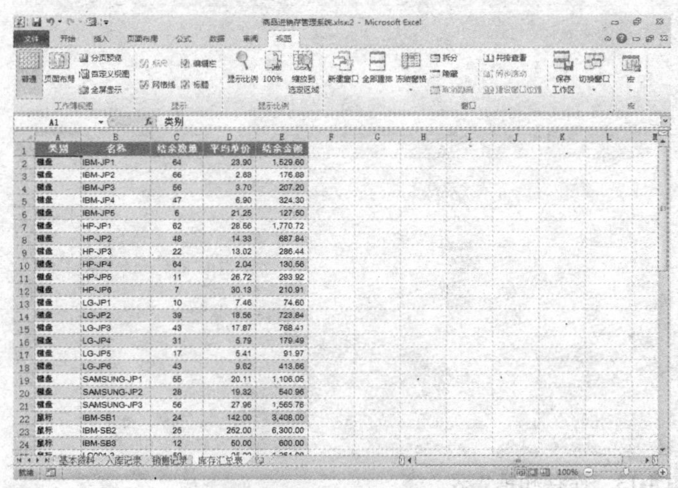

单击“视图”选项卡，在“窗口”命令组中单击“新建窗口”按钮，此时新建“商品进销存管理系统.xlsx:2”工作簿。

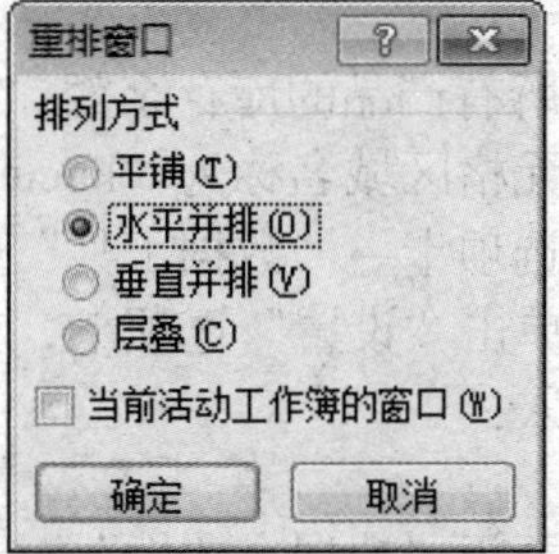

然后在“窗口”命令组中单击“全部重排”按钮，弹出“重排窗口”对话框，单击“水平并排”单选钮，单击“确定”按钮。

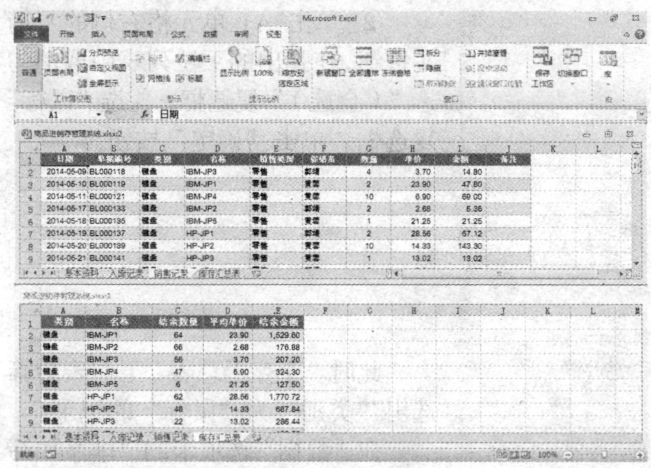

此时窗口中，上部分为“商品进销存管理系统.xlsx:2”工作簿，下部分为“商品进销存管理系统.xlsx:1”工作簿，可以在上部分“商品进销存管理系统.xlsx:2”中切换到“销售记录”工作表，方便与下半部的“库存汇总表”工作表来对比数据。

项目扩展：杜绝负数库存

用户在处理销售业务时需要依据库存余额来确定最大销售量，以避免产生销售数量大于库存数量，出现负数库存的结果。因此在大多数企业管理系统中，要求开具销售单时填写的数量都必须小于库存量，使用 Excel 来管理库存与销售业务，可以轻松实现这种控制。

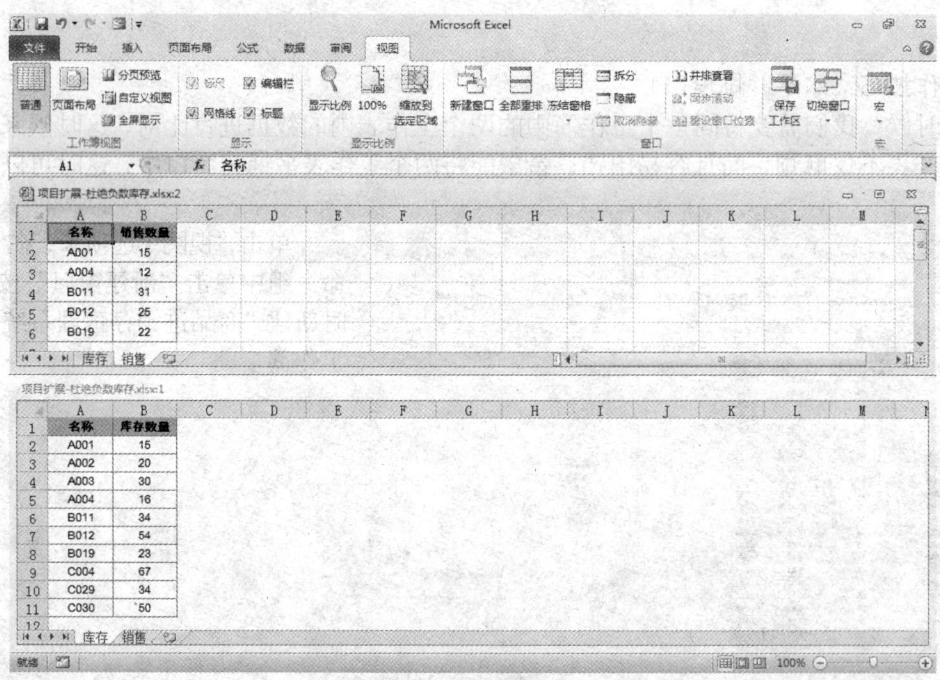

图 4-13 库存和销售表

以图 4-13 为例，有两张工作表，库存表中记录着所有产品的库存余额，销售表用来填写每次的销售数量。在库存工作表中，定义 A1:B11 单元格区域名称为“kucun”，切换到“销售”工作表，选中 B2:B6 单元格区域，单击“数据”选项卡→“数据工具”命令组→“数据有效性”按钮，在弹出的“数据有效性”对话框中，单击“设置”选项卡，在“允许”下拉列表框中选择“自定义”项，在“公式”文本框中输入：

```
=B2<=VLOOKUP(A2,kuchun,2,0)
```

勾选“忽略空值”复选框，单击“确定”按钮，关闭“数据有效性”对话框。

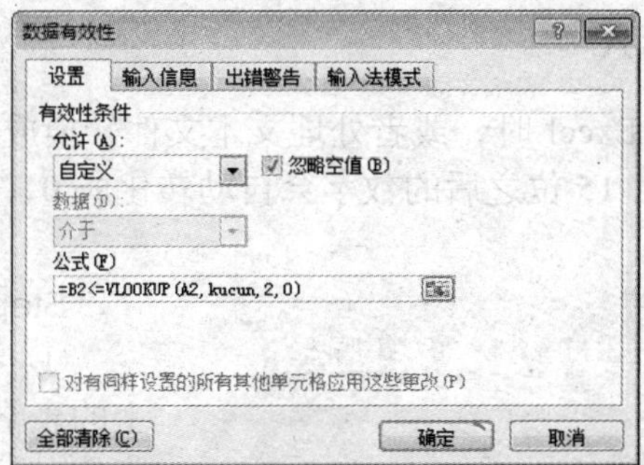

上述公式含义是，将单元格自身数值与匹配相应产品的库存数量相比较，只有小于等于时才允许输入。此公式还有一个作用，如果在 A 列中输入了库存表中不存在的产品，也将不允许输入销售数量。

函数应用：ROUND 函数

函数用途

返回某个数字按指定位数取整后的数字。

函数语法

```
ROUND(number,num_digits)
```

number 需要进行四舍五入的数字。

num_digits 指定的位数，按此位数进行四舍五入。

函数说明

- 如果 num_digits 大于 0，则四舍五入到指定的小数位。
- 如果 num_digits 等于 0，则四舍五入到最接近的整数。
- 如果 num_digits 小于 0，则在小数点左侧进行四舍五入。

函数简单示例

示例	公式	说明	结果
1	=ROUND(2.15,1)	将 2.15 四舍五入到 1 个小数位	2.2
2	=ROUND(2.149,2)	将 2.149 四舍五入到 2 个小数位	2.15
3	=ROUND(-1.475,2)	将-1.475 四舍五入到 2 个小数位	-1.48
4	=ROUND(21.5,-1)	将 21.5 四舍五入到小数点左侧 1 位	20

本例公式说明

本例中的公式为：

```
=ROUND(SUMIF(入库记录!$D$2:$D$96,库存汇总表!B2,入库记录!$G$2:$G$96)/SUMIF(入库记录!$D$2:$D$96,库存汇总表!B2,入库记录!$E$2:$E$96),2)
```

首先计算：

```
SUMIF(入库记录!$D$2:$D$96,库存汇总表!B2,入库记录!$G$2:$G$96)
```

SUMIF 函数计算从入库记录的 D2:D96 单元格区域中，查找库存汇总表的 B2 单元格的记录，并对 G 列中同一行的相应单元格的数值进行汇总，即计算了键盘 IBM-JP1 的汇总金额。接着计算：

```
SUMIF(入库记录!$D$2:$D$96,库存汇总表!B2,入库记录!$E$2:$E$96),2)
```

同理 SUMIF 函数计算键盘 IBM-JP1 的累计数量。

因此其各参数值指定 ROUND 函数将累计金额的值与累计数量的值相除后的结果四舍五入到两小数位。

4.2 长文本型数字的导入

在从网页上复制表格到 Excel 时，或者处理文本文件转换成 Excel 文件时，如果某列超过 15 位的数字或代码，那么 15 位之后的数字会自动转化成 0，我们可以使用如下方法简便的解决这个问题。

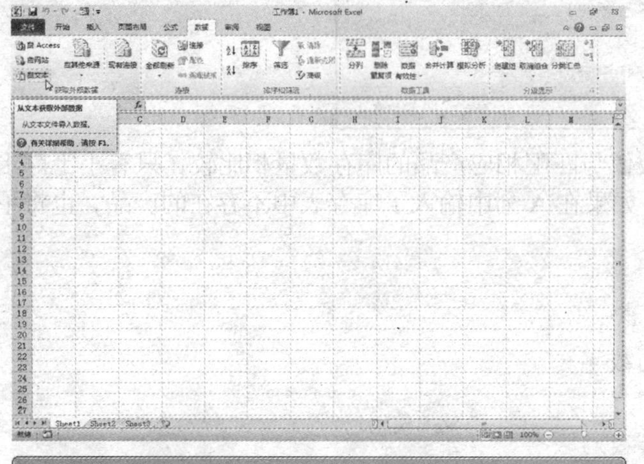

Step1 导入文本文件

① 按<Ctrl+C>快捷键复制网页上的表格，单击“开始→所有程序→附件→记事本”，打开一个空白记事本，按<Ctrl+V>快捷键粘贴，保存该记事本为“商品库存记录数据.txt”。

② 启动 Excel 自动新建一个工作簿，单击“数据”选项卡，在“获取外部数据”命令组中，单击“自文本”按钮。

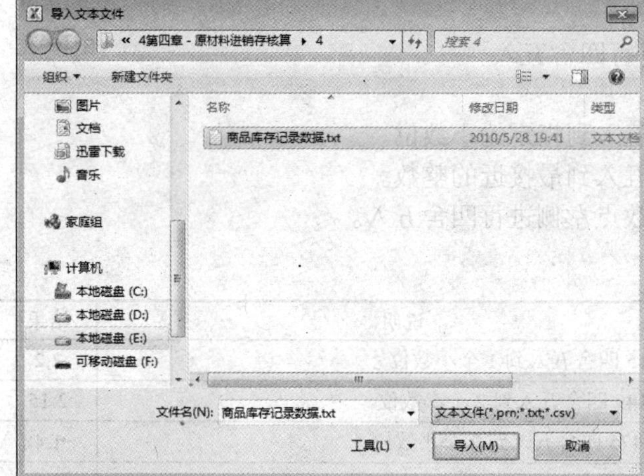

③ 在弹出的“导入文本文件”对话框中，选择要导入的文件的路径及文件名“商品库存记录数据.txt”，单击“导入”按钮。

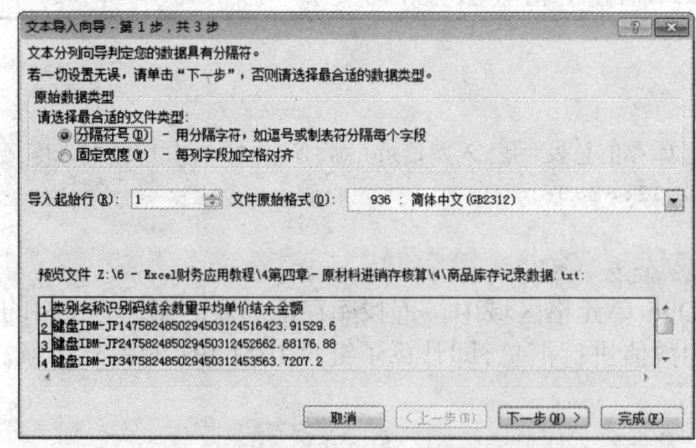

Step2 文本导入向导

① 弹出“文本导入向导-第 1 步，共 3 步”对话框，在“原始数据类型”组合框的“请选择最合适的文件类型”中默认单击“分隔符号”单选钮。单击“下一步”按钮。

操作技巧：选择“导入起始行”和“文件原始格式”

“导入起始行”指的是导入数据的范围。如果是“1”，则表明导入文件的全部数据。

在“文件原始格式”下拉列表中必须选择“简体中文”，否则文件将显示乱码。

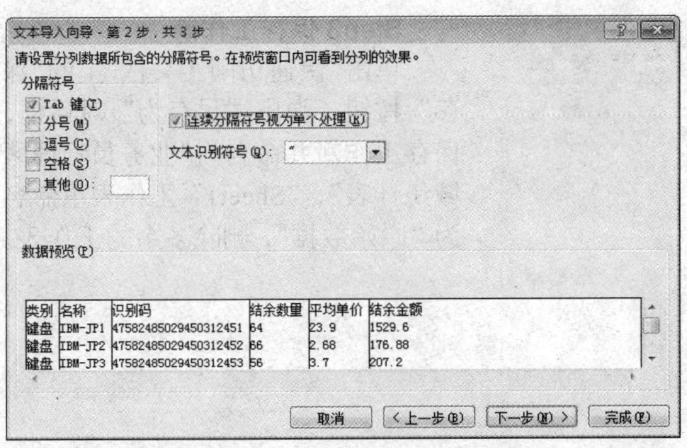

② 打开“文本导入向导-第 2 步，共 3 步”对话框。在该对话框中默认勾选“Tab 键”复选框（如果用的其他分隔符号，则应在“其他”复选框右侧的文本框中键入该分隔符）。单击“下一步”按钮。

另外，用户可以在“数据预览”文本框中可以预览。

操作技巧：注意勾选“连续分隔符视为单个处理”复选框

文本数据长短不一，数据之间的分隔符或多或少。因此，当分隔符是<Tab>键或者<空格>时，就必须勾选“连续分隔符号视为单个处理”复选框，否则转换后的表格中就可能出现多个空格。

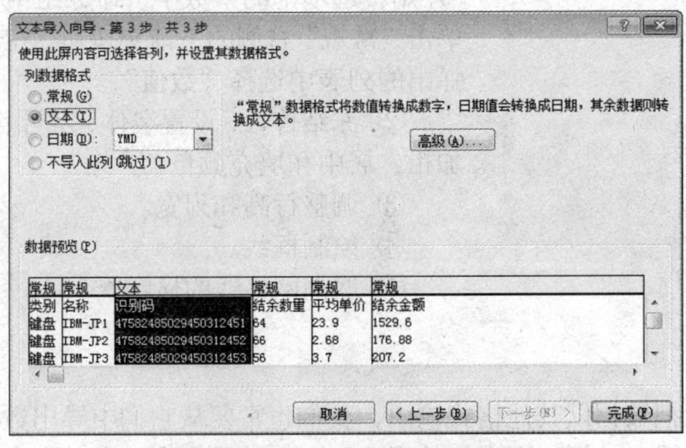

③ 打开“文本导入向导-第 3 步，共 3 步”对话框。选中“常规”列，然后在“列数据格式”组合框中单击“文本”单选钮，单击“完成”按钮。

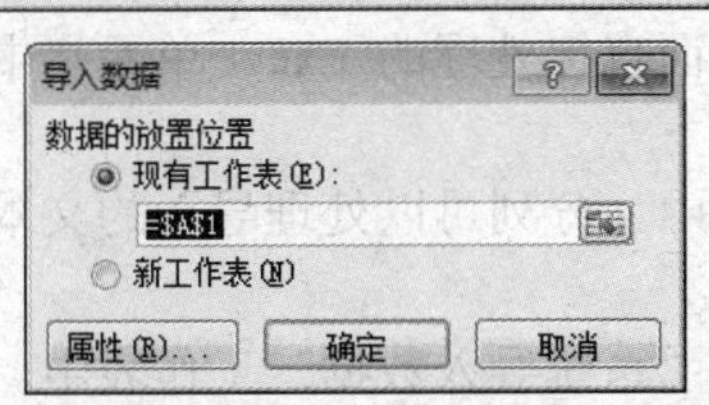

④ 弹出“导入数据”对话框，默认情况下，数据的放置位置是“现有工作表”，单击“确定”按钮。

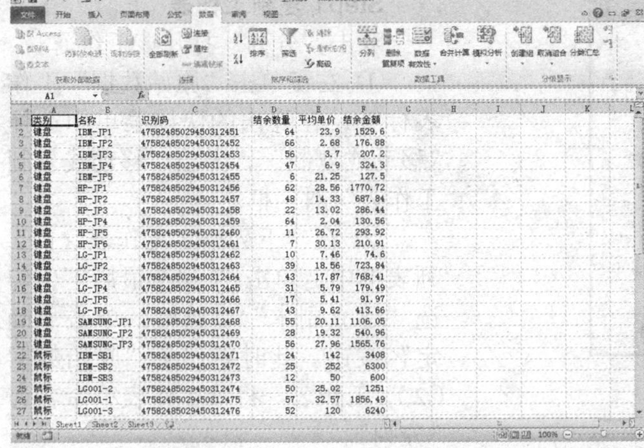

至此文本文件到表格文件的转换就完成了。

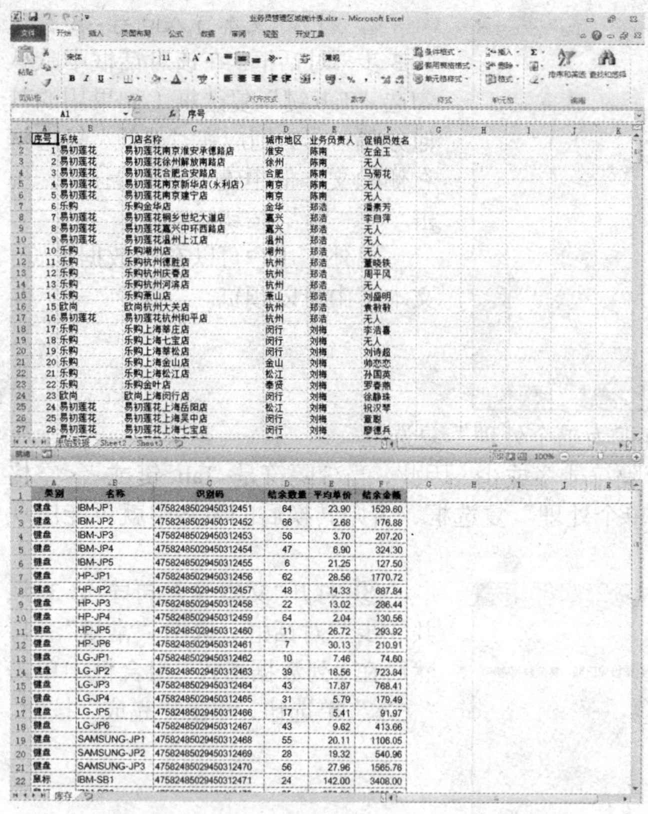

Step3 保存工作簿

单击“快速访问工具栏”上的“保存”按钮，弹出“另存为”对话框，保存工作簿并命名为“业务员管理区域统计表”，“Sheet1”工作表重命名为“原始数据”，删除多余的工作表。

Step4 美化工作表

① 选中 E2:F57 单元格区域，在“开始”选项卡的“数字”命令组中单击“常规”右侧的下箭头按钮，在弹出的列表中选择“数值”。

② 冻结首行，设置字体、字号、加粗、居中和填充颜色。

③ 调整行高和列宽。

④ 绘制框线。

⑤ 取消网格线的显示。

4.3 分列

现在的财务软件、管理软件大多能把数据以其他格式输出，我们也常要从它们中导出数据到电子表格 Excel 中，根据需要来编辑、计算。而直接处理的 Excel 单元格中，有时会出现多项内容集中在同一个单元格内的问题。

分列是把单元格中字符按一定规则填充到多列中。分列可以处理导入的文本文件，或者从网页上复制的以表格形式存放的内容。

假设系统导入的原始数据在“分列”工作簿的“系统导入数据”工作表中。

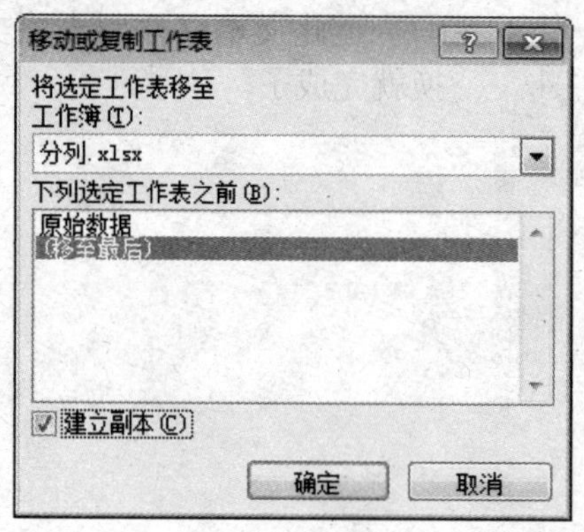

Step1 复制工作表

双击“分列”打开该工作簿。

① 右键单击“原始数据”工作表标签，在弹出的快捷菜单中选择“移动或复制”，弹出“移动或复制工作表”对话框。

② 在“下列选定工作表之前”列表框中，单击“(移至最后)”，勾选“建立副本”复选框。单击“确定”按钮。此时新建了“原始数据(2)”工作表。将该工作表重命名为“分列”。

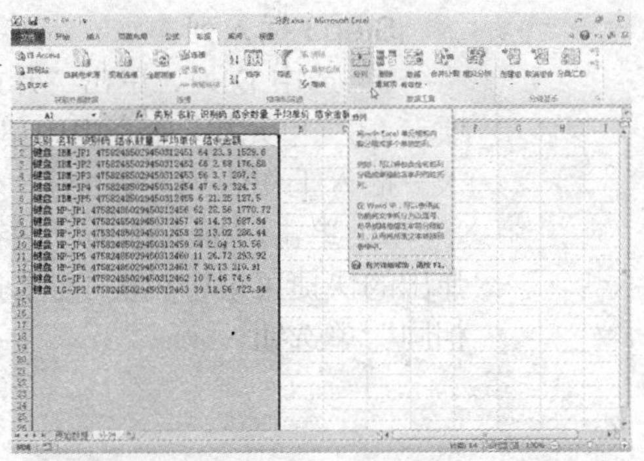

Step2 按分隔符号分列

① 选中A列，单击“数据”选项卡，在“数据工具”命令组中单击“分列”命令。

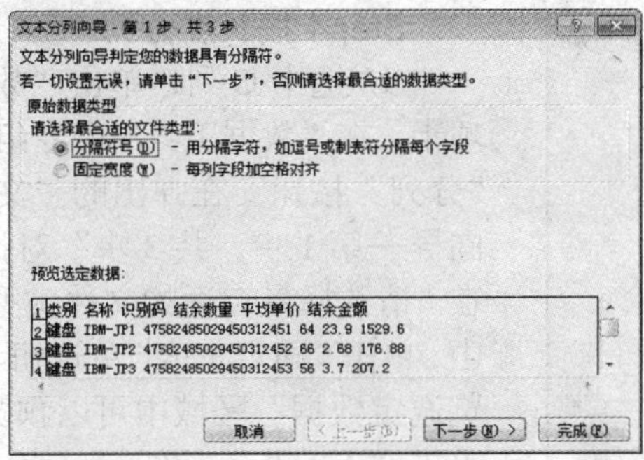

② 在弹出的“文本分列向导—第1步，共3步”对话框中，在“请选择最合适的文件类型”单选框中，默认选中了“分隔符号”。单击“下一步”按钮。

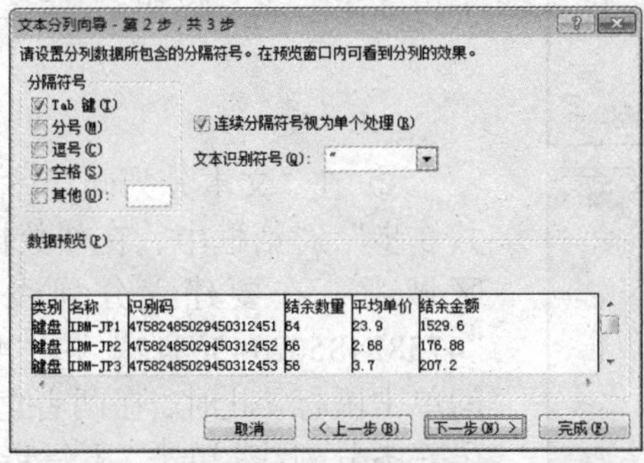

③ 在“文本分列向导—第2步，共3步”对话框中，在“分隔符号”区域中勾选“Tab键”和“空格”复选框，勾选“连续分隔符号视为单个处理”复选框。此时在“数据预览”下方可以看到，原先在类别、名称、识别码等之间用空格隔开的地方均建立了分列线。单击“下一步”按钮。

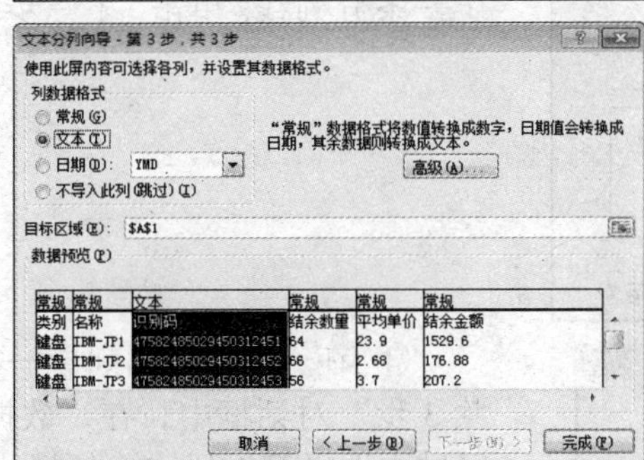

④ 在“文本分列向导—第3步，共3步”对话框中，在“数据预览”下方选中第3列，在“列数据格式”区域中单击“文本”单选钮，单击“完成”按钮。

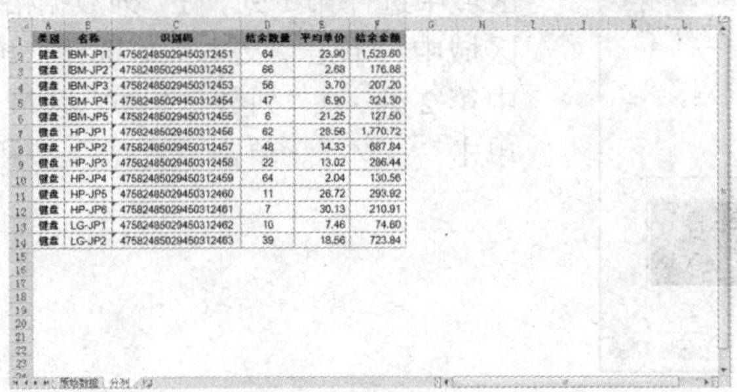

此时，原先的A列分列成A、B、C、D、E和F列。

分列就基本完成了，美化工作表后效果如图。

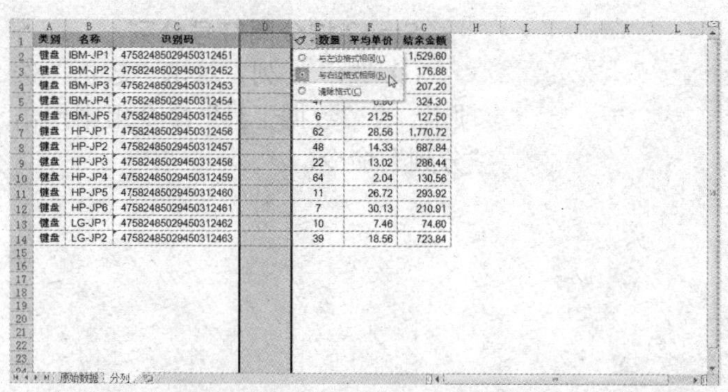

Step3 插入列

① 选中 D 列，单击“开始”选项卡，在“单元格”命令组中单击“插入→插入工作表列”命令。

② 单击“插入选项”按钮，在弹出的快捷菜单中单击“与右边格式相同”单选钮。

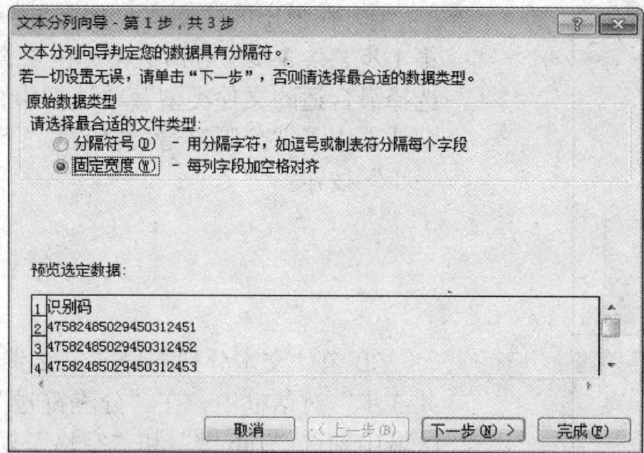

Step4 按长度分列

① 选中 C 列，单击“数据”选项卡，在“数据工具”命令组中单击“分列”按钮。在弹出的“文本分列向导—第 1 步，共 3 步”对话框中，在“请选择最合适的文件类型”区域中，单击“固定宽度”单选钮。在“预览选定数据”区域中可以预览效果。单击“下一步”按钮。

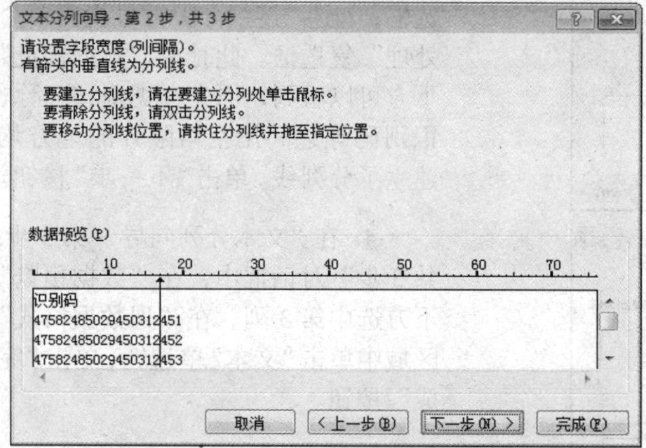

② 在“文本分列向导—第 2 步，共 3 步”对话框中，在“数据预览”区域中，在要建立分列线的编号“47582485029450312”和“451”之间单击鼠标。此时，在两者之间建立了一条分列线。单击“下一步”按钮。

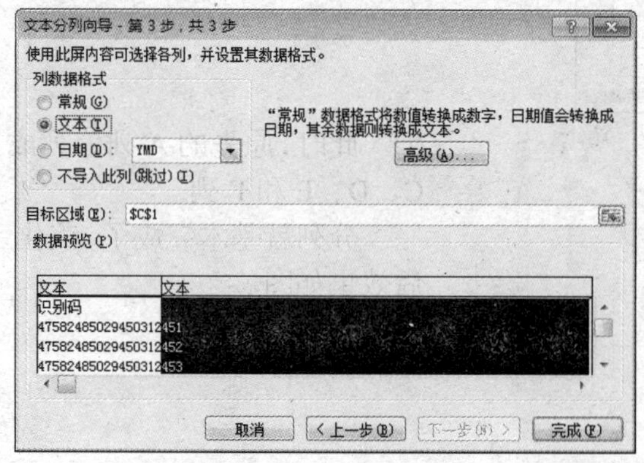

③ 在“文本分列向导—第 3 步，共 3 步”对话框中，在“数据预览”区域中选择第 1 列，在“列数据格式”区域中，单击“文本”单选钮。再选中第 2 列，在“列数据格式”区域中，单击“文本”。单击“完成”按钮。

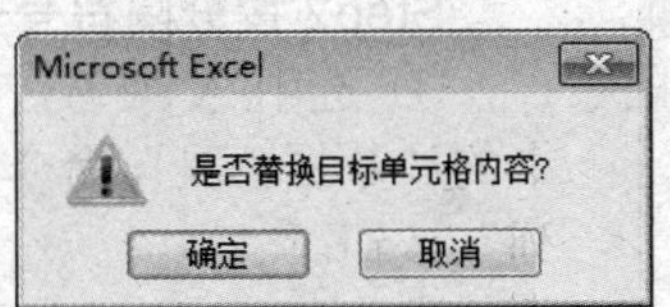

④ 弹出“Microsoft Excel”对话框，单击“确定”按钮。

类别	名称	识别码		结余数量	平均单价	结余金额
键盘	IBM-JP1	47582485029450312	451	64	23.90	1,529.60
键盘	IBM-JP2	47582485029450312	452	66	2.68	176.88
键盘	IBM-JP3	47582485029450312	453	56	3.70	207.20
键盘	IBM-JP4	47582485029450312	454	47	6.90	324.30
键盘	IBM-JP5	47582485029450312	455	6	21.25	127.50
键盘	HP-JP1	47582485029450312	456	62	28.56	1,770.72
键盘	HP-JP2	47582485029450312	457	48	14.33	687.84
键盘	HP-JP3	47582485029450312	458	22	13.02	286.44
键盘	HP-JP4	47582485029450312	459	64	2.04	130.56
键盘	HP-JP5	47582485029450312	460	11	26.72	293.92
键盘	HP-JP6	47582485029450312	461	7	30.13	210.91
键盘	LG-JP1	47582485029450312	462	10	7.46	74.60
键盘	LG-JP2	47582485029450312	463	39	18.56	723.84

此时，原来的C列中20位的识别码进行了分列，分列成了C列前17位与D列后3位，效果如图所示。

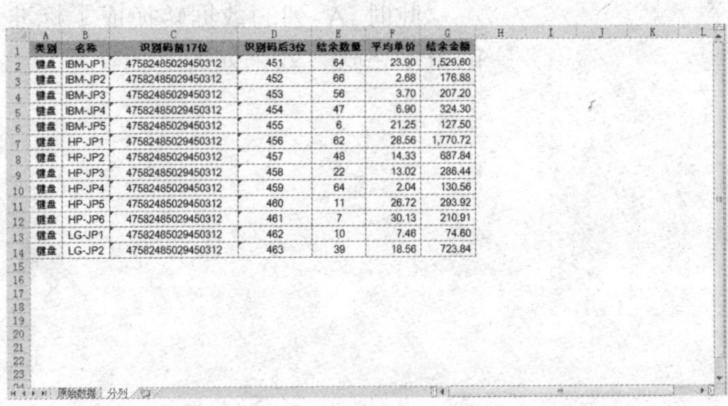

类别	名称	识别码前17位	识别码后3位	结余数量	平均单价	结余金额
键盘	IBM-JP1	47582485029450312	451	64	23.90	1,529.60
键盘	IBM-JP2	47582485029450312	452	66	2.68	176.88
键盘	IBM-JP3	47582485029450312	453	56	3.70	207.20
键盘	IBM-JP4	47582485029450312	454	47	6.90	324.30
键盘	IBM-JP5	47582485029450312	455	6	21.25	127.50
键盘	HP-JP1	47582485029450312	456	62	28.56	1,770.72
键盘	HP-JP2	47582485029450312	457	48	14.33	687.84
键盘	HP-JP3	47582485029450312	458	22	13.02	286.44
键盘	HP-JP4	47582485029450312	459	64	2.04	130.56
键盘	HP-JP5	47582485029450312	460	11	26.72	293.92
键盘	HP-JP6	47582485029450312	461	7	30.13	210.91
键盘	LG-JP1	47582485029450312	462	10	7.46	74.60
键盘	LG-JP2	47582485029450312	463	39	18.56	723.84

Step5 美化工作表

修改C1单元格内容为“识别码前17位”，在D1单元格内输入“识别码后3位”，调整D列的列宽。

4.4 课堂练习

在工作中经常会遇到一些非标准日期格式，在进行日期运算时会提示错误，所以在运算前要更改为Excel识别的日期格式，本课堂练习将试着通过分列方式达到转换为日期格式的目的。

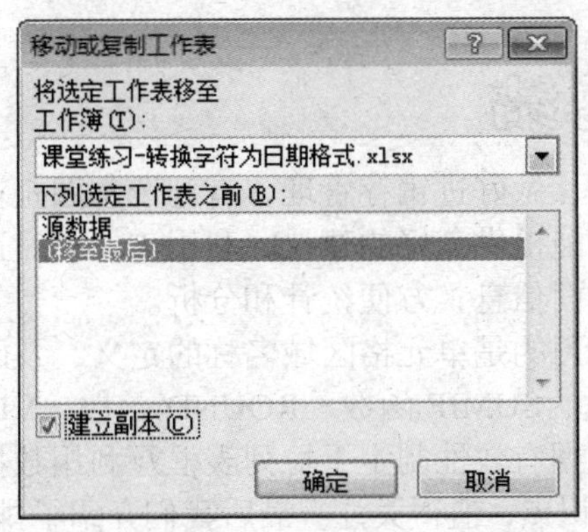

Step1 复制工作表

① 打开“课堂练习-转换字符为日期格式”工作簿，右键单击“源数据”工作表标签，在弹出的快捷菜单中选择“移动或复制”，弹出“移动或复制工作表”对话框。

② 在“下列选定工作表之前”列表框中，单击“(移至最后)”，勾选“建立副本”复选框。单击“确定”按钮。此时新建了“源数据(2)”工作表。该工作表重命名为“分列”。

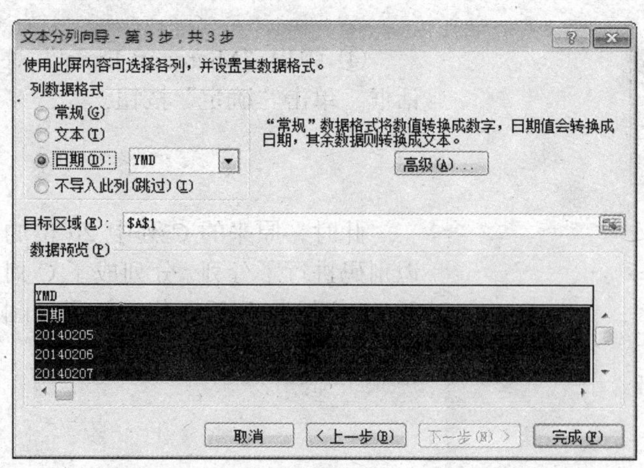

Step2 按分隔符号分列

① 选中 A 列，在“数据”选项卡的“数据工具”命令组中单击“分列”按钮。

② 在弹出的“文本分列向导-第 1 步，共 3 步”对话框中单击“下一步”按钮。

③ 在弹出的“文本分列向导-第 2 步，共 3 步”对话框中单击“下一步”按钮。

④ 在弹出的“文本分列向导-第 3 步,共 3 步”对话框中，在“列数据格式”区域中单击“日期”单选钮。单击“完成”按钮。

此时 A 列的数据转换成了标准的日期格式，效果如图所示。

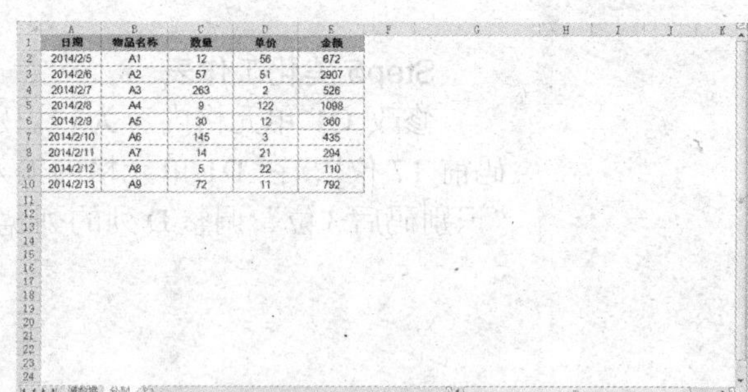

日期	物品名称	数量	单价	金额
2014/2/5	A1	12	56	672
2014/2/6	A2	57	51	2907
2014/2/7	A3	263	2	526
2014/2/8	A4	9	122	1098
2014/2/9	A5	30	12	360
2014/2/10	A6	145	3	435
2014/2/11	A7	14	21	294
2014/2/12	A8	5	22	110
2014/2/13	A9	72	11	792

任务小结

在以上“库存汇总表”的制作中，利用 SUMIF 函数跨表引用参数计算汇总金额和汇总数量，ROUND 函数计算平均单价，VLOOKUP 函数计算“销售记录”工作表的单价。利用数据有效性功能来杜绝销售数量大于库存数量的情况。最后使用了自动筛选功能，以筛选出某种特定类别的产品的相关数据。有时将文本文件导入到 Excel 时会显得杂乱无章，本节对于长文本型数字的导入进行了处理，最后针对工作表中有时会出现多项内容集中在同一个单元格内的问题，进行数据的分列。

项目总结

进销存管理涉及企业销售、物流方面的管理，做好进销存管理，有利于掌握企业主营业务产品的流动情况，对采购需要和库存点设立也能提供良好的建议。利用 Excel 对进销存进行管理，能够更方便地控制采购、销售和库存方面信息，方便统计和分析。

在本项目原材料进销存核算中，我们主要学习的是单元格区域名称的定义，及函数如何引用名称的动态定义。我们介绍了 OFFSET 函数、SUMIF 函数、ROUND 函数、VLOOKUP 函数的使用，需要多花时间理解。其次，利用数据有效性制定下拉列表框及利用数据有效性实现多级下拉列表框的嵌套的方法也是重要的知识点，值得关注。最后我们介绍了排序功能，包括了普通排序和自定义排序；介绍了长文本型数字的导入和拆分整列为多列，即分列。本项目重点介绍的数据表的处理和操作方法，请大家多加练习。

项目五

往来账款核算

往来账款都是由商业信用产生的，对往来账款的管理是企业财务管理中的重要内容，应收、应付账款是企业的重要资产和负债项目。随着市场经济的发展，社会竞争的加剧，企业为了扩大市场占有率，会越来越多地运用商业信用进行交易，但是这把双刃剑又会使得企业之间的相互拖欠现象越来越严重，造成了企业往来账款的增加。

加强往来账的管理对于企业资金的运转和提高销售收入起着举足轻重的作用。企业往来账款包括应收账款、其他应收款、预付账款、应付账款、其他应付款以及预收账款等，按基本性质可分为：应收账款和应付账款两大类。应付账款是指企业因购买材料、商品或接受劳务等而应当支付给货物提供者或劳务提供者的款项，是在商品交易中买方先取货后付款时发生的一种信用形式，建立应付账款分析模型与应收账款基本一致，本项目将介绍应收账款管理、往来账账龄分析和逾期应收账款管理。应付账款的处理，请参考应收账款处理部分。

任务一　应收账款管理

任务背景

应收账款是企业对外赊销产品、材料和提供劳务等业务应向购货方或接受劳务方收取得款项，主要包括应收账款、应收票据、其他应收款项等。对于应收账款，企业应该采取良好的管理方法进行分析、控制，以便及时发现问题，提前采取对策。

应收账款管理主要是统计应收账款资料与分析应收账款数据如图 5-1 和图 5-2 所示。统计应收账款资料即制作应收账款统计表。通过应收账款统计表，用户可以详细统计、观察各客户赊销金额、到期日期等情况。

分析应收账款数据主要利用分类汇总与图表功能，图 5-3 为按客户名称汇总应收账款金额，并利用图表直观地反应各客户赊销金额占总金额的百分比。

应收账款统计

当前日期：　2014/4/15

客户名称	日期	经办人	应收账款	到期日期	备注
彩臣公司	5月1日	Jack	¥ 5,000.00	7月1日	
彩臣公司	6月5日	Jack	¥ 5,000.00	8月5日	
彩臣公司	7月10日	Jack	¥ 5,000.00	8月10日	
彩臣公司	7月29日	Jack	¥ 10,000.00	9月20日	
宏奇公司	5月5日	Jerry	¥ 10,000.00	7月5日	
宏奇公司	6月8日	Jerry	¥ 8,000.00	8月6日	
宏奇公司	7月20日	Jerry	¥ 20,000.00	9月20日	
惠聪公司	5月10日	Mary	¥ 26,000.00	7月10日	
惠聪公司	7月1日	Mary	¥ 20,000.00	8月15日	
佳豪公司	7月6日	Lily	¥ 30,000.00	9月6日	
佳豪公司	7月15日	Lily	¥ 6,000.00	9月10日	
朗萨公司	6月1日	Tom	¥ 40,000.00	7月1日	
朗萨公司	7月26日	Tom	¥ 5,000.00	8月14日	
瑞智公司	6月10日	David	¥ 10,000.00	8月10日	
瑞智公司	7月28日	David	¥ 9,000.00	9月28日	
瑞智公司	7月13日	David	¥ 10,000.00	9月6日	
易阳公司	6月2日	Mike	¥ 30,000.00	7月2日	

图 5-1　应收账款统计

	A	B	C	D	E	F
1			**应收账款统计**			
2	当前日期：	2014/4/15				
3	客户名称	日期	经办人	应收账款	到期日期	备注
8	彩臣公司 汇总		Jack	¥ 25,000.00		
12	宏奇公司 汇总		Jerry	¥ 38,000.00		
15	惠聪公司 汇总		Mary	¥ 46,000.00		
18	佳豪公司 汇总		Lily	¥ 36,000.00		
21	朗萨公司 汇总		Tom	¥ 45,000.00		
25	瑞智公司 汇总		David	¥ 29,000.00		
27	易阳公司 汇总		Mike	¥ 30,000.00		
28	总计			¥ 249,000.00		

图 5-2　分类汇总分析

分类汇总统计表

客户名称	应收账款
彩臣公司	¥ 25,000.00
宏奇公司	¥ 38,000.00
惠聪公司	¥ 46,000.00
佳豪公司	¥ 36,000.00
朗萨公司	¥ 45,000.00
瑞智公司	¥ 29,000.00
易阳公司	¥ 30,000.00
总计	¥ 249,000.00

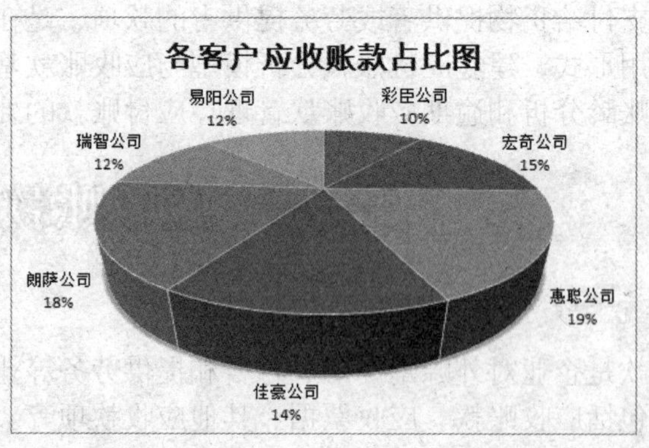

图 5-3　图表分析

知识点分析

要实现本例中的功能，以下为需要掌握的知识点。

- TODAY 函数、LEFT 函数的应用和插入函数向导
- 数据有效性、分类汇总
- 定位空值、批量输入数据和定位可见单元格
- 数据的组及分级显示、隐藏明细数据
- 绘制三维饼图、设置三维饼图格式

任务实施

1.1 应收账款管理表

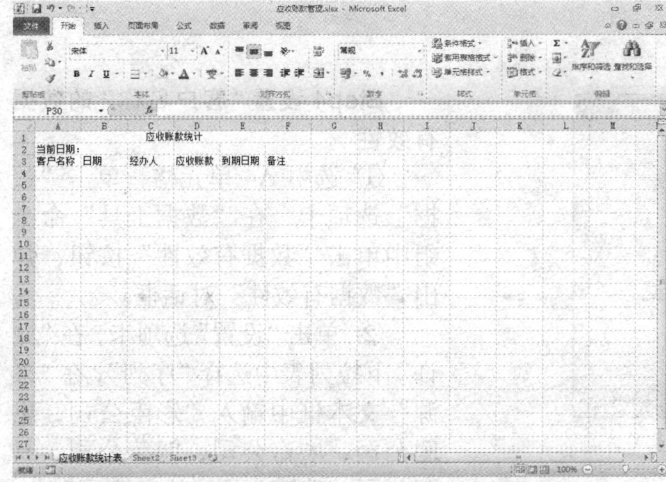

Step1 新建工作簿

新建“应收账款管理”工作簿，“Sheet1”工作表重命名为“应收账款统计表”，设置工作表标签颜色为“红色”。

Step2 输入表格标题

① 选中 A1:F1 单元格区域，设置“合并后居中”，输入“应收账款统计”。

② 选中 A2 单元格，输入“当前日期:”。

③ 在 A3:F3 单元格区域，分别输入表格各字段标题。

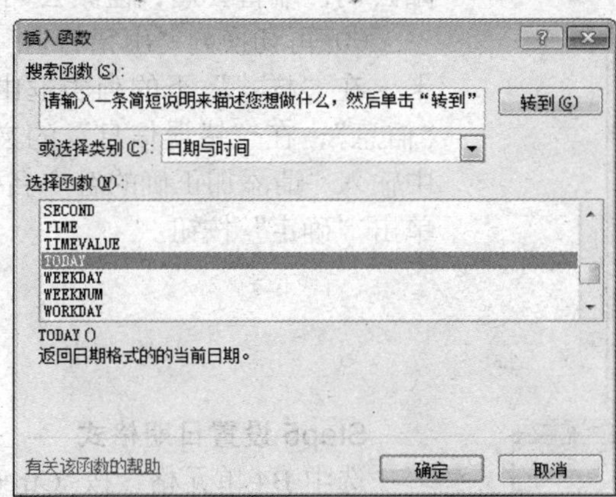

Step3 输入当前日期

① 选中 B2 单元格，单击“公式”选项卡，在“函数库”命令组中单击“插入函数”按钮，弹出“插入函数”对话框。

② 在“或选择类别”下拉列表框中，单击右侧的下箭头按钮，在弹出的下拉列表中选择“时间与日期”。

③ 在“选择函数”列表框中，拖动右侧的滚动条，选中“TODAY”，单击“确定”按钮。

④ 弹出“函数参数”对话框。单击“确定”按钮。

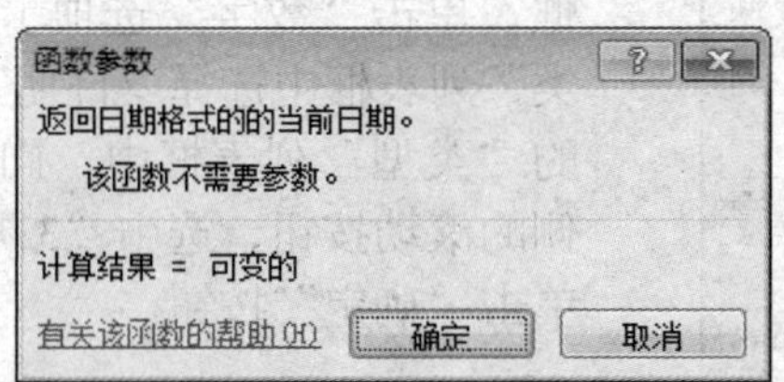

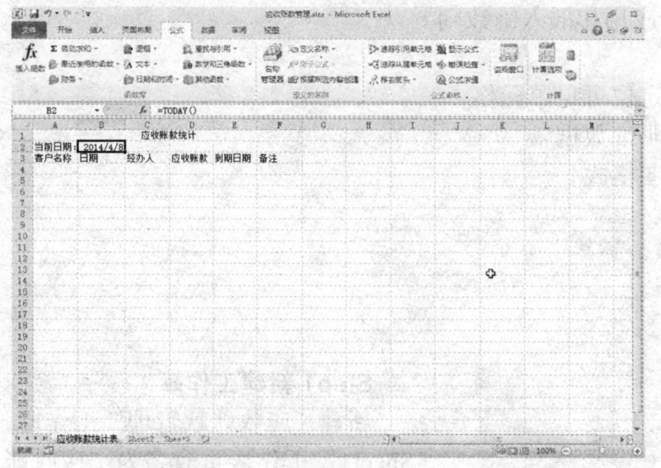

此时，B2 单元格输入了函数：

```
=TODAY()
```

显示当天的系统日期 2014-4-8。

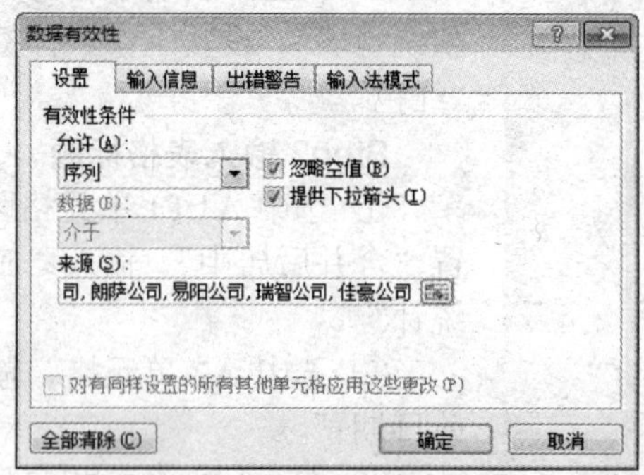

Step4 设置“客户名称”的数据有效性

① 选中 A4 单元格，单击“数据”选项卡，在“数据工具”命令组中单击“数据有效性”按钮，弹出“数据有效性”对话框。

② 单击“设置”选项卡，在“允许”下拉列表中选择“序列”，在“来源”文本框中输入“彩臣公司，惠聪公司，宏奇公司，朗萨公司，易阳公司，瑞智公司，佳豪公司”。

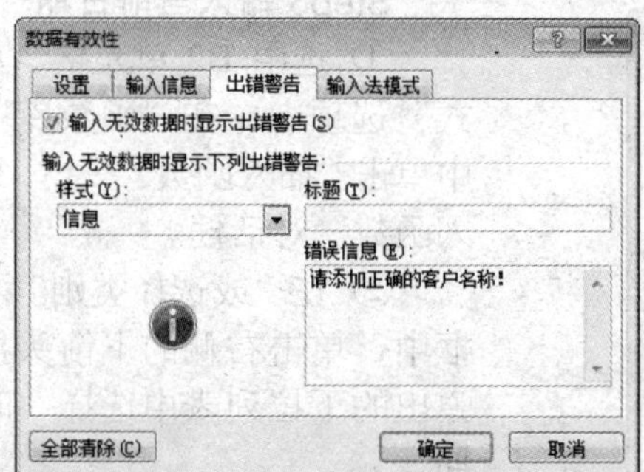

③ 再切换到“出错警告”选项卡，在“样式”下的列表框中选择“信息”，在“错误信息”的文本框中输入“请添加正确的客户名称!”，单击“确定”按钮。

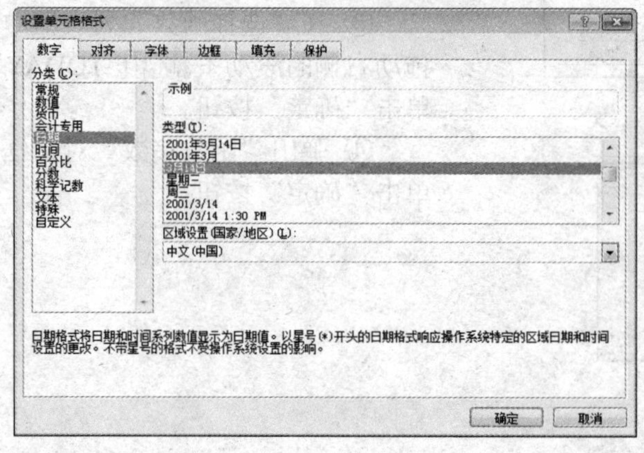

Step5 设置日期格式

选中 B4 单元格，按<Ctrl+1>快捷键弹出“设置单元格格式”对话框，单击“数字”选项卡，在“分类”列表框中选择“日期”，在右侧的“类型”列表框中，向下拖动右侧的滚动按钮，选中“3 月 14 日”。单击“确定”按钮。

Step6 选择性粘贴格式

选中 B4 单元格，按<Ctrl+C>快捷键复制，右键单击 E4 单元格，在弹出的快捷菜单中选择“粘贴选项”→“格式”按钮“”。

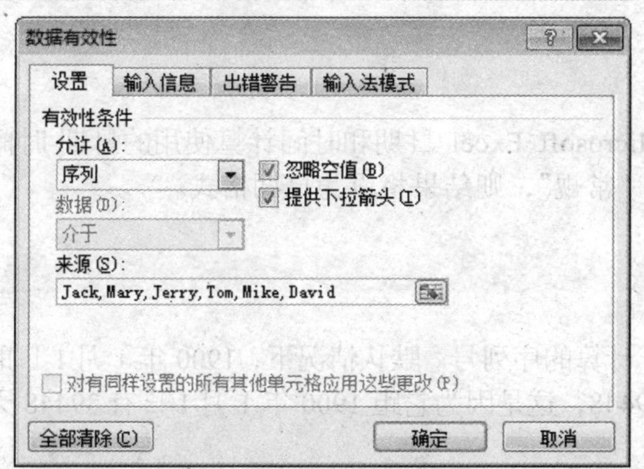

Step7 设置经办人的数据有效性

① 选中 C4 单元格，单击“数据”选项卡，在“数据工具”命令组中单击“数据有效性”按钮，弹出“数据有效性”对话框。

② 单击“设置”选项卡，在“允许”下拉列表中选择“序列”，在“来源”文本框中输入“Jack,Mary,Jerry,Tom,Mike,David”。

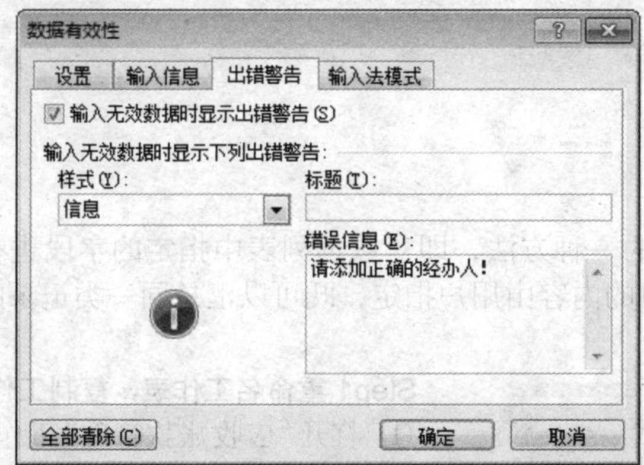

③ 切换到“出错警告”选项卡，在“样式”下的列表框中选择“信息”，在“错误信息”的文本框中输入“请添加正确的经办人！”，单击“确定”按钮。

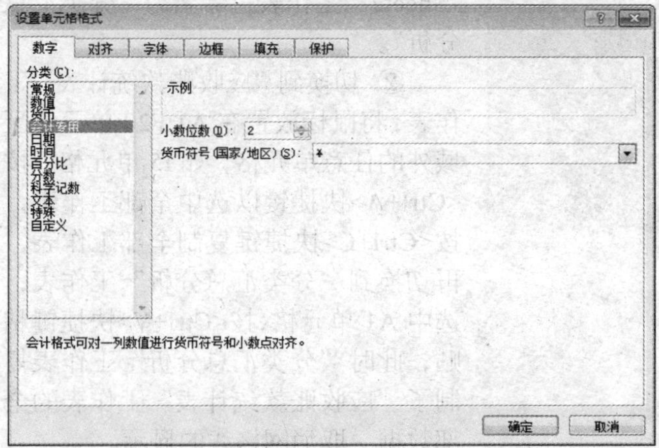

Step8 设置会计专用格式

选中 D4 单元格，按<Ctrl+1>快捷键弹出“设置单元格格式”对话框，单击“数字”选项卡，在“分类”列表框中选择“会计专用”格式，在“小数位数”旋钮调节框中输入“2”，在“货币符号（国家/地区）”列表框中，单击右侧的下箭头按钮，在弹出的列表框中选择“￥”。单击“确定”按钮。

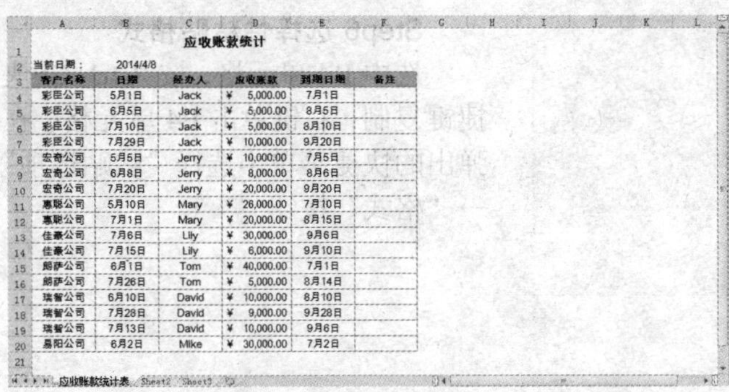

应收账款统计

当前日期： 2014/4/8

客户名称	日期	经办人	应收账款	到期日期	备注
彩臣公司	5月1日	Jack	¥ 5,000.00	7月1日	
彩臣公司	6月5日	Jack	¥ 5,000.00	8月5日	
彩臣公司	7月10日	Jack	¥ 5,000.00	8月10日	
彩臣公司	7月29日	Jack	¥ 10,000.00	9月20日	
宏奇公司	5月5日	Jerry	¥ 10,000.00	7月5日	
宏奇公司	6月8日	Jerry	¥ 8,000.00	8月6日	
宏奇公司	7月20日	Jerry	¥ 20,000.00	9月20日	
惠聪公司	5月10日	Mary	¥ 26,000.00	7月10日	
惠聪公司	7月1日	Mary	¥ 20,000.00	8月15日	
佳鑫公司	7月6日	Lily	¥ 30,000.00	9月6日	
佳鑫公司	7月15日	Lily	¥ 6,000.00	9月10日	
朗萨公司	6月1日	Tom	¥ 40,000.00	7月1日	
朗萨公司	7月26日	Tom	¥ 5,000.00	8月14日	
瑞智公司	6月10日	David	¥ 10,000.00	8月10日	
瑞智公司	7月28日	David	¥ 9,000.00	9月28日	
瑞智公司	7月13日	David	¥ 10,000.00	9月6日	
易阳公司	6月2日	Mike	¥ 30,000.00	7月2日	

应收账款统计表 Sheet2 Sheet3

Step9 填充格式，输入数据

① 选中 A4:E4 单元格区域，拖拽右下角的填充柄至 E20 单元格。

② 选中 A4:E20 单元格区域，输入相关的数据。

③ 美化工作表。

函数应用：TODAY 函数

函数用途

返回当前日期的序列号。序列号是 Microsoft Excel 日期和时间计算使用的日期-时间代码。如果在输入函数前，单元格的格式为"常规"，则结果将设为日期格式。

函数语法

```
TODAY( )
```

函数说明

Microsoft Excel 可将日期存储为可用于计算的序列号。默认情况下，1900 年 1 月 1 日的序列号是 1 而 2008 年 1 月 1 日的序列号是 39448，这是因为它距 1900 年 1 月 1 日有 39448 天。

本例公式说明

本例中的公式为：

```
=TODAY()
```

显示当天的系统日期。

1.2 分类汇总分析

分类汇总是对数据列表进行数据分析的一种方法，即对数据列表中指定的字段进行分类，然后统计同一类记录的有关信息。汇总的内容由用户指定，既可以汇总同一类记录的记录总数，也可以对某些字段值进行计算。

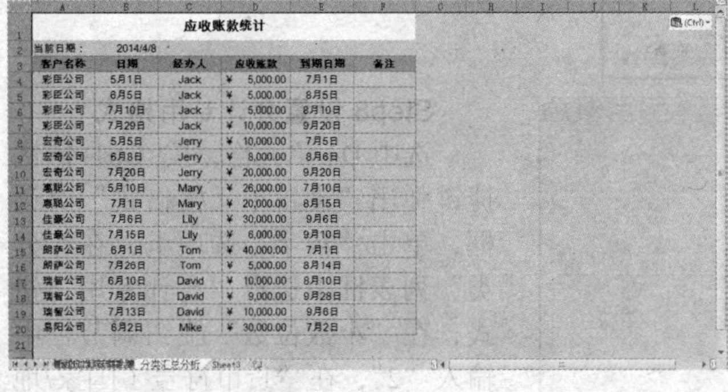

应收账款统计

当前日期： 2014/4/8

客户名称	日期	经办人	应收账款	到期日期	备注
彩臣公司	5月1日	Jack	¥ 5,000.00	7月1日	
彩臣公司	6月5日	Jack	¥ 5,000.00	8月5日	
彩臣公司	7月10日	Jack	¥ 5,000.00	8月10日	
彩臣公司	7月29日	Jack	¥ 10,000.00	9月20日	
宏奇公司	5月5日	Jerry	¥ 10,000.00	7月5日	
宏奇公司	6月8日	Jerry	¥ 8,000.00	8月6日	
宏奇公司	7月20日	Jerry	¥ 20,000.00	9月20日	
惠聪公司	5月10日	Mary	¥ 26,000.00	7月10日	
惠聪公司	7月1日	Mary	¥ 20,000.00	8月15日	
佳鑫公司	7月6日	Lily	¥ 30,000.00	9月6日	
佳鑫公司	7月15日	Lily	¥ 6,000.00	9月10日	
朗萨公司	6月1日	Tom	¥ 40,000.00	7月1日	
朗萨公司	7月26日	Tom	¥ 5,000.00	8月14日	
瑞智公司	6月10日	David	¥ 10,000.00	8月10日	
瑞智公司	7月28日	David	¥ 9,000.00	9月28日	
瑞智公司	7月13日	David	¥ 10,000.00	9月6日	
易阳公司	6月2日	Mike	¥ 30,000.00	7月2日	

应收账款统计表 分类汇总分析 Sheet3

Step1 重命名工作表，复制工作表

① 打开"应收账款管理"工作簿，"Sheet2"工作表重命名为"分类汇总分析"。

② 切换到"应收账款统计表"工作表，将鼠标放置在 A1:F20 单元格区域外的任意单元格，如 I5 单元格，按<Ctrl+A>快捷键以选中全部工作表，按<Ctrl+C>快捷键复制全部工作表，再切换到"分类汇总分析"工作表，选中 A1 单元格，按<Ctrl+V>快捷键粘贴，此时"分类汇总分析"工作表复制了"应收账款统计表"工作表的全部数据。取消网格线的显示。

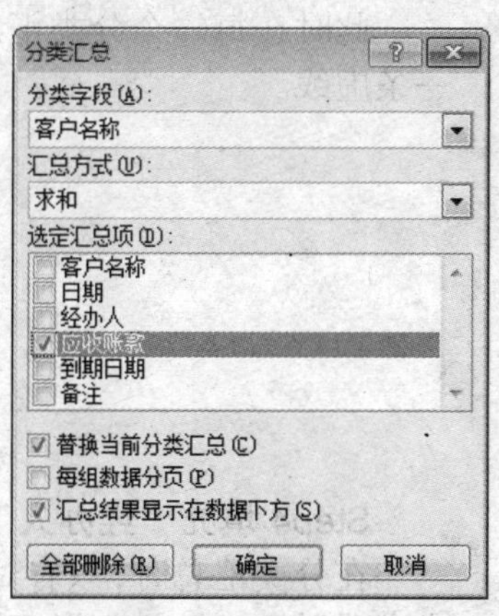

Step2 分类汇总

① 选中 A3:F20 单元格区域，单击“数据”选项卡，在“分级显示”命令组中单击“分类汇总”按钮，弹出“分类汇总”对话框。

② 在“分类字段”列表框中选择“客户名称”选项；在“汇总方式”下拉列表中选择“求和”选项；在“选定汇总项”列表框中勾选“应收账款”复选框，取消勾选“备注”复选框；同时默认勾选“替换当前分类汇总”和“汇总结果显示在数据下方”复选框。单击“确定”按钮。

③ 工作表中的数据按照选定的分类汇总的参数进行显示，适当地调整 A 列的列宽。效果如左图所示。

在工作表汇总前，首先要对汇总对象（本例中为“客户名称”）进行排序。

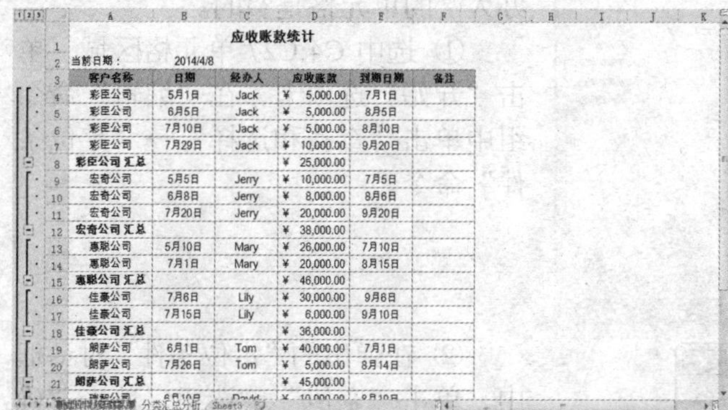

应收账款统计

当前日期： 2014/4/8

客户名称	日期	经办人	应收账款	到期日期	备注
彩臣公司	5月1日	Jack	¥ 5,000.00	7月1日	
彩臣公司	6月5日	Jack	¥ 5,000.00	8月5日	
彩臣公司	7月10日	Jack	¥ 5,000.00	8月10日	
彩臣公司	7月29日	Jack	¥ 10,000.00	9月20日	
彩臣公司 汇总			¥ 25,000.00		
宏奇公司	5月5日	Jerry	¥ 10,000.00	7月5日	
宏奇公司	6月8日	Jerry	¥ 8,000.00	8月6日	
宏奇公司	7月20日	Jerry	¥ 20,000.00	9月20日	
宏奇公司 汇总			¥ 38,000.00		
惠聪公司	5月10日	Mary	¥ 26,000.00	7月10日	
惠聪公司	7月1日	Mary	¥ 20,000.00	8月15日	
惠聪公司 汇总			¥ 46,000.00		
佳豪公司	7月6日	Lily	¥ 30,000.00	9月6日	
佳豪公司	7月15日	Lily	¥ 6,000.00	9月10日	
佳豪公司 汇总			¥ 36,000.00		
朗萨公司	6月1日	Tom	¥ 40,000.00	7月1日	
朗萨公司	7月26日	Tom	¥ 5,000.00	8月14日	
朗萨公司 汇总			¥ 45,000.00		

操作技巧：取消分类汇总

分类汇总是根据字段名进行汇总的。因此要对销售数据表进行分类汇总，数据表中的每一个字段就必须有字段名，即每一列都有列标题。

如果要取消数据的分类汇总，只要在“分类汇总”对话框中单击“全部删除”按钮，即可将销售数据恢复原样。

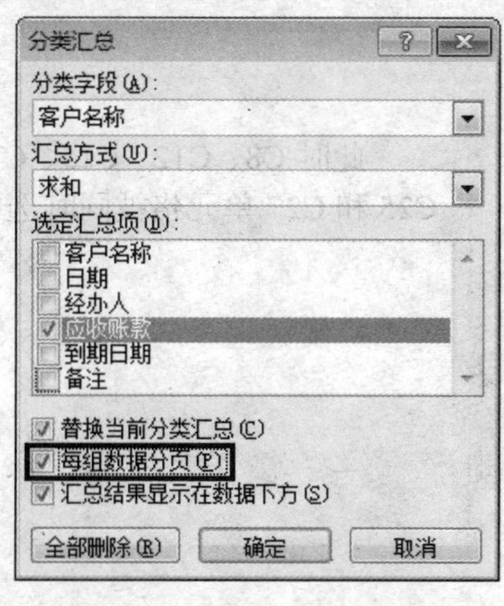

Step3 预览分页显示汇总

选中 A3:F28 单元格区域，再次单击“数据”选项卡→“分级显示”命令组→“分类汇总”按钮，在弹出的“分类汇总”对话框中再勾选“每组数据分页”复选框，单击“确定”按钮，即可完成分页显示分类汇总。

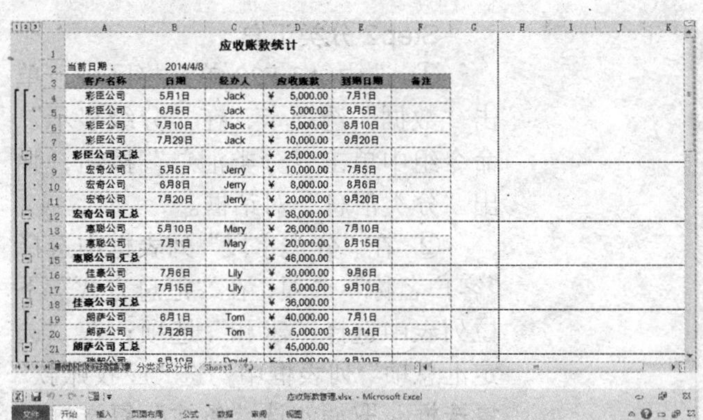

此时在每一个分类汇总项下出现一条虚线。

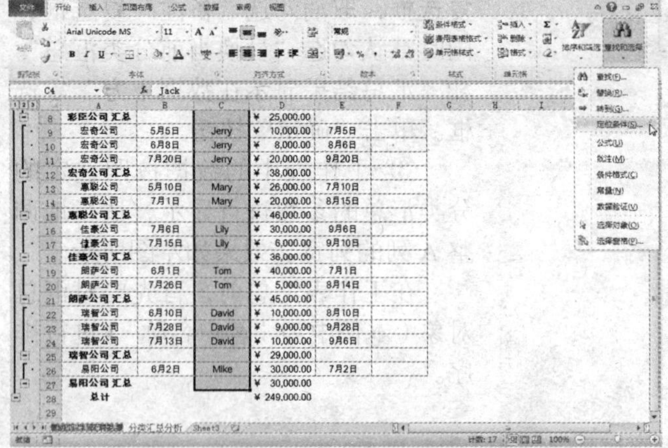

Step4 填充“经办人”字段

在分类汇总时，只有对选中的“分类字段”和“选定汇总项”进行分类汇总，其余的字段不会显示，因此“经办人”的单元格是空的。

① 选中 C4:C27 单元格区域，单击“开始”选项卡，在“编辑”命令组中单击“查找和选择”→“定位条件”命令。

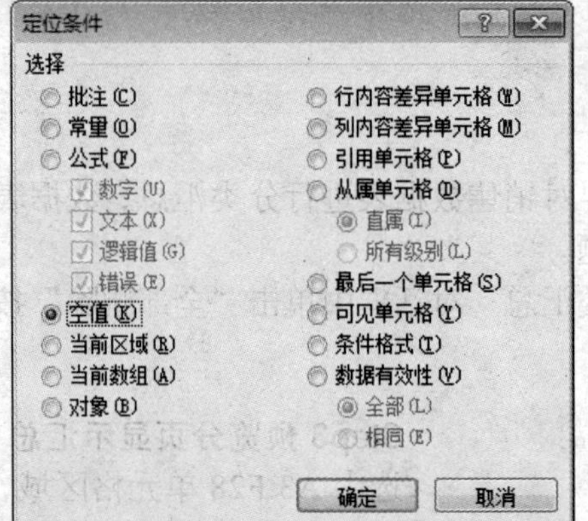

② 在弹出的“定位条件”对话框中，单击“空值”单选钮，单击“确定”按钮。

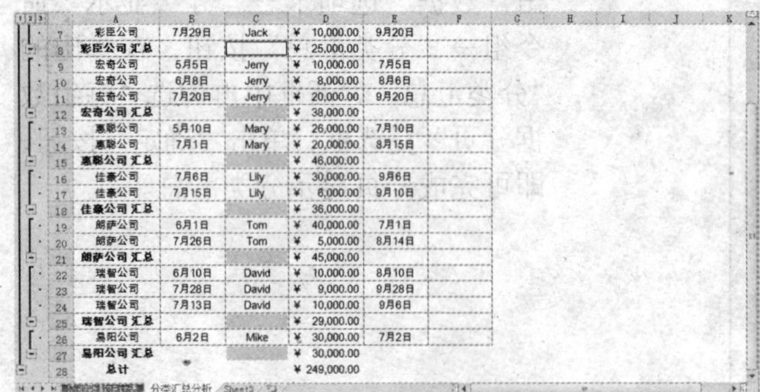

此时 C8、C12、C15、C18、C21、C25 和 C27 单元格被同时选中。

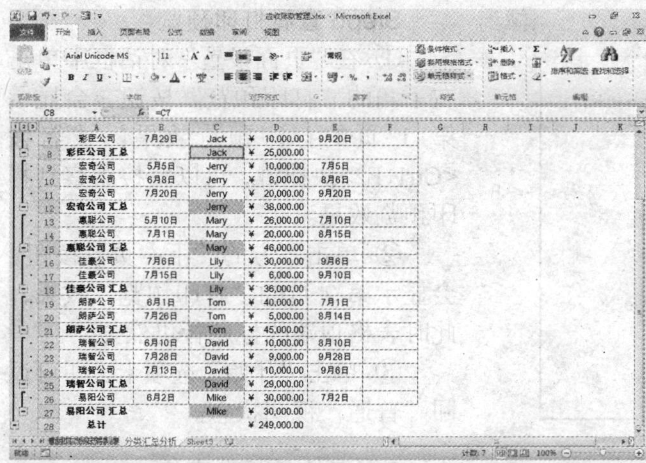

③ 在编辑栏中输入“=”，用鼠标选中 C7 单元格，按<Ctrl+Enter>快捷键，实现批量录入。

④ 单击“开始”选项卡，在“字体”命令组中单击“填充颜色”按钮，填充已经被同时选中的 C8、C12、C15、C18、C21、C25、C27 单元格颜色为预设的“黄色”。

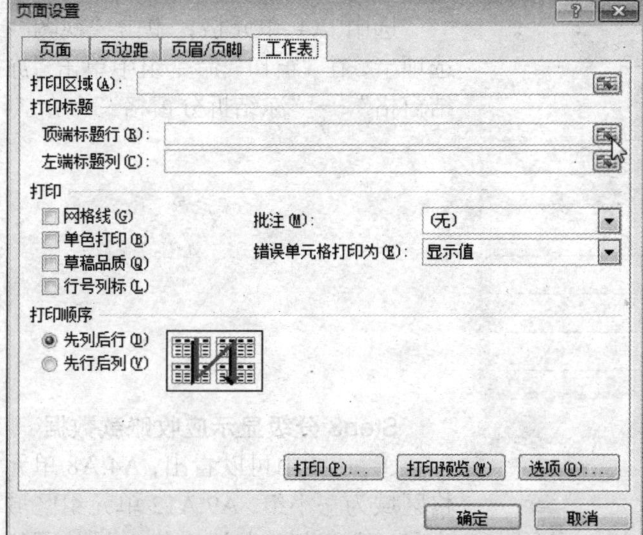

Step5 设置打印标题行

① 切换到“页面布局”选项卡，单击“页面设置”命令组中的“打印标题”按钮。

② 弹出“页面设置”对话框，单击“工作表”选项卡，然后单击“顶端标题行”文本框右侧的按钮“”。

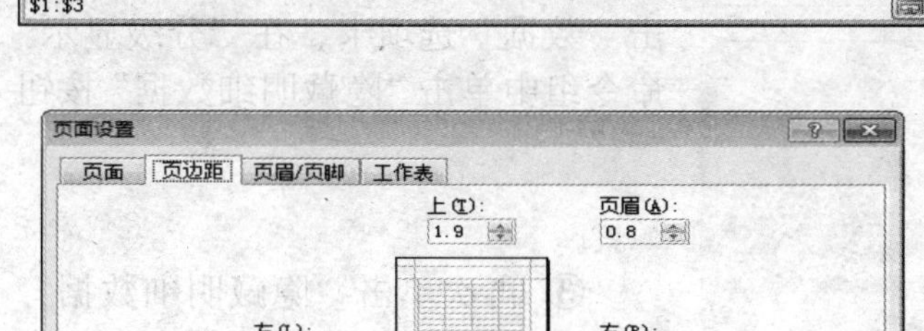

③ 弹出“页面设置－顶端标题行:”对话框，然后在“分类汇总分析”工作表拖动鼠标选中第 1 行至第 3 行，第 1 行至第 3 行的四周会出现虚线框。

④ 单击“页面设置-顶端标题行:”对话框右上角的“关闭”按钮，返回“页面设置”对话框。

⑤ 切换到“页边距”选项卡，在“居中方式”区域中，勾选“水平”复选框。

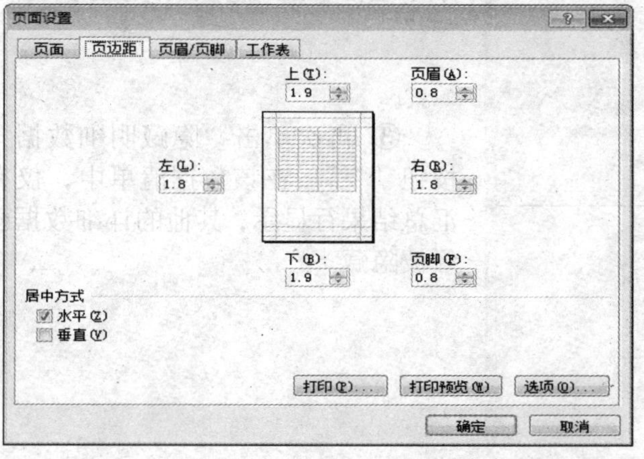

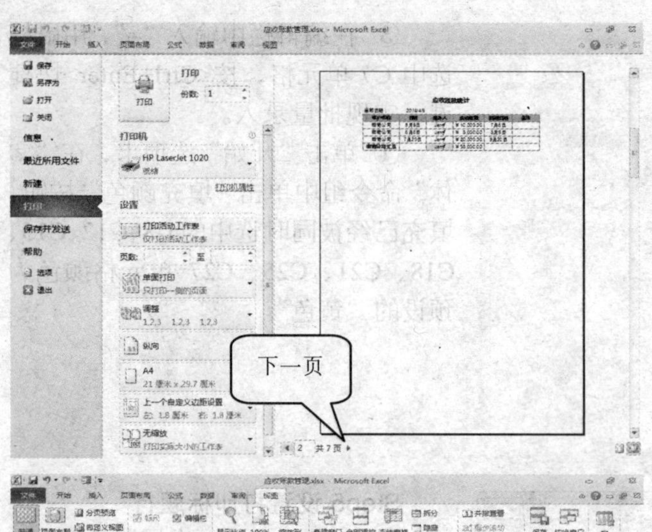

Step6 查看打印预览

① 在“页面设置”对话框中单击右下角的“打印预览”按钮，会显示第 1 页的打印预览效果。或者按<Ctrl+F2>快捷键，可以直接观察到打印预览效果。

② 单击下方的“下一页”按钮，会显示第 2 页的“打印预览”效果，此时表格顶端的标题行仍然显示。

③ 单击“开始”选项卡，即可返回“普通”视图状态。

Step7 冻结拆分窗格

选中 A4 单元格，单击“视图”选项卡，在“窗口”命令组中单击“冻结窗格”→“冻结拆分窗格”命令。

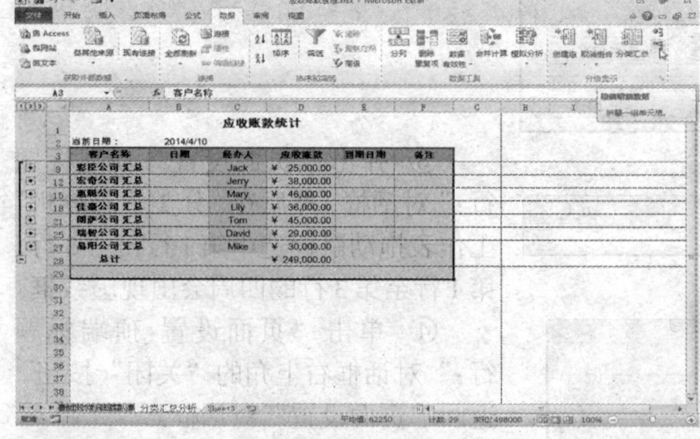

Step8 分级显示应收账款数据

① 从图中可以看出，A4:A8 单元格区域为一小组，A9:A12 单元组区域为另一个小组，依次类推，最外围的 A2:A27 单元组区域则为一大组。

② 选中 A3:F28 单元格区域，单击“数据”选项卡，在“分级显示”命令组中单击“隐藏明细数据”按钮“-≣”。

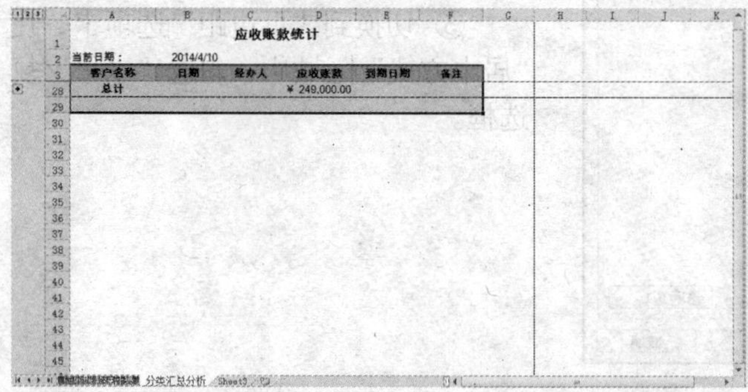

③ 再次单击“隐藏明细数据”按钮“-≣”。在该数据清单中，仅有汇总结果行显示，其他的详细数据已经被隐藏。

操作技巧：取消隐藏明细操作

如果要取消隐藏明细操作，只要单击“数据”选项卡→“分级显示”命令组→“显示明细数据”按钮，此时隐藏的明细数据又会显示在列表上。

其实显示和隐藏明细数据还有一种非常简便的方法，就是直接单击“+”或“-”按钮进行显示或隐藏。如果要按级别显示数据，则可单击“1 2 3”按钮，级别分别为1～3。当对应收账款分类汇总后，数据清单就会形成分级显示的样式，这样便于了解总体结构。通过对“+”或“-”按钮的操作，用户可以观察到不同级别的数据。

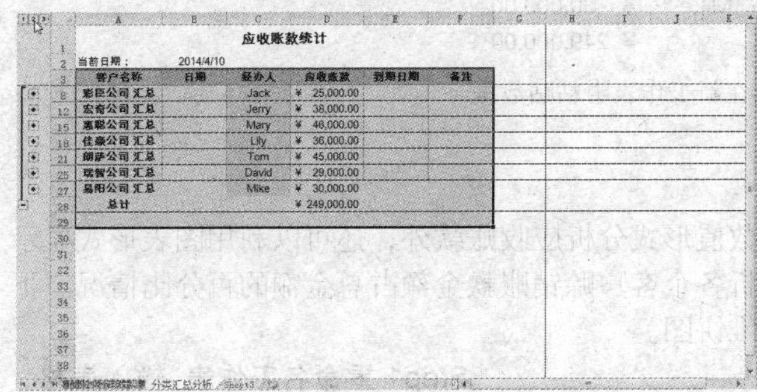

应收账款统计

当前日期：2014/4/10

客户名称	日期	经办人	应收账款	到期日期	备注
彩臣公司 汇总		Jack	¥ 25,000.00		
宏奇公司 汇总		Jerry	¥ 38,000.00		
惠聪公司 汇总		Mary	¥ 46,000.00		
佳豪公司 汇总		Lily	¥ 36,000.00		
朗萨公司 汇总		Tom	¥ 45,000.00		
瑞智公司 汇总		David	¥ 29,000.00		
易阳公司 汇总		Mike	¥ 30,000.00		
总计			¥ 249,000.00		

Step9 显示公司汇总

单击左侧名称框下方的“1 2 3”按钮中的“2”，此时按照级别2显示出公司汇总的数据。

项目扩展：复制汇总数据

在分类汇总分析工具中，为用户提供了求和、平均值、最大值、最小值等11种汇总方式，用户可以根据不同的分析需求选择不同的汇总方式。

许多用户在使用分类汇总后，希望能够把汇总结果复制到其他工作表中，但是当对Step9的左图中只显示了汇总项的数据列表进行复制并粘贴到其他工作表中时，发现明细数据也被复制了。正确的操作方法如下：

在Step9的左图中所示的分级显示结果中，选中A1单元格并拖动光标到F28单元格，以选定A1:F28单元格区域，按<F5>快捷键弹出“定位”对话框，单击其中的“定位条件”按钮，在“定位条件”对话框中，单击“可见单元格”，单击“确定”按钮，如图5-4所示。

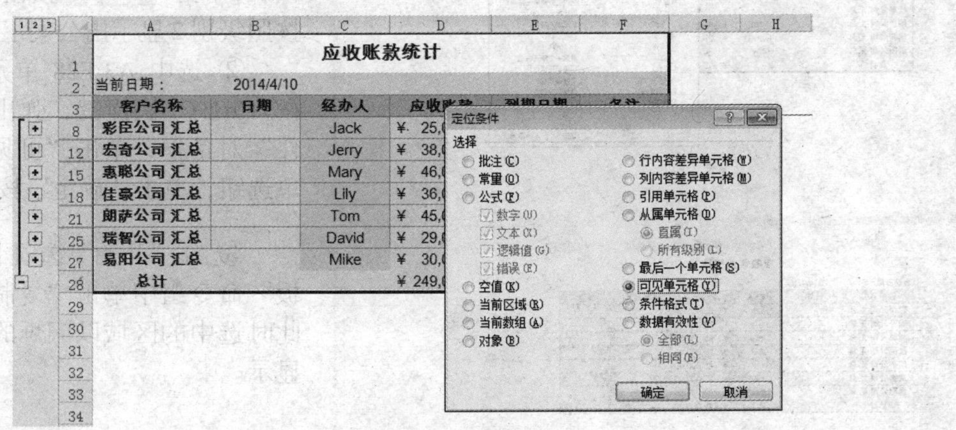

图5-4　复制汇总数据

按<Ctrl+C>快捷键复制，单击其他工作表标签，再选中该工作表中的A1单元格，按<Ctrl+V>快捷键粘贴，适当地调整单元格的列宽。最后结果如图5-5所示。

应收账款统计

当前日期： 2014/4/10

客户名称	日期	经办人	应收账款	到期日期	备注
彩臣公司 汇总		Jack	¥ 25,000.00		
宏奇公司 汇总		Jerry	¥ 38,000.00		
惠聪公司 汇总		Mary	¥ 46,000.00		
佳豪公司 汇总		Lily	¥ 36,000.00		
朗萨公司 汇总		Tom	¥ 45,000.00		
瑞智公司 汇总		David	¥ 29,000.00		
易阳公司 汇总		Mike	¥ 30,000.00		
总计			¥ 249,000.00		

图 5-5　在新工作表中粘贴数据

1.3　绘制三维饼图

在分析应收账款数据时，除了利用数值形式分析应收账款外，还可以利用图表形式显示应收账款数据，也就是利用图表工具分析各个客户赊销账款金额占总金额的百分比情况。下面首先制作分类汇总统计表，再绘制三维饼图。

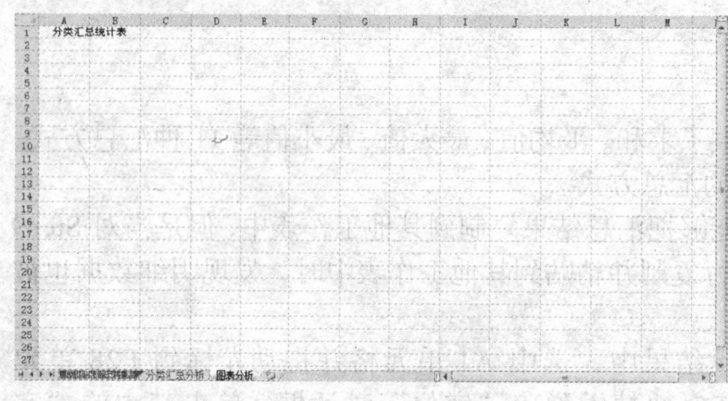

Step1 重命名工作表，输入表格标题

① 打开“应收账款管理”工作簿，“Sheet3”工作表重命名为“图表分析”，设置工作表标签颜色为“蓝色”。

② 选中 A1:B1 单元格区域，设置“合并后居中”，输入表格标题“分类汇总统计表”。

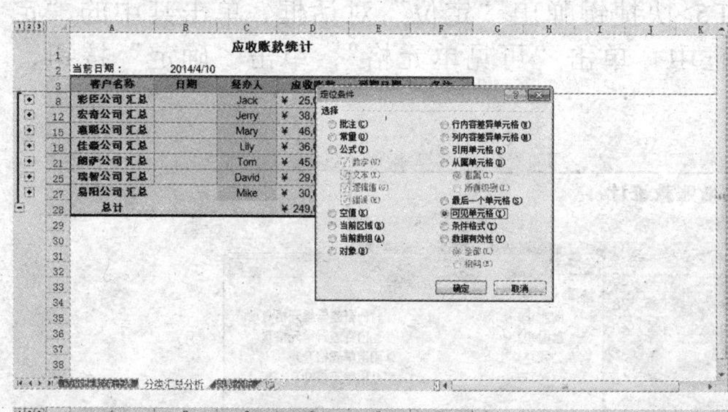

Step2 选择性粘贴

① 切换到“分类汇总分析”工作表，单击“123”按钮中的“2”，按照级别 2 显示出公司汇总的数据。

② 选中 A3:F28 单元格区域。按<Ctrl+G>快捷键，弹出“定位条件”对话框，单击“可见单元格”单选钮，单击“确定”按钮。

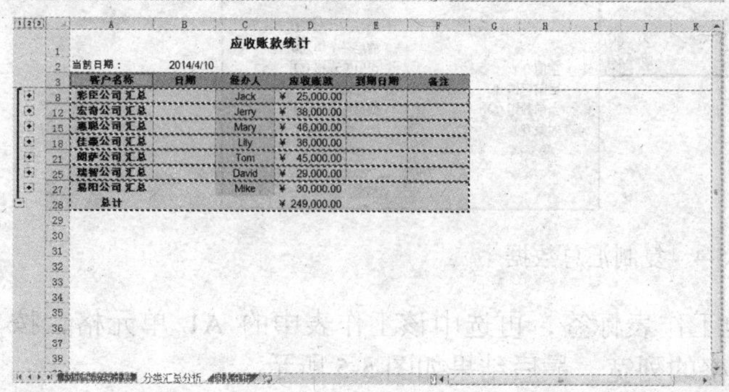

③ 在“开始”选项卡的“剪贴板”命令组中单击“复制”按钮。此时选中的区域以闪烁的虚线边框显示。

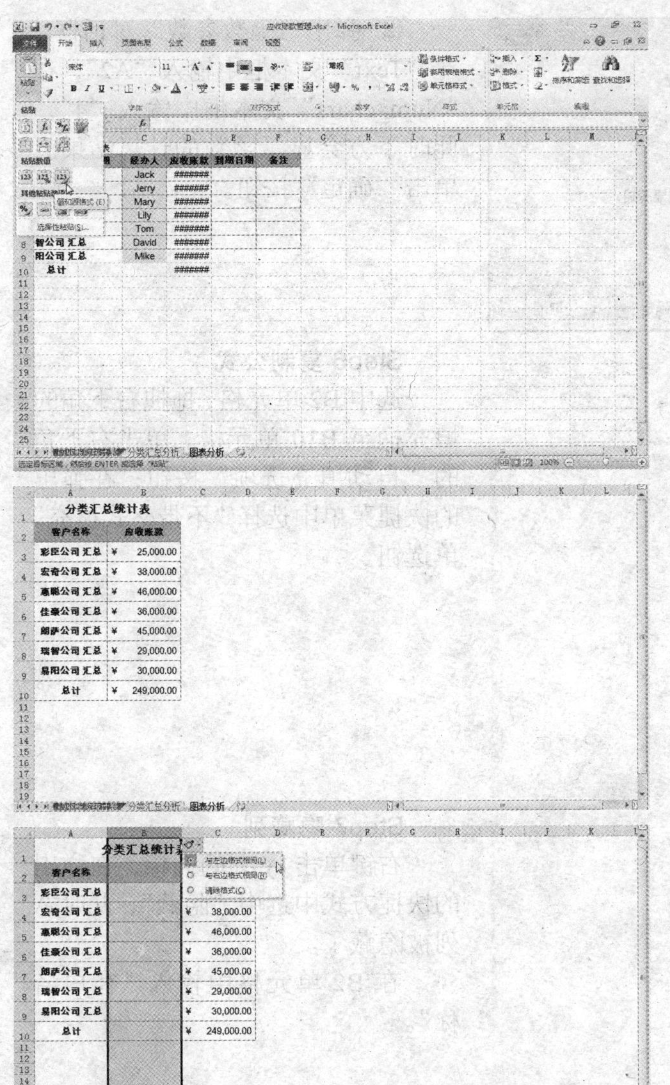

④ 切换到“图表分析”工作表，选中 A2 单元格，在“剪贴板”命令组中单击“粘贴”按钮，在弹出的下拉菜单中选择“粘贴数值”区域中的“值和源格式”按钮。

Step3 删除多余单元格区域

选中 B:C 列，在右键弹出的快捷菜单中单击“删除”。同样的，再删除新的 C:D 列。

美化工作表。

Step4 插入列

① 右键单击 B 列的列标，在弹出的快捷菜单中选择“插入”，此时在 B 列左侧插入了一个新的空白的 B 列，而旧的 B 列往右移动，变成了新的 C 列。

② 单击 B 列右侧的“插入选项”按钮，在弹出的快捷菜单中单击“与左边的格式相同”单选钮。

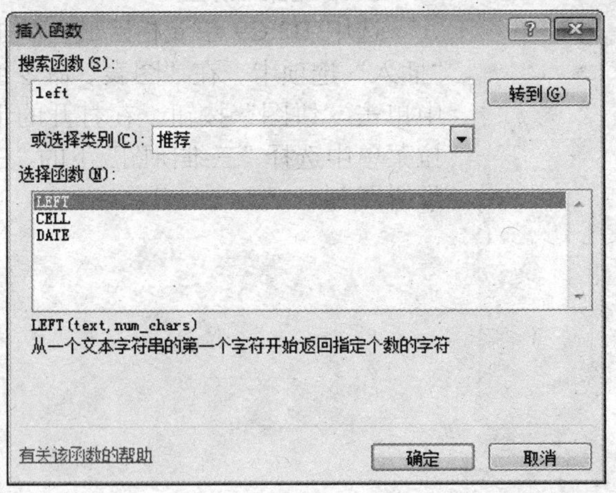

Step5 插入函数，截取字符串

① 选中 B2 单元格，单击“公式”选项卡，在“函数库”命令组中单击“插入函数”按钮，弹出“插入函数”对话框，在“搜索函数”文本框中输入“left”，单击“转到”按钮，此时“选择函数”的列表框中会显示搜索到的相关函数“LEFT”，单击“确定”按钮。

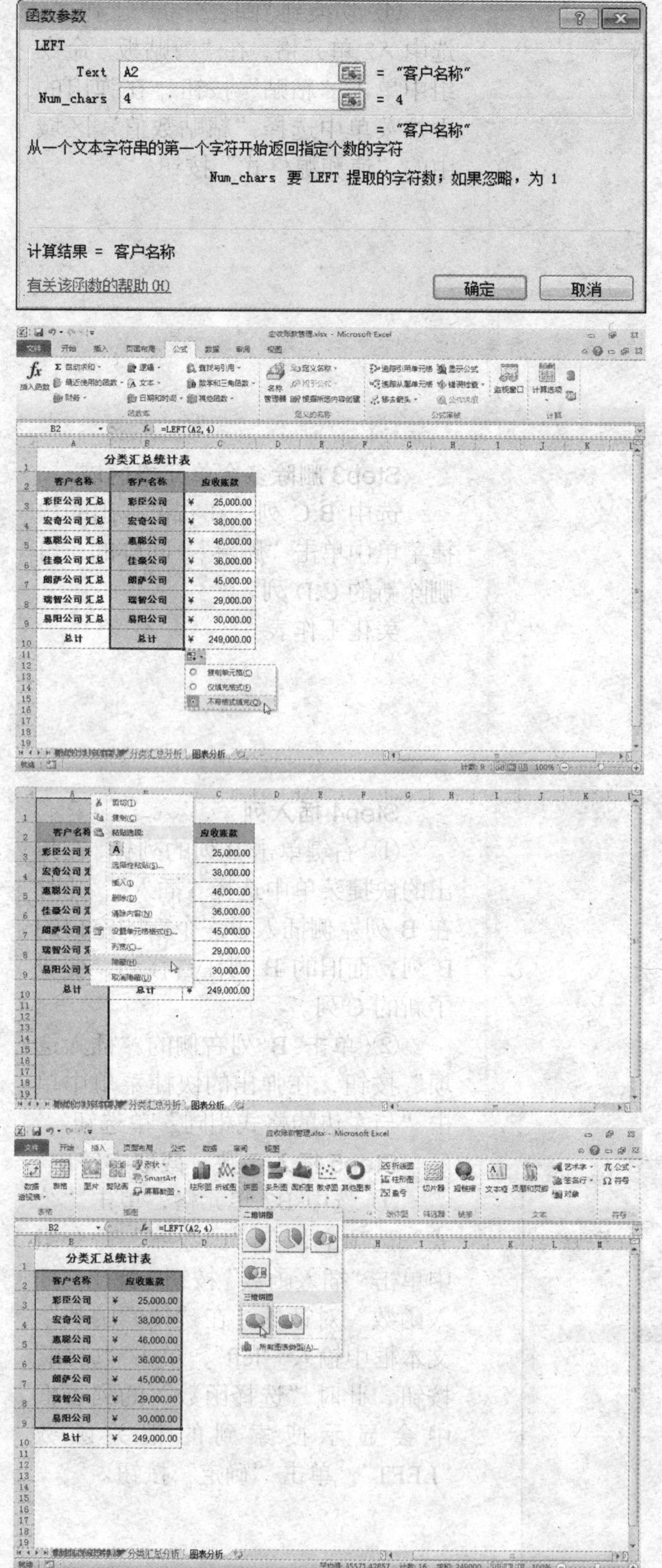

② 弹出“函数参数”对话框，在“Text”文本框中输入“A2”，在“Num_chars”文本框中输入“4”，此时下方会显示函数的计算结果。单击“确定”按钮。

Step6 复制公式

选中 B2 单元格，拖拽右下角的填充柄至 B10 单元格。单击右下角的“自动填充选项”按钮，在弹出的快捷菜单中选择“不带格式填充”单选钮。

Step7 隐藏列

右键单击 A 列的列标，在弹出的快捷方式中选中“隐藏”，此时 A 列被隐藏了。

在 B2 单元格中输入“客户名称”。

Step8 插入饼图

选中 B2:C9 单元格区域，单击“插入”选项卡，在“图表”命令组中单击“饼图”按钮，在打开的下拉菜单中选择“三维饼图”下的“三维饼图”。

Step9 调整图表位置和大小

① 在图表空白位置按住鼠标左键，将其拖至工作表中的合适位置。

② 将鼠标移至图表的右下角，待鼠标变为“↘”形状时，向外拉动鼠标，待图表调整至合适大小时，释放鼠标。

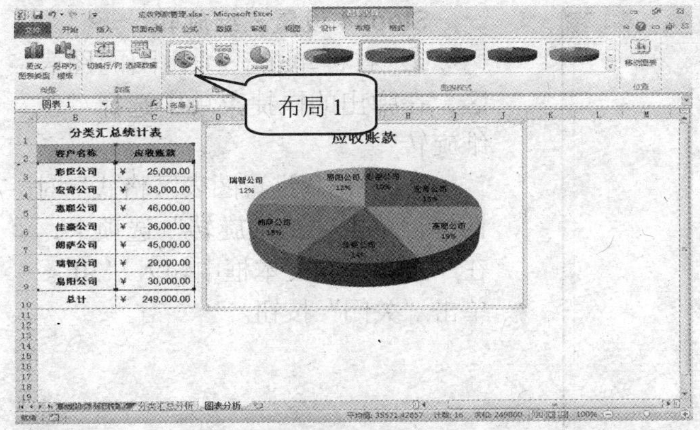

Step10 设置饼图的布局方式

插入图表后，激活了“图表工具”功能区，单击“图表工具—设计”选项卡，然后在“图表布局”命令组中单击“布局 1”样式。

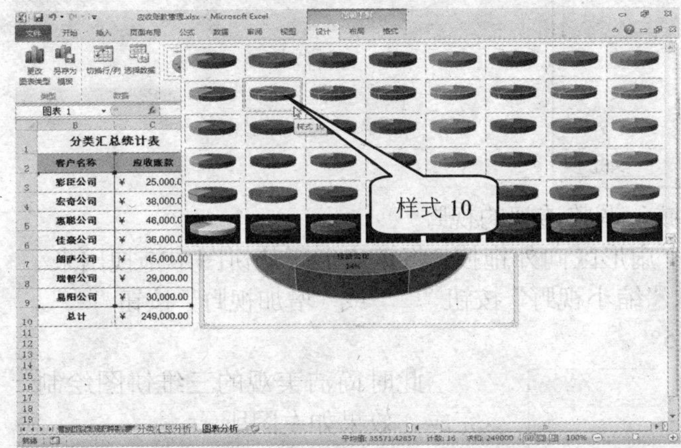

Step11 设置饼图的图表样式

切换到“图表工具—设计”选项卡，在“图表样式”命令组中单击列表框右下角的“其他”按钮▼，打开下拉列表后，选择“样式 10”命令。

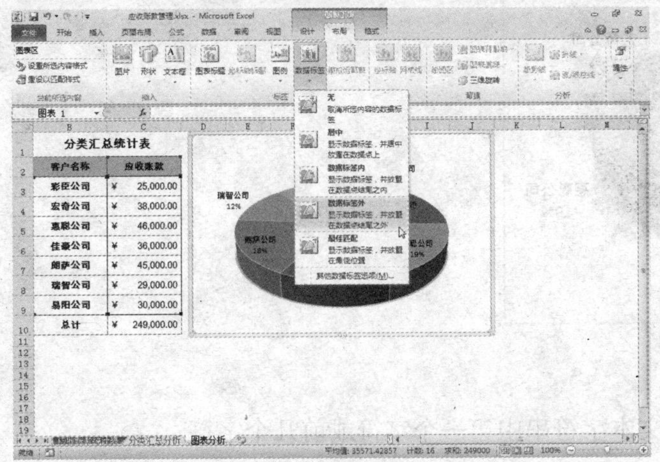

Step12 调整数据标签位置

切换到“图表工具—布局”选项卡，在“标签”命令组中单击“数据标签”→“数据标签外”命令。

如果需要单独移动某一个数据标签，可以单击该数据标签，此时数据标签的每个顶点会出现一个小圆圈，再次单击需要调整的数据标签，按住鼠标左键不放，待鼠标指针变为↖形状时向外拖拽。

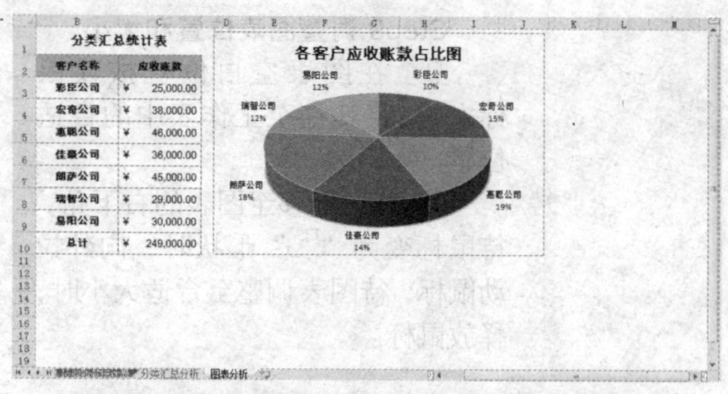

Step13 编辑图表标题

选中图表标题，将图表标题修改为“各客户应收账款占比图”，设置字体为“Arial Unicode MS”。

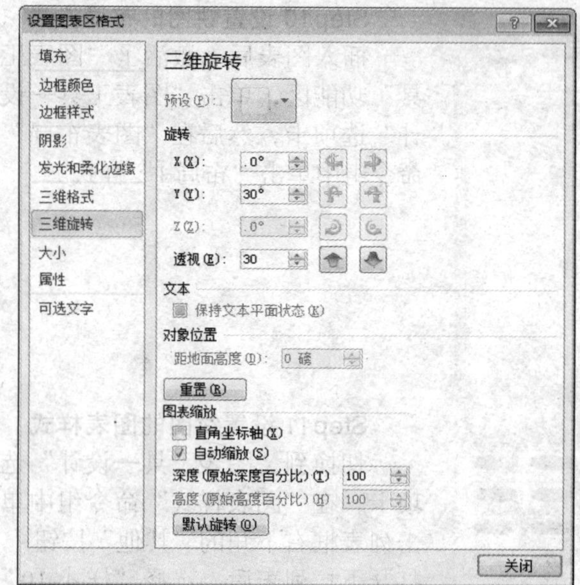

Step14 设置三维旋转

① 右键单击三维饼图的图表区，在弹出的快捷菜单中选择“三维旋转”。

② 弹出“设置图表区格式”对话框，单击“三维旋转”选项卡，在“透视”的文本框中输入“30”。单击“关闭”按钮。

操作技巧： 拉出饼图的某个扇形区域，调整透视的视野

单击选中饼图，停顿片刻再单击某个扇形区向外拖拽，将该扇形区从饼图中拖拽出来。

“透视”的默认值是“15”。单击一次“缩小视野”按钮“”或“增加视野”按钮“”，均可以减少或增加三维视图的上下仰角 5° 。

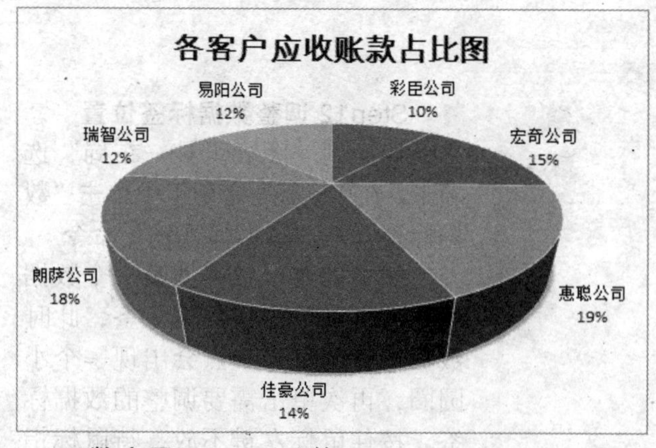

此时简洁美观的三维饼图绘制完成，效果如左图所示。

函数应用： LEFT 函数

函数用途

根据所指定的字符数，LEFT 返回文本字符串中第一个字符或前几个字符。

函数语法

```
LEFT(text,num_chars)
```

text 是包含要提取的字符的文本字符串。

num_chars 指定要由 LEFT 提取的字符的数量。

- num_chars 必须大于或等于零。
- 如果 num_chars 大于文本长度，则 LEFT 返回全部文本。
- 如果省略 num_chars，则假设其值为 1。

函数说明

Excel 提供其他函数，可用来基于条件分析数据。例如，若要计算基于一个文本字符串或某范围内的一个数值的总和，可使用 SUMIF 函数。若要使公式返回两个基于条件的值之一，例如某指定销售量的销售红利，可使用 IF 工作表函数。

函数简单示例

	A
1	数据
2	Influential movie
3	中国

示例	公式	说明	结果
1	=LEFT(A2,4)	A2 单元格字符串中的前 4 个字符	Infl
2	=LEFT(A3)	A3 单元格字符串中的第 1 个字符	中

本例公式说明

本例中的公式为：

```
=LEFT(A3,4))
```

其各参数值指定 LEFT 函数输出 A3 字符串中的前四个字符，即“彩臣公司”。

1.4 课堂练习

在数据的分析处理中，分类汇总是经常用到的功能，它对于数据的分类汇总求和、求平均值以及统计等都非常的方便快捷，本课堂练习将着重练习如何对数据进行分类汇总。

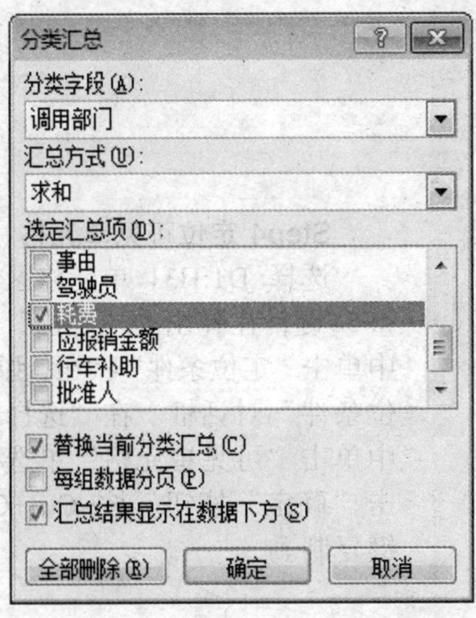

Step1 分类汇总

① 打开“原始数据-车辆管理表”工作簿。选中 A1 单元格，单击“数据”选项卡，在“分级显示”命令组中单击“分类汇总”按钮，弹出“分类汇总”对话框。

② 在“分类字段”列表框中选择“调用部门”选项；在“汇总方式”下拉列表中选择“求和”选项；在“选定汇总项”列表框中勾选“耗费”，取消勾选“批准人”；同时勾选“替换当前分类汇总”和“汇总结果显示在数据下方”复选框。单击“确定”按钮。

③ 工作表中的数据按照选定的分类汇总的参数进行显示，对原工作表中“调用部门”中的“耗费”进行了求和汇总。

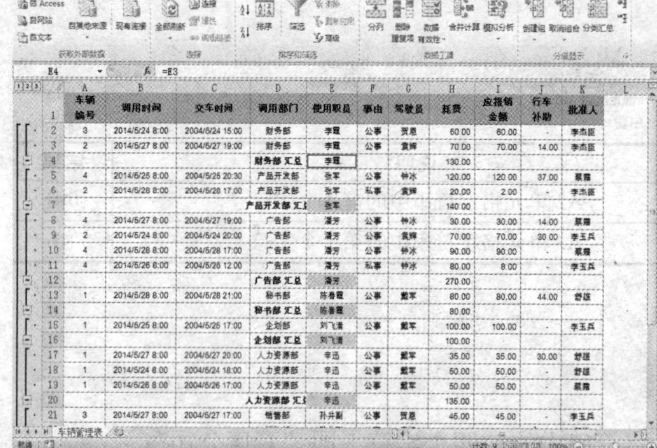

Step2 填充“使用职员”字段

① 选中 E1:E30 单元格区域，按<F5>键，弹出“定位”对话框，单击“定位条件”按钮，弹出“定位条件”对话框。

② 在“选择”区域中单击“空值”单选钮，单击“确定”按钮。

③ 在编辑栏输入等号，用鼠标选中 E3 单元格，按<Ctrl+Enter>快捷键，实现批量录入。

Step3 显示公司汇总

单击左侧名称框下方的“123”按钮中的“2”，此时按照级别 2 显示出调用部门的数据。

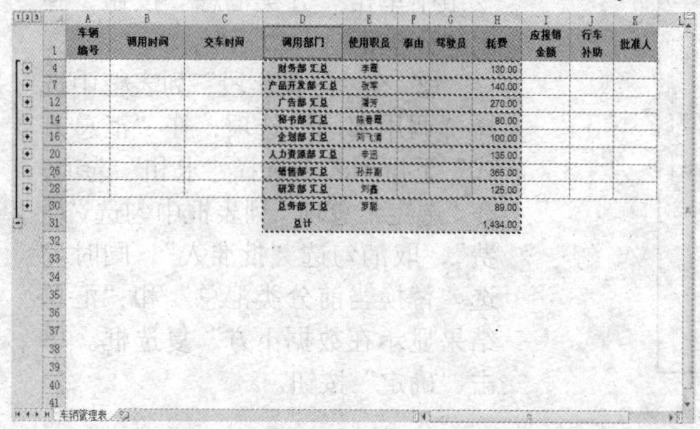

Step4 定位可见单元格

选择 D1:H31 单元格区域，按<F5>键，在弹出的“定位”对话框中单击“定位条件”按钮，弹出“定位条件”对话框。在“选择”区域中单击“可见单元格”单选钮，单击“确定”按钮。按<Ctrl+C>快捷键复制。

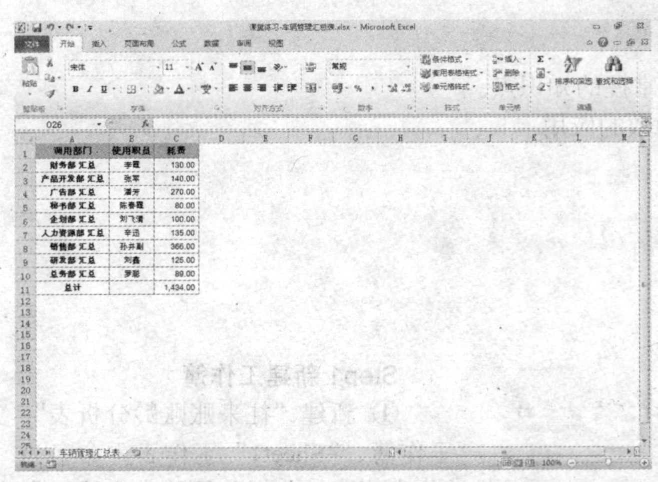

Step5 新建空白工作簿

① 按<Ctrl+N>快捷键，新建一个空白工作簿，在“Sheet1”工作表中选择 A1 单元格，按<Ctrl+V>快捷键粘贴，按<Ctrl+S>快捷键，弹出“另存为”对话框，选择适当的保存路径后，在“文件名”右侧的文本框中输入“课堂练习-车辆管理汇总表”，单击“保存”按钮。“Sheet1”工作表重命名为“车辆管理汇总表”，删除多余的工作表。

② 删除 C 列和 D 列，美化工作表。

任务小结

在制作“应收账款管理”工作表中使用 TODAY 函数返回当前日期，并介绍“插入函数”方式输入公式。继续使用数据有效性来限制输入公司的名称。分类汇总对话框的各个选项的意义和使用方法需要重点学习掌握，在以后财务数据的处理中能够发挥重要功效。

在分类汇总统计表的基础上绘制三维饼图，把汇总数据以图表的形式表现出来，一个设计严谨、制作精美的图表，能够使报表中枯燥的数字变得感性和直观，从而更具说服力。

任务二　往来账账龄分析表

任务背景

在企业的往来账管理中，需要将不同账龄往来账户区分，便于企业根据账龄时间的长短采取不同的政策。本案例将对往来账户明细表按照不同的时间间隔进行分类处理，通过处理后的工作表能清晰直观地反映出每个账户处在的账龄区间，并且计算出每个账龄区间总额，这样对企业应收账款的质量可以一目了然，如图 5-6 所示。

往来账账龄分析

当前日期：　2014/8/1

客户名称	日期	经办人	应收账款	已收账款	结余	到期日期	是否到期	未到期金额	逾期一个月	逾期两个月	逾期三个月	逾期三月以上
彩臣公司	5月1日	Jack	¥ 5,000.00	¥ 3,000.00	¥ 2,000.00	7月1日	是			¥2,000.00		
彩臣公司	6月5日	Jack	¥ 5,000.00	¥ 3,000.00	¥ 2,000.00	8月5日		¥2,000.00				
彩臣公司	7月10日	Jack	¥ - 5,000.00	¥ 2,000.00	¥ 3,000.00	8月10日		¥3,000.00				
彩臣公司	7月29日	Jack	¥ 10,000.00	¥ 5,000.00	¥ 5,000.00	9月20日		¥5,000.00				
宏奇公司	5月5日	Jerry	¥ 10,000.00	¥ 5,000.00	¥ 5,000.00	7月5日	是		¥5,000.00			
宏奇公司	6月8日	Jerry	¥ 8,000.00	¥ 3,000.00	¥ 5,000.00	8月6日		¥5,000.00				
宏奇公司	7月20日	Jerry	¥ 20,000.00	¥ 10,000.00	¥ 10,000.00	9月20日		¥10,000.00				
惠聪公司	5月10日	Mary	¥ 26,000.00	¥ 10,000.00	¥ 16,000.00	7月10日	是		¥16,000.00			
惠聪公司	7月1日	Mary	¥ 20,000.00	¥ 10,000.00	¥ 10,000.00	8月15日		¥10,000.00				
佳豪公司	7月6日	Lily	¥ 30,000.00	¥ 10,000.00	¥ 20,000.00	9月6日		¥20,000.00				
佳豪公司	7月15日	Lily	¥ 6,000.00	¥ 2,000.00	¥ 4,000.00	9月10日		¥4,000.00				
朗萨公司	6月1日	Tom	¥ 40,000.00	¥ 20,000.00	¥ 20,000.00	7月1日	是			¥20,000.00		
朗萨公司	7月26日	Tom	¥ 5,000.00	¥ 3,000.00	¥ 2,000.00	8月14日		¥2,000.00				
瑞智公司	6月10日	David	¥ 10,000.00	¥ 5,000.00	¥ 5,000.00	8月10日		¥5,000.00				
瑞智公司	7月28日	David	¥ 9,000.00	¥ 5,000.00	¥ 4,000.00	9月28日		¥4,000.00				
瑞智公司	7月13日	David	¥ 10,000.00	¥ 4,000.00	¥ 6,000.00	9月6日		¥6,000.00				
易阳公司	6月2日	Mike	¥ 30,000.00	¥ 15,000.00	¥ 15,000.00	7月2日	是		¥15,000.00			
金额合计			¥ 249,000.00	¥ 115,000.00	¥134,000.00			¥76,000.00	¥36,000.00	¥22,000.00		

图 5-6　往来账账龄分析

知识点分析

要实现本例中的功能，以下为需要掌握的知识点。

- IF 函数、AND 函数和 SUM 函数的应用
- 函数的嵌套

任务实施

2.1 往来账账龄分析表

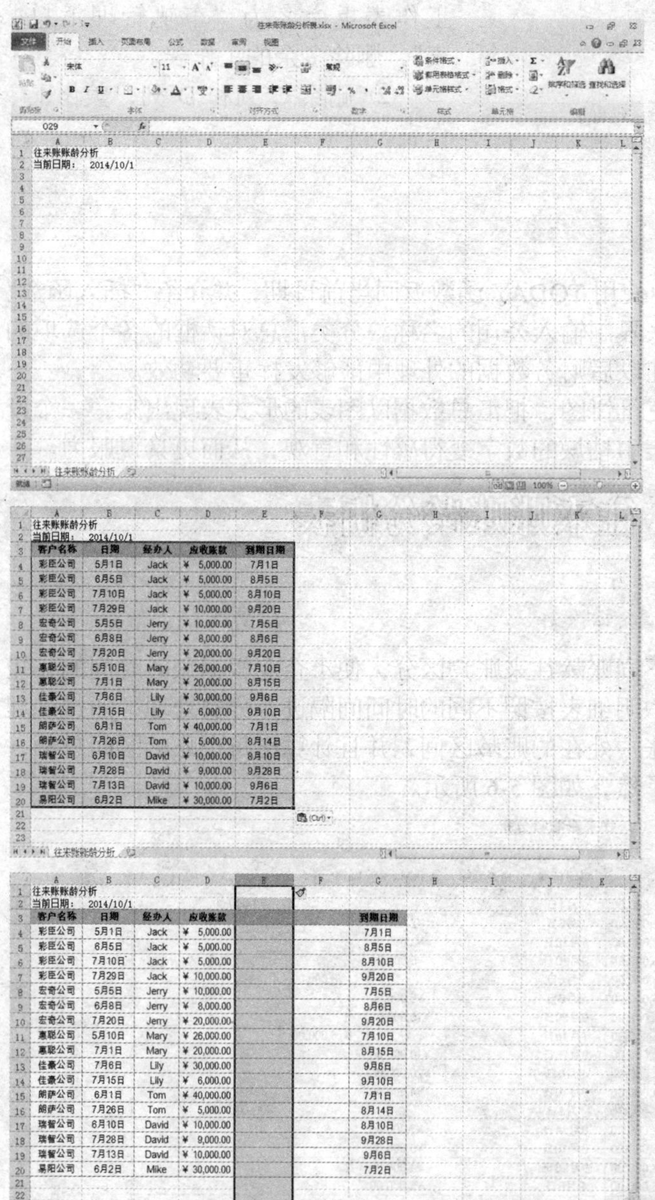

Step1 新建工作簿

① 新建“往来账账龄分析表”工作簿，“Sheet1”工作表重命名为“往来账账龄分析”，删除多余的工作表。

② 选中 A1 单元格，输入“往来账账龄分析”。

③ 选中 A2 单元格，输入“当前日期：”，选中 B2 单元格，输入“2014-10-1”。

Step2 复制表格数据

打开上一节中的“应收账款管理”工作簿，切换到“应收账款统计表”工作表。选中 A3:E20 单元格区域，按<Ctrl+C>快捷键复制，切换到“往来账账龄分析”工作表，选中 A3 单元格，按<Ctrl+V>快捷键粘贴。适当地调整单元格的列宽。

Step3 插入列

① 右键单击 E 列，在弹出的快捷菜单中选择选择“插入”，此时插入了一个新的 E 列。

② 按<F4>键，重复操作一次，使得再插入一个新的列。此时在 D 列和 G 列中新插入了两个空白列。

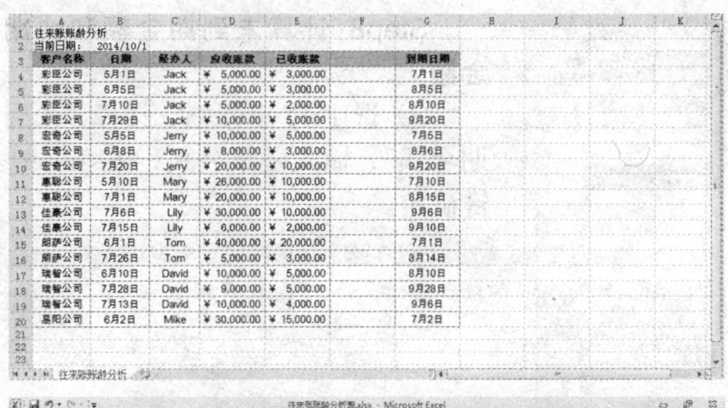

Step4 输入已收账款

选中E3单元格，输入“已收账款”。在E4:E20单元格区域中输入已收账款的相关数据。

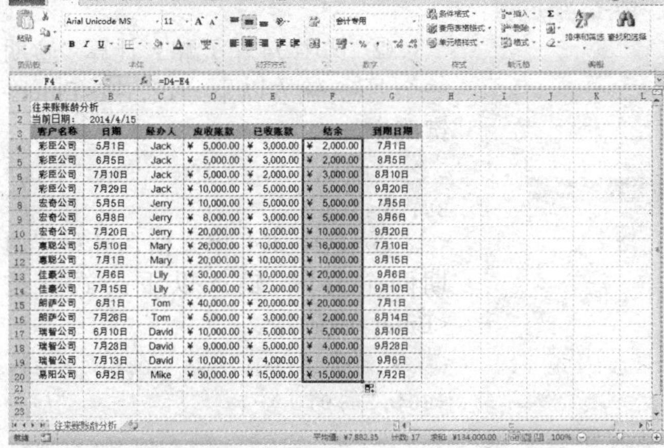

Step5 计算结余

① 选中F3单元格，输入“结余”。

② 选中F4单元格，输入以下公式，按<Enter>键确定。

```
=D4-E4
```

③ 将鼠标指针放在F4单元格的右下角，待鼠标指针变为“+”形状后双击，将F4单元格公式快速复制到F5:F20单元格区域。

Step6 输入表格字段标题其他数据

① 选中H3:M3单元格区域，输入表格字段标题的其他数据。

② 冻结首列，设置单元格格式，美化工作表。

Step7 计算是否到期

选中H4单元格，输入以下公式，按<Enter>键确定。

```
=IF(G4<$B$2,"是"," ")
```

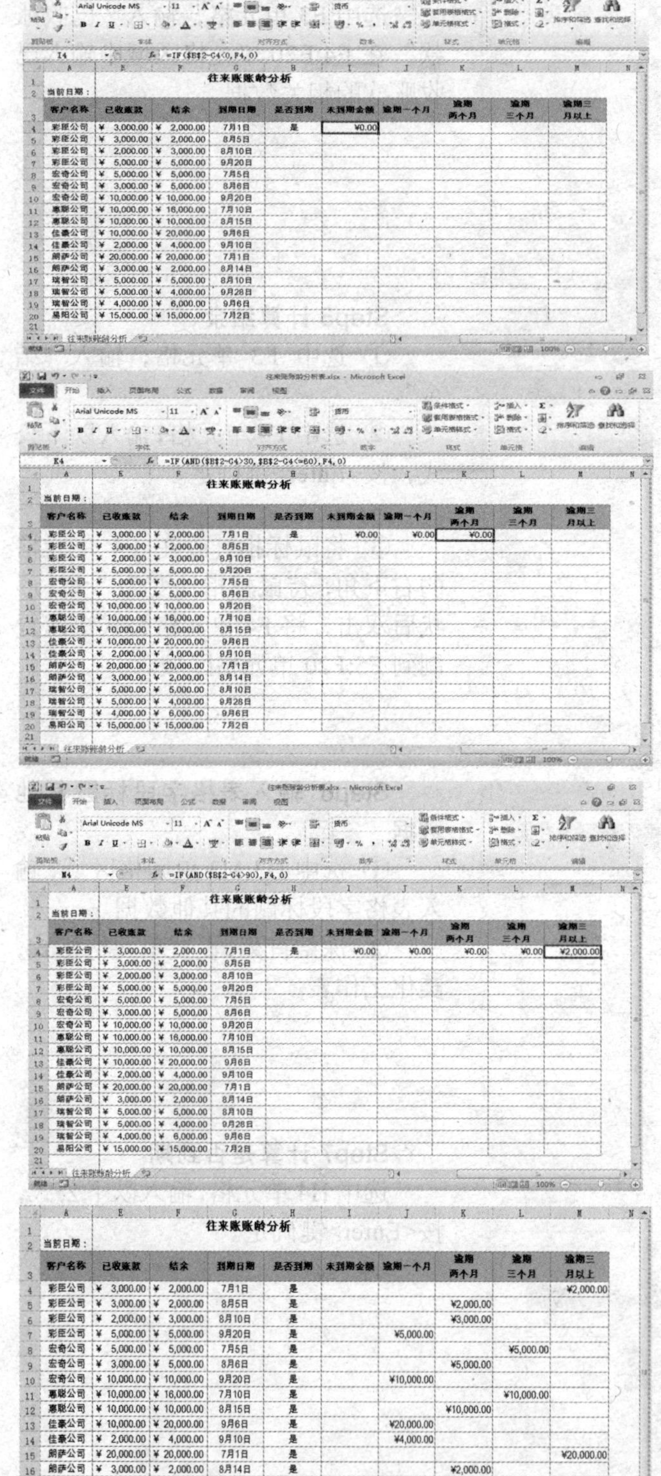

Step8 计算未到期金额和逾期金额

① 选中 I4 单元格，计算“未到期金额”，输入以下公式，按<Enter>键确定。

```
=IF($B$2-G4<0,F4,0)
```

② 选中 J4 单元格，计算“逾期一个月”，输入以下公式，按<Enter>键确定。

```
=IF(AND($B$2-G4>0,$B$2-G4<=30),F4,0)
```

③ 选中 K4 单元格，计算“逾期两个月”，输入以下公式，按<Enter>键确定。

```
=IF(AND($B$2-G4>30,$B$2-G4<=60),F4,0)
```

④ 选中 L4 单元格，计算“逾期三个月”，输入以下公式，按<Enter>键确定。

```
=IF(AND($B$2-G4>60,$B$2-G4<=90),E4,0)
```

⑤ 选中 M4 单元格，计算“逾期三个月以上”，输入以下公式，按<Enter>键确定。

```
=IF(AND($B$2-G4>90),F4,0)
```

Step9 填充公式

① 选中 H4:M4 单元格区域，拖拽右下角的填充柄至 M20 单元格。

② 取消零值显示。

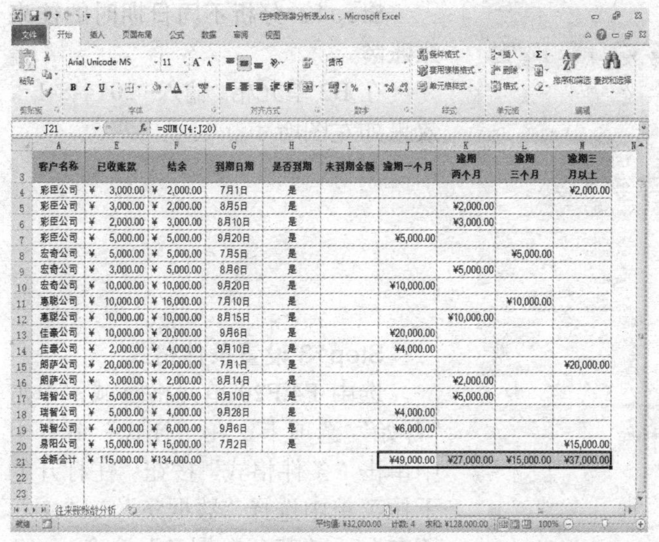

Step10 计算“金额合计”

① 选中 D21:F21 单元格区域，在“开始”选项卡的“单元格”命令组中单击“求和”按钮。

② 选中 I21:M21 单元格区域，在“开始”选项卡的“单元格”命令组中单击“求和”按钮。

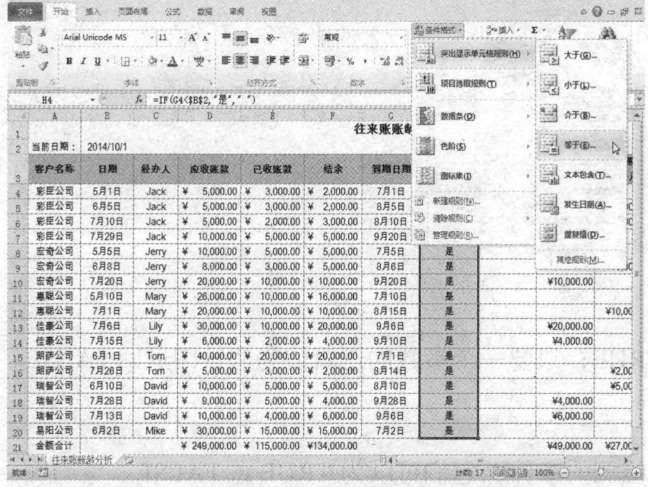

Step11 设置条件格式

① 选中 H4:H20 单元格区域，单击“开始”选项卡，在“样式”命令组中单击“条件格式”按钮，在打开的下拉菜单中选择“突出显示单元格规则”→“等于”命令。

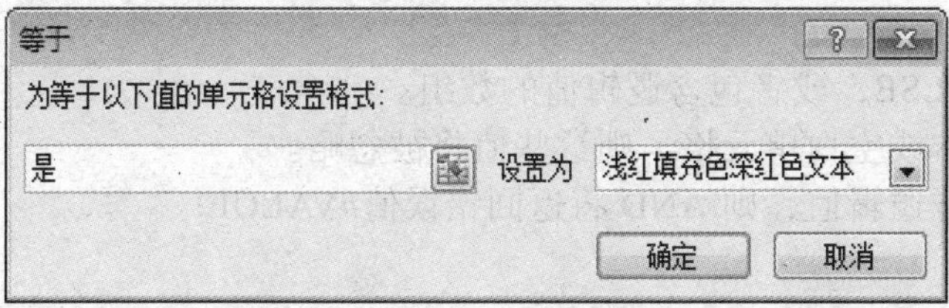

② 打开“等于”对话框，在“为等于以下值的单元格设置格式:”下方的文本框中输入“是”，在“设置为”右侧保留默认的“浅红填充色深红色文本”，单击“确定”按钮。

此时 H4:H20 单元格区域，凡是到期的单元格均显示设置的“浅红填充色深红色文本”的条件格式。

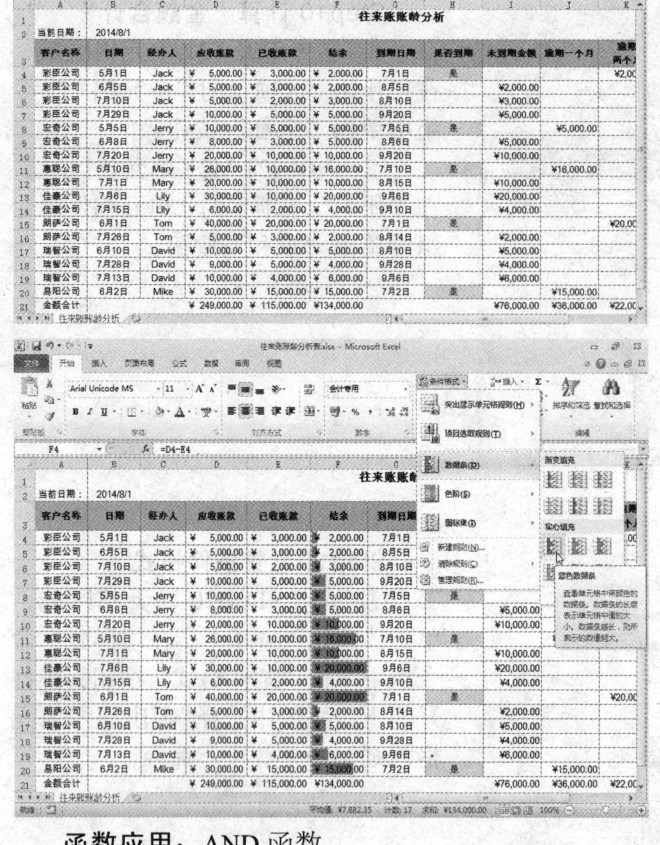

Step12 分析不同日期时的往来账账龄

在 B2 单元格，输入“2014-8-1”，效果如左图所示。

Step13 设置条件格式

选中 F4:F20 单元格区域，单击“开始”选项卡，在“样式”命令组中单击“条件格式”按钮，在打开的下拉菜单中选择“数据条”→“实心填充”→“蓝色数据条”命令。

函数应用：AND 函数

函数用途

所有参数的逻辑值为真时，返回 TRUE；只要一个参数的逻辑值为假，即返回 FALSE。

函数语法

```
AND(logical1,logical2,...)
```

logical1,logical2,...是 1 到 255 个待检测的条件，它们可以为 TRUE 或 FALSE。

函数说明

- 参数必须是逻辑值 TRUE 或 FALSE，或者包含逻辑值的数组。
- 如果数组或引用参数中包含文本或空白单元格，则这些值将被忽略。
- 如果指定的单元格区域内包括非逻辑值，则 AND 将返回错误值#VALUE!。

函数简单示例

示例一：

示例	公式	说明	结果
1	=AND(TRUE,TRUE)	所有参数的逻辑值为真	TRUE
2	=AND(TRUE,FALSE)	一个参数的逻辑值为假	FALSE
3	=AND(2+2=4,2+3=5)	所有参数的计算结果为真	TRUE

示例二：

	A
1	39
2	120

示例	公式	说明	结果
1	=AND(1<A1,A1<100)	因为 39 介于 1 到 100 之间	TRUE
2	=IF(AND(1<A2,A2<100),A2,"数值超出范围")	如果 A2 介于 1 到 100 之间，则显示该数字，否则显示信息	数值超出范围
3	=IF(AND(1<A1,A1<100),A1,"数值超出范围")	如果 A1 介于 1 和 100 之间，则显示该数字，否则显示信息	39

公式说明

AND 函数一般不单独使用，而是作为嵌套函数与 IF 函数一起使用，如下例。

```
=IF(AND($B$2-G4>0,$B$2-G4<=30),F4,0)
```

公式中的斜线字体部分正是使用 AND 函数来同时判断两个表达式：

（1）B2 与 G4 的差是否大于 0。

（2）B2 与 G4 的差是否小于等于 30。

如果以上两个表达式的结果都为 TRUE，则 AND 函数返回的值为 TRUE，否则为 FALSE。

由 AND 函数返回的值作为 IF 函数的条件判断依据，最后返回不同的结果。如果判断成立就返回 F4，否则返回零值。

项目扩展：逻辑关系判断

逻辑判断是指一个有具体意义，并能判定真或假的陈述语句，是函数公式的基础，不仅关系到公式的正确与否，也关系到解题思路的简繁。只有逻辑条理清晰，才能写出简洁有效的公式。常用的逻辑关系有三种，即“与、或、非”。

1. 与（AND关系）

当两个或多个条件必须同时成立才判定为真时，称判定与条件的关系为逻辑与关系，即平时说的“且”，AND 函数常用于逻辑与关系运算。

例：用公式表示当 A1 单元格的值大于 0 且小于等于 10 的时候返回 TRUE。

```
=AND(A1>0,A1<=10)
```

例：B 列是性别，C 列是年龄，D 列是职称，要在 E 列输入公式筛选 40 岁以上的男教授的记录，其中 E1 的公式如下。

```
=AND(B1="男",C1>40,D1="教授")
```

2. 或（OR关系）

当两个或多个条件只要有一个成立就判定为真时，称判定或条件的关系为逻辑或关系，OR 函数常用于逻辑或关系运算。

例：A、B、C 三列分别是语文、数学、英语成绩，要在 D 列输入公式所有低于 60 分的记录，其中 D1 的公式如下。

```
=OR(A1<"60",B1<"60",C1<"60")
```

3. 非（NOT关系）

当条件只要成立就判定为假时，称判定非条件的关系为逻辑非关系。NOT 函数用于将逻辑值反转。

例：A 列为人员学历，分别为中专、高中、大专、本科、硕士，要在 B 列输入公式筛选除硕士以外的记录，其中 B1 的公式如下。

```
=NOT(A1="硕士")
```

也可写成如下公式。

```
=A1<>"硕士"
```

2.2 课堂练习

逻辑函数在实际工作中有着广泛的应用，在员工考核成绩报表中使用逻辑函数，能使制作报表变得更加简单快捷。为了进一步巩固本节学习的知识，现在练习如何制作该报表。

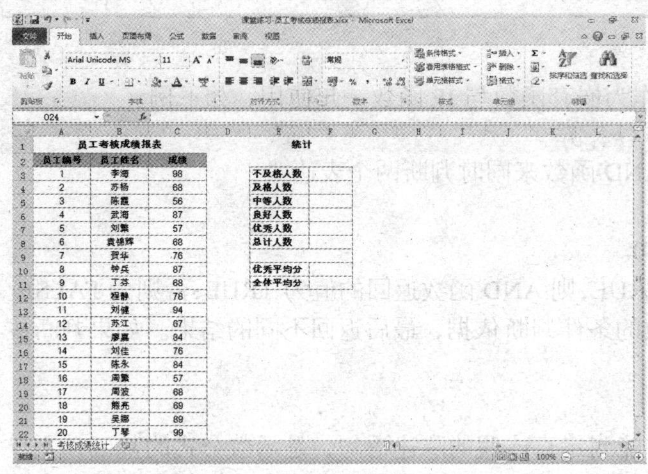

Step1 新建工作簿

① 新建“课堂练习-员工考核成绩报表”工作簿，“Sheet1”工作表重命名为“考核成绩统计”，删除多余的工作表。

② 在 A1:C22 单元格区域中输入原始数据。

③ 选中 E1:F1 单元格区域，设置“合并后居中”，输入“统计”。

④ 在 E3:E11 单元格区域中输入待统计的字段名称。

⑤ 设置单元格格式，美化工作表。

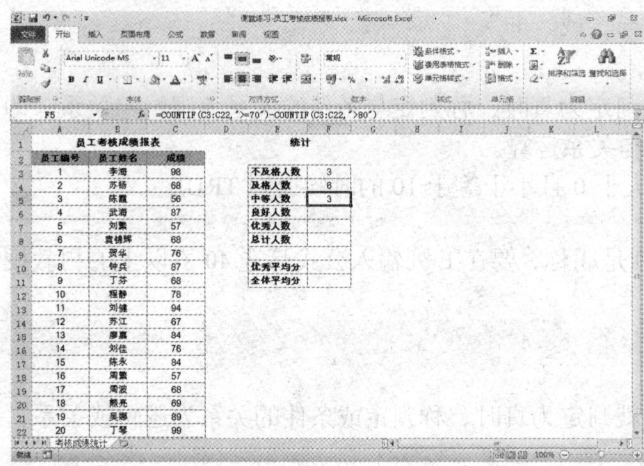

Step2 计算不及格、及格、中等、良好和优秀人数

① 选中 F3 单元格，输入以下公式，按<Enter>键确定。

```
=COUNTIF(C3:C22,"<60")
```

② 选中 F4 单元格，输入以下公式，按<Enter>键确定。

```
=COUNTIF(C3:C22,">=60")-COUNTIF(C3:C22,">70")
```

③ 选中 F5 单元格，输入以下公式，按<Enter>键确定。

```
=COUNTIF(C3:C22,">=70")-COUNTIF(C3:C22,">80")
```

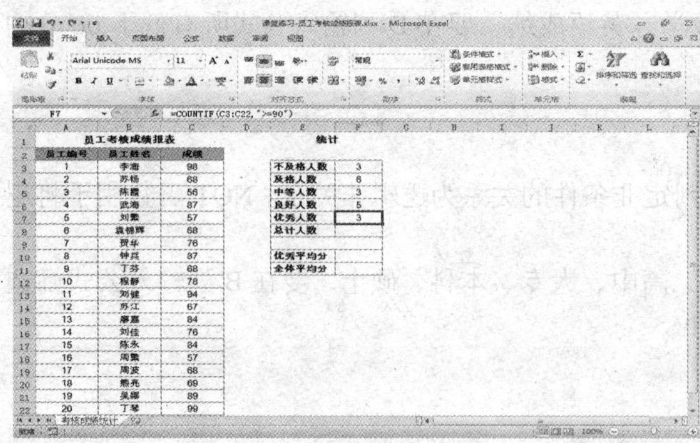

④ 选中 F6 单元格，输入以下公式，按<Enter>键确定。

```
=COUNTIF(C3:C22,">=80")-COUNTIF(C3:C22,">90")
```

⑤ 选中 F7 单元格，输入以下公式，按<Enter>键确定。

```
=COUNTIF(C3:C22,">=90")
```

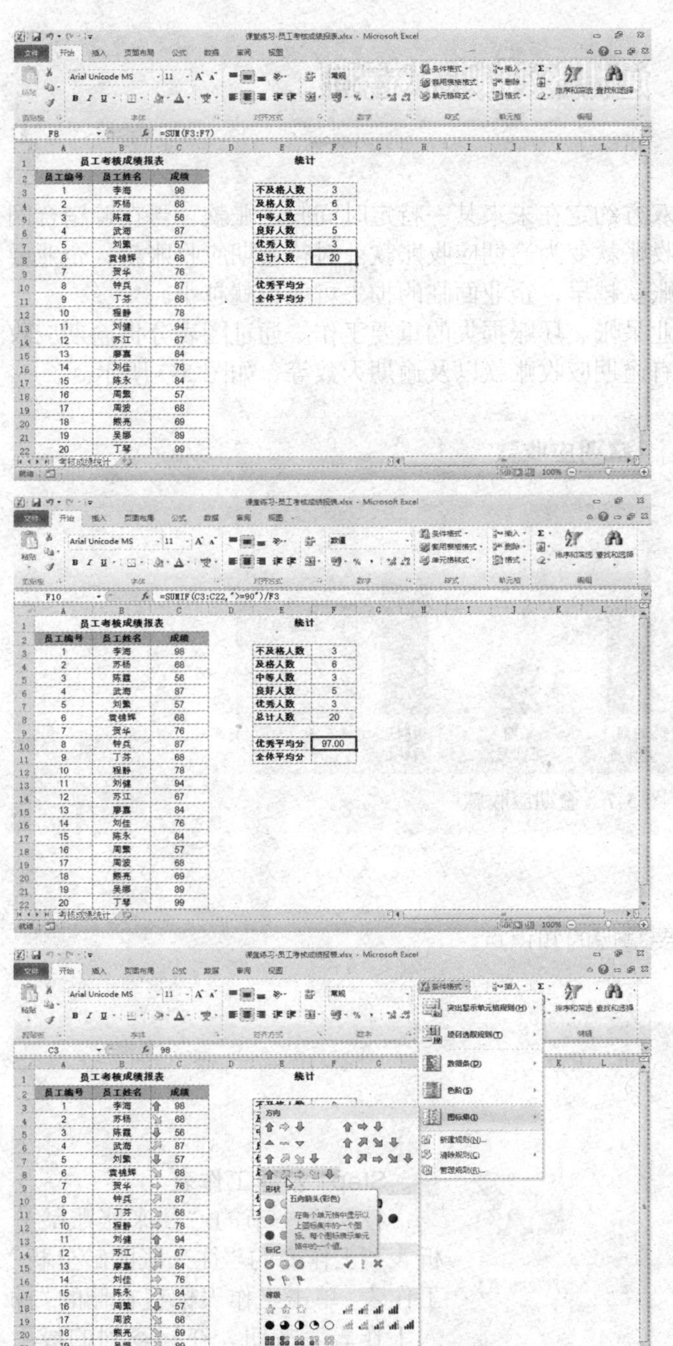

Step3 计算总计人数

选中 F8 单元格，在“开始”选项卡的“单元格”命令组中单击“求和”按钮，再按<Enter>键输入。

Step4 计算优秀平均分

选中 F10 单元格，输入以下公式，按<Enter>键确定。

```
=SUMIF(C3:C22,">=90")/F3
```

Step5 计算全体平均分

选中 F11 单元格，输入以下公式，按<Enter>键确定。

```
=SUM(C3:C22)/F8
```

Step6 设置条件格式

选中 C3:C22 单元格区域，单击“开始”选项卡，在“样式”命令组中单击“条件格式”按钮，在打开的下拉菜单中选择“图标集”→“方向”→“五向箭头（彩色）”命令。

任务小结

在“往来账账龄分析”表中，我们主要运用了 IF 函数和 AND 函数判定账款的到期和逾期情况。函数嵌套是个重要的知识点，稍微复杂一些的公式基本都会包含函数嵌套。本例中 IF 函数就嵌套了 AND 函数，以 AND 函数的结果作为其参数之一，需要我们理解和尝试。我们可以对嵌套函数进行分步求值，帮助分析复杂公式的计算过程。

任务三 逾期应收账款管理

任务背景

在制作赊销合同时，企业与客户双方约定在未来某一特定时间归还账款。当在赊销合同到期后，客户依然没有还款时，则应收账款变为逾期应收账款。对待逾期应收账款，企业要时刻保持警惕，控制和处理逾期应收账款越早，企业面临的损失可能也就越小。

逾期应收账款管理是企业挽回企业呆帐、坏账损失的重要工作。通过图表分析逾期应收账款表，用户可以快速查看客户是否有逾期应收账款以及逾期天数等，如图 5-7 所示。

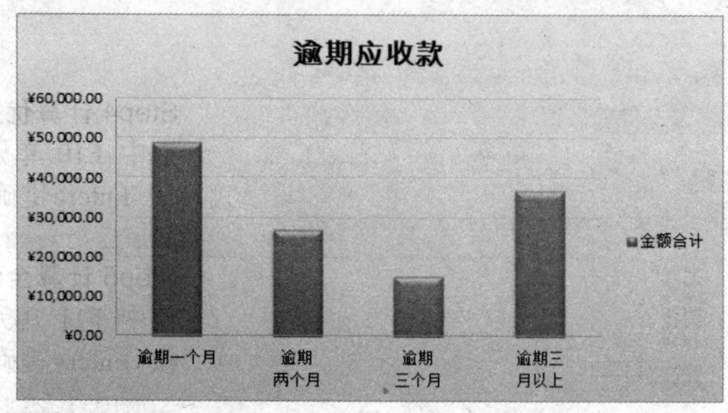

图 5-7 逾期应收款

知识点分析

要实现本例中的功能，以下为需要掌握的知识点。

◆ 绘制簇状柱型图

任务实施

3.1 绘制簇状柱型图

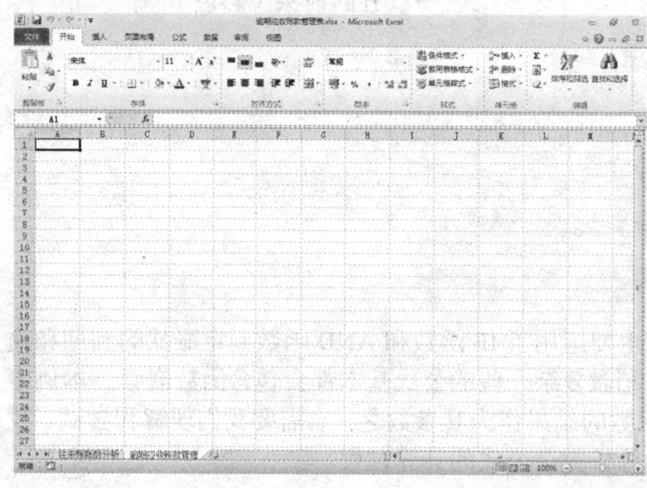

Step1 新建工作表

打开上一节的“往来账账龄分析表”工作簿的“往来账账龄分析”工作表，单击工作表标签右侧的“插入工作表”按钮，在标签列的最后插入一个新的工作表“Sheet1”，“Sheet1”工作表重命名为“逾期应收账款管理”。

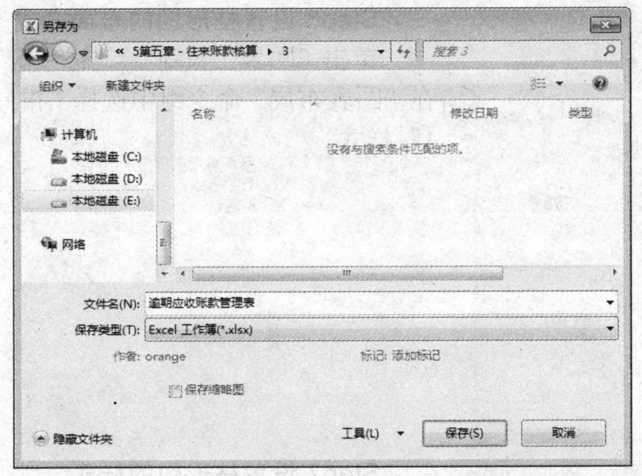

Step2 保存工作簿

单击“文件”文件选项卡→“另存为”命令，打开“另存为”对话框，选择需要存储的位置，在“文件名”右侧的文本框中输入“逾期应收账款管理表”，单击“保存”按钮。

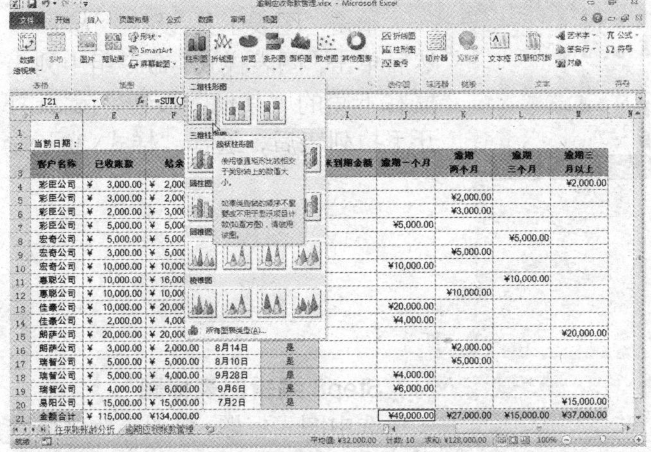

Step3 插入簇状柱形图

在“往来账账龄分析”工作表中，选中 A3 单元格，按住<Ctrl>键不放，同时选中 A21 单元格和 J3:M3、J21:M21 单元格区域，切换到“插入”选项卡，单击“图表”命令组中的“柱形图”按钮，在打开的下拉菜单中选择“二维柱形图”下的“簇状柱形图”命令。

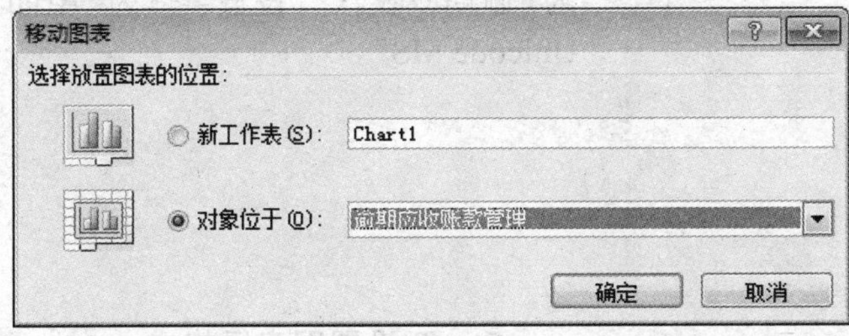

Step4 移动图表

① 在“图表工具-设计”选项卡的“位置”命令组中，单击“移动图表”按钮。

② 弹出“移动图表”对话框，单击“对象位于”右侧的下箭头按钮，在弹出的列表中选择“逾期应收账款管理表”。单击“确定”按钮。

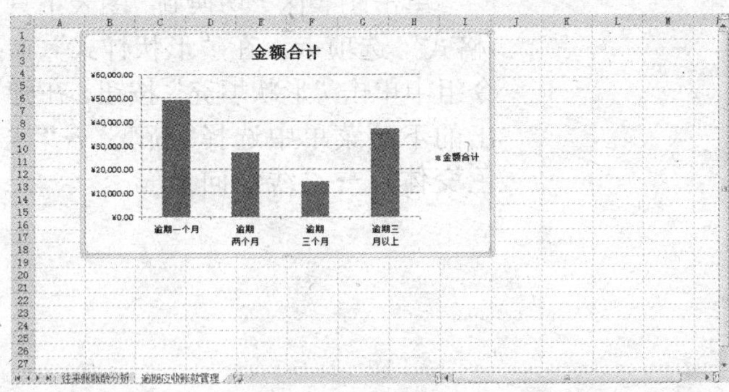

Step5 调整图表位置和大小

① 在“逾期应收账款管理表”工作表中，在图表空白位置按住鼠标左键，将其拖至工作表中的合适位置。

② 将鼠标移至图表的右下角，待鼠标变为“⤡”形状时，向外拉动鼠标，待图表调整至合适大小时，释放鼠标。

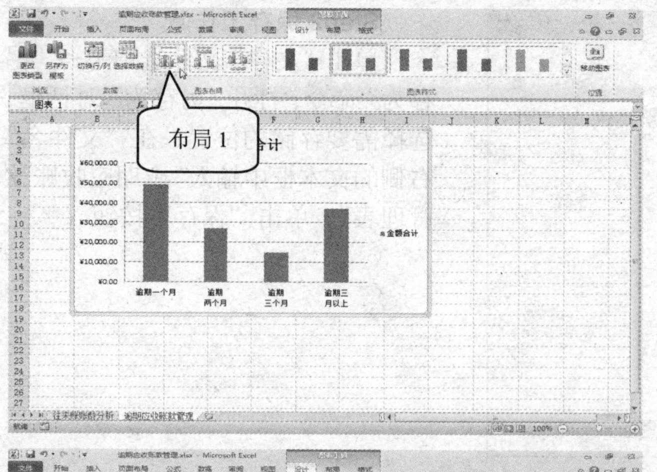

Step6 设置柱形图的布局方式

单击“图表工具-设计”选项卡，在“图表布局”命令组中选择“布局 1”样式。

Step7 设置柱形图的样式

单击“图表工具-设计”选项卡，然后单击“图表样式”命令组中列表框右下角的“其他”按钮“▾”，打开下拉列表后，选择“样式 30”命令。

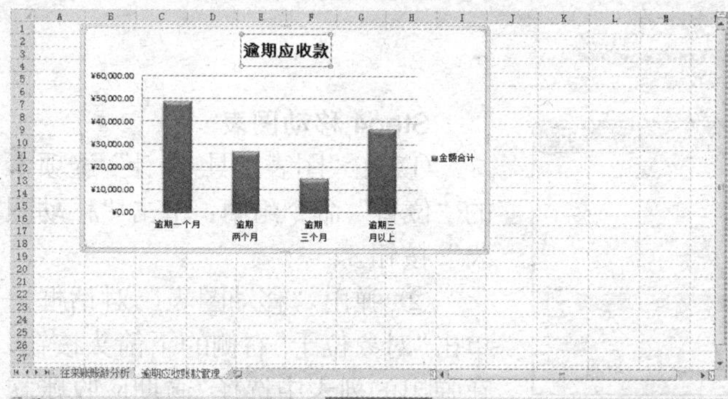

Step8 编辑图表标题

选中图表标题，将图表标题修改为“逾期应收款”，设置字体为“Arial Unicode MS”。

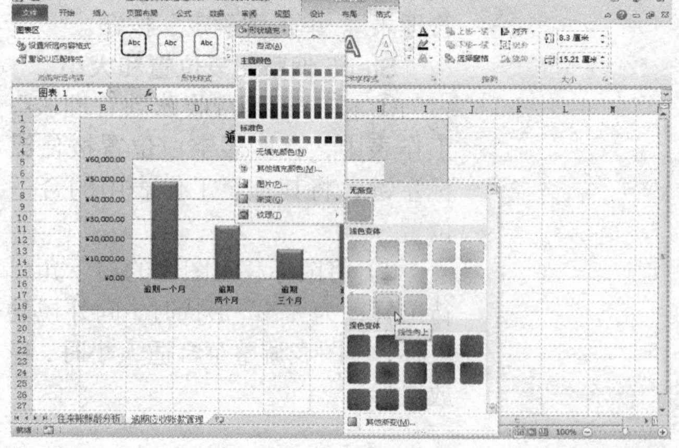

Step9 设置图表区格式

单击图表区，切换到“图表工具-格式”选项卡，在“形状样式”命令组中单击“形状填充”按钮，在弹出的下拉菜单中选择“渐变”→“浅色变体”→“线性向上”。

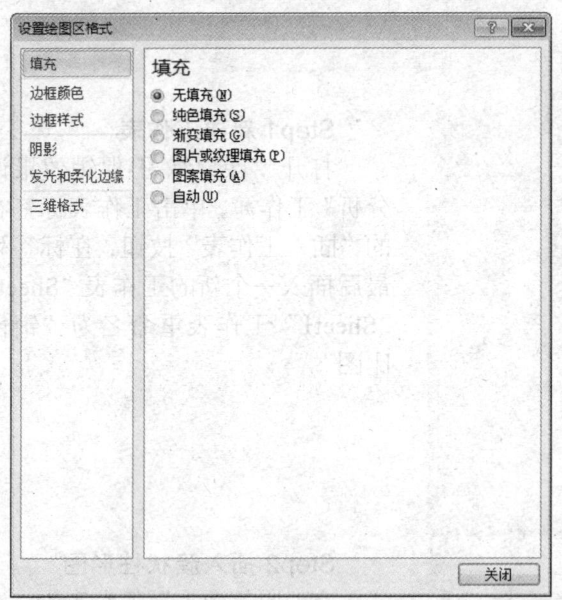

Step10 设置绘图区格式

双击绘图区，弹出“设置绘图区格式”对话框，单击“填充”选项卡，在右侧单击“无填充”单选钮。单击“关闭”按钮。

Step11 设置网格线格式

在“设置主要网格线格式”对话框中，单击“线条颜色”选项卡，单击“实线”单选钮，单击“颜色”右侧的下箭头按钮，在弹出的颜色面板中选择“白色，背景 1，深色 25%”。单击“关闭”按钮。

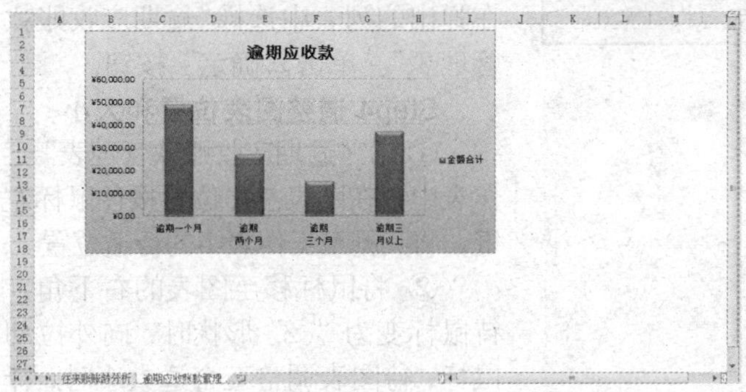

Step12 隐藏工作表的网格线

单击“视图”选项卡，在“显示”命令组中取消勾选“网格线”复选框。

3.2 课堂练习

本课堂练习继续练习绘制簇状柱形图。

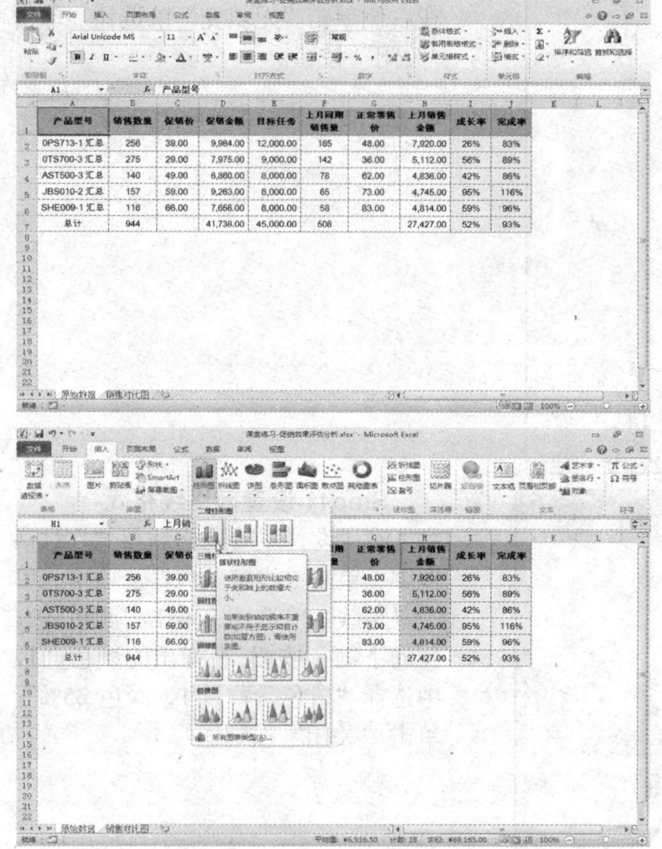

产品型号	销售数量	促销价	促销金额	目标任务	上月同期销售量	正常零售价	上月销售金额	成长率	完成率
0PS713-1 汇总	256	39.00	9,984.00	12,000.00	165	48.00	7,920.00	26%	83%
0TS700-3 汇总	275	29.00	7,975.00	9,000.00	142	36.00	5,112.00	56%	89%
AST500-3 汇总	140	49.00	6,860.00	8,000.00	78	62.00	4,836.00	42%	86%
JBS010-2 汇总	157	59.00	9,263.00	8,000.00	65	73.00	4,745.00	95%	116%
SHE009-1 汇总	116	66.00	7,656.00	8,000.00	58	83.00	4,814.00	59%	96%
总计	944		41,738.00	45,000.00	508		27,427.00	52%	93%

Step1 新建工作表

打开“课堂练习-促销效果评估分析”工作簿，单击工作表标签右侧的“插入工作表”按钮，在标签列的最后插入一个新的工作表“Sheet1”，“Sheet1”工作表重命名为“销售对比图”。

Step2 插入簇状柱形图

在“原始数据”工作表中，选中A1:A6单元格区域，按住<Ctrl>键不放，同时选中D1:D6和H1:H6单元格区域，单击“插入”选项卡，单击“图表”命令组中的“柱形图”按钮，在打开的下拉菜单中选择“二维柱形图”下的“簇状柱形图”命令。

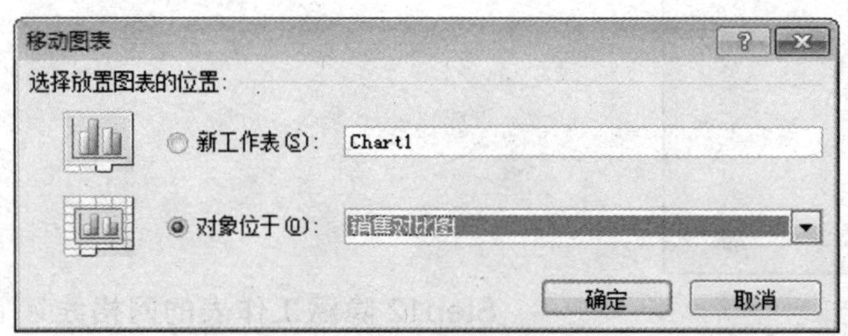

Step3 移动图表

① 在“图表工具-设计”选项卡的“位置”命令组中，单击“移动图表”按钮。

② 弹出“移动图表”对话框，单击“对象位于”右侧的下箭头按钮，在弹出的列表中选择“逾期应收账款管理表”。单击“确定”按钮。

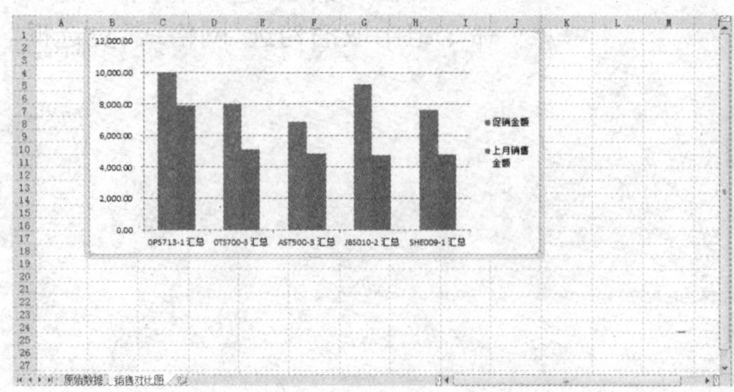

Step4 调整图表位置和大小

① 在“逾期应收账款管理表”工作表中，在图表空白位置按住鼠标左键，将其拖至工作表中的合适位置。

② 将鼠标移至图表的右下角，待鼠标变为“↘”形状时，向外拉动鼠标，待图表调整至合适大小时，释放鼠标。

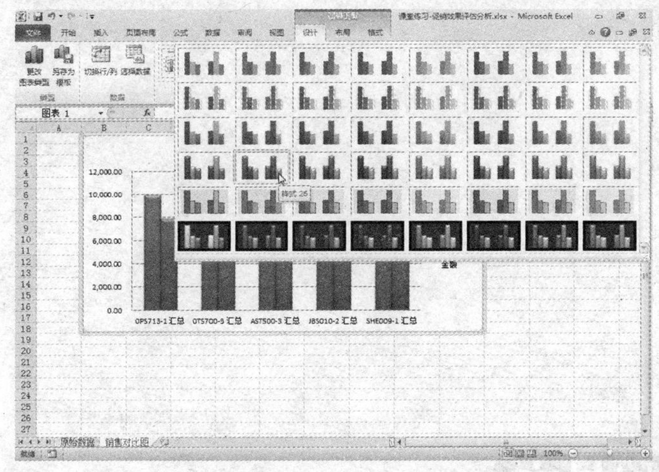

Step5 设置柱形图的布局方式

单击“图表工具-设计”选项卡，在“图表布局”命令组中选择“布局1”样式。

Step6 设置柱形图的样式

单击“图表工具-设计”选项卡，然后单击“图表样式”命令组中列表框右下角的“其他”按钮，打开下拉列表后，选择“样式 26”命令。

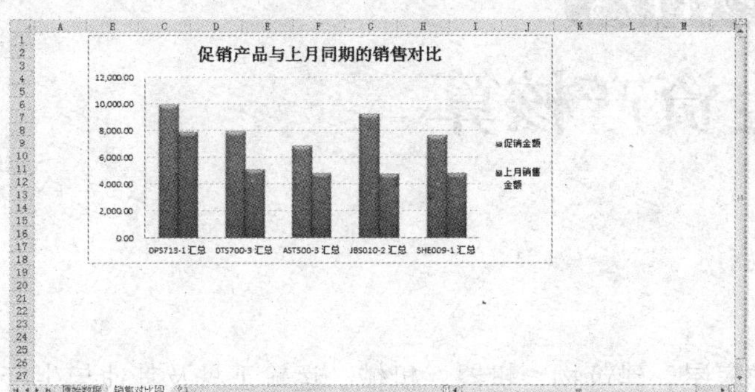

Step7 设置图表其他格式

① 选中图表标题，将图表标题修改为“促销产品与上月同期的销售对比”。

② 双击网格线，在弹出的“设置主要网格线格式”对话框中设置线条颜色。

③ 单击“视图”选项卡，在“显示”命令组中取消勾选“网格线”复选框。

任务小结

本节介绍了根据“往来账账龄分析表”的原始数据绘制“簇状柱形图”的实例应用。在图表制作中，主要涉及图表类型的选择和图表源数据的选定，并介绍了图表的美化。

项目总结

本项目主要介绍了 TODAY 函数、LEFT 函数、IF 函数、AND 函数和 SUM 函数的应用，并使用了对嵌套公式进行分步求值的方法来帮助分析复杂公式的计算过程。通过三维饼图和簇状柱形图的绘制，使我们逐渐熟悉图表类型的选择和图表源数据的选定方法，并且就图表大小、图例格式、坐标轴格式和图表标题格式设置等各个细节深入介绍，使得制作的工作表更加清晰美观，更具说服力。

项目六

固定资产核算

固定资产是指使用期限超过一年的房屋、建筑物、机器、机械、运输工具及其他与生产经营有关的设备、器具及工具等。由于固定资产价值高、使用周期长、使用地点分散等特点决定了对固定资产的核算管理是公司财务管理中的一项重要的工作。为了使固定资产管理人员摆脱繁重的手工劳动，达到方便高效的目的，本项目将利用 Excel 数据处理功能制作固定资产管理系统，从而达到账务核算、计提折扣、日常管理等功能一体化。

任务一 制作固定资产信息卡

任务背景

固定资产单位价值大，不方便移动，这些特点决定了对固定资产的核算管理是公司财务管理中的一项重要的工作。在固定资产日常管理表格设计中，先制作“固定资产卡片”，如图 6-1 所示。

固 定 资 产 卡 片

资产编号		资产名称	
规格型号		类别编号	
类别名称		可使用年限	
开始使用日期		折旧方法	
资产原值			

图 6-1 固定资产卡片

知识点分析

要实现本例中的功能，以下为需要掌握的知识点：

- ◆ 插入剪贴画
- ◆ 插入图片
- ◆ 插入组织结构图

任务实施

1.1 固定资产信息卡

为了方便固定资产的管理，在对固定资产进行核算之前，需要先制作固定资产卡片。

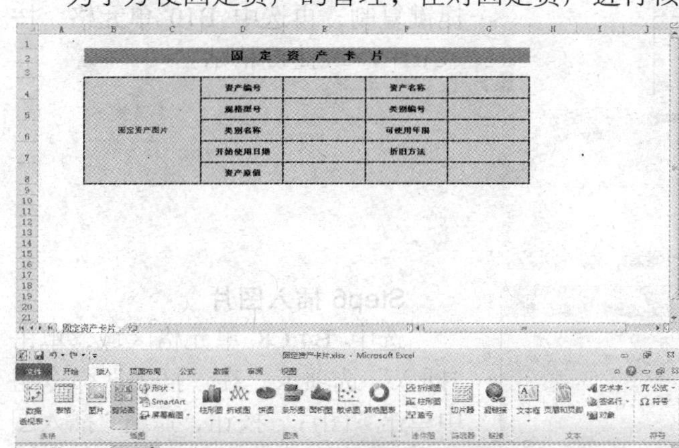

Step1 新建工作簿

新建“固定资产卡片”工作簿，“Sheet1”工作表重命名为“固定资产卡片”，删除多余的工作表。

Step2 输入数据

在 B2:F8 单元格区域中输入原始数据，并美化工作表。

Step3 插入剪贴画

① 选中 B3 单元格，单击“插入”选项卡，在“插图”命令组中单击“剪贴画”按钮。

② 在工作表右侧显示“剪贴画”侧边栏。在“搜索文字”下方的文本框中输入“分隔线”，单击“搜索”按钮。

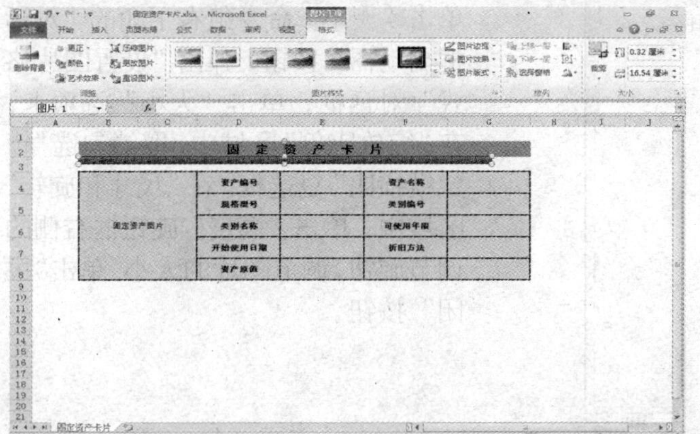

③ 在右边的分隔线列表中，单击某个剪贴画缩略图，Excel 将该剪贴画插入工作表中，插入点为活动单元格的左上角。

④ 单击“剪贴画”侧边栏右上角的“关闭”按钮，关闭侧边栏。

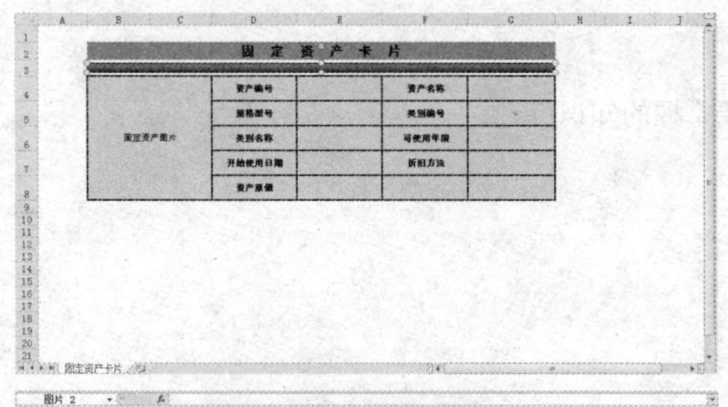

Step4 调整分隔线

① 单击分隔线，此时分隔线周围出现若干控制点，单击右侧的控制点并向右拖曳可以拉长分隔线。

② 选中分隔线并拖动鼠标，将分隔线移动到合适的位置。

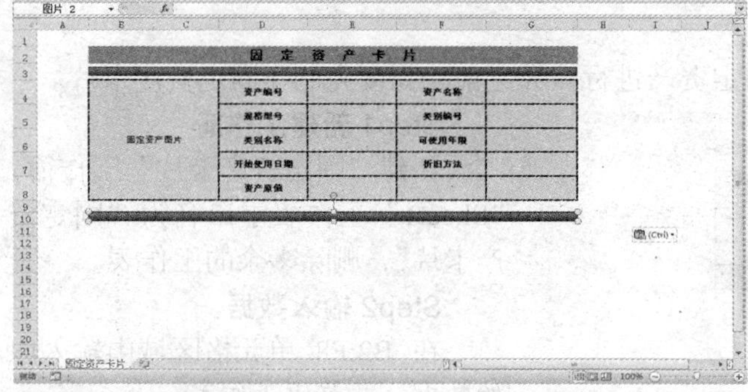

Step5 复制图片

选中“图片 1”，按<Ctrl+C>快捷键复制，再选中 B10 单元格，按<Ctrl+V>快捷键粘贴。

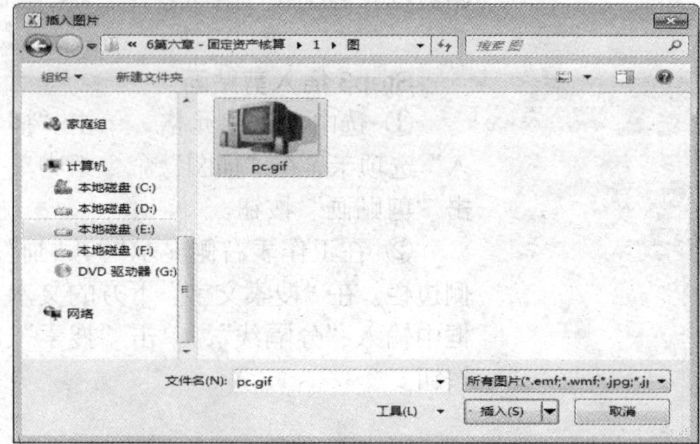

Step6 插入图片

选中 B4:C8 单元格区域，单击“插入”选项卡，在“插图”命令组中单击“图片”按钮，弹出“插入图片”对话框，打开存放固定资产的图片的文件夹，双击该图片。此时，图片就添加到工作表里。

Step7 调整图片大小

单击“图表工具-格式”选项卡，单击“大小”命令组右下角的“对话框启动器”按钮，弹出“设置图片格式”对话框，单击“大小”选项卡，在“缩放比例”区域中，取消勾选“锁定纵横比”复选框。在“尺寸和旋转”区域中，单击“高度”旋钮框右侧的调节旋钮，调节图片的大小。单击“关闭”按钮。

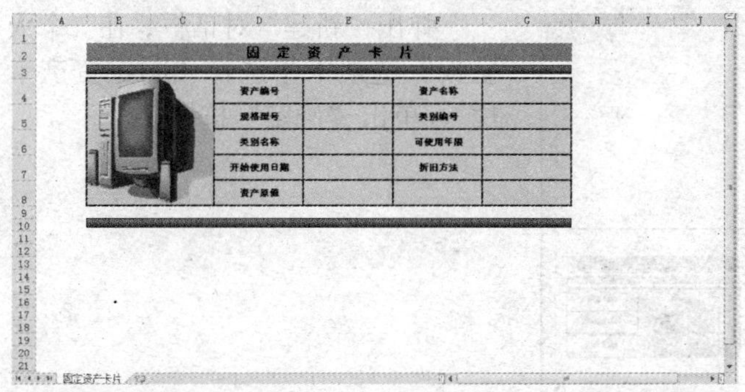

此时固定资产卡片效果如左图所示。

Step8 保存模板

① 单击“文件”选项卡→“另存为”命令，弹出“另存为”对话框。

② 单击“保存类型”右侧的下箭头按钮，选中“Excel 模板(*.xltx)”，在文件名中输入“固定资产卡片”，单击“保存”按钮。

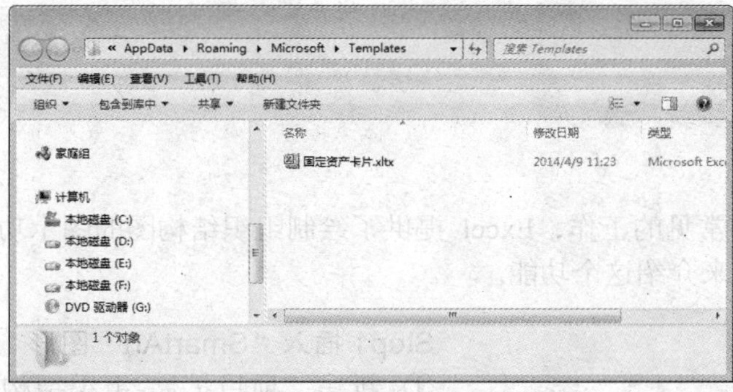

此时，在默认的 C:\Users\用户名\AppData\Roaming\Microsoft\Templa-tes 路径下面保存了“固定资产卡片.xltx”模板。

关闭该模板。

Step9 新建其他固定资产卡片

单击系统“开始”→“所有程序”→“Microsoft Office”→“Microsoft Excel 2010”，打开 Excel，单击“文件”选项卡→“新建”命令，在“可用模板”区域中单击“我的模板”命令。

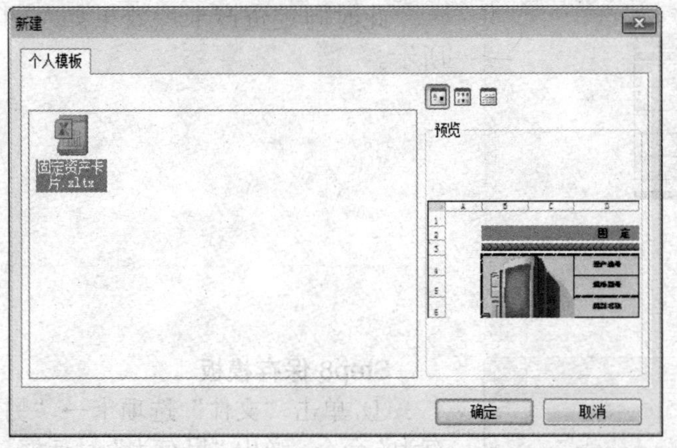

弹出“新建”对话框，在“个人模板”选项卡中选择“固定资产卡片”，单击“确定”按钮。

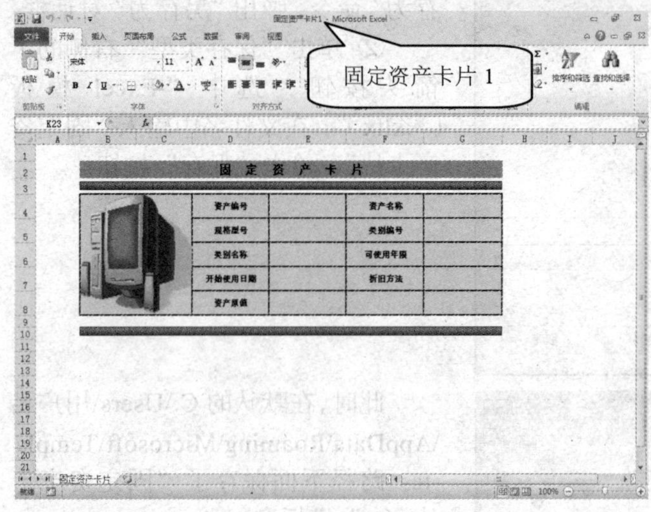

此时，新建了“固定资产卡片 1”的工作簿，在该工作簿中填写相关数据后，单击“文件”选项卡→“另存为”命令，选择好保存位置后，保存为“固定资产卡片 1”的工作簿。

项目扩展：组织结构图

绘制组织结构图是一项非常实用和常见的工作，Excel 提供了绘制组织结构图的图示功能，下面以绘制简化的部门结构组织图来介绍这个功能。

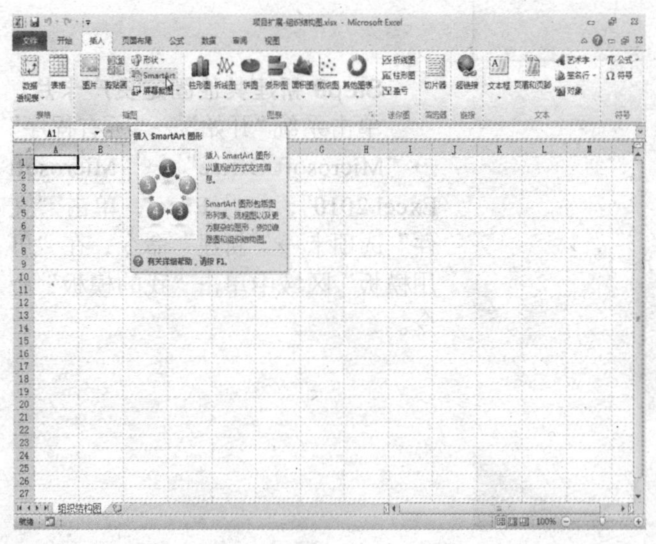

Step1 插入“SmartArt”图形

① 新建“项目扩展-组织结构图”工作簿，工作表重命名为“组织结构图”，删除多余的工作表。

② 单击“插入”选项卡，在“插图”命令组中单击“SmartArt”按钮，弹出“选择 SmartArt 图形”对话框。

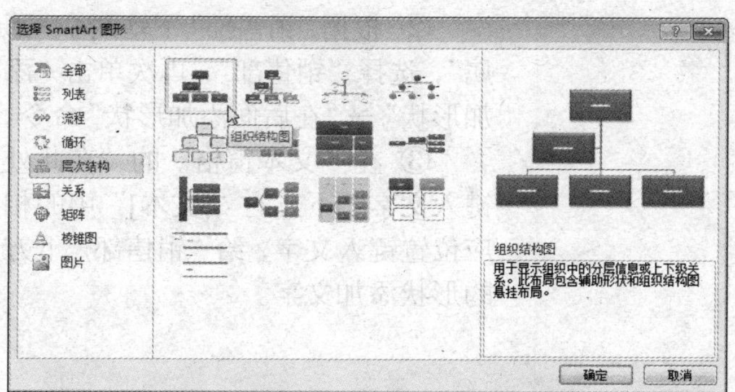

③ 单击“层次结构”选项卡，在右侧选中“组织结构图”，单击“确定”按钮。

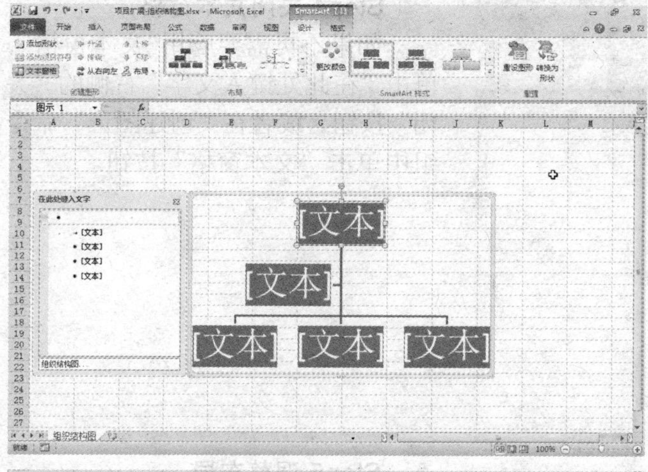

此时工作簿中插入了最简单的组织结构图。

功能区中自动激活“SmartArt工具-设计”和“SmartArt 工具—格式”选项卡。

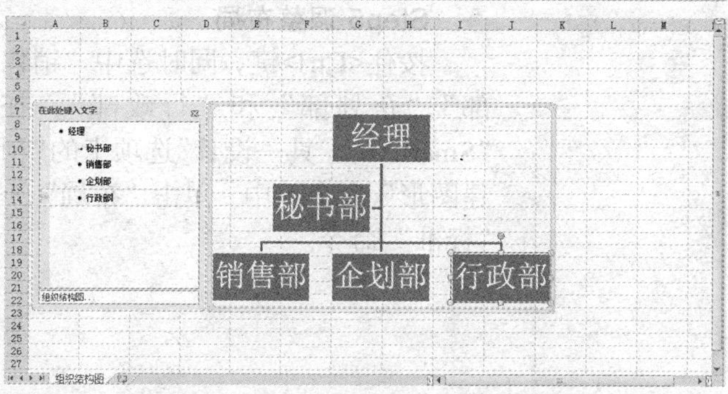

Step2 输入文字

在“文本窗格”的“在此处键入文字”下方的“[文本]”中键入文字。

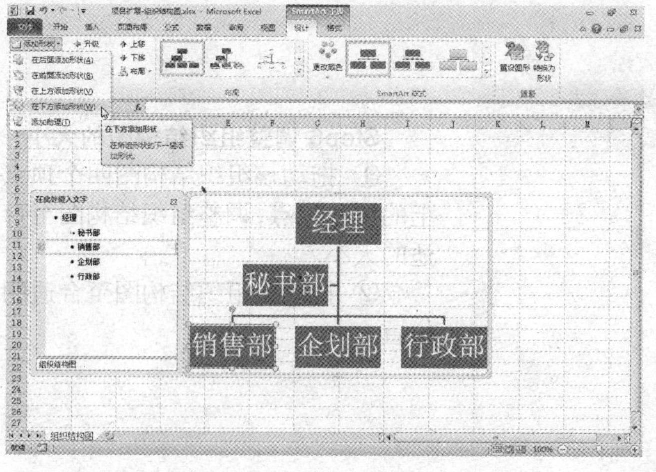

Step3 添加形状

① 选中“销售部”，在“SmartArt工具-设计”选项卡的“创建图形”命令组中，单击“添加形状”→“在下方添加形状”命令。

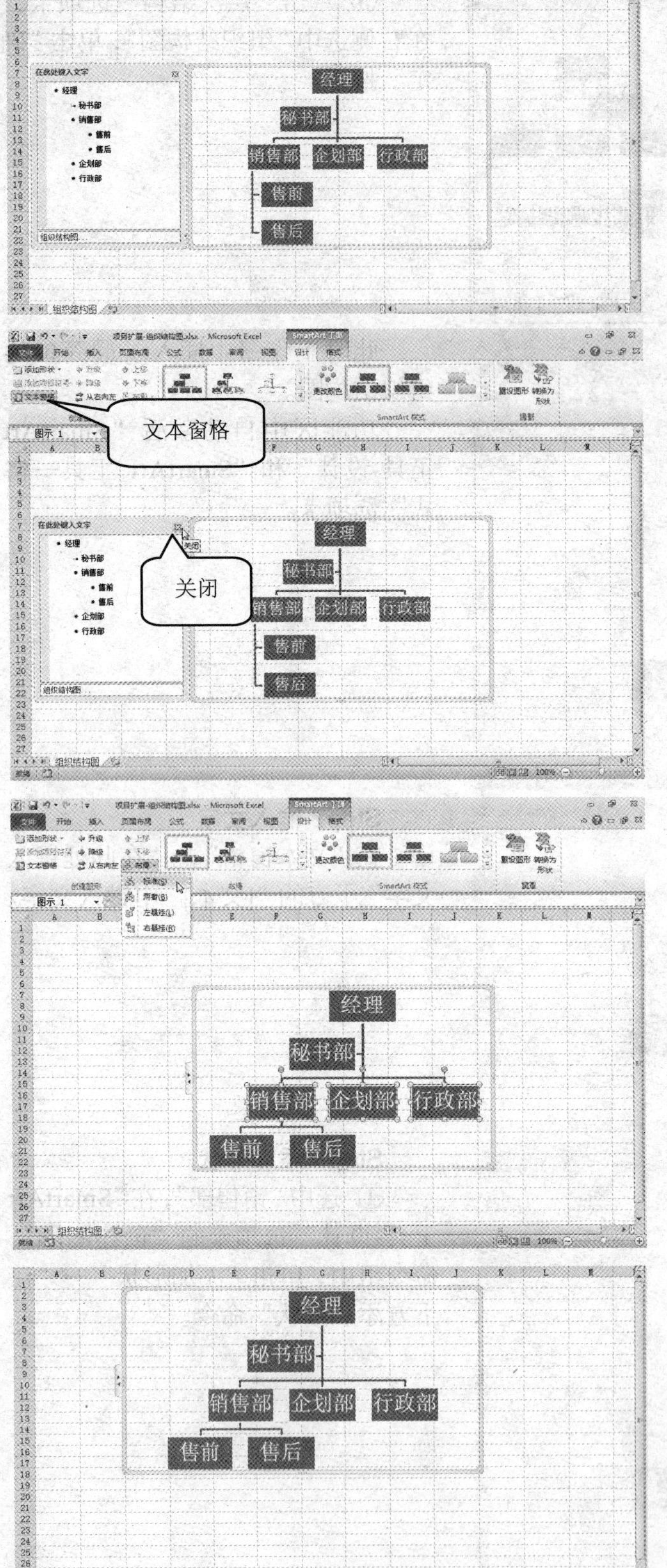

② 根据“销售部”下辖两个“下属”，选择“销售部”，再次单击“添加形状”→“在后面添加形状”命令。

③ 在“文本窗格”的“在此处键入文字”下方的“[文本]”中的相应位置键入文字，给“销售部”下方的形状添加文字。

Step4 关闭文本窗格

如果不再需要应用“文本窗格”，单击“在此处键入文字”右侧的“关闭”按钮，或者在“创建图形”命令组中单击“文本窗格”按钮。

Step5 调整布局

按住<Ctrl>键，同时选中“销售部”“企划部”和“行政部”，在“SmartArt 工具—设计”选项卡的“创建图形”命令组中，单击“布局”→“标准”命令。

Step6 调整组织结构图的大小

① 拖动该组织结构图四个顶点上的尺寸控点，调整组织结构图至合适的大小。

② 拖动该组织结构图至合适的位置。

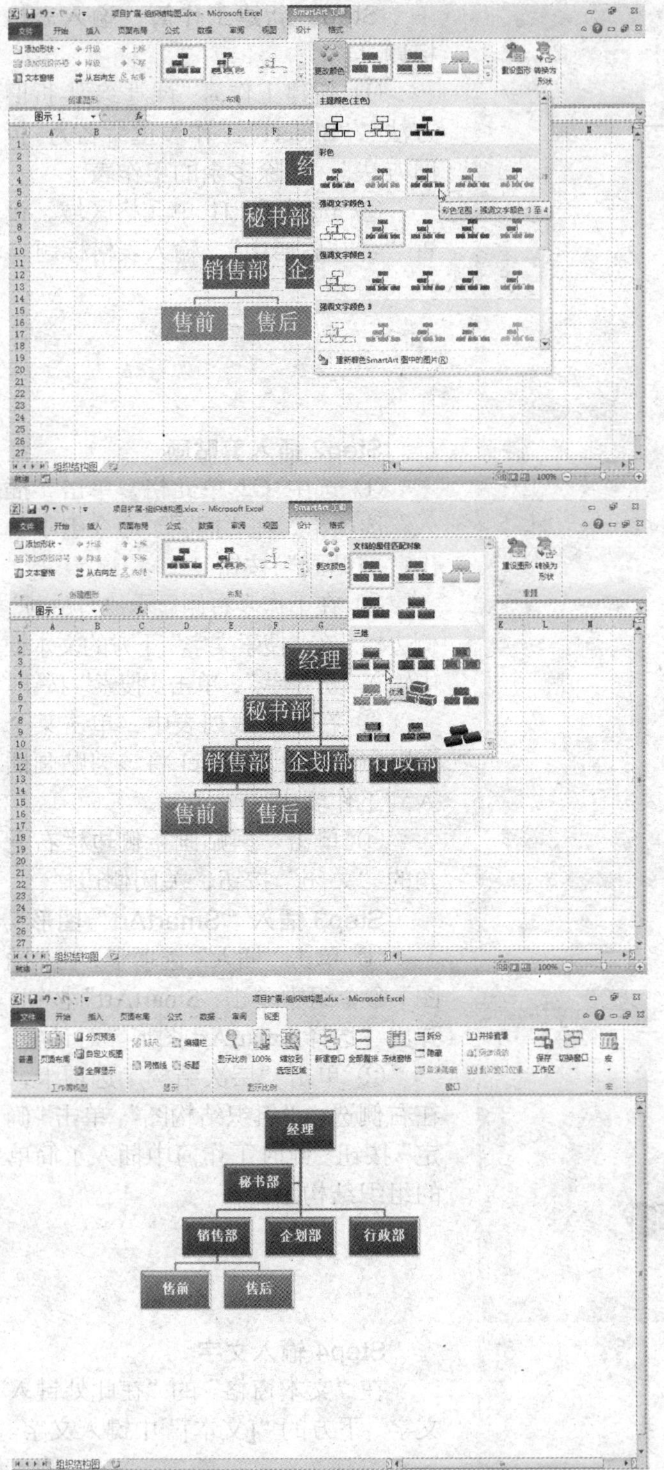

Step7 设置 SmartArt 样式

① 在“SmartArt 工具-设计”选项卡的“SmartArt 样式”命令组中，单击“更改颜色”按钮，在弹出的下拉菜单中选择“彩色”下方的“彩色范围-强调文字颜色 3 至 4”。

② 在“SmartArt 样式”命令组中，单击右下角的其他按钮“▾”，在弹出的下拉菜单中选择“三维”下方的“优雅”。

Step8 设置字体

选中该组织结构图，切换到“开始”选项卡，在“字体”命令组中设置字体、字号和加粗。

Step9 隐藏编辑栏、网格线和标题的显示

切换到“视图”选项卡，取消勾选“编辑栏”“网格线”和“标题”复选框。

1.2 课堂练习

本课堂将练习如何插入剪贴画和插入组织结构图。

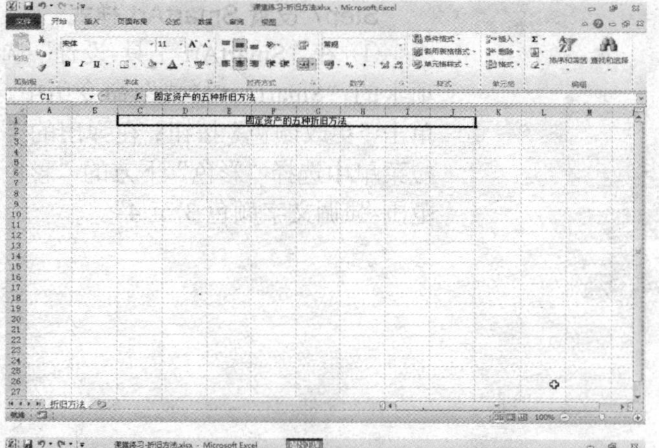

Step1 新建工作簿，输入表格标题

① 新建工作簿“课堂练习-折旧方法”，“Sheet1”工作表重命名为“折旧方法”，删除多余的工作表。

② 选中 C1:J1 单元格区域，设置“合并后居中”，输入表格标题。

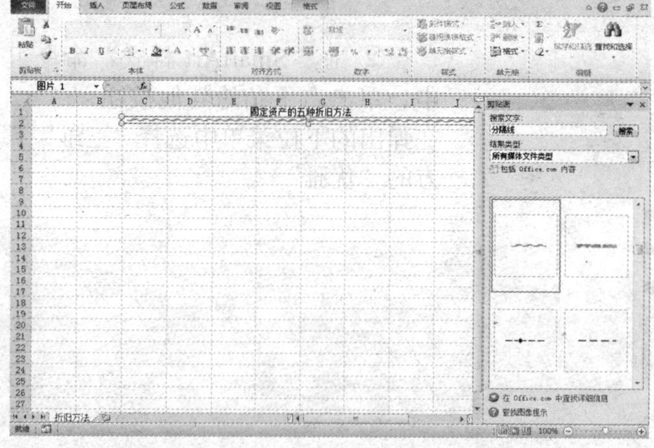

Step2 插入剪贴画

① 选中 C2 单元格，单击“插入”选项卡，在“插图”命令组中单击“剪贴画”按钮。

② 在工作表右侧显示“剪贴画”侧边栏。在“搜索文字”下方的文本框中输入“分隔线”，单击“搜索”按钮。

③ 在分隔线列表中，单击某个剪贴画缩略图，Excel 将该剪贴画插入到工作表中。

④ 单击“剪贴画”侧边栏右上角的“关闭”按钮，关闭侧边栏。

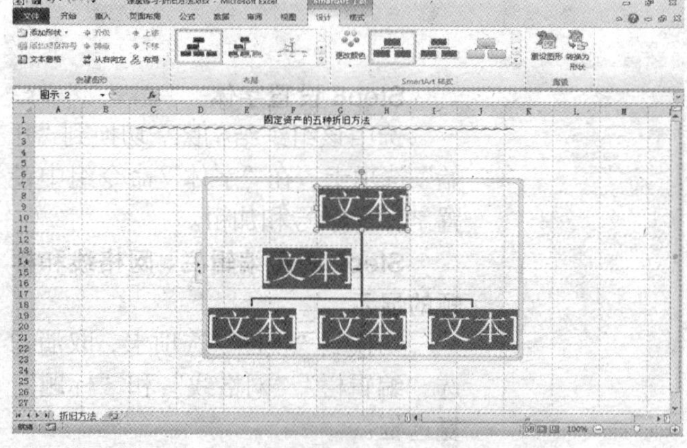

Step3 插入“SmartArt”图形

① 单击“插入”选项卡，在“插图”命令组中单击“SmartArt”按钮，弹出“选择 SmartArt 图形”对话框。

② 单击“层次结构”选项卡，在右侧选中“组织结构图”，单击“确定”按钮。此时工作簿中插入了简单的组织结构图。

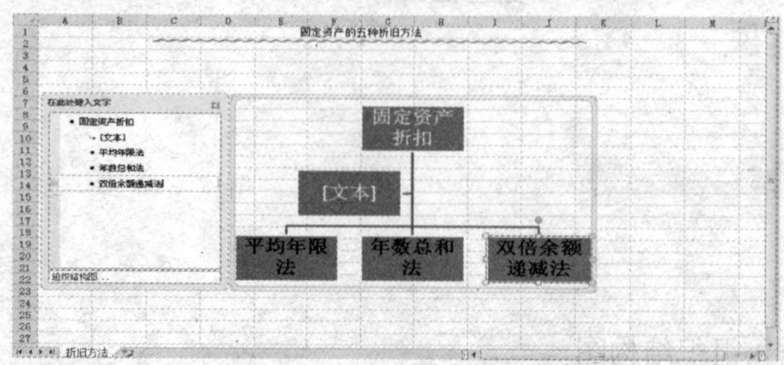

Step4 输入文字

在“文本窗格”的“在此处键入文字”下方的“[文本]”中键入文字。

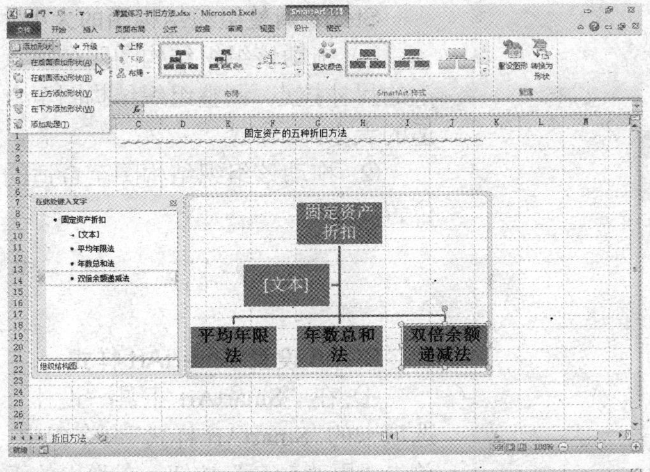

Step5 添加形状

① 选中“双倍余额递减法”，在“SmartArt 工具—设计”选项卡的“创建图形”命令组中，单击“添加形状”→“在后面添加形状”命令。

② 按<F4>键，重复添加形状。

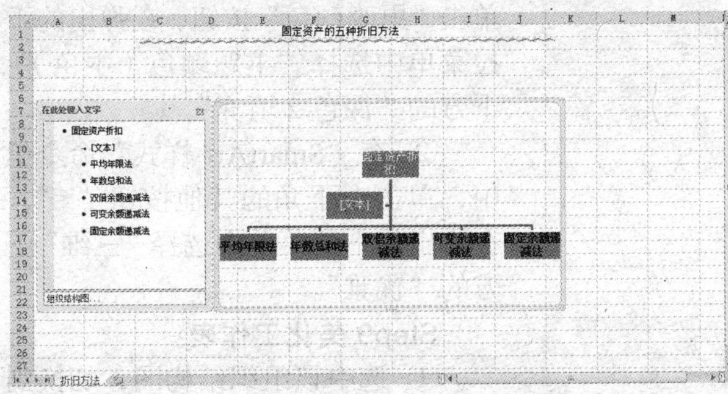

③ 在“文本窗格”的“在此处键入文字”下方的“[文本]”中的相应位置键入文字，给“双倍余额递减法”后面的形状添加文字。

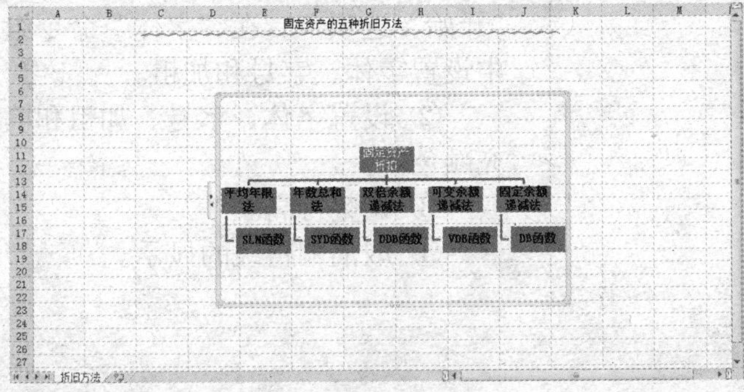

④ 选中“固定资产折扣”下方的“助理”，按<Delete>键删除。

⑤ 在“平均年限法”等形状的下方添加形状，并输入文本。

⑥ 单击“在此处键入文字”右侧的“关闭”按钮，关闭文本窗格。

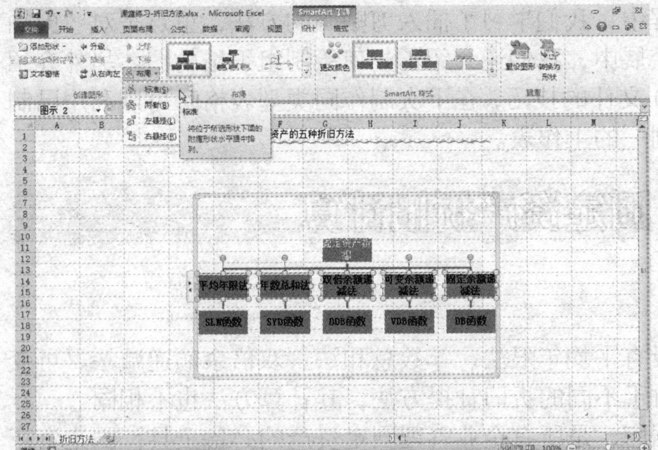

Step6 调整布局

按住<Ctrl>键，同时选中“平均年限法”“年数总和法”“双倍余额递减法”“可变余额递减法”和“固定余额递减法”，在“SmartArt 工具—设计”选项卡的“创建图形”命令组中，单击“布局”→“标准”命令。

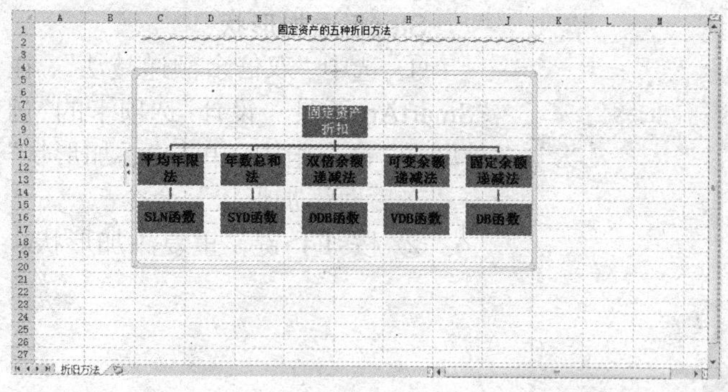

Step7 调整组织结构图的大小

① 拖动该组织结构图四个顶点上的尺寸控点，调整组织结构图至合适的大小。

② 拖动该组织结构图至合适的位置。

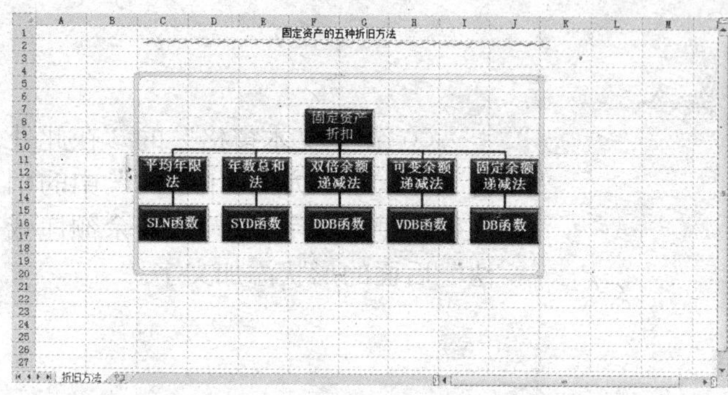

Step8 设置 SmartArt 样式

① 在“SmartArt 工具—设计”选项卡的“SmartArt 样式”命令组中，单击“更改颜色”按钮，在弹出的下拉菜单中选择“主题颜色（主色）”下方的“深色 2 填充”。

② 在“SmartArt 样式”命令组中，单击右下角的其他按钮“ ”，在弹出的下拉菜单中选择“三维”下方的“优雅”。

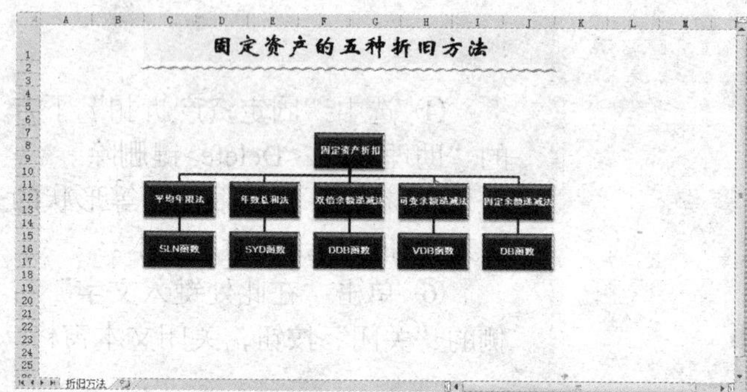

Step9 美化工作表

① 选中该组织结构图，切换到“开始”选项卡，在“字体”命令组中设置字体、字号和加粗。

② 设置字体、字号、加粗和填充颜色。

③ 调整行高。

④ 取消网格线的显示。

任务小结

在以上固定资产信息卡的制作过程中，我们学习了插入剪贴画的方法，重点是对“剪贴画”的“管理编辑”的调用。在项目扩展中，我们还介绍了如何绘制组织结构图。另外介绍了将制作好的表格保存为模板（*.xltx）文件的技巧，在下次制作同类型表格时可以利用已制作保存的模板，轻松快捷地创建整齐划一的工作表。

任务二 固定资产折旧计算

任务背景

企业固定资产折旧的计提方法一般有平均年限法、年数总和法、双倍余额递减法、可变余额递减法、固定余额递减法等，针对于不同的折旧计提方法，其计算方法也不相同。

固定资产清单也称作固定资产数据库，是所有企业管理固定资产的必备工具。固定资产清单主要记录企业内各个固定资产的详细情况，主要包括资产编号、类别、名称、规格、购买日期、使用年限、使用状况等。通过固定资产清单，可以快速浏览、查找某固定资产的具体情况，方便财务人员对不同类型固定资产进行具体管理。

固定资产折旧模板与各折旧方法折旧表分别如图 6-2 至图 6-8 所示。

固定资产编号			固定资产名称				使用部门		规格型号	
增加方式			开始使用日期				折旧方法			
固定资产原值			预计使用年限				残值率		残值	
期间	1	2	3	4	5	6	7	8	9	10
折旧金额										

图 6-2 固定资产折旧模板

固定资产平均年限法折旧表

固定资产编号		GD-0102	固定资产名称		厂房		使用部门	行政部	规格型号	X-001
增加方式		自建	开始使用日期		2000/1/1		折旧方法	平均年限法		
固定资产原值		100,000.00	预计使用年限		10		残值率	3%	残值	3,000.00
期间	1	2	3	4	5	6	7	8	9	10
折旧金额	9,700.00	9,700.00	9,700.00	9,700.00	9,700.00	9,700.00	9,700.00	9,700.00	9,700.00	9,700.00

图 6-3 固定资产平均年限法折旧表

固定资产年数总和法折旧表

固定资产编号		GC-101	固定资产名称		厂房		使用部门	行政部	规格型号	X-002
增加方式		自建	开始使用日期		2000/1/1		折旧方法	年数总和法		
固定资产原值		100,000.00	预计使用年限		10		残值率	3%	残值	3,000.00
期间	1	2	3	4	5	6	7	8	9	10
折旧金额	17,636.36	15,872.73	14,109.09	12,345.45	10,581.82	8,818.18	7,054.55	5,290.91	3,527.27	1,763.64

图 6-4 固定资产年数总和法折旧表

固定资产双倍余额递减法折旧表

固定资产编号		GD-102	固定资产名称		厂房		使用部门	车间	规格型号	X-003
增加方式		购买	开始使用日期		2000/1/1		折旧方法	双倍余额递减法		
固定资产原值		200,000.00	预计使用年限		10		残值率	3%	残值	6,000.00
期间	1	2	3	4	5	6	7	8	9	10
折旧金额	40,000.00	32,000.00	25,600.00	20,480.00	16,384.00	13,107.20	10,485.76	8,388.61	6,710.89	5,368.71

图 6-5 固定资产双倍余额递减法折旧表

固定资产可变余额递减法折旧表

固定资产编号		GD-104	固定资产名称		车床		使用部门	车间	规格型号	X-004	
增加方式		购买	开始使用日期		2005/1/1		折旧方法	可变余额递减法			
固定资产原值		20,000.00	预计使用年限		10		残值率	3%	残值	600.00	
期间	0	1	2	3	4	5	6	7	8	9	10
折旧金额	4,000.00	3,200.00	2,560.00	2,048.00	1,638.40	1,310.72	1,160.72	1,160.72	1,160.72	1,160.72	0.00

图 6-6 固定资产可变余额递减法折旧表

固定资产固定余额递减法折旧表

固定资产编号		GC-1021	固定资产名称		厂房		使用部门	行政部	规格型号	X-005
增加方式		购买	开始使用日期		2005/1/1		折旧方法	固定余额递减法		
固定资产原值		210,000.00	预计使用年限		10		残值率	3%	残值	6,300.00
期间	1	2	3	4	5	6	7	8	9	10
折旧金额	62,160.00	43,760.64	30,807.49	21,688.47	15,268.69	10,749.15	7,567.40	5,327.45	3,750.53	2,640.37

图 6-7　固定资产固定余额递减法折旧表

杰瑞公司固定资产折旧清单

统计日期：2014年4月11日

资产编号	资产名称	规格型号	类别编号	类别名称	增加方式	使用状况	可使用年限	开始使用日期	折旧方法	资产原值	已计提月份	至上月止累计折旧额	本月计提折旧额	本月末账面净值	净残值率
13051	办公楼	600平米	011	房屋	自建	在用	22	2004/3/18	平均年限法	1,000,000.00	120	363,636.36	3,030.30	633,333.33	20.00%
43062	厂房	2万平米	011	房屋	自建	在用	20	2005/7/18	平均年限法	8,000,000.00	104	2,946,666.67	28,333.33	5,025,000.00	15.00%
51002	仓库	7万平米	011	房屋	自建	在用	25	2005/3/26	双倍余额法	2,700,000.00	108	1,425,164.32	8,498.90	1,266,336.78	13.50%
71007	货车	SDT	031	运输工具	购入	在用	10	2004/7/15	双倍余额法	100,000.00	116	91,485.97	223.70	8,290.33	5.00%
60082	机床	HD_C12	041	生产设备	购入	在用	12	2005/6/21	年数总和法	450,000.00	105	282,692.31	1,884.62	165,423.08	2.00%
71038	吊车	FD_PCT	031	运输工具	购入	在用	10	2006/2/21	年数总和法	250,000.00	97	166,405.30	746.21	82,848.48	1.50%

图 6-8　固定资产折旧清单

知识点分析

要实现本例中的功能，以下为需要掌握的知识点。

- 数据有效性
- SLN 函数、SYD 函数、DDB 函数、DB 函数、VDB 函数，五种折旧函数的应用
- TEXT 函数、TODAY 函数、INT 函数、DAYS360 函数、MOD 函数的应用

任务实施

2.1　创建折旧模板

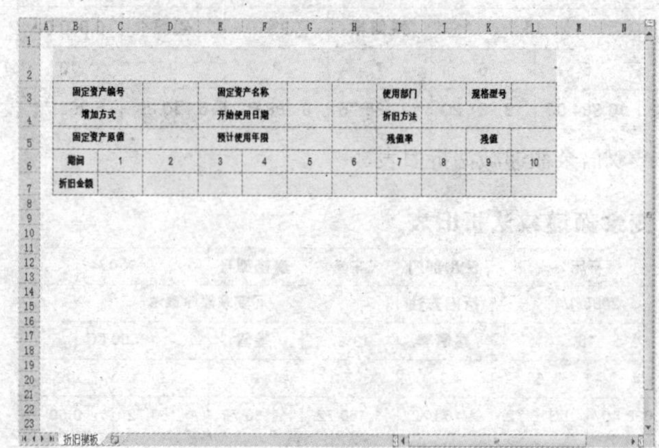

Step1 新建工作簿，输入数据

① 新建空白工作簿，在 B2:L7 单元格区域中输入固定资产卡片的相关信息。

② 选中 L5 单元格，输入以下公式，按<Enter>键确认。

```
=D5*J5
```

③ 美化工作表。

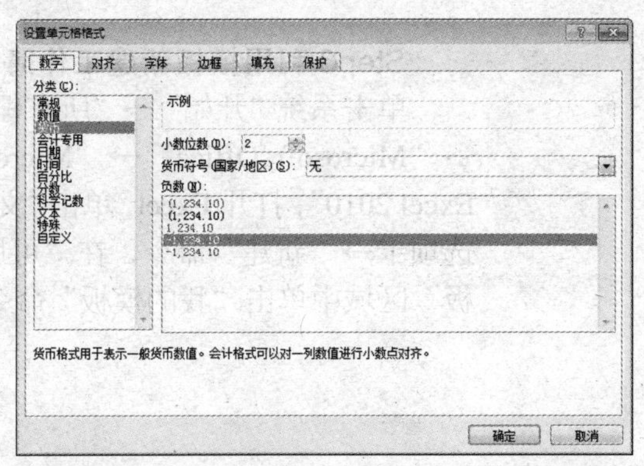

Step2 设置单元格格式

① 按住<Ctrl>键不放，同时选中D5、L5和C7:L7单元格区域，设置单元格格式为“货币”，小数位数为“2”，货币符号为“无”。

② 选中J5单元格，设置单元格格式为“百分比”，小数位数为“0”。

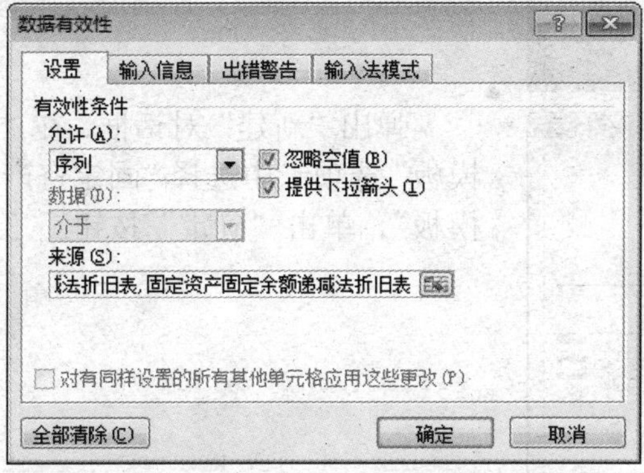

Step3 设置数据有效性

选中B2单元格，单击“数据”选项卡，在“数据工具”命令组中单击“数据有效性”按钮，弹出“数据有效性”对话框，单击“设置”选项卡，在“允许”下拉列表中选择“序列”，在“来源”文本框中输入“固定资产平均年限法折旧表，固定资产年数总和法折旧表，固定资产双倍余额递减法折旧表，固定资产可变余额递减法折旧表，固定资产固定余额递减法折旧表”。单击“确定”按钮。

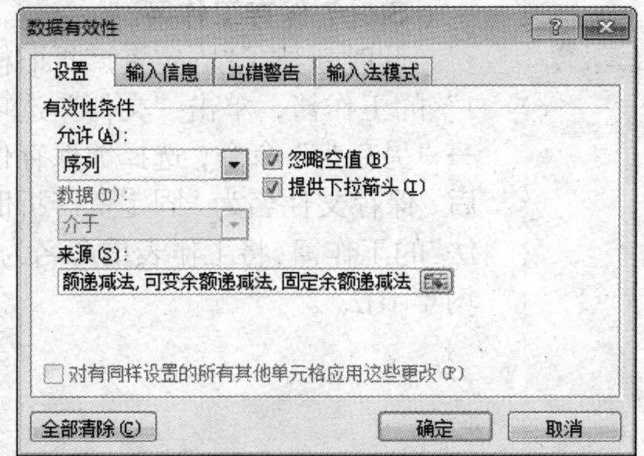

Step4 设置数据有效性

选中J4单元格，单击“数据”选项卡→“数据工具”命令组→“数据有效性”按钮，弹出“数据有效性”对话框，单击“设置”选项卡，在“允许”下拉列表中选择“序列”，在“来源”文本框中输入“平均年限法，年数总和法，双倍余额递减法，可变余额递减法，固定余额递减法”。单击“确定”按钮。

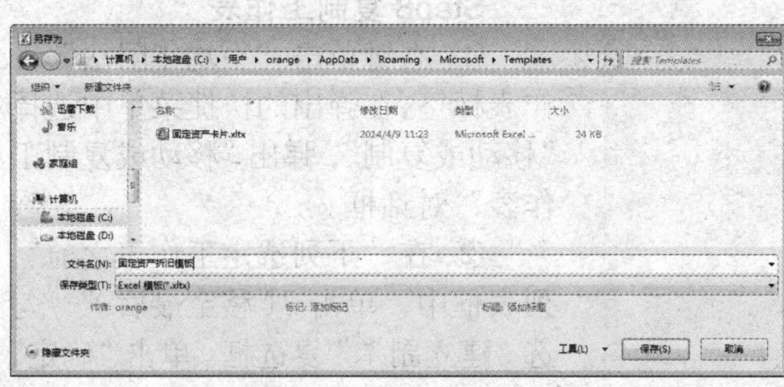

Step5 另存为模板

单击“文件”选项卡→“另存为”命令，弹出“文件另存为”对话框，选择“保存类型”为“Excel 模板”，将文件名重命名为“固定资产折旧模板”，单击“保存”按钮，完成模板的保存。

此时在默认的C:\Users\用户名\AppData\Roaming\Microsoft\Templates路径下面保存了“固定资产折旧模板.xltx”模板。

单击“关闭”按钮，关闭该模板。

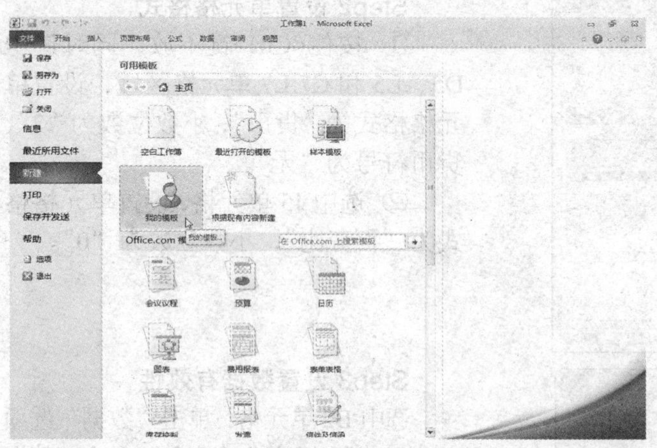

Step6 利用模板新建工作簿

单击系统“开始”→“所有程序”→“Microsoft Office”→“Microsoft Excel 2010”，打开 Excel，单击“文件”选项卡→“新建”命令，在“可用模板”区域中单击“我的模板”命令。

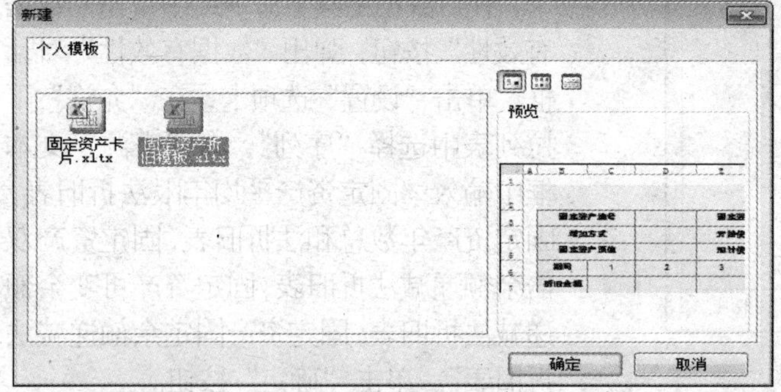

弹出“新建”对话框，在“个人模板”选项卡中选择“固定资产折旧模板”，单击“确定”按钮。

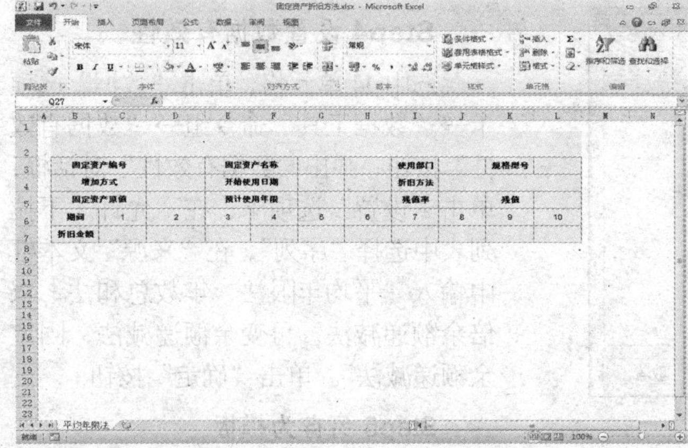

Step7 保存工作簿

此时新建了“固定资产折旧模板1”的工作簿，单击“文件”选项卡→“另存为”命令，选择欲保存位置后，保存文件名为“固定资产折旧方法”的工作簿，将工作表重命名为“平均年限法”。

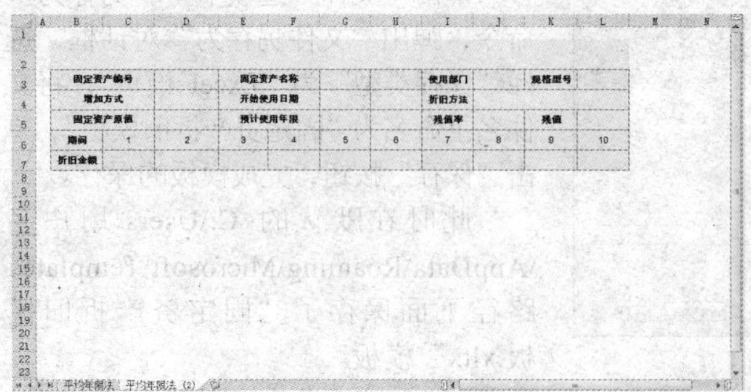

Step8 复制工作表

① 右键单击“平均年限法”工作表标签，在弹出的快捷菜单中选择“移动或复制”，弹出“移动或复制工作表”对话框。

② 在“下列选定工作表之前”列表框中，单击“(移至最后)”，勾选“建立副本”复选框。单击“确定”按钮。此时新建了“平均年限法(2)”工作表。

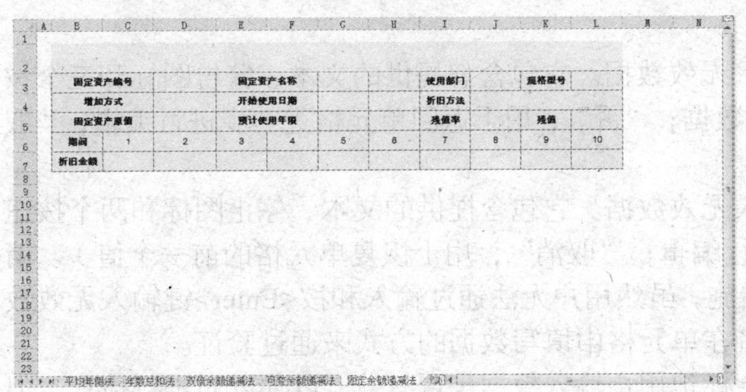

③ 类似的方法，再建立 3 个副本。

④ 将“平均年限法(2)”至“平均年限法(5)”工作表分别重命名为“年数总和法”“双倍余额递减法”“可变余额递减法”和“固定余额递减法”。

项目扩展：数据有效性验证

Microsoft Excel 数据有效性验证可以定义要在单元格中输入的数据类型。例如，限制用户只能输入从 A 到 F 的字母，此时即可设置数据有效性验证，以避免用户输入无效的数据，或者允许输入无效数据，但在结束输入后进行检查。还可以提供信息，以定义期望在单元格中输入的内容，帮助用户改正错误的指令。

如果输入的数据不符合要求，Excel 将显示出错警告，其中包含提供的指令，如图 6-9 所示。

图 6-9　数据有效性的出错警告

当所设计的表单或工作表要被用户输入数据（例如，预算表单或支出报表）时，数据有效性验证尤为有用。

1. 可以验证的数据类型

Excel 可以为单元格指定以下类型的有效数据：

（1）数值//指定单元格中的条目必须是整数或小数。可以设置最小值或最大值，将某个数值或范围排除在外，或者使用公式计算数值是否有效。

（2）日期和时间//设置最小值或最大值，将某些日期或时间排除在外，或者使用公式计算日期或时间是否有效。

（3）长度//限制单元格中可以输入的字符个数，或者要求至少输入的字符个数。

（4）值列表//为单元格创建一个选项列表（例如小、中、大），只允许在单元格中输入这些值。用户单击单元格时，将显示一个下箭头，从而使用户可以轻松地在列表中进行选择。

2. 可以显示的消息类型

对于所验证的每个单元格，都可以显示两类不同的消息：一类是用户输入数据之前显示的消息，另一类是用户尝试输入不符合要求的数据时显示的消息。

（1）输入消息//一旦用户单击已经过验证的单元格，便会显示此类消息。可以通过输入消息来提供有关要在单元格中输入的数据类型的指令。

（2）错误消息//仅当用户输入无效数据并按下<Enter>键时，才会显示此类消息。可以从以下三类错误消息中进行选择。

a）信息消息//此类消息不阻止输入无效数据。除所提供的文本外，它还包含一个消息图标、一个“确定”按钮（用于在单元格中输入无效数据）和一个“取消”按钮（用于恢复单元格中的前一个值）。

b）警告消息//此类消息不阻止输入无效数据。它包含您提供的文本、警告图标和三个按钮（“是”，用于在单元格中输入无效数据；“否”，用于返回单元格进一步进行编辑；“取消”，用于恢复单元格的前一个值）。

c）停止消息//此类消息不允许输入无效数据。它包含提供的文本、停止图标和两个按钮（“重试”，用于返回单元格进一步进行编辑；“取消”，用于恢复单元格的前一个值）。请注意，不能将此类消息作为一种安全措施，虽然用户无法通过输入和按<Enter>键输入无效数据，但是他们可以通过复制和粘贴或者在单元格中填写数据的方式来通过验证。

如果未指定任何信息，则 Excel 会标记用户输入数据是否有效，以便以后进行检查，但用户输入的数据无效时，它不会提示。

2.2 五种折旧方法

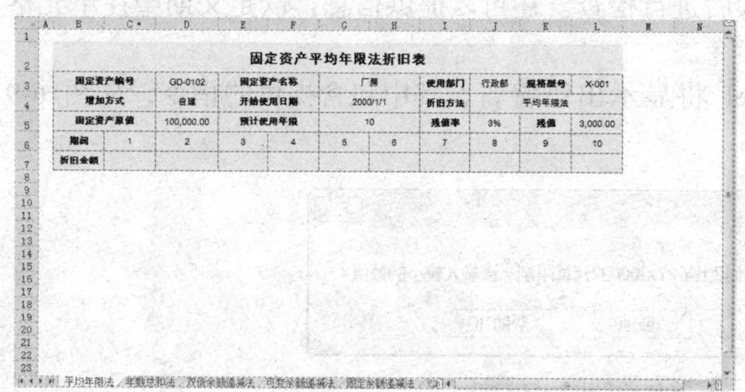

Step1 输入原始数据

切换到“平均年限法”工作表，选中 B1:L1 单元格区域，单击右侧的下箭头按钮，在弹出的列表中选择“固定资产平均年限法折旧表”，在该工作簿中填写相关数据。

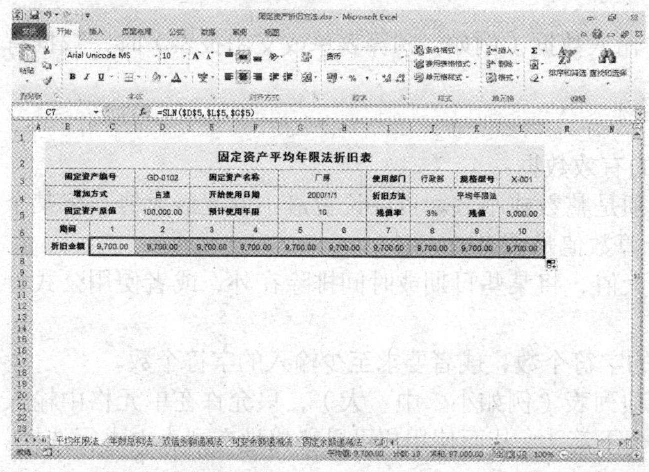

Step2 用平均年限法计算折旧

① 选中 C7 单元格，输入以下公式，按<Enter>键确认。

```
=SLN($D$5,$L$5,$G$5)
```

② 选中 C7 单元格，拖拽右下角的填充柄至 L7 单元格。

项目扩展：平均年限法

平均年限法又称直线折旧法，它是根据固定资产的原值、预计净残值以及预计清理费用，然后按照预计使用年限，将固定资产的折旧均衡地分摊到各期的一种方法。采用这种方法计算折旧的计算公式如下。

$$年折旧额=\frac{固定资定-净残值}{使用年限}$$

函数应用：SLN 函数

函数用途

返回某项资产在一个期间中的线性折旧值。

函数语法

```
SLN(cost,salvage,life)
```

cost 为资产原值。

salvage 为资产在折旧期末的价值（有时也称为资产残值）。

life 为折旧期限（有时也称作资产的使用寿命）。

函数简单示例

	A	B
1	数据	说明
2	40,000	资产原值
3	5,500	资产残值
4	10	使用寿命

示例	公式	说明	结果
1	=SLN(A2,A3,A4)	每年的折旧值	￥3,450

本例公式说明

本例中的公式为：

```
=SLN($D$5,$L$5,$G$5)
```

SLN($D$5,$L$5,$G$5)是指定 SLN 函数计算原值 100000、残值 3000、预计使用年限 10 年的固定资产的平均年限法折旧值。

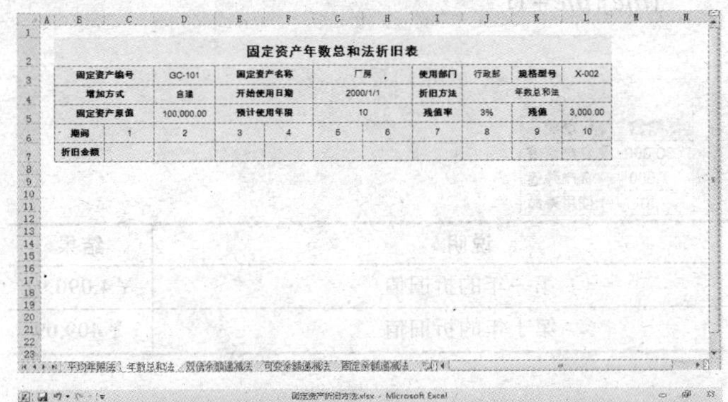

Step3 输入原始数据

切换到“年数总和法”工作表，选中 B1:L1 单元格区域，单击右侧的下箭头按钮，在弹出的列表中选择“固定资产年数总和法折旧表”，在该工作簿中填写相关数据。

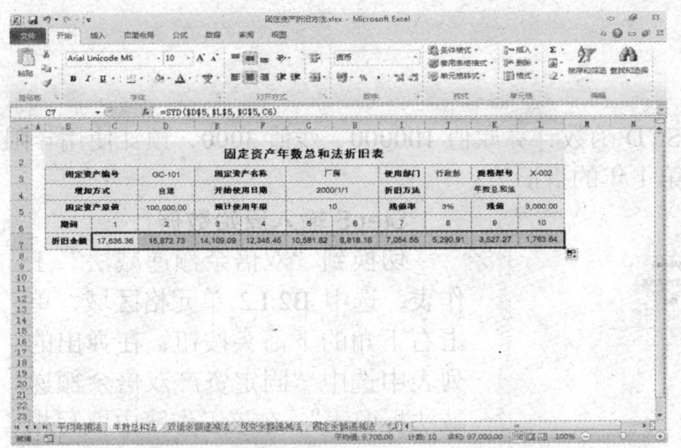

Step4 用年数总和法计算折旧

① 选中 C7 单元格，输入以下公式，按<Enter>键确认。

```
=SYD($D$5,$L$5,$G$5,C6)
```

② 选中 C7 单元格，拖拽右下角的填充柄至 L7 单元格。

项目扩展：年数总和法

年数总和法又称合计年限法，是将固定资产的原值减去净残值后的净额乘以一个逐年递减的分数计算每年的折旧额，这个分数的分子代表固定资产尚可使用的年数，分母代表使用年数的逐年数字总和。计算公式如下。

$$年折旧率=\frac{预计使用年限-已使用年限}{预计使用年限\times(预计使用年限+1)\div 2}$$

$$年折旧额=（固定资产原值-预计净残值)\times 年折旧率$$

函数应用：SYD 函数

函数用途

返回某项资产按年限总和折旧法计算的指定期间的折旧值。

函数语法

```
SYD(cost,salvage,life,per)
```

cost 为资产原值。

salvage 为资产在折旧期末的价值（有时也称为资产残值）。

life 为资产的折旧期限（有时也称作资产的使用寿命）。

per 为期间，其单位与 life 相同。

函数说明

SYD 函数计算公式如下。

$$SYD=\frac{(cost-salvage)\times(life-per+1)\times 2}{(life)(life+1)}$$

函数简单示例

	A	B
1	数据	说明
2	30,000	资产原值
3	7,500	资产残值
4	10	使用寿命

示例	公式	说明	结果
1	=SYD(A2,A3,A4,1)	第一年的折旧值	￥4,090.91
2	=SYD(A2,A3,A4,10)	第十年的折旧值	￥409.09

本例公式说明

本例中的公式为：

```
=SYD($D$5,$L$5,$G$5,C6)
```

SYD($D$5,$L$5,$G$5,C6)是指定 SYD 函数计算原值 100000、残值 3000，预计使用年限 10 年的固定资产按照年数总和法，在第 1 年的折旧值。

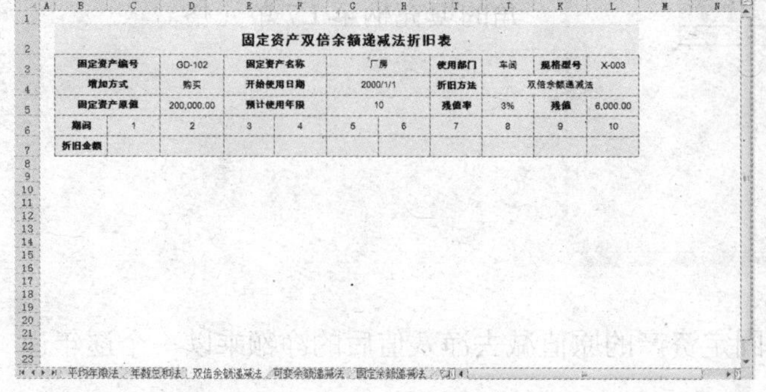

Step5 输入原始数据

切换到“双倍余额递减法”工作表，选中 B2:L2 单元格区域，单击右下角的下箭头按钮，在弹出的列表中选中“固定资产双倍余额递减法折旧表”，在该工作簿中填写相关数据。

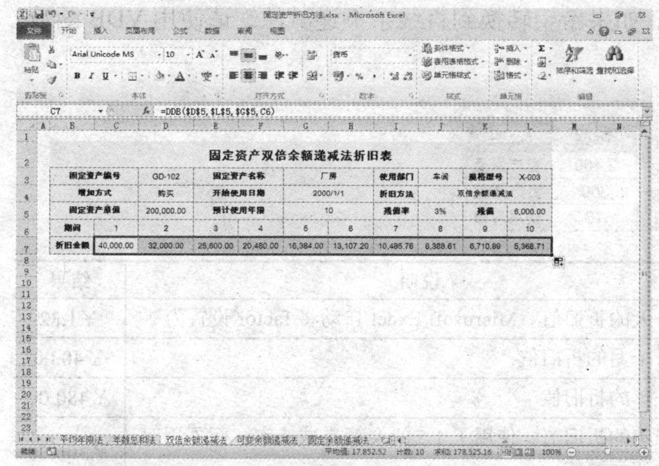

Step6　用双倍余额递减法计算折旧

① 选中 C7 单元格，输入以下公式，按<Enter>键确认。

```
=DDB($D$5,$L$5,$G$5,C6)
```

② 选中 C7 单元格，拖拽右下角的填充柄至 L7 单元格。

项目扩展：双倍余额递减法

加速折旧法，是一种使用前期提取折旧较多，固定资产成本在使用年限内尽早得到价值补偿的折旧方法。我国现行财会制度规定允许使用的加速折旧法主要有两种，即年数总和法和双倍余额递减法。

双倍余额递减法是在不考虑固定资产残值的情况下，用直线法折旧率的两倍作为固定的折旧率乘以逐年递减的固定资产期初净值，得出各年应提折旧额的方法。双倍余额递减法是加速折旧法的一种，可在第一年折减较大金额，是假设固定资产的服务潜力在前期消耗较大，在后期消耗较少，为此，在使用前期多提折旧，后期少提折旧，从而相对加速折旧。计算公式如下。

$$\text{年折旧率}=\frac{2}{\text{预计折旧年限}}\times 100\%$$

$$\text{年折旧额}=（\text{固定资产原值}-\text{预计净残值}）\times\text{年折旧率}$$

函数应用：DDB 函数

函数用途

使用双倍余额递减法或其他指定方法，计算一笔资产在给定期间内的折旧值。

函数语法

```
DDB(cost,salvage,life,period,factor)
```

cost 为资产原值。

salvage 为资产在折旧期末的价值（也称为资产残值）。

life 为折旧期限（有时也称作资产的使用寿命）。

period 为需要计算折旧值的期间。Period 必须使用与 life 相同的单位。

factor 为余额递减速率。如果 factor 被省略，则假设为 2（双倍余额递减法）。

这五个参数都必须为正数。

函数说明

（1）双倍余额递减法以加速的比率计算折旧。折旧在第一阶段是最高的，在后继阶段中会减少。DDB 使用的公式计算一个阶段的折旧值：((资产原值-资产残值) -前面阶段的折旧总值)×(余额递减速率/生命周期)。结果将四舍五入到两位小数。

（2）如果不想使用双倍余额递减法，更改余额递减速率。

（3）当折旧大于余额递减计算值时，如果希望转换到直线余额递减法，请使用 VDB 函数。

函数简单示例

	A	B
1	数据	说明
2	2,400	资产原值
3	300	资产残值
4	10	使用寿命

示例	公式	说明	结果
1	=DDB(A2,A3,A4*365,1)	第一天的折旧值。Microsoft Excel 自动将 factor 设置为 2	￥1.32
2	=DDB(A2,A3,A4*12,1,2)	第一个月的折旧值	￥40.00
3	=DDB(A2,A3,A4,1,2)	第一年的折旧值	￥480.00
4	=DDB(A2,A3,A4,2,1.5)	第二年的折旧值，使用了 1.5 的余额递减速率，而不用双倍余额递减法	￥306.00
5	=DDB(A2,A3,A4,10)	第十年的折旧值，Excel 自动将余额递减速率 factor 设置为 2	￥22.12

本例公式说明

本例中的公式为：

```
=DDB($D$5,$L$5,$G$5,C6)
```

DDB($D$5,$L$5,$G$5,C6)是指定 DDB 函数计算原值 200000、残值 6000，预计使用年限 10 年的固定资产按照双倍余额递减法，在第 1 年的折旧值。

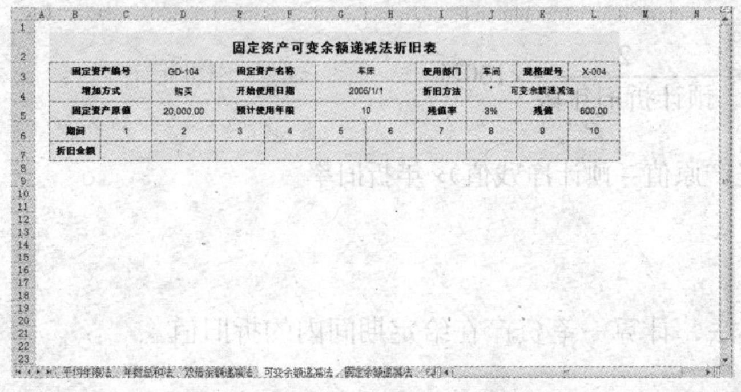

Step7 输入原始数据

切换到“可变余额递减法”工作表，选中 B2:L2 单元格区域，单击右下角的下箭头按钮，在弹出的列表中选中“固定资产可变余额递减法折旧表”，在该工作簿中填写相关数据。

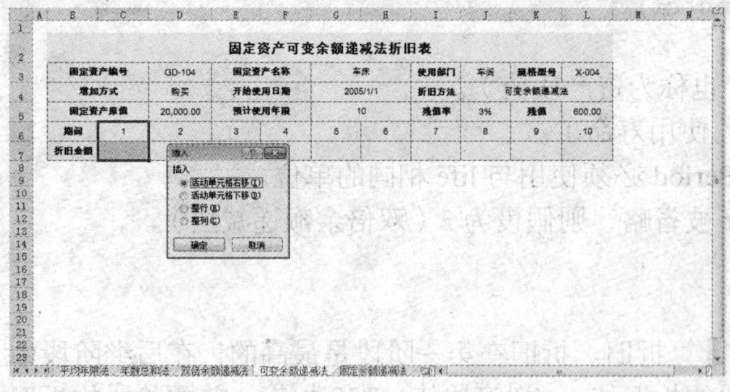

Step8 插入单元格

① 选中 C6:C7 单元格区域，右键单击，在弹出的快捷菜单中选择“插入”，在弹出的“插入”对话框中单击“活动单元格右移”单选钮，单击“确定”按钮。

② 单击“插入选项”按钮，在弹出的快捷菜单中选择“与右边格式相同”。

③ 在 C6 单元格中输入“0”。

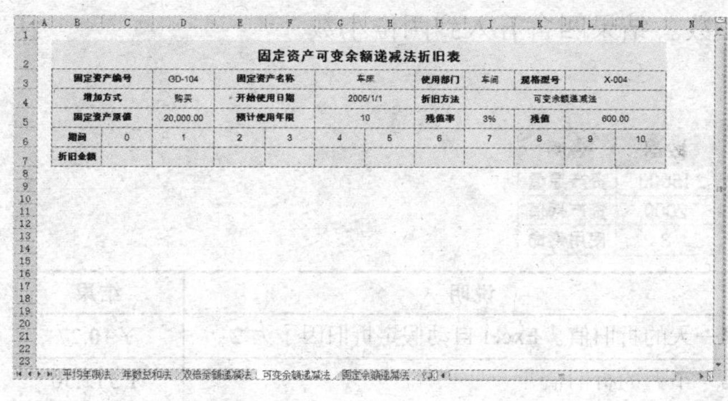

Step9 合并单元格

① 选中 B2:M2 单元格区域，单击格式工具栏上的“合并及居中”两次。

② 选中 L3:M3 单元格区域，单击“合并及居中”。

③ 选中 J4:M4 单元格区域，单击“合并及居中”两次。

④ 选中 L5:M5 单元格区域，单击“合并及居中”。

⑤ 选中 B2:M7 单元格区域，绘制框线。

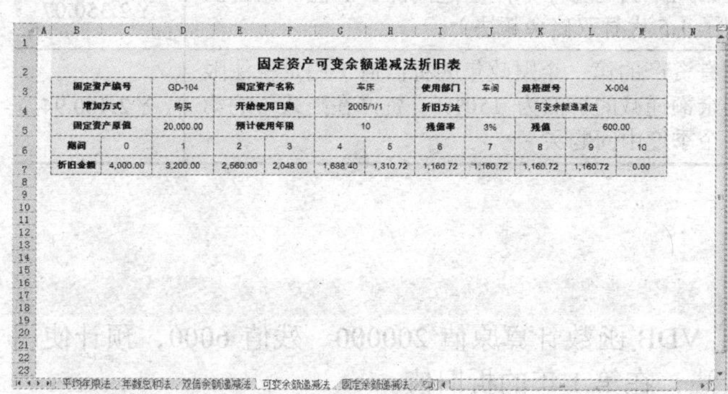

Step10 用可变余额递减法计算折旧

① 选中 C7 单元格，输入以下公式，按<Enter>键确认。

```
=VDB($D$5,$L$5,$G$5,C6,D6)
```

② 选中 C7 单元格，拖拽右下角的填充柄至 L7 单元格。

③在 M7 单元格输入“0”。

项目扩展：可变余额递减法

可变余额递减法是在双倍余额递减法的基础上，引入一个余额递减速率，即折旧因子。

函数应用：VDB 函数

函数用途

使用双倍余额递减法或其他指定的方法，返回指定的任何期间内（包括部分期间）的资产折旧值。VDB 函数代表可变余额递减法。

函数语法

```
VDB(cost,salvage,life,start_period,end_period,factor,no_switch)
```

cost 为资产原值。

salvage 为资产在折旧期末的价值（有时也称为资产残值）。此值可以是 0。

life 为折旧期限（有时也称作资产的使用寿命）。

start_period 为进行折旧计算的起始期间，start_period 必须与 life 的单位相同。

end_period 为进行折旧计算的截止期间，end_period 必须与 life 的单位相同。

factor 为余额递减速率（折旧因子），如果 factor 被省略，则假设 factor 为 2（双倍余额递减法）。如果不想使用双倍余额递减法，可改变参数 factor 的值。有关双倍余额递减法的详细说明，请参阅函数 DDB。

no_switch 为一逻辑值，指定当折旧值大于余额递减计算值时，是否转用直线折旧法。

- 如果 no_switch 为 TRUE，即使折旧值大于余额递减计算值，Microsoft Excel 也不转用直线折旧法。
- 如果 no_switch 为 FALSE 或被忽略，且折旧值大于余额递减计算值时，Excel 将转用线性折旧法。

除 no_switch 外的所有参数必须为正数。结果四舍五入到两位小数。

函数简单示例

	A	B
1	数据	说明
2	15000	资产原值
3	2000	资产残值
4	8	使用寿命

示例	公式	说明	结果
1	=VDB(A2,A3,A4*365,0,1)	第一天的折旧值。Excel 自动假定折旧因子为 2	￥10.27
2	=VDB(A2,A3,A4*12,0,1)	第一个月的折旧值	￥312.50
3	=VDB(A2,A3,A4,0,1)	第一年的折旧值	￥3,750.00
4	=VDB(A2,A3,A4*12,6,18)	在第六个月与第十八个月之间的折旧值	￥2,951.40
5	=VDB(A2,A3,A4*12,6,18,1.5)	在第六个月与第十八个月之间的折旧值（用折旧因子 1.5 代替双倍余额法）	￥2,350.07
6	=VDB(A2,A3,A4,0,0.875,1.5)	拥有资产的第一个财政年的折旧值（假定税法限制余额递减的折旧为 150%）。资产在财政年的第一个季度中间购买	￥2,460.94

本例公式说明

本例中的公式为：

```
=VDB($D$5,$L$5,$G$5,C6,D6)
```

VDB($D$5,$L$5,$G$5,C6,D6)是指定 VDB 函数计算原值 200000、残值 6000，预计使用年限 10 年的固定资产按照可变余额递减法，在第 1 年的折旧值。

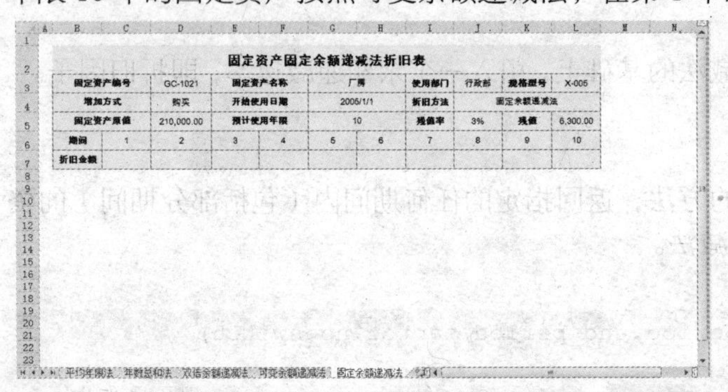

固定资产固定余额递减法折旧表

固定资产编号	GC-1021	固定资产名称	厂房	使用部门	行政部	规格型号	X-005
增加方式	购买	开始使用日期	2005/1/1	折旧方法	固定余额递减法		
固定资产原值	210,000.00	预计使用年限	10	残值率	3%	残值	6,300.00

期间	1	2	3	4	5	6	7	8	9	10
折旧金额										

Step11 输入原始数据

切换到“固定余额递减法”工作表，选中 B2:L2 单元格区域，单击右下角的下箭头按钮，在弹出的列表中选中“固定资产固定余额递减法折旧表”，在该工作簿中填写相关数据。

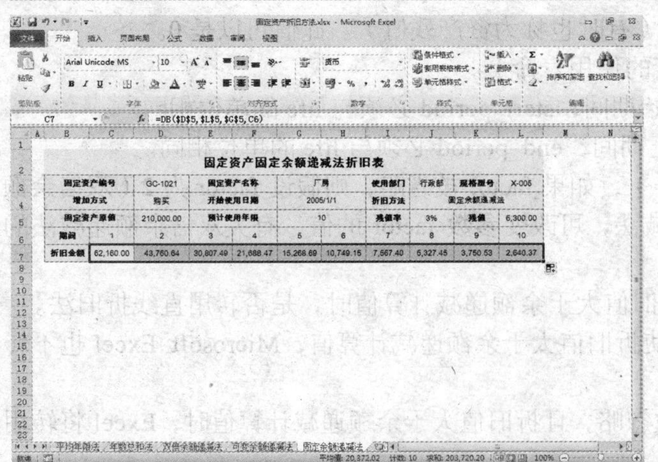

固定资产固定余额递减法折旧表

固定资产编号	GC-1021	固定资产名称	厂房	使用部门	行政部	规格型号	X-005
增加方式	购买	开始使用日期	2005/1/1	折旧方法	固定余额递减法		
固定资产原值	210,000.00	预计使用年限	10	残值率	3%	残值	6,300.00

期间	1	2	3	4	5	6	7	8	9	10
折旧金额	62,160.00	43,760.64	30,807.49	21,688.47	15,268.69	10,749.15	7,567.40	5,327.45	3,750.53	2,640.37

Step12 用固定余额递减法计算折旧

① 选中 C7 单元格，输入以下公式，按<Enter>键确认。

```
=DB($D$5,$L$5,$G$5,C6)
```

② 选中 C7 单元格，拖拽右下角的填充柄至 L7 单元格。

项目扩展：固定余额递减法

固定余额递减法是一种加速折旧法，即在预计的使用年限内将后期折旧的一部分移到前期，使前期折旧额大于后期折旧额的一种方法。计算公式为：

$$年折旧率=1-\left(\frac{S}{C}\right)^{\frac{1}{n}}$$

其中，S 为预计残值，C 为固定资产原值，n 为估计使用年限。

年折旧额＝（固定资产原值－累计折旧额）×固定的年折旧率

使用余额递减法，在计算折旧额时预计残值并不从固定资产原值中扣除。这是因为资产账面净值随着年份增多越来越少，其结果是在资产的整个使用年限内每期的折旧费越来越小。计算折旧率时已把预计残值考虑在内，采用此方法计提折旧，能保证在整个使用寿命的期末，固定资产的账面净值正好等于预计残值。

函数应用：DB 函数

函数用途

使用固定余额递减法，计算一笔资产在给定期间内的折旧值。

函数语法

```
DB(cost,salvage,life,period,month)
```

cost 为资产原值。

salvage 为资产在折旧期末的价值（有时也称为资产残值）。

life 为折旧期限（有时也称作资产的使用寿命）。

period 为需要计算折旧值的期间。period 必须使用与 life 相同的单位。

month 为第一年的月份数，如省略，则假设为 12。

函数说明

- 固定余额递减法用于计算固定利率下的资产折旧值，DB 函数使用下列计算公式来计算一个期间的折旧值：

(cost-前期折旧总值)*rate

式中：

rate=1-((salvage/cost)^(1/life))，保留 3 位小数

- 第一个周期和最后一个周期的折旧属于特例。对于第一个周期，DB 函数的计算公式为：

cost*rate*month/12

- 对于最后一个周期，DB 函数的计算公式为：

((cost-前期折旧总值) *rate* (12-month))/12

函数简单示例

	A	B
1	数据	说明
2	200,000	资产原值
3	5,000	资产残值
4	10	使用寿命

示例	公式	说明	结果
1	=DB(A2,A3,A4,1,7)	计算第一年 7 个月内的折旧值	¥35,933.33
2	=DB(A2,A3,A4,2,7)	计算第二年的折旧值	¥50,532.53
3	=DB(A2,A3,A4,3,7)	计算第三年的折旧值	¥34,968.51
4	=DB(A2,A3,A4,4,7)	计算第四年的折旧值	¥24,198.21

续表

示例	公式	说明	结果
5	=DB(A2,A3,A4,5,7)	计算第五年的折旧值	￥16,745.16
6	=DB(A2,A3,A4,6,7)	计算第六年的折旧值	￥11,587.65
7	=DB(A2,A3,A4,7,7)	计算第七年5个月内的折旧值	￥8,018.66

本例公式说明

本例中的公式为：

```
=DB($D$5,$L$5,$G$5,C6)
```

DB($D$5,$L$5,$G$5,C6)是指定DB函数计算原值210000、残值6300，预计使用年限10年的固定资产按照固定余额递减法，在第1年的折旧值。

2.3 固定资产折旧清单

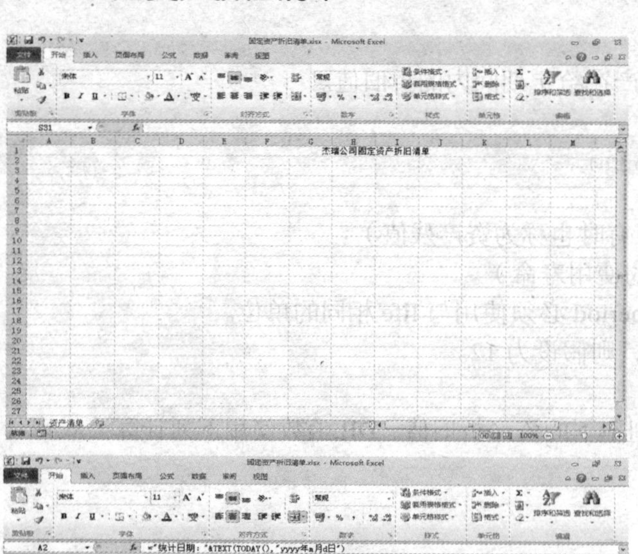

Step1 新建工作簿

启动 Excel 自动新建一个工作簿，保存并命名为“固定资产折旧清单”,“Sheet1”工作表重命名为“资产清单”，删除多余工作表。

Step2 输入标题

选中 A1:P1 单元格区域，设置“合并后居中”，输入“杰瑞公司固定资产折旧清单”。

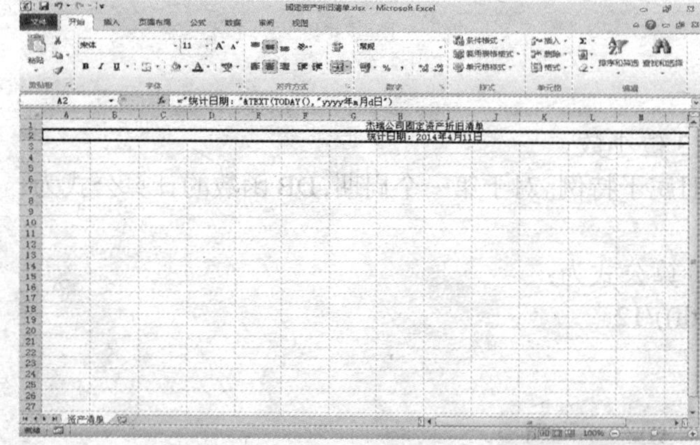

Step3 输入时间

选中 A2:P2 单元格区域，设置“合并后居中”，输入以下公式，按<Enter>键确认。

```
="统计日期："&TEXT(TODAY(),"yyyy年m月d日")
```

Step4 输入表格字段标题

在 A3:P3 单元格区域中输入表格各字段标题内容，在“开始”选项卡的“对齐方式”命令组中单击“自动换行”按钮。适当地调整单元格的列宽。

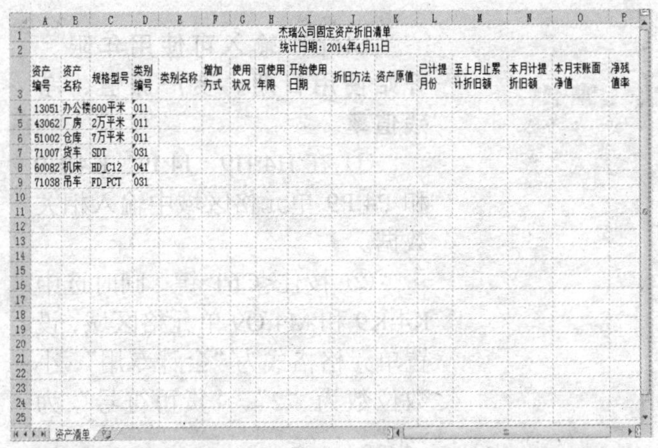
杰瑞公司固定资产折旧清单

统计日期：2014年4月11日

资产编号	资产名称	规格型号	类别编号	类别名称	增加方式	使用状况	可使用年限	开始使用日期	折旧方法	资产原值	已计提月份	至上月止累计折旧额	本月计提折旧额	本月末账面净值	净残值率
13051	办公楼	600平米	011												
43062	厂房	2万平米	011												
51002	仓库	7万平米	011												
71007	货车	SDT	031												
60082	机床	HD_C12	041												
71038	吊车	FD_PCT	031												

Step5 输入数据

选中 D4:D9 单元格区域，设置单元格格式为“文本”。在 A4:D9 单元格区域输入相关数据。

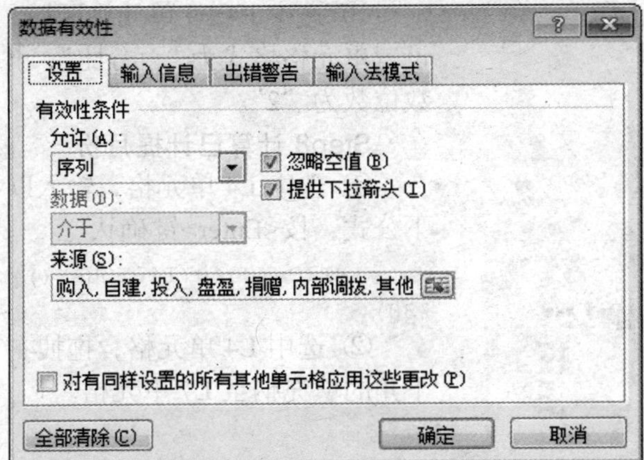

Step6 设置数据有效性

① 选中 E4:E9 单元格区域，单击“数据”选项卡→“数据工具”命令组→“数据有效性”按钮，在弹出的“数据有效性”对话框中，单击“设置”选项卡，在“允许”下拉列表中选择“序列”，在“来源”文本框中输入“房屋，生产设备，工具器具，运输工具，办公设备”。单击“确定”按钮。

② 同样的，选中 F4:F9 单元格区域，在“数据有效性”对话框的“来源”文本框中输入“购入，自建，投入，盘盈，捐赠，内部调拨，其他”。

③ 同样的，选中 G4:G9 单元格区域，在“数据有效性”对话框的“来源”文本框中输入“在用，未用，融资租入，经营性租出，季节性停用，大修理停用，已提足折旧，报废”。

④ 同样的，选中 J4:J9 单元格区域，在“数据有效性”对话框的“来源”文本框中输入“平均年限法，双倍余额法，年数总和法”。

⑤ 利用数据有效性，在 E4:E9，F4:F9，G4:G9 和 J4:J9 单元格区域输入相关数据。

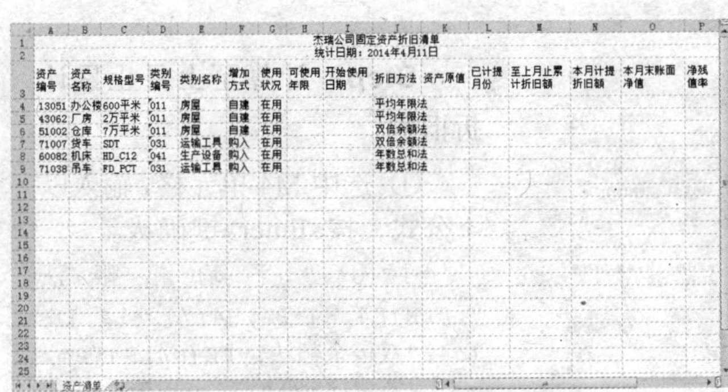
杰瑞公司固定资产折旧清单

统计日期：2014年4月11日

资产编号	资产名称	规格型号	类别编号	类别名称	增加方式	使用状况	可使用年限	开始使用日期	折旧方法	资产原值	已计提月份	至上月止累计折旧额	本月计提折旧额	本月末账面净值	净残值率
13051	办公楼	600平米	011	房屋	自建	在用			平均年限法						
43062	厂房	2万平米	011	房屋	自建	在用			平均年限法						
51002	仓库	7万平米	011	房屋	自建	在用			双倍余额法						
71007	货车	SDT	031	运输工具	购入	在用			双倍余额法						
60082	机床	HD_C12	041	生产设备	购入	在用			年数总和法						
71038	吊车	FD_PCT	031	运输工具	购入	在用			年数总和法						

Step7 输入可使用年限、开始使用日期、资产原值、净残值率

① 在 H4:H9、I4:I9、K4:K9 和 P4:P9 单元格区域中输入相关数据。

② 按住<Ctrl>键，同时选中 K4:K9 和 M4:O9 单元格区域，设置单元格格式为“会计专用”，小数位数为“2”，“货币符号”为“无”。

③ 选中 P4:P9 单元格区域，设置单元格格式为“百分比”，小数位数为“2”。

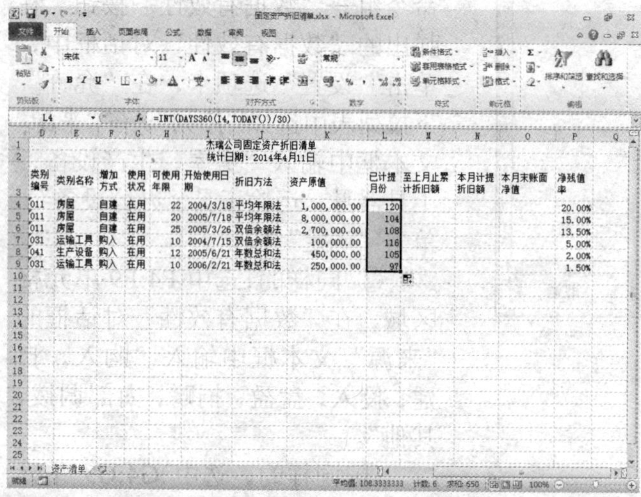

Step8 计算已计提月份

① 选中 L4 单元格，输入以下公式，按<Enter>键确认。

```
=INT(DAYS360(I4,TODAY())/30)
```

② 选中 L4 单元格，拖拽右下角的填充柄至 L7 单元格。

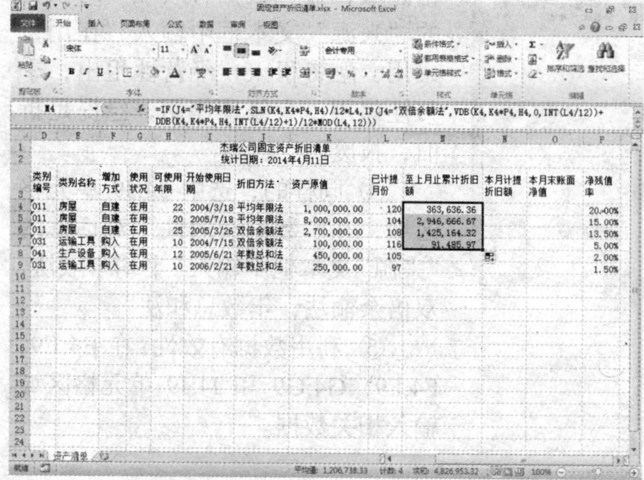

Step9 计算至上月止累计折旧额

① 选中 M4 单元格，输入以下公式，按<Enter>键确认。

```
=IF(J4=" 平 均 年 限 法
",SLN(K4,K4*P4,H4)/12*L4,IF
(J4="双倍余额法,VDB(K4,K4*P4,
H4,0,INT(L4/12))+DDB(K4,K4*
P4,H4,INT(L4/12)+1)/12*MOD(
L4,12)))
```

② 选中 M4 单元格，拖拽右下角的填充柄至 M7 单元格。

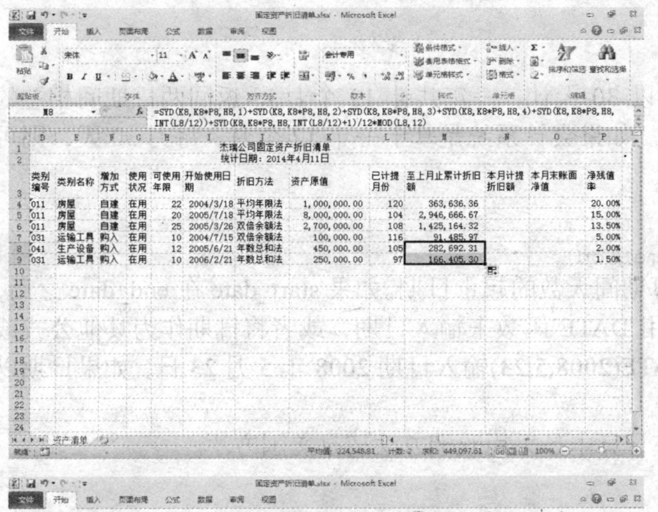

③ 选中 M8 单元格，输入以下公式，按<Enter>键确认。

```
=SYD(K8,K8*P8,H8,1)+SYD(K8,K8*P8,H8,2)+SYD(K8,K8*P8,H8,3)+SYD(K8,K8*P8,H8,4)+SYD(K8,K8*P8,H8,INT(L8/12))+SYD(K8,K8*P8,H8,INT(L8/12)+1)/12*MOD(L8,12)
```

④ 选中 M8 单元格，拖拽右下角的填充柄至 M9 单元格。

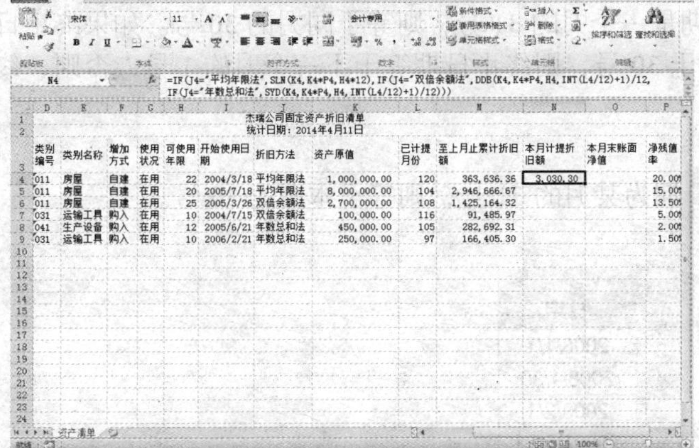

Step10 计算本月计提折旧额

选中 N4 单元格，输入以下公式，按<Enter>键确认。

```
=IF(J4="平均年限法",SLN(K4,K4*P4,H4*12),IF(J4="双倍余额法",DDB(K4,K4*P4,H4,INT(L4/12)+1)/12,IF(J4="年数总和法",SYD(K4,K4*P4,H4,INT(L4/12)+1)/12)))
```

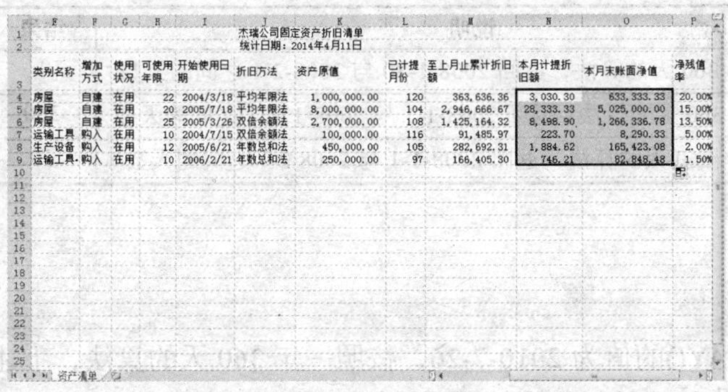

Step11 计算本月末账面净值

① 选中 O4 单元格，输入以下公式，按<Enter>键确认。

```
=K4-M4-N4
```

② 选中 N4:O4 单元格区域，拖拽右下角的填充柄至 O9 单元格。

Step12 美化工作表

① 设置字体、字号、加粗、居中和填充颜色。

② 调整行高和列宽。

③ 绘制边框。

④ 取消网格线的显示。

函数应用：DAYS360 函数

函数用途

按照一年 360 天的算法（每个月以 30 天计，一年共计 12 个月），返回两日期间相差的天数，这在一些会计计算中将会用到。如果会计系统是基于一年 12 个月，每月 30 天，则可用此函数帮助计算支付款项。

函数语法

```
DAYS360(start_date,end_date,method)
```

Start_date 和 end_date 是用于计算期间天数的起止日期。如果 start_date 在 end_date 之后，则 DAYS360 将返回一个负数。应使用 DATE 函数来输入日期，或者将日期作为其他公式或函数的结果输入。例如，使用函数 DATE(2008,5,23)输入日期 2008 年 5 月 23 日。如果日期以文本的形式输入，则会出现问题。

Method 为一个逻辑值，它指定在计算中是采用欧洲方法还是美国方法。

1. FALSE或省略

美国方法（NASD）：如果起始日期是一个月的 31 号，则等于同月的 30 号。如果终止日期是一个月的 31 号，并且起始日期早于 30 号，则终止日期等于下一个月的 1 号，否则，终止日期等于本月的 30 号。

2. TRUE

欧洲方法：如果起始日期和终止日期为某月的 31 号，则等于本月的 30 号。

函数简单示例

	A
1	日期
2	2008/1/1
3	2008/1/30
4	2008/2/1
5	2008/12/31

示例	公式	说明	结果
1	=DAYS360(A3,A4)	按照一年 360 天的算法，返回 2008-1-30 与 2008-2-1 之间的天数	1
2	=DAYS360(A2,A5)	按照一年 360 天的算法，返回 2008-1-1 与 2008-12-31 之间的天数	360
3	=DAYS360(A2,A4)	按照一年 360 天的算法，返回 2008-1-1 与 2008-2-1 之间的天数	30

本例公式说明

本例中的公式为：

```
=DAYS360(I4,TODAY())
```

I4 单元格的值为 2004-3-18，TODAY()的值为 2010-7-26，按照一年 360 天的算法，上述两日期之间相差 6 年 4 个月零 8 天，即 6×360＋4×30＋8=2288

所以本函数最终计算结果为 2288。

函数应用：INT 函数

函数用途

将数字向下舍入到最接近的整数。

函数语法

INT(number)

number 需要进行向下舍入取整的实数。

函数简单示例

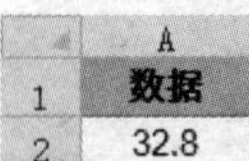

示例	公式	说明	结果
1	=INT(8.9)	将 8.9 向下舍入到最接近的整数	8
2	=INT(-8.9)	将-8.9 向下舍入到最接近的整数	-9
3	=A2-INT(A2)	返回 A2 单元格中正实数的小数部分	0.8

本例公式说明

本例中的公式为：

```
=INT(DAYS360(I4,TODAY())/30)
```

因为 DAYS360(I4,TODAY())的计算结果为 2288，故本公式可以简化为：

```
=INT(2288/30)
```

按照一年 360 天的算法，计算 I4 单元格中的日期与今天相隔的天数，将此天数除以 30，再用 INT 函数向下舍入到最接近的整数，即 I4 单元格中的日期与今天之间相隔的月份数。

2.4　课堂练习

制作企业固定资产直线折旧表，操作步骤如下。

入库序号	设备名称	型号	单价	数量	总金额	启用时间	折旧年限	月折旧额	本年折旧月数	本年应折旧金额
0006	电动阀	D0023	¥ 5,000	8	¥ 40,000	2003-08-01	10			
0005	手动碟阀	D0001	¥ 3,000	16	¥ 48,000	2002-02-01	10			
0007	止回阀	KUN105	¥ 3,000	8	¥ 24,000	2003-08-01	10			
0008	流量计	LD100	¥ 5,000	4	¥ 20,000	2005-01-01	10			
0009	吊车	DL-1	¥ 10,000	1	¥ 10,000	2005-02-01	16			
0010	吊车	DX-2	¥ 15,000	1	¥ 15,000	2005-02-01	16			
0011	启闭机	AP-23	¥ 17,800	4	¥ 71,200	2005-12-20	10			
0012	格栅机	T40	¥ 8,000	8	¥ 64,000	2005-12-20	10			
0013	离心泵	WZ130	¥ 12,000	8	¥ 96,000	2005-12-20	10			
0014	手动碟阀	D3A4	¥ 3,000	16	¥ 48,000	2005-12-20	10			
0015	螺旋泵	T30	¥ 20,000	4	¥ 80,000	2005-12-20	10			
0016	螺旋泵	T41	¥ 20,000	2	¥ 40,000	2006-05-04	10			
0017	手动碟阀	D0001	¥ 3,000	3	¥ 9,000	2006-05-04	10			
0018	电动阀	D0023	¥ 5,000	4	¥ 20,000	2006-05-04	10			
0019	止回阀	KUN105	¥ 3,000	5	¥ 15,000	2010-06-30	10			
0020	流量计	LD100	¥ 5,000	5	¥ 25,000	2010-07-01	10			

Step1 新建工作簿

① 新建工作簿“课堂练习-企业固定资产直线折旧表”，“Sheet1”工作表重命名为“折旧方法”，删除多余的工作表。选中 A1:K1 单元格区域，设置“合并后居中”，输入表格标题。

② 选中 A2:K2 单元格区域，输入表格各字段标题。

③ 在 A3:H18 单元格区域，输入原始数据。

④ 设置表格的单元格格式，美化工作表。

入库序号	设备名称	型号	单价	数量	总金额	启用时间	折旧年限	月折旧额	本年折旧月数	本年应折旧金额
0006	电动阀	D0023	¥ 5,000	8	¥ 40,000	2003-08-01	10			
0005	手动碟阀	D0001	¥ 3,000	16	¥ 48,000	2002-02-01	10			
0007	止回阀	KUN105	¥ 3,000	8	¥ 24,000	2003-08-01	10			
0008	流量计	LD100	¥ 5,000	4	¥ 20,000	2005-01-01	10			
0009	吊车	DL-1	¥ 10,000	1	¥ 10,000	2005-02-01	16			
0010	吊车	DX-2	¥ 15,000	1	¥ 15,000	2005-02-01	16			
0011	启闭机	AP-23	¥ 17,800	4	¥ 71,200	2005-12-20	10			
0012	格栅机	T40	¥ 8,000	8	¥ 64,000	2005-12-20	10			
0013	离心泵	WZ130	¥ 12,000	8	¥ 96,000	2005-12-20	10			
0014	手动碟阀	D3A4	¥ 3,000	16	¥ 48,000	2005-12-20	10			
0015	螺旋泵	T30	¥ 20,000	4	¥ 80,000	2005-12-20	10			
0016	螺旋泵	T41	¥ 20,000	2	¥ 40,000	2006-05-04	10			
0017	手动碟阀	D0001	¥ 3,000	3	¥ 9,000	2006-05-04	10			
0018	电动阀	D0023	¥ 5,000	4	¥ 20,000	2006-05-04	10			
0019	止回阀	KUN105	¥ 3,000	5	¥ 15,000	2010-06-30	10			
0020	流量计	LD100	¥ 5,000	5	¥ 25,000	2010-07-01	10			

Step2 输入时间

选中 A2:K2 单元格区域，设置“合并后居中”，输入以下公式，按<Enter>键确认。

```
="统计日期："&TEXT(TODAY(),"yyyy年m月d日")
```

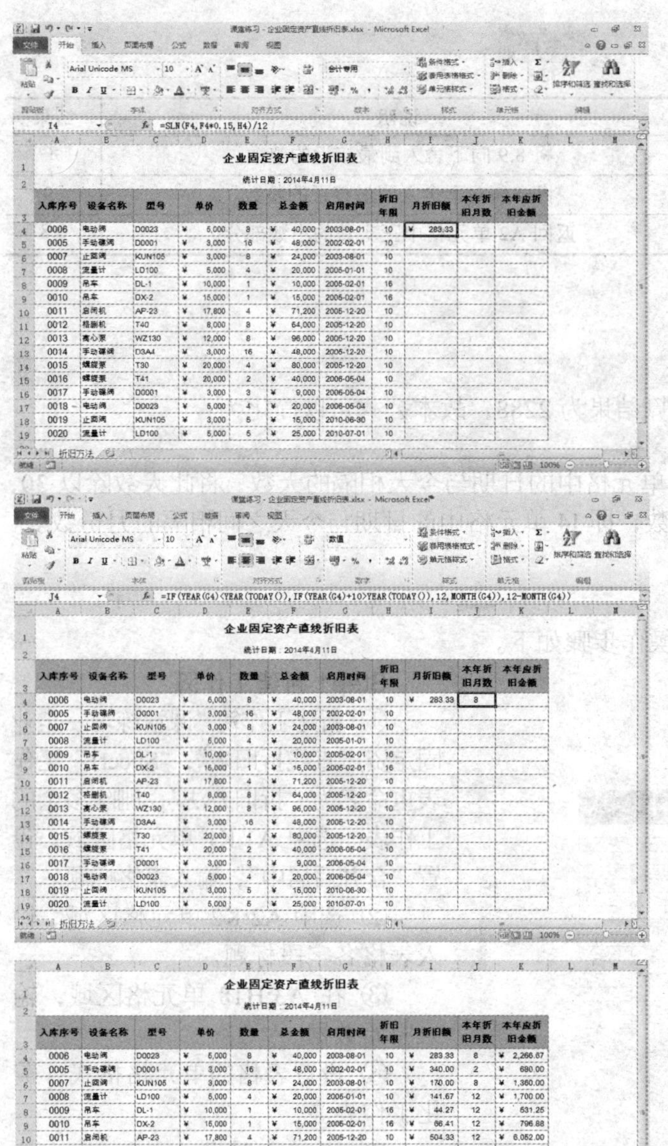

Step3 计算月折旧额

选中 I4 单元格，输入以下公式，按<Enter>键确认。

```
=SLN(F4,F4*0.15,H4)/12
```

Step4 计算本年折旧月数

选中 J4 单元格，输入以下公式，按<Enter>键确认。

```
=IF(YEAR(G4)<YEAR(TODAY()),IF(YEAR(G4)+10>YEAR(TODAY()),12,MONTH(G4)),12-MONTH(G4))
```

Step5 计算本年应折旧金额

选中 K4 单元格，输入以下公式，按<Enter>键确认。

```
=I4*J4
```

Step6 复制公式

选中 I4:K4 单元格区域，将鼠标指针放在 K4 单元格的右下角，待鼠标指针变为“+”形状后双击，在 I4:K19 单元格区域中快速复制公式。

任务小结

在折旧模板的制作中，继续介绍了数据有效性的设置及模板文件的保存。使用平均年限法、年数总和法、双倍余额递减法、可变余额递减法和固定余额递减法这五种计算折旧的方法，针对不同折旧方法的案例分别使用了 SLN 函数、SYD 函数、DDB 函数、VDB 函数和 DB 函数。在计算已计提月份时，应用了 INT 函数嵌套 DAYS360 函数和 TODAY 函数。另外，再次用到了 MOD 函数等。各种折旧函数比较复杂，是学习中的重点。

任务三　各种折旧方法比较分析

任务背景

Excel 2010 提供的折旧方法有 5 种，在选择折旧方法的时候需要考虑税务部门的规定，还要考虑到各种折旧方法对企业的影响,因此需要对各种折旧方法下的折旧额进行分析比较，如图 6-10 和图 6-11 所示。本节将讲述固定资产折旧比较表的制作。

各折旧计算法比较分析

资产原值	资产残值	折旧年限
¥255,000.00	¥15,000.00	8

年限系数	平均年限法	年数总和法	双倍余额递减法	固定余额递减法	可变余额递减法
1	¥30,000.00	¥53,333.33	¥63,750.00	¥75,990.00	¥63,750.00
2	¥30,000.00	¥46,666.67	¥47,812.50	¥53,344.98	¥47,812.50
3	¥30,000.00	¥40,000.00	¥35,859.38	¥37,448.18	¥35,859.38
4	¥30,000.00	¥33,333.33	¥26,894.53	¥26,288.62	¥26,894.53
5	¥30,000.00	¥26,666.67	¥20,170.90	¥18,454.61	¥20,170.90
6	¥30,000.00	¥20,000.00	¥15,128.17	¥12,955.14	¥15,170.90
7	¥30,000.00	¥13,333.33	¥11,346.13	¥9,094.51	¥15,170.90
8	¥30,000.00	¥6,666.67	¥8,509.60	¥6,384.34	¥15,170.90
总折旧值	¥240,000.00	¥240,000.00	¥229,471.21	¥239,960.37	¥240,000.00

图 6-10　各折旧计算法比较分析

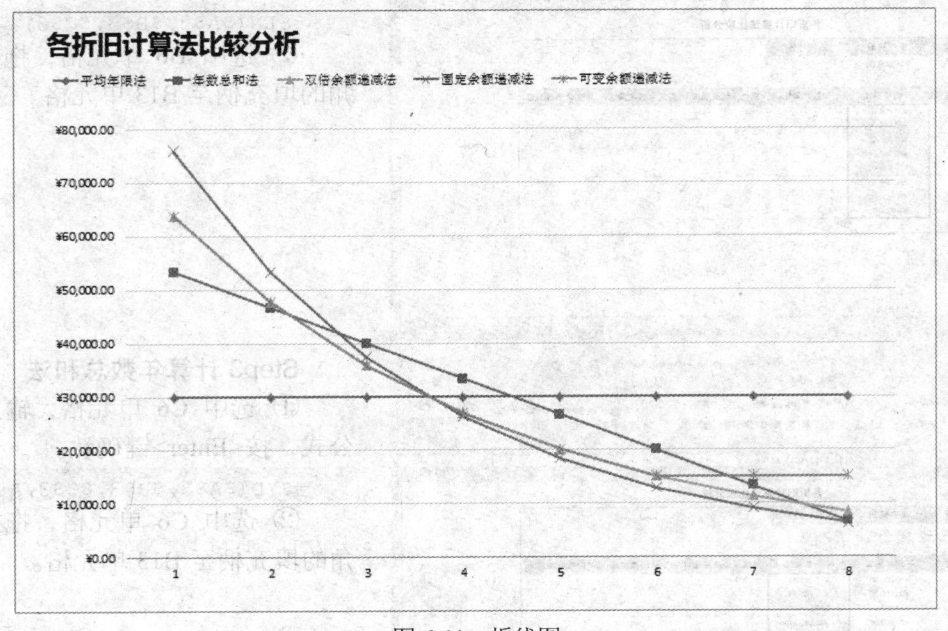

图 6-11　折线图

知识点分析

要实现本例中的功能，以下为需要掌握的知识点：

- SLN 函数、SYD 函数、DDB 函数、VDB 函数、DB 函数、SUM 函数的应用
- 绘制二维折线图

任务实施

3.1 折旧比较表

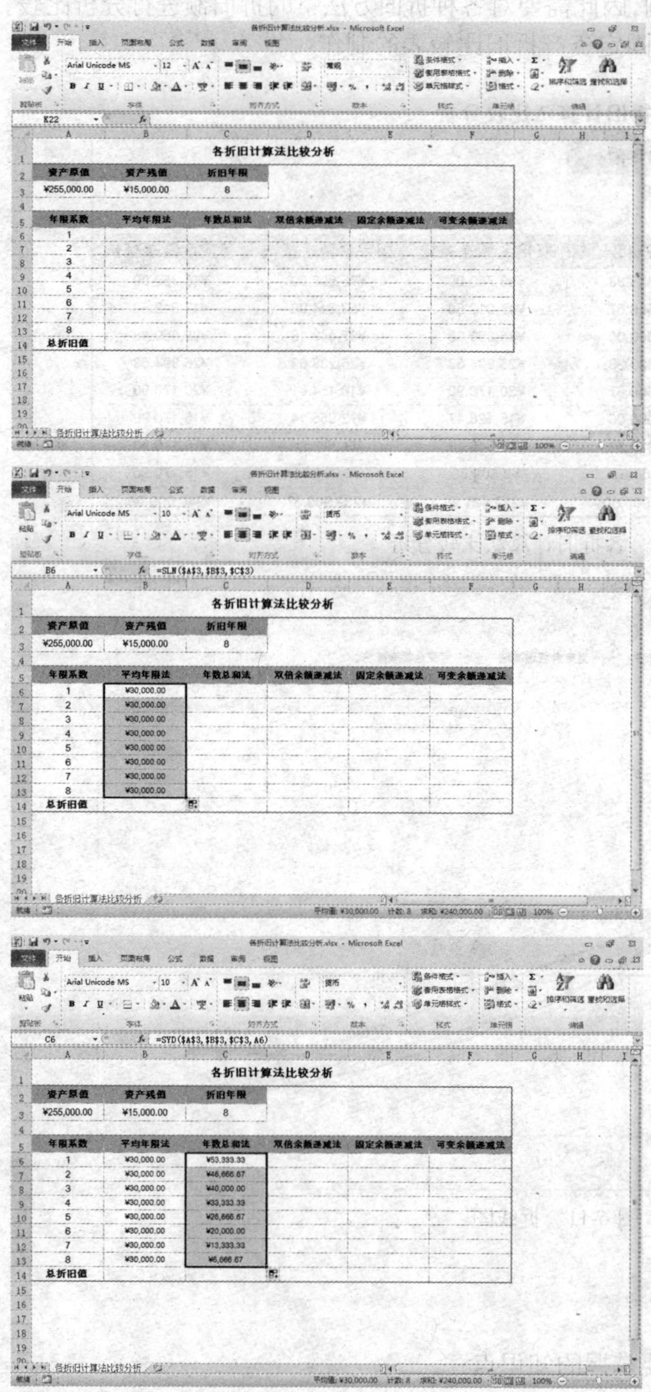

Step1 新建工作簿

新建“各折旧计算法比较分析”工作簿。根据企业已知的固定资产相关数据和各种折旧方法，输入相关数据，并设置单元格格式和美化工作表。

Step2 计算平均年限法

① 选中 B6 单元格，输入以下公式，按<Enter>键确认。

```
=SLN($A$3,$B$3,$C$3)
```

② 选中 B6 单元格，拖拽右下角的填充柄至 B13 单元格。

Step3 计算年数总和法

① 选中 C6 单元格，输入以下公式，按<Enter>键确认。

```
=SYD($A$3,$B$3,$C$3,A6)
```

② 选中 C6 单元格，拖拽右下角的填充柄至 B13 单元格。

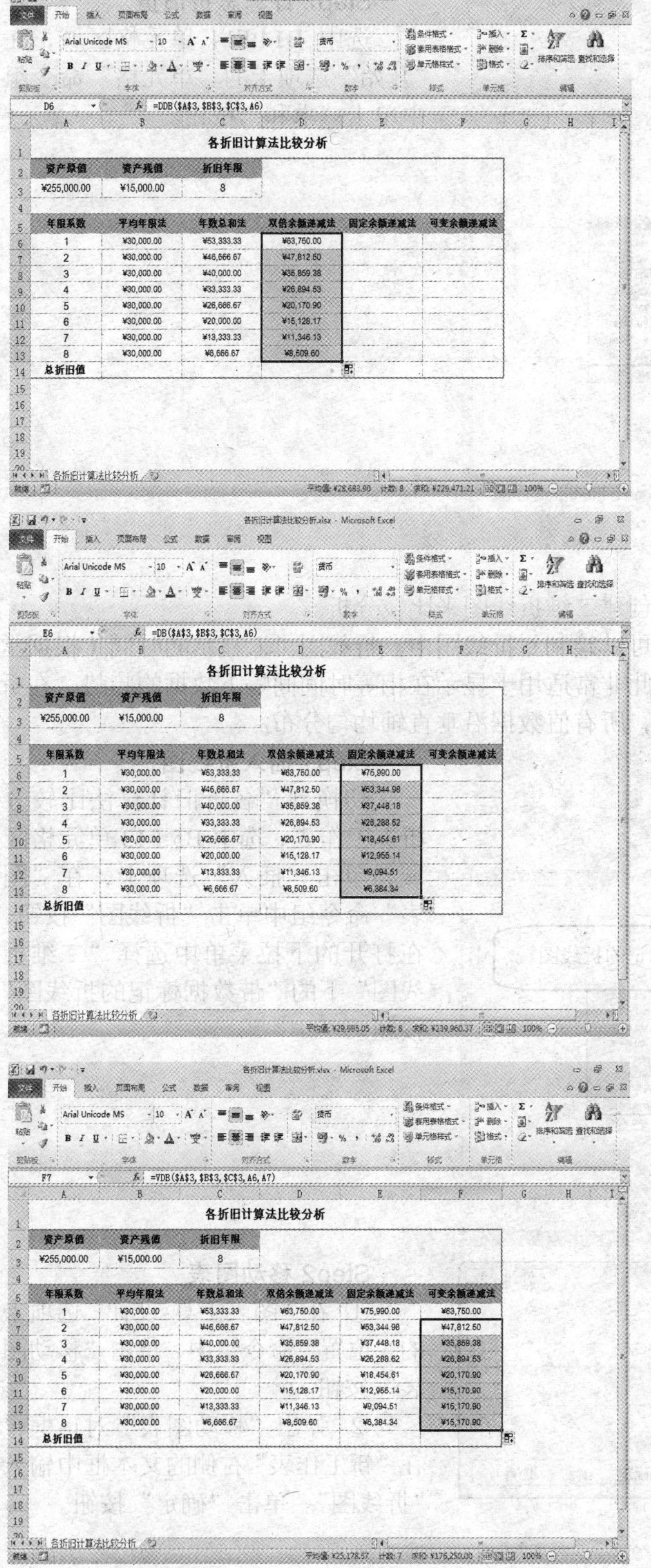

Step4 计算双倍余额递减法

① 选中 D6 单元格，输入以下公式，按<Enter>键确认。

```
=DDB($A$3,$B$3,$C$3,A6)
```

② 选中 D6 单元格，拖拽右下角的填充柄至 B13 单元格。

Step5 计算固定余额递减法

① 选中 E6 单元格，输入以下公式，按<Enter>键确认。

```
=DB($A$3,$B$3,$C$3,A6)
```

② 选中 D6 单元格，拖拽右下角的填充柄至 B13 单元格。

Step6 计算可变余额递减法

① 选中 F6 单元格，输入以下公式，按<Enter>键确认。

```
=VDB($A$3,$B$3,$C$3,0,A6)
```

② 选中 F7 单元格，输入以下公式，按<Enter>键确认。

```
=VDB($A$3,$B$3,$C$3,A6,A7)
```

③ 选中 F7 单元格，拖拽右下角的填充柄至 F13 单元格。

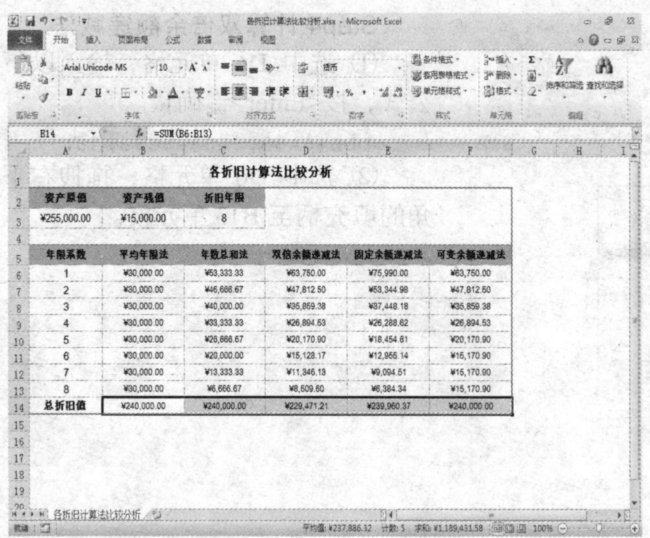

各折旧计算法比较分析					
资产原值	资产残值	折旧年限			
¥255,000.00	¥15,000.00	8			
年限系数	平均年限法	年数总和法	双倍余额递减法	固定余额递减法	可变余额递减法
1	¥30,000.00	¥53,333.33	¥63,750.00	¥75,990.00	¥63,750.00
2	¥30,000.00	¥46,666.67	¥47,812.50	¥53,344.98	¥47,812.50
3	¥30,000.00	¥40,000.00	¥35,859.38	¥37,448.18	¥35,859.38
4	¥30,000.00	¥33,333.33	¥26,894.53	¥26,288.62	¥26,894.53
5	¥30,000.00	¥26,666.67	¥20,170.90	¥18,454.61	¥20,170.90
6	¥30,000.00	¥20,000.00	¥15,128.17	¥12,955.14	¥15,170.90
7	¥30,000.00	¥13,333.33	¥11,346.13	¥9,094.51	¥15,170.90
8	¥30,000.00	¥6,666.67	¥8,509.60	¥6,384.34	¥15,170.90
总折旧值	¥240,000.00	¥240,000.00	¥229,471.21	¥239,960.37	¥240,000.00

Step7 计算总折旧值

选中 B14:F14 单元格区域，在“开始”选项卡的“单元格”命令组中单击“求和”按钮。

3.2 绘制二维折线图

根据各种折旧法计算结果，可以创建二维折线图来比较分析。

排列在工作表的列或行中的数据可以绘制到折线图中。折线图可以显示随时间（根据常用比例设置）而连续变化的数据，因此非常适用于显示在相等时间间隔下数据的趋势。在折线图中，类别数据沿水平轴均匀分布，所有值数据沿垂直轴均匀分布。

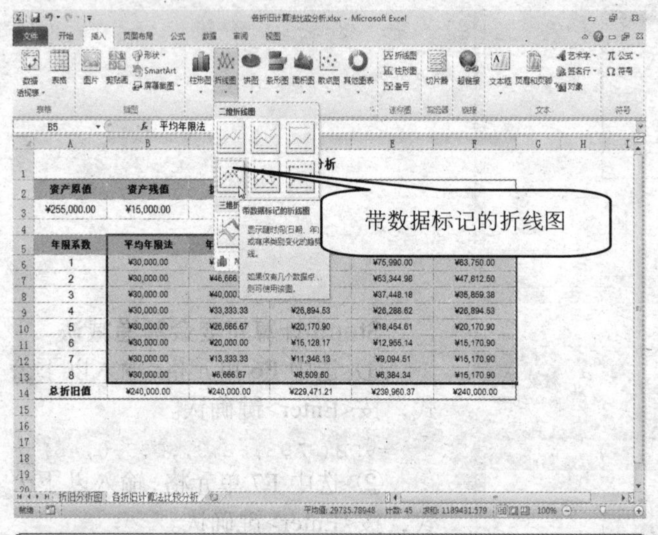

Step1 插入折线图

切换到“各折旧计算法比较分析”工作表，选中 B5:F13 单元格区域，单击“插入”选项卡，在“图表”命令组中单击“折线图”按钮，在打开的下拉菜单中选择“二维折线图”下的“带数据标记的折线图”按钮。

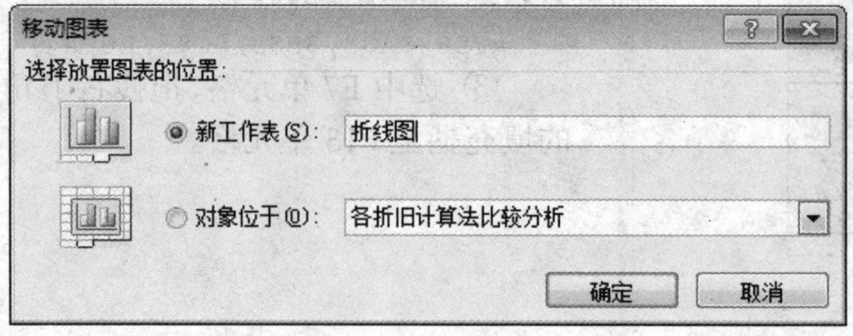

Step2 移动图表

① 在“图表工具-设计”选项卡的“位置”命令组中，单击“移动图表”按钮。

② 弹出“移动图表”对话框，在“新工作表”右侧的文本框中输入“折线图”。单击“确定”按钮。

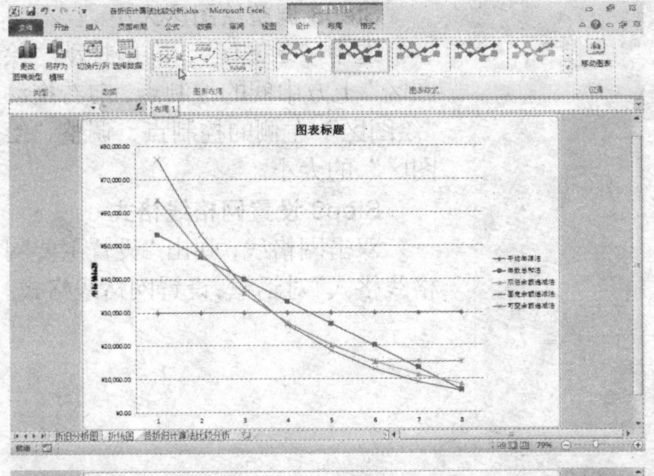

Step3 设置图表布局

单击“图表工具-设计”选项卡，在“图表布局”命令组中选择“布局1”样式。

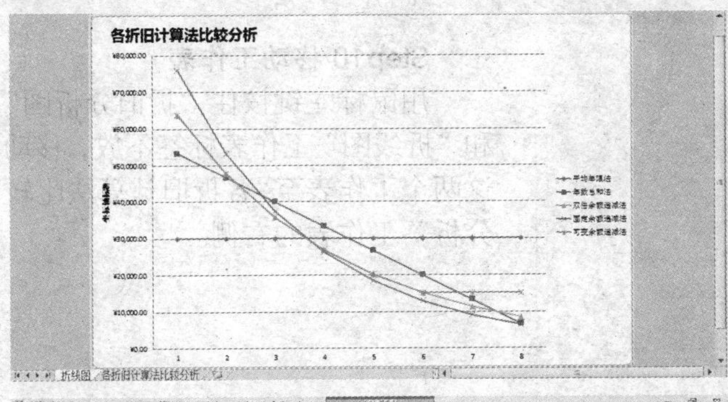

Step4 编辑图表标题

① 选中图表标题中的文本“图表标题”，将其修改为“各折旧计算法比较分析”。

② 选中图表标题，切换到“开始”选项卡，设置标题的“字体”为“微软雅黑”，“字号”为“20”。向左拖拽图表标题至合适位置。

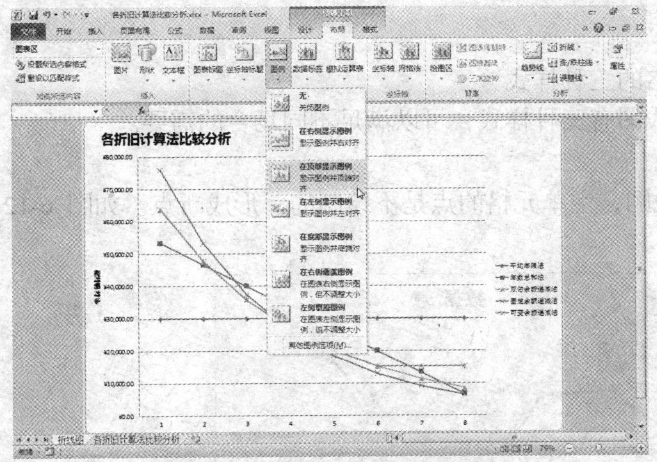

Step5 设置图例格式

① 单击“图表工具-布局”选项卡，在“标签”命令组中，单击“图例”→“在顶部显示图例”命令。

② 向左拖拽图例至合适位置。

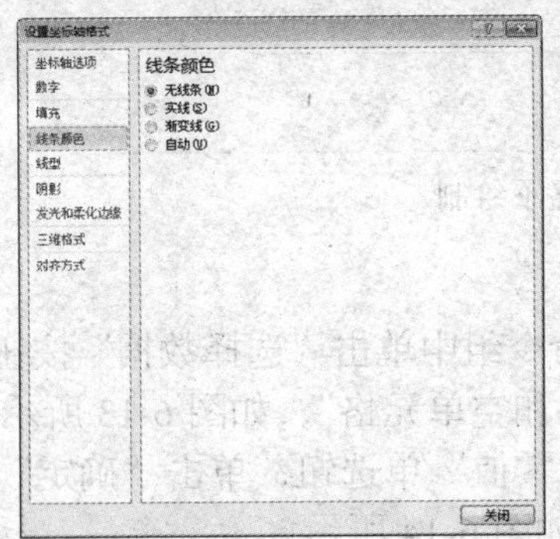

Step6 删除垂直坐标轴标题

选中垂直坐标轴标题，按<Delete>键删除。

Step7 设置垂直（值）轴标题格式

双击垂直（值）轴，弹出“设置坐标轴格式”对话框，单击“线条颜色”选项卡，在“线条颜色”区域中单击“无线条”单选框。单击“关闭”按钮。

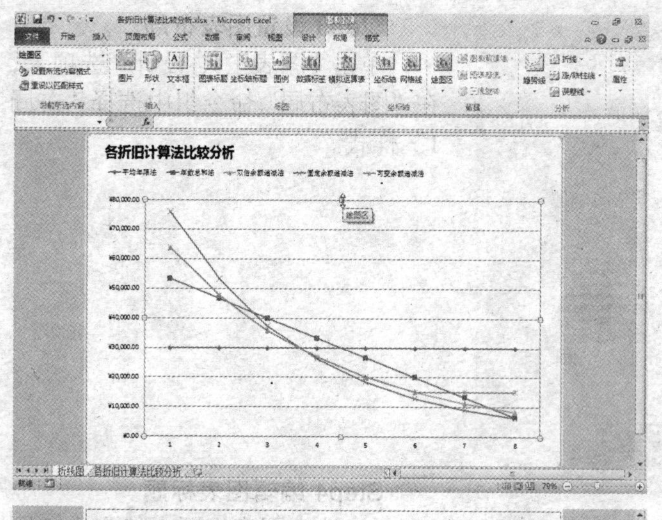

Step8 调整绘图区大小

选中“绘图区”，向内拖动“绘图区”上方中间的控制点，向右拖动“绘图区”左侧的控制点，调整“绘图区”的大小。

Step9 设置网格线格式

双击网格线，弹出“设置主要网格线格式”对话框，设置网格线格式。

Step10 移动工作表

用鼠标左键按住“折旧分析图”和“折线图”工作表标签不放，移动这两个工作表至“各折旧计算法比较分析”工作表的右侧。

项目扩展：折线图中处理空单元格的三种样式

当数据表中的数据有空白时，折线图有三种样式，可以满足不同场合的需要。

1．空单元格显示为空距

Excel 中以默认的方式创建的折线图，空单元格的点是不绘制的，形成断点。如图 6-12 所示。

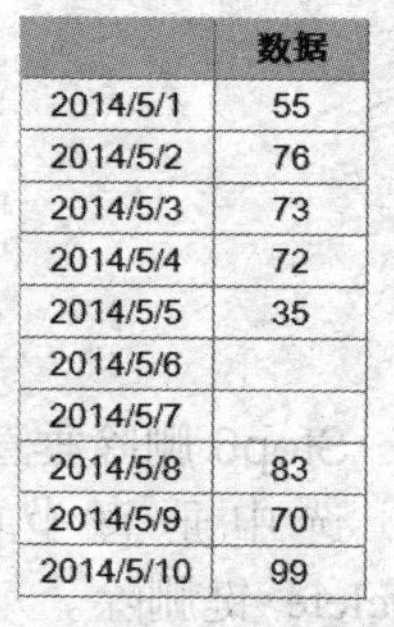

	数据
2014/5/1	55
2014/5/2	76
2014/5/3	73
2014/5/4	72
2014/5/5	35
2014/5/6	
2014/5/7	
2014/5/8	83
2014/5/9	70
2014/5/10	99

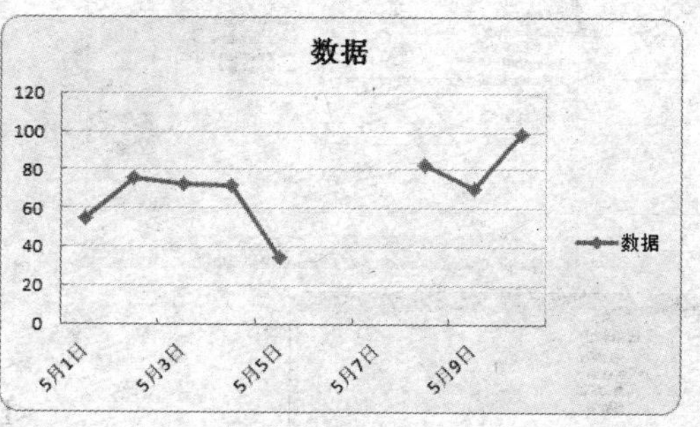

图 6-12　空单元格不绘制

2．空单元格显示为零值

单击“图表工具-设计”选项卡，在“数据”命令组中单击“选择数据”按钮，弹出“选择数据源”对话框，单击左下角的“隐藏的单元格和空单元格”，如图 6-13 所示。

弹出“隐藏和空单元格设置”对话框，单击“零值”单选钮，单击“确定”按钮，返回“选择数据源”对话框，再次单击“确定”按钮，如图 6-14 所示。

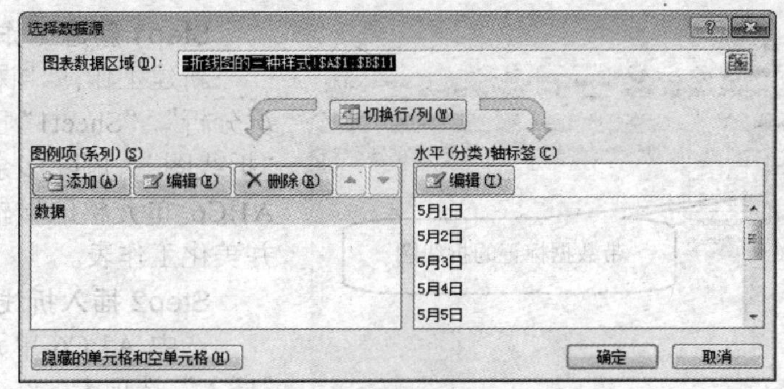

图 6-13　“选择数据源”对话框

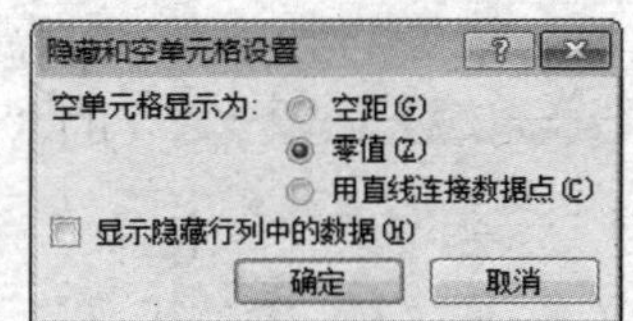

图 6-14　“隐藏和空单元格设置”对话框

此时，Excel 将空单元格作为零值处理，对于零值数据点，行跌落至零，最后效果如图 6-15 所示。

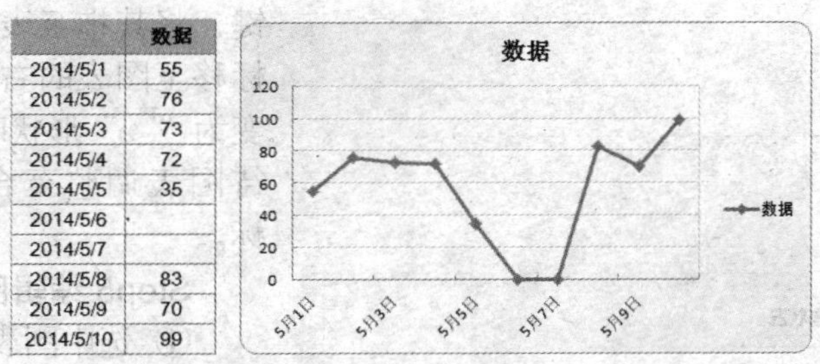

	数据
2014/5/1	55
2014/5/2	76
2014/5/3	73
2014/5/4	72
2014/5/5	35
2014/5/6	
2014/5/7	
2014/5/8	83
2014/5/9	70
2014/5/10	99

图 6-15　空单元格以零值代表

3. 空单元格显示为用直线连接数据点

在弹出的“隐藏和空单元格设置”对话框中，单击“用直线连接数据点”单选钮，单击“确定”按钮，返回“选择数据源”对话框，再次单击“确定”按钮，如图 6-16 所示。

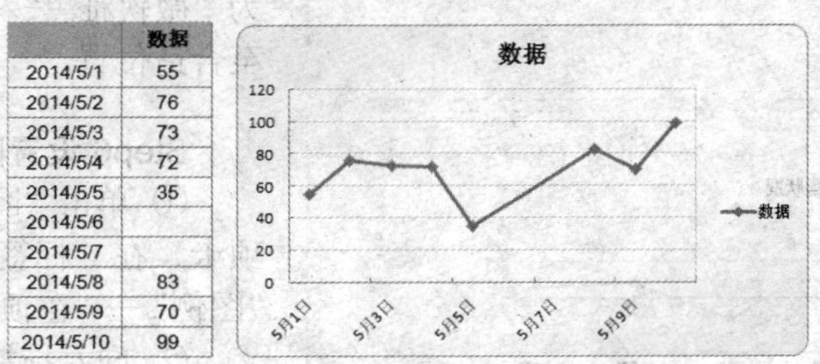

	数据
2014/5/1	55
2014/5/2	76
2014/5/3	73
2014/5/4	72
2014/5/5	35
2014/5/6	
2014/5/7	
2014/5/8	83
2014/5/9	70
2014/5/10	99

图 6-16　空单元格以用直线连接数据点

3.3　课堂练习

折线图是一种经常用到的 Excel 图表，它用来表示数据的连续性、数据的变化趋势都有非常显著的效果。为了进一步巩固所学习的知识，现在制作销售状况分析表。

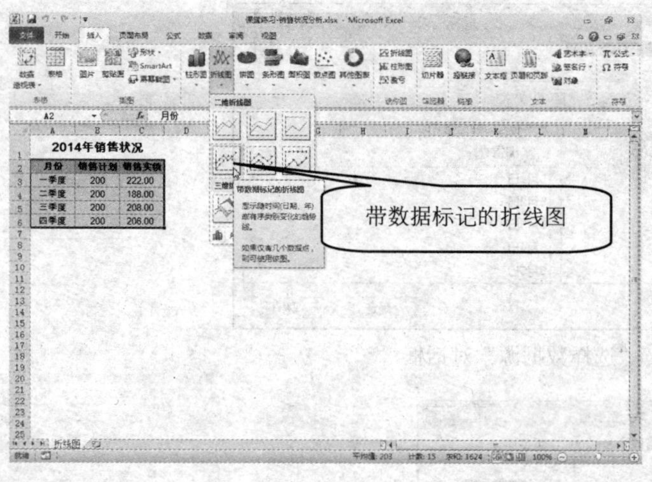

Step1 新建工作簿

新建工作簿“课堂练习-销售状况分析”，“Sheet1”工作表重命名为“折线图”，删除多余的工作表。在 A1:C6 单元格区域输入相关数据，并美化工作表。

Step2 插入折线图

选中 A3:C6 单元格区域，单击“插入”选项卡，在“图表”命令组中单击“折线图”按钮，在打开的下拉菜单中选择“二维折线图”下的“带数据标记的折线图”按钮。

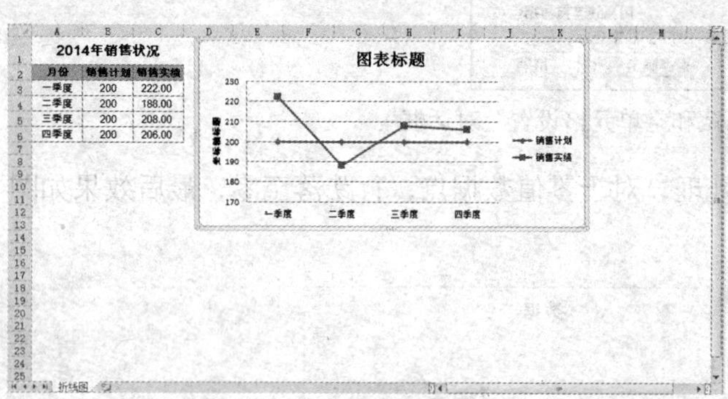

Step3 设置图表布局

单击“图表工具-设计”选项卡，在“图表布局”命令组中选择“布局 1”样式。

Step4 调整图表位置和大小

在图表空白位置按住鼠标左键，将其拖至表格合适位置。将鼠标移至图表的右下角，待鼠标指针变为“⤡”形状时，向外拖拽鼠标，待图表调整至合适大小时释放鼠标。

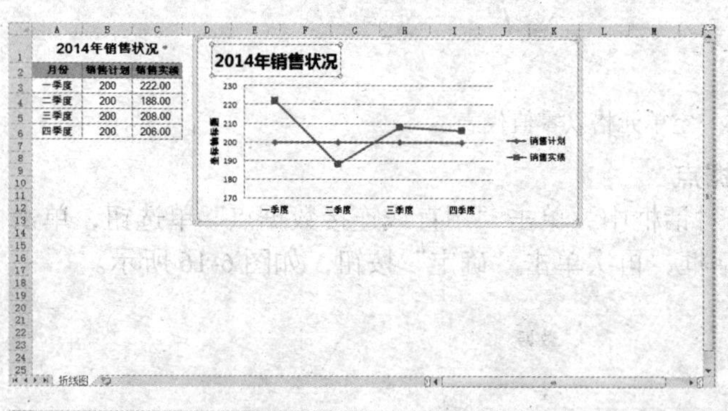

Step5 编辑图表标题

① 选中图表标题中的文本“图表标题”，将其修改为“2014 年销售状况”。

② 选中图表标题，切换到“开始”选项卡，设置标题的“字体”为“微软雅黑”。向左拖拽图表标题至合适位置。

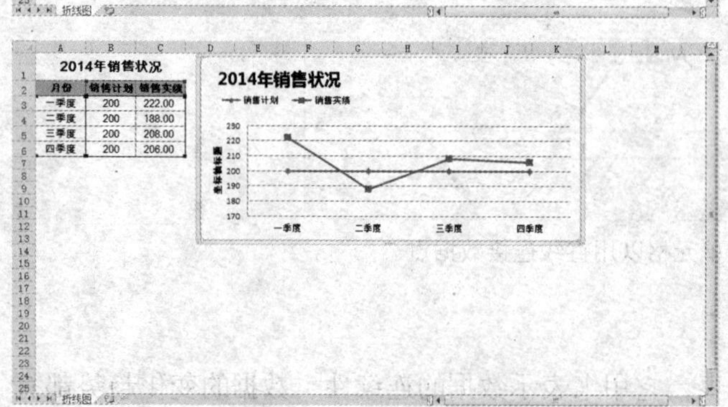

Step6 设置图例格式

① 单击“图表工具—布局”选项卡，在“标签”命令组中，单击“图例”→“在顶部显示图例”命令。

② 向左拖拽图例至合适位置。

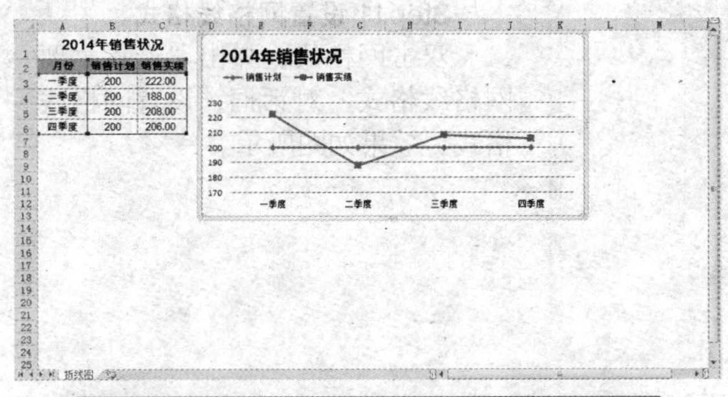

Step7 删除垂直坐标轴标题

选中垂直坐标轴标题，按<Delete>键删除。

Step8 设置垂直（值）轴标题格式

双击垂直（值）轴，弹出“设置坐标轴格式”对话框，单击“线条颜色”选项卡，在“线条颜色”区域中单击“无线条”单选框。单击“关闭”按钮。

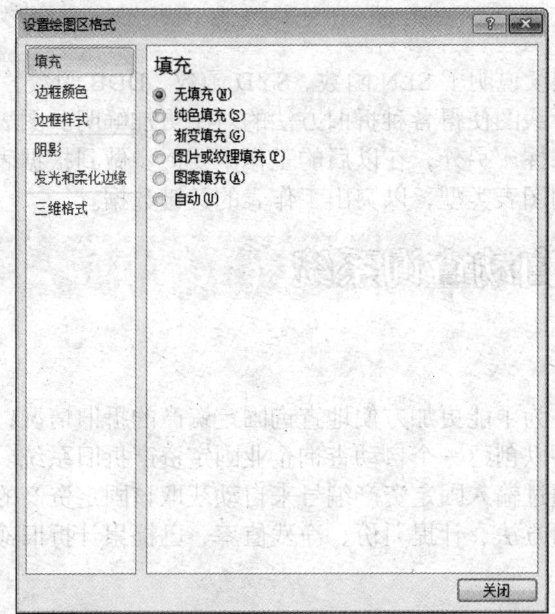

Step9 设置绘图区格式

① 选中“绘图区”，向内拖动“绘图区”上方中间的控制点，向右拖动“绘图区”左侧的控制点，调整“绘图区”的大小。

② 双击“绘图区”，弹出“设置绘图区格式”对话框，单击“填充”选项卡，在右侧单击“无填充”单选钮。单击“关闭”按钮。

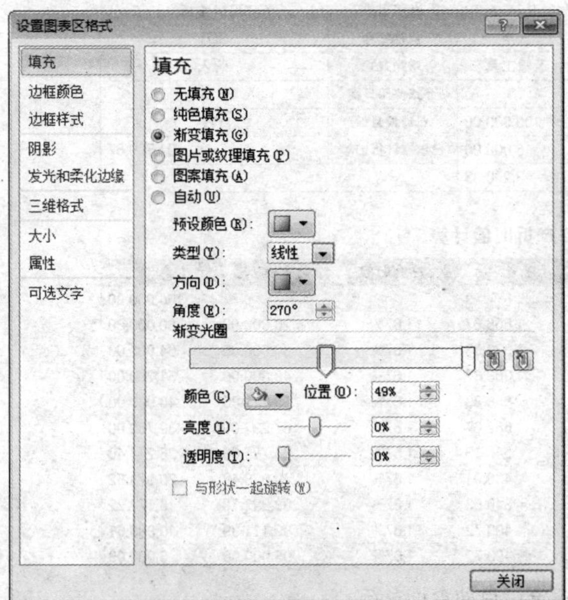

Step10 设置图表区格式

① 双击“图表区”，弹出“设置图表区格式”对话框，单击“填充”选项卡，在右侧单击“渐变填充”单选钮。

② 单击“类型”右侧的下箭头按钮，在弹出的列表中选择“线性”。

③ 单击“方向”右侧的下箭头按钮，在弹出的列表中选择第 7 项“线性向上”。

④ 在“渐变光圈”下方选择“停止点 1”，再单击“颜色”右侧的下箭头按钮，在弹出的颜色面板中选择“浅黄”。在“渐变光圈”下方选择“停止点 2”，再单击“颜色”右侧的下箭头按钮，在弹出的颜色面板中选择白色。单击“关闭”按钮。

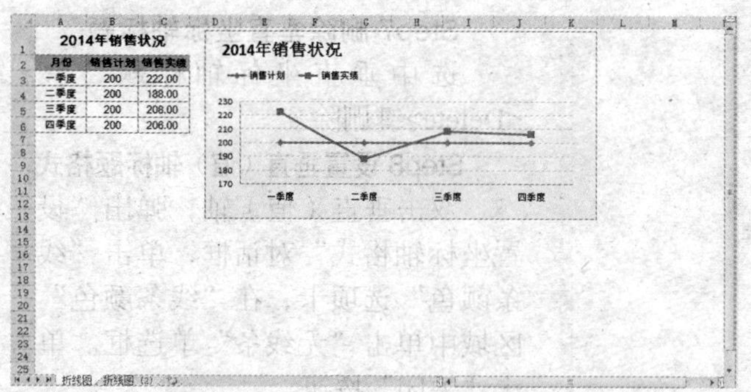

Step11 设置网格线格式

双击网格线，弹出“设置主要网格线格式”对话框，设置网格线格式。效果如图所示。

任务小结

通过对上一节五种折旧方法的比较，继续说明了 SLN 函数、SYD 函数、DDB 函数、DB 函数和 VDB 函数的使用方法。通过绘制折线图使得各种折旧方法的对比更加鲜明。图表制作方法和图表的美化需要我们进一步熟练掌握。另外，在以后的工作中要逐步做到根据表格数据的特点和突出显示的内容来选择适合的图表类型，以突出工作表的关键数据。

任务四 自动查询系统

任务背景

当创建了企业固定资产统计清单之后，为了能更加方便地查询固定资产的折旧情况，同时自动按指定的折旧方法计算出折旧值，可以创建一个自动查询企业固定资产折旧系统。创建固定资产折旧数据自动查询系统，就是通过输入固定资产编号来自动获取该固定资产的相关信息，如固定资产名称、规格型号、折旧方法、计提月份、净残值率、已提累计折旧额等数据，如图 6-17 所示。

企业固定资产自动查询系统

				当前日期	2014/4/15
固定资产编号	71007	固定资产名称	货车	规格型号	SDT
类别编号	031	类别名称	运输工具	增加方式	购入
使用状况	在用	使用年限	10	开始使用日期	38183
折旧方法	双倍余额法	资产原值	100,000.00	已计提月份	117
净残值率	5.00%	净残值	5,000.00	已提累计折旧额	91,709.67
尚可使用月数	3	尚可计提折旧额	3,290.33		

固定资产折旧值计算

年份	年折旧额	年折旧率	月折旧额	月折旧率	累计折旧额	折余价值
0						100,000.00
1	20,000.00	20.00%	1,666.67	1.67%	20,000.00	80,000.00
2	16,000.00	20.00%	1,333.33	1.67%	36,000.00	64,000.00
3	12,800.00	20.00%	1,066.67	1.67%	48,800.00	51,200.00
4	10,240.00	20.00%	853.33	1.67%	59,040.00	40,960.00
5	8,192.00	20.00%	682.67	1.67%	67,232.00	32,768.00
6	6,553.60	20.00%	546.13	1.67%	73,785.60	26,214.40
7	5,242.88	20.00%	436.91	1.67%	79,028.48	20,971.52
8	4,194.30	20.00%	349.53	1.67%	83,222.78	16,777.22
9	5,888.61	20.00%	490.72	1.67%	89,111.39	10,888.61
10	5,888.61	20.00%	490.72	1.67%	95,000.00	5,000.00

图 6-17 固定资产自动查询系统

知识点分析

要实现本例中的功能，以下为需要掌握的知识点。

◆　TODAY 函数、INDEX 函数、MATCH 函数、IF 函数、ROW 函数、SLN 函数和 DDB 函数的应用

任务实施

4.1　固定资产自动查询系统

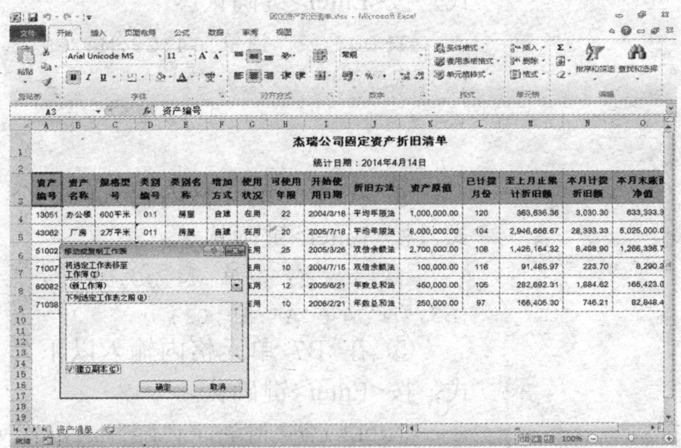

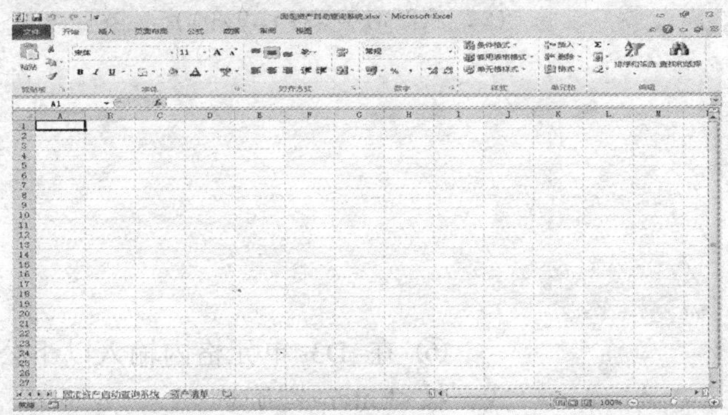

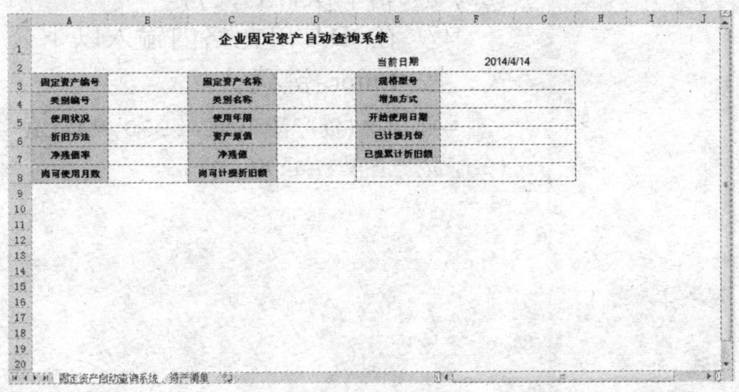

Step1 复制工作簿

① 打开 5 节创建的“固定资产折旧清单”工作簿，右键单击“资产清单”工作表标签，在弹出的快捷菜单中选择“移动或复制”，弹出“移动或复制工作表”对话框。

② 在“将选定工作表移至工作簿”列表框中，单击右侧的下箭头按钮，在下拉列表中选择“(新工作簿)”，勾选“建立副本”复选框。单击“确定”按钮。

Step2 保存工作簿

按<Ctrl+S>快捷键，在弹出的“另存为”对话框中选择好需要保存的路径，保存文件名为“固定资产自动查询系统”。

Step3 插入新工作表

按<Shift+F11>快捷键，在“固定资产”工作表前插入新工作表“Sheet2”，“Sheet2”工作表重命名为“固定资产自动查询系统”。

Step4 输入表格数据

① 选中 A1:G1 单元格区域，设置“合并后居中”，输入“企业固定资产自动查询系统”。

② 在 E2 单元格内输入“当前日期”。

③ 在 F2 单元格内输入以下公式，按<Enter>键确认。

```
=today()
```

④ 在 A3:A8、C3:C8 和 E3:E7 单元格区域内输入相关内容。

⑤ 设置单元格格式，美化工作表。

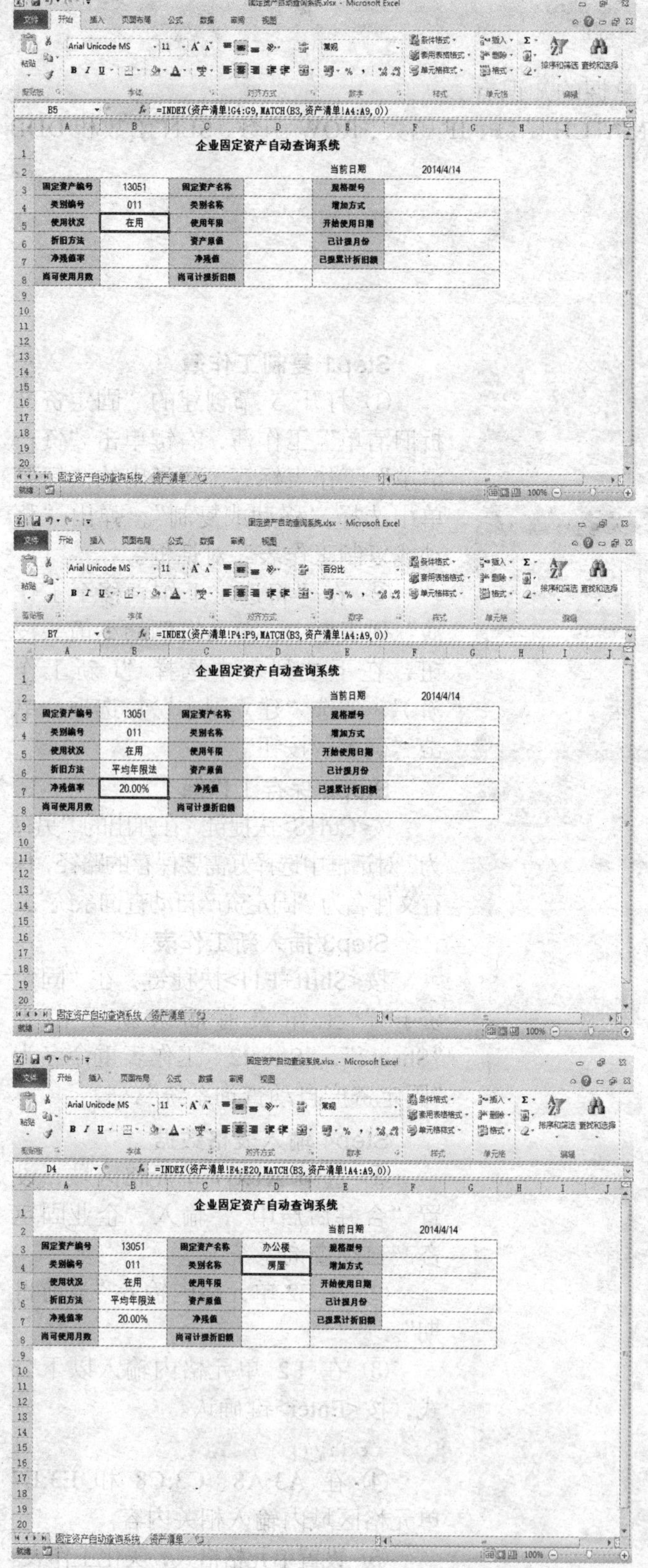

Step5 通过 INDEX 函数和 MATCH 函数设置自动查询公式

① 在B3单元格内输入固定资产编号“13051”。

② 在 B4 单元格内输入以下公式，按<Enter>键确认。

```
=INDEX(资产清单!D4:D9,MATCH(B3,资产清单!A4:A9,0))
```

③ 在 B5 单元格内输入以下公式，按<Enter>键确认。

```
=INDEX(资产清单!G4:G9,MATCH(B3,资产清单!A4:A9,0))
```

④ 在 B6 单元格内输入以下公式，按<Enter>键确认。

```
=INDEX(资产清单!J4:J9,MATCH(B3,资产清单!A4:A9,0))
```

⑤ 在 B7 单元格内输入以下公式，按<Enter>键确认。

```
=INDEX(资产清单!P4:P9,MATCH(B3,资产清单!A4:A9,0))
```

⑥ 在 D3 单元格内输入以下公式，按<Enter>键确认。

```
=INDEX(资产清单!B4:B20,MATCH(B3,资产清单!A4:A9,0))
```

⑦ 在 D4 单元格内输入以下公式，按<Enter>键确认。

```
=INDEX(资产清单!E4:E20,MATCH(B3,资产清单!A4:A9,0))
```

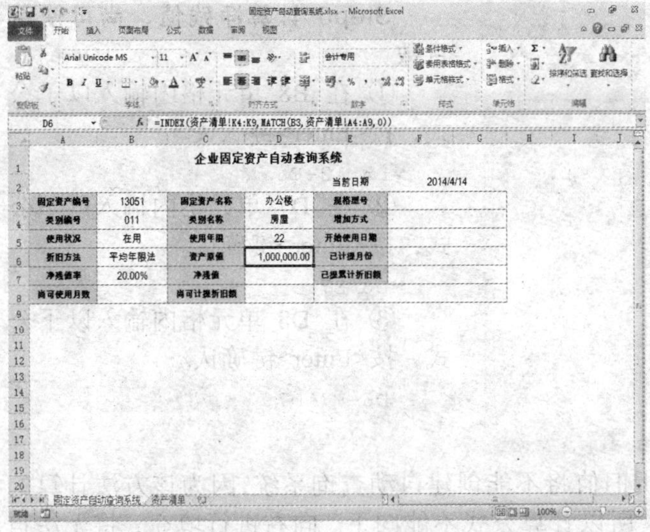

⑧ 在 D5 单元格内输入以下公式，按<Enter>键确认。

```
=INDEX(资产清单!H4:H9,MATCH(B3,资产清单!A4:A9,0))
```

⑨ 在 D6 单元格内输入以下公式，按<Enter>键确认。

```
=INDEX(资产清单!K4:K9,MATCH(B3,资产清单!A4:A9,0))
```

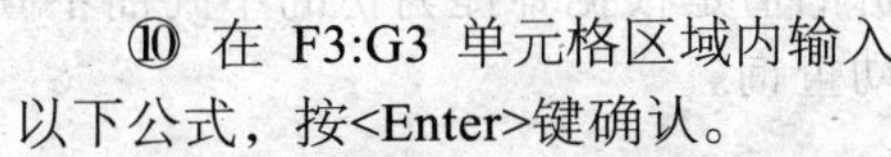

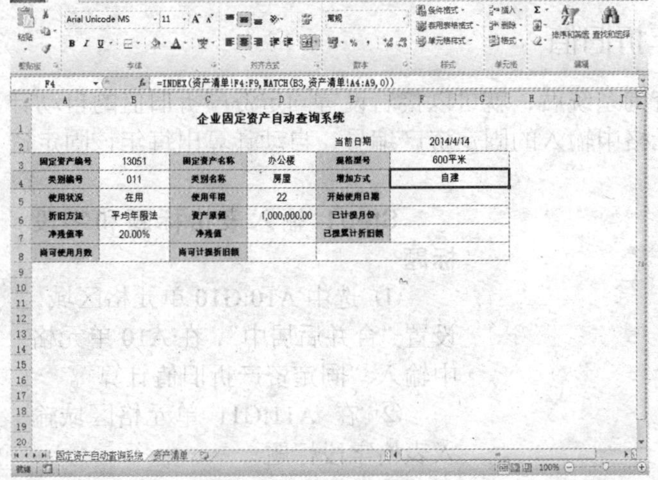

⑩ 在 F3:G3 单元格区域内输入以下公式，按<Enter>键确认。

```
=INDEX(资产清单!C4:C9,MATCH(B3,资产清单!A4:A9,0))
```

⑪ 在 F4:G4 单元格内区域输入以下公式，按<Enter>键确认。

```
=INDEX(资产清单!F4:F9,MATCH(B3,资产清单!A4:A9,0))
```

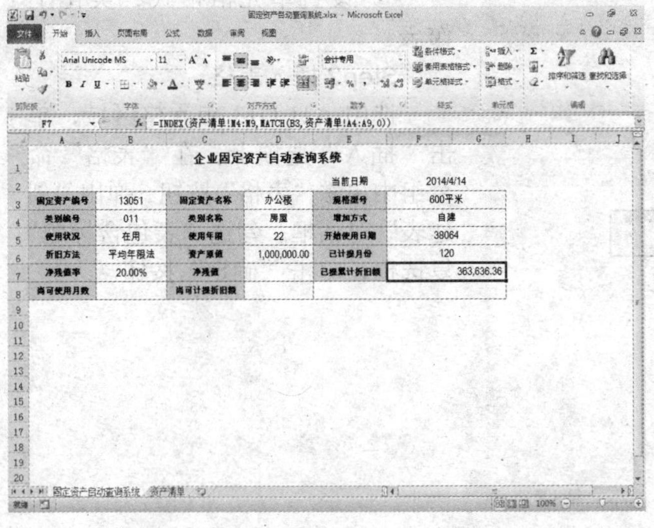

⑫ 在 F5:G5 单元格内区域输入以下公式，按<Enter>键确认。

```
=INDEX(资产清单!I4:I9,MATCH(B3,资产清单!A4:A9,0))
```

⑬ 在 F6:G6 单元格内区域输入以下公式，按<Enter>键确认。

```
=INDEX(资产清单!L4:L9,MATCH(B3,资产清单!A4:A9,0))
```

⑭ 在 F7:G7 单元格区域内输入以下公式，按<Enter>键确认。

```
=INDEX(资产清单!M4:M9,MATCH(B3,资产清单!A4:A9,0))
```

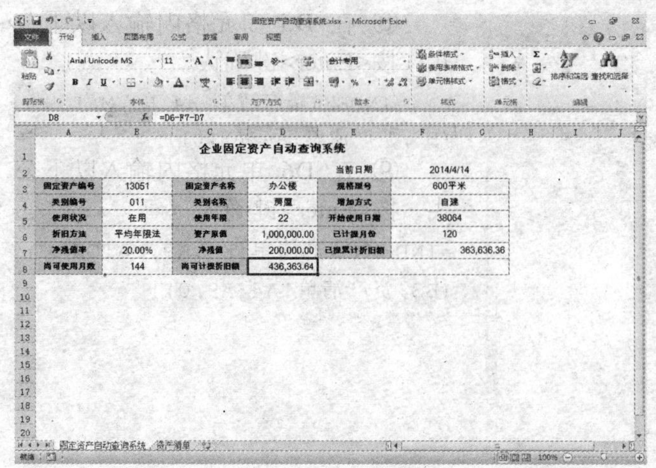

Step6 计算净残值、尚可使用月数

① 在 B8 单元格内输入以下公式，按<Enter>键确认。

```
=D5*12-F6
```

② 在 D7 单元格内输入以下公式，按<Enter>键确认。

```
=D6*B7
```

③ 在 D8 单元格内输入以下公式，按<Enter>键确认。

```
=D6-F7-D7
```

采用年数总和法来计算固定资产折旧值将不能创建自动查询系统，因为该方法计算的折旧值是根据计提月份的不同而不同，所以计算公式不能向下、向右进行填充，将无法自动查询。

4.2 自动计算固定资产的月、年折旧值

创建完成固定资产折旧数据自动查询系统后，就可以接着设置固定资产折旧值的自动计算公式。这样公式会自动根据 B3 单元格中输入的固定资产编号，自动计算出每年该固定资产的折旧值。

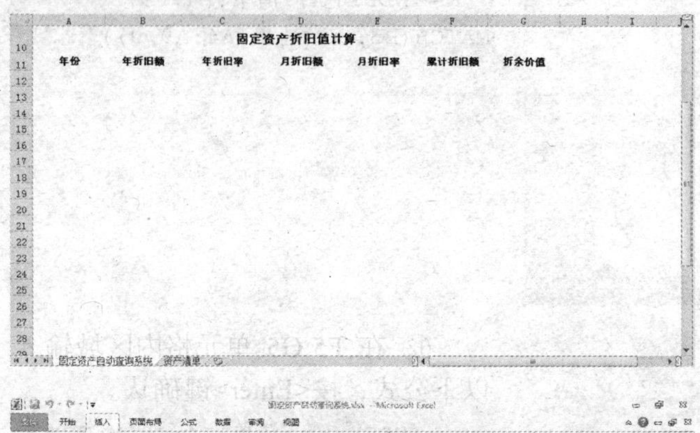

Step1 输入表格标题和字段标题

① 选中 A10:G10 单元格区域，设置“合并后居中”，在 A10 单元格中输入“固定资产折旧值计算”。

② 在 A11:G11 单元格区域输入表格字段标题。

③ 设置单元格格式，美化工作表。

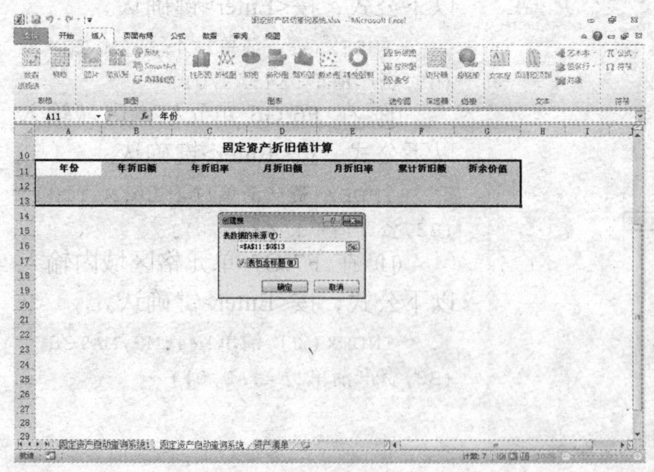

Step2 插入表格

选中 A11:G13 单元格区域，单击“插入”选项卡，在“表格”命令组中单击“表格”按钮，弹出“创建表”对话框，勾选“表包含标题”复选框，单击“确定”按钮。

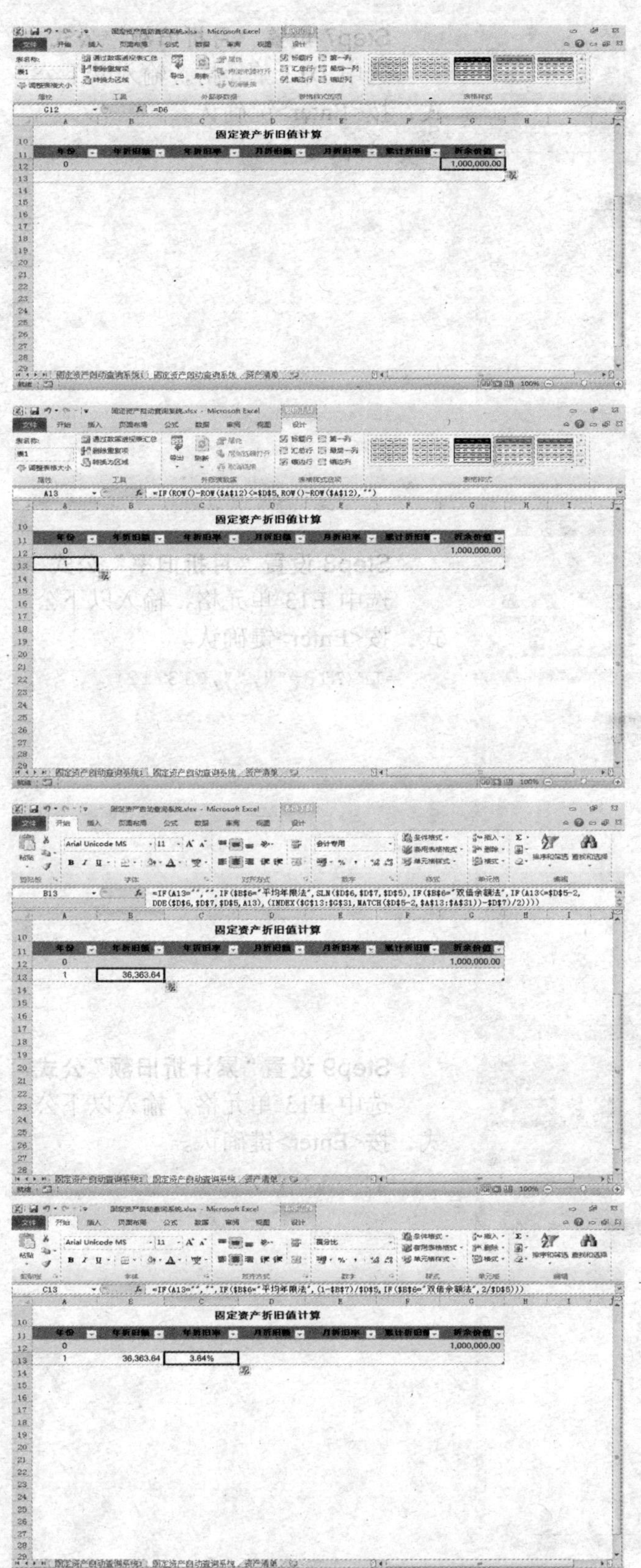

Step3 设置原始值

① 选中 A12 单元格，输入“0”。

② 选中 G12 单元格，输入以下公式，按<Enter>键确认。

```
=D6
```

Step4 设置“年份”列公式

选中 A13 单元格，输入以下公式，按<Enter>键确认。

```
=IF(ROW()-ROW($A$12)<=$D$5,ROW()-ROW($A$12),"")
```

Step5 设置“年折旧额”公式

选中 B13 单元格，输入以下公式，按<Enter>键确认。

```
=IF(A13="","",IF($B$6="平均年限法",SLN($D$6,$D$7,$D$5),IF($B$6="双倍余额法",IF(A13<=$D$5-2,
DDB($D$6,$D$7,$D$5,A13),(INDEX($G$13:$G$31,MATCH($D$5-2,$A$13:$A$31))-$D$7)/2))))
```

Step6 设置“年折旧率”公式

选中 C13 单元格，输入以下公式，按<Enter>键确认。

```
=IF(A13="","",IF($B$6="平均年限法",(1-$B$7)/$D$5,IF($B$6="双倍余额法",2/$D$5)))
```

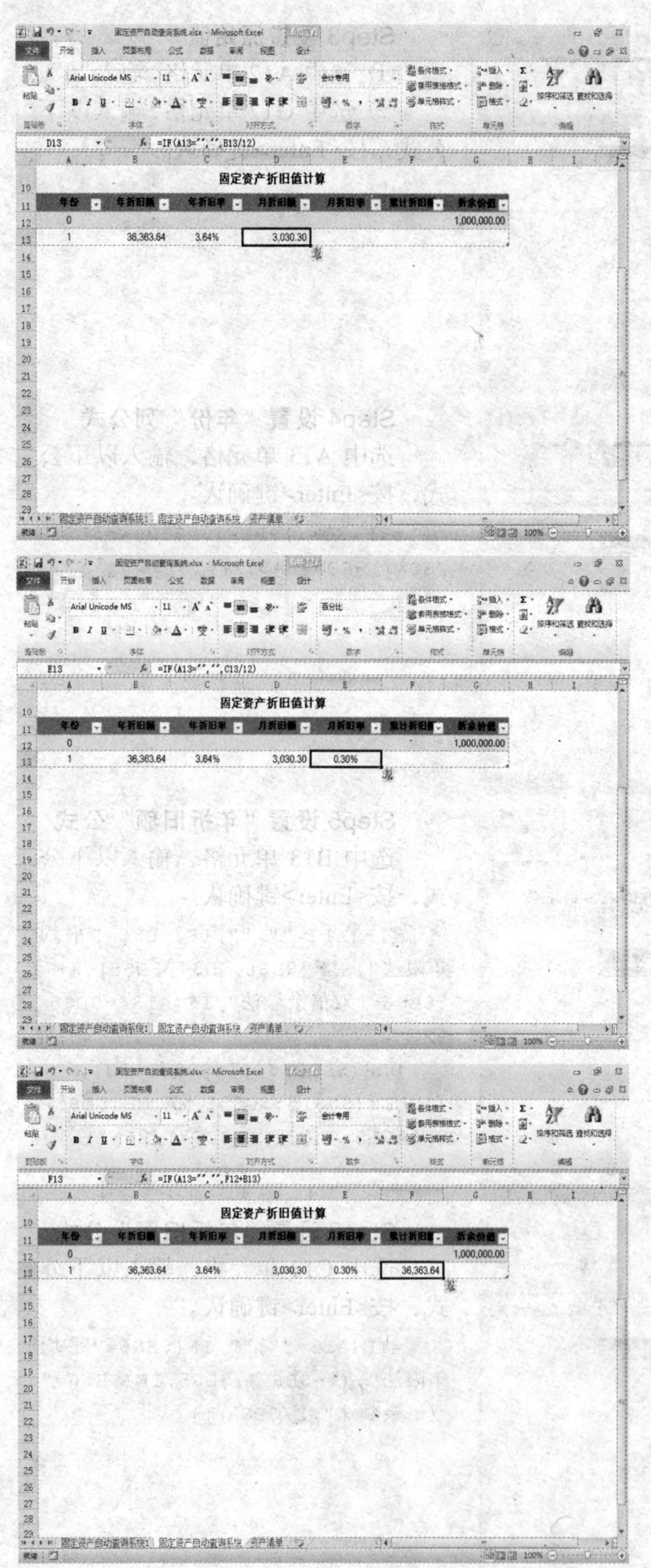

Step7 设置“月折旧额”公式

选中 D13 单元格，输入以下公式，按<Enter>键确认。

```
=IF(A13="","",B13/12)
```

Step8 设置“月折旧率”公式

选中 E13 单元格，输入以下公式，按<Enter>键确认。

```
=IF(A13="","",C13/12)
```

Step9 设置“累计折旧额”公式

选中 F13 单元格，输入以下公式，按<Enter>键确认。

```
=IF(A13="","",F12+B13)
```

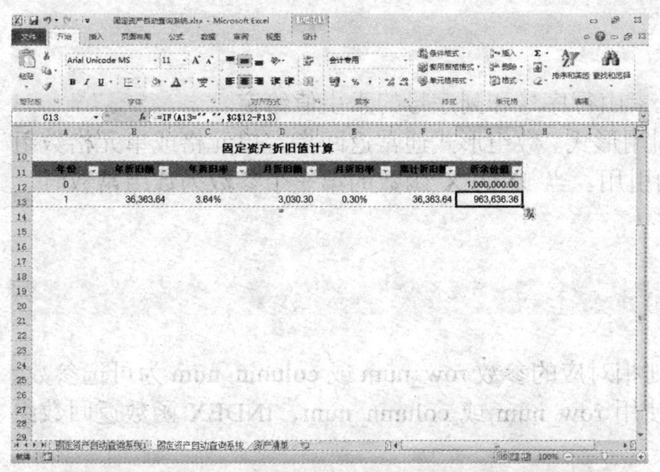

Step10 设置“折余价值”公式

选中 G13 单元格，输入以下公式，按<Enter>键确认。

```
=IF(A13="","",$G$12-F13)
```

Microsoft Excel

该表向工作表中插入了行。这将导致表下方单元格中的数据向下移动。

☑ 不再显示此对话框(D)

确定

Step11 填充公式

选中 A13:G13 单元格区域，拖拽右下角的填充柄至 G42 单元格。弹出“Microsoft Excel”对话框，勾选“不再显示此对话框”复选框，单击“确定”按钮。

效果如左图所示。

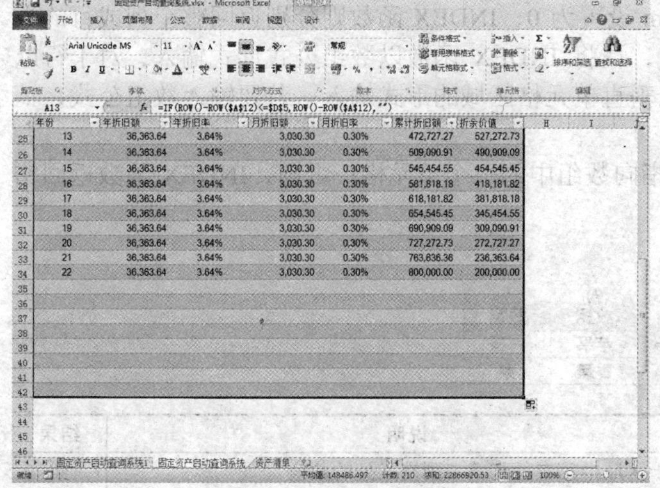

企业固定资产自动查询系统

				当前日期	2014/5/15
固定资产编号	71007	固定资产名称	货车	规格型号	SDT
类别编号	031	类别名称	运输工具	增加方式	购入
使用状况	在用	使用年限	10	开始使用日期	38183
折旧方法	双倍余额法	资产原值	100,000.00	已计提月份	118
净残值率	5.00%	净残值	5,000.00	已提累计折旧额	91,933.36
尚可使用月数	2	尚可计提折旧额	3,066.64		

固定资产折旧值计算

年份	年折旧额	年折旧率	月折旧额	月折旧率	累计折旧额	折余价值
0						100,000.00
1	20,000.00	20.00%	1,666.67	1.67%	20,000.00	80,000.00
2	16,000.00	20.00%	1,333.33	1.67%	36,000.00	64,000.00
3	12,800.00	20.00%	1,066.67	1.67%	48,800.00	51,200.00
4	10,240.00	20.00%	853.33	1.67%	59,040.00	40,960.00
5	8,192.00	20.00%	682.67	1.67%	67,232.00	32,768.00
6	6,553.60	20.00%	546.13	1.67%	73,785.60	26,214.40

Step12 自动查询

在 B3 单元格，更改固定资产编号来实现自动查询。如在 B3 单元格，输入固定资产编号“71007”，即可显示该固定资产所对应的每年折旧额、折旧率、累计折旧额等。

函数应用：INDEX 函数的数组形式

函数用途

返回表格或数组中的元素值，此元素由行序号和列序号的索引值给定。

INDEX 函数有两种形式：形式和引用形式。数组形式通常返回指定单元格或单元格数组的值，引用形式通常返回指定单元格的引用。当 INDEX 函数的第一个参数为数组常数时，使用数组形式。

函数语法

```
INDEX(array,row_num,column_num)
```

array　为单元格区域或数组常量。

- 如果数组只包含一行或一列，则相对应的参数 row_num 或 column_num 为可选参数。
- 如果数组有多行和多列，但只使用 row_num 或 column_num，INDEX 函数返回数组中的整行或整列，且返回值也为数组。

row_num 数组中某行的行号，INDEX 函数从该行返回数值。如果省略 row_num，则必须有 column_num。

column_num 数组中某列的列标，INDEX 函数从该列返回数值。如果省略 column_num，则必须有 row_num。

函数说明

- 如果同时使用参数 row_num 和 column_num，函数 INDEX 返回 row_num 和 column_num 交叉处的单元格中的值。
- 如果将 row_num 或 column_num 设置为 0，INDEX 函数则分别返回整个列或行的数组数值。若要使用以数组形式返回的值，请将 INDEX 函数以数组公式形式输入，对于行以水平单元格区域的形式输入，对于列以垂直单元格区域的形式输入。若要输入数组公式，请按<Ctrl+Shift+Enter>快捷键。
- row_num 和 column_num 必须指向数组中的一个单元格；否则，INDEX 函数返回错误值#REF!。

示例一

	A	B
1	数据	数据
2	苹果	柠檬
3	香蕉	梨

示例	公式	说明	结果
1	=INDEX(A2:B3,2,2)	位于区域中第二行和第二列交叉处的数值	梨
2	=INDEX(A2:B3,2,1)	位于区域中第二行和第一列交叉处的数值	香蕉

示例二

示例	公式	说明	结果
1	=INDEX({1,2;3,4},0,2)	返回数组常量中第一行、第二列的值 并且返回数组常量中第二行、第二列的值	2 4

示例中的公式必须以数组公式的形式输入，即按<Ctrl+Shift+Enter>快捷键输入公式。如果公式不是以数组公式的形式输入，则返回单个结果值 2，而不是整个第 2 列的数组数值。

本例中 INDEX 函数比较复杂，下面分析一下。

本例公式说明

以下为本例中的公式：

```
=IF(MOD(ROW(),3)=0,"",IF(MOD(ROW(),3)=1,工资明细表!A$3,INDEX(工资明细表!$A:$Q,
INT((ROW()-1)/3)+4,COLUMN())))
```

首先分析 INDEX(工资明细表!$A:$Q,INT((ROW()-1)/3)+4,COLUMN())；其中行参数为 INT((ROW()-1)/3)+4，如果在第 1 行输入该参数，结果是 4，向下拖拽公式至 20 行，可以看到结果是 4；4；4；5；5；5；6；6；6…如果用“INT((ROW()-1)/3)+4”做 INDEX 的行参数，公式将连续 3 行重复返回指定区域内的第 4、5、6 行的内容，而指定区域是“工资明细表”工作表，第 4 行以下是人员记录的第 1 行，这样就可以每隔 3 行得到下一条记录。用 COLUMN()做 INDEX 的列参数，当公式向右侧拖拽时，列参数 COLUMN()也随之增加。

如果公式到此为止，返回的结果是每隔连续 3 行显示下一条记录，与期望的结果还是有一定的差距。希望得到的结果是第 1 行显示字段、第 2 行显示记录、第 3 行为空，这就需要做判断取值。如果当前行是第 1 行或是 3 的整数倍加 1 行，结果返回“工资明细表”工作表的字段行。如果当前行是第 2 行或是 3 的整数倍加 2 行，公式返回 INDEX 的结果；如果当前行是 3 的整数倍行，公式返回空。

公式中的第 1 个 IF 判断 IF(MOD(ROW),3)=0，""，******）用来判断 3 的整数倍行的情况，如果判断结果为“真”则返回空；第 2 个判断 IF(MOD(ROW(),3)=1,工资明细表!A$3,******)用来判断 3 的整数倍加 1 时的情况，判断结果为“真”则返回工资明细表!A$3 即字段行的内容；余下的情况则返回 INDEX 函数的结果。

项目扩展：神奇的<F9>键

对嵌套公式进行分步求值时，更简便的方法是：双击含有公式的单元格，选定公式中需要获得值的那部分公式（即用鼠标指针“抹黑”选中），按<F9>键，Excel 就会将被选定的部分替换成计算的结果。需要提醒的是，进行选择时，需要包含整个运算对象，比如选择一个函数时，必须选定整个函数名称、左圆括号、参数和右圆括号。

若整个公式较长，可以用<F9>键对各个部分进行分段计算预演，以便公式查错和更正。如果选定的是整个公式的话，就可以看到最后的结果。

另外，使用<F9>键还可以将单元格引用转换为常量数组，利用此技巧，用户可以快速输入常量数组。例如，A1、B1 单元格为字符串“Word”和“Excel”，在 C1 单元格输入公式：

```
=A1:B1
```

此时，拖动鼠标指针抹黑 A1:B1，按下<F9>键后，公式则变为：

```
={"Word","Excel"}
```

按<F9>键之后，如果要用该计算结果替换原公式选定的部分，按<Enter>或者<Ctrl+Shift+Enter>快捷键结束来返回普通公式或者数组公式。如果仅想查看某部分公式而不想改变原公式，按<Esc>键返回。如果不小心按了<Enter>键，可以通过“快速访问工具栏”→“撤销”按钮或者<Ctrl+Z>快捷键来取消。

4.3 课堂练习

INDEX 函数与 MATCH 函数的配合使用，可以实现自动查询，本课堂练习将创建一个订单跟踪查询表，以准确地反映出供应商的订单执行情况，产品质量、信用和订单执行效率，从而提高工作效率，加强与合作交易伙伴的联系。

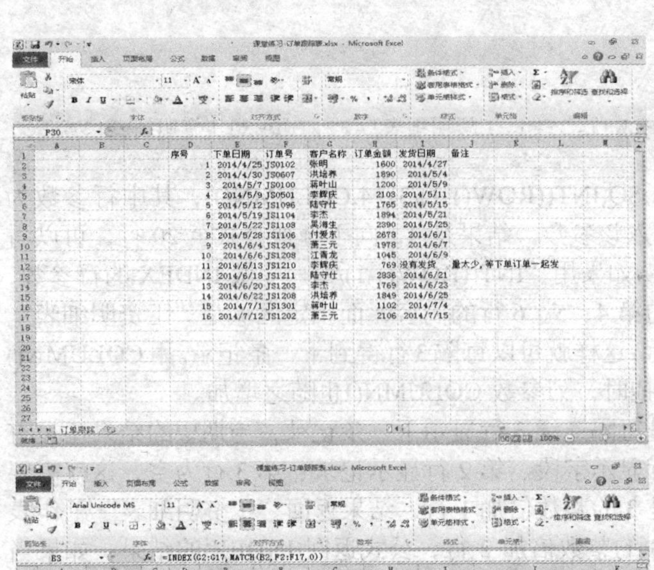

Step1 创建工作簿

创建工作簿“课堂练习-订单跟踪表”，“Sheet1”工作表重命名为“订单跟踪”，删除多余的工作表。在 D1:J17 单元格区域输入原始数据。

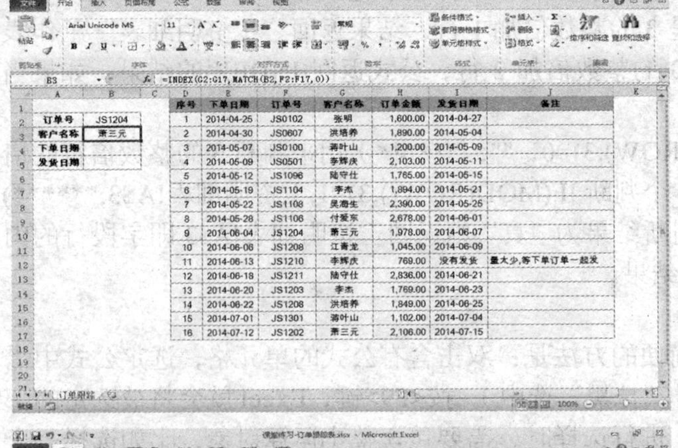

Step2 查询客户名称

① 在 A2:A5 单元格区域，输入需要查询的数据项目。在 B2 单元格输入“JS1204”。设置单元格格式，美化工作表。

② 选中 B3 单元格，输入以下公式，按<Enter>键确认。

```
=INDEX(G2:G17,MATCH(B2,F2:F17,0))
```

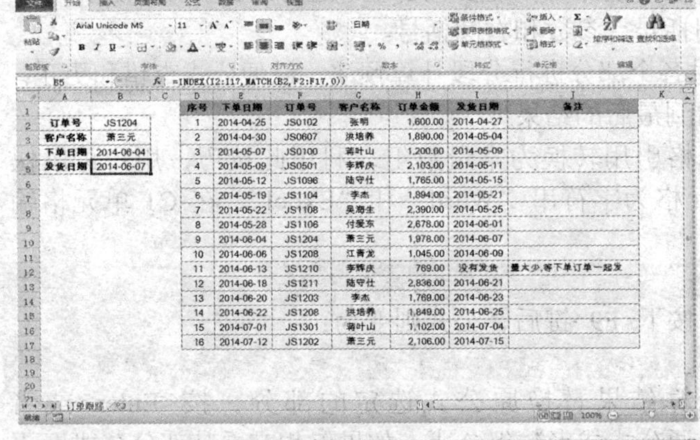

Step3 查询下单日期

选中 B4 单元格，输入以下公式，按<Enter>键确认。

```
=INDEX(E2:E17,MATCH(B2,F2:F17,0))
```

Step4 查询发货日期

选中 B5 单元格，输入以下公式，按<Enter>键确认。

```
=INDEX(I2:I17,MATCH(B2,F2:F17,0))
```

订单号	JS1210
客户名称	李辉庆
下单日期	2014-06-13
发货日期	没有发货

序号	下单日期	订单号	客户名称	订单金额	发货日期	备注
1	2014-04-25	JS0102	张明	1,600.00	2014-04-27	
2	2014-04-30	JS0607	洪培养	1,890.00	2014-05-04	
3	2014-05-07	JS0100	蒋叶山	1,200.00	2014-05-09	
4	2014-05-09	JS0501	李辉庆	2,103.00	2014-05-11	
5	2014-05-12	JS1096	陆守仕	1,765.00	2014-05-15	
6	2014-05-19	JS1104	李杰	1,894.00	2014-05-21	
7	2014-05-22	JS1108	吴海生	2,390.00	2014-05-25	
8	2014-05-28	JS1106	付爱东	2,678.00	2014-06-01	
9	2014-06-04	JS1204	萧三元	1,978.00	2014-06-07	
10	2014-06-06	JS1208	江青龙	1,045.00	2014-06-09	
11	2014-06-13	JS1210	李辉庆	769.00	没有发货	量太少,等下单订单一起发
12	2014-06-18	JS1211	陆守仕	2,836.00	2014-06-21	
13	2014-06-20	JS1203	李杰	1,769.00	2014-06-23	
14	2014-06-22	JS1208	洪培养	1,849.00	2014-06-25	
15	2014-07-01	JS1301	蒋叶山	1,102.00	2014-07-04	
16	2014-07-12	JS1202	萧三元	2,106.00	2014-07-15	

Step5 实现数据的自动查询

在 B2 单元格中输入需要查询的订单号码，如“JS1210”。那么 B3:B5 单元格区域实现了数据的自动查询。

任务小结

工作表的自动查询功能解决了在数据繁多的表格中手工寻找所需数据的烦恼，使得我们能够迅速精确地找到所需数据，这一切都归功与 INDEX 函数和 MATCH 函数的联合应用。IF 函数、ROW 函数、SLN 函数、DDB 函数、INDEX 函数、MATCH 函数的配合使用使得我们能够自动计算出固定资产的月、年折旧值。函数应用的便捷性在上面的案例中得到了充分的体现。

项目总结

本项目首先介绍了模板文件的保存和使用。应用 DAYS360 函数和 TODAY 函数在单元格中计算时间。在固定资产清单的制作过程中，使用了 INT 函数、MOD 函数、IF 函数，应用折旧类函数 SLN 函数、SYD 函数、DDB 函数、DB 函数和 VDB 函数等，实现了不同折旧方法的计算。很多公式都涉及函数的嵌套和组合使用。

绘制折线图使得我们对图表制作的方法和图表的美化等细节更加熟悉，在今后的学习和工作中要学会根据不同场合的需要来选择相应的图表类型。

最后介绍了应用 INDEX 函数和 MATCH 函数来创建固定资产折旧数据自动查询系统，运用 IF 函数、ROW 函数、SLN 函数、DDB 函数、INDEX 函数和 MATCH 等函数自动计算出固定资产的月、年折旧值。这两个案例充分体现了应用函数统计表格数据的便捷性。

项目七

工资核算

企业工资管理是财务管理中必不可少的一项工作，由于工资核算需要汇集多个工作表中的数据，所以工资管理也是财务人员月底比较头疼的一项工作。Excel 具有强大的数据处理功能，并且可以互相引用各个工作表中的数据，如果掌握了这些内容，人事薪资管理会比较简单便捷。在本项目中，将详细介绍如何利用相关公式和功能为薪资核算服务，使财务人员在计算员工工资时可以一劳永逸。

任务一　工资信息表

任务背景

制作工资信息表是每个企业必做的工作。人事变动、工资调整以及全勤、缺勤、加班、迟到等信息是工资结算的基础，有了这些原始信息，就可以利用 Excel 的表格功能和函数功能，创建税率表、员工基础资料表和考勤统计表，如图 7-1 至图 7-3 所示，为后续章节制作员工的工资明细表等做准备。

工作表日期	2014/4/15

序号	月应纳税所得额	上限范围	扣税百分率	扣 除 数	起征额
1	不超过1500元的	0	3%	0	3,500
2	超过1500元至4500元部分	1,500	10%	105	
3	超过4500元至9000元部分	4,500	20%	555	
4	超过9000元至35000元部分	9,000	25%	1,005	
5	超过35000元至55000元部分	35,000	30%	2,755	
6	超过55000元至80000元部分	55,000	35%	5,505	
7	超过80000元部分	80,000	45%	13,505	

图 7-1　税率表

员工代码	姓名	部门	卡号	进厂时间	基础工资	绩效工资	工龄工资
C0001	宋江	经营部	4580644592072576	2000-04-17	3,000.00	2,200.00	650.00
C0002	卢俊义	经营部	4580644592075342	1997-01-01	3,000.00	2,400.00	850.00
C0003	吴用	经营部	4580644592074374	2001-03-01	1,400.00	600.00	650.00
C0004	公孙胜	项目管理部	4580644592074125	2002-09-29	1,200.00	2,800.00	550.00
C0005	关胜	项目管理部	4580644592077536	1999-06-20	1,800.00	2,600.00	700.00
C0006	林冲	项目管理部	4580644592071008	2000-04-10	3,000.00	2,400.00	700.00
C0007	秦明	项目管理部	4580644592074728	2002-05-20	2,400.00	2,200.00	550.00
C0008	呼延灼	技术质量部	4580644592074258	2001-03-20	3,600.00	2,800.00	650.00
C0009	花荣	技术质量部	4580644592071249	1998-01-01	1,800.00	2,600.00	800.00
C0010	柴进	技术质量部	4580644592079061	2002-05-12	2,400.00	2,200.00	550.00
C0011	李应	项目设计组	4580644592070147	2002-04-01	3,600.00	2,800.00	600.00
C0012	朱仝	项目设计组	4580644592074106	1997-08-20	1,800.00	2,600.00	800.00
C0013	鲁智深	项目设计组	4580644592077854	2000-03-01	1,200.00	2,400.00	700.00
C0014	武松	项目设计组	4580644592039421	1999-05-01	3,000.00	2,200.00	700.00
C0015	董平	项目设计组	4580644592071315	2000-12-18	3,600.00	2,400.00	650.00
C0016	张清	项目设计组	4580644592077429	2000-04-17	1,800.00	2,200.00	650.00
C0017	扬志	项目设计组	4580644592077128	1997-01-22	1,200.00	2,800.00	850.00
C0018	徐宁	财务部	4580644592070425	1999-01-06	3,000.00	2,600.00	750.00
C0019	索超	财务部	4580644592074712	2001-10-10	1,400.00	2,200.00	600.00

图 7-2　员工基本资料

员工代码	姓名	部门	应出勤天数	缺勤天数	实出勤天数	绩效考核系数	日常加班天数	节日加班天数	通讯补助	住宿费	养老保险
C0001	宋江	经营部	24	2	22	0.90			200.00		585.00
C0002	卢俊义	经营部	24		24	1.00	1			100.00	765.00
C0003	吴用	经营部	24		24	0.95		1			585.00
C0004	公孙胜	项目管理部	24		24	0.85					495.00
C0005	关胜	项目管理部	24	1	23	0.88			100.00		630.00
C0006	林冲	项目管理部	24		24	0.98	2				630.00
C0007	秦明	项目管理部	24		24	0.92					495.00
C0008	呼延灼	技术质量部	24		24	0.97		1		100.00	585.00
C0009	花荣	技术质量部	24	1	23	0.99					720.00
C0010	柴进	技术质量部	24		24	1.00	1		200.00		495.00
C0011	李应	项目设计组	24	4	20	1.00					540.00
C0012	朱仝	项目设计组	24		24	0.92					720.00
C0013	鲁智深	项目设计组	24		24	0.90		1		100.00	630.00
C0014	武松	项目设计组	24		24	0.95					630.00
C0015	董平	项目设计组	24	3	21	0.85			100.00		585.00
C0016	张清	项目设计组	24		24	0.88		1			585.00
C0017	扬志	项目设计组	24		24	0.98	1				765.00
C0018	徐宁	财务部	24		24	0.92			100.00		675.00
C0019	索超	财务部	24	1	23	0.97	1				540.00

图 7-3　考勤统计

知识点分析

要实现本例中的功能，以下为需要掌握的知识点。

◆ DATEDIF 函数、VLOOKUP 函数的应用

任务实施

1.1　税率表

在创建工资信息表时，个人所得税是一项很重要的内容，由于税率变动少，因此先创建税率表。

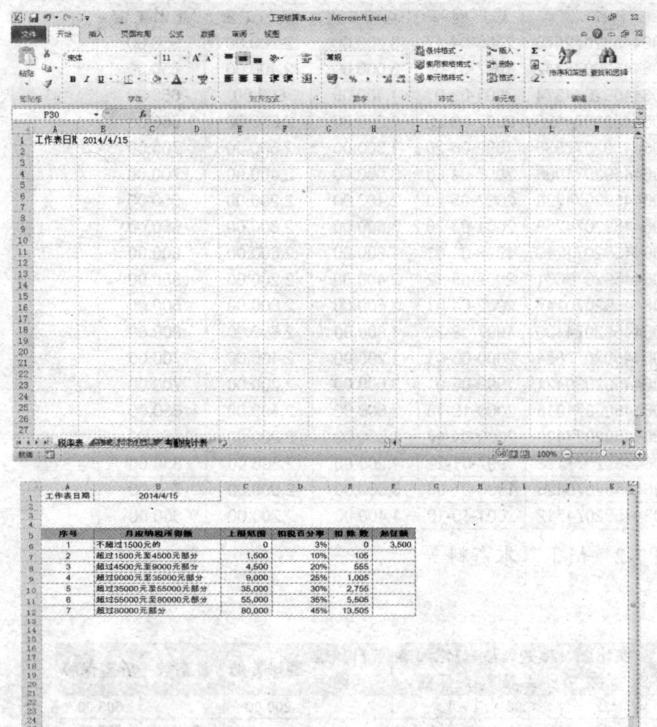

Step1 新建工作簿

启动 Excel 自动新建一个工作簿，保存并命名为“工资核算表”工作簿，“Sheet1、Sheet2、Sheet3”工作表分别重命名为“税率表、员工基础资料表、考勤统计表”，分别设置标签颜色为“深红、红色、橙色”。

Step2 输入工资表日期

① 切换到“税率表”工作表，选择 A1 单元格，输入“工作表日期”。

② 选中 B1 单元格，输入“2014-4-15”。

Step3 输入标题和数据

① 选中 A5:F5 单元格区域，输入表格各字段标题。

② 选中 A6:E14 单元格区域，输入表格数据。适当地调整单元格的列宽。

③ 选中 F6 单元格，输入税收起征额度“3500”。美化工作表。

1.2 员工基本资料表

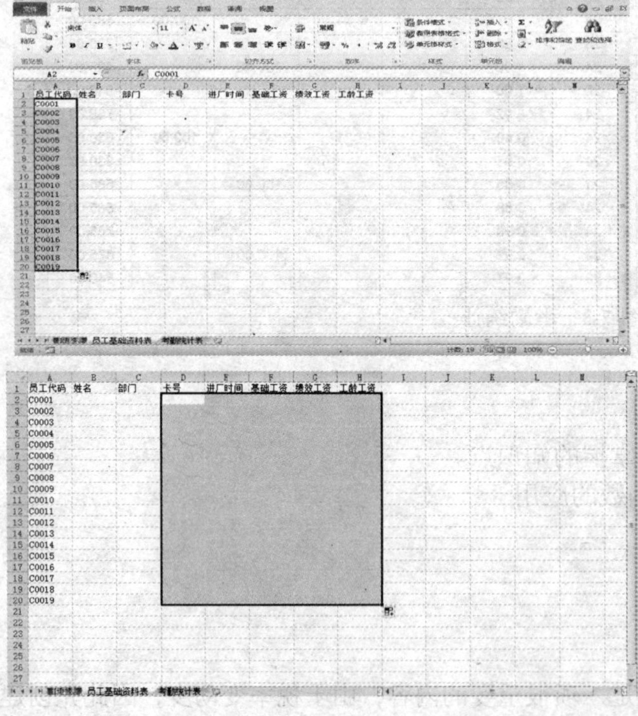

Step1 输入字段标题

切换到“员工基础资料表”工作表，选中 A1:H1 单元格区域，输入表格各字段标题。

Step2 输入“员工代码”

选中 A2 单元格，输入“C0001”，拖拽右下角的填充柄至 A20 单元格。

Step3 设置单元格格式

① 选中 D2 单元格，设置单元格格式为“文本”。选中 E2 单元格，设置单元格格式为“自定义”，类型为“yyyy-mm-dd”。

② 选中 F2:H2 单元格区域，设置单元格格式为“数值”，小数位数为“2”，勾选“使用千位分隔符”复选框。

③ 选中 D2:H2 单元格区域，拖拽右下角的填充柄至 H20 单元格，完成格式的复制。

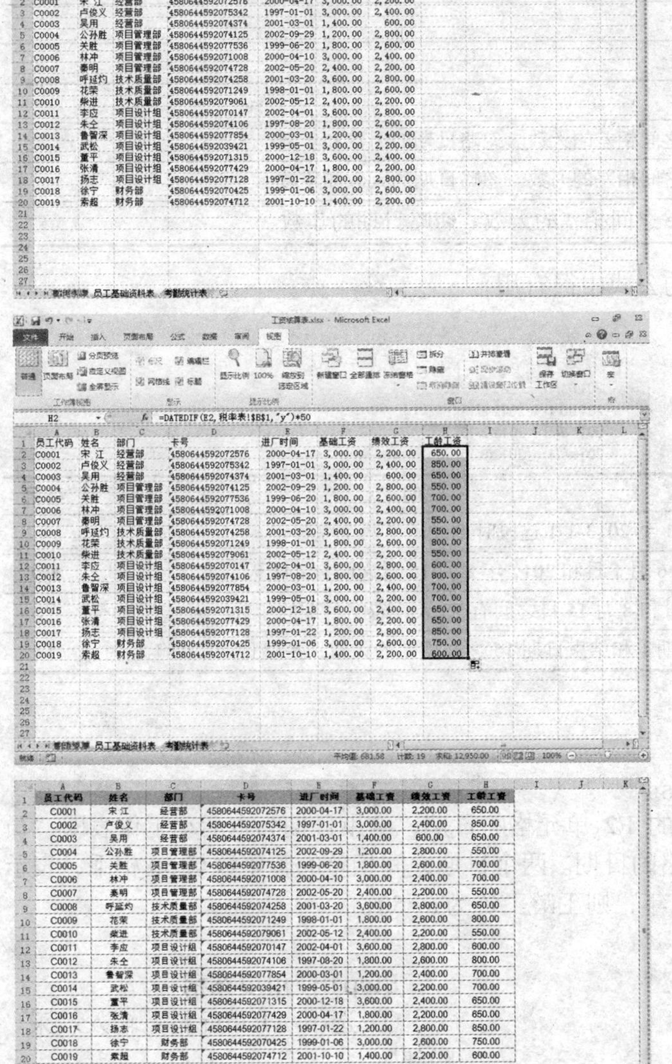

Step4 输入表格数据

在 B2:G20 单元格区域内输入相关数据，并调整列宽。

Step5 输入“工龄工资”

① 选中 H2 单元格，输入以下公式，按<Enter>键确认。

```
=DATEDIF(E2,税率表!$B$1,"y")*50
```

② 将鼠标指针放在 H2 单元格的右下角，待鼠标指针变为“**+**”形状后双击，在 H3:H20 单元格区域中快速复制公式。

Step6 美化工作表

① 设置字体、加粗、居中和填充颜色。

② 调整列宽。

③ 绘制框线。

④ 取消网格线的显示。

函数应用：DATEDIF 函数

函数用途

DATEDIF 函数比较特殊，它在 Excel 帮助中没有相关介绍，但是用途广泛，用于计算两个日期之间的天数、月数或年数。

函数语法

```
DATEDIF(start_date,end_date,unit)
```

start_date 代表一段时期的第一个日期或起始日期的日期。日期可以放在引号内作为文本字符串输入（如"2001-1-30"），也可以作为序列数（如 36921，如果使用的是 1900 日期系统，则它代表 2001 年 1 月 30 日）输入，或作为其他公式或函数的结果（如 DATEVALUE("2001-1-30")）输入。

end_date 代表一段时期的最后一个日期或结束日期的日期。

unit 要返回的信息的类型：

Unit	返　回
"Y"	一段时期内完整的年数
"M"	一段时期内完整的月数
"D"	一段时期内的天数
"MD"	start_date 和 end_date 之间相差的天数。忽略日期的月数和年数
"YM"	start_date 和 end_date 之间相差的月数。忽略日期的天数和年数
"YD"	start_date 和 end_date 之间相差的天数。忽略日期的年数

DATEDIF 函数在需要计算年龄的公式中很有用。

函数简单示例

	A	B
1	2011/1/1	2013/1/1
2	2011/6/1	2012/8/15
3	2011/6/1	2012/8/15
4	2011/6/1	2012/8/15

示例	公式	说明	结果
1	=DATEDIF(A1,B1,"Y")	2011-1-1 至 2013-1-1 这段时期经历了两个完整年	2
2	=DATEDIF(A2,B2,"D")	2011 年 6 月 1 日和 2012 年 8 月 15 日之间有 441 天	441
3	=DATEDIF(A3,B3,"YD")	6 月 1 日和 8 月 15 日之间有 75 天，忽略日期的年数	75
4	=DATEDIF(A4,B4,"MD")	开始日期 1 和结束日期 15 之间相差的天数，忽略日期中的年和月	14

本例公式说明

本例中的公式为：

```
=DATEDIF(E2,税率表!$B$1,"y")*50
```

起始日期为“税率表”工作表中的 E2 单元格的日期，结束日期为本活动工作表即“员工基本资料表”工作表中的 B1 单元格的日期。两个日期之间相差的整年数与 50 相乘，表示每年的工龄工资是 50，如果工作了 n 年，则工龄工资为 n＊50。

项目扩展：批量输入相同数据

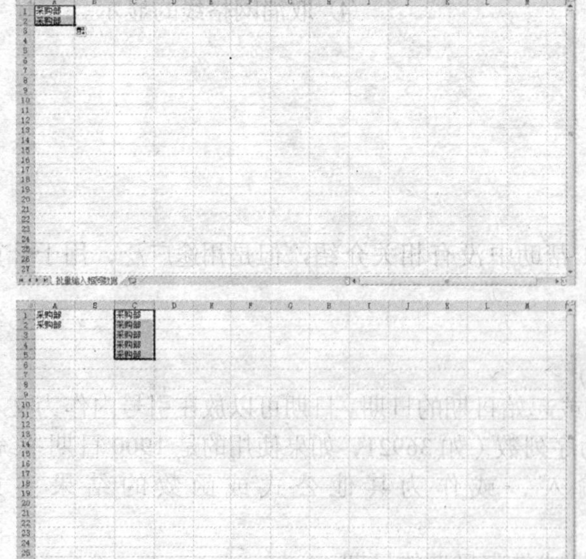

Step1 使用填充柄

① 选中 A1 单元格，输入“采购部”。

② 选中 A1 单元格，拖拽右下角的填充柄至 A2 单元格。

Step2 利用<Ctrl+Enter>快捷键

选中需要批量输入相同数据的 C1:C5 单元格区域，输入“采购部”，按<Ctrl+Enter>快捷键。

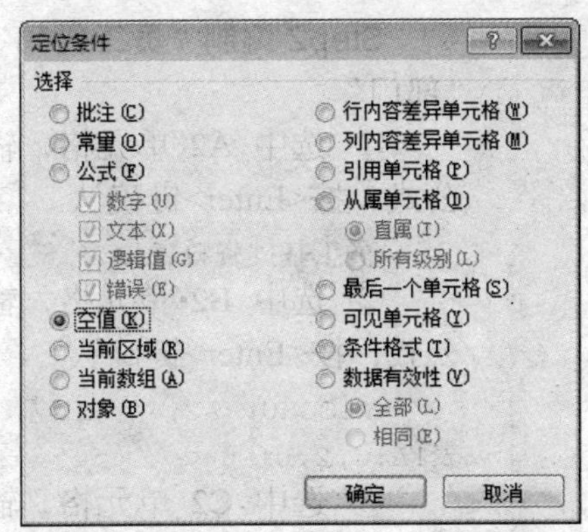

Step3 利用定位条件

① 选中 E1 单元格，输入“采购部”。选中 E2 单元格，按住<Shift>键不放单击 E5 单元格，选中 E2:E5 单元格区域。

② 切换到“开始”选项卡，在“编辑”命令组中单击“查找和选择”按钮，并在打开的下拉菜单中选择“定位条件”，弹出“定位条件”对话框，单击“空值”单选钮，单击“确定”按钮。

③ 在编辑栏中输入“=”然后用鼠标单击 E1 单元格。

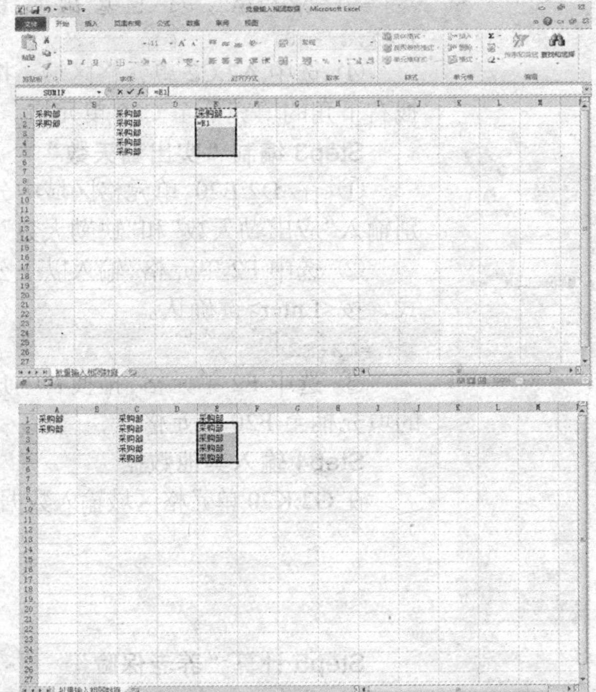

④ 按<Ctrl+Enter>快捷键即可完成相同内容的输入。

1.3 考勤统计表

员工个人当月的考勤信息是一项重要的资料，也需要用一份独立的工作表来记录这些信息。下面介绍员工考勤统计表的创建。

Step1 输入字段标题

切换到“考勤统计表”工作表，选中 A1:L1 单元格区域，输入字段标题，适当地调整单元格的列宽。

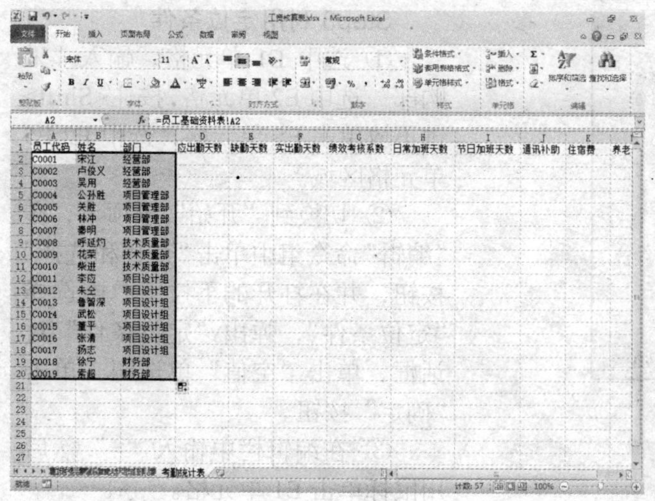

Step2 编制“员工代码”“姓名”“部门”

① 选中 A2 单元格，输入以下公式，按<Enter>键确认。

```
=员工基础资料表!A2
```

② 选中 B2 单元格，输入以下公式，按<Enter>键确认。

```
=VLOOKUP(A2,员工基础资料表!A:C,2,0)
```

③ 选中 C2 单元格，输入以下公式，按<Enter>键确认。

```
=VLOOKUP(A2,员工基础资料表!A:C,3,0)
```

④ 选中 A2:C2 单元格区域，拖拽右下角的填充柄至 C20 单元格。

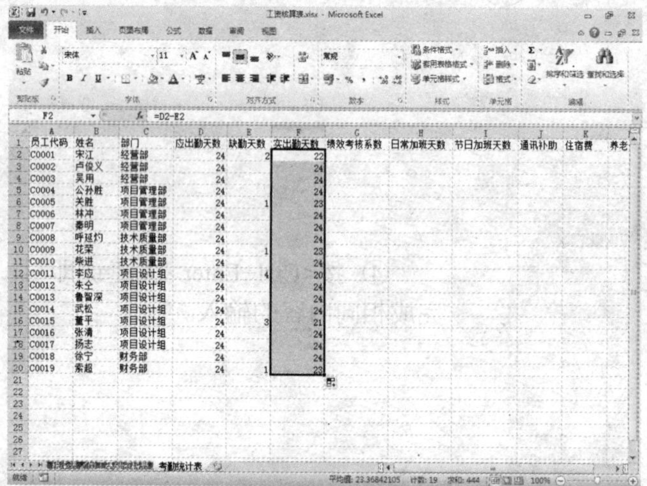

Step3 编制“实出勤天数”

① 在 D2:E20 单元格区域中分别输入“应出勤天数”和“缺勤天数”。

② 选中 F2 单元格，输入以下公式，按<Enter>键确认。

```
=D2-E2
```

③ 选中 F2 单元格，拖拽右下角的填充柄至 F20 单元格。

Step4 输入其他数据

在 G2:K20 单元格区域输入数据。

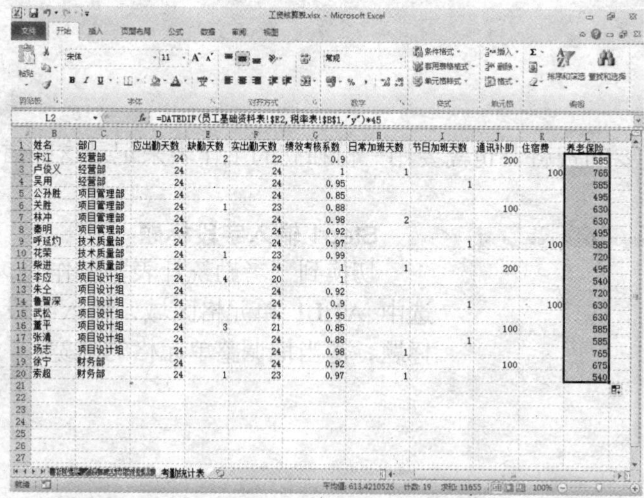

Step5 计算“养老保险”

① 选中 L2 单元格，输入以下公式，按<Enter>键确认。

```
=DATEDIF(员工基础资料表!$E2,税率表!$B$1,"y")*45
```

② 将鼠标指针放在 L2 单元格的右下角，待鼠标指针变为“+”形状后双击，将 L2 单元格公式快速复制到 L3:L20 单元格区域。

员工代码	姓名	部门	应出勤天数	缺勤天数	实出勤天数	绩效考核系数	日常加班天数	节日加班天数	通讯补助	住宿费	养老保险
C0001	宋江	经营部	24	2	22	0.90			200.00		585.00
C0002	卢俊义	经营部	24		24	1.00	1			100.00	765.00
C0003	吴用	经营部	24		24	0.95		1			585.00
C0004	公孙胜	项目管理部	24		24	0.85					495.00
C0005	关胜	项目管理部	24	1	23	0.88			100.00		630.00
C0006	林冲	项目管理部	24		24	0.98	2				630.00
C0007	秦明	项目管理部	24		24	0.92					495.00
C0008	呼延灼	技术质量部	24		24	0.97		1		100.00	585.00
C0009	花荣	技术质量部	24	1	23	0.99					720.00
C0010	柴进	技术质量部	24		24	1.00	1		200.00		495.00
C0011	李应	项目设计组	24	4	20	1.00					540.00
C0012	朱仝	项目设计组	24		24	0.92					720.00
C0013	鲁智深	项目设计组	24		24	0.90		1		100.00	630.00
C0014	武松	项目设计组	24		24	0.95					630.00
C0015	董平	项目设计组	24	3	21	0.85			100.00		585.00
C0016	张清	项目设计组	24		24	0.88		1			585.00
C0017	杨志	项目设计组	24		24	0.98	1				765.00
C0018	徐宁	财务部	24		24	0.92			100.00		675.00
C0019	索超	财务部	24	1	23	0.97	1				540.00

考勤统计表

Step6 美化工作表

① 设置单元格格式、自动换行、字体、字号、加粗、居中和填充颜色。

② 调整行高和列宽。

③ 绘制框线。

④ 取消网格线的显示。

项目扩展：保护和隐藏工作表中的公式

如果不希望工作表中的公式被其他用户看到或修改，可以对其进行保护和隐藏。

按<F5>键弹出“定位”对话框，单击“定位条件”按钮，在“定位条件”对话框中单击“公式”，单击“确定”按钮后，将选中工作表中所有包含公式的单元格。

按<Ctrl+1>快捷键弹出“设置单元格格式”对话框，单击“保护”选项卡，勾选“锁定”和“隐藏”复选框，如图 7-4 所示。

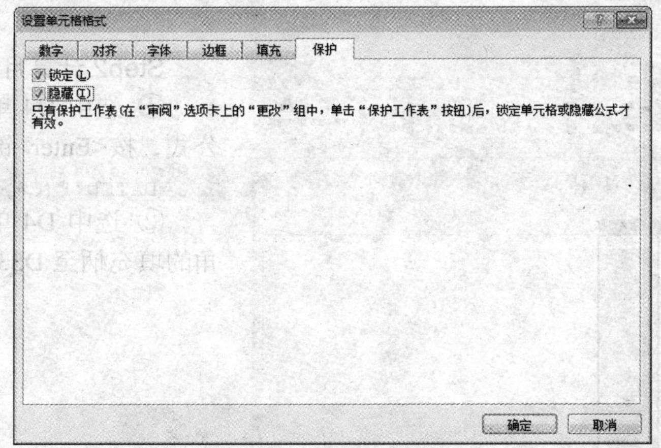

图 7-4　“设置单元格格式”对话框

切换到“审阅”选项卡，在“更改”命令组中单击“保护工作表”按钮，弹出“保护工作表”对话框。在“取消工作表保护时使用的密码”文本框中设置密码，单击“确定”按钮，如图 7-5 所示。

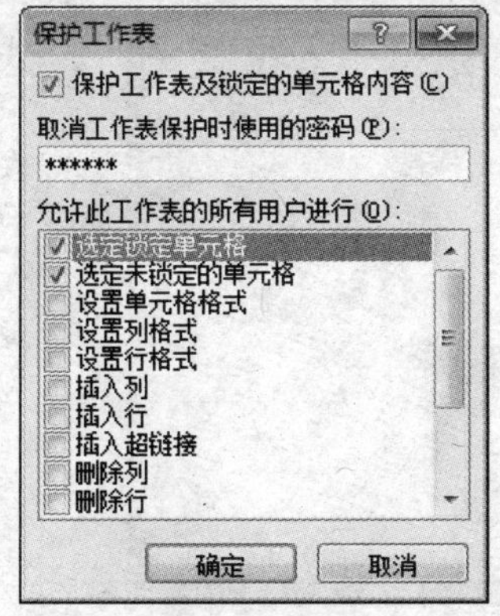

图 7-5　“保护工作表”对话框

弹出“确认密码”对话框，在“重新输入密码”文本框中再次输入同样的密码，这样当单元格被选中时公式就不会出现在编辑栏中。

1.4 课堂练习

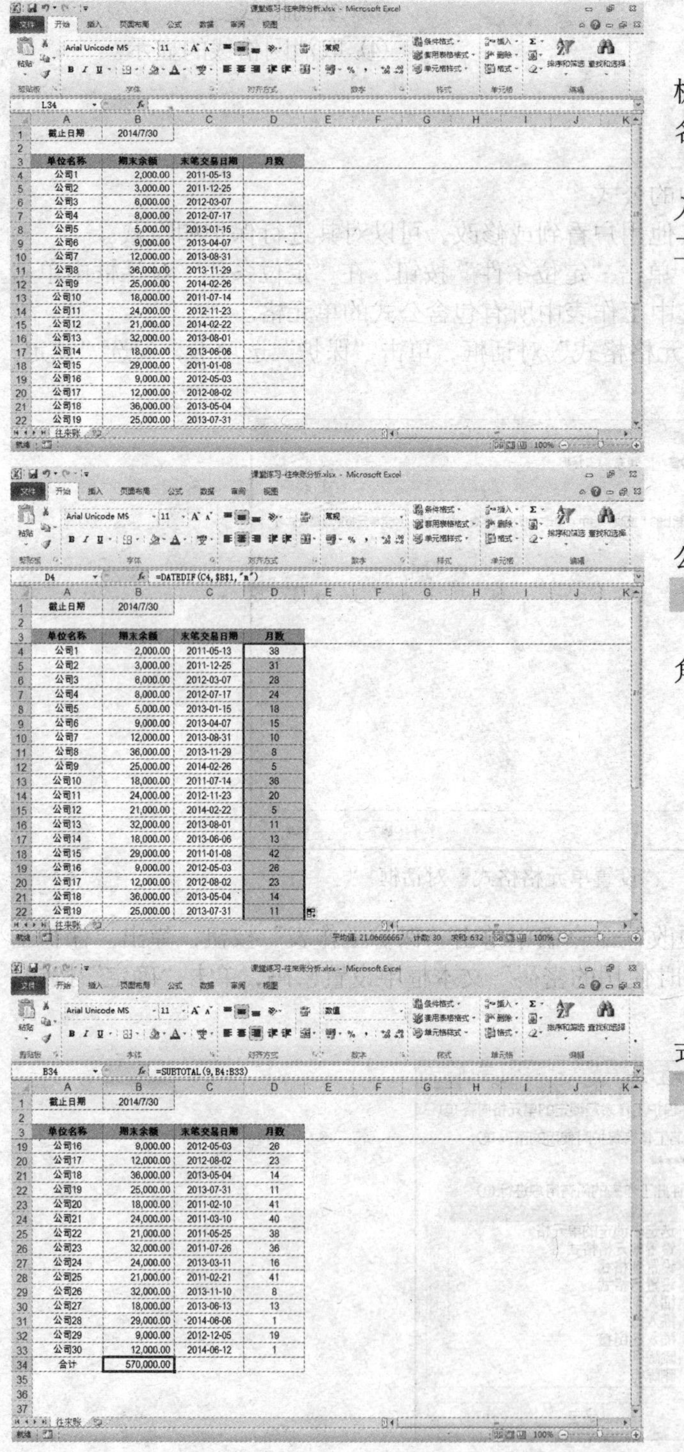

Step1 新建工作簿

① 新建“课堂练习-往来账分析”工作簿，“Sheet1”工作表重命名为“往来账”，删除多余的工作表。

② 在 A1:D34 单元格区域数输入原始数据，冻结拆分窗格，美化工作表。

Step2 计算月数

① 选中 D4 单元格，输入以下公式，按<Enter>键确认。

```
=DATEDIF(C4,$B$1,"m")
```

② 选中 D4 单元格，拖拽右下角的填充柄至 D33 单元格。

Step3 计算合计

选中 B34 单元格，输入以下公式，按<Enter>键确认。

```
=SUBTOTAL(9,B4:B33)
```

任务小结

“税率表”“员工基本资料表”和“考勤统计表”一起组成了“工资核算表”的基础数据部分。在计算“员工基本资料表”的工龄工资时应用了 DATEDIF 函数，该函数用于计算两个日期之间的天数、月数或年数。在“考勤统计表”中我们应用了 VLOOKUP 函数编制“员工代码”“姓名”和“部门”，继续应用 DATEDIF 函数计算“养老保险”字段。

任务二 工资明细表

任务背景

在上一节制作的“税率表”“员工基本资料表”和“考勤统计表”3 个工作表的基础上，本节要制作“工资明细表”。“工资明细表”是制作“银行发放表”和“工作条”的基础。在“工资明细表”中需要统计实发工资。实发工资就算员工通过自己的劳动而在当月实际所获取的工资额，实发工资=应发工资-应扣工资。应发工资包括基本工资、绩效工资、工龄工资、福利待遇等，而应扣工资包括社会保险保险、考勤扣款、个人所得税等。如图 7-6 所示。

工资明细表

2014年4月15日

员工代码	部门	姓名	基础工资	绩效工资	工龄工资	通讯补助	应发合计	日工资	正常加班工资	节日加班工资	工资合计	个人所得税	住宿费	代扣养老保险	实发合计
C0001	经营部	宋江	2,750.00	1,980.00	650.00	200.00	5,580.00	233.00	0.00	0.00	5,580.00	103.00	0.00	585.00	4,892.00
C0002	经营部	卢俊义	3,000.00	2,400.00	850.00	0.00	6,250.00	260.00	520.00	0.00	6,770.00	222.00	100.00	765.00	5,683.00
C0003	经营部	吴用	1,400.00	570.00	650.00	0.00	2,620.00	109.00	0.00	327.00	2,947.00	0.00	0.00	585.00	2,362.00
C0004	项目管理部	公孙胜	1,200.00	2,380.00	550.00	0.00	4,130.00	172.00	0.00	0.00	4,130.00	18.90	0.00	495.00	3,616.10
C0005	项目管理部	关胜	1,725.00	2,288.00	700.00	100.00	4,813.00	201.00	0.00	0.00	4,813.00	39.39	0.00	630.00	4,143.61
C0006	项目管理部	林冲	3,000.00	2,352.00	700.00	0.00	6,052.00	252.00	1,008.00	0.00	7,060.00	251.00	0.00	630.00	6,179.00
C0007	项目管理部	秦明	2,400.00	2,024.00	550.00	0.00	4,974.00	207.00	0.00	0.00	4,974.00	44.22	0.00	495.00	4,434.78
C0008	技术质量部	呼延灼	3,600.00	2,716.00	650.00	0.00	6,966.00	290.00	0.00	870.00	7,836.00	328.60	100.00	585.00	6,822.40
C0009	技术质量部	花荣	1,725.00	2,574.00	800.00	0.00	5,099.00	212.00	0.00	0.00	5,099.00	54.90	0.00	720.00	4,324.10
C0010	技术质量部	柴进	2,400.00	2,200.00	550.00	200.00	5,350.00	223.00	446.00	0.00	5,796.00	124.60	0.00	495.00	5,176.40
C0011	项目设计组	李应	3,000.00	2,800.00	600.00	0.00	6,400.00	267.00	0.00	0.00	6,400.00	185.00	0.00	540.00	5,675.00
C0012	项目设计组	朱仝	1,800.00	2,392.00	800.00	0.00	4,992.00	208.00	0.00	0.00	4,992.00	44.76	0.00	720.00	4,227.24
C0013	项目设计组	鲁智深	1,200.00	2,160.00	700.00	0.00	4,060.00	169.00	0.00	507.00	4,567.00	32.01	100.00	630.00	3,804.99
C0014	项目设计组	武松	3,000.00	2,090.00	700.00	0.00	5,790.00	241.00	0.00	0.00	5,790.00	124.00	0.00	630.00	5,036.00
C0015	项目设计组	董平	3,150.00	2,040.00	650.00	100.00	5,940.00	248.00	0.00	0.00	5,940.00	139.00	0.00	585.00	5,216.00
C0016	项目设计组	张清	1,800.00	1,936.00	650.00	0.00	4,386.00	183.00	0.00	549.00	4,935.00	43.05	0.00	585.00	4,306.95
C0017	项目设计组	杨志	1,200.00	2,744.00	850.00	0.00	4,794.00	200.00	400.00	0.00	5,194.00	64.40	0.00	765.00	4,364.60
C0018	财务部	徐宁	3,000.00	2,392.00	750.00	100.00	6,242.00	260.00	0.00	0.00	6,242.00	169.20	0.00	675.00	5,397.80
C0019	财务部	索超	1,342.00	2,134.00	600.00	0.00	4,076.00	170.00	340.00	0.00	4,416.00	27.48	0.00	540.00	3,848.52
合计			42,692.00	42,172.00	12,950.00	700.00	98,514.00	4,105.00	2,714.00	2,253.00	103,481.00	2,015.51	300.00	11,655.00	89,510.49

图 7-6 工资明细表

知识点分析

要实现本例中的功能，以下为需要掌握的知识点。

- ROUND 函数、VLOOKUP 函数、LOOKUP 函数、SUM 函数、IF 函数的应用
- 插入艺术字
- 调整显示比例

任务实施

2.1 插入艺术字

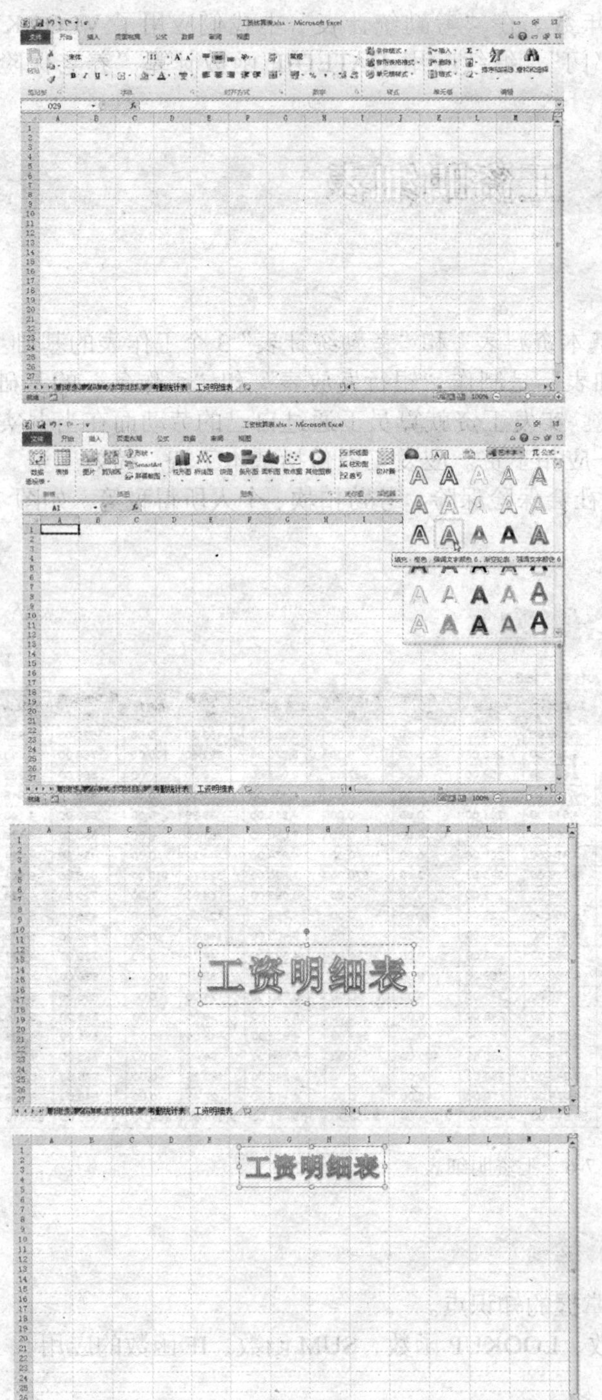

Step1 插入新工作表

打开“工资核算表”工作簿，插入一个工作表，重命名为“工资明细表”，设置工作表标签颜色为“黄色”。

Step2 插入艺术字

① 单击“插入”选项卡，单击“文本”命令组中的“艺术字”按钮，并在弹出的样式列表中选择“填充-橙色,强调文字颜色 6,渐变轮廓-强调文字颜色 6”。

② 在工作表中间，插入了默认的艺术字。在艺术字中单击，使其处于输入状态，然后输入“工资明细表”。

Step3 设置艺术字的字体样式

① 在艺术字边框上单击，使其处于选中状态，然后设置其字号为“36”。

② 单击艺术字边框使其处于选中状态，然后按住鼠标左键将其移至表格标题中间。

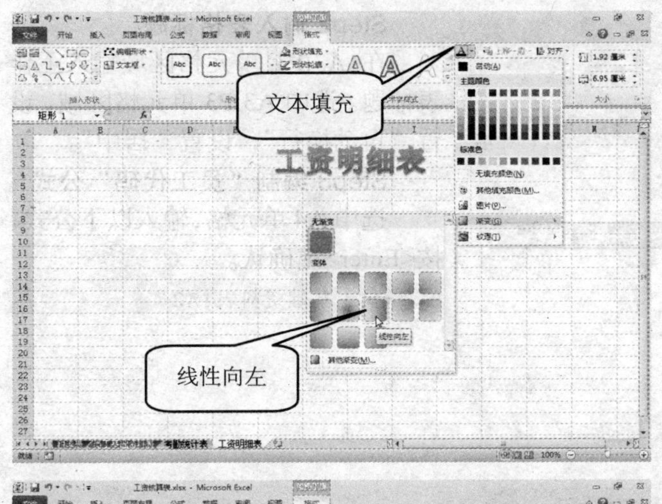

Step4 设置艺术字的渐变样式

单击艺术字边框使其处于选中状态，切换到“绘图工具-格式”选项卡，单击“艺术字样式”命令组中的“文本填充”按钮右侧的下箭头按钮▾，打开下拉菜单后，选择“渐变”→“线性向左”样式。

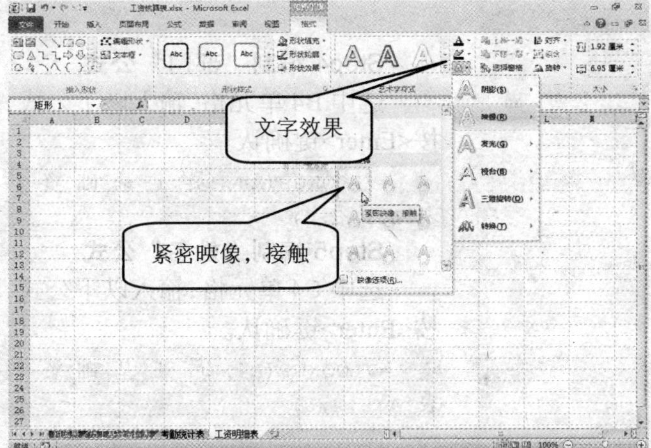

Step5 设置艺术字的映像效果

单击艺术字边框使其处于选中状态，单击“艺术字样式”命令组中的“文字效果”按钮，打开下拉菜单后，选择“映像”→“紧密映像，接触”样式。

2.2 计算相关数据

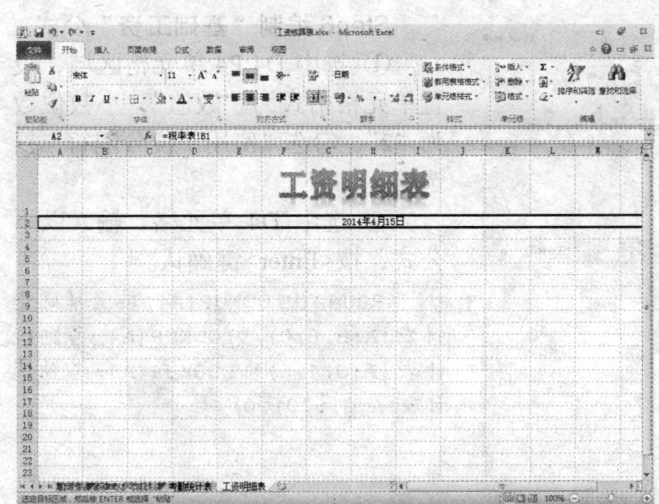

Step1 输入日期、设置日期格式

① 调整第 1 行的行高为“67.50”。

② 选中 A2:P2 单元格区域，设置“合并后居中”，输入以下公式，按<Enter>键确认。

```
=税率表!B1
```

③ 选中 A2 单元格，设置单元格格式为“日期”，类型为“2001 年 3 月 14 日”。

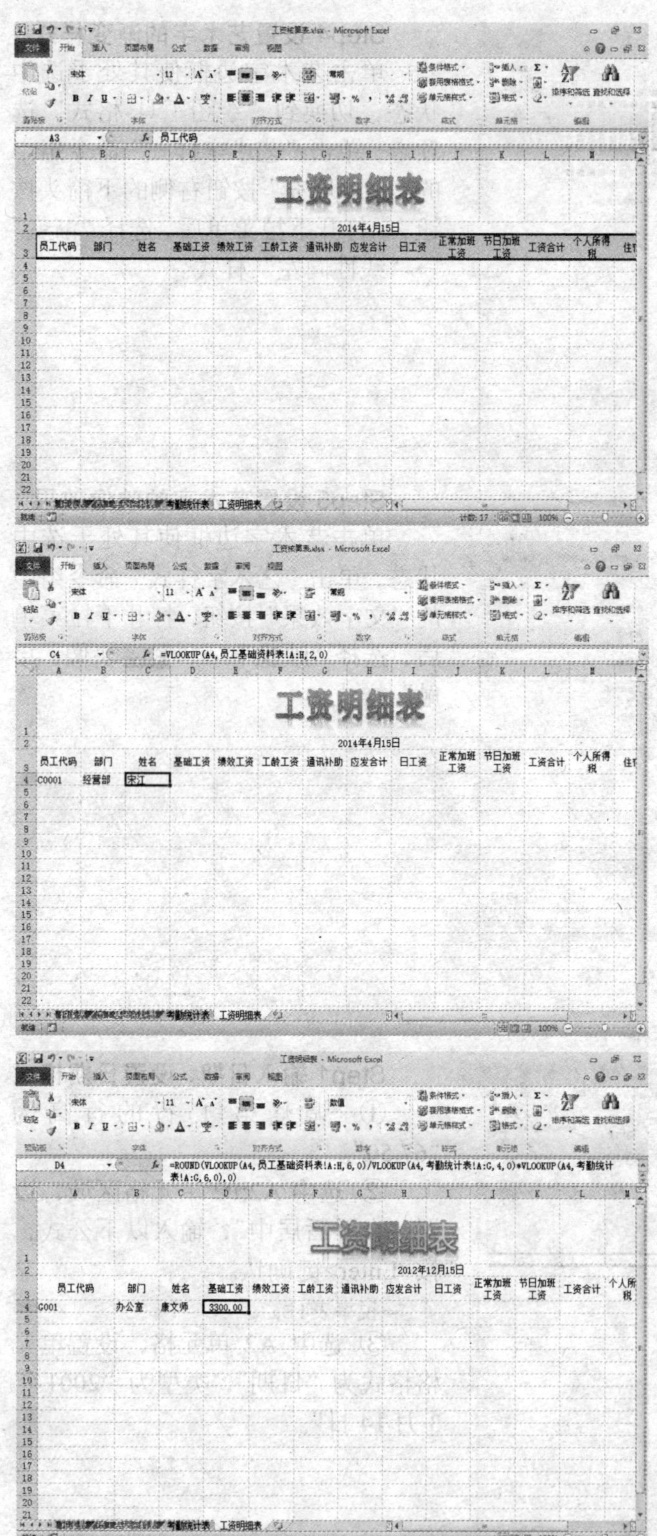

Step2 输入表格标题

在 A3:P3 单元格区域输入工作表标题。选中 A3:P3 单元格区域，设置“自动换行”，设置“居中”。

Step3 编制“员工代码”公式

选中 A4 单元格，输入以下公式，按<Enter>键确认。

```
=员工基础资料表!A2
```

Step4 编制“部门”公式

选中 B4 单元格，输入以下公式，按<Enter>键确认。

```
=VLOOKUP(A4,员工基础资料表!A:H,3,0)
```

Step5 编制“姓名”公式

选中 C4 单元格，输入以下公式，按<Enter>键确认。

```
=VLOOKUP(A4,员工基础资料表!A:H,2,0)
```

Step6 编制“基础工资”公式

① 选中 D4:P4 单元格区域，设置单元格格式为“数值”，小数位数为“2”，勾选“使用千位分隔符”复选框。

② 选中 D4 单元格，输入以下公式，按<Enter>键确认。

```
=ROUND(VLOOKUP(A4,员工基础资料表!A:H,6,0)/VLOOKUP(A4,考勤统计表!A:G,4,0)*VLOOKUP(A4,考勤统计表!A:G,6,0),0)
```

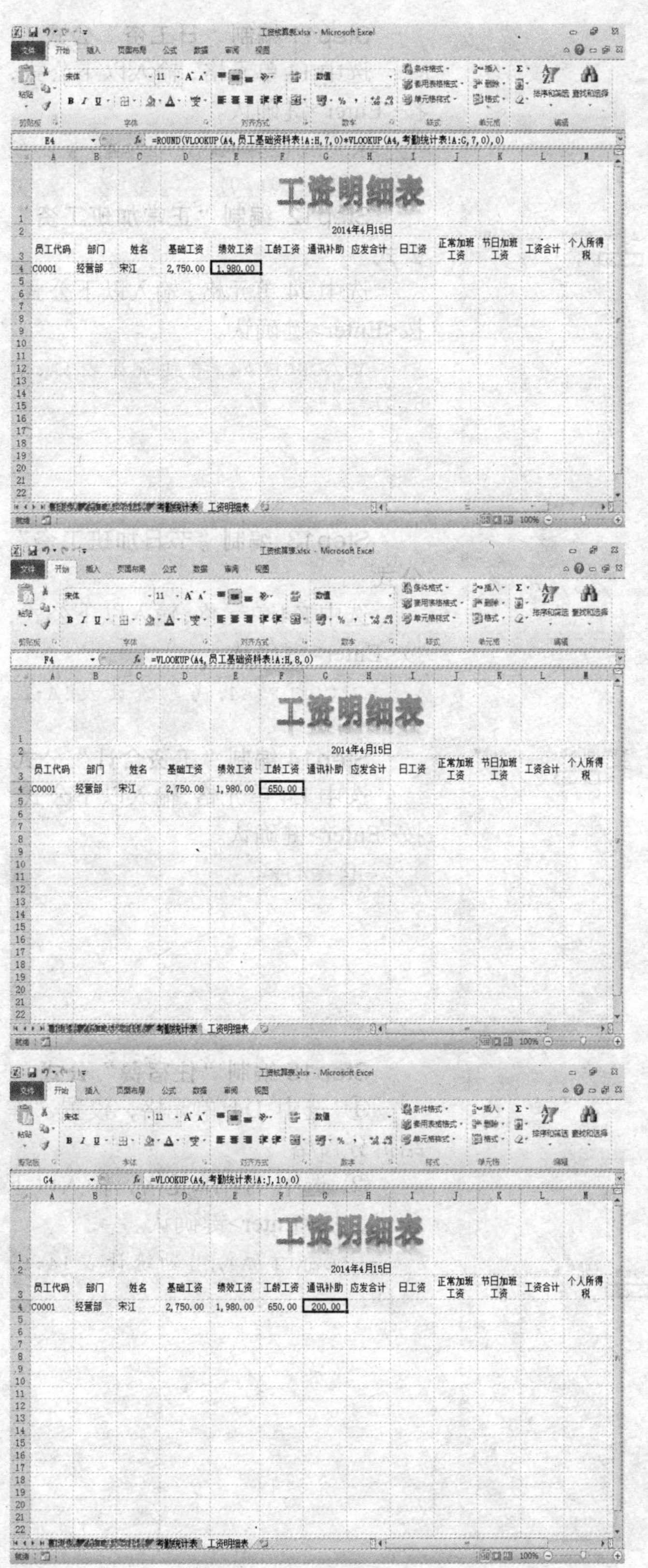

Step7 编制“绩效工资”公式

选中 E4 单元格，输入以下公式，按<Enter>键确认。

```
=ROUND(VLOOKUP(A4,员工基础资料表!A:H,7,0)*VLOOKUP(A4,考勤统计表!A:G,7,0),0)
```

Step8 编制“工龄工资”公式

选中 F4 单元格，输入以下公式，按<Enter>键确认。

```
=VLOOKUP(A4,员工基础资料表!A:H,8,0)
```

Step9 编制“通讯补助”公式

选中 G4 单元格，输入以下公式，按<Enter>键确认。

```
=VLOOKUP(A4,考勤统计表!A:J,10,0)
```

Step10 编制“应发合计”公式

选中 H4 单元格，输入以下公式，按<Enter>键确认。

```
=SUM(D4:G4)
```

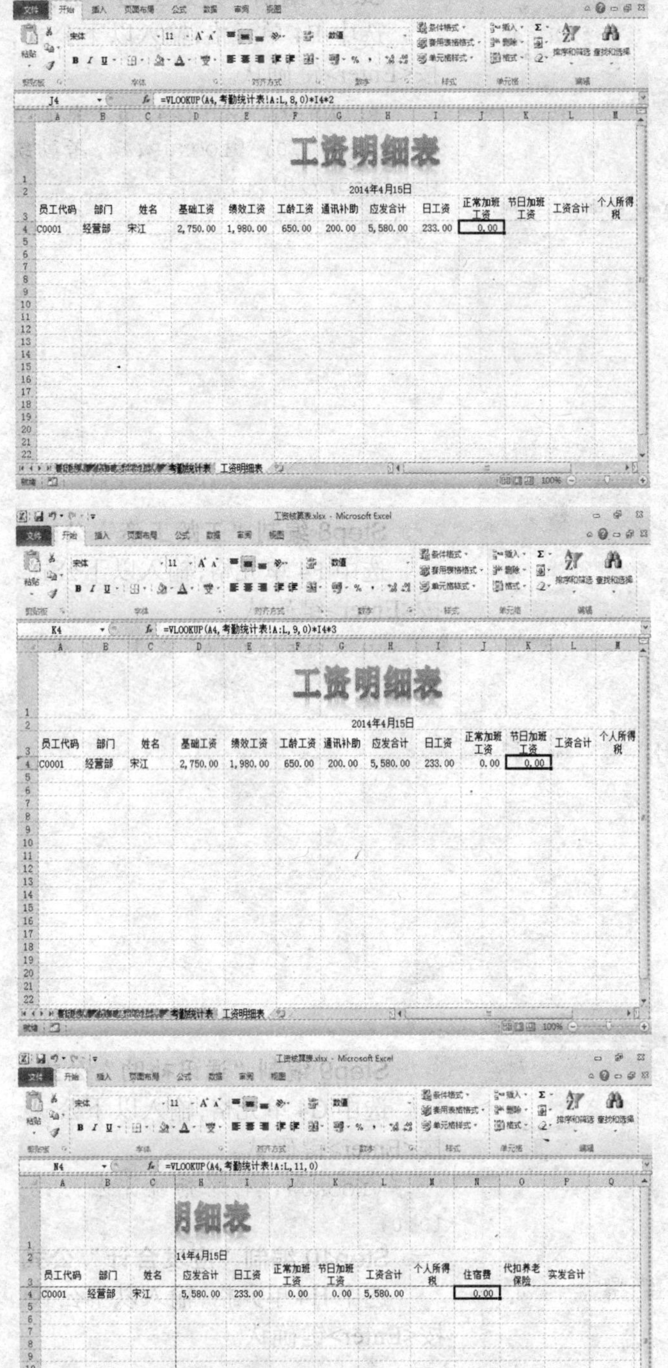

Step11 编制“日工资”公式

选中 I4 单元格，输入以下公式，按<Enter>键确认。

```
=ROUND(H4/VLOOKUP(A4,考勤统计表!A:D,4,0),0)
```

Step12 编制“正常加班工资”公式

选中 J4 单元格，输入以下公式，按<Enter>键确认。

```
=VLOOKUP(A4,考勤统计表!A:L,8,0)*I4*2
```

Step13 编制“节日加班工资”公式

选中 K4 单元格，输入以下公式，按<Enter>键确认。

```
=VLOOKUP(A4,考勤统计表!A:L,9,0)*I4*3
```

Step14 编制“工资合计”公式

选中 L4 单元格，输入以下公式，按<Enter>键确认。

```
=H4+J4+K4
```

Step15 编制“住宿费”公式

① 选中 D4 单元格，设置“冻结拆分窗格”。

② 选中 N4 单元格，输入以下公式，按<Enter>键确认。

```
=VLOOKUP(A4,考勤统计表!A:L,11,0)
```

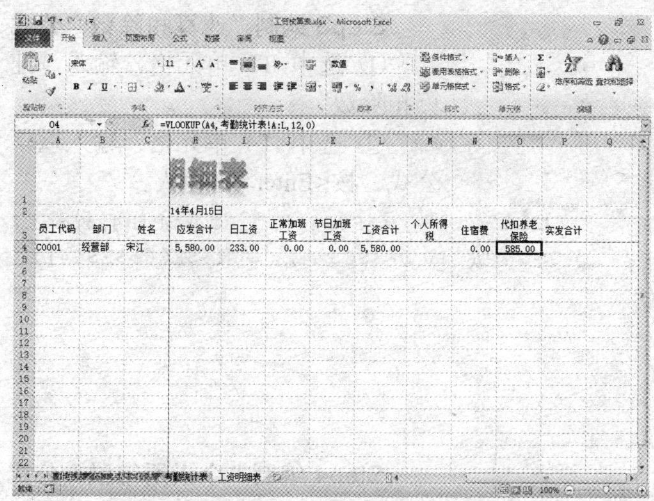

Step16 编制“代扣养老保险金”公式

选中 O4 单元格，输入以下公式，按<Enter>键确认。

```
=VLOOKUP(A4,考勤统计表!A:L,12,0)
```

2.3 计算个人所得税

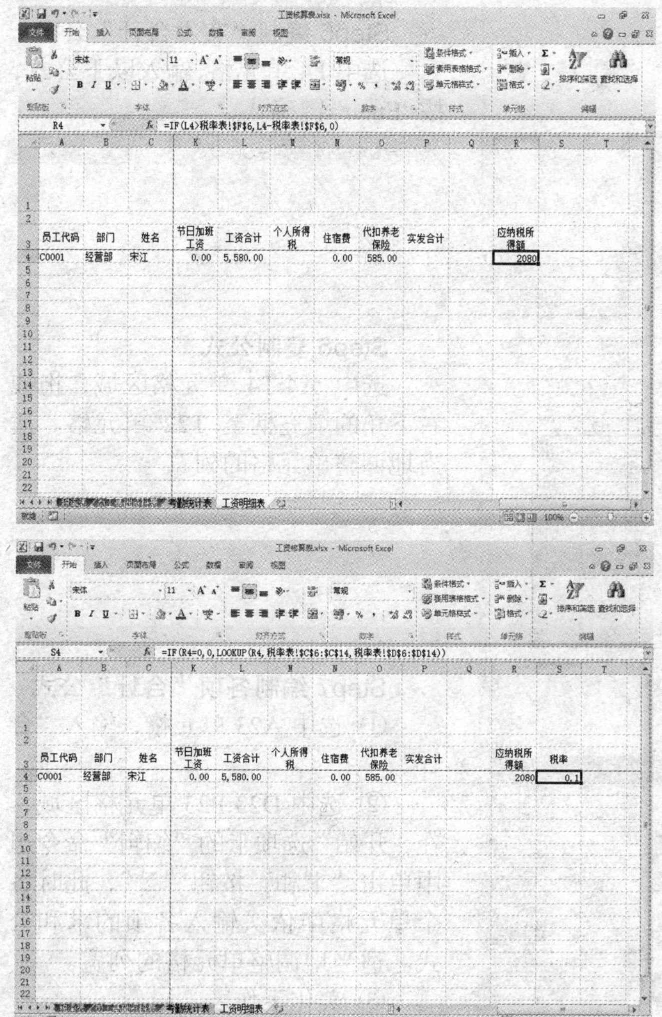

Step1 编制“应纳税所得额”

① 选中 R3 单元格，输入“应纳税所得额”。

② 选中 R4 单元格，输入以下公式，按<Enter>键确认。

```
=IF(L4>税率表!$F$6,L4-税率表!$F$6,0)
```

Step2 编制“税率”公式

① 选中 S3 单元格，输入“税率”。

② 选中 S4 单元格，输入以下公式，按<Enter>键确认。

```
=IF(R4=0,0,LOOKUP(R4,税率表!$C$6:$C$14,税率表!$D$6:$D$14))
```

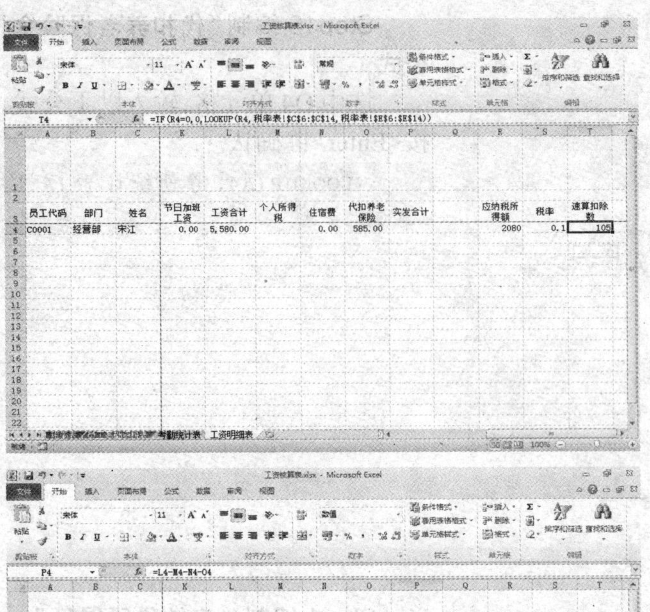

Step3 编制“速算扣除数”公式

① 选中 T3 单元格，输入“速算扣除数”。

② 选中 T4 单元格，输入以下公式，按<Enter>键确认。

```
=IF(R4=0,0,LOOKUP(R4,税率表!$C$6:$C$14,税率表!$E$6:$E$14))
```

Step4 编制“个人所得税”公式

选中 M4 单元格，输入以下公式，按<Enter>键确认。

```
=R4*S4-T4
```

Step5 编制“实发合计”公式

选中 P4 单元格，输入以下公式，按<Enter>键确认。

```
=L4-M4-N4-O4
```

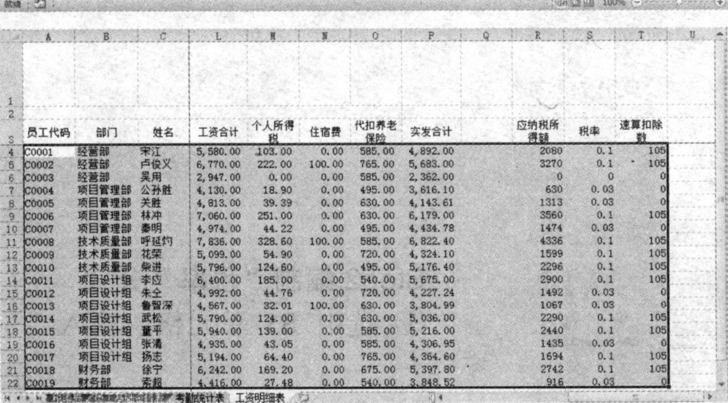

Step6 复制公式

选中 A4:T4 单元格区域，拖拽右下角的填充柄至 T22 单元格。适当地调整单元格的列宽

Step7 编制各项“合计”公式

① 选中 A23 单元格，输入“合计”。

② 选中 D23:P23 单元格区域，在“开始”选项卡的“编辑”命令组中单击“求和”按钮“Σ”，此时各个单元格中依次输入各项的求和公式。适当地调整单元格的列宽。

③ 美化工作表。

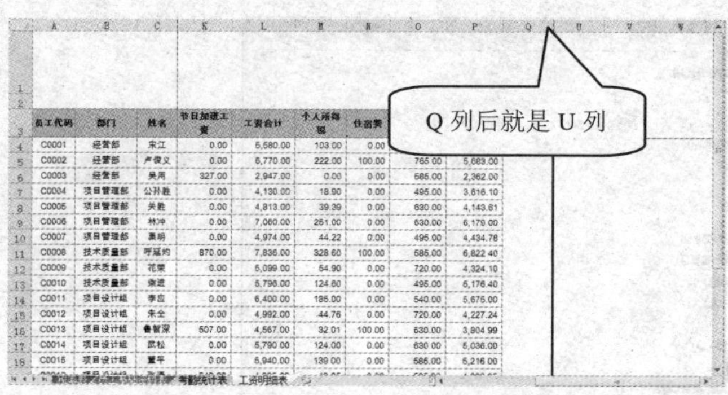

Step8 隐藏列

选中 R:T 列，右键单击，在弹出的快捷菜单中选择“隐藏”命令。

此时，R 至 T 列被隐藏，在列标题栏中可以看到，Q 列后就是 U 列，而 R、S 和 T 列被隐藏了。

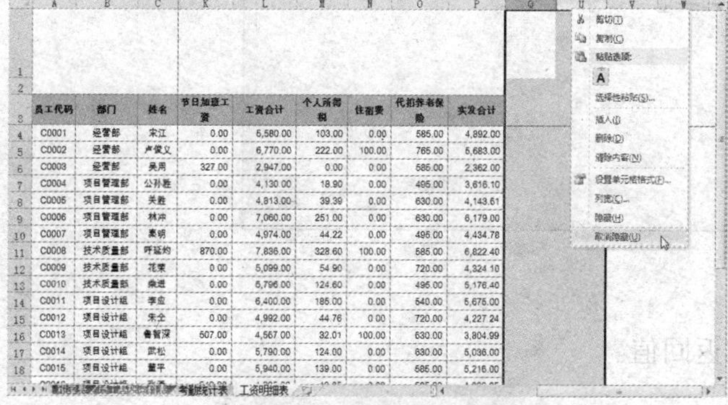

如果需要取消隐藏，可以选中 Q:U 列，右键单击，在弹出的快捷菜单中选择“取消隐藏”命令。

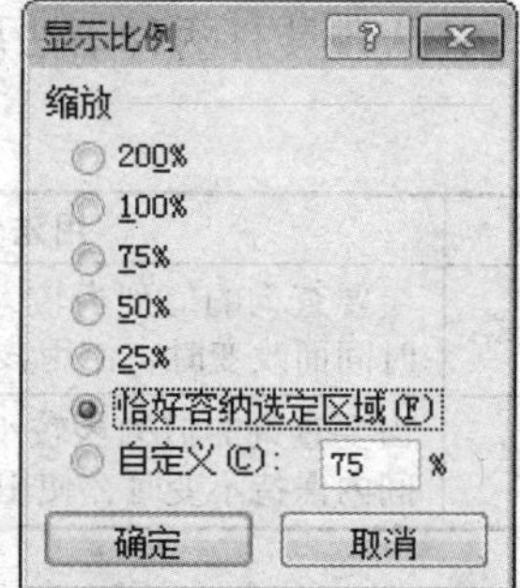

Step9 调整显示比例

① 选中 A2:Q23 单元格区域，单击“视图”选项卡，在“显示比例”命令组中单击“显示比例”按钮。

② 弹出“显示比例”对话框，单击“恰好容纳选定区域”单选钮，单击“确定”按钮。

此时整个工作表可以在当前屏幕内显示。

操作技巧：调整显示比例的其他方法

1. 按住<Ctrl>键的同时，再滑动鼠标滚轮可以使文档在 10%～400%之间进行缩放

2. 单击“文件”选项卡→“选项”命令，弹出“Excel 选项”对话框，单击“高级”选项卡。在“编辑选项”区域中，勾选“用智能鼠标缩放（Z）”复选框，再单击“确定”按钮。此时可以直接拨动鼠标滚轮完成显示比例的缩放。

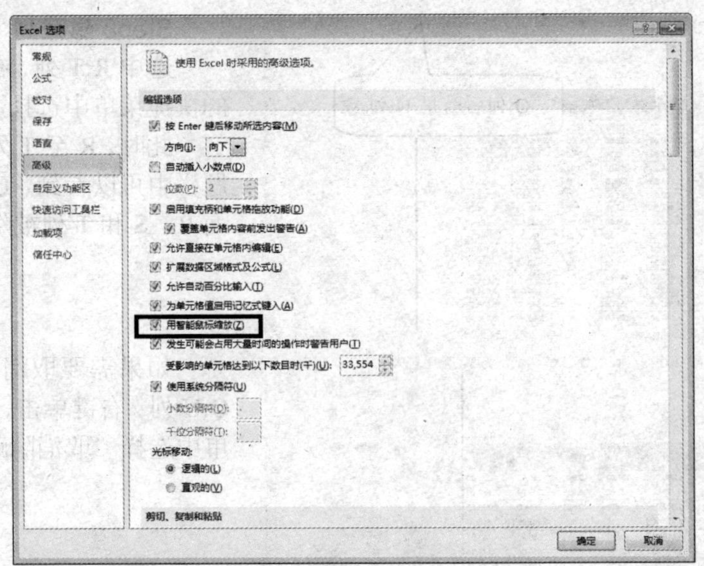

函数应用：LOOKUP 函数

函数用途

从单行或单列区域或者从一个数组返回值。

函数语法

从单行或单列区域或者从一个数组返回值。LOOKUP 函数具有两种语法形式：向量形式和数组形式。

如果需要	则参阅	用法
在单行区域或单列区域（称为“向量”）中查找值，然后返回第二个单行区域或单列区域中相同位置的值	向量形式	当要查询的值列表较大或者值可能会随时间而改变时，使用该向量形式
在数组的第一行或第一列中查找指定的值，然后返回数组的最后一行或最后一列中相同位置的值	数组形式	当要查询的值列表较小或者值在一段时间内保持不变时，使用该数组形式

向量形式：

向量是只含一行或一列的区域。LOOKUP 函数的向量形式在单行区域或单列区域（称为“向量”）中查找值，然后返回第二个单行区域或单列区域中相同位置的值。当要指定包含要匹配的值的区域时，请使用 LOOKUP 函数的这种形式。LOOKUP 函数的另一种形式自动在第一行或第一列中查找。

```
LOOKUP(lookup_value,lookup_vector,result_vector)
```

lookup_value 为 LOOKUP 在第一个向量中搜索的值。lookup_value 可以是数字、文本、逻辑值、名称或对值的引用。

lookup_vector 只包含一行或一列的区域。lookup_vector 中的值可以是文本、数字或逻辑值。

要点

lookup_vector 中的值必须以升序顺序放置。否则，LOOKUP 可能无法提供正确的值。大写文本和小写文本是等同的。

result_vector 只包含一行或一列的区域。它必须与 lookup_vector 大小相同。

函数说明

- 如果 LOOKUP 函数找不到 lookup_value，则它与 lookup_vector 中小于或等于 lookup_value 的最大值匹配。

- 如果 lookup_value 小于 lookup_vector 中的最小值，则 LOOKUP 函数会提供#N/A 错误值。

函数简单示例

	A	B
1	频率	颜色
2	3.11	蓝色
3	4.59	绿色
4	5.23	黄色
5	5.89	橙色
6	6.71	红色

示例	公式	说明	结果
1	=LOOKUP(4.59,A2:A6,B2:B6)	在列 A 中查找 4.59，然后返回列 B 中同一行内的值	绿色
2	=LOOKUP(5.00,A2:A6,B2:B6)	在列 A 中查找 5.00，与接近它的最小值(4.59)匹配，然后返回列 B 中同一行内的值	绿色
3	=LOOKUP(7.77,A2:A6,B2:B6)	在列 A 中查找 7.77，与接近它的最小值(6.71)匹配，然后返回列 B 中同一行内的值	红色
4	=LOOKUP(0,A2:A6,B2:B6)	在列 A 中查找 0，因为 0 小于 A2:A7 单元格区域中的最小值，所以返回错误	#N/A

数组形式：

包含要与 lookup_value 进行比较的文本、数字或逻辑值的单元格区域。

LOOKUP 的数组形式与 HLOOKUP 和 VLOOKUP 函数非常相似。区别在于：HLOOKUP 在第一行中搜索 lookup_value，VLOOKUP 在第一列中搜索，而 LOOKUP 根据数组维度进行搜索。

要点

数组中的值必须以升序顺序放置。否则，LOOKUP 无法提供正确的值。大写文本和小写文本是等同的。

函数说明

- 如果数组包含宽度比高度大的区域（列数多于行数），LOOKUP 会在第一行中搜索 lookup_value。
- 如果数组是正方的或者高度大于宽度（行数多于列数），则 LOOKUP 在第一列中进行搜索。
- 使用 HLOOKUP 和 VLOOKUP，可以通过索引以向下或遍历的方式搜索，但是 LOOKUP 始终选择行或列中的最后一个值。

函数简单示例

示例	公式	说明	结果
1	=LOOKUP("C",{"a","b","c","d";1,2,3,4})	在数组的第一行中查找"C"，查找小于或等于它（"c"）的最大值，然后返回最后一行中同一列内的值	3
2	=LOOKUP("banana",{"a",1;"b",2;"c",3})	在数组的第一行中查找"banana"，查找小于或等于它（"b"）的最大值，然后返回最后一列中同一行内的值	2

本例公式说明

本例中的公式为：

```
=IF(R4=0,0,LOOKUP(R4,税率表!$C$6:$C$14,税率表!$D$6:$D$14))
```

如果 R4=0，则返回 0 值，否则要在“税率表”工作表中的 C6:C14 单元格区域中查找等于 R4 的值或是小于 R4 又最接近 R4 的值，并且返回同行中 D 列的值。

项目扩展：LOOKUP 函数的妙用

求 A 列最后一个不为空单元格的内容，可以输入以下公式，然后按<Enter>键确认。

```
=LOOKUP(2,1/A1:A1048575<>""),A1:A1048575)
```

求 A 列最后一个数字，可输入以下公式，然后按<Enter>键确认。

```
=LOOKUP(9E+307,A1:A1048575)
```

2.4 课堂练习

在文档中插入艺术字，能够取得非常特殊的艺术效果，根据不同的工资进行不同的税率计算也是一个常见的应用，我们来制作“工资税率查询表”。

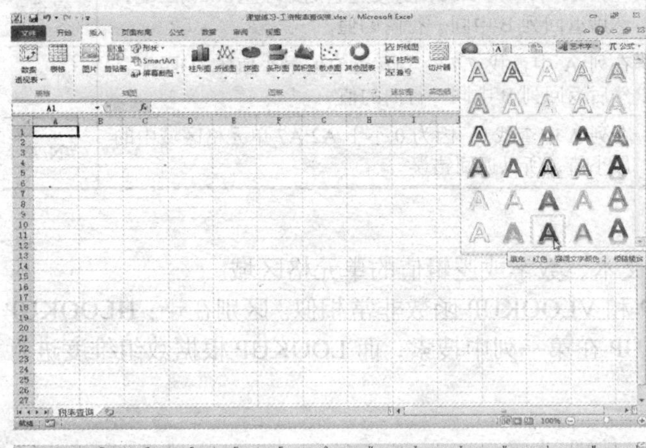

Step1 创建工作簿，插入艺术字

① 创建“课堂练习-工资税率查询表”工作簿，“Sheet1”工作表重命名为“税率查询”，删除多余的工作表。

② 单击“插入”选项卡，单击“文本”命令组中的“艺术字”按钮，在弹出的样式列表中选择“填充-红色,强调文字颜色 2,粗糙棱台”。

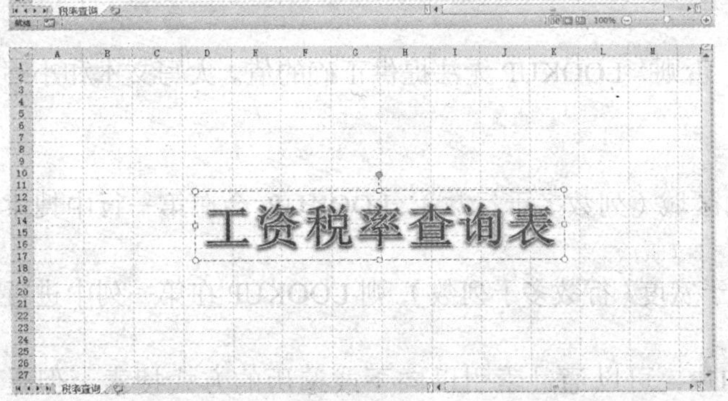

③ 在工作表中间，插入了默认的艺术字。在艺术字中单击，使其处于输入状态，然后输入“工资税率查询表”。

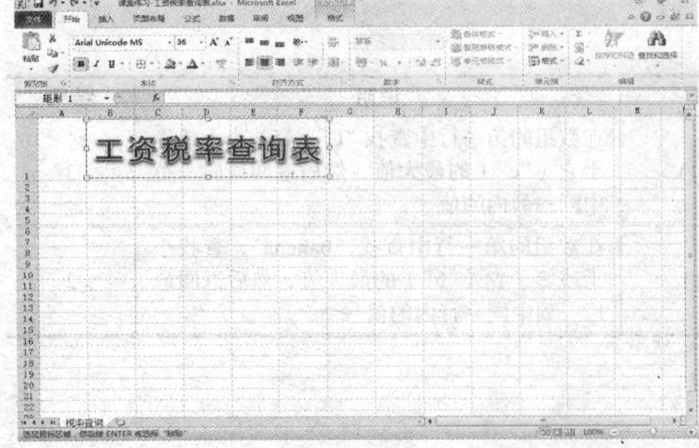

Step2 设置艺术字的字体样式

① 在艺术字边框上单击，使其处于选中状态，然后设置其字体为“Arial Unicode MS”，设置字号为“36”。

② 单击艺术字边框使其处于选中状态，然后按住鼠标左键将其移至表格标题中间。

③ 调整第 1 行的行高。

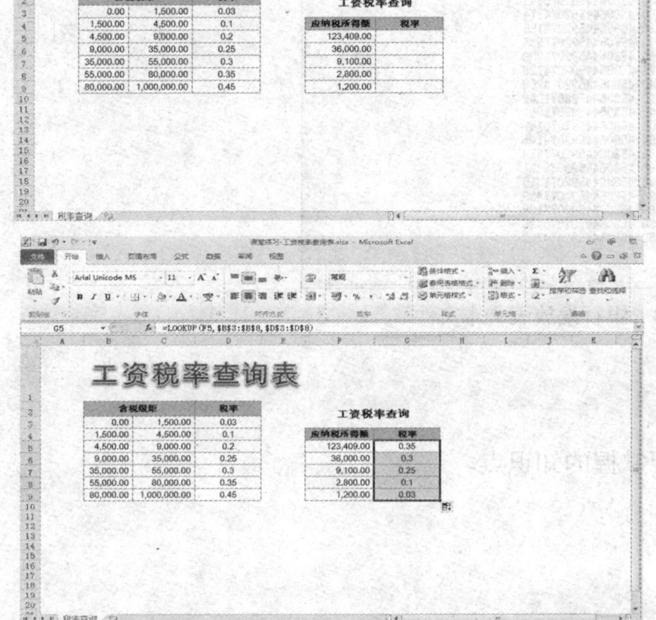

Step3 输入原始数据

① 在 B2:D8 的单元格区域输入税率表，在 F2:G9 单元格区域输入需要查询的应纳税所得额。

② 设置单元格格式，美化工作表。

Step4 查询税率

① 选中 G5 单元格，输入以下公式，按<Enter>键确认。

```
=LOOKUP(F5,$B$3:$B$8,$D$3:$D$8)
```

② 选中 G5 单元格，拖拽右下角的填充柄至 G9 单元格。

任务小结

在“工资明细表”中利用插入艺术字的功能制作了美观的标题，介绍了艺术字的编辑、移动和调整方法及字体格式的设置。VLOOKUP 函数和 ROUND 函数被广泛应用在编制“部门”和“姓名”公式及计算“基础工资”“绩效工资”“工龄工资”等方面。根据不同的工资进行不同的税率计算是一个常见应用，利用 IF 函数和 LOOKUP 函数可以简便的查询税率。

任务三　银行发放表

任务背景

在数字化的时代，工资发放已经由传统的财务人员直接发放现金，转换成银行按月将工资发放到员工的银行卡上。每位员工在银行开设固定的银行卡，每月财务人员将核算后的含有员工姓名、工资和银行卡号的工作表交付银行，银行根据该工作表发放工资。如图 7-7 和图 7-8 所示。

员工代码	姓名	工资	卡号
G001	康文师	5,585.00	6014288092879919З
G002	刘香明	5,835.00	60142880928799821
G003	郭海中	2,333.00	60142880928805011
G004	李黎	4,819.10	60142880928805277
G005	王仲华	4,924.40	60142880928801388
G006	孙勤	6,093.50	60142880928799594
G007	窦建国	4,880.60	60142880928803483
G008	石金宝	8,171.00	60142880928805428
G009	范振兴	4,624.80	60142880928799541
G010	翟海树	5,495.00	60142880928803444
G011	杨桂芝	7,144.70	60142880928803867
G012	李庆三	4,656.20	60142880928804978
G013	宋宝堂	4,629.20	60142880928806463
G014	梁阁	5,029.50	60142880928811308
G015	李广春	6,485.00	60142880928801788
G016	吴为民	4,759.70	60142880928808152
G017	王瑞田	4,512.00	60142880928803863
G018	张玉青	7,048.40	60142880928801333
G019	王东	4,376.75	60142880928801652

图 7-7　银行发放表

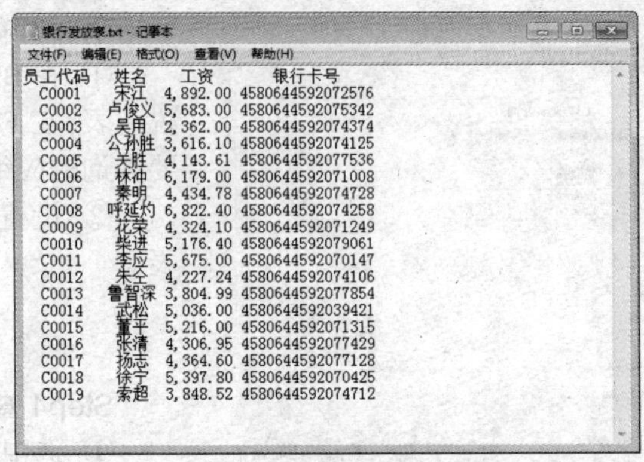

员工代码	姓名	工资	银行卡号
C0001	宋江	4, 892. 00	4580644592072576
C0002	卢俊义	5, 683. 00	4580644592075342
C0003	吴用	2, 362. 00	4580644592074374
C0004	公孙胜	3, 616. 10	4580644592074125
C0005	关胜	4, 143. 61	4580644592077536
C0006	林冲	6, 179. 00	4580644592071008
C0007	秦明	4, 434. 78	4580644592074728
C0008	呼延灼	6, 822. 40	4580644592074258
C0009	花荣	4, 324. 10	4580644592071249
C0010	柴进	5, 176. 40	4580644592079061
C0011	李应	5, 675. 00	4580644592070147
C0012	朱仝	4, 227. 24	4580644592074106
C0013	鲁智深	3, 804. 99	4580644592077854
C0014	武松	5, 036. 00	4580644592039421
C0015	董平	5, 216. 00	4580644592071315
C0016	张清	4, 306. 95	4580644592077429
C0017	扬志	4, 364. 60	4580644592077128
C0018	徐宁	5, 397. 80	4580644592070425
C0019	索超	3, 848. 52	4580644592074712

图 7-8　银行发放表文本文件

知识点分析

要实现本例中的功能，以下为需要掌握的知识点。

- VLOOKUP 函数的应用
- 转换为文本文件

任务实施

3.1　银行发放表

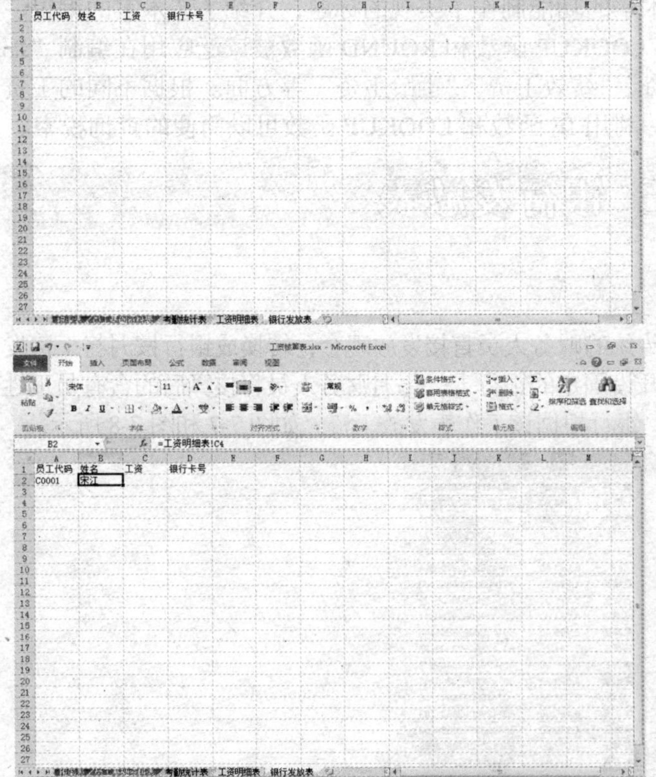

Step1 新建工作簿，输入数据

① 打开“工资核算表”工作簿，插入一个工作表，命名为“银行发放表”，设置工作表标签颜色为“浅蓝”。

② 在 A1:D1 单元格区域输入表格字段标题。

Step2 编制“员工代码”公式

选中 A2 单元格，输入以下公式，按<Enter>键确认。

```
=工资明细表!A4
```

Step3 编制“姓名”公式

选中 B2 单元格，输入以下公式，按<Enter>键确认。

```
=工资明细表!C4
```

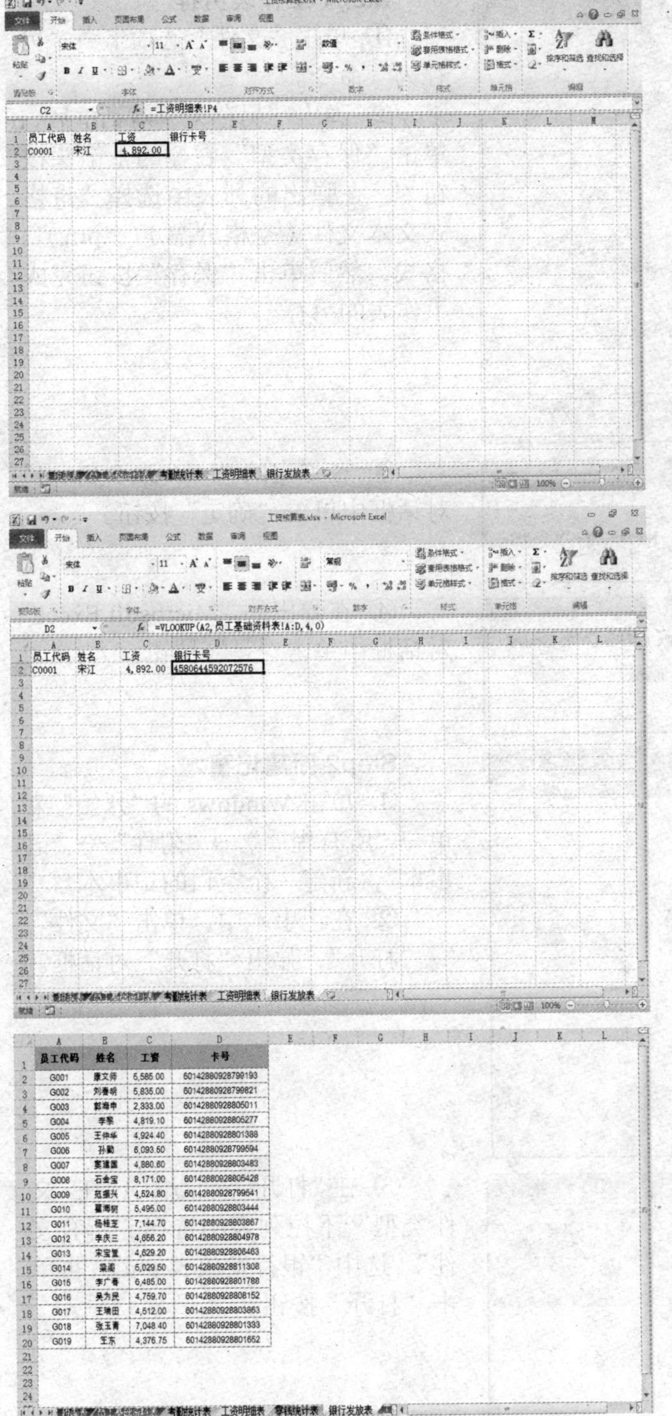

Step4 编制"工资"公式

① 选中 C2 单元格，设置单元格格式为"数值"，小数位数为"2"，勾选"使用千位分隔符"复选框。

② 选中 C2 单元格，输入以下公式，按<Enter>键确认。

```
=工资明细表!P4
```

Step5 编制"银行卡号"公式

① 选中 D2 单元格，输入以下公式，按<Enter>键确认。

```
=VLOOKUP(A2,员工基础资料表!A:D,4,0)
```

② 适当地调整单元格的列宽。

Step6 复制公式，美化工作表

① 选中 A2:D2 单元格区域，拖拽右下角的填充柄至 D20 单元格。

② 美化工作表。

3.2 转换为文本文件

Excel 的工作簿文件，即扩展名为.xlsx 的文件，可以转换后保存为文本文件，即扩展名为.txt 的文件，操作如下。

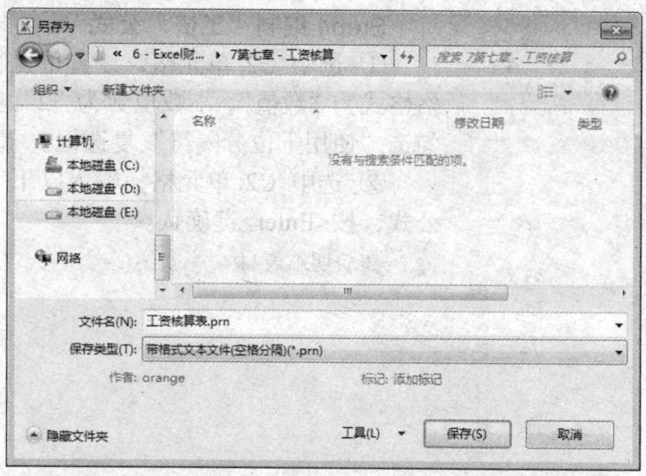

Step1 工作表另存

① 单击“文件”选项卡→“另存为”命令。

② 弹出“另存为”对话框后，单击“保存类型”右侧的下箭头按钮▾，在弹出的列表中选择“带格式文本文件（空格分隔）(*.prn)”格式，然后单击“保存”按钮完成工作表的另存。

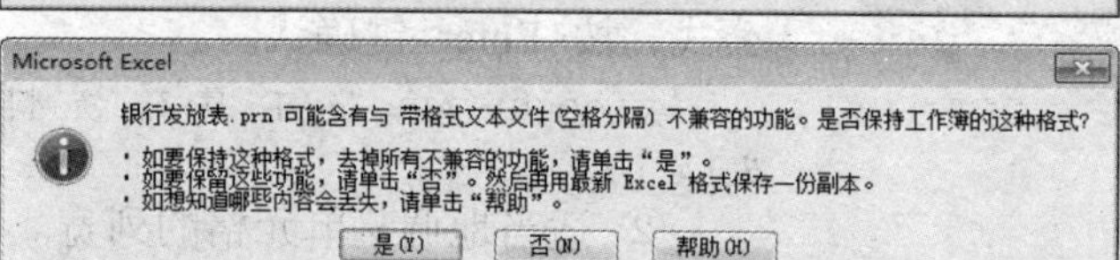

③ 在弹出的“Microsoft Excel”对话框中单击“确定”按钮。

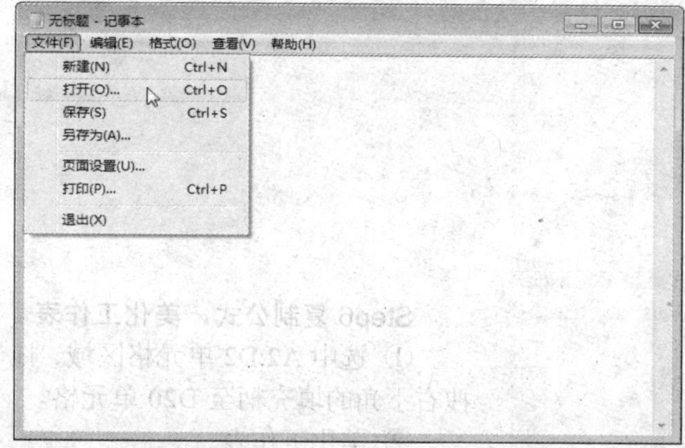

④ 在弹出的“Microsoft Excel”对话框中单击“是”按钮。

Step2 新建记事本

① 单击 Windows 的“开始”菜单→“所有程序”→“附件”→“记事本”，新建一个空白的记事本。

② 在记事本中，单击“文件”→“打开”，弹出“打开”对话框。

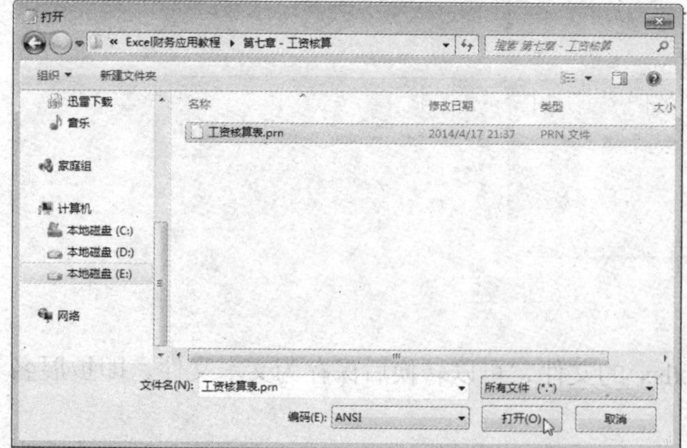

③ 在“打开”对话框中，在“文件类型”下拉列表中选择“所有文件”。选中“银行发放表.prn”，再单击“打开”按钮。

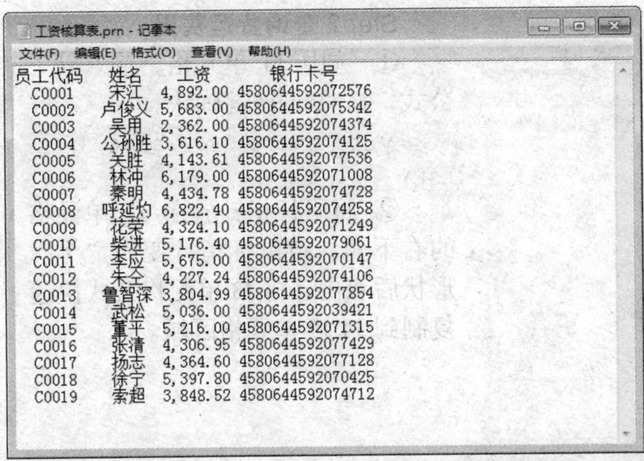

④ 此时记事本中显示出“银行发放表”中的内容。

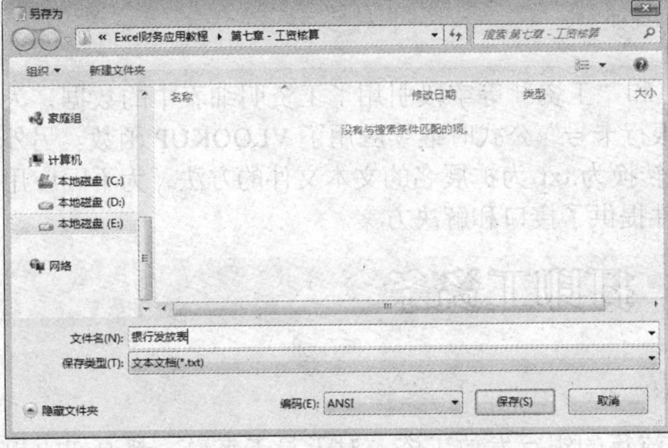

Step3 文件保存

在记事本中，单击菜单“文件”→“另存为”，弹出“另存为”对话框，在“文件名”文本框中输入“银行发放表”，再单击“保存”按钮，完成文件的保存。

此时在选定的路径中将出现一个文件名为“银行发放表.txt”的文本文件。

3.3 课堂练习

上节中，我们练习了 LOOKUP 函数，LOOKUP 有一个同胞兄弟——VLOOKUP 函数。两兄弟有很多相似之处，但 VLOOKUP 函数本领更大。VLOOKUP 用对比数与一个“表”进行对比，而不是 LOOKUP 函数限制的某 1 列或 1 行，并且 VLOOKUP 函数可以选择采用精确查询或是模糊查询方式，而 LOOKUP 函数只有模糊查询。本课堂练习，我们将制作一个精确匹配的订单明细表，来加强对 VLOOKUP 函数的掌握。

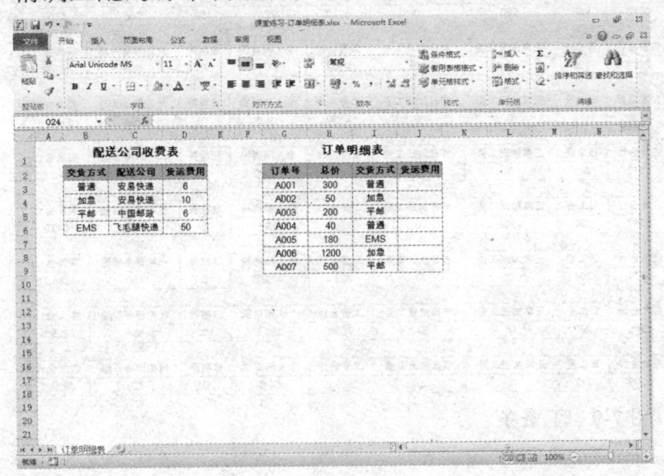

Step1 新建工作簿，输入原始数据

① 创建工作簿“课堂练习-订单明细表”，“Sheet1”工作表重命名为“订单明细表”，删除多余的工作表。

② 在 B1:D6 单元格区域输入配送公司收费的相关数据。在 G1:J9 单元格区域输入订单明细的相关数据。美化工作表。

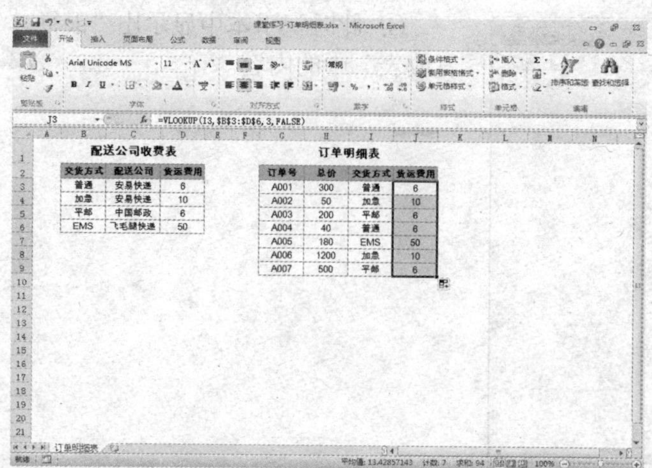

Step2 查询货运费用

① 选中 J3 单元格，输入以下公式，按<Enter>键确认。

```
=VLOOKUP(I3,$B$2:$D$6,3,FALSE)
```

② 将鼠标指针放在 J3 单元格的右下角，待鼠标指针变为“+”形状后双击，将 J3 单元格公式快速复制到 J4:J9 单元格区域。

任务小结

银行发放表中“员工代码”“姓名”和“工资”等字段引用了工资明细表中的数据，为我们跨表引用数据提供了实例。输入“银行卡号”公式时继续应用了 VLOOKUP 函数。另外还介绍了将.xlsx 为扩展名的 Excel 文件转换为.txt 为扩展名的文本文件的方法，为不同应用程序之间相互引用不兼容数据格式的文件提供了接口和解决方案。

任务四 打印工资条

任务背景

无论是传统的现金发放，还是现在流行的银行发放工资，对于员工来说，都迫切的想知道自己的工资明细，而如果将工资明细表直接打印后发放给每位员工，所有员工的工资数据将全部暴露，员工的隐私无法得到保障。所以在打印工资条的时候，需要将每位员工的工资项目和数目相对应，且相隔的员工的数据之间需要空行隔开，方便裁剪后发放，如图 7-9 所示。

员工代码	部门	姓名	基础工资	绩效工资	工龄工资	通讯补助	应发合计	日工资	正常加班工资	节日加班工资	工资合计	个人所得税	住宿费	代扣养老保险	实发合计
C0001	经营部	宋江	2750	1980	650	200	5580	233	0	0	5580	103	0	585	4892
员工代码	部门	姓名	基础工资	绩效工资	工龄工资	通讯补助	应发合计	日工资	正常加班工资	节日加班工资	工资合计	个人所得税	住宿费	代扣养老保险	实发合计
C0002	经营部	卢俊义	3000	2400	850	0	6250	260	520	0	6770	222	100	765	5683
员工代码	部门	姓名	基础工资	绩效工资	工龄工资	通讯补助	应发合计	日工资	正常加班工资	节日加班工资	工资合计	个人所得税	住宿费	代扣养老保险	实发合计
C0003	经营部	吴用	1400	570	650	0	2620	109	0	327	2947	0	0	585	2362
员工代码	部门	姓名	基础工资	绩效工资	工龄工资	通讯补助	应发合计	日工资	正常加班工资	节日加班工资	工资合计	个人所得税	住宿费	代扣养老保险	实发合计
C0004	项目管理部	公孙胜	1200	2380	550	0	4130	172	0	0	4130	18.9	0	495	3616.1
员工代码	部门	姓名	基础工资	绩效工资	工龄工资	通讯补助	应发合计	日工资	正常加班工资	节日加班工资	工资合计	个人所得税	住宿费	代扣养老保险	实发合计
C0005	项目管理部	关胜	1725	2288	700	100	4813	201	0	0	4813	39.39	0	630	4143.61
员工代码	部门	姓名	基础工资	绩效工资	工龄工资	通讯补助	应发合计	日工资	正常加班工资	节日加班工资	工资合计	个人所得税	住宿费	代扣养老保险	实发合计
C0006	项目管理部	林冲	3000	2352	700	0	6052	252	1008	0	7060	251	0	630	6179
员工代码	部门	姓名	基础工资	绩效工资	工龄工资	通讯补助	应发合计	日工资	正常加班工资	节日加班工资	工资合计	个人所得税	住宿费	代扣养老保险	实发合计
C0007	项目管理部	秦明	2400	2024	550	0	4974	207	0	0	4974	44.22	0	495	4434.78
员工代码	部门	姓名	基础工资	绩效工资	工龄工资	通讯补助	应发合计	日工资	正常加班工资	节日加班工资	工资合计	个人所得税	住宿费	代扣养老保险	实发合计
C0008	技术质量部	呼延灼	3600	2716	650	0	6966	290	0	870	7836	328.6	100	585	6822.4
员工代码	部门	姓名	基础工资	绩效工资	工龄工资	通讯补助	应发合计	日工资	正常加班工资	节日加班工资	工资合计	个人所得税	住宿费	代扣养老保险	实发合计
C0009	技术质量部	花荣	1725	2574	800	0	5099	212	0	0	5099	54.9	0	720	4324.1

图 7-9 工资条

知识点分析

要实现本例中的功能，以下为需要掌握的知识点：

- IF 函数、MOD 函数、ROW 函数、INDEX 函数、INT 函数、COLUMN 函数的应用
- 条件格式的应用
- 页面设置

任务实施

4.1 制作工资条

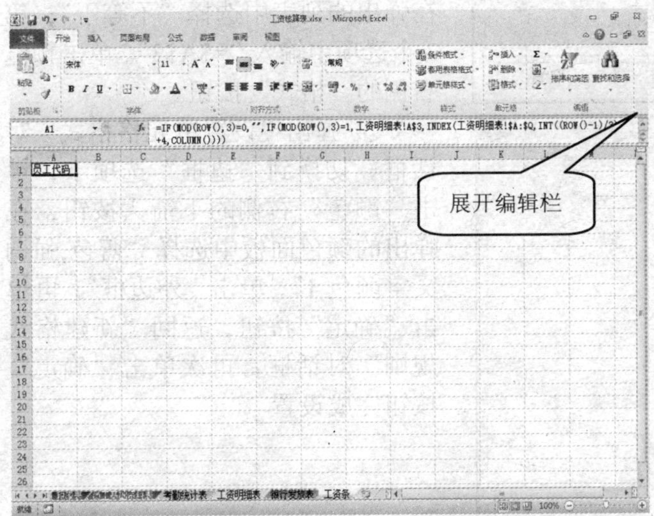

Step1 插入工作表

打开“工资核算表”工作簿，插入一个工作表，命名为“工资条”，设置工作表标签颜色为“蓝色”。

Step2 编制工资条公式

选中 A1 单元格，输入以下公式，按<Enter>键确认。

```
=IF(MOD(ROW(),3)=0,"",IF(MOD(ROW(),3)=1,工资明细表!A$3,INDEX(工资明细表!$A:$Q,INT((ROW()-1)/3)+4,COLUMN())))
```

操作技巧：展开编辑栏

当在编辑栏中需要输入的公式太长时，编辑栏往往无法在一行中完全显示，这样在输入或者修改的时候不太方便，这时可以单击编辑栏最右侧的“展开编辑栏”按钮“⌄”，或者单击编辑栏右侧的上、下箭头按钮查看完整公式。

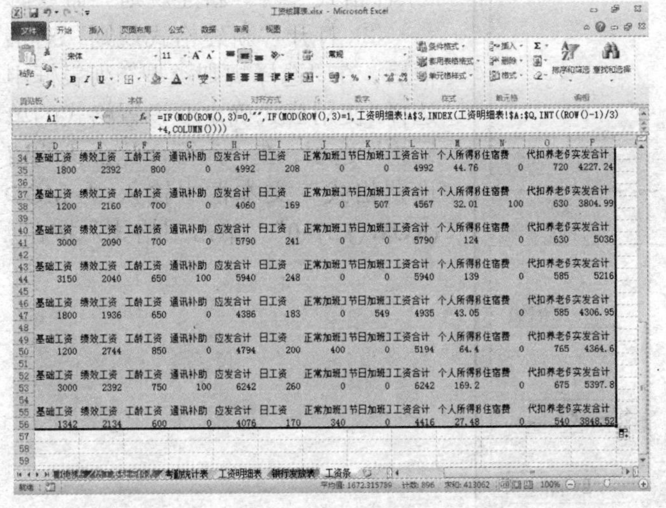

Step3 复制公式

① 选中 A1 单元格，拖拽右下角的填充柄至 P1 单元格。

② 选中 A1:P1 单元格区域，拖拽右下角的填充柄至 P56 单元格。

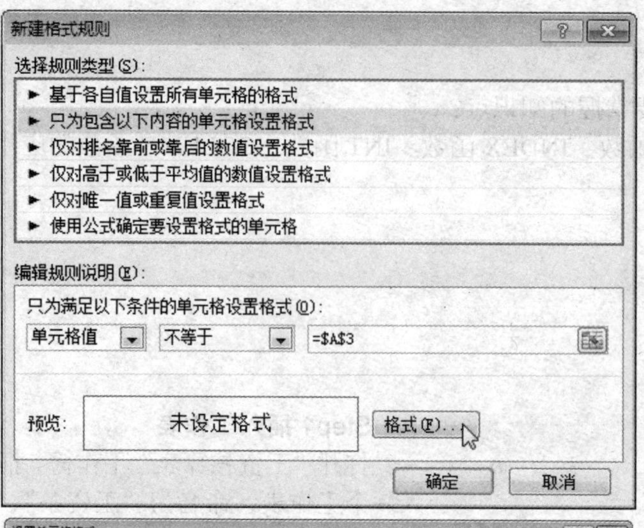

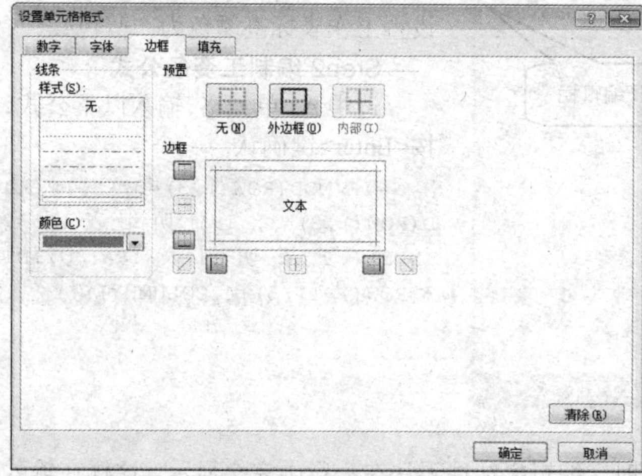

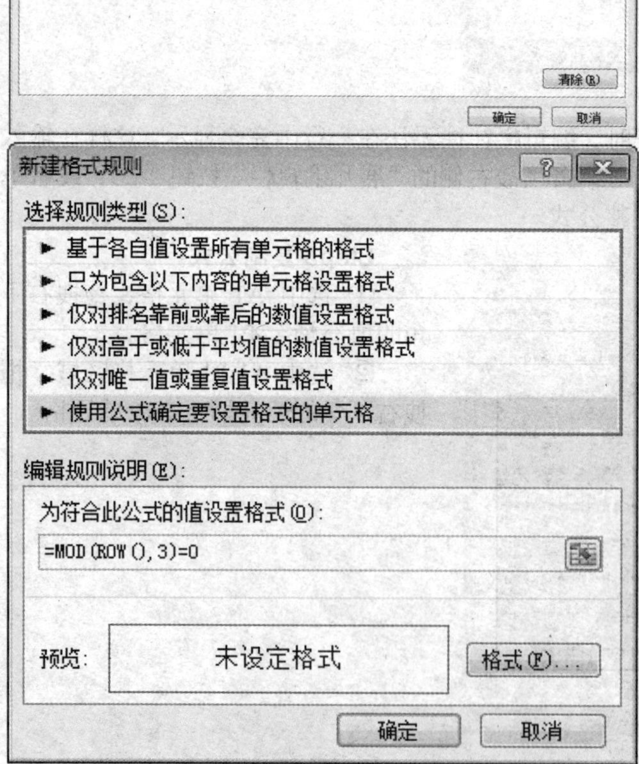

Step4 设置条件格式 1

① 选中 A1 单元格，单击“开始”选项卡，在“样式”命令组中单击“条件格式”→“新建规则”命令。

② 打开“新建格式规则”对话框后，在“选择规则类型”列表框中选择“只为包含以下内容的单元格设置格式”选项，在“编辑规则说明”区域中第 1 个选项保持不变；第 2 个选项单击右侧的下箭头按钮“▾”，在弹出的列表中选择“不等于”；第 3 个选项中输入“=$A$3”。单击预览右侧的“格式”按钮。

③ 弹出“设置单元格格式”对话框，切换到“边框”选项卡，单击“颜色”右侧的下箭头按钮，在弹出的颜色面板中选择“蓝色,强调文字颜色 1”，单击“外边框”，再单击“确定”按钮，返回“新建格式规则”对话框，再次单击“确定”按钮完成设置。

Step5 设置条件格式 2

① 选中 A1 单元格，再次单击“条件格式”→“新建规则”命令。

② 打开“新建格式规则”对话框后，在“选择规则类型”列表框中选择“使用公式确定要设置格式的单元格”选项，在“为符合此公式的值设置格式”文本框中输入“=MOD(ROW(),3)=0”。单击“格式”按钮。

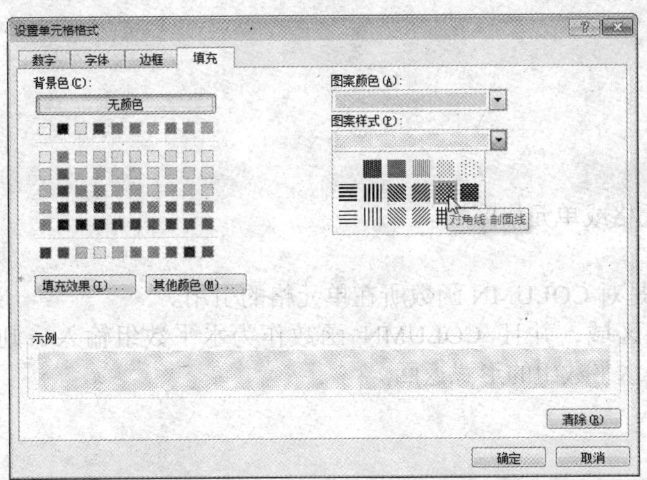

③ 弹出“设置单元格格式”对话框，单击“填充”选项卡，单击“图案颜色”右侧的下箭头按钮，在弹出的颜色面板中选择“深蓝，文字 2，淡色 80%”；单击“图案样式”右侧的下箭头按钮，在弹出的面板中选择第 2 行第 4 个“对角线剖面线”，单击“确定”按钮返回“新建格式规则”对话框，最后单击“确定”按钮完成设置。

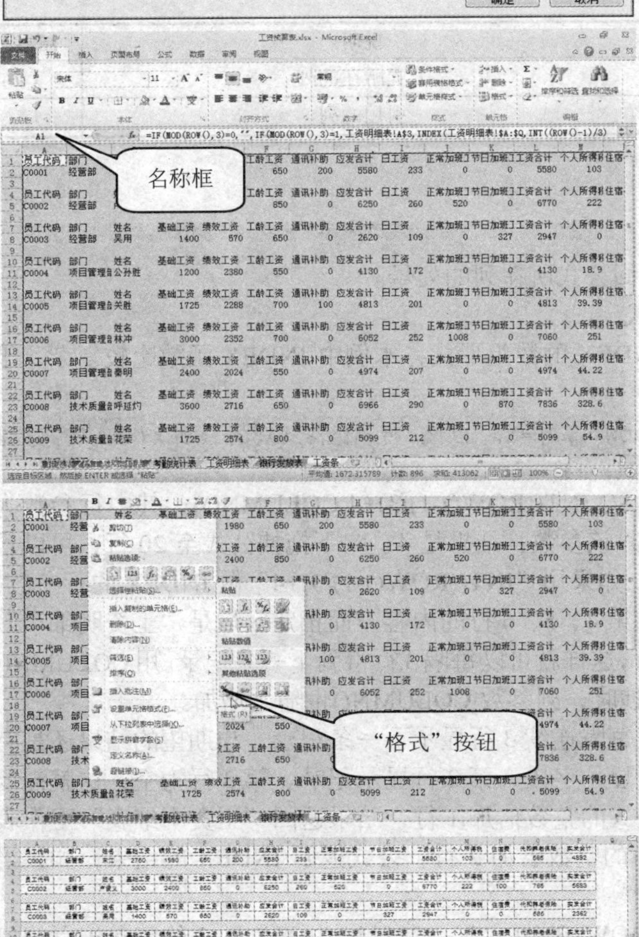

Step6 复制条件格式

① 选中 A1 单元格，按<Ctrl+C>快捷键复制，在名称框中输入“A1:P56”，按<Enter>键，可以直接选中 A1:P56 单元格区域。

② 右键单击，在弹出的快捷菜单中选择“选择性粘贴”→“其他粘贴选项”下的“格式”按钮“ ”。

此时，A1 单元格的条件格式复制给了 A1:P56 单元格区域。

Step7 美化工作表

① 设置字体、字号、居中，设置“自动调整列宽”。

② 调整显示比例为“85%”。

③ 取消编辑栏和网格线的显示。

函数应用：COLUMN 函数

函数用途

返回给定引用的列标。

函数语法

```
COLUMN(reference)
```

reference 为需要得到其列标的单元格或单元格区域。

函数说明

- 如果省略 reference，则假定为是对 COLUMN 函数所在单元格的引用。
- 如果 reference 为一个单元格区域，并且 COLUMN 函数作为水平数组输入，则 COLUMN 函数将 reference 中的列标以水平数组的形式返回。
- reference 不能引用多个区域。

函数简单示例

示例	公式	说明	结果
1	=COLUMN()	公式所在的列	1
2	=COLUMN(A10)	引用的列	1

本例公式说明

本例中的公式为：

```
=COLUMN()
```

其各参数值指定 COLUMN 函数返回公式所在列的列号。

函数应用：INDEX 函数的数组形式

在 6.4.2 小节中我们已经介绍过 INDEX 的数组形式，本例中 INDEX 函数比较复杂，下面分析一下。本例中的公式为：

```
=IF(MOD(ROW(),3)=0,"",IF(MOD(ROW(),3)=1,工资明细表!A$3,INDEX(工资明细表!$A:$Q,INT((ROW()-1)/3)+4,COLUMN())))
```

首先分析 INDEX(工资明细表!$A:$Q,INT((ROW()-1)/3)+4,COLUMN())；其中行参数为 INT((ROW()-1)/3)+4，如果在第 1 行输入该参数，结果是 4，向下拖拽公式至 20 行，可以看到结果是 4；4；4；5；5；5；6；6；6…如果用“INT((ROW()-1)/3)+4”做 INDEX 的行参数，公式将连续 3 行重复返回指定区域内的第 4、5、6 行的内容，而指定区域是“工资明细表”工作表，第 4 行以下是人员记录的第 1 行，这样就可以每隔 3 行得到下一条记录。用 COLUMN()做 INDEX 的列参数，当公式向右侧拖拽时，列参数 COLUMN()也随之增加。

如果公式到此为止，返回的结果是每隔连续 3 行显示下一条记录，与期望的结果还是有一定的差距。希望得到的结果是第 1 行显示字段、第 2 行显示记录、第 3 行为空，这就需要做判断取值。如果当前行是第 1 行或是 3 的整数倍加 1 行，结果返回“工资明细表”工作表的字段行。如果当前行是第 2 行或是 3 的整数倍加 2 行，公式返回 INDEX 的结果；如果当前行是 3 的整数倍行，公式返回空。

公式中的第 1 个 IF 判断 IF(MOD(ROW),3)=0，""，******）用来判断 3 的整数倍行的情况，如果判断结果为“真”则返回空；第 2 个判断 IF(MOD(ROW(),3)=1,工资明细表!A$3,******)用来判断 3 的整数倍加 1 时的情况，判断结果为“真”则返回工资明细表!A$3 即字段行的内容；余下的情况则返回 INDEX 函数的结果。

4.2 打印工资条

工资条创建完毕后，需要按照一定的格式打印后派发给每位员工。

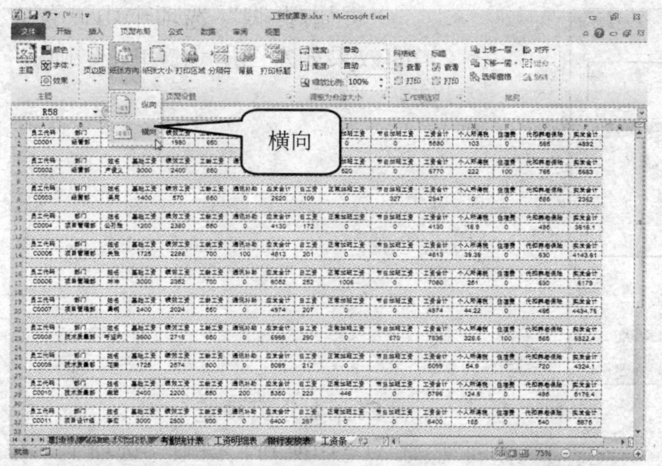

Step1 设置纸张方向

切换到“页面布局”选项卡，在“页面设置”命令组中单击“纸张方向”按钮，并在打开的下拉菜单中选择“横向”命令。

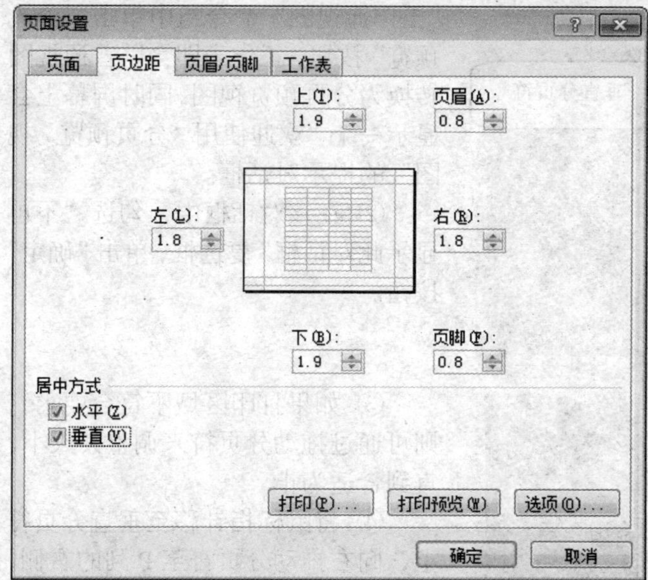

Step2 调整页边距

单击“页面设置”命令组右下角的“对话框启动器”按钮，打开“页面设置”对话框，单击“页边距”选项卡，在“居中方式”区域中勾选“水平”和“垂直”复选框。

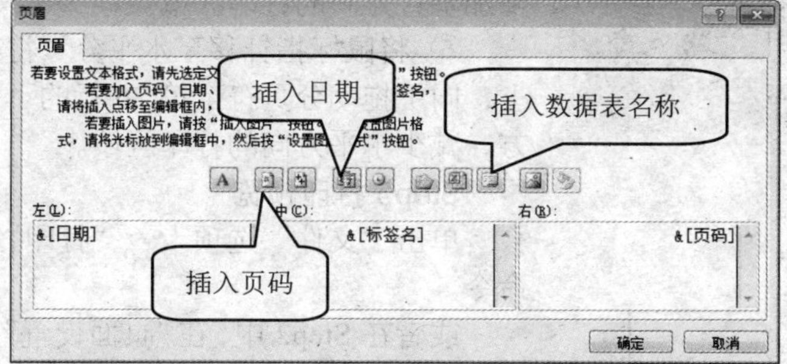

Step3 设置页眉/页脚

① 切换到“页眉/页脚”选项卡，单击页眉下的“自定义页眉”按钮，弹出“页眉”对话框。

② 在“左”文本框中单击一下，再单击上方的第 4 个“插入日期”按钮。

③ 在“中”文本框中单击一下，再单击上方的第 8 个“插入数据表名称”按钮。

④ 在“右”文本框中单击一下，再单击上方的第 2 个“插入页码”按钮。单击“确定”按钮，返回“页码设置”对话框。

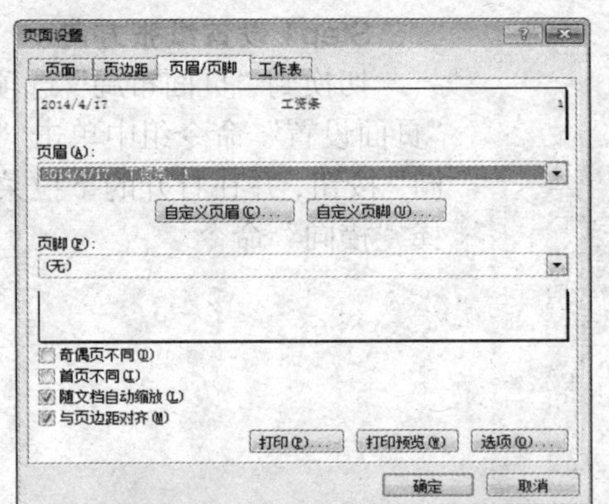

“页眉/页脚”选项卡中设置完毕的效果如左图所示。单击“确定”按钮。

Step4 分页预览

① 切换到“视图”选项卡，在“工作簿视图”命令组中单击“分页预览”按钮，工作表即会以普通视图转换为分页预览视图，同时屏幕上会显示一个“欢迎使用‘分页预览’视图”的提示对话框。

② 在该对话框中，勾选“不再显示此对话框”复选框，单击“确定”按钮。

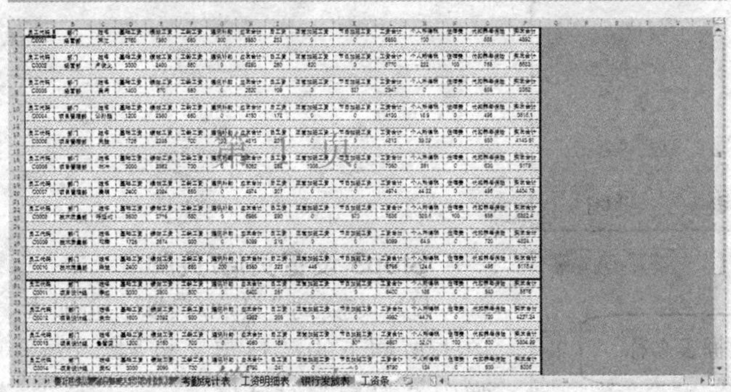

③ 如果打印区域不符合要求，则可通过拖动分页符来调整其大小，直到合适为止。

④ 将鼠标指针移至垂直分页符上，向右拖动分页符至 P 列的右侧，增加垂直方向的打印区域。

⑤ 将鼠标指针移至水平分页符上，向下拖动分页符至第 30 行的下方，减少水平方向的打印区域。

Step5 打印预览

单击“文件”选项卡→“打印”命令。

或者在 Step2 中，在“页面设置”对话框中单击右下角的“打印预览”按钮。

此时打印预览的视图中呈现了美观清晰的“工资条表”工作表。

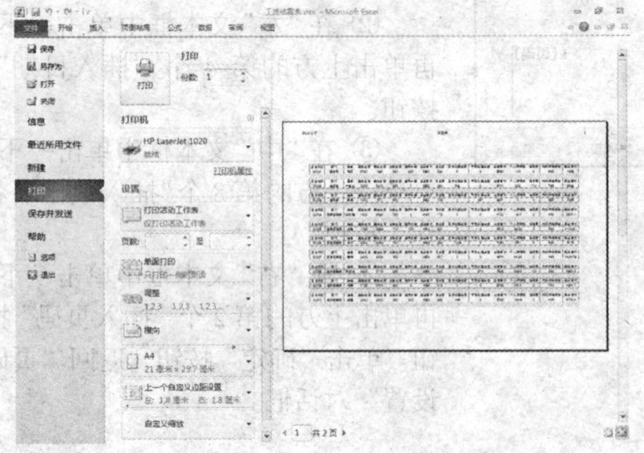

4.3 课堂练习

本节制作“工资条”时，用到的函数比较复杂，在课堂练习中，我们转换思路，使用相对简单的方法来完成同样的效果，制作工资条并打印工资条。

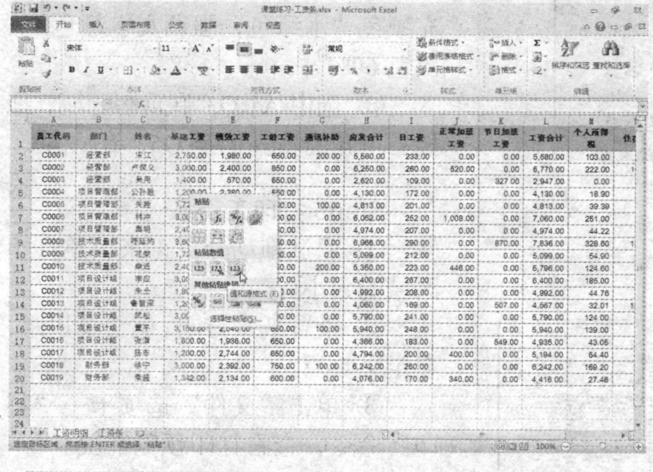

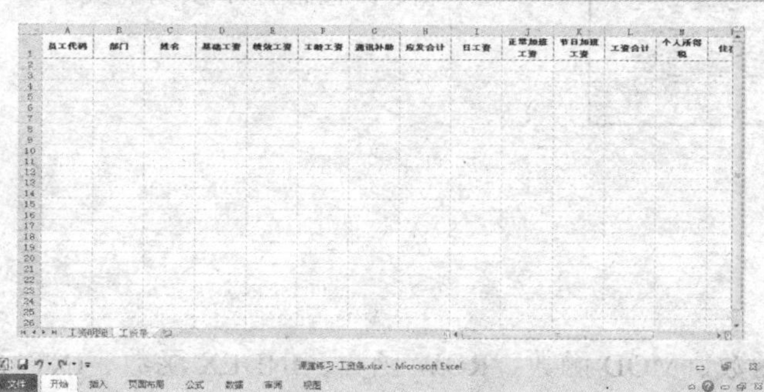

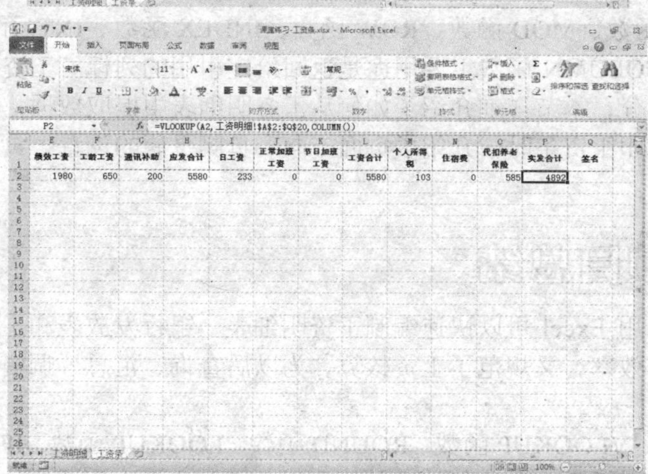

Step1 新建工作簿，复制工作表

① 创建工作簿“课堂练习-工资条”，“Sheet1”和“Sheet2”工作表分别重命名为“工资明细”和“工资条”，删除多余的工作表。

② 打开“工资核算表”工作簿，在“工资明细表”工作表中选择A3:Q22单元格区域，按<Ctrl+C>快捷键复制，在“Sheet1”工作表中选中A1单元格，右键单击，在弹出的快捷方式中选择“选择性粘贴”→“粘贴数值”→“值和源格式”按钮。

Step2 复制字段标题

① 在“工资明细”工作表中选择A1:Q1单元格区域，按<Ctrl+C>快捷键复制，再切换到“工资条”工作表，按<Ctrl+V>快捷键粘贴。

② 在“工资条”工作表中，选择A1:Q1单元格区域，设置“无填充颜色”。

Step3 编制工资条公式，输入相同公式

① 在A2单元格输入“C0001”。

② 需安装B2单元格，输入以下公式，按<Enter>键确认。

```
=VLOOKUP(A2,工资明细!$A$2:$Q$20,COLUMN())
```

③ 选中B2单元格，在公式栏中拖动鼠标抹黑公式：

```
=VLOOKUP(A2,工资明细!$A$2:$Q$20,COLUMN())
```

④ 按<Ctrl+C>快捷键复制，按<Esc>键退出公式抹黑状态，按<Tab>键或者方向键的右键，跳到C2单元格，按<Ctrl+V>快捷键粘贴，再按<Tab>键，跳到C3单元格，按<Ctrl+V>快捷键粘贴，依此类推，在C2:P2单元格区域，输入一致的公式：

```
=VLOOKUP(A2,工资明细!$A$2:$Q$20,COLUMN())
```

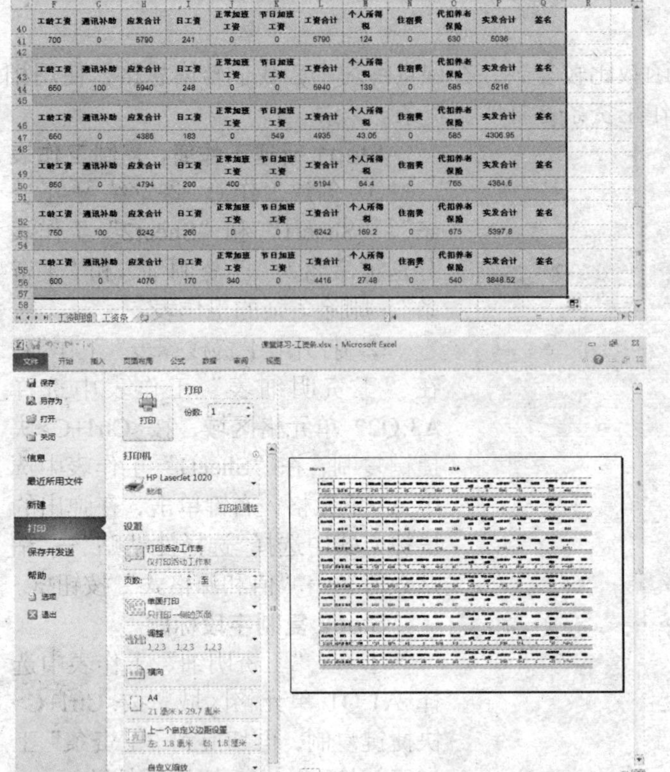

Step4 美化工作表，向下填充公式

① 选中 A2:Q2 单元格区域，设置字体、字号、居中，绘制框线。

② 选中 A3:Q3 单元格区域，填充颜色“水绿色，强调文字颜色 5，淡色 60%”。

③ 选中 A1:Q3 单元格区域，拖拽右下角的填充柄至 Q57 单元格。

Step5 打印工资条

① 通过拖动分页符来调整打印区域的大小。

② 设置纸张方向，调整页边距，自定义页眉。

③ 单击“文件”选项卡→“打印”命令，查看打印预览情况。

任务小结

在工资条的制作中我们应用了 IF 函数、MOD 函数、ROW 函数、INDEX 函数、INT 函数和 COLUMN 函数，其中新引入的 COLUMN 函数主要用途是返回给定引用的列标。工资条的打印是各部门工作中不可缺少的部分，本节详细介绍了如何从工资明细表中提取数据，创建一目了然的员工工资条，并且在打印工资条时，介绍了页面方向、页脚页眉的设置、页边距调整及调整打印区域等功能的使用。

项目总结

编制工资表是一项常见的工作，利用 Excel 可以快速编制工资明细表、银行发放表和工资条，既减轻了工作负担、提高了工作效率，又规范了工资核算，为以后查询、汇总、调资等提供了方便。

本项目主要介绍了 DATEDIF 函数、VLOOKUP 函数、ROUND 函数、LOOKUP 函数、IF 函数、ROW 函数、INDEX 函数、INT 函数和 COLUMN 函数的应用。插入艺术字的功能使表格制作锦上添花。将.xlsx 为扩展名的 Excel 文件转换为.txt 为扩展名的文本文件，在使用不同应用程序和相互引用不兼容数据格式文件时，这种方法提供了解决方案。

掌握打印工资条的各方面细节，将会对我们未来工作中打印出美观实用的工作表提供帮助。打印预览功能的使用在工作中相当普遍，使用打印预览模式可以预先显示实际的打印效果，以免直接打印后效果不如意而浪费纸张。

项目八

成本与费用核算

在企业中，有效地控制成本是企业成功的基本要素，但是控制成本需要建立科学合理的成本分析系统。在企业成本分析中，主要利用 Excel 函数与图表功能分析月成本、年成本汇总数据，还可以利用多种预测方法从不同的角度分析成本，从而为企业内部制定决策提供有利的数据依据，并从根本上实现有效的成本控制，为企业获得更大的利润。

数据透视表是一种具备交互功能的动态报表工具，它可以针对大量原始数据进行快速有效的计算分析并建立多维度的分类汇总。

日常费用是企业经营管理过程中的必然产物，也是财务数据重要的组成部分。在企业经营过程中，为了获取更多利润，必须做好日常费用的管理工作。本项目中将利用 Excel 制作费用变化阶梯图。

任务一 企业成本分析

任务背景

通常企业的生产成本由直接材料、直接人工、制造费用和其他费用构成。成本分析是指利用成本计划和成本计算等有关的资料，揭示成本计划完成的情况或者成本标准执行的情况，查明成本费用升降的原因，以便寻求控制成本费用的途径和方法。成本分析是成本管理的重要组成部分，是企业挖掘潜力、降低成本以及提高经济效益的有效手段。

在实际工作中，生产部门应按月对构成生产成本的这些要素进行统计核算，到了年末还应对本年度内构成生产成本的各要素进行统计，并计算各自所占的比例，即结构分析。在 Excel 中通常使用饼图来进行成本结构分析，饼图通常用于显示数据系列中的项目和该项目数值总和的比例关系，它强调的是部分与整体的关系。使用饼图分析，可以直观地反映出构成生产成本的各个项目占整个生产成本的比例，如图 8-1 和图 8-2 所示。

图 8-1　生产成本变化趋势

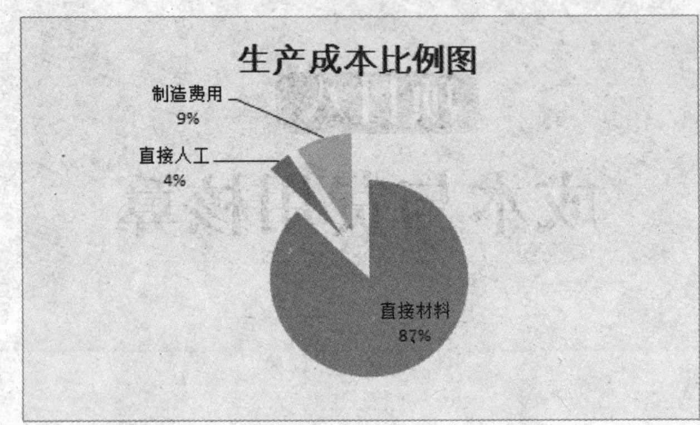

图 8-2　企业成本结构分析

知识点分析

要实现本例中的功能，以下为需要掌握的知识点。

- SUM 函数、IF 函数的应用
- 绘制二维折线图
- 绘制分离型饼图

任务实施

1.1　年汇总分析

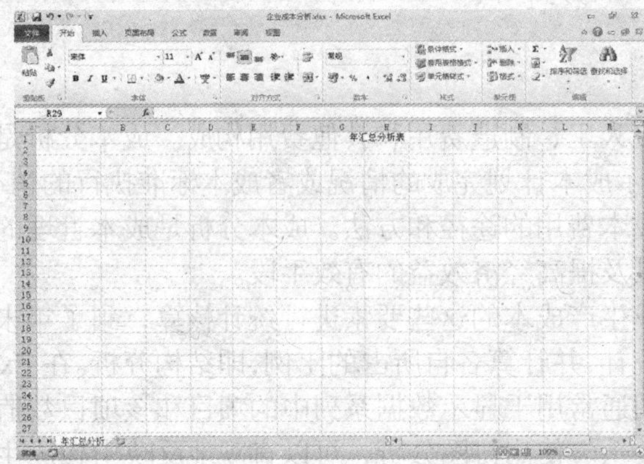

Step1 新建工作簿

新建工作簿，保存并命名为“企业成本分析”，“Sheet1”工作表重命名为“年汇总分析”，删除多余的工作表。

Step2 输入表格标题

选中 A1:O1 单元格区域，设置“合并后居中”，输入表格标题“年汇总分析表”。

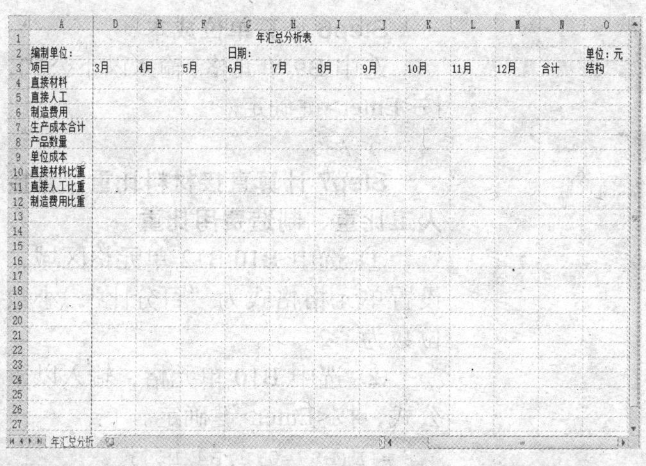

Step3 输入表格各字段标题

① 在 A2、G2 和 O2 单元格分别输入“编制单位:”“日期:”和“单位:元”；在 A3:A12 单元格区域输入“项目”，“直接材料”等字段。

② 设置“冻结首列”。

③ 在 B3 单元格输入“1 月”，拖拽右下角的填充柄至 M3 单元格，此时 B3:M3 单元格区域将自动填充“1 月”到“12 月”。在 N3 和 O3 单元格分别输入“合计”和“结构”。

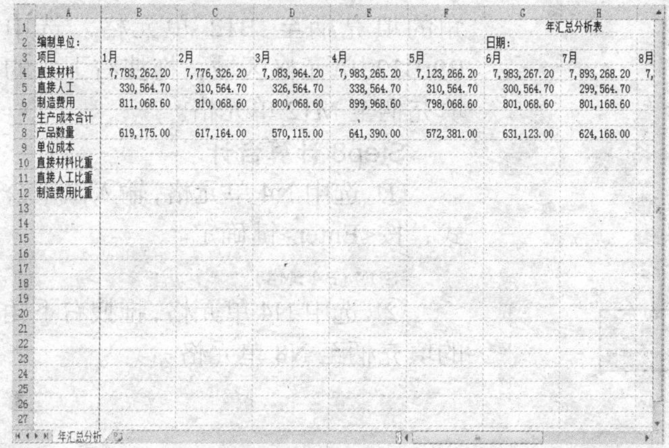

Step4 输入原始数据

① 选中 B4:M9 单元格区域，设置单元格格式为“数值”，小数位数为“2”，勾选“使用千位分隔符”复选框。

② 在 B4:M6 和 B8:M8 单元格区域输入直接材料、直接人工、制造费用和产品数量的每月原始数据。

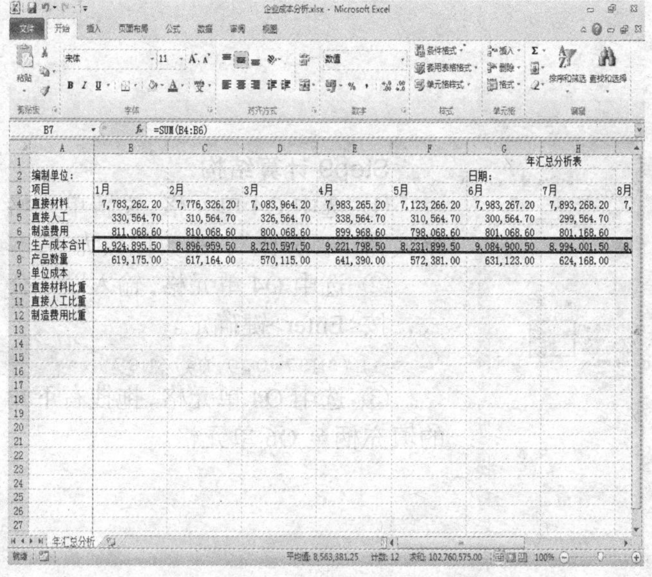

Step5 计算生产成本合计

选中 B7:M7 单元格区域，在“开始”选项卡“单元格”命令组中单击“求和”按钮。

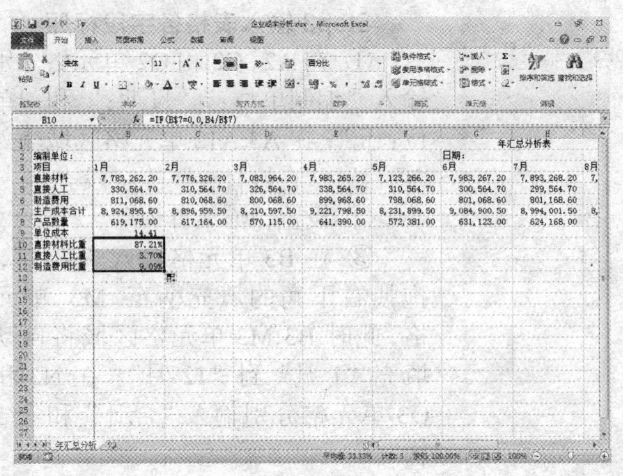

Step6 计算单位成本

选中 B9 单元格，输入以下公式，按<Enter>键确定。

```
=B7/B8
```

Step7 计算直接材料比重、直接人工比重、制造费用比重

① 选中 B10:B12 单元格区域，设置单元格格式为“百分比”，小数位数为“2”。

② 选中 B10 单元格，输入以下公式，按<Enter>键确定。

```
=IF(B$7=0,0,B4/B$7)
```

③ 选中 B10 单元格，拖拽右下角的填充柄至 B12 单元格。选中 B9:B12 单元格区域，拖拽右下角的填充柄至 M12 单元格。

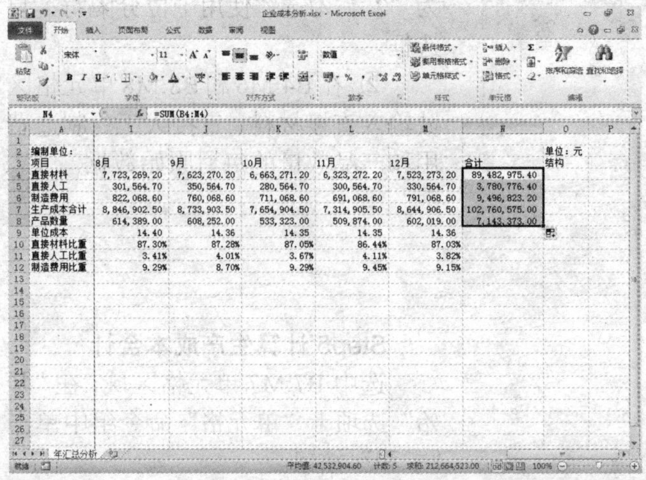

Step8 计算合计

① 选中 N4 单元格，输入以下公式，按<Enter>键确定。

```
=SUM(B4:M4)
```

② 选中 N4 单元格，拖拽右下角的填充柄至 N8 单元格。

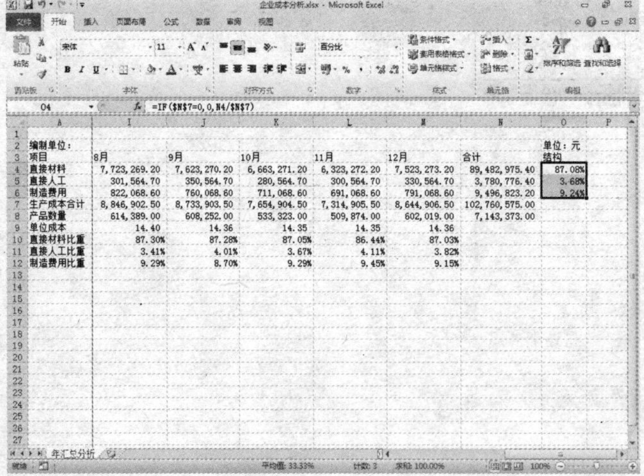

Step9 计算结构

① 选中 O4 单元格，设置单元格格式为“百分比”，小数位数为“2”。

② 选中 O4 单元格，输入以下公式，按<Enter>键确定。

```
=IF($N$7=0,0,N4/$N$7)
```

③ 选中 O4 单元格，拖拽右下角的填充柄至 O6 单元格。

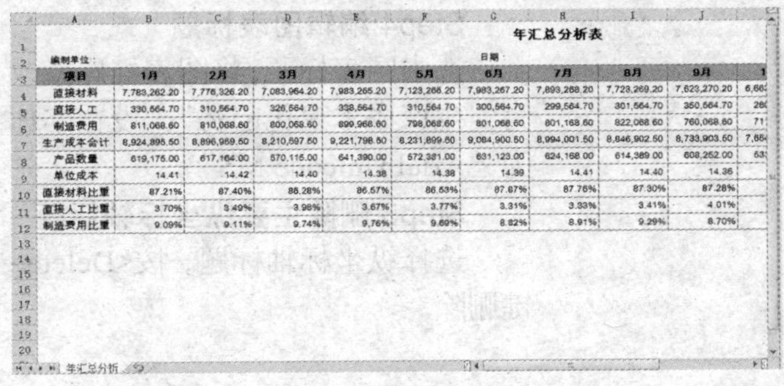

Step10 美化工作表

① 设置字体、字号、加粗、居中和填充颜色。

② 调整行高和列宽。

③ 绘制边框。

④ 取消冻结窗格。取消网格线的显示。

1.2　绘制二维折线图

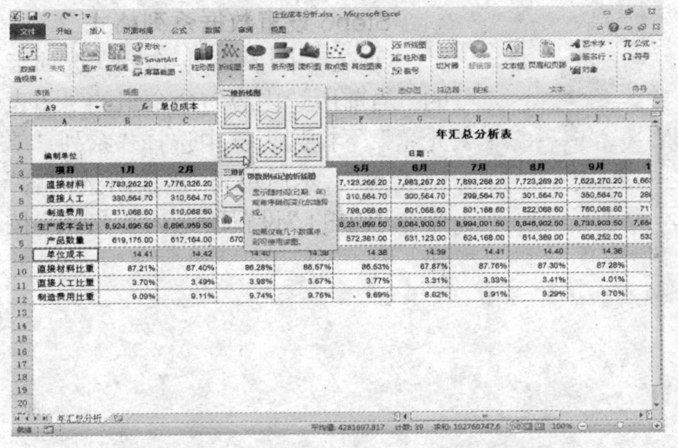

Step1 选择图表类型

在“年汇总分析”工作表中，按住<Ctrl>键同时选中 A3:M3、A7:M7 和 A9:M9 单元格区域，切换到“插入”选项卡，并单击“图表”命令组中的“折线图”按钮，再在打开的下拉菜单中选择“二维折线图”下的“带数据标记的折线图”。

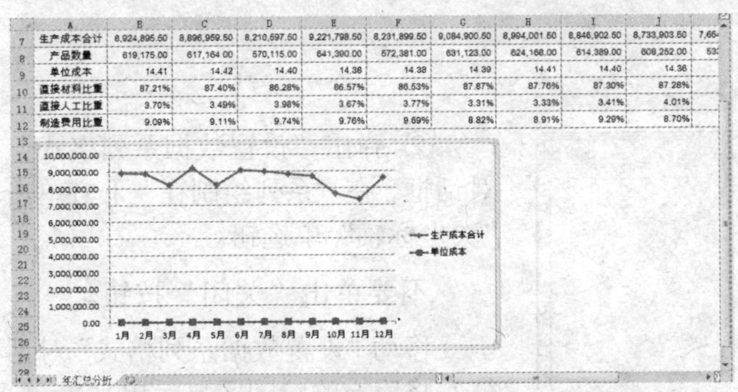

Step2 调整图表位置和大小

① 在图表空白位置按住鼠标左键，将其拖拽至工作表合适位置。

② 将鼠标指针移至图表的右下角，待鼠标指针变为“↘”形状时向外拖拽，待图表调整至合适大小时，释放鼠标。

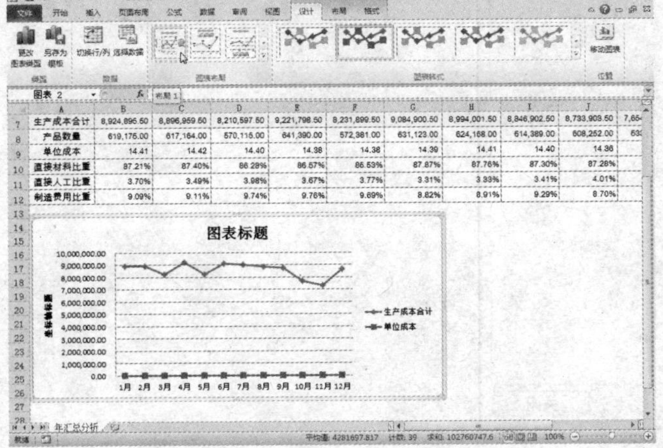

Step3 设置图表布局

单击“图表工具—设计”选项卡，在“图表布局”命令组中选择“布局1”样式。

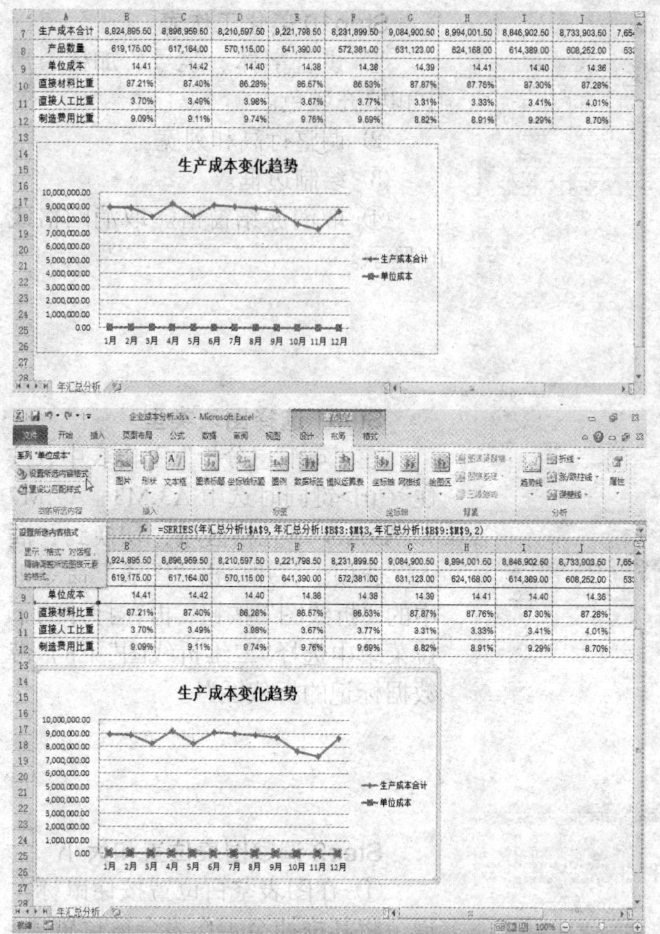

Step4 编辑图表标题

选中图表标题，将图表标题修改为“生产成本变化趋势”，设置字体为“Arial Unicode MS”。

Step5 删除主要纵坐标轴标题

选择纵坐标轴标题，按<Delete>键删除。

Step6 设置数据系列格式

① 在“图表工具-布局”选项卡的“当前所选内容”命令组的“图表元素”下拉列表框中选择“系列‘单位成本’”，然后单击“当前所选内容”命令组中的“设置所选内容格式”按钮。

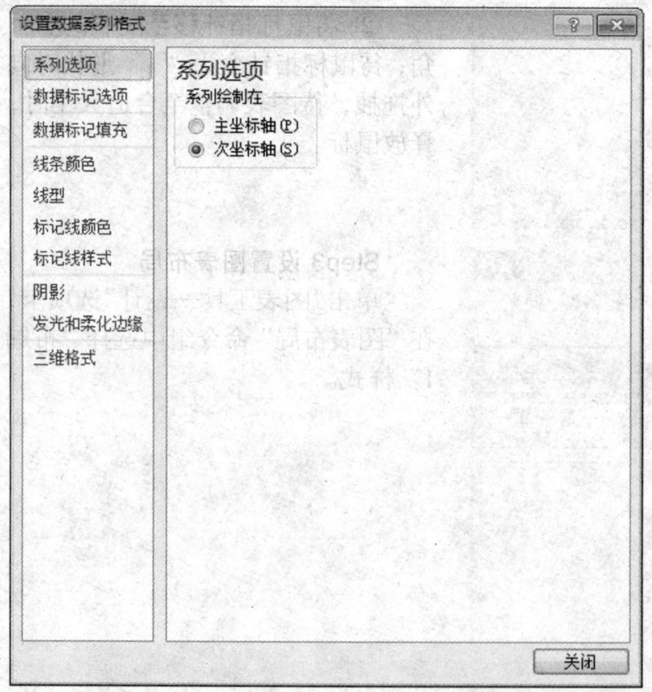

② 弹出“设置数据系列格式”对话框，在“系列绘制在”下方单击“次坐标轴”单选钮。

不要单击“关闭”按钮。

移动“设置数据系列格式”对话框，将后方的绘图区显示出来。

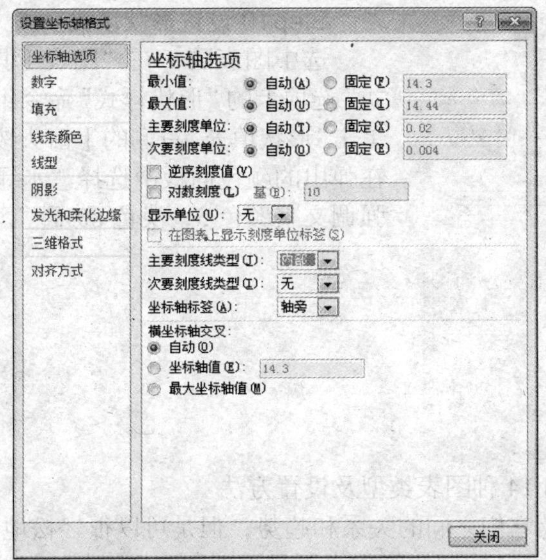

Step7 设置次坐标轴格式

单击“次坐标轴 垂直(值)轴”，因为没有单击“关闭”按钮，此时“设置数据系列格式”对话框更改为“设置坐标轴格式”对话框，将要设置的是“次坐标轴 垂直（值）轴”的格式。

在“设置坐标轴格式”对话框中，单击“坐标轴选项”选项卡，在右侧单击“主要刻度线类型”右侧的下箭头按钮，在弹出的列表中选择“内部”。

不要单击“关闭”按钮。

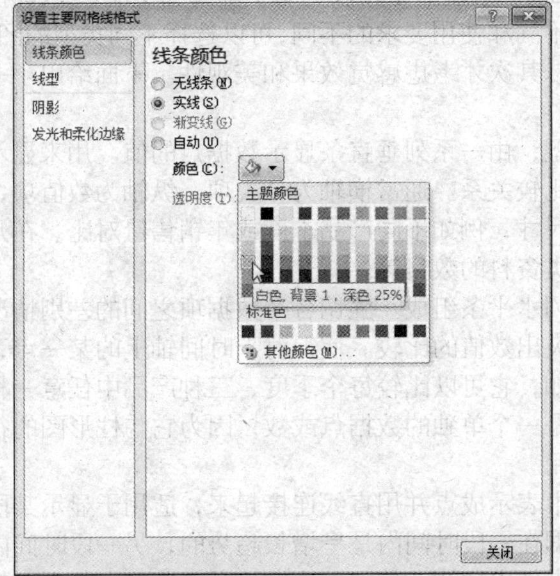

Step8 设置网格线格式

选中网格线，在“设置主要网格线格式”对话框中，单击“线条颜色”选项卡，单击“实线”单选钮，单击“颜色”右侧的下箭头按钮，在弹出的颜色面板中选择“白色,背景 1,深色 15%”。单击“关闭”按钮。

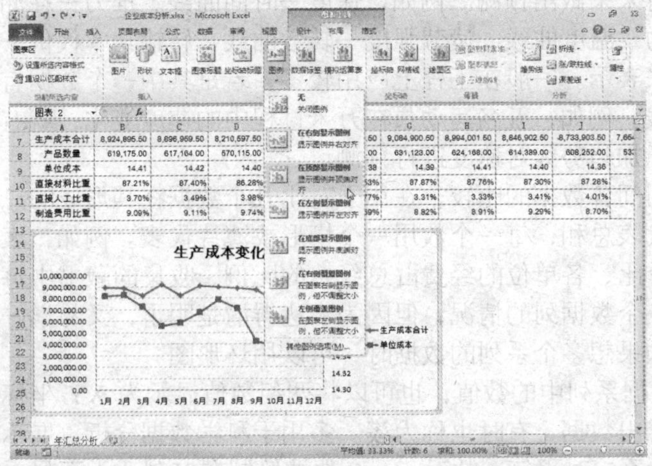

Step9 设置图例格式

单击“图表工具-布局”选项卡，在“标签”命令组中，单击“图例”→“在顶部显示图例”命令。

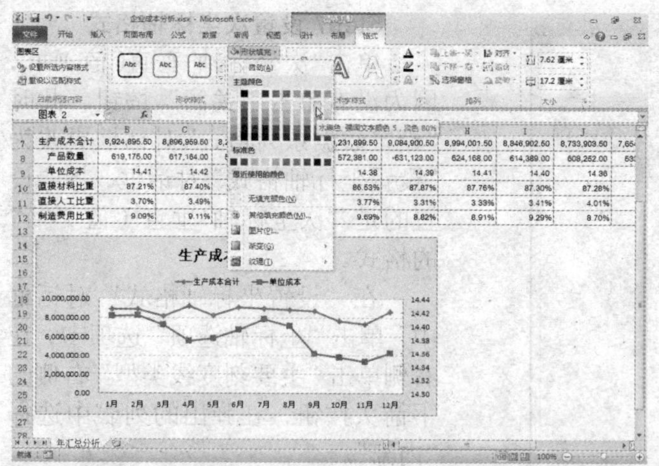

Step10 设置形状填充

选中图表区，在“图表工具-格式”选项卡的“形状样式”命令组中，单击“形状填充”右侧的下箭头按钮，在弹出的颜色面板中选择“水绿色，强调文字颜色 5，淡色 80%”。

项目扩展：选择与 Excel 数据相符合的 14 种图表类型及设置方法

我们也许无法记住一连串的数字，以及它们之间的关系和趋势，但是可以很轻松地记住一幅图画或者一个曲线。利用图表使得用 Excel 编制的工作表更易于理解和交流。Excel 提供的标准图表类型一共有 14 种，根据数据的不同和使用要求的不同，可以选择不同类型的图表。图表的选择主要取决于数据要传达的信息，其次才考虑感觉效果和美观性。下面给出了一些常见的规则。

（1）柱形图。是 Excel 默认的图表类型，由一系列垂直条显示数据点的值。用来显示一段时间内数据的变化或者各组数据之间的比较关系。通常横轴为分类项，纵轴为数值项，用来比较一段时间中两个或多个项目的相对尺寸，例如不同产品季度或年销售量对比、在几个项目中不同部门的经费分配情况、每年各类资料的数目等。

（2）条形图。类似于柱形图，由一系列水平条组成。强调各个数据项之间的差别情况。纵轴为分类项，横轴为数值项，这样可以突出数值的比较。使得对于时间轴上的某一点，两个或多个项目的相对尺寸具有可比性。例如，它可以比较每个季度、三种产品中任意一种的销售数量。条形图中的每一条在工作表上是一个单独的数据点或数，因为它与柱形图的行和列刚好是调过来了，所以有时可以互换使用。

（3）折线图。将同一系列的数据在图中表示成点并用直线连接起来，适用于显示某段时间内数据的变化及其变化趋势。例如，数据在一段时间内是呈增长趋势的，另一段时间内处于下降趋势，我们可以通过折线图，对未来做出预测。例如，速度—时间曲线、推力—耗油量曲线、升力系数—马赫数曲线、压力—温度曲线、疲劳强度—转数曲线、转输功率代价—传输距离曲线等，都可以利用折线图来表示。一般在工程上应用较多，若是其中一个数据有几种情况，折线图里就有几条不同的线。例如，五名运动员在万米过程中的速度变化，就有五条折线，可以互相对比，也可以对添加趋势线对速度进行预测。

（4）饼图。只适用于单个数据系列间各数据的比较，在用于对比几个数据在其形成的总和中所占百分比值时最有用。整个饼代表总和，每一个数用一个楔形或薄片代表。例如，表示不同产品的销售量占总销售量的百分比、各单位的经费占总经费的比例、收集的藏书中每一类占多少等。饼形图虽然只能表达一个数据列的情况，但因为表达得清楚明了，又易学好用，所以在实际工作中用得比较多。如果想多个系列的数据时，可以用环形图。

（5）XY 散点图。用于比较几个数据系列中的数值，也可以将两组数值显示为 XY 坐标系中的一个系列。它可按不等间距显示出数据，有时也称为簇。多用于科学数据分析，展示成对的数和它们所代表的趋势之间的关系。对于每一数对，一个数被绘制在 X 轴上，而另一个被绘制在 Y 轴上。过两点作轴垂线，相交处在图表上有一个标记。当大量的这种数对被绘制后，出现一个图形。散点图的重要作用是可以用来绘制函数曲线，从简单的三角函数、指数函数、对数函数到更复杂的混合型函数，都可以利用它快速准确地绘制出曲线，所以在教学、科学计算中会经常用到。

（6）面积图。将每一系列数据用直线段连接起来，并将每条线以下的区域用不同颜色填充。强调幅度随时间的变化，通过显示所绘数据的总和，说明部分和整体的关系。当有几个部分正在变动，而你对那些部分总和感兴趣时，他们特别有用。面积图使你看见单独各部分的变动，同时也看到总体的变化。

（7）圆环图。显示部分与整体的关系，可以含有多个数据系列，每个环代表一个数据系列。

（8）雷达图。每个分类拥有自己的数值坐标轴，这些坐标轴由中点向四周辐射，并用折线将同一系列中的值连接起来，显示数据如何按中心点或其他数据变动。可以采用雷达图来绘制几个内部关联的序列，很容易地做出可视的对比。例如，有三台具有五个相同部件的机器，在雷达图上就可以绘制出每一台机器上每一部件的磨损量。

（9）曲面图：常用来绘制一些较为复杂的数学函数，在曲面图中，Z 不是数值轴，而是分类轴，就是说，要画该图，需要用 Z 的值作为类别来画。

（10）气泡图。是在给定的坐标下绘制的图，这些坐标确定了气泡的位置，气泡的大小决定了该值的大小。

（11）股价图。通常用来描绘股票价格走势。是具有三个数据序列的折线图，被用来显示一段给定时间内一种股标的最高价、最低价和收盘价。通过在最高、最低数据点之间画线形成垂直线条，而轴上的小刻度代表收盘价。股价图多用于金融、商贸等行业，用来描述商品价格、货币兑换率和温度、压力测量等，当然对股价进行描述最适合。

还有其他一些类型的图表，比如圆柱图、圆锥图、棱锥图，只是条形图和柱形图变化而来的，可以使柱形图和条形图产生很好的三维效果。没有其他突出的特点，而且用得相对较少，这里就不一一赘述。要说明的是，以上只是图表的一般应用情况，有时一组数据，可以用多种图表来表现，那时就要根据具体情况加以选择。对有些图表，如果一个数据序列绘制成柱形，而另一个则绘制成折线图或面积图，则该图表看上去会更好些。

1.3　绘制分离型饼图

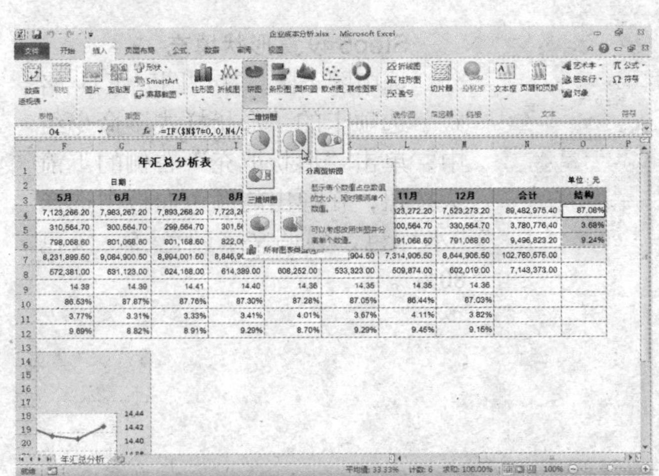

Step1 选择图表类型

在“年汇总分析”工作表中，按住<Ctrl>键同时选中 A4:A6 和 O4:O6 单元格区域。切换到“插入”选项卡，并单击“图表”命令组中的“饼图”按钮，再在打开的下拉菜单中选择“二维饼图”下的“分离型三维饼图”。

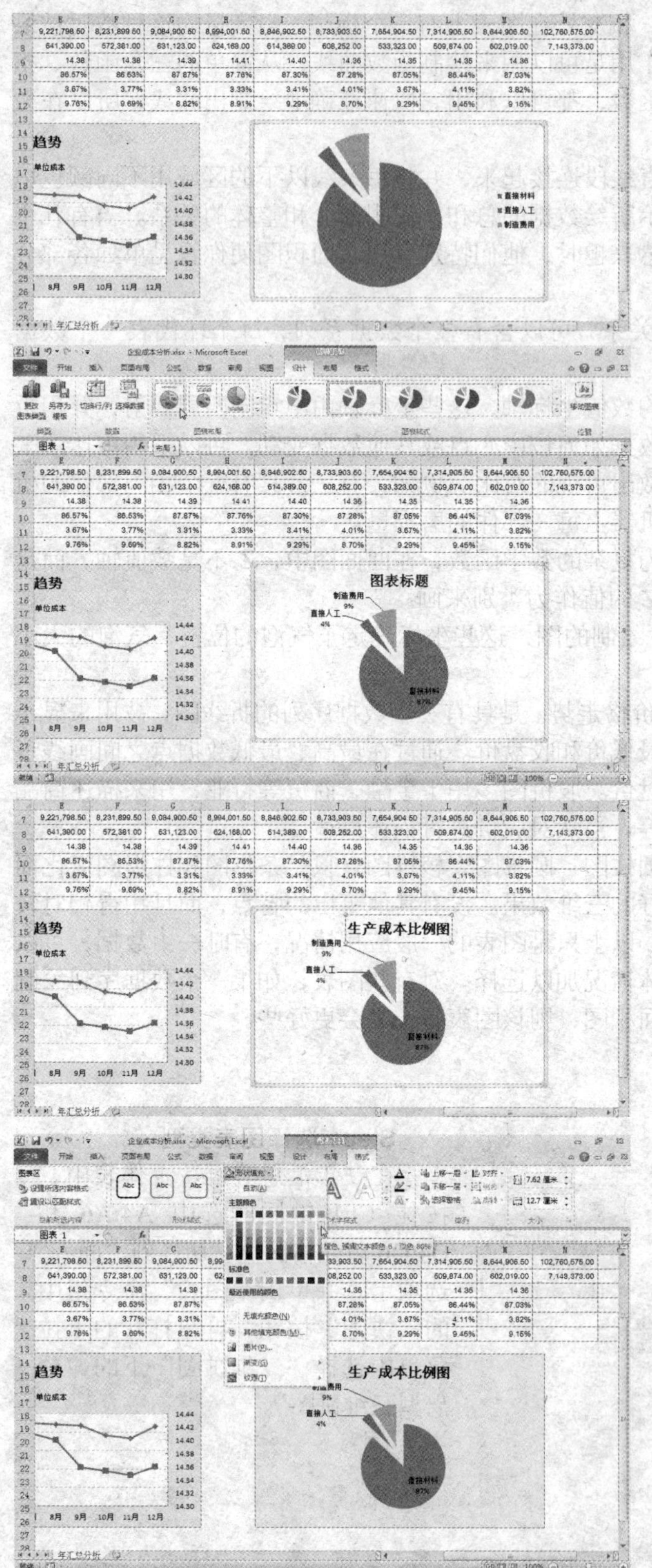

Step2 调整图表位置和大小

① 在图表空白位置按住鼠标左键，将其拖拽至工作表合适位置。

② 将鼠标指针移至图表的右下角，待鼠标指针变为“↘”形状时向外拖拽，待图表调整至合适大小时，释放鼠标。

Step3 设置图表布局

单击“图表工具-设计”选项卡，在“图表布局”命令组中选择“布局1”样式。

Step4 编辑图表标题

选中图表标题，将图表标题修改为“生产成本比例图”，设置字体为“Arial Unicode MS”。

Step5 设置形状填充

选中图表区，在“图表工具-格式”选项卡的“形状样式”命令组中，单击“形状填充”右侧的下箭头按钮，在弹出的颜色面板中选择“水绿色，强调文字颜色5，淡色80%”。

操作技巧：拉出饼图的某个扇形区域、放大或者缩小饼图

选中饼图，停顿片刻再单击某个扇形区向外拖拽，可以将该扇形区从饼图中拖拽出来。

选中饼图外侧的绘图区，将鼠标移至绘图区的四个顶点的任意一个之上，向外拉升即可放大饼图，反之向里拉升即可缩小饼图。

项目扩展：图表公式 SERIES 的使用技巧

如果需要修改现有图表所引用的数据区域，通常的做法是先选中图表，然后单击菜单“图表”→“源数据”，在“源数据”对话框中修改，而另一种更加快捷的方法是通过修改编辑栏中的 SERIES 公式内容来改变图表所引用的源数据。

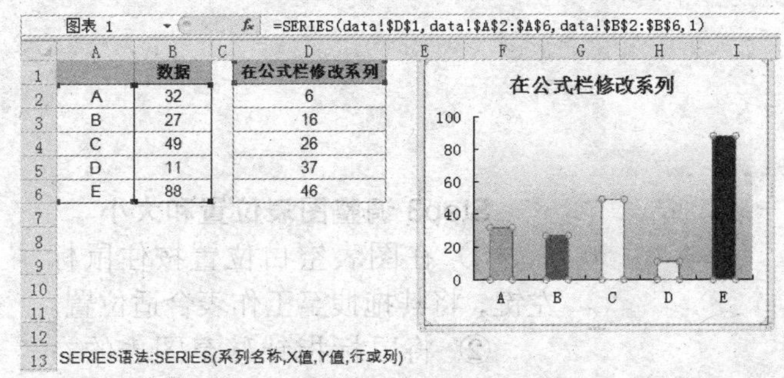

单击图表的柱型系列，在公式编辑栏中出现 SERIES()表示的数据系列。SERIES 的格式为“=SERIES(系列名称,X 值,Y 值,按行或列)”，即当前系列名称是 B1，X 值是 A2:A6，Y 值是 B2:B6，数据系列产生在列。

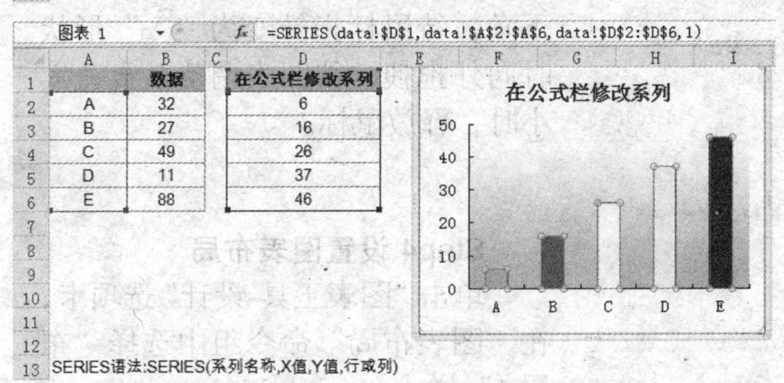

如果修改 SERIES 公式中的 Y 值参数，将$B$2:$B$6 修改为$D$2:$D$6，则图表中 Y 值将变为$D$2:$D$6。

1.4　课堂练习

将已经发生的历史成本的有关资料与本年成本相对比，可以明显看出哪些项目的成本在如何变化，以便在来年的生产中控制成本。对各项成本项目进行比例分析，可以为企业做出的经营策略提供依据。

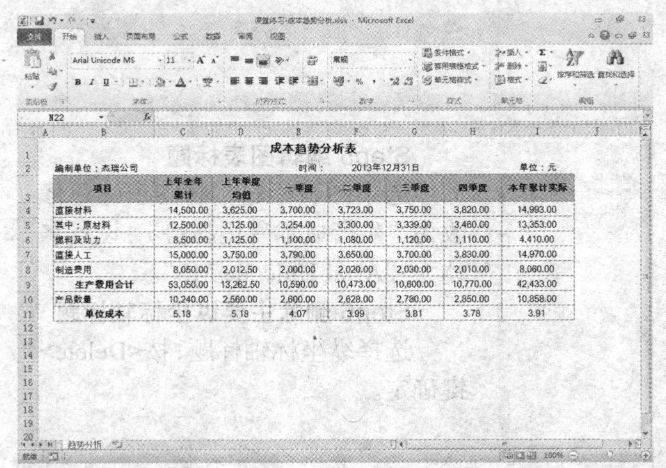

成本趋势分析表

编制单位：杰瑞公司　　时间：2013年12月31日　　单位：元

项目	上年全年累计	上年季度均值	一季度	二季度	三季度	四季度	本年累计实际
直接材料	14,500.00	3,625.00	3,700.00	3,723.00	3,750.00	3,820.00	14,993.00
其中：原材料	12,500.00	3,125.00	3,254.00	3,300.00	3,339.00	3,460.00	13,353.00
燃料及动力	8,500.00	1,125.00	1,100.00	1,080.00	1,120.00	1,110.00	4,410.00
直接人工	15,000.00	3,750.00	3,790.00	3,650.00	3,700.00	3,830.00	14,970.00
制造费用	8,050.00	2,012.50	2,000.00	2,020.00	2,030.00	2,010.00	8,060.00
生产费用合计	53,050.00	13,262.50	10,590.00	10,473.00	10,600.00	10,770.00	42,433.00
产品数量	10,240.00	2,560.00	2,600.00	2,628.00	2,780.00	2,850.00	10,858.00
单位成本	5.18	5.18	4.07	3.99	3.81	3.78	3.91

Step1 创建工作簿

① 创建“课堂练习-成本趋势分析”工作簿，“Sheet1”工作表重命名为“趋势分析”，删除多余的工作表。

② 在 B1:I11 单元格区域输入产品成本分析项目和相关的数据信息，并美化工作表。

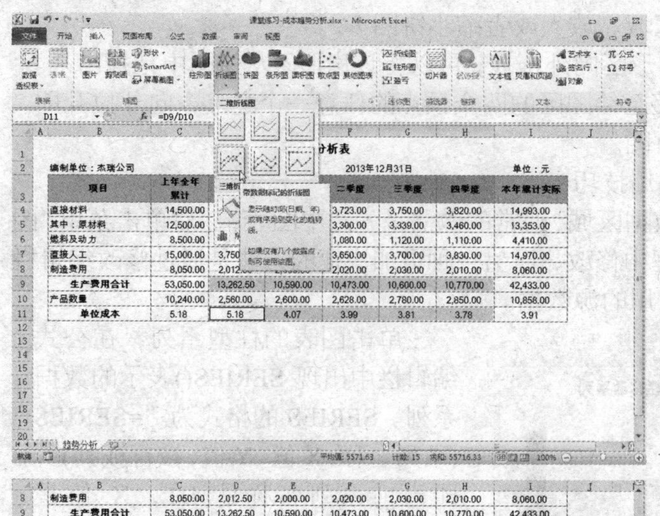

Step2 选择图表类型

按住<Ctrl>键同时选中 D3:H3、D9:H9 和 D11:H11 单元格区域，切换到“插入”选项卡，并单击“图表”命令组中的“折线图”按钮，再在打开的下拉菜单中选择“二维折线图”下的“带数据标记的折线图”。

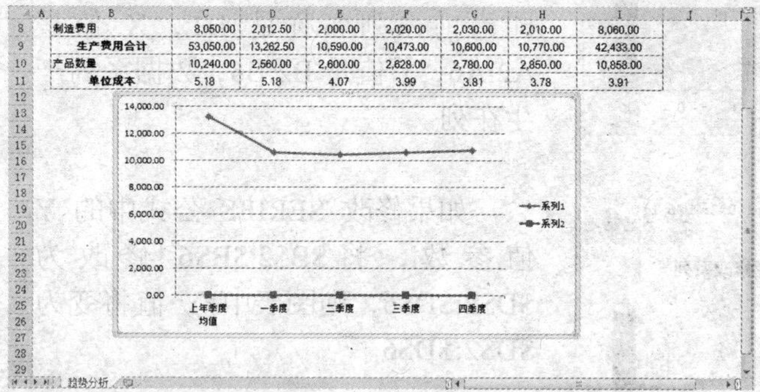

Step3 调整图表位置和大小

① 在图表空白位置按住鼠标左键，将其拖拽至工作表合适位置。

② 将鼠标指针移至图表的右下角，待鼠标指针变为“↘”形状时向外拖拽，待图表调整至合适大小时，释放鼠标。

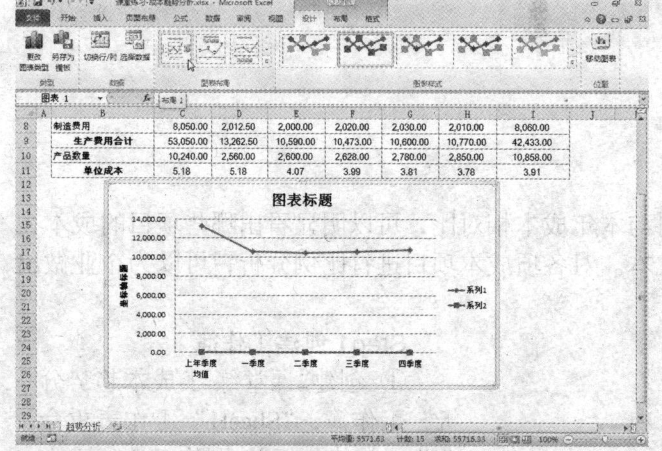

Step4 设置图表布局

单击“图表工具-设计”选项卡，在“图表布局”命令组中选择“布局 1”样式。

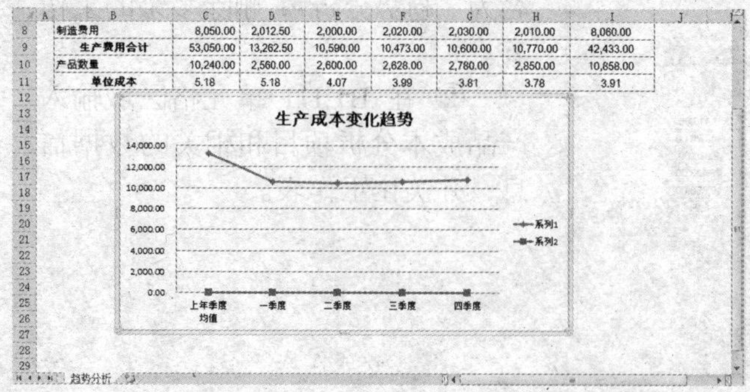

Step5 编辑图表标题

选中图表标题，将图表标题修改为“生产成本变化趋势”，设置字体为“Arial Unicode MS”。

Step6 删除主要纵坐标轴标题

选择纵坐标轴标题，按<Delete>键确定。

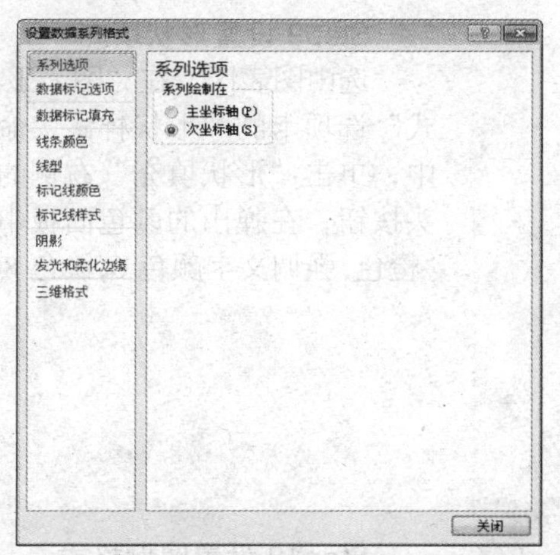

Step7 设置数据系列格式

① 在“图表工具-布局”选项卡的“当前所选内容”命令组的“图表元素”下拉列表框中选择“系列 2”，然后单击“当前所选内容”命令组中的“设置所选内容格式”按钮。

② 弹出“设置数据系列格式”对话框，在“系列绘制在”下方单击“次坐标轴”单选钮。

Step8 编辑数据系列名称

① 单击“图表工具-设计”选项卡，在“数据”命令组中单击“选择数据”按钮。

② 在弹出的“选择数据源”对话框中，在“图例项（系列）”下选择“系列 1”，再单击“编辑”按钮。

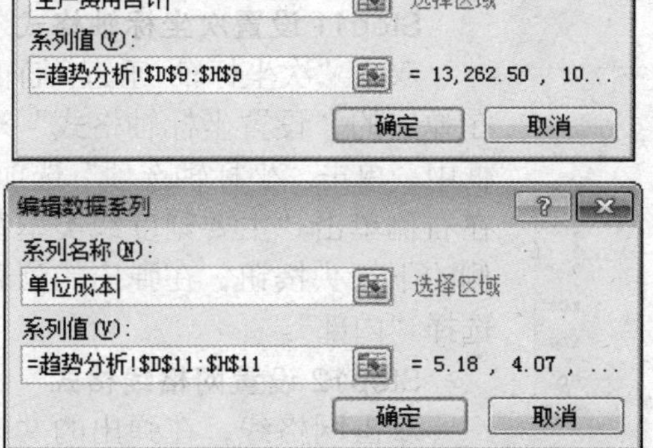

③ 弹出“编辑数据系列”对话框，在“系列名称”下方的文本框中输入“生产费用合计”。单击“确定”按钮，返回“选择数据源”对话框。

④ 在“选择数据源”对话框中，在“图例项（系列）”下选中“系列 2”，再单击“编辑”按钮。在弹出的“编辑数据系列”对话框中，在“系列名称”下方的文本框中输入“单位成本”。单击“确定”按钮。

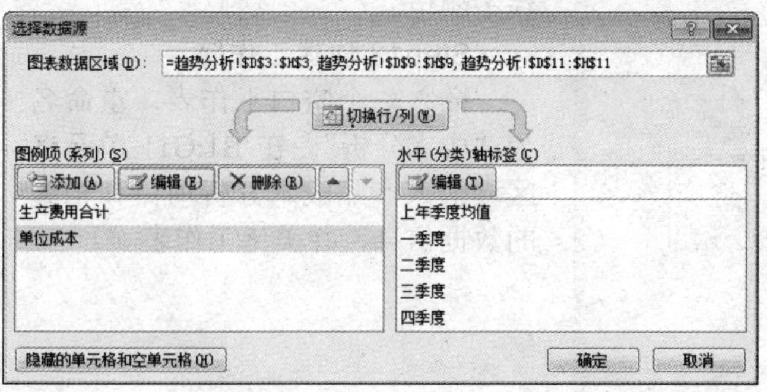

⑤ 返回“选择数据源”对话框。再次单击“确定”按钮。

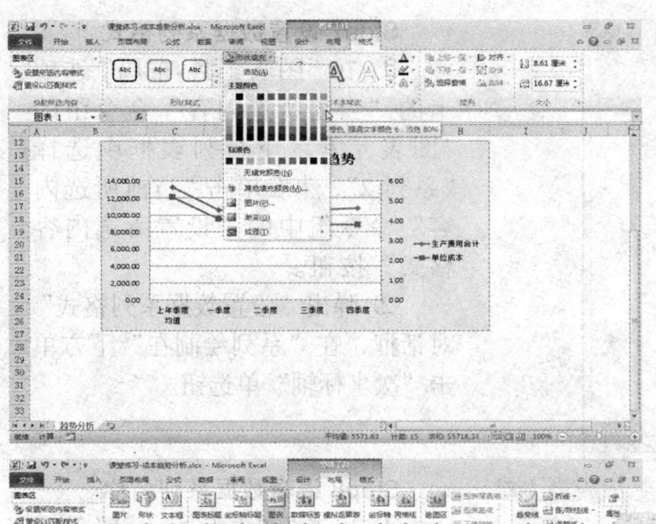

Step9 设置形状填充

选中图表区，在“图表工具-格式”选项卡的“形状样式”命令组中，单击“形状填充”右侧的下箭头按钮，在弹出的颜色面板中选择“橙色,强调文字颜色 6,淡色 80%”。

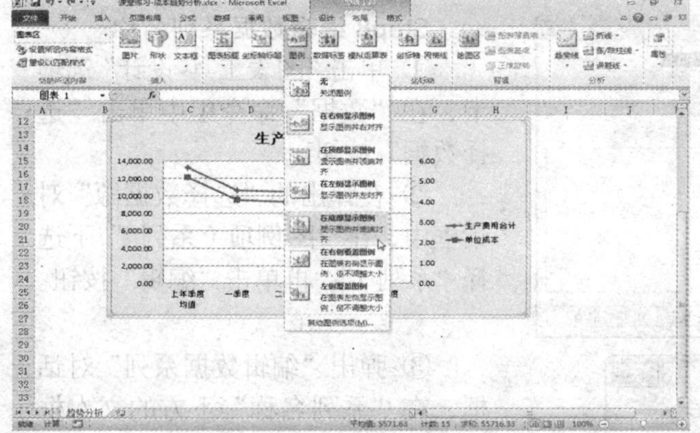

Step10 设置图例格式

单击“图表工具-布局”选项卡，在“标签”命令组中，单击“图例”→“在底部显示图例”命令。

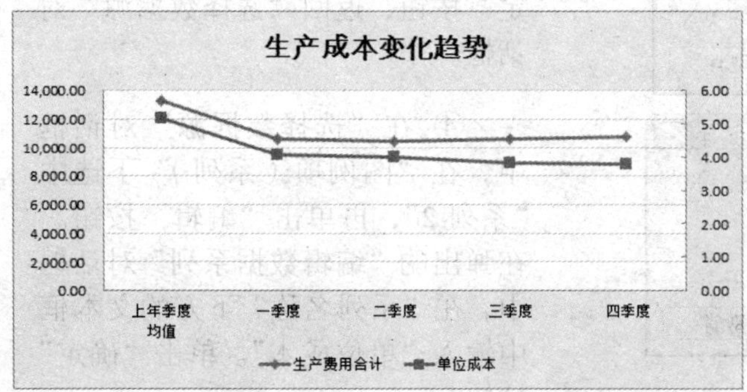

Step11 设置次坐标轴格式

双击“次坐标轴 垂直(值)轴”，在弹出的“设置坐标轴格式”对话框中，单击“坐标轴选项”选项卡，在右侧单击“主要刻度线类型”右侧的下箭头按钮，在弹出的列表中选择“内部”。

Step12 设置网格线格式

双击网格线，在弹出的“设置主要网格线格式”对话框中，设置线条颜色。

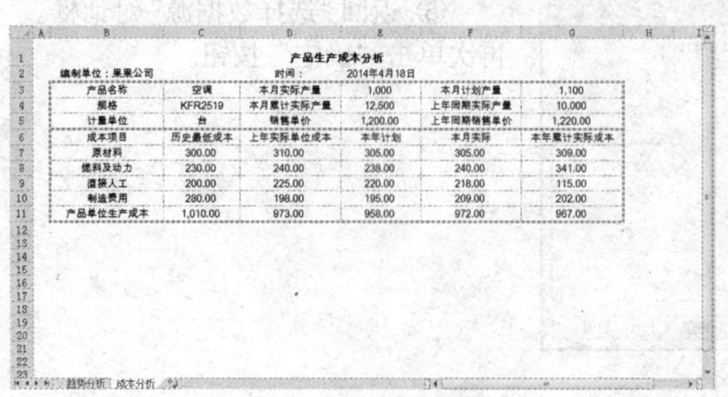

产品生产成本分析

编制单位：果果公司　　时间：　2014年4月18日

产品名称	空调	本月实际产量	1,000	本月计划产量	1,100
规格	KFR2519	本月累计实际产量	12,500	上年同期实际产量	10,000
计量单位	台	销售单价	1,200.00	上年同期销售单价	1,220.00
成本项目	历史最低成本	上年实际单位成本	本年计划	本月实际	本年累计实际成本
原材料	300.00	310.00	305.00	305.00	309.00
燃料及动力	230.00	240.00	238.00	240.00	341.00
直接人工	200.00	225.00	220.00	218.00	115.00
制造费用	280.00	198.00	195.00	209.00	202.00
产品单位生产成本	1,010.00	973.00	958.00	972.00	967.00

Step13 创建工作簿

插入一个空白工作表，重命名为“成本分析”。在 B1:G11 单元格区域输入产品成本分析项目和相关的数据信息，并美化工作表。

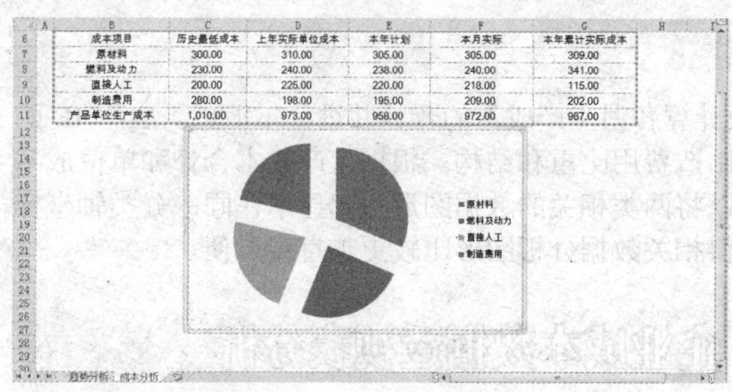

Step14 选择图表类型

按住<Ctrl>键同时选中 B7:B10 和 F7:F10 单元格区域。切换到“插入”选项卡，并单击“图表”命令组中的“饼图”→“二维饼图”→“分离型三维饼图”。

Step15 调整图表位置

在图表空白位置按住鼠标左键，将其拖拽至工作表合适位置。

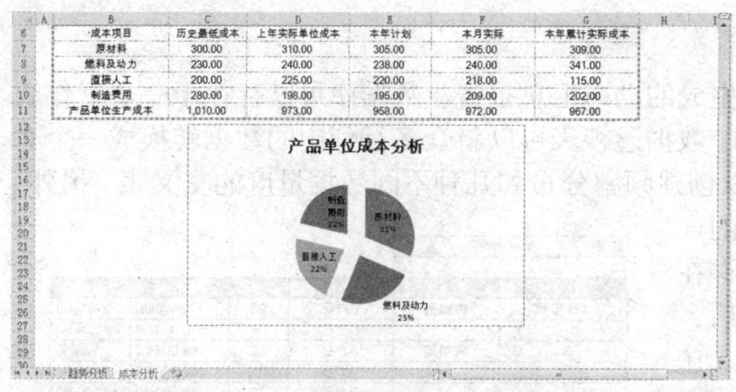

Step16 设置图表布局

单击“图表工具-设计”选项卡，在“图表布局”命令组中选择“布局 1”样式。

Step17 编辑图表标题

选中图表标题，将图表标题修改为“产品单位成本分析”，设置字体为“Arial Unicode MS”。

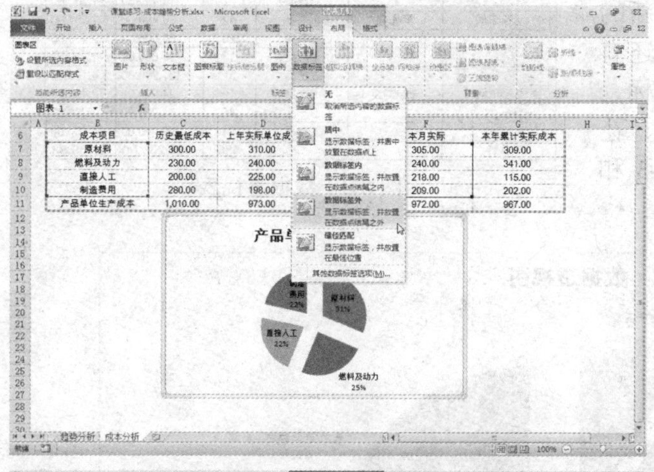

Step18 设置数据标签位置

单击“图表工具-布局”选项卡，在“标签”命令组中单击“数据标签”→“数据标签外”命令。

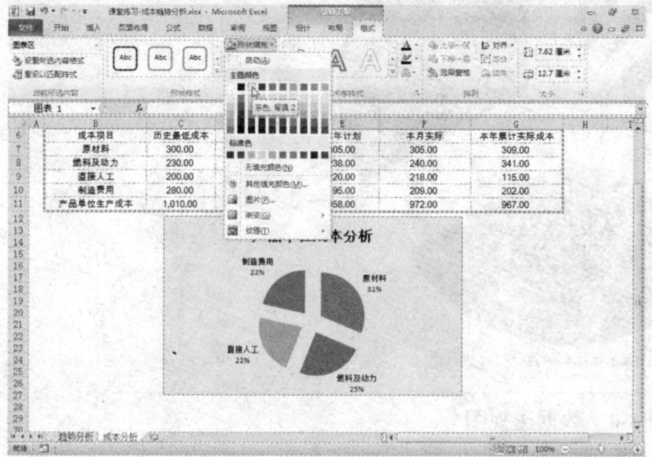

Step19 设置形状填充

选中图表区，在“图表工具-格式”选项卡的“形状样式”命令组中，单击“形状填充”右侧的下箭头按钮，在弹出的颜色面板中选择“茶色，背景 2”。

任务小结

“年汇总分析”表中利用 SUM 函数计算各月生产成本的合计并进行年汇总。应用 IF 函数计算直接材料比重、直接人工比重、制造费用比重和结构。根据生产成本合计和单位成本趋势分析的需要选择“二维折线图”，可以将两类相关的数据图形一起显示在同一分类轴坐标下，而各自使用自身的数值轴坐标，使得相关数据分析图形比较更加直观方便。

任务二　企业成本数据透视表分析

任务背景

数据透视表本质上是一个由数据库生成的动态汇总报告。数据库可以存在于一个工作表（以表的形式）或一个外部的数据文件中。数据透视表可以将众多行列中的数据转换成一个有意义的数据报告。例如，数据透视表可以创建频率分布和几种不同数据量度的交叉表。另外，还可以显示部分数据之和以及各种水平的详细情况。数据透视表最具创新的方面或许在于它的交互作用。创建一个数据透视表后，可以使用各种可能的方法重新组合信息，还可以通过透视表的公式计算功能来执行新的计算。也可以创建汇总项目后的分组。还有一些锦上添花的操作，只要单击几次鼠标，就可以对数据透视表应用一些格式设置，让它变成一个更加吸引人的报告。如图 8-3 和图 8-4 所示。

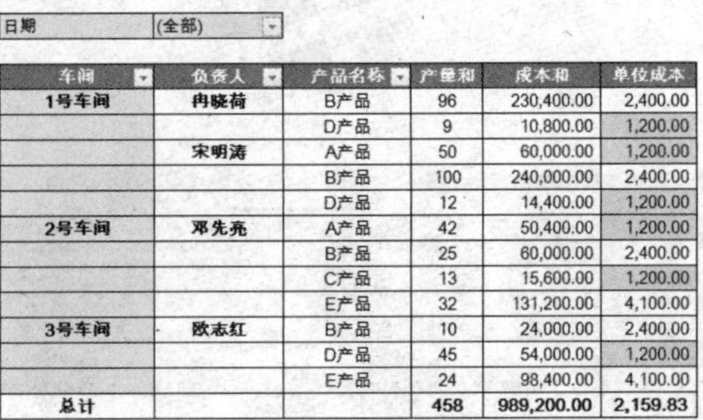

日期	(全部)

车间	负责人	产品名称	产量和	成本和	单位成本
1号车间	冉晓荷	B产品	96	230,400.00	2,400.00
		D产品	9	10,800.00	1,200.00
	宋明涛	A产品	50	60,000.00	1,200.00
		B产品	100	240,000.00	2,400.00
		D产品	12	14,400.00	1,200.00
2号车间	邓先亮	A产品	42	50,400.00	1,200.00
		B产品	25	60,000.00	2,400.00
		C产品	13	15,600.00	1,200.00
		E产品	32	131,200.00	4,100.00
3号车间	欧志红	B产品	10	24,000.00	2,400.00
		D产品	45	54,000.00	1,200.00
		E产品	24	98,400.00	4,100.00
总计			458	989,200.00	2,159.83

图 8-3　数据透视表

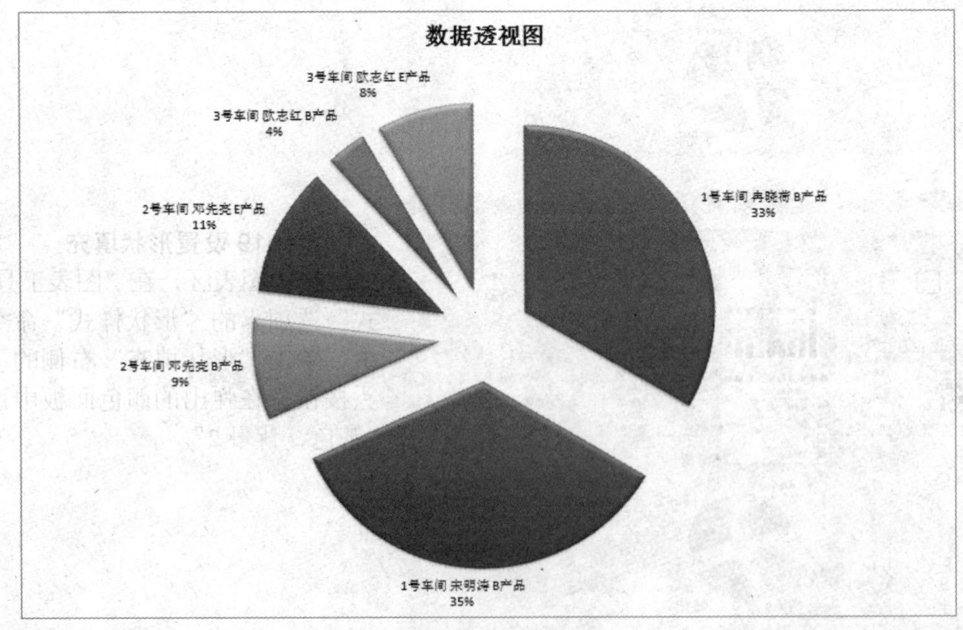

图 8-4　数据透视图

知识点分析

要实现本例中的功能，以下为需要掌握的知识点。

- 数据透视表
- 数据透视图

任务实施

2.1 创建数据透视表

数据透视表是从数据库中产生的一个动态汇总表格，它的透视和筛选能力使其具有极强的数据分析能力，通过转换行或列以查看源数据的不同汇总结果，并可以显示不同的页面来筛选数据，还可以根据需要显示区域中的明细数据。

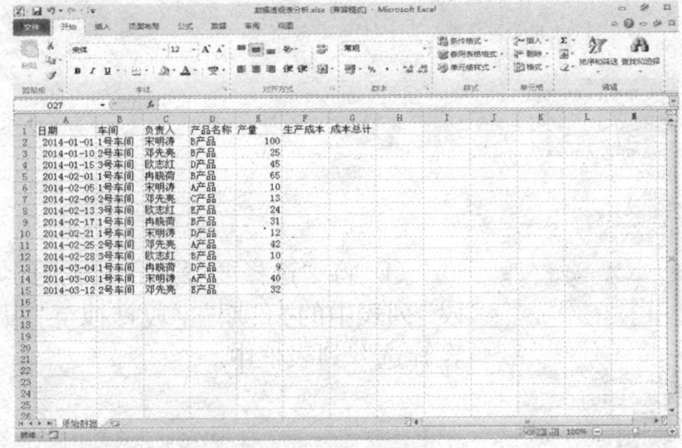

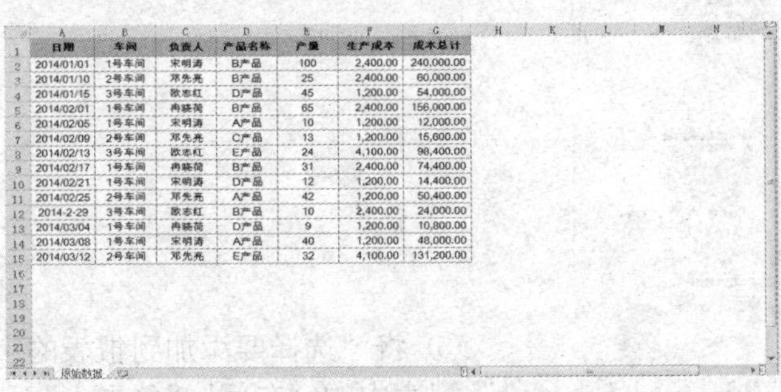

日期	车间	负责人	产品名称	产量	生产成本	成本总计
2014/01/01	1号车间	宋明涛	B产品	100	2,400.00	240,000.00
2014/01/10	2号车间	邓先亮	B产品	25	2,400.00	60,000.00
2014/01/15	3号车间	欧志红	D产品	45	1,200.00	54,000.00
2014/02/01	1号车间	冉晓荷	B产品	65	2,400.00	156,000.00
2014/02/05	1号车间	宋明涛	A产品	10	1,200.00	12,000.00
2014/02/09	2号车间	邓先亮	C产品	13	1,200.00	15,600.00
2014/02/13	3号车间	欧志红	E产品	24	4,100.00	98,400.00
2014/02/17	1号车间	冉晓荷	B产品	31	2,400.00	74,400.00
2014/02/21	1号车间	宋明涛	D产品	12	1,200.00	14,400.00
2014/02/25	2号车间	邓先亮	A产品	42	1,200.00	50,400.00
2014-2-29	3号车间	欧志红	B产品	10	2,400.00	24,000.00
2014/03/04	1号车间	冉晓荷	D产品	9	1,200.00	10,800.00
2014/03/08	1号车间	宋明涛	A产品	40	1,200.00	48,000.00
2014/03/12	2号车间	邓先亮	E产品	32	4,100.00	131,200.00

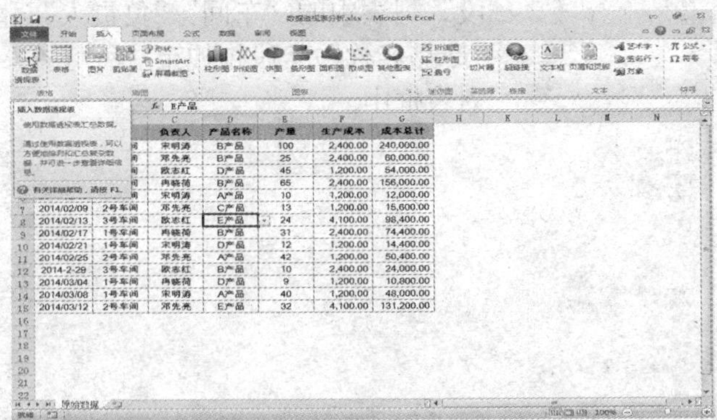

Step1 新建工作簿

① 新建工作簿，保存并命名为“数据透视表分析”，“Sheet1”工作表重命名为“原始数据”，删除多余的工作表。

② 在 A1:G15 单元格区域输入原始数据。在 B 列和 D 列利用数据有效性输入数据。

③ 选中 F2:G15 单元格区域，设置单元格格式为“数值”，小数位数为“2”，勾选“使用千位分隔符”复选框。

Step2 计算成本总计

① 选中 G2 单元格，输入以下公式，按<Enter>键确定。

```
=E2*F2
```

② 选中 G2 单元格，拖拽右下角的填充柄至 G15 单元格。

③ 美化工作表。

Step3 创建数据透视表

① 在工作表中，单击任意非空单元格，如 D8 单元格，单击“插入”选项卡，单击“表格”命令组中的“数据透视表”按钮。

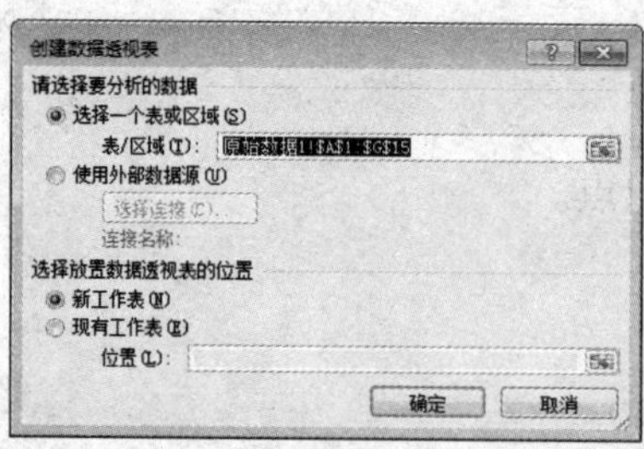

② 弹出“创建数据透视表”对话框，“表/区域”文本框中默认的工作表数据区域为“原始数据!$A$1:$G$15”，“选择放置数据透视表的位置”默认选择为“新工作表”，单击“确定”按钮。

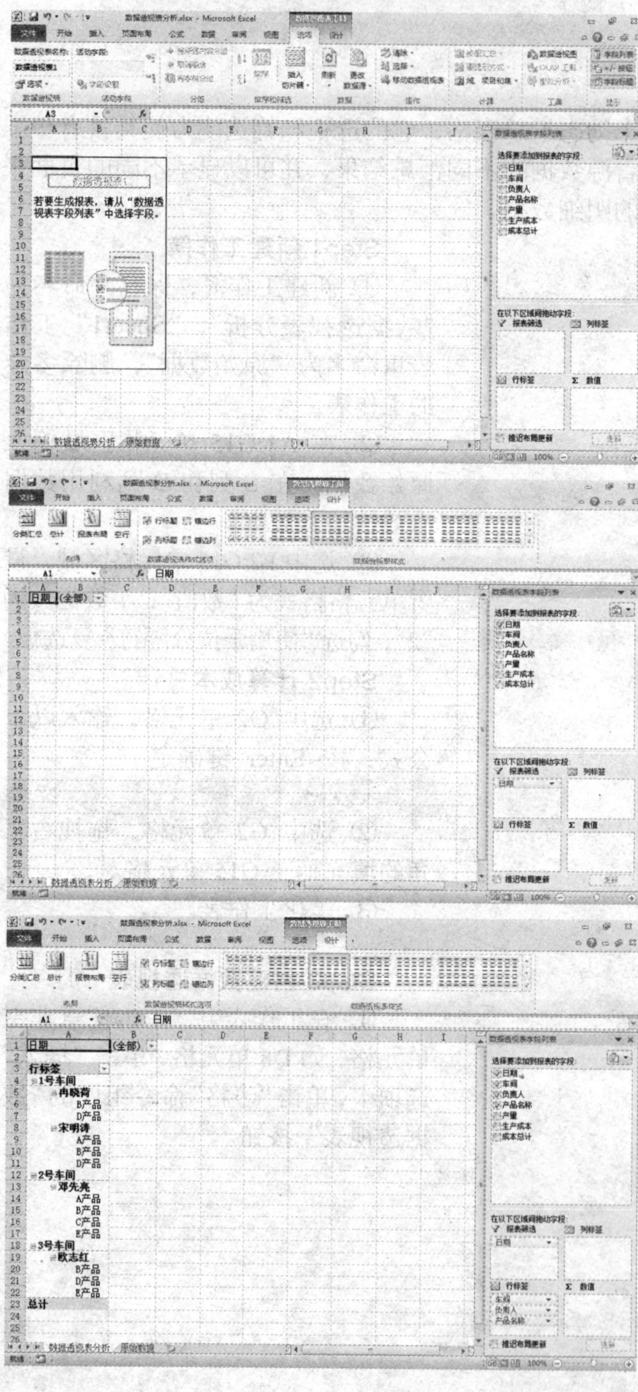

③ 创建数据透视表“Sheet1”后，Excel 将自动打开“数据透视表字段列表”任务窗格。“Sheet1”工作表重命名为“数据透视表分析”。

④ 将“选择要添加到报表的字段”列表中的“日期”字段拖拽至“报表筛选”列表框中。

⑤ 将“选择要添加到报表的字段”列表中的“车间”“负责人”和“产品名称”字段拖拽至“行标签”列表框中。

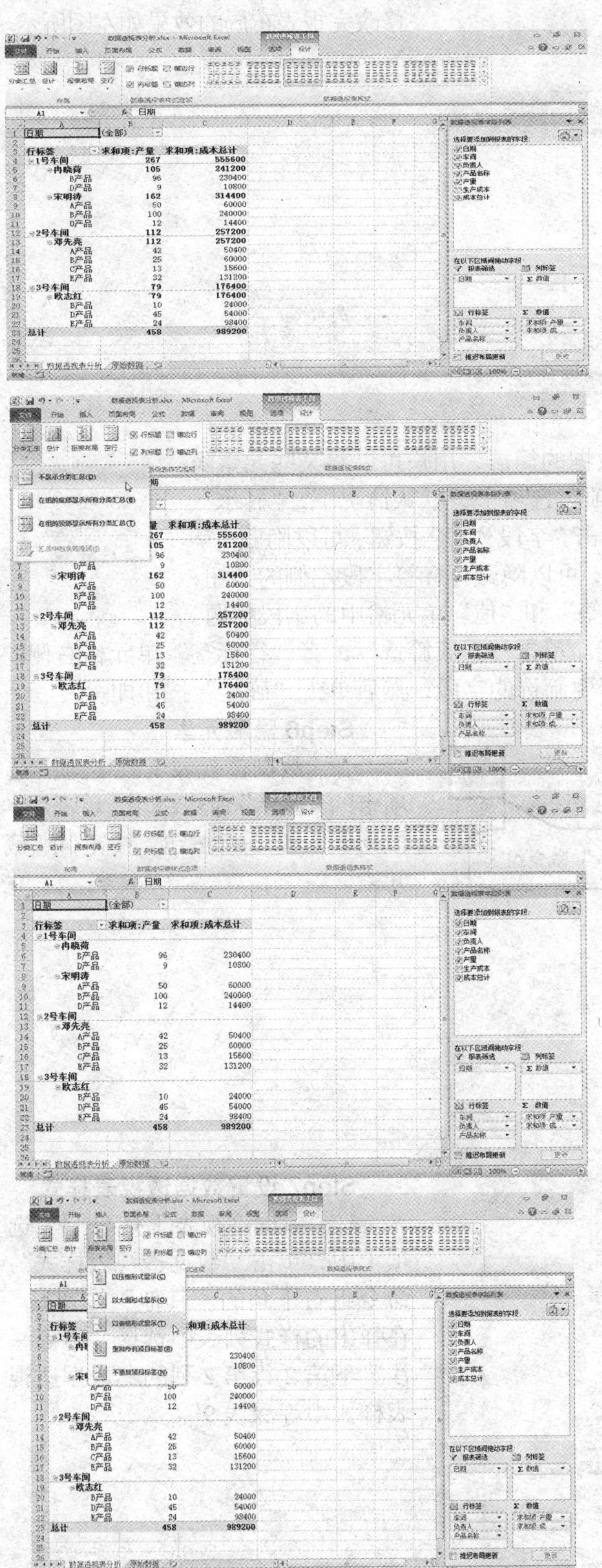

⑥ 将“选择要添加到报表的字段”列表中的“产量”和“成本总计”字段拖拽至“Σ数值”列表框中。

如果某些字段不再需要，可以逆向操作，即将该字段拖回到“数据透视表字段列表”任务窗格中。

Step4 取消分类汇总

在“数据透视表工具-设计”选项卡的“布局”命令组中单击“分类汇总”→“不显示分类汇总”命令。

在数据透视表中取消了分类汇总。

Step5 修改报表布局

在“数据透视表工具—设计”选项卡的“布局”命令组中单击“报表布局”→“以表格形式显示”命令。

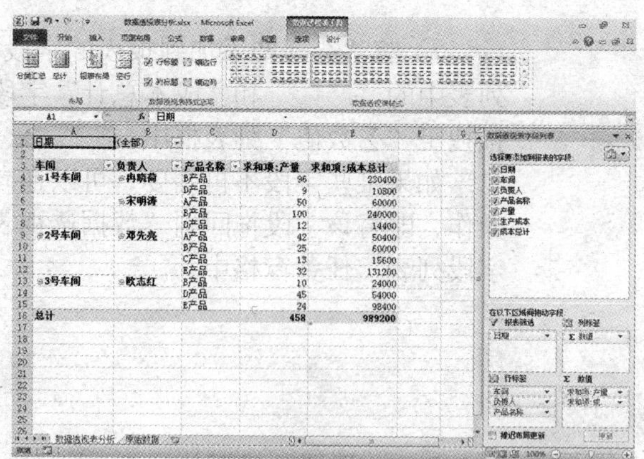

修改完报表布局的效果如左图所示。

操作技巧：隐藏数据透视表中的元素

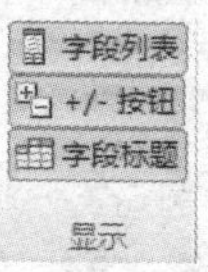

数据透视表中包含多个元素，为了数据的简洁，用户可以将某些元素隐藏。方法：切换到“数据透视表工具-选项”选项卡，默认情况下，“显示”命令组中的 3 个按钮都处于按下状态，单击“字段列表”按钮，可以隐藏“字段列表”任务窗格；单击“+/-按钮”按钮，可以隐藏行标签字段左侧的按钮；单击“字段标题”按钮，可以隐藏“行标签”和“值”单元格中的字段标题。

数据透视表具有快速筛选数据的功能。单击“报表筛选”或者“行标签”单元格右侧的下箭头按钮，在打开的下拉菜单中选择要筛选的字段，然后单击“确定”按钮即可。

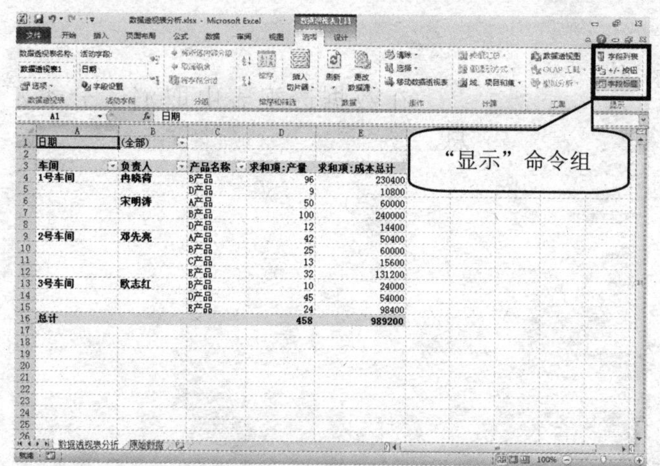

Step6 隐藏元素

在“数据透视表工具-选项”选项卡的“显示”命令组中，单击“字段列表”和“+/-按钮”按钮，隐藏元素。

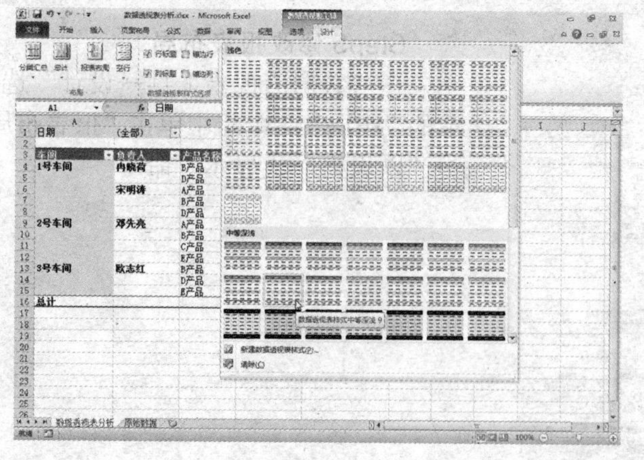

Step7 设置数据透视表样式

在“数据透视表工具-设计”选项卡中，单击“数据透视表样式”命令组右下角的“其他”按钮，在弹出的样式列表中选择“中等深浅”下第 2 行第 2 列的“数据透视表样式中等深浅 9”。

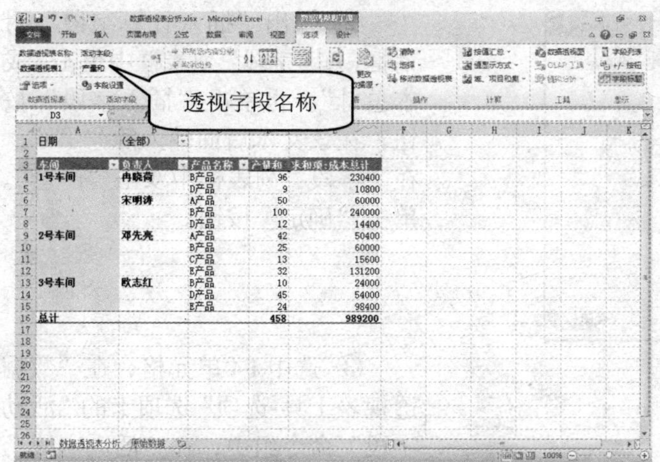

Step8 更改透视字段名称

① 选中D4单元格，在“数据透视表工具—选项”选项卡的“活动字段”命令组中，在“活动字段”下方的“透视字段名称”文本框中输入“产量和”。

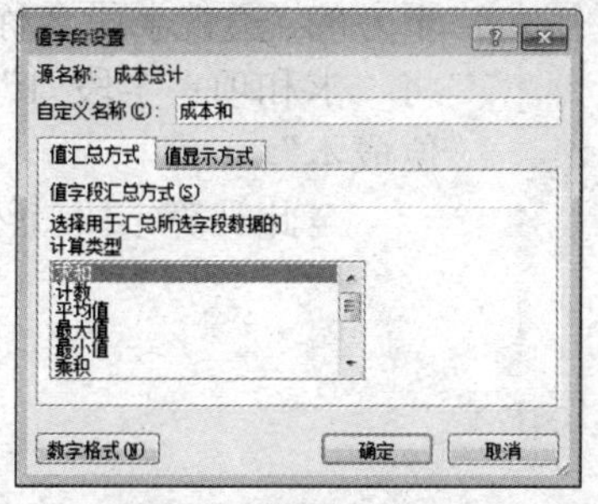

② 右键单击E4单元格，在弹出的快捷菜单中选择“值字段设置”，弹出“值字段设置”对话框。在“自定义名称”右侧的文本框中，将旧名称“求和项:成本总计”修改为新名称“成本和”。单击“确定”按钮。

操作技巧：不能重复字段名

在“自定义名称”后的文本框中，如果输入“成本总计”，会弹出Microsoft Excel对话框，提示“已有相同数据透视表字段名存在”。

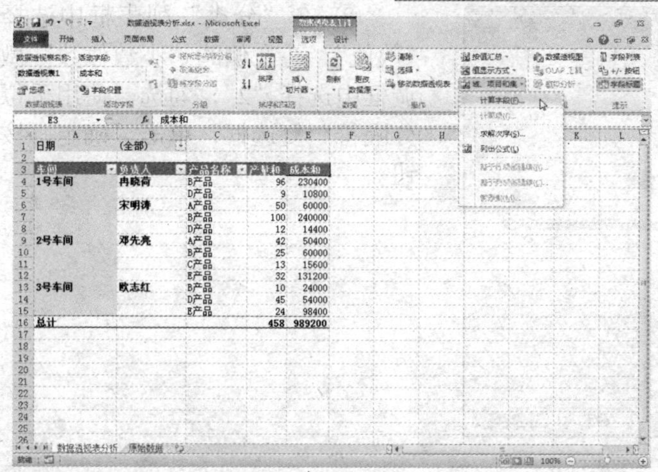

Step9 计算字段

① 在“数据透视表工具-选项”选项卡的“计算”命令组中，单击“域、项目和集”→“计算字段”命令。

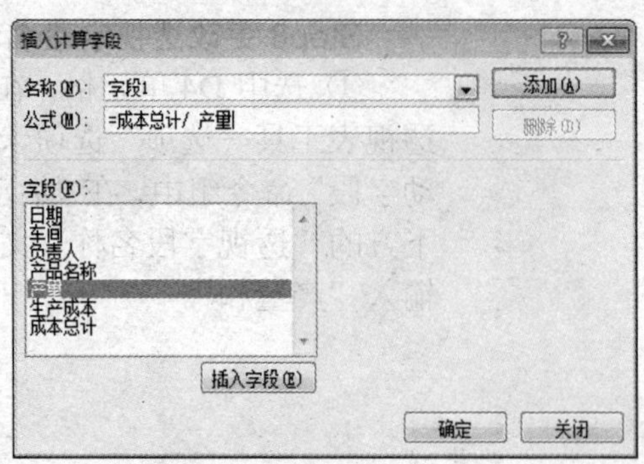

② 弹出“插入计算字段”对话框，在“字段”列表框中单击“成本总计”，再单击“插入字段”按钮，在该文本后面输入除号“/”，在“字段”列表框中双击“产量”。单击“确定”按钮。

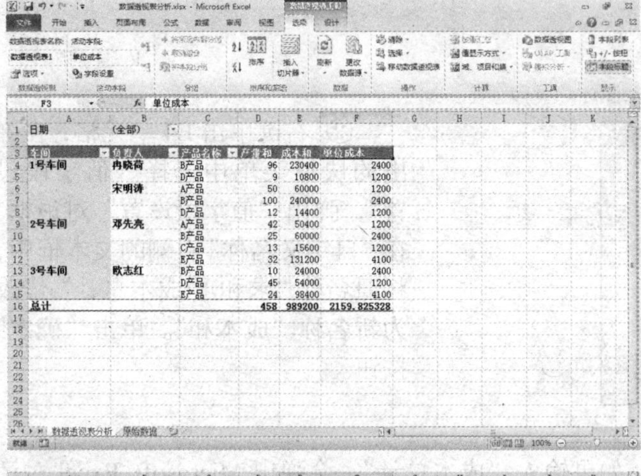

③ 选中 F4 单元格，在“数据透视表工具-选项”选项卡的“活动字段”命令组中，在“活动字段:”下方的“透视字段名称”文本框中，将“求和项：字段 1”修改为“单位成本”。

至此计算字段就添加成功了。

Step10 设置“成本和”和“单位成本”的数值格式

① 选中 E4:F16 单元格区域，右键单击，在弹出的快捷菜单中选择“设置单元格格式”，弹出“设置单元格格式”对话框。

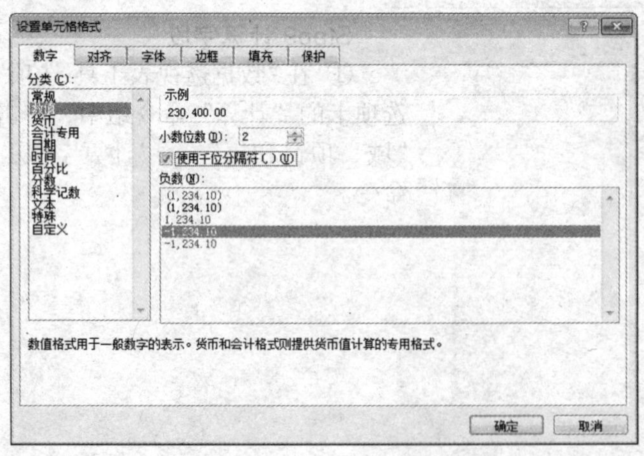

② 在“分类”列表框中选择“数值”，在右侧的“小数位数”微调框中选择“2”，勾选“使用千位分隔符”复选框，单击“确定”按钮。

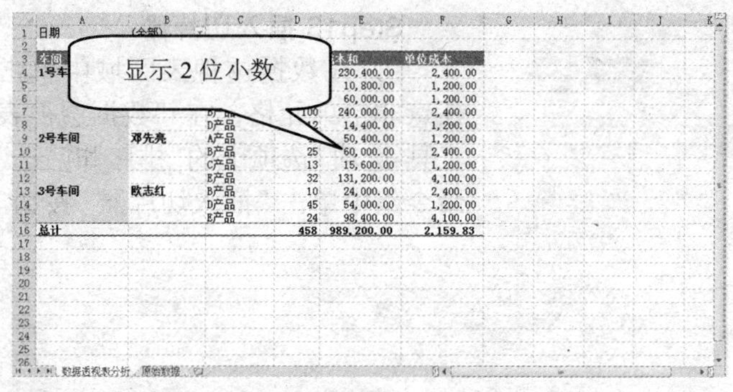

此时，“单位成本”和“成本和”列的格式修改为小数位数为“2”的数值格式。

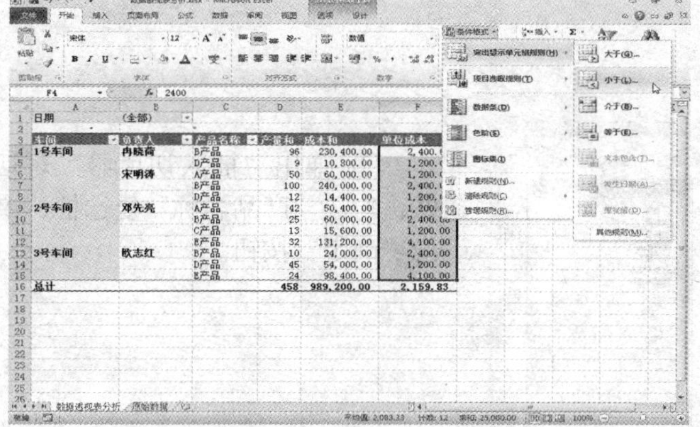

Step11 设置条件格式

为了便于发现指标较低的部分以进行改善，可对表格数据设置条件格式。本例设定以不同方式显示单位成本低于 2000 的单元格。

① 选中 F4 至 F15 单元格区域，在“开始”选项卡的“样式”命令组中，单击“条件格式”按钮，在打开的下拉菜单中选择“突出显示单元格规则”→“小于”命令。

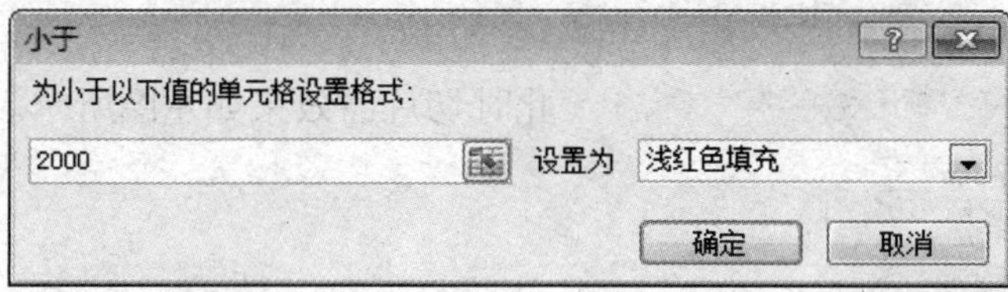

② 弹出“小于”对话框，在“为小于以下值的单元格设置格式:”下方的文本框中输入“2000”，单击“设置为”右侧的下箭头按钮，在弹出的列表中选择“浅红色填充”，单击“确定”按钮。

此时，“单位成本”中都应用了条件格式，凡是值小于“2000”的单元格，均显示为“浅红色填充”，效果如左图所示。

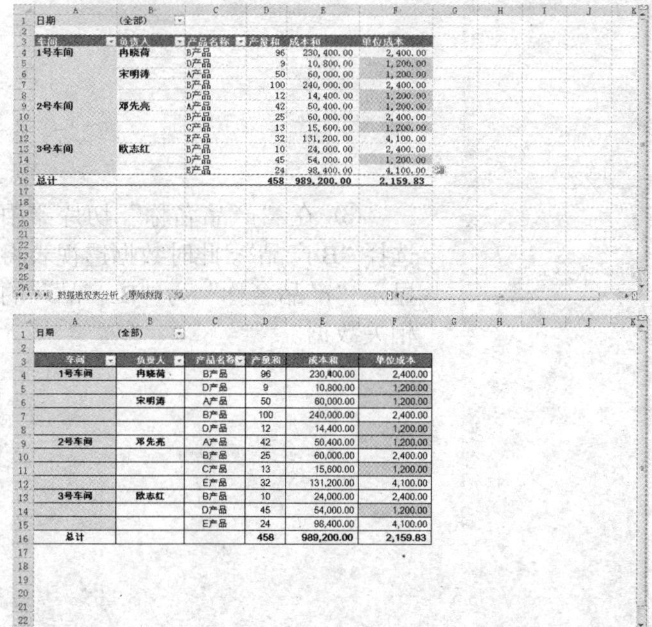

Step12 美化工作表

① 设置字体、字号和居中。

② 绘制边框。

③ 取消网格线的显示。

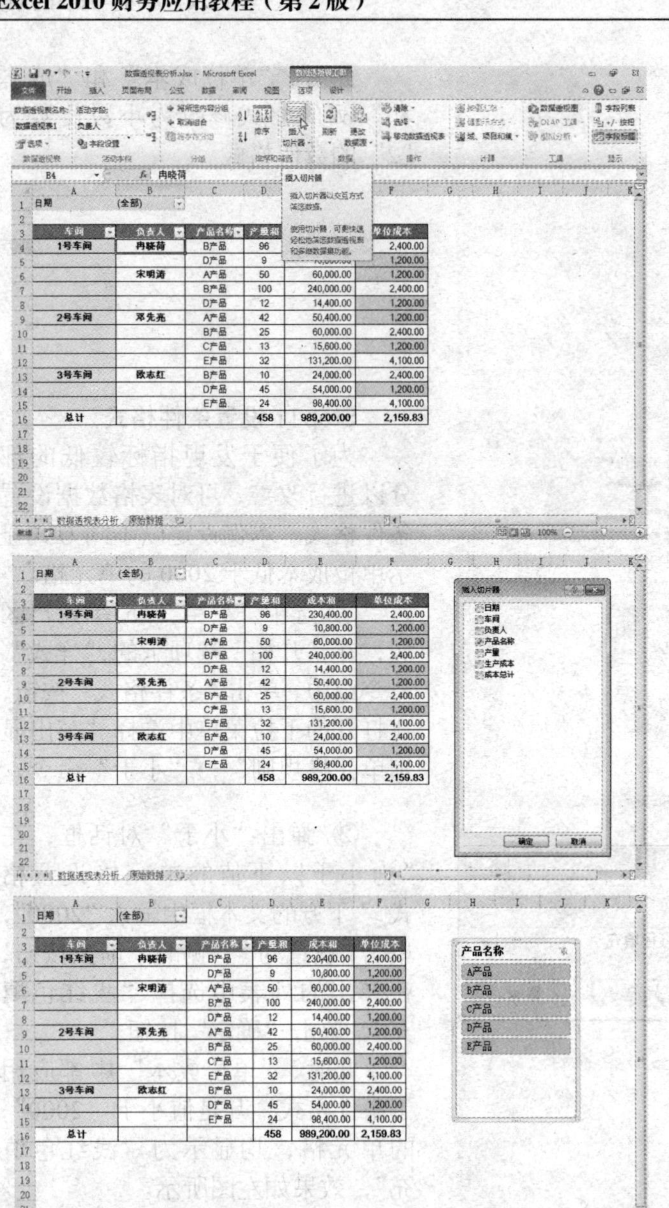

Step13 插入切片器

① 在数据透视表区域中单击任意非空单元格，在“数据透视表工具-选项”选项卡的“排序和筛选”命令组中单击“插入切片器”按钮。

② 弹出“插入切片器”对话框，勾选“产品名称”复选框，单击“确定”按钮。

此时切片器效果如左图所示。

③ 在“产品名称”切片器中选择“B 产品”。此时数据透视表将显示“产品名称”为“B 产品”的相关数据。

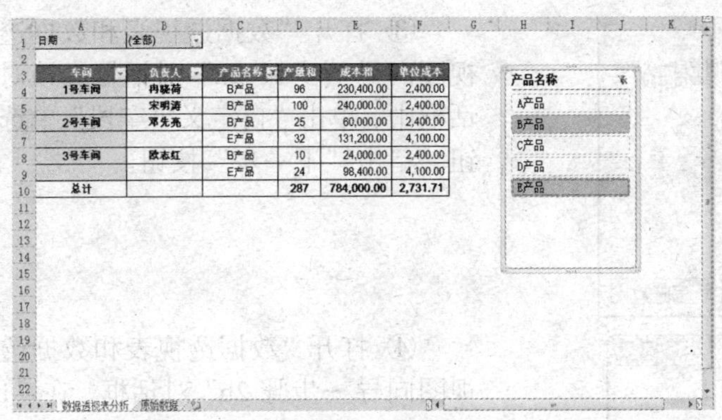

④ 按住<Ctrl>键，在“产品名称”切片器中同时选择“B 产品”和“E 产品”。此时数据透视表将显示“产品名称”为“B 产品”和“E 产品”的相关数据。

⑤ 选中“产品名称”切片器，按<Delete>键即可删除切片器。

项目扩展：多个工作表合并汇总

多个工作表合并是数据透视表的一个高级应用。数据透视表可以很方便地对多个明细表进行合并汇总。如本例有 4 个工作表，分别为 1 车间、2 车间、3 车间、4 车间的生产明细，要求分车间、分类别、分品名进行合并汇总。

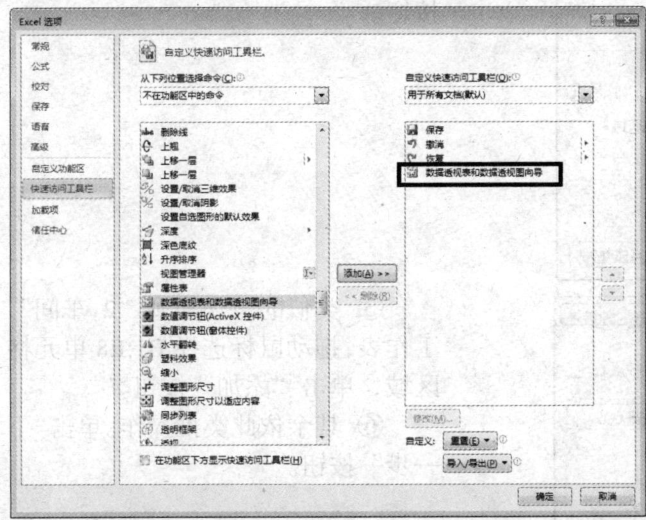

Step1 添加“数据透视表和数据透视图向导”命令

单击“文件”选项卡→“选项”命令，在弹出的“Excel 选项”对话框中单击“快速访问工具栏”选项卡，单击“从下列位置选择命令”下方右侧的下箭头按钮，在弹出的列表中选择“不在功能区中的命令”，在下方列表框中拖动右侧的滚动条，选择“数据透视表和数据透视图向导”，单击“添加”按钮。单击“确定”按钮。

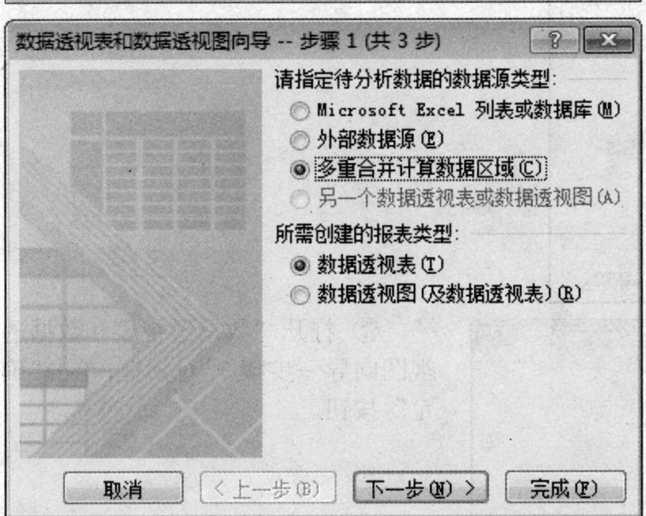

Step2 创建数据透视表

① 在“快速访问工具栏”中单击“数据透视表和数据透视图向导”按钮，打开“数据透视表和数据透视图向导—步骤 1”对话框。

② 在“请指定待分析数据的数据源类型”区域中单击“多重合并计算数据区域”单选钮。在“所需创建的报表类型”区域中选择默认的“数据透视表”。单击“下一步”按钮。

如果按<Alt+D+P>快捷键，也可以直接打开“数据透视表和数据透视图向导”对话框。

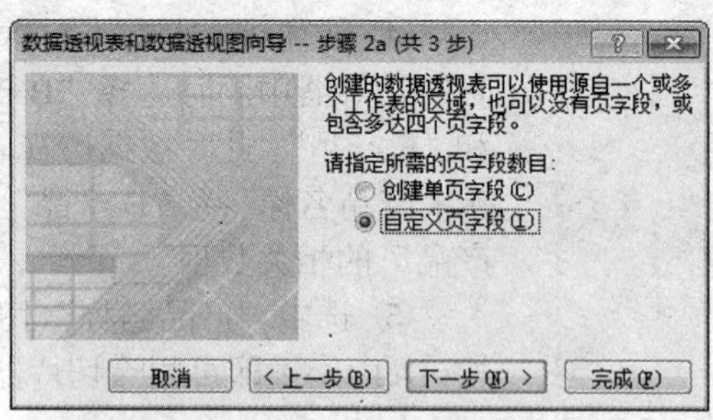

③ 打开“数据透视表和数据透视图向导—步骤 2a”对话框。该对话框中，单击“自定义页字段”单选钮。单击“下一步”按钮。

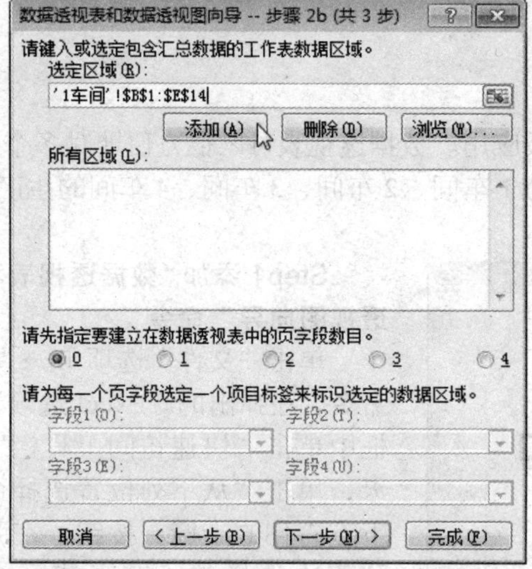

④ 打开“数据透视表和数据透视图向导—步骤 2b”对话框，在“1 车间”工作表中拖动鼠标选择 B1:E14 单元格区域，此时在“选定区域”下方的文本框中输入了“'1 车间'!$B$1:$E$14”，单击“添加”按钮。

⑤ 类似的，切换到“2 车间”工作表，拖动鼠标选择 B1:E8 单元格区域，单击“添加”按钮。

⑥ 其余依此类推操作。单击“下一步”按钮。

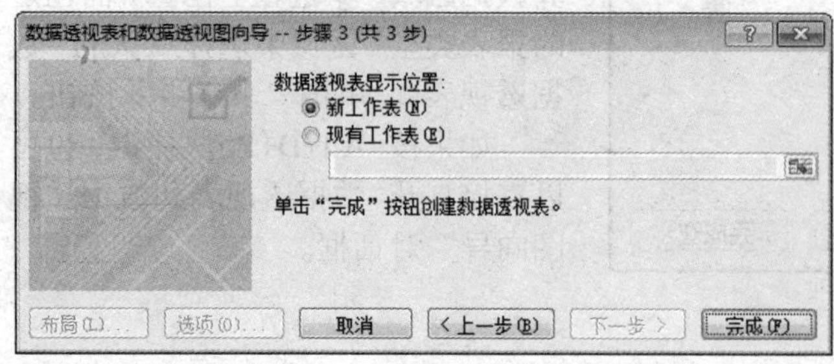

⑦ 打开“数据透视表和数据透视图向导—步骤 3”对话框，单击“确定”按钮。

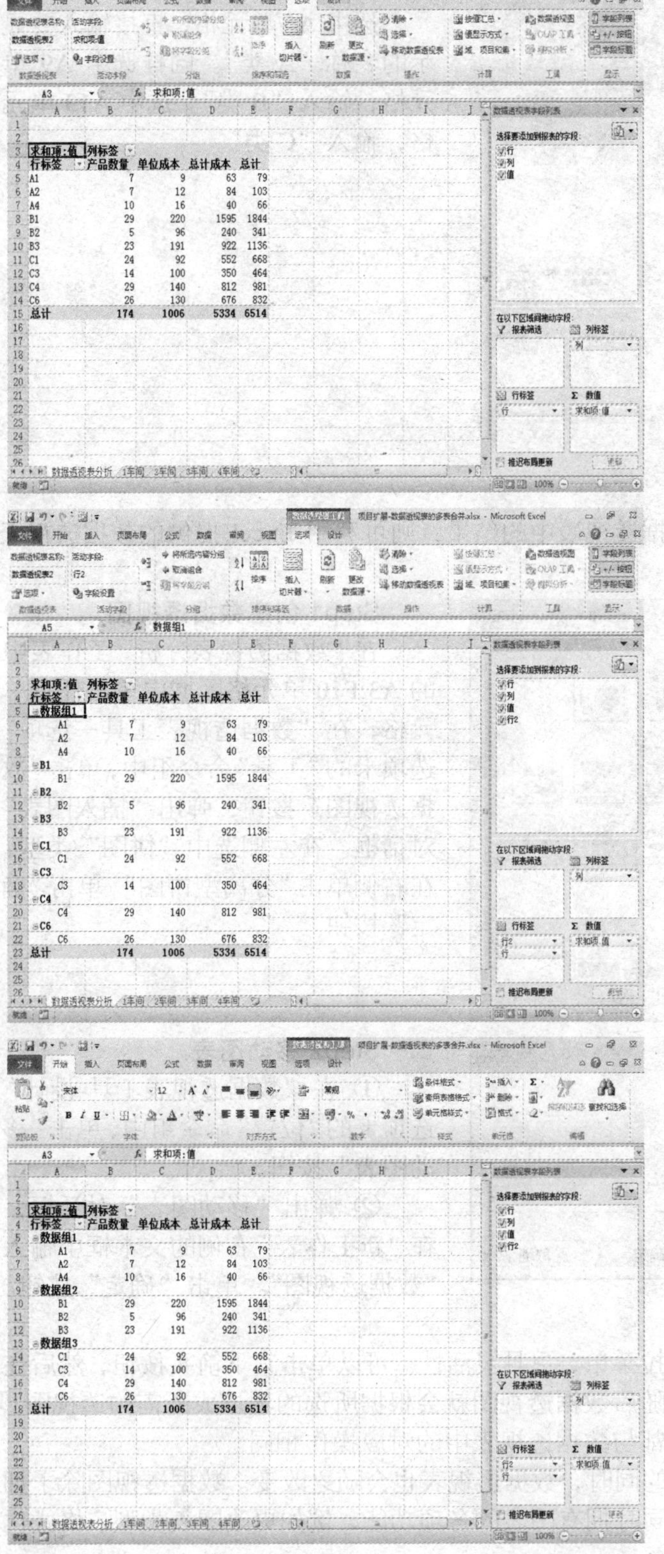

⑧ 创建完成简单的数据透视表“Sheet1”，“Sheet1”工作表重命名为“数据透视表分析”。

Step3 组合相同类别

① 选取 A 大类的品名即 A5:A7 单元格区域，在“数据透视表工具-选项”选项卡的“分组”命令组中，单击“将所选内容分组”按钮。此时会把所有 A 大类品名组合为一个内容并添加一个字段。

② 选中 A9:A14 单元格区域，再次单击“将所选内容分组”按钮，组合 B 大类。

③ 选中 A13:A20 单元格区域，再次单击“将所选内容分组”按钮，组合 C 大类。

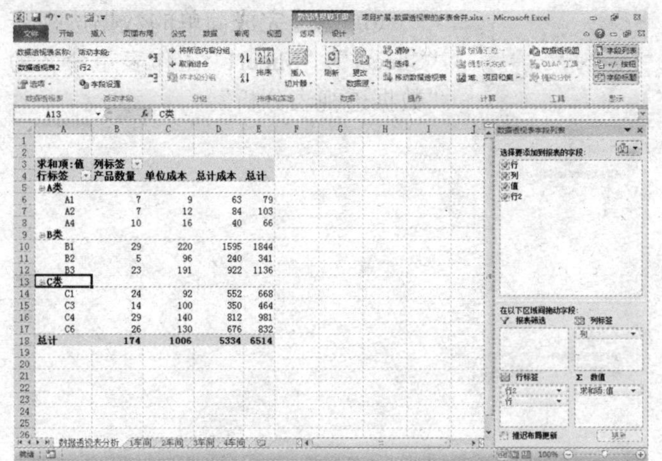

Step4 更改字段标识

选中 A5 单元格，直接输入要显示的名称“A 类”。同样选中 A9 单元格，输入“B 类”。选中 A13 单元格，输入“C 类”。

2.2 创建数据透视图

如果需要更直观地查看和比较数据透视表中的结果，则可利用 Excel 提供的数据透视表生成的数据透视图来实现。

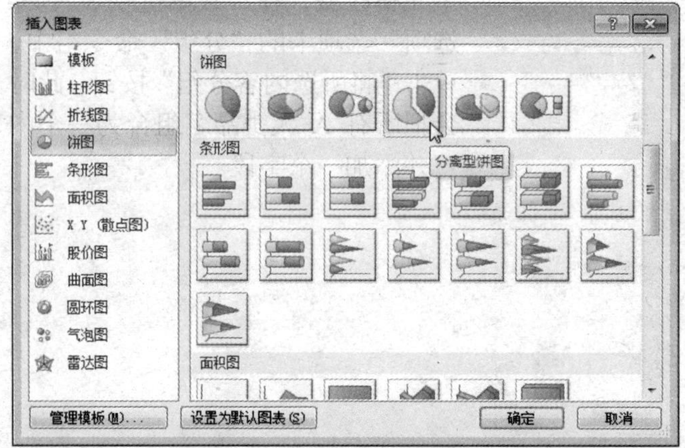

Step1 创建数据透视图

在“数据透视表分析”工作表中的 A3:F10 单元格区域中单击任意单元格，在“数据透视表工具—选项”选项卡的“工具”命令组中，单击“数据透视图”按钮，弹出“插入图表”对话框。在左侧选中“饼图”类型，在右侧单击“分离型饼图”。单击“确定”按钮。

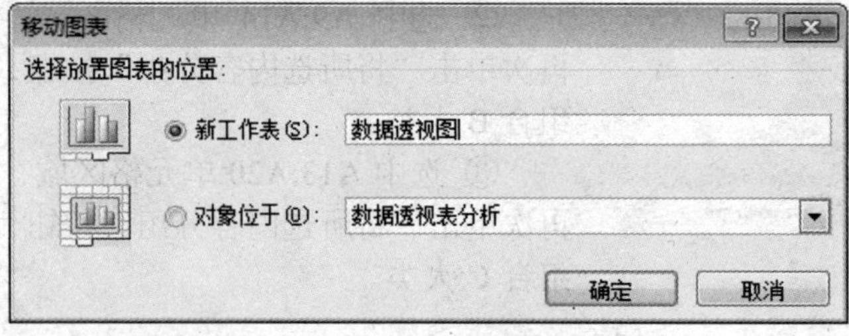

Step2 移动图表

① 在“数据透视表工具-设计”选项卡的“位置”命令组中，单击“移动图表”按钮。

② 弹出“移动图表”对话框，在“新工作表”右侧的文本框中输入“数据透视图”。单击“确定”按钮。

操作技巧：数据透视图的灵活性

数据透视图中的每个字段都有下拉菜单，更具灵活性。可以单击其下箭头按钮，然后在弹出的下拉菜单中选择要查看的项，随后数据透视图就会根据所选的项形成所需的透视图。其他字段的移动、添加或删除等操作都与数据透视表中的对应操作相同。

另外，在改变数据透视图中数据的同时，数据透视表也会随之改变。数据透视图除了拥有与数据透视表相同的功能外，它还同时拥有图表的各项功能，例如更改图表类型、格式化图表类型等。

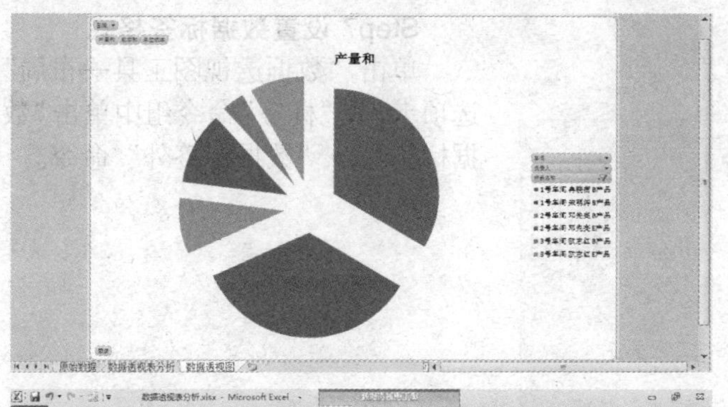

Step3 移动工作表

① 单击“数据透视表分析”工作表标签，按住鼠标不放，鼠标变为“![]”形状，拖动鼠标至“原始数据”工作表标签的右侧，释放鼠标。

② 使用同样的方法，将“数据透视图”工作表移动至“数据透视表分析”工作表的右侧。

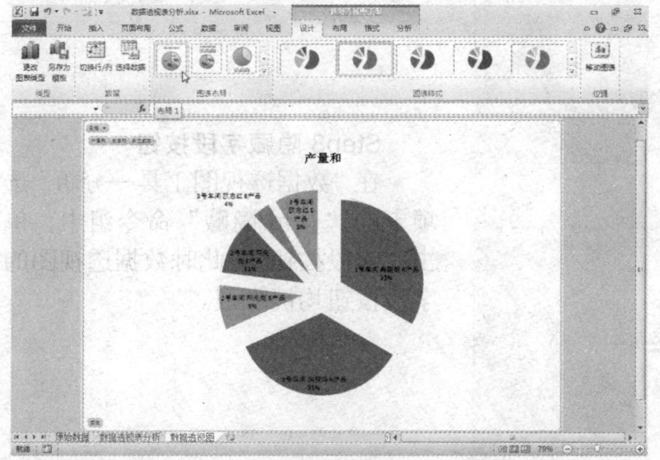

Step4 设置饼图的布局方式

单击“数据透视表工具—设计”选项卡，然后单击“图表布局”命令组中的“布局1”样式。

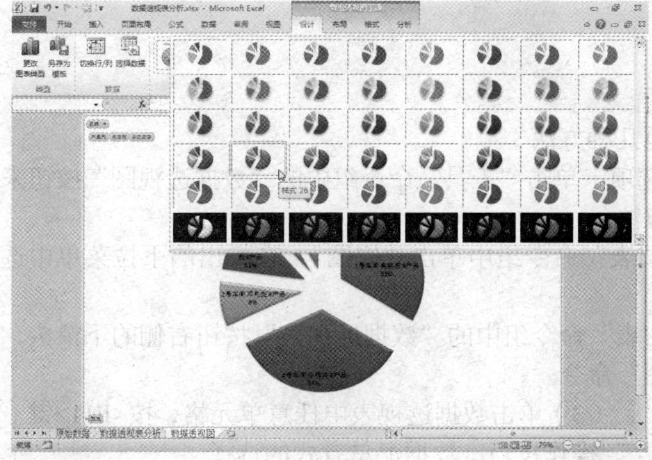

Step5 设置图表样式

单击“数据透视图工具—设计”选项卡，在“图表样式”命令组中，单击右下角的“其他”按钮，在弹出的列表中选择“样式26”。

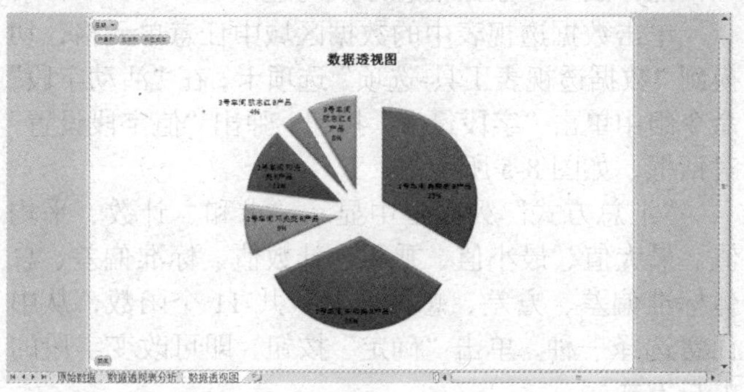

Step6 修改图表标题

选中图表标题，将图表标题修改为“数据透视图”。

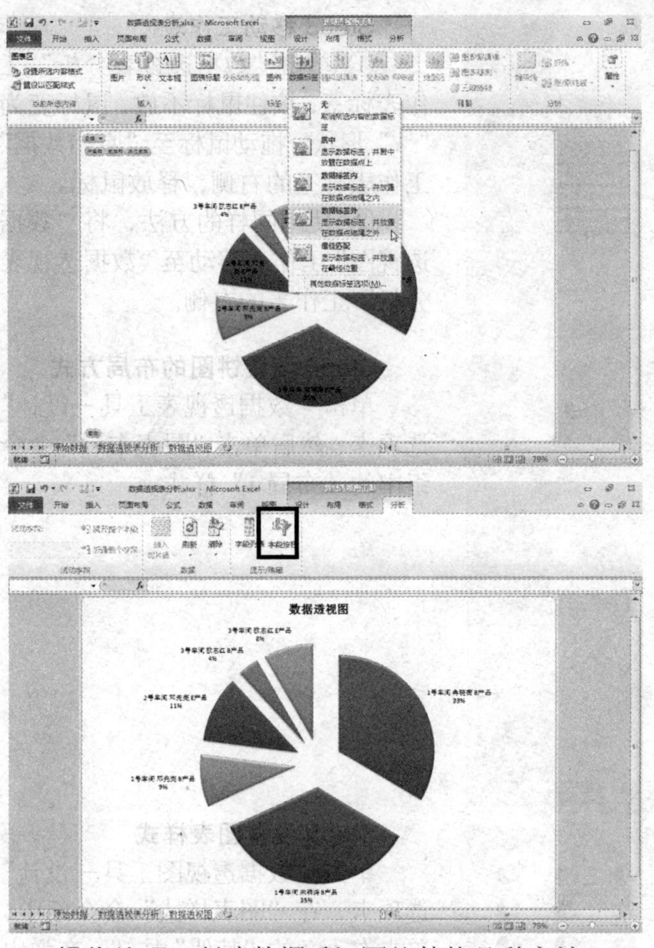

Step7 设置数据标签格式

单击“数据透视图工具—布局”选项卡，在“标签”命令组中单击“数据标签”→“数据标签外”命令。

Step8 隐藏字段按钮

在“数据透视图工具—分析”选项卡的“显示/隐藏”命令组中，单击“字段按钮”，此时数据透视图的字段按钮均被隐藏。

操作技巧：创建数据透视图的其他几种方法

除了在“数据透视表工具-选项”选项卡单击“工具”命令组中的“数据透视图”按钮来创建数据透视图以外，还有其他几种方法。

（1）单击“插入”选项卡，在“图表”命令组中单击“饼图”，在弹出的下拉菜单中选择“二维饼图”下的“饼图”样式。

（2）单击“插入”选项卡，单击“表”命令组中的“数据透视表”按钮右侧的下箭头，再打开的下拉菜单中选择“数据透视图”命令。

（3）单击数据透视表中任意单元格，按<F11>键。

操作技巧：数据汇总方式的选择

单击数据透视表中的数据区域中任意单元格，切换到“数据透视表工具-选项”选项卡，在“活动字段”命令组中单击“字段设置”按钮，弹出“值字段设置”对话框，如图 8-5 所示。

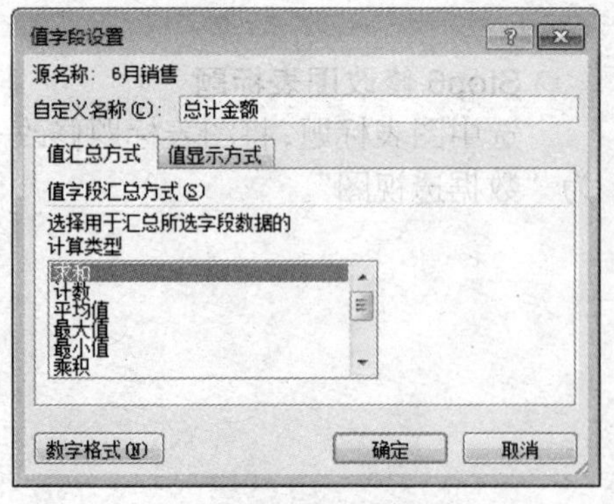

图 8-5 “数据透视表字段”对话框

“汇总方式”列表框中显示“求和、计数、平均值、最大值、最小值、乘积、计数值、标准偏差、总体标准偏差、方差、总体方差”共 11 个函数，从中任意选择一种，单击“确定”按钮，即可改变字段的汇总方式。

2.3 课堂练习

本课堂练习将制作“成本统计数据透视表”。操作步骤如下：

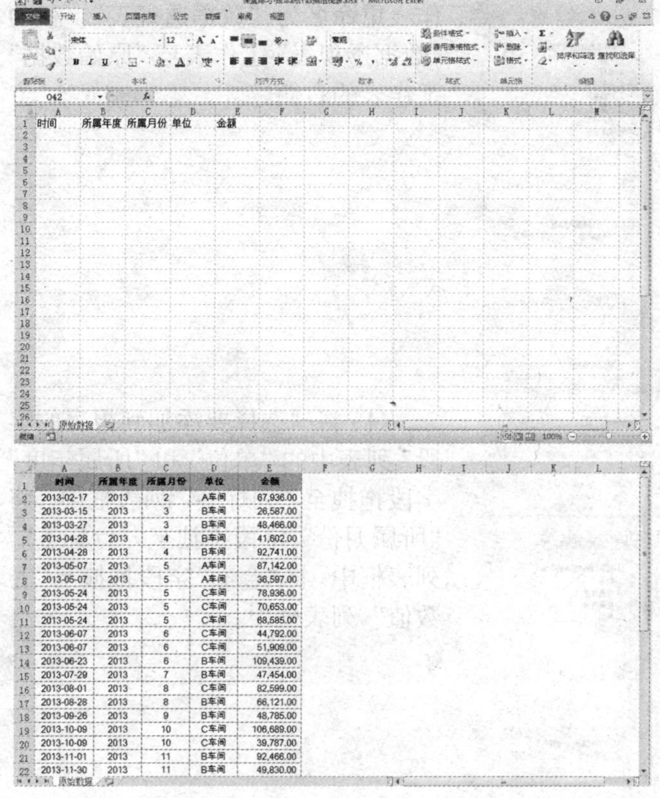

时间	所属年度	所属月份	单位	金额
2013-02-17	2013	2	A车间	67,936.00
2013-03-15	2013	3	B车间	26,587.00
2013-03-27	2013	3	B车间	48,466.00
2013-04-28	2013	4	B车间	41,602.00
2013-04-28	2013	4	B车间	92,741.00
2013-05-07	2013	5	A车间	87,142.00
2013-05-07	2013	5	A车间	36,597.00
2013-05-24	2013	5	C车间	78,936.00
2013-05-24	2013	5	C车间	70,653.00
2013-05-24	2013	5	C车间	68,585.00
2013-06-07	2013	6	C车间	44,792.00
2013-06-07	2013	6	C车间	51,909.00
2013-06-23	2013	6	B车间	109,439.00
2013-07-29	2013	7	B车间	47,454.00
2013-08-01	2013	8	C车间	82,599.00
2013-08-28	2013	8	B车间	66,121.00
2013-09-26	2013	9	B车间	48,785.00
2013-10-09	2013	10	C车间	106,689.00
2013-10-09	2013	10	C车间	39,787.00
2013-11-01	2013	11	B车间	92,466.00
2013-11-30	2013	11	B车间	49,830.00

Step1 新建工作簿

新建工作簿，保存并命名为“课堂练习-成本统计数据透视表”，“Sheet1”工作表重命名为“原始数据”，删除多余的工作表。

Step2 输入表格各字段标题

选中 A1:E1 单元格区域，输入表格各字段标题名称。

Step3 输入时间、所属年度和所属月份

① 在 A2:A14、D2:D14 和 E2:E14 单元格区域分别输入“时间”“单位”和“金额”，并设置单元格格式。

② 选择 B2 单元格，输入以下公式，按<Enter>键确定。

```
=YEAR(A2)
```

③ 选择 C2 单元格，输入以下公式，按<Enter>键确定。

```
=MONTH(A2)
```

④ 选择 B2:C2 单元格区域，拖拽右下角的填充柄至 C14 单元格。

⑤美化工作表。

Step4 创建数据透视表

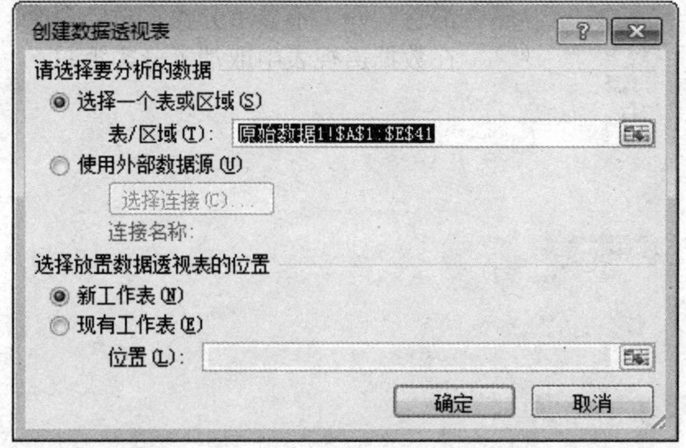

① 在工作表中，单击任意非空单元格，如 B4 单元格，单击“插入”选项卡，单击“表格”命令组中的“数据透视表”按钮。

② 弹出“创建数据透视表”对话框，“表/区域”文本框中默认为“原始数据!$A$1:$E$41”，单击“确定”按钮。

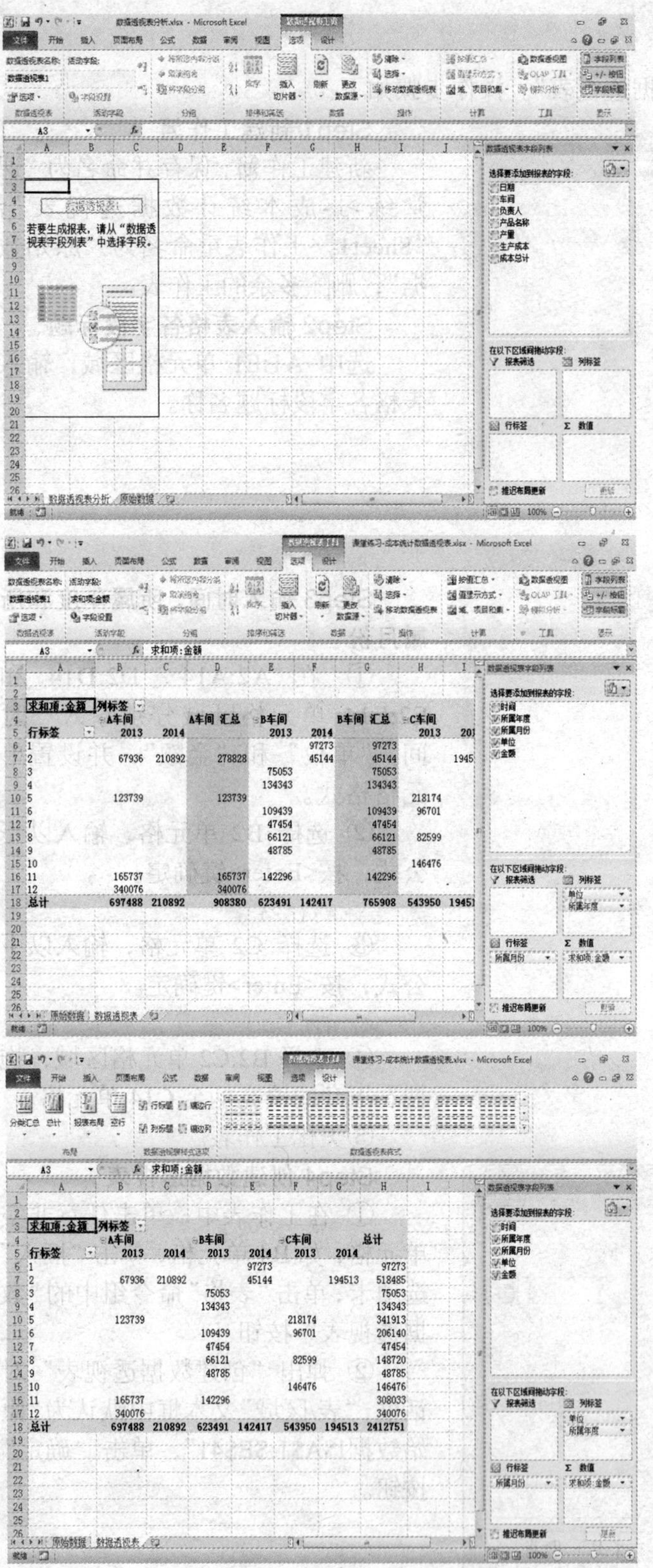

③ 创建数据透视表“Sheet1”后，Excel 将自动打开“数据透视表字段列表”任务窗格。“Sheet1”工作表重命名为“数据透视表”。移动“数据透视表”工作表至“原始数据”工作表的右侧。

④ 将“选择要添加到报表的字段”列表中的“单位”和“所属年度”字段拖拽至“列标签”列表框中。将“所属月份”字段拖拽至“行标签”列表框中。将“金额”字段拖拽至“Σ 数值”列表框中。

Step5 取消分类汇总

在“数据透视表工具—设计”选项卡的“布局”命令组中单击“分类汇总”→“不显示分类汇总”命令。在数据透视表中取消了分类汇总。

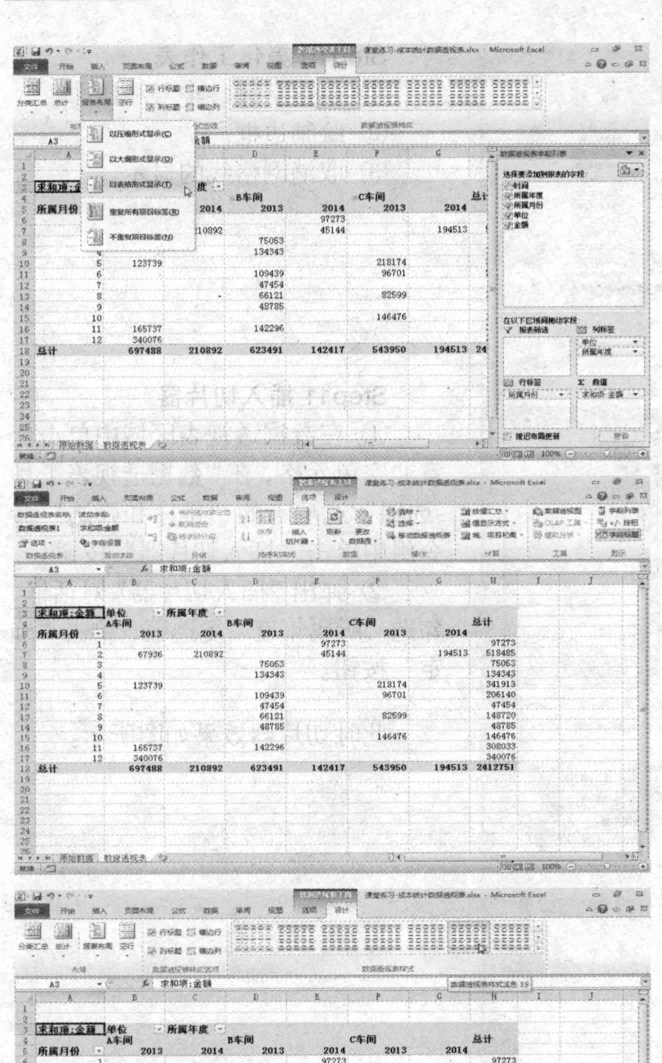

Step6 修改报表布局

在“数据透视表工具—设计”选项卡的“布局”命令组中单击“报表布局”→“以表格形式显示”命令。

Step7 隐藏元素

在“数据透视表工具—选项”选项卡的“显示”命令组中，单击“字段列表”和“+/-按钮”按钮，隐藏元素。

Step8 设置数据透视表样式

在“数据透视表工具—设计”选项卡的“数据透视表样式”命令组中选择“数据透视表样式浅色19”。

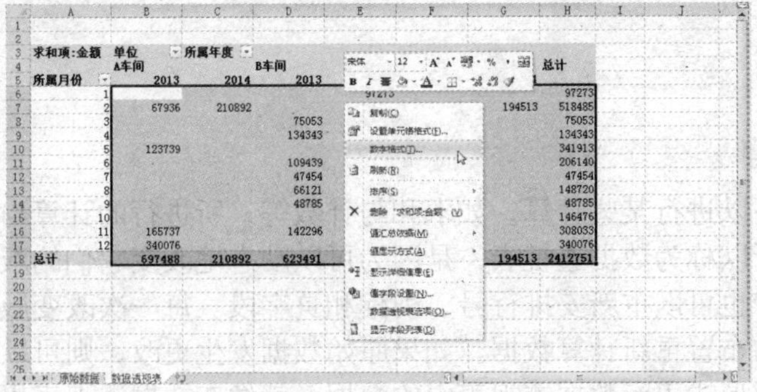

Step9 设置数值格式

选中B6:H18单元格区域，右键单击，在弹出的快捷菜单中选择“数字格式”，弹出“设置单元格格式”对话框。在“数字”选项卡的“分类”列表框中选择“数值”，设置小数位数为“2”的“数值”格式，勾选“使用千位分隔符”复选框。

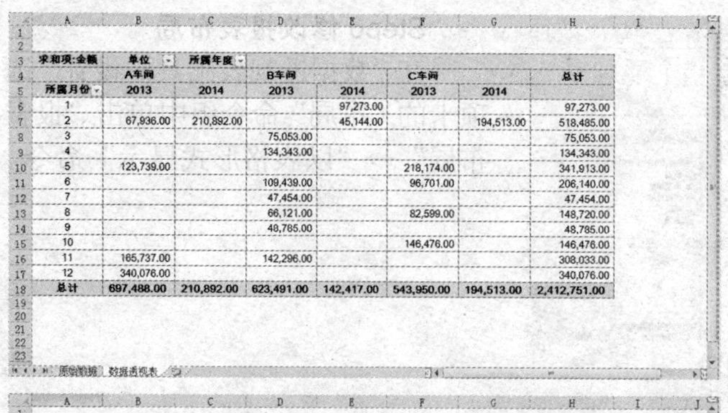

求和项:金额	单位	所属年度					
	A车间		B车间		C车间		总计
所属月份	2013	2014	2013	2014	2013	2014	
1				97,273.00			97,273.00
2	67,936.00	210,892.00		45,144.00		194,513.00	518,485.00
3			75,053.00				75,053.00
4			134,343.00				134,343.00
5	123,739.00				218,174.00		341,913.00
6			109,439.00		96,701.00		206,140.00
7			47,454.00				47,454.00
8			66,121.00		82,599.00		148,720.00
9			48,785.00				48,785.00
10					146,476.00		146,476.00
11	165,737.00		142,296.00				308,033.00
12	340,076.00						340,076.00
总计	697,488.00	210,892.00	623,491.00	142,417.00	543,950.00	194,513.00	2,412,751.00

Step10 美化工作表

① 设置字体、字号和居中。

② 绘制边框。

③ 取消网格线的显示。

Step11 插入切片器

① 在数据透视表区域中单击任意非空单元格，在“数据透视表工具-选项”选项卡的“排序和筛选”命令组中单击“插入切片器”按钮。

② 弹出“插入切片器”对话框，勾选“所属年度”复选框，单击“确定”按钮。

此时切片器效果如图所示。

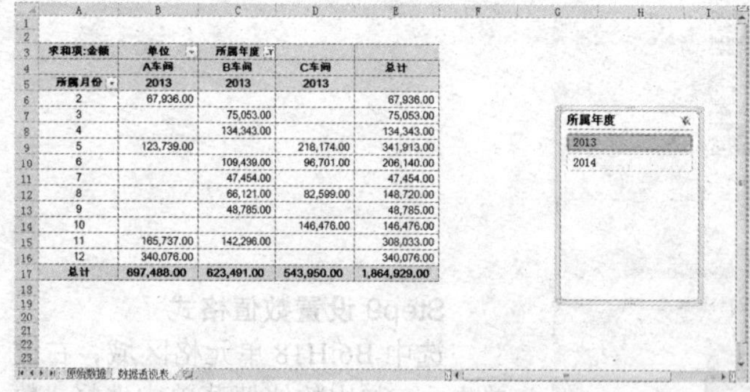

求和项:金额	单位	所属年度		
	A车间	B车间	C车间	总计
所属月份	2013	2013	2013	
2	67,936.00			67,936.00
3		75,053.00		75,053.00
4		134,343.00		134,343.00
5	123,739.00		218,174.00	341,913.00
6		109,439.00	96,701.00	206,140.00
7		47,454.00		47,454.00
8		66,121.00	82,599.00	148,720.00
9		48,785.00		48,785.00
10			146,476.00	146,476.00
11	165,737.00	142,296.00		308,033.00
12	340,076.00			340,076.00
总计	697,488.00	623,491.00	543,950.00	1,864,929.00

③ 在“产品名称”切片器中选择“2013”。此时数据透视表将显示“所属年度”为“2013”的相关数据。

任务小结

数据透视表是一种交互式的表，可以进行某些计算，如求和与计数等，所进行的计算与数据在数据透视表中的排列有关。之所以称为数据透视表，是因为可以动态地改变它们的版面布置，以便按照不同方式分析数据，也可以重新安排行号、列标和页字段。每一次改变版面布置时，数据透视表会立即按照新的布置重新计算数据。如果原始数据发生更改，则可以更新数据透视表。数据透视图则以图形形式表示数据透视表中的数据，就像在数据透视表里那样，也可以更改数据透视图的布局和显示的数据。

数据透视表的用途相当广泛，读者要在绘制数据透视表的过程中多多实验，掌握数据透视表的精髓。

任务三 费用变化阶梯图

任务背景

假如企业专门开设了日常费用支出的账户，并定期存入一定数额的资金，若企业日常活动的开支均从该账户支取相应费用。可以使用阶梯图来分析该账户余额的变化，如图 8-6 所示。阶梯图是用于绘制很多折线连接而成的图形，主要用于描绘数据的变化，并且有一定的延时性。

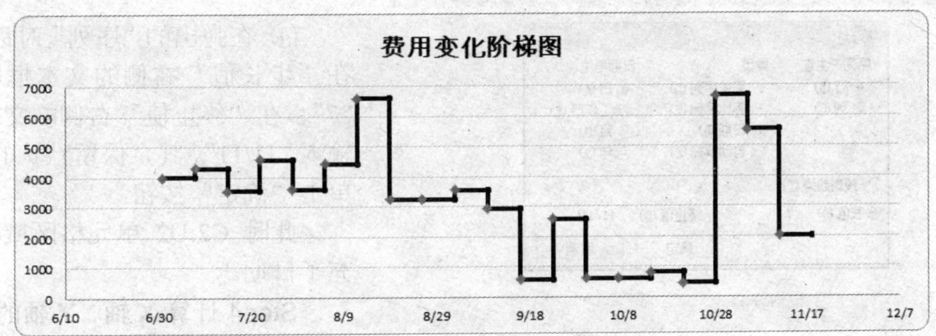

图 8-6 费用变化阶梯图

知识点分析

要实现本例中的功能，以下为需要掌握的知识点。

◆ 创建散点图

◆ 添加 X、Y 误差线

◆ 设置误差线格式

任务实施

3.1 创建散点图

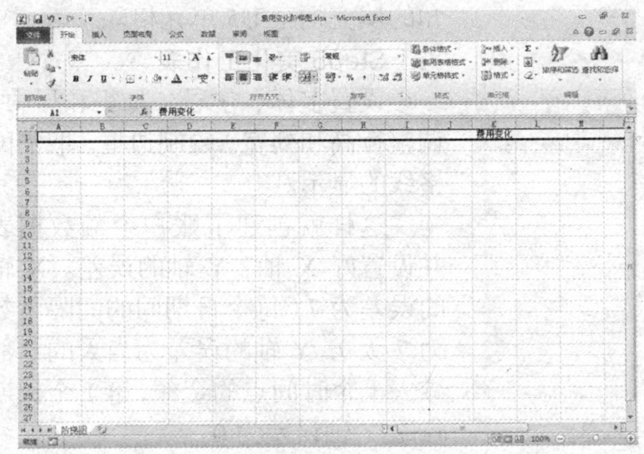

Step1 新建工作簿

新建工作簿，保存并命名为“费用变化阶梯图”，“Sheet1”工作表重命名为“阶梯图”，删除多余的工作表。

Step2 输入表格标题

选中 A1:U1 单元格区域，设置“合并后居中”，输入表格标题“费用变化”。

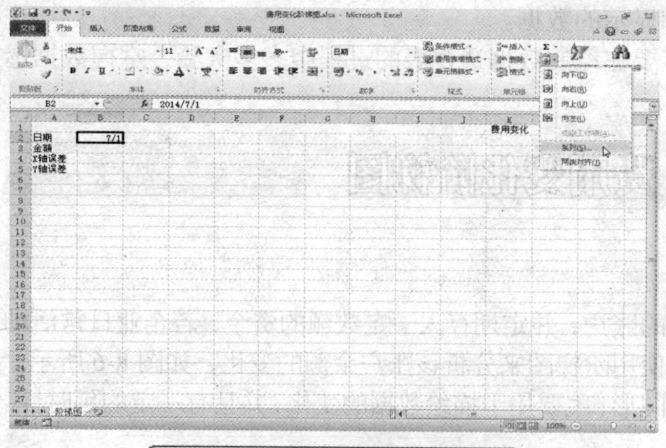

Step3 利用“系列”填充日期

① 在 A2:A5 单元格区域输入表格各字段标题。

② 选中 B2 单元格，输入日期“2014-7-1”，设置单元格格式为“日期”，类型为“3/14”。

③ 选中 B2 单元格，在“开始”选项卡的“编辑”命令组中单击“系列”按钮，在弹出的下拉菜单中选择“系列”。

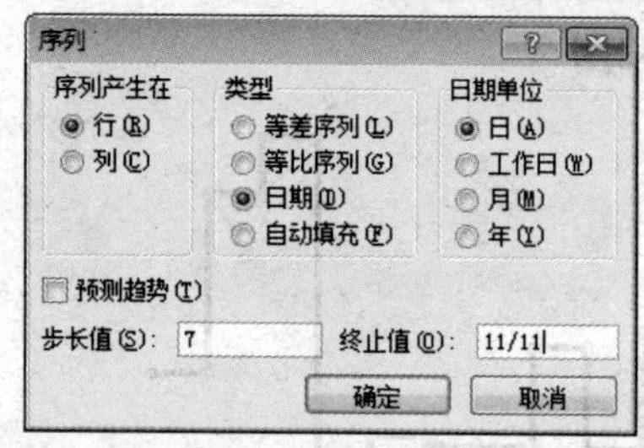

④ 在弹出的“序列”对话框中，在“步长值”右侧的文本框中输入“7”，在“终止值”右侧的文本框中输入“11/11”，其余保留默认的选项，单击“确定”按钮。

此时 C2:U2 单元格区域按周填充了日期。

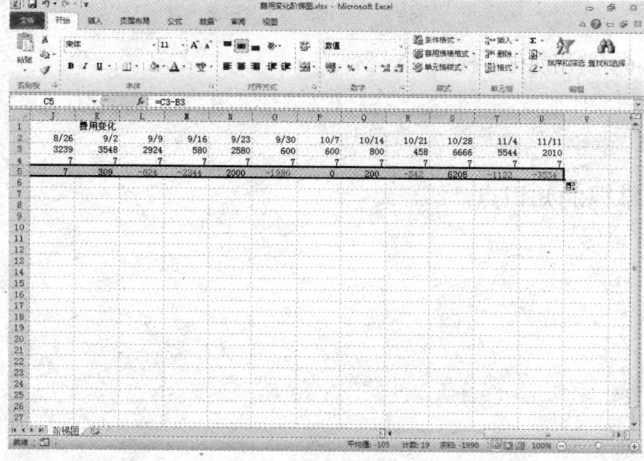

Step4 计算 X 轴、Y 轴的误差

① 选中 B4:U4 单元格区域，输入“7”，按<Ctrl+Enter>快捷键批量输入相同数据。

② 在 B5 单元格输入“0”。

③ 选中 C5 单元格，设置单元格格式为“数值”，小数位数为“0”，在“负数”列表框中选择第 5 项，即红色字体的“-1234”。

④ 在 C5 单元格输入以下公式，按<Enter>键确定。

```
=C3-B3
```

⑤ 选中 C5 单元格，拖曳右下角的填充柄至 U5 单元格。

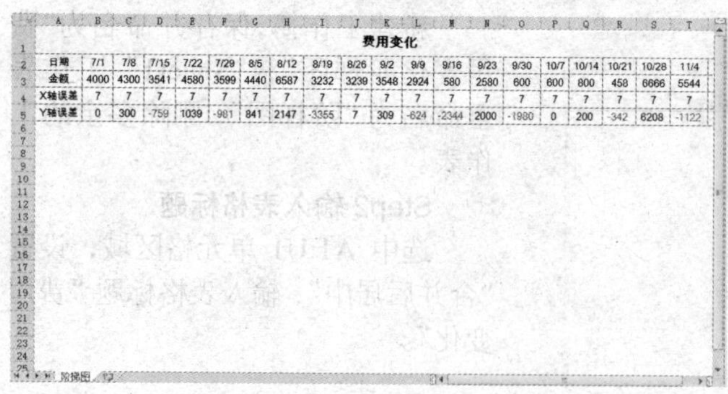

Step5 美化工作表

设置字体、字号、加粗和居中。调整行高和列宽。绘制边框。取消网格线的显示。

这样就创建了账户余额数据表并设置好 X 轴、Y 轴的误差。X 轴的误差为 7（每个日期间的间隔天数为 7 天），Y 轴的误差为当天的余额减去上个时间点的金额，第 1 个日期点的 Y 轴误差为 0。

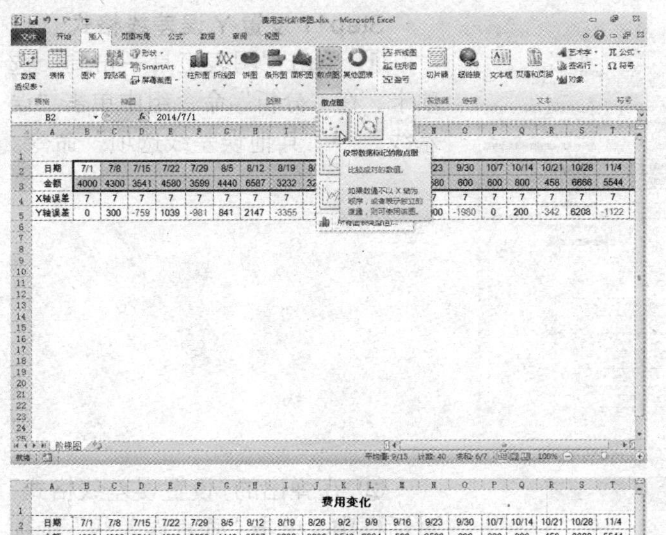

Step6 创建散点图

选中 B2:U3 单元格区域，切换到“插入”选项卡，并单击“图表”命令组中的“散点图”按钮，再在打开的下拉菜单中选择“散点图”下的“仅带数据标记的散点图”。

Step7 调整图表位置和大小

① 在图表空白位置按住鼠标左键，将其拖拽至工作表合适位置。

② 将鼠标指针移至图表的右下角，待鼠标指针变为“↘”形状时向外拖拽，待图表调整至合适大小时，释放鼠标。

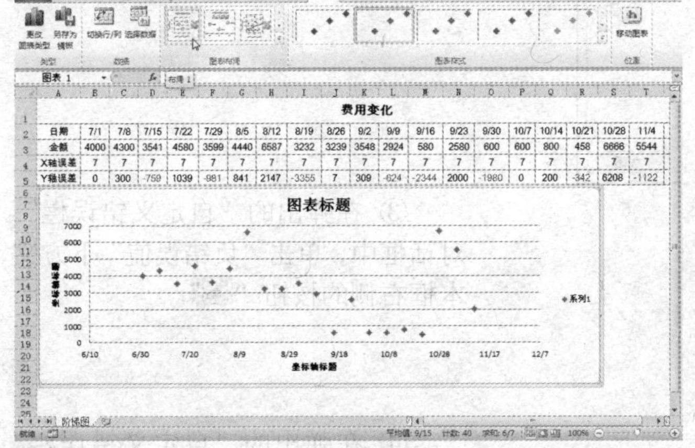

Step8 设置图表布局

单击“图表工具—设计”选项卡，在“图表布局”命令组中选择“布局1”样式。

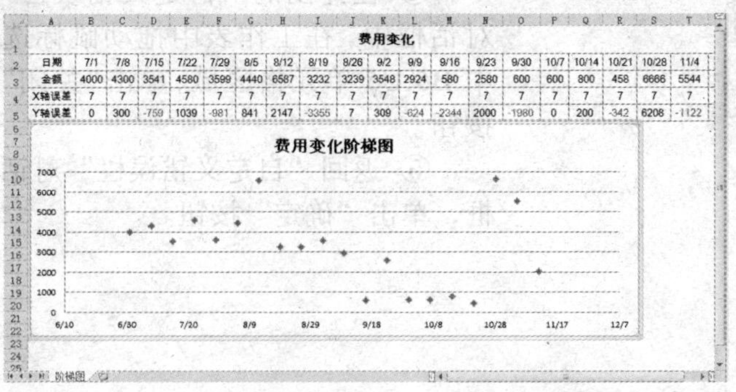

Step9 编辑图表标题

选中图表标题，将图表标题修改为“费用变化阶梯图”，设置字体为“Arial Unicode MS”。

Step10 删除垂直(值)轴标题、水平(值)轴标题和图例

分别选中垂直（值）轴标题、水平（值）轴标题和图例，按<Delete>键删除。

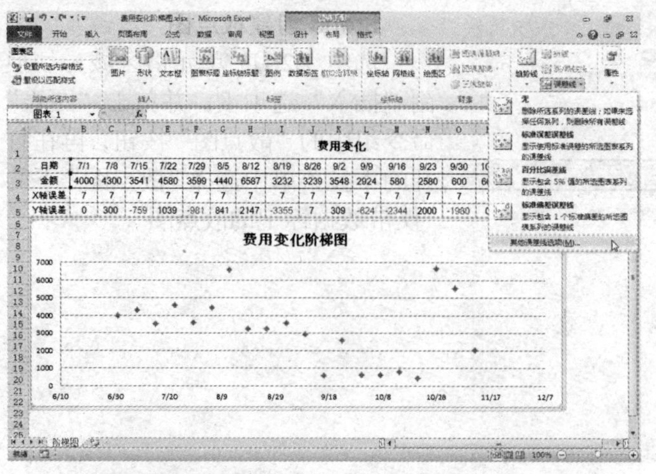

Step11 设置 Y 误差线格式

① 单击“图表工具—布局”选项卡，在“分析”命令组中单击“误差线”→“其他误差线选项”命令。

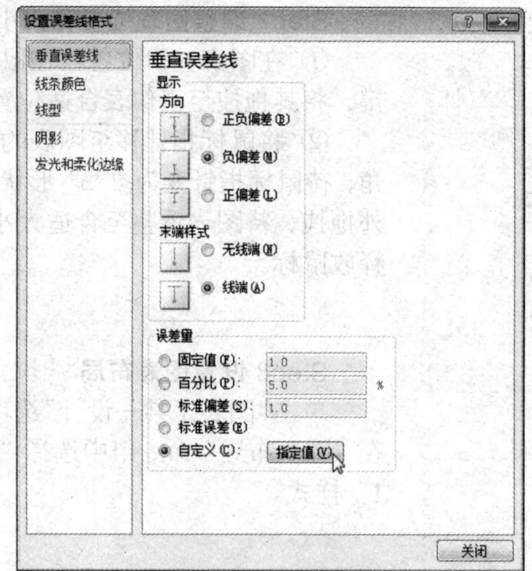

② 在弹出的“设置误差线格式”对话框中，单击“垂直误差线”选项卡，在“显示”区域下方单击“负偏差”单选钮，在“误差量”下方单击“自定义”单选钮，单击“指定值”按钮。

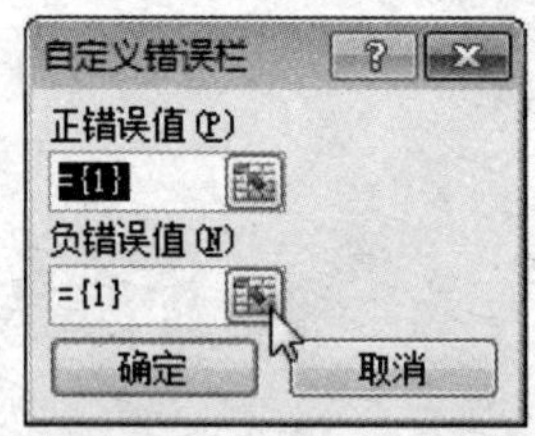

③ 在弹出的“自定义错误栏”对话框中，单击“负错误值”下方文本框右侧的按钮“”。

④ 在弹出的“自定义错误栏”对话框中，在工作表中拖动鼠标选中 B5:U5 单元格区域，单击“关闭”按钮。

⑤ 返回“自定义错误栏”对话框，单击“确定”按钮。

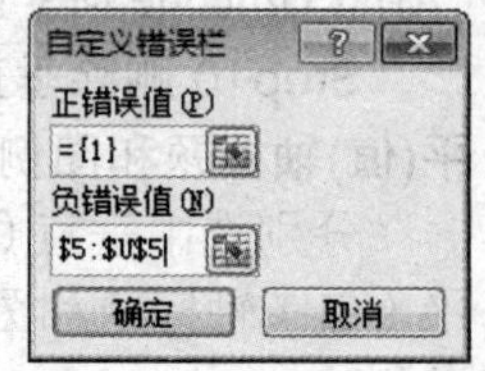

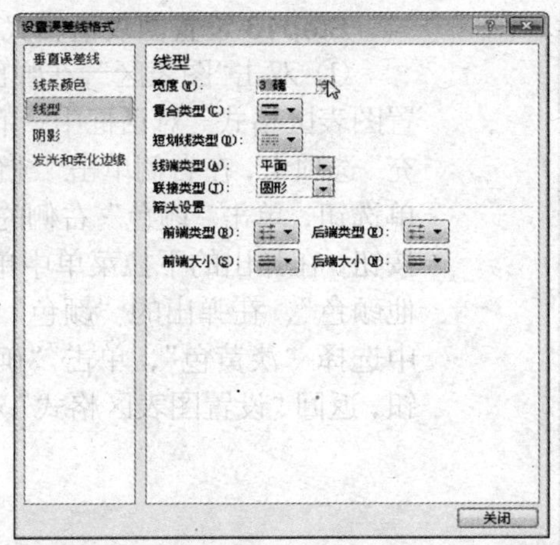

⑥ 在“设置误差线格式”对话框中，单击“线型”选项卡，在“宽度”右侧的文本框中，调节“上调节旋钮”“▲”，设置“3 磅”。单击“关闭”按钮。此时设置的是“系列 1 Y 误差线”格式。

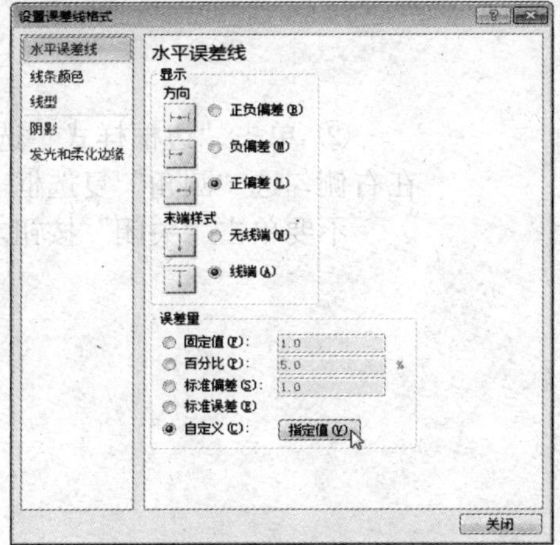

Step12 设置 X 误差线格式

① 单击“图表工具—布局”选项卡，在“当前所选内容”命令组的“图表元素”列表框中，选择“系列 1 X 误差线”，单击“设置所选内容格式”按钮。

② 在弹出的“设置误差线格式”对话框中，单击“水平误差线”选项卡，在“显示”区域下方单击“正偏差”单选钮，在“误差量”下方单击“自定义”单选钮，单击“指定值”按钮。

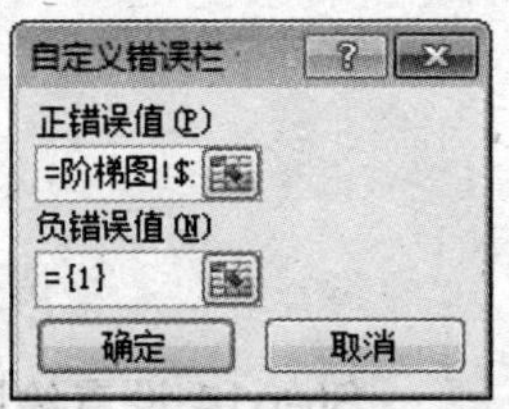

③ 在弹出的“自定义错误栏”对话框中，单击“正错误值”下方文本框右侧的按钮“▦”，在工作表中拖动鼠标选中 B4:U4 单元格区域，单击“关闭”按钮，返回“自定义错误栏”对话框，单击“确定”按钮。

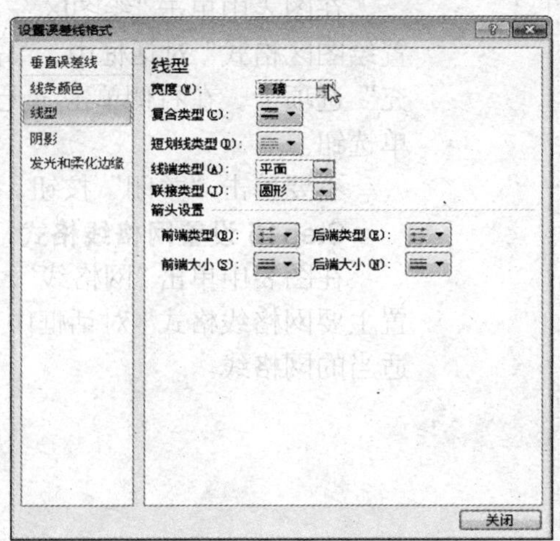

④ 在“设置误差线格式”对话框中，单击“线型”选项卡，在“宽度”右侧的文本框中，调节“上调节旋钮”“▲”，设置“3 磅”。单击“关闭”按钮。此时设置的是“系列 1 X 误差线”格式。

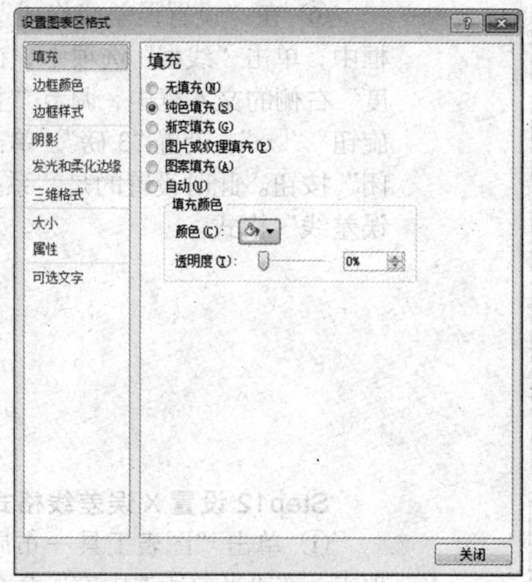

Step13 设置图表区格式

① 双击"图表区"，在弹出的"设置图表区格式"对话框中，单击"填充"选项卡，在右侧单击"纯色填充"单选钮，单击"颜色"右侧的下箭头按钮，在弹出的下拉菜单中单击"其他颜色"，在弹出的"颜色"对话框中选择"淡黄色"，单击"确定"按钮，返回"设置图表区格式"对话框。

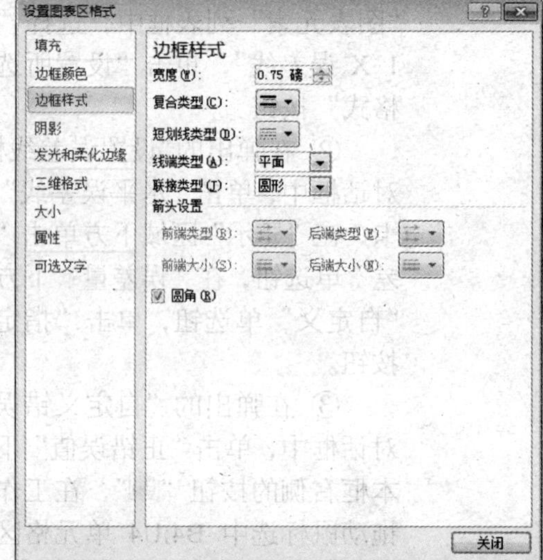

② 单击"边框样式"选项卡，在右侧勾选"圆角"复选框。

不要单击"关闭"按钮。

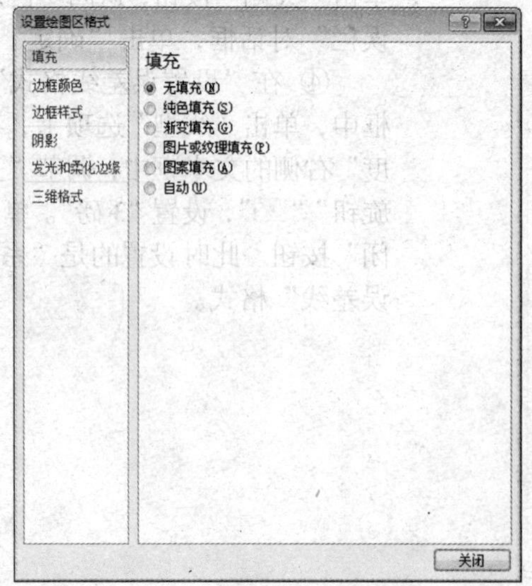

Step14 设置绘图区格式

在图表中单击"绘图区"，在"设置绘图区格式"对话框中，单击"填充"选项卡，在右侧单击"无填充"单选钮。

不要单击"关闭"按钮。

Step15 设置网格线格式

在图表中单击"网格线"，在"设置主要网格线格式"对话框中，设置适当的网格线。

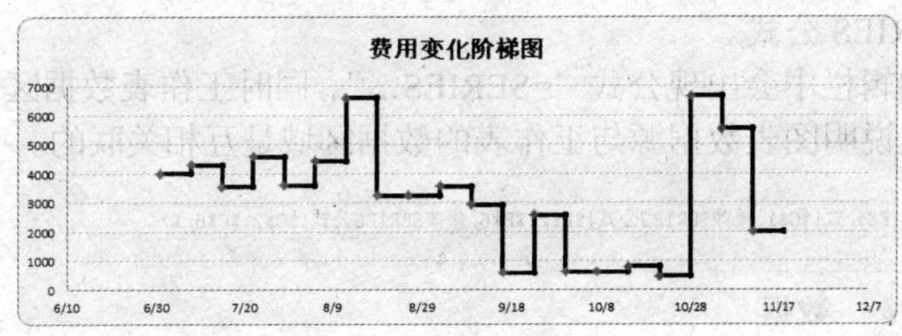

费用变化阶梯图效果如左图所示。

项目扩展：制作完全静态的图表

一般情况下，当数据源发生改变时，图表也会自动更新。但在某些场合中，用户需要完全静态的图表，即切断图表与数据之间的链接，让图表不再因为数据的改变而改变。要实现这样的效果，有两种方法：1、将图表转为图片；2、修改 SERIES 公式。

我们先看第一种方法，将图表转为图片。原始图表如图 8-7 所示。

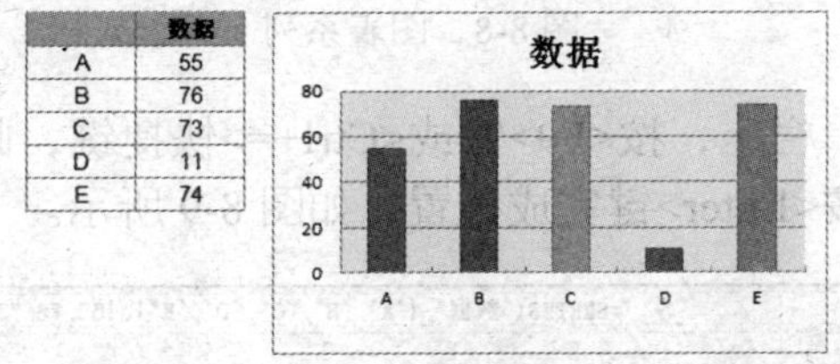

	数据
A	55
B	76
C	73
D	11
E	74

图 8-7 原始图表

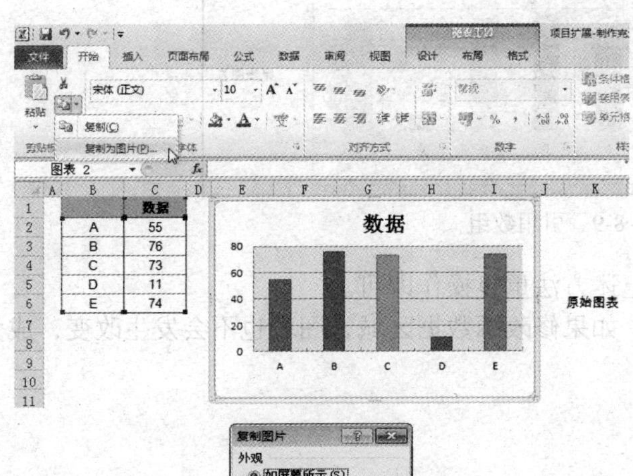

① 单击图表将其激活，在“开始”选项卡的“剪贴板”命令组中单击“复制”按钮，在弹出的下拉菜单中选择“复制为图片”命令。

② 弹出“复制图片”对话框，保留默认的选项，单击“确定”按钮。

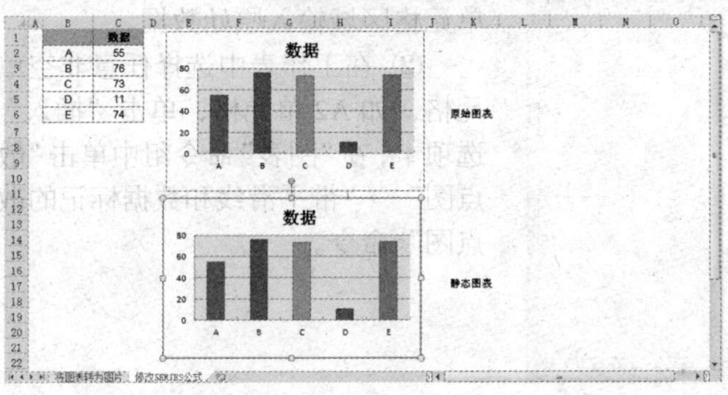

③ 在工作表中选择任意一个空单元格，按<Ctrl+V>快捷键，将图片粘贴于工作表中。

得到一张与原始图表完全一样的静态图片，还可以使用图片工具对它进行更多的设置，如旋转图片等。

下面我们看第二种方法，修改 SERIES 公式。

当选中图表系列的时候，在公式编辑栏中会出现公式“=SERIES...”，同时工作表数据区域也出现了选择框，如图 8-8 所示，这说明图表数据源与工作表的数据区域是互相关联的。

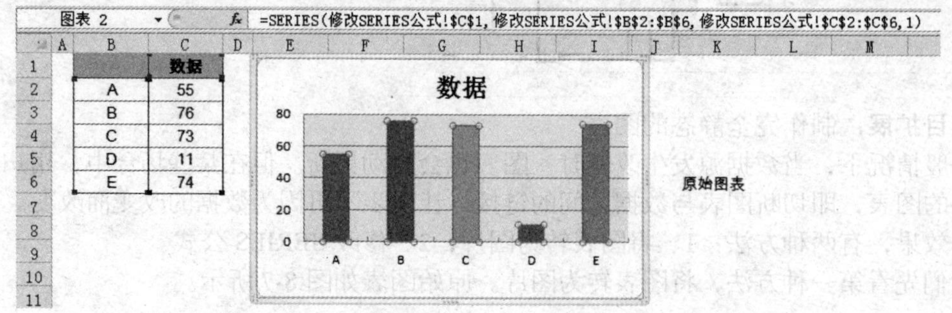

图 8-8　图表系列

将光标定位在公式编辑栏上，按<F9>键或<Ctrl+=>快捷键，此时“=SERIES...”中引用单元格区域变成了数组，按<Enter>键完成设置，如图 8-9 所示。

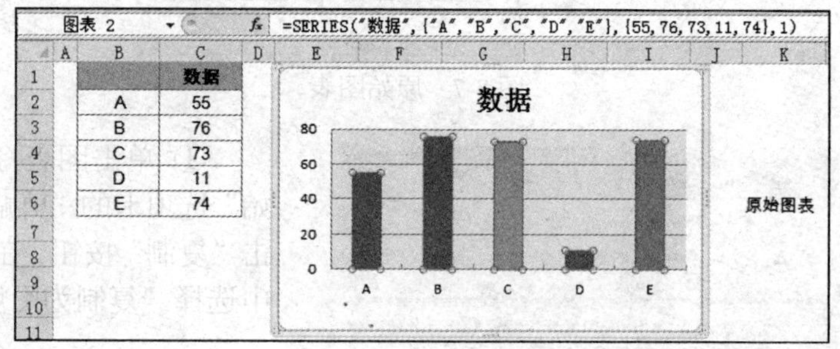

图 8-9　引用数组

如果图表中有多个数据系列，按照上述方法重复操作即可。

现在，图表与源数据之间不再关联，如果修改源数据区域，图表也不会发生改变，成为了完全静态的图表。

3.2　课堂练习

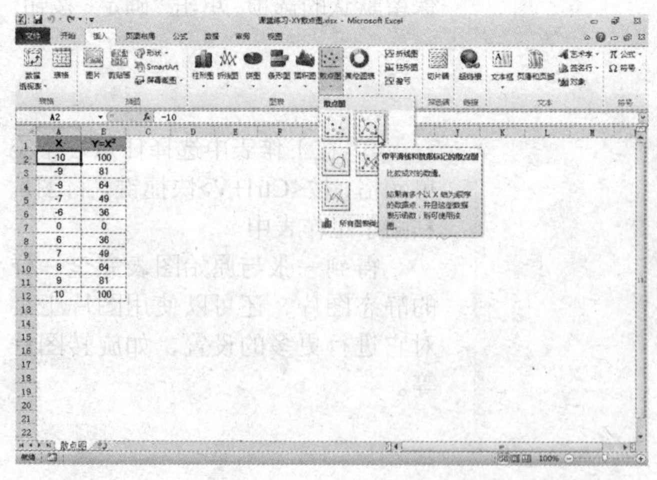

Step1 创建散点图

① 打开“课堂练习-XY 散点图”，在“散点图”工作表的 A1:B12 单元格区域输入原始数据。

② 在工作表中选择任意非空单元格，如 A2 单元格，单击“插入”选项卡，在“图表”命令组中单击“散点图”→“带平滑线和数据标记的散点图”命令。

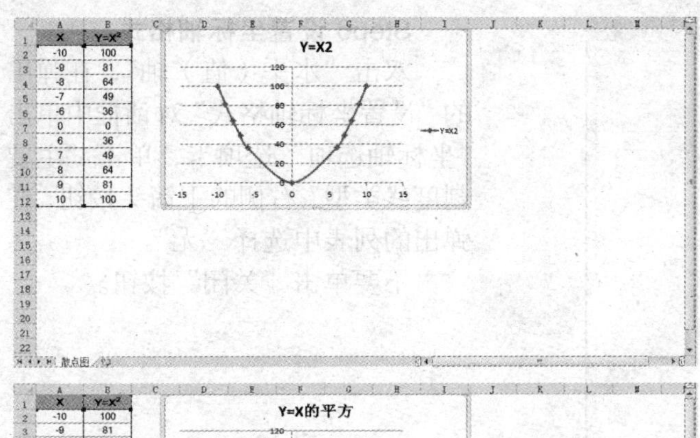

Step2 调整图表位置和大小

① 在图表空白位置按住鼠标左键，将其拖拽至工作表合适位置。

② 将鼠标指针移至图表的右下角，待鼠标指针变为“↘”形状时向外拖拽，待图表调整至合适大小时，释放鼠标。

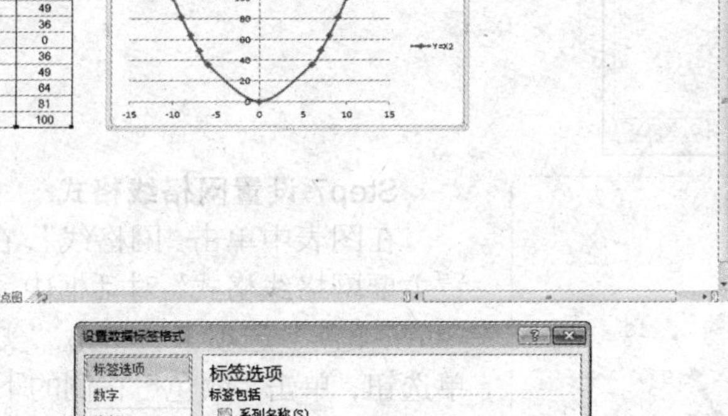

Step3 编辑图表标题

选中图表标题，将图表标题修改为“Y=X 的平方”。

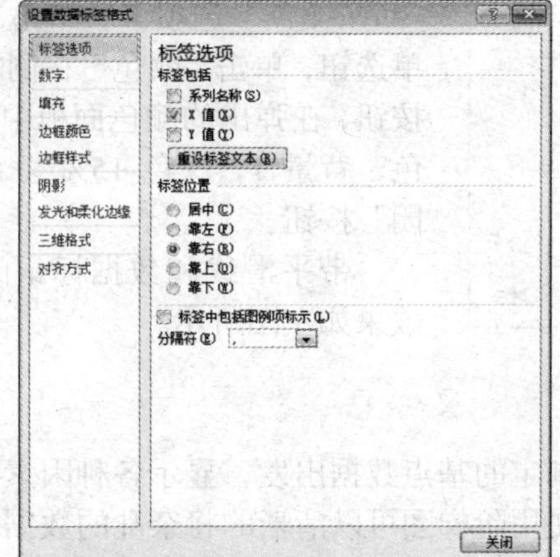

Step4 设置数据标签格式

① 单击“图表工具-布局”选项卡，在“标签”命令组中单击“数据标签”→“其他数据标签选项”命令。

② 在弹出的“设置数据标签格式”对话框中单击“标签”选项卡，在右侧的“标签包括”区域中勾选“X 值”复选框，取消勾选“Y 值”复选框。单击“关闭”按钮。

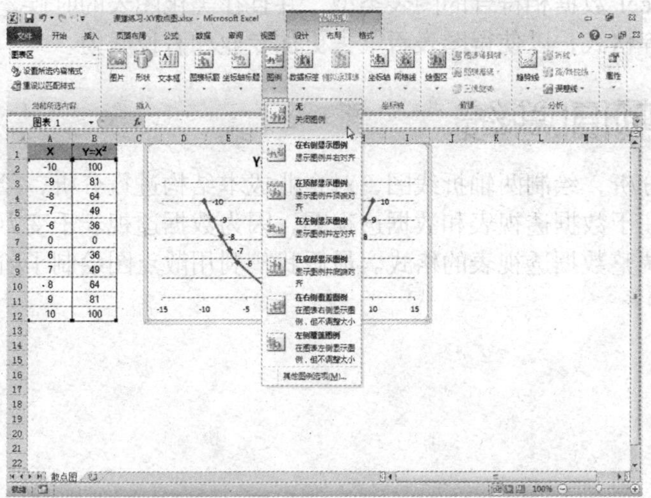

Step5 关闭图例

单击“图表工具—布局”选项卡，在“标签”命令组中单击“图例”→“无”命令。

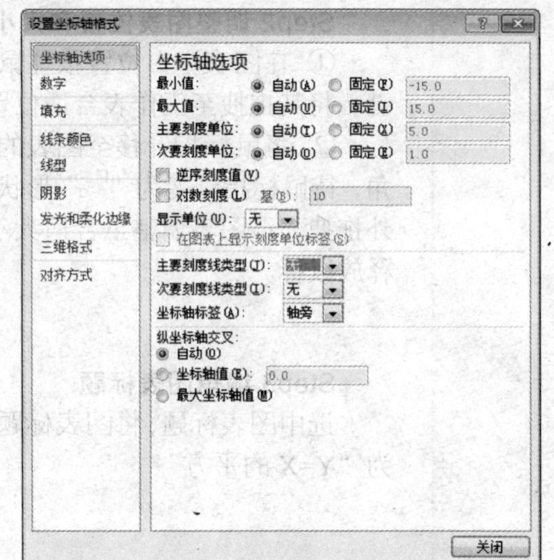

Step6 设置坐标轴格式

双击“水平（值）轴”，在弹出的“设置坐标轴格式”对话框中单击“坐标轴选项”选项卡，单击“主要刻度线类型”右侧的下箭头按钮，在弹出的列表中选择“无”。

不要单击“关闭”按钮。

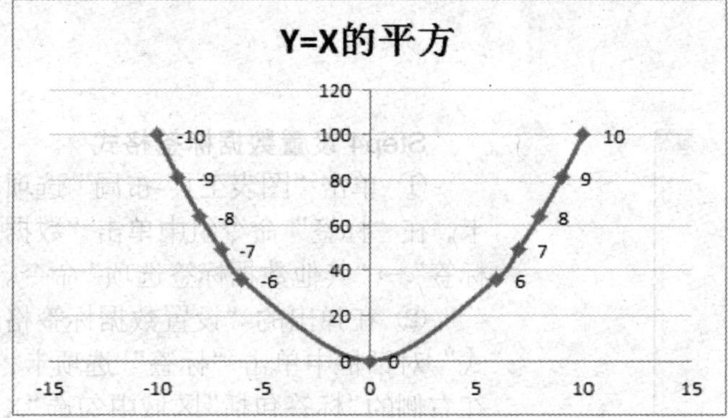

Step7 设置网格线格式

在图表中单击“网格线”，在“设置主要网格线格式”对话框中，单击“线条颜色”选项卡，单击“实线”单选钮，单击“颜色”右侧的下箭头按钮，在弹出的颜色面板中选择“白色，背景1，深色15%”。单击“关闭”按钮。

带平滑线和数据标记的散点图效果如左图所示。

任务小结

本节利用XY散点图绘制了阶梯图，它从制定的基点数据出发，显示各种因素的增减变化后的累积情况。在需要描绘数据的变化时，使用阶梯图可以清晰的将杂乱的数据明白的表示出来。编制图表时要善于选择与Excel数据相符合的图表类型，并且在美化图表的时候，适当地设置绘图区、图表区和网格线等格式，以使得图表看上去更加专业和有说服力。

项目总结

本项目对生产成本变化趋势进行分析，绘制两轴折线图，对企业成本结构进行分析，绘制分离型饼图。本项目的重点和难点在于数据透视表和数据透视图，因为数据透视表千变万化，用户需要根据自己的实际需求来调整数据透视表的格式。最后我们利用散点图绘制了阶梯图，使费用变化更加一目了然。